MOUNTAIN

登自己的山

All This Wild Hope

er Index
n 'serious'
nk 107

Bangladesh (84) and Pakistan (99);
s behind India in the listing

bal Hunger Index falls under
r meter. It ranked 107 out of
Rwanda and Ethiopia

	35–49.9 alarming	>= 50 extremely alarming

106	Sudan
107	**India**
108	Zambia
109	Afghanistan
110	Timor-Leste

16.3% in 2019-2021. This translates into 224.3 million people in India considered undernourished.

But India has shown improvement in child stunting, which has declined from 38.7% to 35.5% between 2014 and 2022, as well as child mortality which has also dropped from 4.6% to 3.3% in the same comparative period. On the whole, India has shown a slight worsening with its GHI score increasing from 28.2 in 2014 to 29.1 in 2022. Though the

饥饿

El HAMBRE

全球食物分配体系
崩坏现场

（Martín Caparrós）

[阿根廷]
马丁·卡帕罗斯 著

侯健 夏婷婷 译

GUANGXI NORMAL UNIVERSITY PRESS
广西师范大学出版社
·桂林·

图书在版编目（CIP）数据

饥饿：全球食物分配体系崩坏现场 /（阿根廷）马丁·卡帕罗斯著；侯健，夏婷婷译. —— 桂林：广西师范大学出版社，2024.1

　　ISBN 978-7-5598-6118-4

Ⅰ.①饥… Ⅱ.①马… ②侯… ③夏… Ⅲ.①粮食问题 – 研究 – 世界 Ⅳ.①F316.11

中国国家版本馆CIP数据核字（2023）第191816号

EL HAMBRE（HUNGER）：Copyright © Martín Caparrós, 2014

著作权合同登记号桂图登字：20-2023-065号

JI E :QUANQIU SHIWU FENPEI TIXI BENGHUAI XIANCHANG
饥饿：全球食物分配体系崩坏现场

作　　者：（阿根廷）马丁·卡帕罗斯
译　　者：侯　健　夏婷婷
责任编辑：谭宇墨凡
内文制作：燕　红

广西师范大学出版社出版发行

　　广西桂林市五里店路9号　邮政编码：541004
　　网址：www.bbtpress.com

出 版 人：黄轩庄
全国新华书店经销
发行热线：010-64284815
北京华联印刷有限公司
开本：860mm×1092mm　1/32
印张：26.75　　　字数：591千
2024年1月第1版　2024年1月第1次印刷
定价：168.00元

如发现印装质量问题，影响阅读，请与出版社发行部门联系调换。

再试一次。再失败一次。失败得更好一点。

——塞缪尔·贝克特，《最糟糕，嗯》

目 录

开 端

1

一共是三个女人：外婆、妈妈和姑姑。她们在医院里的那张小床边走来走去的这段时间里，我一直在观察她们，妈妈和姑姑慢吞吞地把两个塑料盘子、三把勺子、一口又脏又破的小黑锅和一个泛绿的桶归拢到一起，然后把所有的东西都交给了那位外婆。我继续看着她们，妈妈和姑姑又把她们的一张毯子、两三件衣服和几块布卷到了铺盖卷里，好让姑姑把这些东西顶在头顶。我看到那位姑姑冲着小床弯下身子，把小男孩从床上举了起来，擎在半空看了一会儿，她的神情很奇怪，好像有些吃惊，又像是不相信眼前发生的一切。然后，就像非洲人习惯的那样，她把孩子的四肢展开，放到了孩子母亲的背上，让孩子的脸扭向一旁，而胸脯则紧贴着妈妈的背部。孩子的母亲拿出一根布条，像其他非洲母亲一样把自己的孩子紧紧系到了自己身上。小男孩伏在妈妈的背上，做好了回家的准备，而和其他许多人的情况一样，此时那个孩子已经死掉了。

那一天并不比平时更加炎热。

我想，这本书就是在那里或者说在一个离那里很近的尼日尔的村子里开始的。几年前，我和艾莎坐在她家草舍前的藤垫上，伴着正午的汗水、干涸的土地、枯树的阴影、顽童的叫声……她对我说她天天都在吃面糊球，于是我问她是不是真的每天吃的都是那种面糊球，而这时我们的文化之间产生了一次小碰撞：

"好吧，并不是每天都吃，只在我能吃上它的时候才吃。"

她一边对我说着，一边羞愧地低下了头，我觉得心里毛毛的。我们继续聊着他们的饮食和食物的匮乏情况，我觉得自己有些愚蠢，竟是生平第一次正视饥饿的问题。在度过了满是惊诧的两三个小时后，我向她第一次提出了此后我将无数次问出的那个问题：如果你有机会向一个全能的法师索要随便一个什么东西的话，你会要什么？正如任何一个突然面对一个从未想过的问题的人一样，艾莎迟疑了一会儿。当时的艾莎年龄在三十到三十五岁之间，全身都裹在一块淡紫色的布里，只露出了鹰钩鼻和一双满是悲哀的眼睛。

"我想要一头奶牛来产奶，如果我把奶卖一些出去，就能有钱去买些材料来做饼，我再到市场去把饼卖掉，这样多多少少就可以改善我们的生活了。"

"但我说的是那位法师可以给你任何你想要的东西，随便什么都行。"

"真的随便什么都行吗？"

"对，什么都行。"

"那么，两头奶牛？"

她的声音弱了下来，接着对我解释道："有了两头牛我就一定永远也不会挨饿了。"

她想要得这么少。这是我那时的第一个念头。

可又是那么多。

2

我们是了解饥饿的，我们对饥饿感是再熟悉不过的：我们每天都会有两三次感到饥饿。好像在日常生活中，再也没有其他什么东西能像饥饿这样常见了，然而同时，恐怕也再没有什么东西能像真正的饥饿这样，离我们如此近，却又离我们如此远。

我们是了解饥饿的，我们对饥饿感是再熟悉不过的：我们每天都会有两三次感到饥饿。但是当我们一次次用吃饱喝足来对抗饥饿的同时，还有另外一个世界，生活在那里的绝望的人们面对饥饿却无能为力。亘古以来，饥饿就是社会变革、技术进步以及革命和反革命的根源。在人类历史上，没有什么东西是比饥饿影响更大的了。没有哪种疾病或者哪场战争比饥饿杀死的人更多。同时，也从来没有什么灾害能像饥饿这般致命、这般避无可避。

我之前从没想到过这些。

在我最久远的印象中，所谓饥饿，就是在一个叫作比亚法拉共和国[1]的陌生地方生活的有着肿胀的肚子和干瘦的腿的小孩子们。在 20 世纪 60 年代末，我第一次听到了关于饥饿这个词最残酷的一个版本：饥荒。比亚法拉共和国是一个短命的国家：在我满十周岁那一天，它宣布从尼日利亚独立出来，而我还没到十三岁时这个国家就已经消失了。在那场战争中有一百万人因饥饿而丧命。在那时的黑白电视屏幕上，饥饿就是那里的孩子们和他们脸上挂着的筋疲力尽的苦笑，还有在他们身旁嗡嗡作响的苍蝇。

在接下来的几十年里，那些重复出现的形象深深植根在了我的脑海里。因此一直以来我都想着要如实地用一次饥荒里的可怕事件作为本书的开始。我设想自己会和一支紧急救援队一起来到一个不幸的地方，那个地方可能会在非洲，在那里，成千上万的人将会死于饥饿。我会用最残酷的细节来讲述这次事件，而在将那些最恐怖的事情摆上桌面之后，我将会指出人们不能再继续自欺欺人或者心知肚明地被欺骗下去了：说什么这些情况都是小概率事件，而现实情况是完全不同的之类的话。

我已经完全想好了，一切都设计好了，但是在我撰写本书的这些年里却并没有发生什么不可控的饥荒。只有一些常规事件，例如：非洲萨赫尔地区的交通问题，索马里和苏丹的难民和孟加拉的洪灾。从积极的方面来看，这是个好消息。

---

1 比亚法拉共和国：尼日利亚东南部的一个短命国家。1967 年 5 月 30 日成立，1970 年 1 月 15 日灭亡。

但是从另一个角度来看，这些事件都不够重大，而这也构成了一个问题：只有那些电视屏幕上出现的大灾难才是饥饿将自己呈现在那些从没有遭受过它的人们面前的仅有的机会。人们通常看到的只是饥饿在战争或自然灾害后作为无可避免的又一残酷灾难而出现。然而最难以呈现在这些人面前的却是：数以百万计的人无法吃上他们本应吃到的食物，这些人会吃尽苦头，然后慢慢饿死。这就是我在这本书里想要写出的问题。

我不能说我们对饥饿问题一无所知。事实上我们所有人都知道这个问题是真实存在的。我们都知道有八亿甚至是九亿人（这个数字会上下浮动）每天都在忍饥挨饿，这些事情我们都曾读到过或是听说过，然而我们都不知道或者未曾想过要为此做点什么。就算有时候这个问题引起人们注意了，也会有人说那些证据，包括那些最残酷的事件，都已经过时了，没有参考价值了。

那么还剩下些什么呢？只有沉默吗？

如果我需要对艾莎，那个对我说有了两头奶牛她的生活就会大大不同的女人，说些什么的话，我不知道我是不是应该对她说下面的话：给我印象最深刻的是，这个世界上最残忍、最极端的贫穷，是那种夺走了你的想象力和追求更美好生活勇气的贫穷。它使你没有了希望，放弃了理想，使你注定要在那不可避免的苦难中沉沦。

我想说，却又不知该如何表达：您，如此善良却又有些健忘的我亲爱的读者，是否曾经想过不知道第二天是否能吃上饭是一种什么样的感觉？或者我们再往大了说：您是否想过不晓得从今往后的每一天是否能吃上饭是一种什么感觉？那么那种每天都笼罩在不安和焦虑中、每天都要努力解决吃饭问题、除此之外没有精力去想其他问题的人生又会是什么样子呢？你想要过那种受限的、短暂的、充满苦痛的、没有一丝喘息之机的人生吗？

沉默的方式有很多种。

我的这本书有许多的问题要解决。如何去讲述一群看上去离我们的生活如此遥远之人的生活？很可能您，男读者也好，女读者也罢，会认识死于癌症的人、遭受过暴力袭击的人、失恋的人、失去工作的人、失去尊严的人……但您却不太可能认识那些每天忍饥挨饿、随时面临被饿死威胁的人，而所有这些数以百万计的人都属于我提到的那群看上去离我们的生活如此遥远的人。对于这些人，我们并不了解，甚至可能连想都不愿意去想。

怎样能保证在讲述诸多遥远的苦难和悲伤的事件的同时，却不陷入悲观主义的泥潭中呢？或者我们先提另一个问题：为什么要讲述这么多的悲惨故事？通常来说讲述悲惨的故事是为了利用它们。很多不幸的人会对他人的不幸感兴趣，因为他们想说服自己他们的生活并没有那么糟，对这些人而言，哪怕只是隔靴搔痒也是好的。他人的不幸和苦难有时是用来贩卖的，是用来掩盖的，是用来搅和其他东西的：例如让人觉得个人的命运只不过是个人的问题罢了。

最亟待解决的问题是：该如何与文字的堕落抗争？"几

百万人正在挨饿"，这样的文字应该意味着更多的东西，应该引起一些事情，激起一些反应。但是就目前而言，文字似乎已经不再起到这些作用了。如果我们重新赋予文字这种力量，也许会发生一些积极的事情。

这本书是一个失败品。首先是因为所有的书实际上都是失败品，但更主要的原因是：既然这本书是要对饥饿这一人类最大的失败做出探究，那么所得出的结论也必然只能是失败。当然，说这本书是失败品的另一个原因自然是我本人写书时的茫然困惑与无能为力。尽管如此，我并不为这一失败感到羞愧：我反而觉得自己应该去了解更多的历史、思考更多的问题、搞懂更多的事情。有时候失败是值得的。

然后再重新迎接失败，但是要更好地去失败。

"每年有上千万的男人、女人和孩童死于饥饿，这是我们这个时代最大的丑闻。在我们这个富饶的星球上，每五秒就有一个不满十岁的孩子因饥饿而死。就目前的情况来看，实际上世界粮食总产量可以毫不费力地养活一百二十亿人，这一数字几乎是当今世界总人口的两倍。因此饥饿并非什么不可抗拒的命运。一个孩子死于饥饿，实际上就是死于谋杀。"联合国粮食问题前特约撰稿人让·齐格勒在他的《大规模毁灭》一书中如是说道。

成千上万次的失败。在世界上，在这个我们生活的世界上，每天都有大约两万五千人因各种与饥饿相关的原因而死。如果您，我的读者，决定阅读您手中的这本书，而且您满怀激情，在八小时内读完了它，那么在这八小时里就已经有大约八千人死于饥饿。八千人可是一个不小的数字啊。如果您决定不读这本书，这些人同样会死，但您很幸运地不会知晓这一事实。可能您还是会倾向于不读这本书，其实换作是我大概也会这样做。当然，最好还是不知道死去的人是谁、他们是怎么死的，还有他们为什么会死，这样的话，我们就会过得更舒坦一点儿。

（但是我觉得您还是会用半分钟时间读完这个小段落的，我想请您知道在这段时间里只有八到十个人被饿死，所以请轻松地长舒一口气吧。）

如果您决定不读这本书了，那么有一个问题将会一直萦绕在您的脑海中。在我提出的、在这本书里提出的诸多问题中，这个问题是最突出的，它一再出现，催促着我寻找答案：

见鬼！既然我们知道这些事情一直在发生，我们又怎能熟视无睹呢？

尼日尔：饥饿的结构

1

不久之前我才刚刚同她交谈过，大概是五六个小时之前吧。那时她的小孩还活着，睡着，虽说是睡着，仍不时哭闹一番。他是那么瘦。

她对我说道："医生对我说我得有点儿耐心，他是有可能把孩子治好的。"

我在向她问出那个必须要问的问题前犹豫了一会儿，因为通常来说那个问题是不太适合被提出来的。

"也就是说，有可能治不好？"

"我也不知道，我不知道究竟会发生什么。"

凯蒂大约有二十岁。"我不知道，大概二十岁吧。"她说道。希度是她唯一的孩子。凯蒂对我说她十六岁才结婚，结婚很晚。

"为什么说结婚很晚呢？"

"嗯，是够晚的了。村里其他的女孩基本十二岁就结婚了，有的十岁，有的十三岁。"凯蒂这样对我解释道。

她的家人把她嫁给了一位一贫如洗的邻居，因为没什么别的人愿意娶她了。

"我也不知道为什么，大概是因为我太瘦了，我们这儿的人觉得瘦女人不适合生孩子。"

实际上她的丈夫优素福是个很好的人。但是因为他们没有土地，所以他们很难搞到吃的东西，优素福只有干各种各样的活儿来维持一家人的生计。优素福对我说："我们好不容易才要上孩子，但终于还是要上了，甭提我俩那时有多高兴了。不过养活这个孩子也是件难事，可是我们想，如果别人都能养活自己的孩子，那么我们也能。更让我们高兴的是生下来的是个男孩。我们给他起名叫希度，把他养得很好。"凯蒂接着说道："希度小时候我们是把他养得不错，那时我们过得很开心。"

"但就在几天前，他开始不停地腹泻，你根本想象不到腹泻来得多猛烈。我们只好把他带去让马拉布[1]看看。"

和其他许多国家一样，尼日尔的不幸源自一系列偶然事件。发生在非洲的这些所谓的偶然事件从时间上看距离我们更近，也更显而易见：一个地图绘制员的错误、1887年一位法国大臣和英国大臣在凡尔赛为瓜分这一区域而进行的会晤、一位有前列腺问题的探险家的野心或者说冷漠的心态，凡此种种，不一而足。其实不止于此，还有拿破仑三世愚蠢地想从巴伐利亚捞好处，反而致使巴伐利亚和普鲁士合并，或者说并入了德意志帝国；而阿根廷的执政者们愚蠢

1　指村中的穆斯林智者、巫医。下文有提及。

透顶，他们无力将拉普拉塔河东岸地区维系在本国国土内。所谓统治，就是统治者们利用大众的无知来探究自己到底有多么无知。

不管怎么说，这些偶然事件都没有造成什么好的结果。正是由于这些事件，如今尼日尔国土四分之三面积的土地贫瘠不堪、难以耕作。在其国土以南数公里之外的地下蕴藏着大量的石油资源，不过那片地区现在已经属于尼日利亚了，所以国界线这边的人们丝毫享受不到咫尺之遥的石油资源带来的好处，他们只能忍饥挨饿。他们对我们说，那些都是国与国之间的事情，但不管现实多么残酷，我们都得用自己的灵魂去爱我们的国家、过好我们的日子。

尼日尔也许是整个萨赫勒地带中最有代表性的国家了。萨赫勒是一个长超过五千公里、宽约一千公里的地带，它从大西洋到红海横跨非洲，同时这一地带恰好位于撒哈拉沙漠以南。事实上，在当地语言中，萨赫勒的含义是撒哈拉之岸，是一片干旱的半沙漠地区。在这片地区崛起过非洲历史上最强盛的王国：例如曼丁哥帝国，或者叫马里帝国。14世纪时，通布图人建立了当时世界上最大的城市之一，以便用南部丛林地区的奴隶来交换北部地区的盐。如今，萨赫勒地带还包括塞内加尔的一部分、毛里塔尼亚、阿尔及利亚、布基纳法索、马里、乍得、苏丹、埃塞俄比亚、索马里和厄立特里亚，面积约五百万平方公里，人口五千万。在这里生长着瘦弱的牲畜、低产的作物，这里没有什么工业，也没有什么基础设施，不过却有着极为丰富的矿物资源。

萨赫勒地带赋予了"紧急状况"一词新的含义。当然，这个词的原意是发生出乎意料的特殊情况，然而如今在萨赫勒地带，每年六月都会有数百万人陷入"紧急状况"：他们没有食物，只能忍受饥饿。

等到来年，又会发生相同的事情。

然后再一年，又一年。但是每次又有不同。

萨赫勒地区无疑是这样一些思想的受害者：人们没有食物是因为他们没有办法获取食物；在那里，饥饿是一个本体学概念上的、不可逆的结构问题；那里的人们，神的子民们，忍饥挨饿是理所应当的。

在萨赫勒地带，饥饿是常有的事，但是饥饿问题会在被法语国家人士称作"空档期"、英语国家人士称作"青黄不接期"或是我们西语国家人士称作"一无所有期"的时期中变得更加严重。这些称谓实际上没有太大区别，在那几个月中，上次收获已经结束，而下次收获还遥遥无期。政府可能会请求援助，也可能不会。国际机构可能会发出警告，并调配资源，也可能不会。那几百万人可能会吃上饭，也可能不会。在这儿，在这个距离尼亚美有五百公里远的马达拉区医院里，无国界医生组织每隔两三天就要搭建一个新的帐篷，因为越来越多的营养不良的孩子会被送到这里。该组织的营养不良治疗中心——也被称作营养教育及康复中心——原计划接诊一百名儿童，而现在已接诊了超过三百人，而且人数还在上升。实际上这并不令人感到惊讶，这种事每年都会发生。去年，在全马达拉区约有九万个孩童，其中两万一千人（几乎是全区孩童数量的四分之一）在这一治疗中心及其下属机构接受了诊治。

在这儿，上周有五十九个孩童死于饥饿和疾病。

凯蒂对我说，每次孩子生病，马拉布都会给他们一些软膏，让他们抹在孩子后背上，还会给他们一些草药来给孩子煮药喝。马拉布不仅是每个村子里的穆斯林智者，也经常扮演着医生的角色，现在的法律承认他们是传统意义上的村医。对每个村子，马拉布都是一个决定性的人物。凯蒂按照马拉布的吩咐做了，但是孩子的腹泻仍然没有痊愈。一个邻居向她提到了无国界医生组织的医院并且建议她去那里碰碰运气。于是六天前凯蒂带着孩子来了。"不止六天了。"凯蒂补充道。医院接待了凯蒂和她的孩子，但是她不明白为什么孩子会生病，医院的人告诉她孩子的病因是吃得太少。

"我一直给他吃的，我给他喂奶，后来给他别的食物。我们一直都给他吃的。有时候我和我丈夫都不吃，或者吃的很少，但是我们总是先给他吃的东西。他从来都不哭，他从来都有吃的。"凯蒂伤心而又疑惑地对我说道。

"我儿子有吃的。他生病一定是因为其他的事情。也许是某个巫师或者巫婆造成的。也有可能是因为那天一大群牲口从村子经过时他吸了太多的尘土。也许是因为阿米娜的嫉妒，她的小儿子和希度同时出生，但是已经死了。我也不确定是因为什么，反正不可能是因为吃的方面，他有吃的。"

"那么你们都给他吃什么呢？"

"给他吃什么？吃'乌拉'呀。"

她很自然地说道。我没有告诉她"乌拉"，那种尼日尔农民们几乎一辈子天天吃的用面粉和水搅成的固体面糊球，根本不适合用来喂养一岁半的孩子，它提供不了孩子所需的营养。

凯蒂很不满，有点烦躁地说："这儿的人对我说孩子生病是因为我没有给他吃的。这儿的人根本什么都不懂。我听到他们说这话时，立马就想走。"

凯蒂对我说了这些话。几个小时后，她将已经死去的孩子背在背上，走了。

说得更清楚一点：天天吃面糊球就相当于每天只吃面包再喝点水。

他们就这样对抗饥饿。

饥饿是个很奇怪的字眼。它无数次地、以各种方式被人提及；它意味着五花八门的东西。我们知道什么是饥饿，却压根对它没有真正的概念。我们提到饥饿，我们听人说起饥饿，饥饿在我们这儿变成了一种陈词滥调。

饥饿是个很奇怪的字眼。拉丁语里的饥饿是 *famen*，意大利人把这个词变成了 *fame*，葡萄牙人管它叫 *fome*，法国人说 *faim*，而这个词在我们西班牙语里是 *hambre*，这个词里的 *br* 这个音也出现在"人类""雌性""名字"这些沉重感十足的单词中 [1]。但是可能没有什么单词比饥饿更沉重了，不过也没有什么比饥饿更容易卸下自身的重量。

---

[1] 在西班牙语中，这些词分别是 *hombre*、*hembra*、*nombre*，都包含 br 这一辅音连缀。

饥饿是个悲惨的字眼。诗人，政客，所有握着笔杆的人都在滥用这个词，它是如此廉价，人们不禁怀疑是不是该禁止使用这个词。当然，这个词没有被禁用，但是却日益中性化了。"世界饥饿问题"就如它在"你想干什么？解决世界饥饿问题？"这句话中的作用一样，成为一个固定说法了，变得如此轻描淡写。这句话现在甚至被用来形容一些可笑的想法。这些词被滥用所带来的问题就是，突然有一天你会发现其实你对饥饿毫无概念，一无所知。

饥饿在西班牙语里是一个阴性名词，根据那些制定词义的家伙的说法，它有三层含义："进食的欲望及需求；由于缺乏食物而引起的不舒适感；想要某物的强烈欲望"。简单地说就是一种个人的生理状态、一种大家都经历过的现实和一种内心感觉，仅此而已。

然而实际上饥饿的含义远不止于此。专家们和官僚阶级对它往往敬而远之，大概这些人觉得这个词太残忍、太粗鄙、太难登大雅之堂了，不过也有可能他们觉得这个词太平常了，不是什么急需解决的问题。使用其他的专业术语有个好处：不容易引起大众的情绪波动。有些词会引起人们的情绪波动，有些词不会，但显然上面提到的那些人为之效命的机构更偏爱后者。所以他们更倾向使用下面这些词：粮食不足、亚健康、营养不良、粮食安全，等等。这些人自己看多了这些词都会觉得不知所云，更甭提其他读到它们的人了。

所以在我真正动笔前，我需要先讲清楚我所提到的饥饿指的是什么，或者至少讲清楚我希望它能表达出什么东西。

　　我们沐浴阳光。

　　就算是阳光，也有一些人，

　　比另一些人，沐浴得多。

　　吃东西就像晒太阳。吃东西，或者说进食，就像补充太阳能。光子不停地落到地球表面，植物捕捉到它们，用我们称之为光合作用的方式将它们转化成可吸收的能量。地球百分之十面积的土地，或者说一千五百万平方公里的土地，或者说每人四分之一公顷的土地，每天都被用来做这件事：人们在这些地上栽种植物，植物的叶绿素会将太阳的电磁能转变成化学能，进而将空气中的二氧化碳和植物里的水分转变成我们呼吸的氧气和食用的碳水化合物。我们吃的所有东西，直接也好，间接也好，实际上都是育自阳光的植物纤维，哪怕是食用那些吃了植物的动物的肉也是同理。

　　那种能力是我们恢复体力所必需的，它以不同的形式进入我们的身体：脂肪、蛋白质、碳水化合物，固体也好，液体也好。要知道每个身体获取了多少能量有一个衡量标准：卡路里。

　　在物理学领域里，卡路里的定义是在 1 个大气压下，将 1 克水提升 1 摄氏度所需要的热量。一个机体要运转需要大量的热量作支撑，因此人们习惯用千卡，也就是数以千计的卡路里，来作为计量单位。每一个人对卡路里的需求会根据年龄和实际状况的不同而不同，但大致说来，一个不到一岁的孩童每天需要吸收约 700 千卡的热量，这一数字对于两岁的小孩而言是 1000 千卡，五岁的小孩是 1600 千卡。对成人而言，需求数会依据他们的年龄、工作、居住地气候等因素的不同在 2000 千卡和 2700 千卡之间浮动。根据世界卫生组织的统计，一个成年人如果不能保证每日摄入 2200 千卡的热量，就不能恢复他消耗的体力：他必须进食。这些数字都是平均值，以便让我们更好地理解大致的情况。

一个每天无法摄入含 2200 千卡热量食物的成年人就会感到饥饿，而根据年龄的不同，一个每天无法摄入含 700 或 1000 千卡热量食物的小孩也会感到饥饿。

饥饿是一个过程，是身体进行抗争的过程，

抗争的对象同样是我们的身体。

当一个成年人每天摄入不足 2200 千卡的热量，他就会感到饥饿，于是身体就开始消耗自己剩余的能量。换句话说，一个人感到饥饿的同时，他的躯体实际上正开始"啃食"这具躯体本身。这时，这人剩下的本钱已经不多了。

这种"啃食"首先会从体内的糖分开始，然后是脂肪。身体会越来越难以挪动，接踵而来的是嗜睡和体重的降低。身体的防御机能越来越差，病毒开始入侵，进而引起腹泻，然后身体越泄越空。身体无法抵御的寄生虫开始从口腔侵入，身体会感觉到疼痛。最后，肌肉开始萎缩，这一切已无法停止，很快身体就再也无法活动了。疼痛难忍、身体蜷缩、皮肤皲裂、继续疼痛、低声啜泣、沉默不语，然后，等待死亡。

很少，或者说绝少有人会直接死于饥饿。绝大多数人的死因是饥饿引起的疾病或感染，羸弱的身躯对这些已经毫无抵抗能力了。对于丰衣足食的人而言，这些由饥饿引起的疾病或感染简直不值一提。

很少，或者说绝少有人会直接死于饥饿。在一个像尼日尔这样的国家，半数在五岁前死去的小孩是死于饥饿引起的其他问题。

没有人喜欢使用饥饿这个词。

或者说如今提到这个词给人的感觉就只剩下了老生常谈、啰啰唆唆。

昨天，今早，凯蒂的孩子。

2

报纸不会大肆报道饿死的人。他们不能报道这些，因为会影响销量。报纸上刊登的应该是更稀奇、更罕见的事情。

"不，我不上学，因为我是女孩，而且没有爸爸……"当艾伊还是个小女孩时，她总是问自己，爸爸究竟是什么：有一个爸爸会怎么样，有爸爸的孩子们的生活是什么样的，爸爸会为孩子做些什么。艾伊看不出有什么太大的差别：她和她的堂兄妹们都住在爷爷家，其他人都有爸爸，只有她没有，但她和他们的生活没什么不同。那之后过了很久，他们告诉她说她生下来不久，大概两三天吧，她的爸爸就死了，其他的就再没多说什么，包括死因也没提到。要是她有爸爸可能她就得去上学了，所以她觉得没有爸爸也挺好的。

"我不喜欢上学。"她说。

实际上她的那些有爸爸的堂兄妹们也不去上学。艾伊现在想，如果她有爸爸的话，可能就不会那么早地被送去嫁人了，不过也可能会。

当他们对她说她马上就要嫁人了的时候，她还处于要偷跑出去和朋友们玩耍的年纪。满月的时候，她和朋友们聚在一起唱古老的歌谣，伴着鼓声和掌声起舞；其他时候，她们会一起用黏土捏小人偶，捏锅碗瓢盆，捏奶牛、骆驼、房子，然后玩过家家：在游戏中她们已经开始扮演她们马上就会成为的角色了。还有的时候她们没有玩具，也不做游戏，而是做起了现实版的"过家家"：打扫卫生，找水，照顾兄弟姐妹，做饭。

"你想象中的长大后的生活是什么样的？"

"不知道。我什么都不想。哦，我想过结婚。我唯一想过的事情就是结婚，一个女孩子还能想什么别的事情呢？不过我不想那么早结婚……"

她十岁时，家人就把她嫁给了她的表兄，表兄家为此付了五万西非法郎，约合一百美元，当作嫁妆：其中一万用来买衣服之类的东西，剩下的用来举办宴会。艾伊在宴会上很开心，可到了她要搬去她的表兄-丈夫家时，她简直要被吓死了。

"他是一个男人，很大的男人。"

尼日尔是世界上儿童婚姻发生率最高的国家之一：虽然这不合法，但在尼日尔，每两个年纪不足十五岁的女孩就有一个是已婚的。因为嫁出去的女孩对于这些家庭而言也算是一项经济来源：饥饿问题越严重，及早外嫁女孩的需求就越强烈，因为把女儿嫁出去可以获得礼金，然后就可以过上几天不挨饿的日子。

"我盯着他，我当时很害怕。但他不仅仅是盯着我看那么简单。"

艾伊多次尝试逃跑。一开始她逃到自己母亲和外公家，但是他们又会把她还回去，每一次她的舅舅－公公、表兄－丈夫都会把她毒打一顿来让她吸取教训。于是艾伊开始往荒野中跑，逃到偏僻的地方，但每次他们都能找到她。最近的一次，他的公公平静地对她说如果她再敢逃走，他就要拗断她的脖子，她相信他做得出来。有时候，当她公公熟睡时，她会轻轻抚摸他木柄砍刀的刀刃。两年后，她生下了一个女孩，然后是三个男孩。

"你现在还和你的丈夫住在一起吗？"

"是的，我和他住在一起，当然了。"

"你们相处得好吗？"

"还不错。"艾伊用这句话结束了这个话题。

艾伊说她应该有二十五岁了，但看上去她更显小一点。她用一块蓝绿色带白色花纹的头巾包着头，她的眼睛很大，嘴唇很厚，左脸颊上印着他们部落的花形族徽，耳朵和鼻子上都穿着环，戴着多彩的项链。总之，她的脸部特征给人一种色彩缤纷、很复杂的感觉。

"他很勤劳，很能干活。他变了，已经不再打我了。"

她的生活却没有发生什么改变。每天早晨，艾伊六点左右起床，洗漱之后就开始祈祷，然后开始碾米来制作面糊球。给谷物去皮需要用掉一个半小时，再用两个小时来捶打它们。

之后她得到三百米外的水井处打水：把一桶十升的水顶在头上运回家，一次性打这么多水是为了不再跑第二趟，虽然现在她的大女儿也能帮她打水了。

"你大女儿不去上学吗？"

"虽然她有爸爸，我们还是没办法供她上学。"

她这样答道，我不知道这里面是不是有讽刺的意味。生火是另一个问题：她和她的某个儿子必须出去拾柴用来烧水以制作面糊球，经济好的时候还能往里面加一点点奶。十一点时，天气已经热得让人难以忍受了，而艾伊却必须在这时带上面糊球和一瓮水到农地去送给她的丈夫马赫穆达。他们有三小块地，每块不足四分之一公顷，马赫穆达独自一人在上面耕作，因为他们最大的儿子还不足七岁。"他只能自己去种地，"艾伊说道，"虽然孩子们这次已经去帮他播种了，但他们还是干不了别的，这群小可怜们。"

因为食物短缺，尼日尔几乎一半的五岁以下儿童发育不良。如果他们就这样度过童年，他们将会很容易生病，进而无法工作，更不要提享受生活了。总之，如果在幼年时不能吃到足够的东西，那么就意味着短暂而又悲惨的生命。

艾伊家的房子大概有十五平方米，不足两米高的墙是用不规则的砖坯砌成的，里面又用同样的砖坯隔出了两间三乘三平方米大小的小屋子。另外还有个圆形的小屋子，屋顶用稻草堆成，当作粮仓来用。但其实一家人的活动更多是在室外进行的，在他们家有点脏的院子里，一头山羊正在给小羊喂奶，艾伊的女儿在用和她一样高的磨盘碾米，男孩儿们跑来跑去，而艾伊和我坐在放在地上的竹垫上，聊着。

给谷穗去皮，再清洗、碾磨，这些事情是富裕国家的居民已经不做了的，或者不富裕国家的富人们也不再做了：我们直接去买成品。

我们来到了库玛莎，马达拉周围众多村子中的一个，这种村子里一般只有二十到三十户人家，分布在宽阔街道的空隙之中。每隔两三公里就有一个类似的村庄，各村之间的土地都有人耕种。另外，每隔十公里或者二十公里就会有一个更大一点的村子，里面有管理中心和市场。这是以步行为主要交通方式的农业区域的经典布局结构。

当我看到这些村子时，我不禁会想它们和一千年前的样子有什么不同："所谓的街道就是房屋之间的空间，遍地都是鸡和羊的毛和骨头；一个小男孩围着旧房子转圈，还有两个小男孩在用木棒比划着打架，另外一些盲目地跑着。要是有谁能厉害到破译出世界上随便哪个国家的随便哪个村子里孩子们的跑动轨迹的含义，他大概就能理解整个世界了吧。这里还有很多我们仍在忽略的东西：村子的中间有座很小的清真寺，还有个涂成绿色和蓝色的小塔楼，年代应该很久远了。有的女人在用木制工具碾米，还有一些把孩子系在后背上的女人匆匆走过，另外一些带着五颜六色的大桶围在井边，她们可能是要洗衣服，可能是想和其他人聊天，也可能只是单纯等着打水。男人们坐在主路边闲聊，那条路被一代又一代男人的屁股磨得光光的。旁边就是做生意的地方，有一个三面围墙的茅屋，留出一面来卖鸡蛋、茶叶、烟草和用过的桶和罐子。一个男人驾着驴车经过那里，驴车上堆着木柴，木柴上坐着一个女人，车轮倒确实是橡胶做的。一个戴着尖顶圆草帽、拄着长拐杖的牧人牵来了几头很瘦的牛和羊，牛角又长又细；一辆小车上挤满了人，大概有十五到二十个人吧，有的胳膊或腿都露在车外，他们挨得很近，有的坐在临时堆的木板上，因为车主想多载几个人。"

当马赫穆达在田地里的树荫下吃完饭后，艾伊就回家清洗餐具、照顾孩子。要是一切顺利的话，午后一点钟或者两点钟她可以小憩一会儿，因为炎热使她在那段时间里什么也干不成。到了下午，她开始准备米糊饼（一种有点像玉米渣饼的食物），要是手头宽裕的话，还能配上煎洋葱酱或者番茄酱，也可能是配上几片秋葵或猴面包树的叶子。

"赶天黑之前我们就坐在院子里把饭吃完。我倒是无所谓，不过我男人说他不喜欢在黑漆漆一片的时候吃饭，他喜欢能看见周围的东西。但其实今年很多时候我们都没有可以用来做晚饭的东西。"

艾伊继续解释道："因为马赫穆达想做出一些改变，所以他把十月份收获的米卖了一部分，为的是有钱在十二月种点洋葱。虽然种子和肥料有些贵，但是收获之后我们的生活就会好起来了，我们当时是这样想的。

"但当我们真的去卖洋葱时才发现他们付的钱很少。他们说那年的洋葱太多了，我们要么以这个价格卖给他们，要么就自己把洋葱吃掉，最后我们什么好处也没捞到，而当我们要去买米来制作食物时，米的价钱却涨个不停。"

"然后呢？"

"然后我们就欠了一屁股债。"

"欠债？"

"我男人向他朋友借了一笔钱。"

那笔债有五万西非法郎，因为他们连这一半的钱都没赚到，艾伊不知道要怎么去还债。

"你们打算怎么办呢？"

"我不知道，我们只能盼着来年能有个好收成了。"

艾伊很担心。她说她男人的朋友是个好人，但如果他们还不了账的话，就得把地让给那个朋友，至少是一部分土地。要是那样的话他们就永远都不可能吃饱饭了。

"更糟糕的是我丈夫今年不能种我家的地了。到了耕作季节的时候我们已经把谷物都吃了，已经没有种子了，也没有吃的东西了。他现在给一个大户人家种地来换点吃的，他不能种我们家的地了。"

"那你们明年吃什么呢？"

"唉，明年，还差得远呐。"

2012 年，在尼日尔的医疗机构接诊了大约四十万名儿童，但据推算大约有一百多万儿童需要医疗服务。这一数字并不精确，因为上述机构只分布在尼日尔的部分地区，其余地区的情况就不是那么清楚了：没有建立有效的医疗信息网，没有数据，同时也还有很多孩子从来都没有做人口登记，可能有一天他们会死掉，被埋了，就好像他们从没有在这个世界上存在过。

她一岁零两个月大的小儿子伊斯梅尔已经住院半个月

了，送到医院的时候体重不到八斤，严重营养不良。现在伊斯梅尔的状况好了一些，但是艾伊依然担心类似的情况会再次发生。

"现在每周我都要去照顾他，还得在外面找吃的。我可以做这些事情，但总不能一直这样子吧。我不愿意总是在外面找吃的，要是孩子想吃东西的话，我更愿意他回家来吃。"

气温接近三十五摄氏度，伊斯梅尔戴着一顶蓝白色的婴儿帽，反复吮着一袋补充营养的食品，看上去他很喜欢那东西。

"为什么有些人有吃的，而另一些人没有？"

"因为有的父母有能力帮助子女，而另一些父母没有。"

"我想问的是为什么这里有的人有钱，有房子、车，而另一些人什么都没有？为什么会有这么大的差别？"

"我不知道。"

艾伊笑得很不自然，无助地望向我在当地的翻译贝亚，好像在向他求助，而贝亚什么也没说。

"我不知道，我怎么会知道这些呢。"

艾伊说着，然后思考了一下，又说道："在村子里大家的差别就在于土地，有更大土地的人就能干他们想干的任何事。"

她的话使我想起了另一个尼日尔女人，多年前，就在一个像这样的村子里，她给我解释了富人和穷人的区别：

"很简单：穷人用手工作，富人用钱工作。"

"什么叫用钱工作？"

"他们不用手去工作，他们用手把钱付给其他人，让他们替他种地。"

　　这次我来到尼日尔，还有一个目的是写一些在这一地区日益流行的粮食银行的事情。看上去粮食银行是个不错的主意：他们鼓励一个或者上百个小村庄的妇女们组建一个粮仓；她们筹建粮仓的时候，粮食银行会给她们好几吨米来作为原始资本。它的作用就是在空档期中给它的会员外借粮食来帮助她们度过饥荒。之后会员们会在收获之后用种子外加一点利息来偿还借贷。

　　这样做有两个好处：首先，它帮助了上千个家庭度过一年中最艰难的时期；其次，它赋予了女人从未有过的权力。但是艾伊对我说在她的村子和其他很多村子都出现了问题：很多妇女不归还借来的粮食，有的是不想还，有的是还不起。所以粮食银行的粮食库存越来越少。之后，很多粮食银行只能停止外借粮食，转而开始出售粮食。不过就算卖粮食也是件好事，因为他们的售价要比市场价低百分之三十到四十。在出售粮食时，粮食银行明文规定不许粮食商购买粮食，但实际上这一规定毫无作用：很多商人通过中间人和腐败官员购买了粮食银行出售的粮食，再转而以高价卖出，他们一步一步地控制了粮食价格。

　　粮食捐赠国的经济危机加剧了形势的恶化：当粮食银行出现粮食短缺时，情况得不到及时的修复。援助停止了，很多粮食银行被迫关门。艾伊对我说，他们村里的粮食银行几个月前就关门了。他们村子里的妇女们还是照常聚集起来，但是没了粮食银行，男人们再也不关注她们了。

　　"你害怕会没有足够的食物吗？还是说压根没想过这事？"

"我当然想过。有些夜晚我的孩子们吃不到任何东西，那时候我会想很多。"

"你都想些什么？"

"我不知道，我大概也没想什么吧。"

艾伊陷入了思考，她想了很久。艾伊从未有过足够的食物，从来没去过城市，从没用过电、自来水、煤气，甚至是抽水马桶。艾伊从未在医院生过孩子，从来没看过电视节目，从来没穿过裤子，没戴过手表也没睡过床。她从没读过书，也没读过报，从来没付过什么钱，没喝过可口可乐，没吃过比萨。她更加从来没有过选择未来的机会，从没想过自己的生活能和现在有什么不同。

她从没想过自己可能会过上再也不必思考明天还能不能有饭吃的生活。

3

在没其他办法的时候，书里面最常耍的花招就是把饥饿无人称化、抽象化，就饥饿谈饥饿：对抗饥饿，减少饥饿，饥饿成灾，等等。

但是要谈论饥饿就不该脱离遭受饥饿的人们。真正的主题不该是饥饿，而是那些挨饿的人。

也许如果一个人，我是说一个具体的、有名字、有故事、有面孔的人被饿死的话，这事儿会变成一个丑闻。有个人被活活饿死的新闻会出现在所有的报纸、电视、社交网络上。

所有人都会谈论这件事，都会发自肺腑地为这个不幸的人感到悲伤。政治家们会跳出来说这一切是多么让人难以忍受，说无论如何不能让同样的事情再次发生，然后提出一堆应急方案来。教皇会走上他的阳台画十字，也可能画其他的图形，例如画一道闪电，不过也只是在夏日午后站到阳台上画的无用的闪电，不是那些雷雨天应景的闪电。

技术术语要避免带有感情色彩。记录的人可能是出于职业素养，要使用更精确的字眼。也可能是出于政治敏感，要避免冒犯到谁。还有可能他们只不过是应付差事，为了完成工作。总之事情的结果就是：上亿人面临的问题被转变成了一篇只有很少人能看懂的文章，而更多的人压根搞不清楚出了什么问题。官僚主义成了竖在大众认知面前的一道障碍。

通常来说，大官僚们更倾向于不提也不要写"饥饿"这个词。为了不提到饥饿那么就不能提缺乏营养，不能提营养不良，诸如此类。为了应付那些他们不想开口却不得不开口的情况，他们发明了"粮食不安全"这个词，用英文说就是 *food insecurity*。

事实上他们发明的是一个相反的概念："粮食安全"。1996 年在罗马由联合国粮农组织（FAO）发起的世界粮食首脑会议是这样定义它的："粮食安全是指所有人在任何时候都能在物理、社会或经济层面上获得足够的、无害的、含营养的食物，这些食物能提供他们日常所需的能量，能使人们过上主动而健康的生活。"

这又是个官僚式语言的奇怪措辞：如果不提到它的反义

词，那么这个词就毫无价值。符合这个定义的人们压根不会去想粮食安全这档子事，只有不满足这个定义的人才会去想。所以真正重要的不是"粮食安全"，而是它的反义词。"粮食不安全"是我们这个充斥着可悲的委婉措辞的时代中最可悲的一个委婉措辞。

（这在当时是一次很好的尝试。在一个把安全作为最高价值的世界中，创建这样一个评判机制，并且可以用它来终止各种争论，从这个角度看的话，把食物归入安全标准中确实是一种值得赞扬的努力。

我们所有人都被各种不安全威胁着，穷人们则还要再多加一个粮食不安全问题。在 1948 年，或者尤其是在 20 世纪七八十年代，人们会说吃饱饭是基本人权，而现在一切都变了，现在吃饱饭是一个安全状况，在当权者口中，安全状况变成了基本人权。

再然后，人们慢慢把人权替换成了安全二字：还真是会审时度势啊，恰好万恶的恐怖主义也在里面起了推波助澜的作用。）

在官方手册里，粮食不安全的最高程度是"一个人的营养不良到了危急的程度"，为了便于理解，我们就简单地用"饥荒"二字代替吧。很多时候我们提到饥饿就会想到饥荒，之所以会产生这样的联想是因为每当地震、洪水、干旱、蝗灾、战争发生后，媒体就会报道说上百万人面临食物短缺问题，因为人们纷纷逃离故土，又或是因为粮食供应链断了。

在上述这些情况下，人们无法耕作更无法收获，道路陷入瘫痪，国家运转不灵。饥饿的人们在旁人的眼中变成了难民、流浪汉、乞丐。他们逃到田野里，逃到救济站旁，等着发放救济品。他们没有属于自己的财富，他们毫无自主权，他们的生活完全依赖他人。如果其他人不帮助他们的话，他们就会在几天内死去。这种事情并不是没有发生过。

饥荒每年都以不同的方式影响着近五千万人口。听着是很多人，其实确实是很多人。他们所遭受的完全不能仅仅用"结构性营养不良"来形容。

"结构性营养不良"是一个很具有时代性的冷漠字眼。它被用来描述一些不会引起人们太大注意的情况。它不会让人想起什么悲惨的场面或是什么灾难，它欺骗性地把这些东西转变成了一种普通的现象，它把人们吃不到足够的食物变成了最常态化的事情。

在现在这样的娱乐化社会中，营养不良这种事情是上不了台面的。呈现在人们面前的只会是一堆数字，但是数字带给人的冲击远不及一张有五个瘦骨嶙峋的孩子的照片。

饥荒通常很难控制：大自然的震怒、暴君残忍的命令、战争带来的灾难都会引起饥荒。但相反，营养不良往往是官僚主义或是一些不负责任的行为引起的，但偏偏营养不良是更常见的事情。

"结构性营养不良"是长期存在的。它不是单独的某个事件，而是许多事件的结合体、常态化。人们看不到它，却一直存在着，从妈妈传给子女，在那些极度贫穷的国家代代相传。粗略统计的话，它影响着近二十亿人口：几乎占全球人口的三分之一。

这二十亿人正遭受着官僚们口中的"粮食不安全"问题的折磨，有时他们能填饱肚子，但问题是他们永远不知道自己的下一餐在哪里。对于这么多来自不同地区的人们来说，问题是一样的：能不能吃上饭是一个巨大的问号。任何一个变化都会引起生活的巨变：丢掉工作、一次冲突、气候变化，所有这些都会使一个人，或是上百万人第二天的食物变成未知数。

这二十亿人正遭受着营养不良的折磨。其中最穷的那些人根本不可能吃上富含足够营养的食物：肉、蛋、鱼、奶、豆类、水果或是蔬菜，他们也因此不得不承受营养缺乏带来的恶果。人们用营养不良这个词来表示身体缺乏维持其生长活动的足够能量的情况。一个人可能摄入了足够的卡路里，但是摄入的维生素和矿物质却是不足的，这也会造成身体发育不良，这也就是让·齐格勒[1]所谓的"看不见的饥饿"现象。

一个最典型的例子就是缺铁引起的贫血。在没有摄入足量铁元素的人群中，一半人都会患上贫血，人数近十八亿。尤其是母亲们，在这些人中，每五个死去的母亲里就有一个是死于贫血。

另外一个例子是维生素 A 的缺乏。据统计，全世界每年有近五十万的孩童因缺乏维生素 A 而失明，这些孩子之后会更容易得上疟疾或是风疹，因此而死亡的五岁以下的孩童每

1　让·齐格勒（Jean Ziegler），日内瓦大学社会学教授，在 2000 年至 2008 年间　兼任联合国粮食问题特约撰稿人。

年大约有六十万。

每年由于母亲身体缺碘会造成两千万的孩子天生脑发育不良，存在智力缺陷。

缺锌会使人更易遭受细菌感染，腹泻在缺锌人身上会来得更猛烈。据世界卫生组织统计，每年因此而丧命的孩童人数约为八十万。

这还不是全部。

对于营养不良的人来说更糟糕的事情是如果他们同时也缺乏蛋白质和卡路里的摄入的话，身体就无法产生能支撑自身活动的能量，营养不良将转化成营养匮乏。

饥饿问题达到了顶峰，这个词的背后至少是八亿或是九亿的人口。

但是在这些忍受饥饿的人中也是有差异性存在的：饥饿对儿童的影响是最大的。每五个挨饿的人中就有一个儿童。一个更大的问题是在饥饿的状态下，儿童所遭受的损失是最大的。儿童的饥饿和成人的饥饿不能一概而论：营养不良的成人可以在遭受巨大损伤前修复机体，他们可以去寻找食物，但是一个不满五岁的儿童要是吃不到足够食物的话就将永远失去健康成长的机会，他们的神经细胞会发育不良，他们将永远都长不成他们本应长成的样子。

幼儿的饥饿问题大多是因为受到了母亲营养不良的影响。全世界受饥饿问题困扰的人群中有百分之六十是妇女。在世界上的很多不同文化中，男人们分配到的食物总是要多于女人：这是一种性别型饥饿。全世界平均每天会有 300 个妇女死于饥饿，另外会有 1000 名产妇死于营养不良。

因此，每年会降生两千万在母亲体内就发育不良的儿童，他们出生时的体重远低于正常标准，而营养不良的母亲提供不出足够的乳汁，这又会加剧孩子们的病情。这是一个恶性循环：营养不良的母亲们哺育着发育不良的孩子们。孩子们出生时乃至于出生后的头几个月里所忍受的饥饿使他们再也无法正常发育。他们的大脑发育缓慢，身体异常虚弱，任何疾病都很容易侵害他们。饥饿在一个孩子生命最初一千天中所造成的影响永远都不会消失。

不过还是有另一种可能性会使这些影响消失。每年都会有三百多万儿童死于饥饿或由饥饿造成的疾病：咳嗽、腹泻、风疹、疟疾等，而这些病对于一个正常儿童而言可能只不过是生命中的一个小插曲。

每年死去三百万儿童也就意味着每天会死八千个儿童，每小时三百个，每分钟多于五个。

4

马达拉的五条土路一下雨就会积水，这会波及周围的人、牲畜和市场。马达拉在不久前还是一个让人羡慕的平静村庄，但是现在，我们这些白人已经不敢单独出门了。马里战争的影响波及了这里，现在村子里满是来自北方或尼日利亚或不知道什么地方的圣战分子，最近几个月这里发生了多起暴动、绑架和各类冲突。其实在之前这里没发生太多类似的事情才是更让人感到惊讶的事情。不过有一样东西是一直存在的：饥饿。

"要是有一天来了一个法师，你可以向他要任何你想要的东西，你会要什么？"

"我不相信什么法师，先生。我只相信真主，真主安拉是唯一的神，穆罕默德是先知。"

马拉达的医院外墙是绿色的，坐落在村口一片宽阔的土地上，医院里面用涂成蓝色的赭石墙隔出了几个单间。医院门口总是沙土漫天，鸟盘旋在猴面包树上空，不停地叫着。玛利亚玛此刻就静静坐在树下，等待着某些事情发生。事情终究会发生的：她的孙子阿卜杜拉奇兹一个小时前死了，而她却没办法把这个消息告诉孩子的爸爸妈妈。她的儿子，也就是孩子的爸爸，昨天是和她一起把孩子送过来的，然后就走了：他必须赶回村子，后天去市集上把家里唯一的羊卖掉，这样当他周五再来医院的时候他们就有吃的东西了。那个孩子非常瘦，他吃的很少，发烧已经持续两个星期了。孩子的妈妈留在了村子里：她想来，但是她还有其他的孩子要照顾。现在孩子的奶奶玛利亚玛不知道该怎么办了，她没钱吃饭，也没办法告诉家人孩子已经死了。孩子的尸体躺在一辆小推车上，被一块黄布盖着，好像在静静地等待着别人来做些什么。

"这是真主给我们安排的命运，真主这样安排一定有他的原因。为了让一些人过得幸福，那就一定要有一些人过得不幸。这就是人生。"

尼日尔每年为每位国民在医疗上的花销平均为 5 美元；

美国，8600 美元；法国，4950 美元；阿根廷，890 美元；哥伦比亚，432 美元。2009 年在全尼日尔一共有 538 名医生，平均每 28,000 人才有一位医生。在一个中等发达国家，例如厄瓜多尔、菲律宾或是南非，每 1000 人就有一个医生。尼日尔的一份官方文件表示，到了来年，也就是 2010 年，全国就只剩下 349 名医生了，也就是说平均每 43,000 人中才有一个医生。知道、想要而且能够逃离悲惨命运的人们掀起了一股又一股的移民浪潮，然而这使得本来就不健康的他们更加饱受疾病的折磨：他们又陷入新的悲惨命运之中。有些富有的国家只会接纳难民中的精英，然后在边境上架上机枪，来阻止绝望的难民涌入。

马达拉的医院也需要更多的医生。得益于无国界医生组织的资金支持，马达拉医院现有八名医生，总共需要照顾 400 名住院儿童，他们每天倒三次班，每个班次有两三名医生。

阿卜杜拉奇兹一直是和奶奶玛利亚玛一起睡的。玛利亚玛说他很喜欢和其他小孩一起玩，但是他总是最先感到疲惫。他吃得很少，哪怕他们有足够的食物，他吃得也很少。阿卜杜拉奇兹是她的第二个孙子，第一个刚生下来就很瘦弱，没几天就死了。"那年我们过得很艰难，一整年都没什么东西吃，他大概是觉察到了。"玛利亚玛这样说道。在那之后，大概是四年前，阿卜杜拉奇兹出生了，两年前她又添了一个孙女，几个月前又是一个孙女，不过好像生下来就带着病。

"所以我儿媳没来，她要在家照顾小女儿。"

玛利亚玛自己有十一个孩子，她掰着指头一个一个地算，一个一个地叫着他们的名字，描绘着他们的长相："现在就剩四个还活着，两个儿子，两个女儿。"

其他三个女儿和四个儿子很小的时候就死了：有三个死时只有一岁半，有两个刚断奶就死了，还有一个活的时间长一些，最后死于风疹。只有一个年纪大一点，死的时候已经结婚了，玛利亚玛这样说道。

"我很难过，但这都是真主的安排，我们又能做些什么呢……"她说着，紧张地笑了笑。

我突然之间有了一个让人感到很不舒服的想法：这里的每一个人，那些等待着自己的孩子从饥饿状态下走出来的男人们和女人们，每一个从医院旁经过的路人，每一个卖电话卡的人，每一个卖油煎饼的人，每个护士，每个病人，所有人都是幸存者，他们都在苟延残喘地活着。在这里，一个孩子能正常地成长都变成了奢求，还谈什么人的权利呢？这里的每个人都无法主宰自己的命运，都是消极的负债者，都是行尸走肉。

有时候我们这些白人会觉得对于他们而言事情并没有那么严重：他们已经习惯了，死亡带给他们的痛苦不像带给我们的那么大。但这不过是我们在自我安慰，好舒缓一下我们的自责情绪。那天早晨，当我看到那个外婆、姑姑和妈妈带走死去的孩子的时候，我就曾有过类似的自我安慰的想法：我想这里面是存在文化差异的，我想在一两个世纪前的欧洲也会发生类似的事情，我想这些父母在生那么多孩子之前就没想着要多干活、搞到更多吃的东西吗？人们很自然地就会生出这些想法来。

如今，当我面对玛利亚玛的时候，这些想法又一次出现了，然而我却不知道该如何开口去问她。最后我找了一种比较温和的表达方式："当你开始生孩子时，你就已经知道他们可能会死，是吗？"

"没有，我压根没那么想过，"她疑惑地看着我道，"没有谁生孩子是为了让他们死的，这是对真主的亵渎。"

在尼日尔，平均每个女人会生七个孩子，这个数量排在全球首位。在尼日尔，每七个儿童里就有一个死时还不满五岁。这样算来，平均每个尼日尔妇女都要遭受一次丧子之痛。事实并非如此：在城市里，儿童死亡率没有在村子里这么高。

在尼日尔，每七个儿童里就有一个死时还不满五岁。在发达国家里，每一百五十个儿童里才有这样一个。

胡赛娜说她觉得自己不应该再生孩子。

"我有过很多孩子。但随着年纪增大，生孩子对我来说越来越难了……"

胡赛娜来到马达拉医院是因为她的双胞胎女儿生病了：她们发烧、呕吐，都不会哭了。马拉布给了她一些草药，但是并不管用。她们被送到医院时呼吸很缓慢，而且非常瘦。双胞胎中的一个昨天早晨死了，现在胡赛娜祈祷着另一个，此刻正躺在她怀里的那个，不要出事。小女孩还是不哭，她眨着眼，紧闭双唇，好像想做出什么她无力做出的动作似的。营养不良的孩子们的脸有时看上去像是悲伤的小老头：就像是死神要强行把孩子们未曾经历过的时光的印记刻到他们脸上似的。

处处透着悲伤和消沉。

这对双胞胎，胡萨娜和胡希娜，十个月前才出生。她们是胡赛娜的第十二和第十三个孩子。胡赛娜今年四十五岁了，她说她从没想过她的生活会变成这个样子。

"她们小时候会玩泥巴，我们也会给她们吃的，我们总是给她们吃的。我们一直想给她们优越的生活条件，但我们提供不了，然后就变成了现在这个样子。"

"什么优越条件？"

"有吃的，有衣服穿，再有点钱买点其他的东西。"

"那么为什么没能给她们这些呢？"

"我也想不通。我男人一直拼命劳动，但我们始终没达到那个标准。"

"这又是为什么呢？"

"我不知道。我也问过自己很多次同样的问题，但是没有答案。"

人们总是会提到干旱。当人们说起尼日尔或者整个萨赫勒地带的饥饿问题时，人们总是会提到干旱。气候确实会对饥饿问题产生影响：例如上一年的大旱，再比如全球气候变化之类的事情。

上千年来，人类从开始在田里耕作起，就靠天吃饭，农人们对于气候有一种恐惧感。为了使自己相信自己能控制天气，或者至少是减轻天气带来的不良影响，人类想象出了很多神祇，神负责给人类以福祉、生命和命运。一个多世纪前人类开始预测天气，甚至预测很久之后的天气，但人们还是无法阻止气候灾害的发生：飓风、干旱、冰冻和其他给我们带来巨大损失的恶劣天气。

在这样一个崇尚科学的时代，人类已经无法再假想出更多的神了，我们只能求助于理智：所有的气候现象——气温升高、气温降低、北极冰盖的减少、南极冰盖的增长、极热极寒、陆地龙卷、海啸——的背后都有一个共同的罪魁祸首：我们自己，我们才是自己想象中那些可怜的神。

针对气候变化，我们引入了一套秩序法则，实际上它是不存在的：现在我们搞清楚了（至少我们认为我们搞清楚了）什么是气候变化，以前我们一直对此迷惑不解。希腊人认为闪电是宙斯扔出来的，而现在我们知道了闪电只是个气候现象，可能这还远非完整的答案，但至少人类都松了口气。

人类文明就是在和天气对抗的过程中发展的：为了避雨，人们建造了房顶；为了避暑，人类发明了空调；为了保证收获，人类设计了灌溉系统……但这些也并非永远管用。在美国发生的旱灾会使很多农场主没钱更换设备、没钱买新车，甚至没钱支付孩子们的学费。尽管如此，这些农场主们还是能靠政府补贴过活。同样的干旱甚至使阿根廷的富人们更加富有了。不过马拉达去年的干旱却要了孩子们的命：希度、阿卜杜拉奇兹、胡萨娜，还有其他无数的孩子。杀人的不是气候，杀人的是资源的缺乏和分配不公，再没什么比这更常见的事了。

"到底是谁的错？"

"是我和我丈夫的错，我们本应搞到更多的食物的。"

"为什么这么说？有什么是你们该做而没做的吗？"

"唉，要是我们出去卖点东西的话，可能就有钱了。"

"那么为什么没这么做呢？"

"因为我们没有初始资金。"

"为什么呢？"

胡赛娜静静地看着我，那种压抑的气氛迫使我停止了追问。

在非洲盛行的不仅是身体上的疾病，还有思想上的疾病。事实上很多疾病在全世界都存在，但有很多在非洲属于思想上的疾病在其他地方却并非如此：一个感染艾滋病病毒的美国患者知道自己可能一辈子都得做抗反转录病毒治疗，并做好应对这样的长期慢性病的准备；然而在非洲，一个艾滋病患者想的却是他不可能支付得起医药费，然后他会在几年内死去。疟疾每年会造成一百万非洲人死亡，而要杀死一个人，疟疾首先要侵入这人营养不良且无法接受治疗的身体中。几年前我得过疟疾，我在医院里住了两天，压根没觉得会有多严重，对我而言，疟疾和伤风感冒、拉肚子、肺结核的严重程度差不多。

疾病的危险程度通常都是和一个人所属的社会阶层相挂钩，自古以来便是如此，但从未如此愈演愈烈。随着制药业和医疗业的发展，有没有钱成了一个人的病有没有希望被治愈的重要标准。

胡赛娜也有一个双胞胎姐妹。她俩六七岁时开始到当地学校去上学，马拉布教她们背诵《古兰经》。后来马拉布说姐妹俩很不错，于是她们的爸爸决定送两人中的一个去公立学校上学，他求马拉布从姐妹中挑选出一个来，但是马拉布拒绝了，他让胡赛娜的爸爸自己来选。姐妹俩的爸爸也选不出来，他努力想把两人都送去公立学校。最后，胡赛娜读完了小学，当她想继续读中学时，爸爸拒绝了。

"他对我说我不能继续上学了，还让我原谅他，那是他唯一的一次对我说这话，他是那么难过。"

胡赛娜很晚才结婚，准确地说是十七岁。她和丈夫是在一个堂姐的婚礼上认识的：他一下午都在盯着她看，最后终于走过来对她说他想娶她。她让他去问问她爸，他就去问了。胡赛娜说她觉得结婚就应该像这样按照双方的意愿进行，不应该像其他女孩那样早早地被嫁出去。不管怎样，她对于自己的婚姻很满意。

胡赛娜已经生过十三个孩子了。最早的三个都是男孩，长得很好。后来的五个都死了。他们生下来就很虚弱，她说，都很小，所以没活很久。当第三个孩子死去的时候，村里的老人对她说这是因为她太着急怀孕了，说她生了孩子不到两三个月又怀下一个孩子，上一个孩子吃不到母乳，只能吃别的东西，所以体弱多病，然后就死了。他们还说这样子胡赛娜自己的身子也吃不消，所以生的孩子越来越瘦小虚弱。胡赛娜很清楚这些，但她还是不停地怀孕。

"你的孩子一个又一个死的时候，你是怎么想的？"

"我不知道。我问自己为什么真主不希望我的孩子活下来，我开始试着不再怀孕。我去找了马拉布，他给了我格里戈里来让我不再怀孕。"

格里戈里是一种人们系在腰上的绳子，上面通常会挂一小块动物皮毛或者石头或黏土制的护身符。它的作用是治病和驱邪。

"它真的阻止你怀孕了吗？"

"是的。"

"为什么它能让你不怀孕？"

"它就是能。这是我们的传统。"

说到这儿，她笑了。胡赛娜不时会投来一个甜美的微笑，人们通常会用这种表情来对待那些不理解很浅显的事物的人。

在之后的十二年里胡赛娜又生了六个孩子，都活下来了，直到昨天双胞胎女孩的死。这是胡赛娜失去的第六个孩子。

"生她们俩的时候可真难啊。"她说道。

我问她是现在生孩子难还是一开始更难。

"一开始简单多了，那会儿我更强壮。现在我年纪大了，生孩子就更难了……现在一旦怀孕我都干不了什么活了。"

她说以前怀孕时她都是在家分娩，但是两年前当她怀上双胞胎姐妹的时候，家里没什么吃的东西，她很虚弱。分娩时她昏了过去，人们用摩托车把她送去了马拉达医院，她边说着便给我看腿肚子上的灼伤疤痕，"这就是那时候留下的，被摩托车出气口烧伤的，常有的事。"

她说医生们当时不是说她吃得少，而是说她吃得过少了，过少，所以双胞胎女孩一生下来就很虚弱，医生说她得让她们吃好点。她说"当然了，当然了"。离开医院那天她问医生怎么样就算让她们吃得好，医生说她得先自己吃好，然后奶水才好，才能母乳喂养她们。

　　"你想想吧。"她说。

　　她让我想想，让我想想她的疑惑、她的困境：很多时候为了让自己的孩子不至于没有东西吃，她吃得很少。但是现在医生说为了让双胞胎不生病她得多吃饭。她该怎么办？

　　"我不吃东西就没有奶。我吃东西，我的孩子就没吃的了。也就是说我如果吃了东西，然后有奶水来喂这俩最小的孩子，就意味着我要放弃其他的孩子。这是为了什么呢？为了让她俩长大后遭受同样的命运？"

　　"你最后是怎么做的？"

　　"最后我吃几顿，再不吃几顿，想着这样可能会管用……"她说着，眼睛一直盯着地面。胡希娜在她的怀里哭，哭声很微弱，"有时候我真恨自己生了孩子。"

　　听她这样说，我都不好意思再问下去了。不过她自己开了口："我恨自己生了孩子，因为我怕他们会恨我，恨我给了他们这样一种生活。"

　　人类就是在这片土地上诞生的。在这片土地上很容易就会让人想要迁居，想到摆脱此地的好处。人们说生在这里就是出生在干旱中：在几百万年前，这一时间概念并不是很确切，情况几乎一样。猴子们因为干旱造成的食物减少不得不从树上下来。它们被迫尝试用双腿来站立、行走、跑跳，这样才能在半干旱的陆地上求生。能做到这一点的动物们最终生存了下来。几百万年来，保持直立行走的灵活性扩大了它们的脑容量，它们也更多地开始用脑。之后它们发明了石器工具，学会了耕种，还发明了我们称之为文字的东西。我们从干旱中来，却不知道要走向何处。

"你们信教吗？"

"对，我们是穆斯林。"

"你们觉得为什么真主要创造一个不是所有人都有足够食物的世界？"

"我不知道，我不可能知道这事。但每次我没有吃的东西的时候我都会祈求真主安拉赐给我食物。"

"那么真主为什么没听到你的祈求呢？"

"不，安拉听到了。有时候他会赐给我食物，有时候则没有。"

"真主难道就不能创造一个所有人都没有吃饭问题的世界吗？"

"真主是这样创造世界的：有富人，有穷人。穷人要想有东西吃就得向他祈祷。"

"也就是说如果没有穷人的话，也就不会有那么多人向他祈祷了……"

"我不清楚，我不懂你说的那些事。"

"也许真主创造穷人是为了有人需要他更多一些。"

"也许吧。"

她回答完后又笑了。我觉得她从来没想过这些事，但是我的这个想法让她觉得很有趣。我的错误是继续问了下去："你不觉得他这样做很自私吗？"

"安拉不自私。有时候我想到他，他是会赐给我食物的，还有些时候他不赐给我食物，但他一定有他的理由。"

她很确定地说道。

尼日尔的农民家庭的运转模式大同小异：男人们每天都下田耕种自家的一小块土地；女人们通常不下地干活，她们在家照顾孩子，料理家务，准备饭菜；不过有时候女人们也可能会到一块小的沙化土地里去种点可食用植物，例如可以做酱的秋葵。有时候也会有些附加工作：当自家的田地产量不好时，男人们可能去给别人种地，有时是固定地去一段时间；女人们则可能做些"小生意"，如果她们能搞到原料的话，她们可能会把和好的面煎成饼来卖。

每个家庭都要生足够的孩子来维持生活的正常运转：女孩们会被嫁走以换取嫁妆，然后她们就变成别人家的了；男孩们则在父母无力劳动时承担起赡养他们的义务，而母亲的角色也会换成奶奶，继续照料家庭和孙子们，父亲则变成了爷爷，依然保持着象征性的权力。

还有另外一项难缠的经济法则：在这样一个儿童死亡率排名全球前三的国家，如果一个家庭里没有足够的男孩，那么父母老去之后，家里可能就没有男人能赡养他们了；而如果一个家庭里的男孩过多的话，父母又可能养活不了他们。这是一个很复杂的平衡问题：你要生下数量刚刚好的男孩，多了或者少了都会有问题。

在一个富裕国家，政府或者其他机构会对这些事情负责，生孩子是私人的事情，是传宗接代的一种象征性行为。在一个贫穷国家，生孩子却依然是谋生存的首选做法。

我说的所有这些都只不过是一个概要，却也是实实在在发生在每一个对现代西方家庭运转方式迷惑不解的贫穷家庭里。

在西方家庭里，一个人和他配偶与前夫或前妻生的孩子的关系是什么样的？一个人和他配偶与前夫或前妻生的孩子们的孩子的关系是什么样的？一对同性伴侣和他们的孩子的关系是什么样的？这些复杂的新型关系甚至有的都没有名字。和它们比起来，贫穷国家的家庭结构确实算是很单纯的。

穷人们认为现在仍然和自己的高祖父母们过着相似的生活、进行着相似的生产活动、有着相似的问题是理所当然的。但这种想法很危险。

农业生活正是人类社会中没有发生过巨大变化的一个方面。

对于所有人来说，吃饭永远都是首要任务。一万年前，所有人都要通过劳动获得食物。现在情况已经变了，在富裕国家，只有百分之二到三的人口还在为生产粮食而劳作。在非洲的很多国家，这一数字占到人口的三分之二或四分之三。农业人口的比重很残忍地象征着一个社会的发展程度。

每十个尼日尔人中就有八个靠种地过活。我们很难想象在现今时代，仍然会有一个社会如此地依赖农业。这不是一个人们拥有土地、拥有机器，生产大量粮食来出售给其他人的社会。在这里，人们几乎什么都没有，他们种出粮食来只是能够看看自己什么时候会把它们吃完。

"要是有一天来了一个法师，你可以向他要任何你想要的东西，你要什么？"

"吃的。我会向他要永远都吃不完的食物。"

胡赛娜用一块黑色的头巾包着头，右耳朵上戴着一只金耳环，她的目光灵动，族徽印在她的脸颊上，脖子上挂着种子编成的项链，体形瘦削，她的手很瘦，拇指根部有块白色的凸起，那正是她握磨盘的地方：她用磨盘干活已经四十年了，每天两小时，日复一日。她用了三万个小时来碾米，来制作他们唯一的食物。

"你年轻时家里吃的东西是比现在要多吗？"

我的问题其实很泛泛，我只是想知道情况是变好了还是变差了，但是她的回答却很具体："对，要比现在多，因为以前家里没这么多孩子。其实以前家里孩子也不少，但都死掉了。现在我们有这么多孩子，吃的东西就少了。"

我们把农业当作一个古老的事业。在欧洲许多富裕国家，干农活就像做手工艺品一样，是有些不符合时代潮流的东西，只能靠国家提供津贴来维持，目的是不要丢失掉本国的传统和文化。在一些新兴的富裕或较富裕国家，如加拿大、澳大利亚、乌克兰、俄罗斯、巴西和阿根廷，农业是少数人从事的贸易活动。在美国，农业虽说还是很重要的活动，却只占国内生产总值的百分之四。

通常来说，在仔细思考之前，农业给我们的感觉是缺乏重要性的，是一个古老的领域，缺乏活力，不够现代化。不过我们忘了一个细节：我们仍然没有发现其他可以生产食物的方式。

我们在实验室里做了几十年的努力，我们想了无数个点子，申请了无数个专利，发明了无数种染色剂、提味剂、芳香剂、甜味剂还有其他许多添加剂，但我们改变不了的是我们的食物依然是从地里长出来的蔬果，或是靠吃这些蔬果维持生计的动物。

农业依然包含着五个基本过程：选择作物，利用水源，修整土地，保护作物，收获作物。作物的种类其实并不多，现存大约共有二十五万种蔬菜，其中约五万种是可食用的，但我们通常只吃其中的二百五十种：谷物、根部、块茎、果子、青菜、叶类、坚果、香料。

现如今，平均来说（因为比例因地区而不同），被谷物喂养的动物的肉和奶提供了人体所需四分之一数量的蛋白质，这还不算鱼肉所提供的另外百分之五，剩下的基本由蔬菜提供，而蔬菜是农业的直接产物。人体百分之九十的卡路里来自十五种农作物：其中三分之二来自以下三种谷物：水稻、玉米、小麦。

食品贸易，也就是农业及食品制造业，只占世界经济总值的百分之六，服务行业是它的十倍，食品贸易看上去无足轻重。然而恰恰是它决定着其他所有的一切，没有食物，其他的一切也就不复存在了。全世界有十四亿人是农业人口，占有劳动能力的人口数的百分之四十三。经济重要性、民主和实际需求之间有着巨大的距离。

在经济落后的国家，靠锄头和铁锹开展的农业活动是纯粹的体力活儿，因此男人们会有天生的优势。女人们也会做出努力，干些力所能及的活儿，但是男人们注定是家庭的支柱，这种关系也决定了家庭生活的结构。女人们的付出很快就会得到补偿，就像主人和奴隶的关系一样，男人会给她们食物。发达社会很容易，而且理所应当打破这种关系结构，但是在一个贫穷国家事情就很复杂了。但是当一个男人也并非那么容易，他必须得保证能源源不断地带吃的回来。

萨鲁，胡赛娜的丈夫，并不属于最穷的那群人：他有两块地，每块半公顷，他们在上面种黍子。要是没有极度的干旱，没有蝗灾，每块地能生产大约六十堆黍米。年份好的时候，一堆黍米能产十五公斤谷粒，而在灾年，可能只有一两公斤。

"竟然能差这么多？"

"对。我们永远不知道来年我们会有多少粮食。"

胡赛娜和我开始计算：一个很好的年份每块地可以产900公斤米，总共1800公斤。一个像他们这样的大家庭每天需要消耗5公斤米：5公斤未去壳的米。一年的话就是1825公斤。也就是说，即使是在一个很好的年份，他们也不能保证天天有饭吃。这还不算其他的花销：盐、糖、茶、一点点西红柿、衣服、鞋子、出行交通、点灯的煤油、工具、药……

"我的工作就是分配食物。我的男人种黍子，他负责照顾和收获谷物，然后把它们交给我。我得在家里把它们保存好。有时候我们会吵架，因为他让我多给他点吃的。但是他从来不打我，好吧，几乎没打过我。我对他说：'你想在后面种地的时候有饭吃吗？那么咱们现在就得少吃点。这样食物才能维持到那时候。'最后我把他说动了。但有时我也怕自己出错，我怕我算错了食物的数量，到了某一天突然发现食物不够了。你要知道，这事儿曾经发生过。"

"有没有哪一次你算错了，最后发现食物多了。"

胡赛娜笑了，用一种像是怜悯似的奇怪表情看着我。

　　在每一个不算好的年份里，食物都会在六七个月里被吃光，更别提像上一年的那种年份了，几堆黍米都产不出一公斤谷物。为了弥补食物的不足，很多人试着在十二月开始种洋葱，但也不是每次都能靠种洋葱过活，因为他们需要钱来买种子和肥料，而且水源也时常会枯竭。不能种洋葱时，萨鲁会找些小活儿干，有时候能找到，有时候找不到。

　　"所以有时候我们能吃上饭，有时候不能。有时候我们的邻居会给我们送点米来，我就给孩子们做点吃的。有时候我们能从树上摘些叶子下来吃，有时候我们连树叶也找不到。"

　　胡赛娜看到我惊讶的表情，竟然笑了。她一定在想她眼前的这位先生压根不懂什么是生活。

　　"你们除了黍米还吃过什么别的东西吗？"

　　"有时候周六市场开市的时候我们会去买点别的东西。"

　　"都买些什么呢？"

　　"买点土豆、木薯来吃。"

　　"你最喜欢吃的东西是什么？"

　　"我喜欢吃大米。但是我们买不起。市场上买5斤大米要花1500西非法郎，黍米也得800西非法郎。现实太残酷了。"

　　5斤黍米要花800西非法郎，每公斤值300多西非法郎。几个月前收获季的时候，黍米还只卖每公斤70西非法郎。商人们总是在背后操纵着市场：他们从负债的农民那里买来米，囤着，等着，时候一到就大发一笔。然后，饥饿就会不定期地降临到穷人们头上。

　　"但是今年我吃到了牛肉！"

因为她参加了一个婚礼，她对我说，一个很有钱的亲戚的婚礼，在婚礼上她吃过一小块牛肉。一块牛肉，她强调着，一块牛肉。

在我的工作笔记中，关于尼日尔的这章总是带着"饥饿的结构"这样的标题：我试图探究一些饥饿根源上的问题，类似于本体学所关注的问题。在尼日尔这个国家，饥饿看上去是恶劣的气候及地理环境的产物：这片地区太干旱了，能够种出的作物品种极为有限，无法养活在这片土地上生存的人类。这是尼日尔的问题，也是整个萨赫勒地区饥饿问题的缩影。我过了很久才意识到自己其实是不认可这个理论的。饥饿一定有更为复杂的结构，它的背后有更深层的原因。

当人们说到"结构性"这个词，其实指的是一个事情糟糕透顶、无法挽救。

又是类似的官僚主义辞藻。

"当你过得好的时候，你开心吗？"

"当我能吃上饭还能让我的孩子吃上饭的时候我最开心，那是最美好的时刻。"

■ 部落的话 ■

怎么回事呢？

一切都取决于看待问题的角度。奥逊·威尔斯就是"第三人"[1]，一个在战后的维也纳倒卖掺假抗生素的生意人，他出售的是杀人的药，因为那些药无法起到治病的作用，而他的老朋友约瑟夫·科顿则对他的倒卖行为发起了抨击。在普拉特游乐场里的摩天轮最高点，威尔斯回答科顿说不要表现得那么虚假：

"你看看下面。告诉我：那些小黑点中的某一个不再活动这个事情真的让你感到遗憾吗？"

看上去威尔斯恬不知耻得有些过分了——过分，人们总会生出这种感觉。往往在我们说出"过分"这个词的时候，我们都是在眺望远方：那些被我们品评的人，都只是些小黑点。为了不显得自己恬不知耻，我们选择不看。

这到底是怎么回事呢？

不，我不会说那些东西一点都不在意这些事情。我有时候真想杀了那些玩意儿，我有时候也会想他们怎么会为了生存干出这些狗屎一样的事情，可事实是我完全无法理解。当你看到一个眨着大眼睛却瘦骨嶙峋的孩子的照片，看到那张忧伤的小脸，你怎么能继续保持无动于衷呢？不，应该把那些东西全关起来，就因为他们是些混蛋玩意儿。我不能那么做，不能在所有不幸的人头上拉屎，我们这群人之间有个约定，每完成一项工作，根据收益情况，我们都要拿出一部分钱来捐给和我们保持长久合作关系的公益机构，原因很简单，

---

[1] 指 1949 年的英国电影《第三人》，奥逊·威尔斯出演的主要人物在一场虚假的车祸中虚假死亡，后被主人公侦探发现他的黑帮背景身份。

知道类似那样的事情在发生，却什么都不做，我们不能当那样的蠢货。不是吗？尤其是在你足够幸运的情况下，你运气不错，现在也过得挺好，有点钱，有家庭。正因为这样才应该做点什么，我们所有人都该做点什么，所有人都该在自己力所能及的范围内做点什么，好知道至少不……[1]

我们究竟怎样才能做到呢？

问问自己今晚会在哪里吃饭。问问自己今晚会吃什么。问问自己今晚会跟谁一起吃饭。坚持问这些问题，这些再常见不过的问题。

再问问自己今晚会不会没有饭吃。

我们到底怎样才能安心生活？

不能，但说真的：在其他地方发生过所有这些灾难之后，你还能继续安心对非洲孩子们的境况熟视无睹吗？你是不是对周围的事情漠不关心呢？你难道不是一直都在逃避吗？

我们到底怎么才能在知道那一切的情况下继续生活下去呢？

不要说：其他人过得好不好与我无关，包括饥饿问题。不要说：其他人是否存在也与我无关。

不要评判，要阐述。也许我们对那一切都不关心也无伤大雅。也许在信仰上帝、担心他人的事情上"浪费时间"的确是愚蠢的做法。但是要衡量其中蕴含的可能性：它的益处，

1　在全书"部落的话"部分，经常出现类似此句的看似未写完的句子，疑为作者表达情绪的方式。

它的坏处。

我们究竟怎么才能在知道那一切仍在发生的情况下继续生活下去呢？

我向你保证，有时候我真想扛着火箭筒出门，把所有人都杀掉。所有人，你明白我的意思，一个都不剩：看到别人在受罪会让我无比痛苦，兄弟，我指的是那成百上千万忍饥挨饿的人，我们这些活人是站在尸堆上生活的，我向你发誓，我会把所有人杀死，如果这能起到点作用的话。可是这样做能有什么用呢？严肃地说，你能做些什么呢？说真的，做什么能改变这狗屎一样的体系呢？权力掌控一切，掌握着所有镣铐，完全没办法把他们拉出来，从地堡里拉出来，从银行里拉出来，从飞机里拉出来，从……

我们到底怎么才能在知道这些事仍在发生的情况下继续生活下去呢？

5

首先是抓捕奴隶，然后进行贸易。从 15 世纪开始，一部分非洲贩子和一部分欧洲贩子带走了大量撒哈拉沙漠以南的非洲居民，许多历史学家说这一数字几乎达到当时该地区人口数的一半。之后，欧洲人在 19 世纪末对非洲进行的侵略彻底摧毁了这一地区的经济。当地工业不复存在，贸易被切断，土地被占据，当地种植的农作物被其他对宗主国有经济利益的作物取代。

在非洲各国纷纷独立之际，欧洲人带走了所有他们能带走的东西。大部分非洲国家面临的形势都很严峻：底层贫困人口过多、缺乏技术人员和资金，另外还有社会和政治冲突。情况在 20 世纪 80 年代"华盛顿共识"被提出后进一步恶化，世界银行和国际货币基金组织以外债相威胁，迫使非洲多国政府减少对其国内众多领域的干预，这众多领域之一就是农业，因为农业仍是非洲国家最重要的经济活动，它维持着非洲人民的生计。

"市场会针对不同情况进行自我调节。"世界银行和国际货币基金组织一直在重复这个论调。因此，国家应该停止对农民发放补贴、停止承诺由国家定额收购他们的产品、停止由国家干预维持商品价格的稳定。它们提议非洲国家要"加入国际自由贸易体系中来"。

在许多国家，政府没有抵抗太久就全盘接受了这些建议，农民们对此无能为力。农业是一项古老的活动，不值得费力对其进行保护。众多西方专家这样说道："农业保护是非洲人民贫穷的重要原因。"

在那之后，又是世界银行跳出来说对农业的补助要比其他抑制饥饿的方法有效四倍。但是在 1980 年到 2010 年间，国际社会针对非洲农业提供的援助所占比重从 17% 下降到了 3%。美国和欧洲对农业人口的资助则为每年三千亿美元。

国际货币基金组织同时也在不断施压，让非洲的农业家不再种植供自身消耗的粮食，而是将土地用来耕种面向国际市场的商品：咖啡、茶、棉花、大豆和花生，通过这些商品的出口，非洲国家就能够偿还外债。非洲国家就这样被强大的国家和组织拉进了国际市场。

那些年，很多国家开放了市场，从其他国家进口更便宜的粮食，那些国家还会再额外提供一些补助，他们用进口的粮食替代了本国生产的粮食。这正是国际市场最残酷的一点：由于没有销路，许多贫穷国家的上百万农民赔掉了老本。他们的国家放弃了所有在国内生产粮食的想法，而进口的粮食实际上受到国际市场的影响，价格波动很大。

进口粮食的分配也是有地区差异的：绝大部分在大城市里，尤其是沿海城市，因为国家的财富通常集中在这些地方。在世界最贫穷的五十个国家中，有四十六个从发达国家进口比其本国出口更多的粮食。在长达一个世纪的时间里，非洲一直是粮食净出口区，但从1990年开始，非洲粮食的出口额开始低于进口额。

里根政府的农业主管约翰·布洛克曾经说过："发展中国家应该自己生产粮食的观念已经过时了。要保证这些国家的粮食安全，他们应该选择相信美国的农产品，他们可以以一个低廉的价格购买美国的农产品。"

这些话的意思很明白：美国和欧洲生产的粮食质量更好、价格更低，因此非洲人和其他贫穷国家的人们没必要自己种地，他们可以去干别的活，然后直接购买进口食品就可以了。他们并没有指明人们应该在哪儿干活，有时候这些大国会在当地建一些工厂雇佣廉价劳动力，但大多数时候他们什么也不会做。因此，在大城市里，失业者随处可见，而在农村则到处都是失去土地的农民。

三个非洲人里就有两个是农民，这些人仍然依靠自己种的粮食生活。他们永远吃不饱，因为他们的工具太落后、他们的土地产量太低，所以他们也永远没有多余的钱来改善他们的生产条件。

1970年，在非洲有九千万营养不良的人，而到了2010年，这一数字已经超过了四亿。

"这不可能。"

今天，在医院里，在十几位母亲中间有一位父亲，他在哭。这是一个年纪不小的父亲，看上去有五十多岁了，在一个平均寿命也仅仅是五十多岁的国家里，他的岁数确实不算小了。他已经死了好几个孩子了，他倒数第二个孩子阿西鲁如今也因为营养不良住院了。阿西鲁只有三岁，他的三个哥哥也是在差不多这个年龄死掉的。

这位父亲叫优素福，他在哭，但是他想保持男人的尊严，所以他没有捶胸顿足地哭，他只是把脸埋在双手中，也不用手擦眼泪，任由眼泪从脸颊滑落。优素福对我说他的第一个女人一直没怀上孕，第二个女人倒是能生孩子，但是生下来的孩子都活不久。他觉得可能是他的错。他并没说出来，但我觉得他是这样想的，我没勇气问他。

"我本来想着能把他送去学校读书，然后让他找个好工作，让他替我实现我的梦想。我没什么成就，但他有可能会有。"

优素福在医院已经待了好几天了，他身上的衣服脏了，脚上穿了多年的鞋早已经磨破了。他的眼泪仍在缓缓流出。

"不会的，怎么会发生这种事。"

优素福在为他的儿子哭，也在为他自己哭："我该怎么办？等到我老了，孤身一人的时候，我该怎么办？"

未来对这些人来说只不过是一种威胁。

黑色的袋子在田间飞舞。那是些黑色的塑料袋。黑色的塑料购物袋飘荡在尼日尔的各个角落。这些是现代化的垃圾，在尼日尔，现代化给予的最多的东西就是这些垃圾。

未来。

尼日尔国土面积有一百万平方公里，但是只有四万平方公里是可耕地。在其他土地上生活的是游牧民族，他们看养着两千万的牲口：山羊、绵羊、驴子、骆驼和瘤牛。自从国际货币基金组织要求尼日尔政府关闭国家兽医办公室、向国际社会开放市场后，像抗寄生虫药物、疫苗和维生素之类的动物药品的价格就在成倍增长。牧民们失去了他们的牲口，只能逃到尼亚美、阿比扬、科托努这些较大城区的郊区去过活。同样是国际货币基金组织，他们要求尼日尔政府取消他们的粮食储备：四万吨谷物，大部分是黍米，这些粮食储备本来是用来在大旱、蝗灾频发的时期以及每年的"空档期"解决人们的饥饿问题的。该组织认为，储备粮会扰乱市场秩序，而尼日尔政府，受制于所欠的外债，只能全盘接受这些建议。

尼日尔是世界第二大铀原产国，该国的沙漠地区有丰富的铀资源储备，而铀又是一种十分重要的矿物资源。尽管如此，尼日尔却并未从中得到太多好处：铀的开采权一直掌握在法国公司阿海珐集团（Areva）手中，他们为此向尼日尔政府支付的费用少之又少。直到 2007 年，当在阿泽里克地区又发现了新的矿藏时，时任尼日尔总统的坦贾·马马杜决定由一家尼日尔一中国的合资企业对其进行开发。阿海珐集团对此提出抗议，但是于事无补。两年后，在伊莫拉伦地区又发现了新的矿藏，法国明确表示想要得到这个矿的开采权。法国是目前世界上核电发电比例最高的国家，核电发电占发电总额的四分之三，所以他们迫切需要铀。法国不产铀，他们所需的铀有一半都采自尼日尔。

2010 年 2 月，坦贾总统又一次开始和中国人商谈开采新矿的事宜。几天后，吉博少校发动军事政变，坦贾被赶下了台。吉博一上台就推翻了和中国人的协议，并特别强调了尼日尔和法国以及阿海珐集团的友好合作关系。第二年，马哈马杜·伊素福通过大选上台，而他曾是阿海珐集团的矿物工程师。

在 21 世纪初世界银行就已经做好准备推动其粮食灌溉计划。世界银行声称该计划能帮助尼日尔约四十万公顷面积的土地产量翻十倍，从而保障尼日尔全国人民的粮食安全。但是世界第二大铀生产国却没钱推动该计划在本国实施。

罗马帝国时期，1 公顷田地可以产粮 300 公斤，一个农民平均可以耕种 3 公顷农田，也就是说每人可以产粮近 1 吨。

中世纪时欧洲大陆的农田平均每公顷可产粮 600 公斤，而平均每个农民有可耕田 4 公顷，也就是说每人能产粮 2.5 吨。

在 18 世纪的英格兰，每公顷土地可以产粮 1 吨，每个农民平均有田 4—5 公顷，也就是说每人能产粮 5 吨。

在 20 世纪中叶的美国，1 公顷田地可产粮 2 吨，而平均每个农民有田地 25 公顷：可以产粮 50 吨。

到了 21 世纪初的美国，1 公顷高产的田地可以产 10 吨，而每个农民平均拥有 200 公顷土地：能够产粮 2000 吨。

在 21 世纪初的萨赫勒地区，1 公顷土地只能产粮 700 公斤，每个农民平均只有 1 公顷土地，也就是说他们可以产粮 700 公斤，比两千年前罗马帝国时期的农民的人均产粮还要少，是同期的美国农民人均产粮的 0.35%。

很少在某个领域里会有如此大的差距，但这种事却偏偏发生在了农业领域：给我们提供食物的基础领域。

非洲大陆的土地很干旱：和欧洲、美国、亚洲的标准相比，非洲百分之四的可耕地都有各种各样的灌溉问题。世界气象组织曾在巴西北部做过一次实验，他们把两公顷种豆子的土地拿来作比较，一块靠自然灌溉，一块靠人工灌溉。实验结果显示，只靠雨水灌溉的土地产量为 50 公斤，而另一块则为 1500 公斤，后者竟是前者的 30 倍。

实际上在非洲大陆还缺少更多的东西：在全世界有三千万台拖拉机，但是七亿非洲农民一共却只拥有其中的不到十万台，大多数还只是在用动物耕地。他们除了手、脚、锄头之外再也没有更多有效的工具了。实际上有专家说如果用于耕地的牵引力能翻倍的话，非洲可耕地的面积也会翻倍。

在非洲七亿农民中，有五亿都没有优质的种子和肥料。大部分人都无法在外地卖自己收获的粮食：因为路况糟糕，也没有运粮食的卡车。所以要是他们足够幸运能有多余的粮食的话，那些粮食也通常会因储存条件太差而坏掉。根据联合国粮农组织的统计，全球有 25% 的粮食都因动物啃食或不当储存而被毁坏，而这其中的大部分粮食毁坏现象都发生在贫穷国家，那里很多储藏粮食的地方过于简陋，甚至压根没有存粮食的地方。

听说萨赫勒地带的人们吃不上饭我感到很愤怒。只要有政策扶持、有重视这个问题的官员，这个问题一定能解决。国际社会指责那里有太多的贪官污吏，这确实是事实。但是国际社会也是应该对此负责的。如果我给你十西非法郎让你去买一支铅笔，但你从没把铅笔买回来，那么我自然不可能继续每年给你十西非法郎让你去买铅笔。可国际社会干的就是这事：他们提供援助，明知道他们援助的钱都落到了贪官的腰包里，却还是继续提供援助，不停地提供援助，因为这符合他们的策略，使他们能继续在这个地区开展贸易。

一位要求匿名的非政府组织负责人在他位于尼亚美的办公室对我说："国际社会和各国政府之间是互惠的关系。这种关系体现在经济方面：他们希望有一个贪腐的政府，因为这样的政府在美国或欧洲公司面前更容易让步。但又不仅仅体现在经济方面，还有一些更深层的东西，国际上很多人希望让当地政府依赖自己提供的援助而生存，而当地政府也甘于如此，他们希望本国人民依赖国际援助而生存，让人们时刻处于饥饿的威胁下，这样人们就不会关注他们的政府在背地里做些什么了。当一个民族的肚子越空，他们睁开眼睛认真观察的次数就越少。同时人们已经习惯了伸手要饭，他们不会努力耕种，而是等着某个组织或某家银行把饭递到他们手上。我不是说所有人都是这样，不过……"

马达拉医院的一位护士给我讲过一个母亲的故事：几个月来，她始终把她儿子的体重控制在标准线以下，为的是拿到补助食品来贴补家用：一小袋秦米和两升油。第二天我就听到了她和那位母亲的对话。

"他们说你的孩子还没治好，他的体重总是在标准线下。"

"是啊，还没治好，这个小可怜。"

"不是因为你没把所有的东西给他吃吗？"

"当然不是，我把东西都给他吃了。我觉得他是被下咒了，应该是被下咒了，医生。"

有些女人到处打听不同的组织派发食物的时间和地点，他们会步行几个小时去领取救济。有些人领救济是为了养活孩子，还有些人是为了卖出去换钱，再拿钱去买其他的食物：一包 Plumpy' Nut[1] 在马达拉市场上的价格是 150 西非法郎，约合 0.25 美元。

尼日尔的问题也同时是非洲、亚洲和美洲很多国家的问题，在尼日尔出现的饥饿不是"结构性"的，其实它也算是，因为世界上没有哪个国家结构中是没有饥饿的。还是拿尼日尔来说吧，哪怕这片土地很贫瘠，但要是有肥料、除草剂、

1　Plumpy' Nut 是一种用花生做的高蛋白、高能量的酱，是一种在援助饥荒时使用的食品。

拖拉机和灌溉用水，一切就都不一样了。

就像其他许多国家的情况一样，尼日尔的饥饿问题是一场人祸：要是在独立前一百年里，这个国家能有些储备；要是在独立后，被阿海珐集团拿走的铀能被这个国家用来发展农业：购入拖拉机、引入灌溉用水、修建公路，甚至建一些小企业……事情就会大不相同了。

《华尔街日报》前记者罗杰·瑟罗在他的著作《够了》中提到过一个不可思议的事例。截至2002年，埃塞俄比亚的粮食产量已经连续多年上涨，这一切都得益于种子质量的提高，再加上肥料、拖拉机和水源的利用。2002年，埃塞俄比亚一跃成为仅次于南非的非洲第二大粮食生产国。然而问题是有多少人享受到了这些成果呢？厄立特里亚战争毁坏了通向港口的道路，因此超出粮食生产区需求的多余粮食无法被其他地区利用，政府和私人企业也没有钱购买和储存这些多余的粮食。在这个国家的其他地区，上百万人仍然在忍饥挨饿，然而通向这些地区的道路却不能通行。只有国际援助的飞机才能到达那些地区：大多是美国的飞机，他们带去大量的美国食品，按规定这些飞机只能运输美国产的食品。一个国家有很多粮食，但是却只能用昂贵的价格向美国购买食物。

有些地区粮食过剩。当地市场上满是价格低廉的粮食，在短短几天之内100公斤谷物的价格就从10美元下降到了2美元。很多农民一赔到底，到了来年没有钱购买种子、肥料或是水泵燃料：大量土地被闲置。2003年的粮食收获量是十年来最低的，饥饿在埃塞俄比亚全国蔓延。一个叫布鲁拉·图莱的农户对瑟罗说："我知道如果我减少种植面积的话，就等于间接推动了粮食短缺。这很可怕，但我也没办法，我不能故意蒙受经济损失。"图莱上一年利用了1000公顷可耕地，但这一年只用了200公顷。

　　无国界医生组织在尼日尔的负责人莫莫有着多年在这一地区的工作经验：他在马里出生并成长，是多个不同组织的成员，同时也是萨赫勒地区问题专家。莫莫说起话来很镇定，但是语气中透着一股坚毅："有很多自然因素和人口因素在把问题搞得复杂。这里总是有各种灾害，还有虫子啊鸟啊会在粮食收获季的时候出来捣乱。这些问题都影响着近几十年历史的发展。很多流动性的牧民在一个地区安家落户，这就加剧了人口问题。他们在某地定居之后，就会使当地人的生存空间进一步减少。由于牧民减少，肥料也就相应减少了，而作为替代品的化学肥料却价格昂贵，因此粮食产量进一步减少。土地愈发贫瘠，再加上降水量减少，而人口又在不断增加……原来这片土地能生产足够的粮食，而现在不能了。"

　　最近二十年来，尼日尔的粮食产量以每年2%的速度增长着，而每年的人口增长率却达到了3.5%。粮食产量的增速跟不上人口数量的增速。因为有了更多的人口，土地也被切分得更小了。

　　之前这个体系还是能够运转起来的，农民们会把村子边缘的更贫瘠的土地利用起来。但现在这招行不通了，所有的土地都被占了。也因此，农民们无法给过度利用的田地休整的机会。田地出产量越来越少，每块地得到休整的时间越来越短，然后产量进一步降低，陷入恶性循环，直到土地的产量低到维持不了农民们最基本的生存标准为止。几个世纪以来，农民们手中的土地只会卖给自己的亲戚，在最糟糕的情况下也只是卖给自己同村的邻居。四十年前这一潜规则被打破了，土地流入市场，被城市里的有钱人——商人，官员——买走了，他们开始囤积土地。农民们以前手中还握着这最后的救命稻草，他们的土地可能产不了多少粮食，但至少还能卖点钱。在绝望中，他们开始卖地：一开始是一公顷，后来再卖一公顷，最后全部卖光。他们最终一无所有，沦为贱民，但是他们还得生存，于是只能拖家带口跑到尼亚美或阿比扬的贫民窟去谋生计。

对，莫莫说，就是这样。四十年了一直如此，按理说现在早该找到解决方案了。

胡赛娜和萨鲁有几个孩子已经很大了，超过二十五岁了，却仍然和他们住在一起。结婚是很费钱的，他们还没有足够的钱去置办嫁妆、举行宴会和筹备礼物。胡赛娜说她准备去问一个亲戚借点钱用来给大儿子结婚，他的大儿子已经越来越等不及了。要是今年收成不差的话，胡赛娜说，我们就准备下他的婚事。

要是收成不好，胡赛娜补充道，他就会离开这里，再也不回来了。

"他要去哪？"

"他说想去尼亚美，但是他不知道怎么去，而且在那儿我们一个熟人也没有……"

"你了解尼亚美吗？"

"不了解，我在那儿谁都不认识，我也没法去那儿。"

"你觉得尼亚美是什么样的呢？"

"我不知道，很大吧。"

"你觉得那儿的人生活得更好还是更差？"

"那里和我们这儿肯定不一样，那儿的生活肯定好得多。那里有水，有电，有更多的食物。城市里总是有更多的食物，那儿的人生活得很好。城市里的人生活得都比我们好。"

她这样说道，却并不知道自己在谈论的地方满是茅屋、垃圾堆、乞丐、瘫痪的人、生活在社会底层的人……

"你不想搬过去住？"

"我想去，但是搬到尼亚美去住需要先手头宽裕。"

胡赛娜继续向我解释着，我们假想她和她丈夫还有孩子一起到尼亚美讨生活。"孩子可以先留在村子里。"她补充了一句。他们得先有点钱来付路费，还得有钱在刚到那里找到工作前的头几天填饱肚子，如果他们能找到工作的话。还有睡在哪儿也是个问题，她继续说道，因为有人给他们说过在城市里不能随便找个地方睡觉。他们没有这个财力，她说，所以他们不能去。到城市里谋生这个选项是为那些手头有钱的人准备的。所以，她继续说着，她认为他们的儿子应该继续待在他们身边。另外，她慢慢地说道，还有个问题：

"还有个问题。离开父母的孩子们最终会把父母都忘掉的。"

6

昨天下了场雨，今天田地里就挤满了男男女女，他们拿着锄头在翻地，为播种做准备。虽然土地湿了一些，但要翻地还是很难。我昨天下雨的时候就想到一定会看到他们的。

"你都不知道我们看到开始滴雨的时候有多高兴，一看就知道会是场好雨。"阿玛德带着胜利的表情对我说道。

"我们还以为不会下雨了。每年我们都觉得不会下雨了，但最后都会下雨，但是到了第二年我们还是觉得不会下雨。"

"每年都下雨吗？"

"也不是每年都下，有时候不会下雨。"

把他的这种心态换个说法就是：对所有事情都极没把握。下不下雨，有没有蝗灾，商人买不买粮或者说商人卖粮时抬不抬价，这些事情都事关成百上千人的生死。真正的财富是有选择的生活、有保障的生活，而不是每天都生活在危机边缘。他们行走在社会边缘，一步不慎就会坠入深渊。真正的悲惨就是这种天天沿着刀锋行走的日子，一旦摔倒，你就会万劫不复。

我已经好些日子没有见过有人的手腕上戴着表了。阿玛德有一块又大又重的方形金属电子表，他把它戴在右腕上，时不时就会看一眼，就像是在确认手表还在，又像是在向我表明他有手表，他是个有手表的男人。"小时"，不是时间，而是用来计量时间的单位，是文化发展的象征。几个世纪来从来不用手表计算时间的农民们不得不面对一个全新的情势：能够看到小时数变成了一种时尚。所以能做到这一点的人就要表现出来。

阿玛德有二十八岁了，他读完了小学：他能读，能写，还能算数。他有一个老婆，三个孩子，父母还健在，还有三个兄弟，四个姐妹，一堆外甥侄子。他们一共有三块一公顷的地，两块一公顷半的地，还有一块两公顷的地：一共是八公顷。四个男人耕种八公顷的土地，这让他们成了街坊邻里中最有钱的人。

"馅饼都不是从天上掉下来的，先生。没人给过我什么，都是我自己耕耘出来的。"

阿玛德和他的父亲、兄弟中的两个一起劳动。那是一个很长的过程：在四月正式开始耕种前他们首先会把地烧一下，来去除杂草，并且使过度开发的田地恢复一定的肥力。然后就是最繁重的活儿了：他们用前端带刀的木棍来犁地，这种工具是当地最普遍的。男人们就用这种原始的工具犁地。到了五月，在雨水来临前，他们开始播种：他们管这叫干地播种。他们不施肥，因为他们不知道会不会下雨，也不知道那些作物会不会生根，他们不能靠碰运气而浪费肥料。两三周后，如果下雨了，作物就会发芽，这就到了用工具再次拔除杂草的阶段，然后就是施肥。肥料是很贵的：以前的肥料都是动物的排泄物，但是现在由于空地少了，牛也就少了，所以现在只能花钱买肥料。一个月后他们会再次除草，如果他们还有肥料的话就会再次施肥。他们会再等一个半月或是两个月，祈祷着该下雨的时候下雨，祈祷不会发生蝗灾或虫灾。

最后，终于到了收获的季节，他们会把粮食储存在谷仓里。田地里还可能会发生争斗，可能会出现某个牧人带来的羊群，会有极度炎热的天气，会有干旱……农民们每天都要劳作很多小时，有时是八小时，有时是十小时，他们在阳光的暴晒下劳动，只在正午休息一小会儿，他们在这段时间里做祷告、把妻子带来的面糊球吃掉。

"很累吧？"

"很累。"

"干活的时候会想很多事吧？"

"对，会想很多，什么都想。"

"你都想些什么呢？"

"我想的最多的是，哎呀，活儿什么时候才能做完呢，还差多少才能做完呢。还有些时候我会想我得买个犁，再买两头牛或者是一头骆驼来犁地。那样的话我的工作就会轻松很多……"

由村子里的铁匠做的带轮子的犁地机要卖35,000西非法郎，也就是70美元左右。不是很耐用，阿玛德说，不过要是照料得好的话也能用挺久，但不过再怎么仔细最后也会坏的。如果要买一台质量好的犁地机的话就要花费60,000到80,000西非法郎，再加上两头拉犁地机的牛，花销不会低于150,000西非法郎。反正有200,000到250,000西非法郎的话肯定能买到，他说，也就是400到500美元。

"不少钱啊。"他说着，叹了口气。

农业发展遵循着一条古训，除非迫不得已，不然一个农

民的儿子是不会放弃祖上传下来的土地的。他会继承这片土
地，像他的父辈一样继续在上面耕作。

这也是一种命运，我想着：这就是他们的命运。

我突然想到原来命运这个词竟可能是一个自古就有的农
业用语。

阿玛德说，有时候他厌倦了用手中的工具耕地，这时他
就会停下来想想他要怎么做才能买得起一直想要的犁地机，
他在脑海中描绘着自己的未来：有了犁地机他就能种出更多
的粮食，还能节省时间，在节省出来的时间里他可以去其他
人的地里帮忙，或者搞来另一块地来种，因为他干活快，这
样他就能早点离乡挣钱了：每年阿玛德都会用一两个月去尼
日利亚赚钱。尼日利亚很近，还不到二十公里，而且边境很
容易通过，据说基地组织在萨赫勒地区的成员经常利用这条
边境线活动。

尼日尔多年来一直置身本地区冲突之外，但是现在情况
发生了改变。现在由于恐怖主义活动，尼日尔已经被迫成了
军事行动地图上的一部分。2013 年 2 月，美国在尼亚美郊外
设立了军事基地来起降无人机，这种武器完全改变了这一地
区的冲突模式：穷人和富人们打仗的方式总是不同的，穷人
们拿身体打仗，而富人们会在很远的地方操控机器去打仗。

一位美国发言人表示不能透露这一地区已经配置了多少
架捕食者无人机，但这些无人机是用来控制马里的宗教激进
主义者的，目前仅用于监视。但是这一行动将尼日尔拖进了
战争中，使尼日尔政府的处境十分艰难。"我们是欢迎这些

无人机的，"马哈马杜总统说道，"我们得防备撒哈拉地区和萨赫勒地区的游击队活动。我们要信任像法国和美国这样的国家，我们需要和这些国家进行合作，来保障本国安全。"

这背后还有更深层的原因：尼日尔国家财政预算的40%来自第一世界国家的援助以及尼日尔同他们的合作，这当然是有代价的。

当尼日利亚的玉米和稻米收获季到来的时候，阿玛德和村子里其他的男人就会越过边境线。这就是在贫穷国家流传的古老习俗，男人们要不停地走动、游走，而女人们则被束缚在自家的土地上。也可以说女人们一生只"走动"一次，也就是在出嫁时搬到丈夫的村子去住，在那之后，如果不发生灾难的话，她就会在那儿待一辈子。

在尼日尔，一个农民每天的收入大约是2000西非法郎，约4美元。在尼日利亚这一数字会达到4500西非法郎。阿玛德会用一部分钱从卡诺的中国批发商那里买一些袜子和手灯，然后试着在几个村子中把它们卖掉。每隔十天或半个月他就会给他老婆寄点钱来维持家人的生计：有时候是托某个熟人捎回去，有时候通过银行，但是银行会扣超过10%的手续费。

"要不是因为我热爱我的家乡，我情愿一直在尼日利亚干活。但是我不能也不愿意这么做，因为那是我爸爸的土地，也是我爷爷的土地……"

他不愿意放弃自家的土地，也确实没这么做。上一年曾有一个尼日利亚农场主给他提供了一份固定工作。不是让他下地干活，而是当会计。阿玛德很想干那活儿，但是他做的第一件事首先是征求他父亲的意见，他的父亲又给他讲了一遍他的一个叔叔的故事：很多年前，那位叔叔跑去尼日利亚工作，然后就再也没回来，也再也没往回寄任何东西。最后阿玛德的父亲对他说他不希望阿玛德也从此消失掉。

移民是财富再分配的一种很原始的方式，这一再分配进行的方式也很原始：穷人们跑到富裕的国家，做着当地人不愿意做的工作，然后再把赚到的钱寄回自己国家。根据统计，仅在 2013 年一年，就有两亿移民向母国汇出了四千亿美元。在尼日尔，每三十个人中就有一个在尼日利亚、加纳、贝宁或马里工作。很多人留在了当地，也有很多人在去工作之后又返回了尼日尔。

这同样也是一种可悲的全球化表现形式。举个例子，在卡扎菲下台后，利比亚面临分裂，这不仅使圣战分子分散到整个地区，而且阻断了二十五万在利比亚工作的尼日利亚人继续往尼日利亚汇钱的通路：遥远地方发生的事情也会给很多家庭的生活带来灾难。

阿玛德还是有些不甘心：他说他还是会向前看。他说他认为只要足够努力、做出一些牺牲，生活还是会朝着好的方向发展。他的牙齿参差不齐，眼睛细细长长的，络腮胡，穿着白衬衫，衬衫上绣着有些掉色的黄花，裤子上有几个破洞，哦对了，还戴着那块手表。

阿玛德做得已经够好了。不过尽管他种地种得不错，十二月还会种一些洋葱，再加上女人们料理的秋葵，另外还有他在尼日利亚的工作，有时吃的东西还是不够。

"我们现在总是有吃的了。也不能这么说，应该说孩子们总是有吃的，几乎总是有吃的。"

奥萨玛，他的小儿子，刚刚从马拉达医院出院，他因为严重营养不良在这里住了一段日子。阿玛德说他觉得事情不应该是这样的，没道理这样，他们每天都给孩子吃他的那份面糊球，一定是某个医生搞错了，这太难以置信了。当奥萨玛被送来时，这个两岁的小男孩的体重只有七公斤。

"这里的事情总是牵扯到其他一堆的事情，有时候我觉得我不能再想那么多事了。下不下雨啦，种子啦，肥料啦，尼日利亚啦，我的兄弟们啦，这件事呀，那件事呀。一个人是想不过来这么多事的。"

"那么说说你最喜欢吃什么吧？"

"面糊球啊。"

"啊？面糊球比鸡还好吃吗？"

"鸡？我从来没吃过鸡，怎么能说我喜欢吃鸡呢？"

当时正值春天。古老的树木又生出了新叶，灌木有的也已经变绿了，田地里又长出了黍子。我从来没在雨季来过尼日尔，我在尼日尔的日子里，干旱总是显而易见。此时也正是所谓的"空档期"，当大自然一片生机盎然时，这里的人们却正在忍受最极端的物资短缺。

阿玛德的一个朋友恰好路过，他们聊了起来。那个朋友摇着脑袋说，有人告诉他，马拉达旁边的一些村子里的黍子长得很不错，又高又壮，已经全绿了。我恰好刚从那几个村子过来，那里的地都是刚种的，长势也不好，我把这些情况告诉了他们。

"不，先生，您可能是搞错了。我们知道那边的庄稼长得很好。"

有些事情是没必要争论的。人们总是心甘情愿地去相信一些神话：总是会有更好的事情在远方发生。人们愿意相信有人得到了他们应得的东西，但实际上这一切并未发生。这是所谓的现代性的一种表现，这也是宗教的一种表现，这也是历史的一种表现。

当阿玛德想要放松一下也有时间放松一下的时候，他会去马拉达的亲戚家住上一两天，在那里休息，看会儿电视。

"我看看新闻，看看球赛。我是皇家马德里队的球迷。你知道这个队吧？皇家马德里。"

他慢慢重复着，像是在耐心地给我做着解释。他又说自己一直想彻底独立，有自己的田地，有自己的电视，再有两头牛来犁地。不久前他差点就实现这个梦想了，他差点买到两头牛，因为他干活很努力，而且在尼日利亚卖了很多手灯，他赚了一些钱，想去买两头牛，但是后来他没那么干。

"没那么干？"

我继续追问着。他笑了，露出了牙齿，他的表情显得有点神秘："我没那么干，你猜我干什么了？"

我问自己，从什么时候起人们有了要实现人生价值这种想法，或者说要让自己的人生"更有意义"，这和吃饭、工作、生育、相知、遗忘、死亡的人生流程可不一样。几千年来我们很少有过那种想法，对于很多人来说，维持生存才是最迫切需要思考的事情。但现在人们觉得只是生存还不够，还要活得更精彩才行。

我有一个带有偏见性的想法：一个有土地的农民最容易想到的是把现有状态保持下去，而不太会去想着改变。或者说他们不敢去想变革的事情，因为总是有战争、移民、动乱，在这种情况下，改变往往是一种威胁。

"你不知道我干了什么，你当然不知道我干了什么。"

阿玛德笑道。他又故作神秘了一会儿。过了一会儿，他告诉了我事情，他的话对我而言有炸弹爆炸一般的震撼力："我结婚了。"

"我结婚了，我娶了第二个老婆。"

阿玛德显得很骄傲，很得意，一直在笑。他对我说他七个月前又结婚了，他的第二个老婆是他十七岁的表妹。他对我说婚礼办得很好，杀了几只羊，有歌有舞。他说他现在得更努力地工作了，因为养活两个女人并不容易，但他能做到，他相信自己能做到。

"你为什么又结一次婚？"

"因为我想结婚。"

"你不喜欢你的第一个老婆啦？"

听我这么问，阿玛德笑了，他决定解释给我听：因为他有一群很好的朋友，一共九个人，都是一个村子的。他们很小就认识了，干什么都在一起，玩啊，上学啊，种地啊，也有很多去了尼日利亚谋生，这些人和他都有过硬的交情。现在九个人里的六个都有两个老婆了，他不想落后。

"他们取笑我，开我的玩笑。他们看我的眼神就好像他们高我一等似的。"

我可以说阿玛德没有买到牛是因为社会经济形势，是因为全球化带来的不公现象，这些都是事实，但实际上他有机会实现自己的梦想，但是他自己放弃了。或者也可以说，他更希望实现自己其他的梦想。

"婚礼办得很好，一共办了两天，家人、朋友们都来了。"

算上礼金和筹备的礼品，婚礼一共花了阿玛德二十万西非法郎，这本是他用来买犁地机的钱。

"她们俩现在相处很融洽，没有任何问题。而且现在我的朋友们知道他们要对我另眼相看了。"

"娶两个老婆，你能养活得了她们吗？"

阿玛德又看着我笑了：我又一次问了他想让我问的问题，又一次给了他表现的空间。

"只要真主赐给我强健的体魄，一切就都不成问题。"

说完这话，他又看了看时间。他得走了，他很忙。

7

那一次，又一次，收获的事情变得很困难了。2004 年，由于干旱和大面积蝗灾，黍米的产量大幅下降，但最终导致成千上万的尼日尔人吃不上饭的罪魁祸首是成倍增长的粮食价格。尼日尔不断增加的粮食需求影响了芝加哥商品交易所的交易量，从而使全球股市上涨。但是因为二三十位大商人在幕后的操作，在尼日尔国内，粮食价格仍持续走高。这些人利用国家放松管控的机会开始接管市场：他们通过囤积粮食使粮食价格不断上涨。他们没理由为其他人考虑，他们只会想着怎样赚更多的钱。

到了2004年底，越来越多的人既没有吃的又没有钱去买食物。成千上万头牛和羊死去了，对于许多尼日尔人来说，这意味着最大的灾难。但是坦贾·马马杜总统却正忙于筹备他的选举，并且在当年年底成功连任：危机越来越大，但是他的政府面对这个问题却显得十分谨慎，因为这会使他丢失选票。同样是因为如此，营养不良和儿童死亡率并不是政府关注的焦点，尼日尔卫生部的营养事务办公室甚至在一年时间里都没有负责人。

"饥荒这个词并不是中性的。对待危机的态度决定了你应对它的方式。一次饥饿事件是否被定义为饥荒决定了政府会在上面投入多少金钱、谁会管理这些钱、这些钱会被用到什么地方。"贝内德塔·罗西在他的《援助悖论》一书中这样写道。

坦贾的政府决定装傻，不想让民众认为他们无能，认为他们是傻瓜。因此他们拒绝承认那么显而易见的事情，也因此他们拒绝请求国际援助。类似的事情总是在重复发生，例如1984年到1985年间的埃塞俄比亚，那次饥荒造成了近五十万人死亡。

在一些独裁国家发生的饥荒也是类似的事件，让人们清楚地看到独裁国家所关注的永远都只是如何保住自己手中的权力。除此之外，2005年发生在尼日尔的这一切还同时向我们展示了市场在饥荒中的作用，当然还有其他许多别的东西。

尼日尔当时有一千四百万人口，其中三百万是不满五岁的儿童，每年，这些儿童中的二十万都会死去，其中一半的死因都和缺乏营养有关。但是在2005年，不满五岁的儿童死亡率大幅上涨，超过了任何一场战争中的儿童死亡率：每天，每10,000个儿童中就有5个死去。

无国界医生组织是偶然来到这个地区的。三年前他们来到马拉迪大区接种风疹疫苗，马拉迪大区是尼日尔粮食产量最高的地区，然而就是在那儿，无国界医生组织发现营养不良的孩子数量要大大超过之前他们掌握的任何一个统计数字。因此他们决定介入这件事情。

"我们没有做过任何前期分析。我们在那个地区工作，然后就看到无数的营养不良的孩子。这种病在那里没人在意，他们只在意战争和气候变化带来的灾难。"

情况还在持续恶化。到了2005年4月他们已经了解到马拉迪大区20%的五岁以下儿童严重营养不良。（对于成年人的饥饿问题他们知之甚少，因为成年人不像儿童一样会迅速死去，他们往往会在死前坚持好几年，然后死于其他的病症，因此几乎没有人研究成年人的营养不良，也没人去费力治疗他们。但就在同一年，另一家机构做过一个统计，尼日尔五岁以下儿童的母亲本身营养缺乏的比例和儿童营养缺乏率基本一致。）

　　然而，尼日尔政府却依旧选择视而不见，他们不向操纵粮食价格的商人施压，也不请求国际援助。

　　在《建立应急预案》一书中，无国界医生组织的法国专家哈维埃尔·科伦贝解释道，面对饥荒问题最有效的处理方式之一是"建立儿童营养缺乏预警机制"：把儿童营养缺乏问题当作一个核心问题。他描述了建立这一机制的几个步骤：获取数据、整合数据、分析数据、公开数据、提出可行方案。在这个世界上，有些事情被认为是紧急事件，而另一些不是。建立预警机制只是第一步，却是很重要的一步："给予这种疾病以足够的社会关注。"正着手建立这一机制的人们这样说道。他们正努力将营养不良变成一个受人关注的紧急事件。

　　实际上情况已经很紧急了。现在已经八月了，坦贾总统拒绝请求国际援助，也不将库存的一点粮食分发下去，成千上万的儿童正在死去。没过多久援助者们的鬼把戏就开始了：我需要这么多援助。好的我给你一半。不，不，一半不够，情况已经很危急了。但是现在到了八月，我们的预算都安排好了。你没看到我们这儿已经死了这么多人了吗。但是给你更多的话是会有贪污腐败的。你不能在这个关口拒绝给我这笔钱。你早干吗去了。你开个价吧。好吧好吧我会给你一个援助项目的。好的好的，你要啥都行，但是快点要快点。

　　只是纯粹的馈赠吗：你坐在教堂门口祈求上帝会怜悯你，这行得通吗？

　　当然还有一些"慈善机构"：他们负责把乞丐的钱卷走。铀矿的事就是一个很好的例子。那些当权者实际上在这些情况下也是输家。一个非洲国家在紧急情况下向"世界"寻求帮助，然后"世界"开始开启它的工作模式：讨论磋商、讨价还价，最后它会送出食物、药品甚至派出一些医疗团队；最后"世界"挽救了生命。给人的感觉是那些非洲国家自己无力挽救国人的性命。这些国家最终还要站出来感谢这些援救者，而这些人早已经把自己想要的东西都带走了。

2005 年一整年，只有无国界医生组织在马拉迪的临时设施中接诊了超过 60,000 个极度营养缺乏的患者。要不是它是第一次大规模、有计划地对抗儿童营养缺乏问题的行动的话，我们可能都不会记住它所做的一切。

又是一个文字游戏。有的人在谈论营养不良，有的人在谈论营养缺乏，但一个共同点是人们都肯定这一问题的存在。极度营养缺乏是饥饿的表现之一。

就像我们曾提到过的：人们的身体开始自我消耗。

身体开始自我消耗，这也就是为什么营养不良人群的一个表现是异常消瘦。当这一过程进一步发展，病人会更加瘦弱，而他幸存的机会就将进一步减少。身体越来越虚弱，肠的吸收功能越来越弱，肾逐渐衰竭，免疫系统面临崩溃。当病到这一阶段（真的是一种病吗？），就很容易出现恶性营养不良，脸、腿部、胳膊会出现水肿还会有低蛋白血症，患者会极度消瘦。

大部分接受极度营养缺乏治疗的是不足五岁的儿童，这个年纪是最需要补充营养的时候。也有其他途径可以看出一个极度瘦弱的儿童可能患上了恶性营养不良，一个最简单的方法就是参考正常儿童身高体重对照表。

最近还流行另外一种简单易行的方法：测量上臂中部臂围。要是一个孩子的上臂中部臂围小于 125 毫米，那么就可以认为这个孩子处于营养缺乏状态，要是这一数值小于 115 毫米，那么这个孩子的营养缺乏问题就相当严重了。

几十年来，对于营养缺乏的孩子们的治疗方法一直局限于喂食或者静脉注射输送营养。这样的治疗是比较昂贵的，会耗费大量的人力物力，而且效果较差：据统计，接受这种治疗的儿童有三分之一到一半的比例最终依然会死去。近二十五年来研究者一直在重新审视这种传统的治疗方法，他们发现很多时候这种方法不但起不到治疗的作用，反而会加速孩子的死亡，因为他们虚弱的身体根本无法吸收突然加大的营养量。

1986 年一个 22 岁的法国学生完成了农业工程师的培训，他的实习工作是"研究生产一种针对贫穷国家人民的营养替代品饼干的可行性"。从那时起，米歇尔·莱斯科内，一个诺曼底当地乳业公司老板的孩子，就坚信自己肩负着一项使命：很快他就开始在家族企业工作，帮忙生产一种名为 Novofood 的蛋白质片，这些药片主要应对非洲的饥饿问题。

后来莱斯科内创建了他自己的公司：Nutriset。公司宗旨是"调查研究人类营养问题，提出新型解决方案"。1993 年这家公司开始生产一种营养奶粉，F100，针对的人群是饥饿的孩子，每厘升这种奶液含 100 单位卡路里。这种产品被用于应对紧急饥饿状态，但是它本身仍然有很多问题。

　　首先，必须让饥饿的孩子们住院，因为每隔四小时就必须按照他们的即时状态让他们服用一定量的 F100。奶很容易坏，所以有时候一天要准备八次。但是住院也会带来新的问题，孩子们可能会感染其他疾病，而孩子中间混住着他们的妈妈，很多妈妈自己都腹泻不止。医院没有条件让这些饥饿的儿童连住三四个礼拜医院，而这些妈妈们也不能连续一个月离家不归，因为家里还有其他孩子，有丈夫，有工作。所以一般情况下这些妈妈只能忍耐几天时间，当他们觉得孩子的情况已经好转了的时候，她们就会带着孩子回家。她们甚至还会拿走一些 F100，回家用浑浊的水冲开，有时候还放在烈日下暴晒，这些都只会加重孩子们的病情。很多孩子几天之内就会去而复返，但是情况更糟了，还有的直接死在了家里。

　　1994 年米歇尔·莱斯科内向法国发展研究所的营养专家安德烈·布雷恩提议二人一起开发一种更好的产品。在两年的时间里他们尝试了无数种可能，但没有任何一种可以兼具易保存、易服用、口感好的特点。直到有一天，按照流传的说法，布雷恩在吃早餐时看到了能多益榛子酱，于是灵感来了。传言里并没有说他大喊了一声："就是这么回事！"，但确实从那时起布雷恩就想把花生、牛奶、糖、脂肪、维生素和矿物质融合成一种酱，而不再需要其他的添加成分，同时开罐即食用，不需要费力准备。这种食物将能提供足够的热量，而且如果保存在铝罐里的话它的保质期将会是两年。他们给它起名叫 Plumpy'Nut，意思是丰满的坚果，而这种食物将改变对儿童营养不良的诊治模式。

爱尔兰营养专家史蒂夫·柯林斯首先于 2002 年和 2003 年分别在马拉维和埃塞俄比亚做了第一批实验。但是真正大规模使用 Plumpy'Nut 的行动首先是由无国界医生组织于 2005 年在尼日尔进行的，这也是"准备使用食疗食物运动"（RUTF）中最有名的一次尝试。

无国界医生组织的工作人员最初是有所顾忌的。很多医生表示新的治疗方案让他们觉得很不舒服：根据新的方案，患病儿童只需要住院几天，在情况有所好转后就拿着一定量的 Plumpy'Nut 回家。医生们为让患者在那种状态下回家而感到不安，他们认为这种治疗方案仍然谈不上完美。

但是结果出人意料：他们不仅接诊了数量比以前更多的营养不良患者，而且治愈了其中的 90%。无国界医生组织的医生们说他们在此之前从来没有在这么短的时间里接诊如此多的患者，而且效果还如此之好。

另外，他们现在也能治疗以前无法接诊的中度营养缺乏患者了。由于本身的营养缺乏程度没有达到严重的标准，而且医院也没有那么多床位，所以在以前中度营养缺乏患者都不会被安排住院治疗。但实际上中度营养缺乏患者的人数要比重度患者更多，而且大多死亡儿童都属于中度营养缺乏。

无国界医生组织在那一年的治疗方案现在已被更多机构采纳：用 Plumpy'Nut 去治疗营养缺乏症患者。

两年后，也就是 2007 年，世界卫生组织、联合国儿童基金会和世界粮食计划署联合发表声明，声明表示用Plumpy'Nut进行治疗是现行最有效的针对儿童营养缺乏的治疗方法。

成功之后是更多的问题。无国界医生组织的专家开始思考仅仅把Plumpy'Nut提供给营养缺乏的人们，无论中度也好还是重度也好，是不是就够了。面对大量营养缺乏的人口，寻找并给他们提供营养替代品的任务很艰巨。但是这能起到缓解病情的作用，不仅能救很多人的命，而且可以节省很多以前投资到医生、医疗设施建设、住院管理上面的经费，这些钱也可以用来购买更多的营养替代品。

"事实上把营养替代品发放到所有人手中要比去挑选给谁发放更省钱，为了进行这项工作而花费的人力开销是很大的。还有很多孩子没有在病情可以控制时来到医院，而只有在这之前对他们进行治疗才能更有效地降低死亡率。"

后来在这一问题上进行过深入研究的无国界医生组织的医生斯特凡·德容对我说，刚断奶的孩子才是最危险的人群，他们中的很多人在断奶后就吸收不到足够的营养了，因为家人们只给他们喂面食和水，而真正应该给他们吃的是动物蛋白、水果和蔬菜。

因此无国界医生组织联系到莱斯科内，希望他能设计一种针对这一人群的新型的Plumpy产品。于是2007年，Plumpy'Doz投入试用，这种食品更类似流质食物，按一周的用量装罐，每天需食用三次。他们在马拉迪地区的几个村庄里试用了这种食品，几个月后发现未食用这款产品的儿童患病和死亡率要比食用过这款产品的儿童高一倍。

"这也缓解了我们在治疗患病儿童的其他方面所遇到的问题。例如，你很难说服一个母亲走上十公里路来给孩子接种疫苗，但你如果告诉她走十公里路就能有吃的东西她们就愿意来，而当她们到了这里她们就会觉得顺道给孩子种一下疫苗也是件好事。还有很多类似的例子。"德容说道。

替代食品的出现不仅是人类在与营养缺乏的斗争中的一次胜利，同时它本身也在变成一个巨大的贸易活动。

一位出生在印度的美籍经济学家 C.K. 布贾拉德在 20 世纪 90 年代末提出了一种理论：每一个大公司都需要有一个庞大的消费群体，而这群人应该是之前不受人关注的。他管这群人叫作"金字塔底部的人"：四十亿平均日收入不足 2.5 美元的人们。

布贾拉德曾经在哈佛读书并在密歇根任教，他认为为这些金字塔底部的人设计产品是一项巨大的贸易活动，而公司、政府和相关机构不应该再把弱势人群当作受害者，而应该把他们当作消费者。这将产生丰厚的利益回报。

许多跨国公司已经开始这样做了，例如爱立信或是索尼，他们针对非洲文盲设计了通过画图输入指令的手机。还有联合利华，他们在印度出售一种更适合用凉水冲洗的洗发水，因为在印度很多人用不上热水。

替代食品也有可能加入这个行列中，虽然它们的消耗者通常并非购买者，因为购买方一般是政府或其他援助机构，但是政府和这些机构完全有可能向消费者施压迫使他们购买并使用这些产品。

2012年，Nutriset生产了大约15,000吨Plumpy'Nut，这一数字与十年前相比已经翻了十倍。莱斯科内家族也至少从中获得了数百万的利润，他们说这些钱的大部分都被用到新产品的调研和开发中去了。2008年，面临对其获益的大量指责，Nutriset公司提议建立一个互惠体系：一个贫穷国家的当地生产商可以使用Nutriset的商标和该公司的技术支持，作为交换，这些生产商要承诺从Nutriset处购买机器和原料。因此非洲的十二个国家建立了许多小型的Plumpy生产厂。虽然这一体系没有在所有国家建立起来，但是尼日尔食品加工公司已经可以生产Plumpy酱了，他们用的原料是当地的花生，马来西亚棕榈油，阿根廷的糖和科特迪瓦出产的可可，而这些原料都是从欧洲购入的，这导致当地生产的Plumpy酱的售价比法国产的还要贵。另外，这种食疗法的花销依然昂贵：让每个儿童持续六个月食用Plumpy'Doz将要花掉50美元，而在一个需要采取这种方式抑制饥饿的国家，它的人均日收入还不到1美元。

我怀着羞愧的心情在某个下午在马达拉医院尝了一下Plumpy，口感很柔软滑腻，味道还不错，有点像花生糖。但如果说他是甜味食品的话，好像又有点过咸了。

阿卜杜是一个两岁的小男孩，脸盘有点大，但身子却非常瘦。他跑过来要我手里的Plumpy，我给他了，他笑了，塞了一嘴酱，还不停地舔着嘴角。

有人说Plumpy是这个充满替代品的时代的标志性产物：

不带糖的甜品、不带咖啡因的咖啡、不含胆固醇的奶油、不会移动的脚踏车健身器、无烟香烟、不接触的性行为、不用嘴吃的食品……Plumpy 让实际上没吃什么东西的孩子们达到吃了东西的效果，数百万极度贫穷的人就这么活着。

Plumpy 的成功引起了巨大的争议。人们怀疑用这样一种替代食品是不是能解决所有问题，"面对社会问题，人们却给出了一个医学答案"，很多人认为这就像是股动脉大出血时贴了一个创可贴。

无国界医生组织对此心知肚明，但是他们也清楚自己的首要任务并不是消除营养不良现象，而是减少营养不良带来的死亡。这是一个很艰巨的任务，但也是他们所能做到的事情。当一个医生就得承担起相应的责任。

孩子们，还有他们的父母，仍然没有食物。饥饿仍然存在，但是因它而死的人少了。

这一领域的先锋人物史蒂夫·柯林斯对此也深感忧虑："我不想看到穷人们依赖欧洲人或美国人提供的替代食品生活变成一种新的国际秩序。"

不管怎么说，Plumpy 只是针对一种疾病而设计的特殊食品，而那种疾病根本不应该存在于这个世界：它是已知疾病中最容易避免的，也是最容易治愈的。

每一年，每一天，饥饿杀死的人数都要比艾滋病、结核病或是疟疾杀死的人数加起来都多。饥饿一点都不神秘，它并没有那么深不可测、不可控制，我们究竟对它是无能为力还是视而不见？人们对饥饿了解的那么多，然而饥饿实际上是不该存在的，饥饿是人类的一项发明，它是我们的发明。

　　这就是人类不可思议的过去。

8

　　我就是在那时候生病的，整整病了一个星期。有床，有电，有自来水，有抽水马桶，有风扇，有蚊帐，有食物，有一位安达卢西亚来的医生陪着，我不愁吃还有专业的医疗救助，但这几天来的呕吐、高烧、腹泻和噩梦还是把我折磨得够呛。我试着去想这些村子里的男人们、女人们、孩子们患病时是怎么熬过来的，他们没有床，没有电，没有自来水、抽水马桶、风扇、蚊帐、食物、医生，更没有什么希望，我想象不出，但是这里的很多人就这样死去了。

　　我知道我是不会死的，但是也没有那么快痊愈。我整天躺在床上，浑身疼得好像被人拿棍子暴打了一顿，起床的唯一目的就是把吃的东西都吐出来。我吐啊吐，然后喝几口水，再一躺下就会不停地做噩梦，我梦见我在一个对称的城市里不停地绕圈，永远不停。我出汗、腹泻、继续呕吐，出更多的汗，把毯子都浸透了。我很饿。我很饿，我感到从嘴巴到胃都空空如也，饥饿再加上疼痛，让人难以忍受。持续的恶心呕吐和腹泻让我好几天没吃东西了，或者说吃了的东西都被吐了出来：我的身体什么都不吸收。外面也在发生着类似的事情，但我却一直在忽略它们。我想去试着喝一大口凉水，但我仍然立刻把它吐了出来。我试着去想些什么事情，最后我终于有了一个想法。我感到了饥饿，写这本书的想法涌上了心头，它开始成形了。我想记录下来在我身上发生的一切，利用生病的机会观察我自己经受的饥饿感，但是我做不到。我受病痛饥饿折磨的身体变成了我的敌人，我成了自己身体的俘虏。

（我感觉我失去了什么东西。我本能更好地记录下来我的感受，它们会帮助我理解饥饿，帮助我描述饥饿。然而我没做到。疾病阻止了我。我感觉我失去了一些东西。）

在发达的社会，很多社会问题已经演变成了个人问题。现在，对于生活在富裕社会里的男人们和女人们而言，他们的目光已不仅局限在那些未知的领域或是美好的未来，他们关注的是自己的身体。因为正是我们自己的身体能够给我们所有东西，也能够夺走我们所有的东西。疾病是威胁我们身体健康的最主要因素。我今天所感受到的饥饿是典型的西方式饥饿：不是社会阻碍了我获得食物，而是我自己的身体阻止了我进食。

我又一次想到了这些讽刺性的事情，我又一次想要记录下来我身上发生的一切：记录下我的身体是如何应对饥饿的。饥饿是大脑中生出的一种极端的意识。我想的事情不是很多：我很虚弱，我浑身酸痛、昏昏欲睡，没法去想任何事。我能感受到自己的每一次移动、胃部的感觉、肠道的蠕动，我的耳朵嗡嗡作响，就像身体发出的吼叫声。我有些恼怒，还有些绝望。还有其他很多对我而言越来越不重要的东西。

"我瘦了六公斤了。"我对一个护士说道。

"你的妻子要流泪啦。"她和我开着玩笑，就好像一个人说要下雨了一样。

现在，这里并没有下雨。这里的一切活动都停止了，因为到了斋月。在整个月里，所有马达拉的居民，所有真正的穆斯林，每天从黎明至日落，都要禁食、禁水、禁吸烟、禁亲吻，禁止一切他们平常会干的事情。每天十二小时不吃东西，在四十摄氏度的高温下不喝一滴水。我从没见过哪一个长官、神灵或是独裁者下过比这更严格的命令。宗教仪规能让你做这么极端的事情，这么不符合自然规律的事情。

人们在斋月里做的就像是一种回应：你看我是多么服从你，为了你我能控制自己最原始的欲望，我能一直忍受饥饿。但就和其他所有的权力关系一样，这实际上也是一种交易：禁食就是将自己最珍视的东西献给真主，放弃自己最爱的东西，而希望真主作为交换能赐给他其他一些东西，一些我们同样重视的东西：得到更多的财富、收获更多的食物、有更多的储备粮、某人恢复健康甚至是一场战争的胜利。

真主应该会感到满意的。我还在生病，每天晚上从窗户传进来的集会的嘈杂声让我心烦意乱。在医院里，每天都会有六十到七十个儿童因为各种疾病被送来：疟疾、重度贫血、痉挛、肺炎、腹泻……都是因为饥饿引起的。帕斯夸尔，我的那位安达卢西亚医生，对我说这一周又死了五十多个孩子，他很难过。

另一天下午来自马德里的护士马努埃拉对我说医院现在

人满为患了，他们照顾不过来所有人，只能挑选着来接诊：这很残酷，但是有时只能如此。有的孩子活下来的希望很渺茫，所以他们只能优先去治疗其他人。

"要承受这一切你就得去想你救了的那些孩子。要是成天想着那些死掉的孩子你就没法继续工作了。但要是我压根不去想他们那也太奇怪了，毕竟我不是一台机器。当你回到家里，有时候所有这些事都会浮现在你的眼前，那时候你就会知道这些事究竟给你造成了多大的影响。在这儿没时间也没地方让你想这些。你装作这一切都是再正常不过的事情，直到有一天这些记忆都跟着你回了家。"

我开始痊愈了，又重新走到了户外。毫无先兆地，我突然有种奇怪的感觉，我觉得我学到了很多东西，很多我早就该知道的东西。我感觉我一直对这些悲剧选择视而不见。不是那些成天想着功成名就的人们的悲剧，而是这些几个世纪以来一直吃着面糊球、每天晚上都向真主祈祷着明天能继续吃到面糊球的人们的悲剧。

这里的人们挣扎着去争取那些我们看起来最普通的东西。我问她如果她能要任何想要的东西，她要什么，结果她的答案是两头牛。这种回答的悲剧性更体现在，这里的人们不相信也从来没有想过有能过上更好生活的可能性，他们觉得那些生活只属于别人。这里不仅有物质上的差距，也有思想上的差距，贫穷人民连想象的空间都被缩小了。

看到成千上万的人每天都要想着是不是会有足够的食物，我终于理解了"幸存"这个词的含义。在那样一个环境里，在那样的条件下，人们会花一个月、三个月、一年半甚至一个世纪的时间只去想吃什么的问题，其他的一概不会考虑。"未来"这个词只对那些能吃饱饭的人才有意义。

关于饥饿：物种起源

1

著名犬儒主义哲学家第欧根尼有一天午后在雅典的城中心广场手淫，有个人走过去谴责他，他却说："啊，您觉得这样不好？要是人的肚子也像那话儿一样，摸摸就不饿了，你觉得好不好呢？"

他用这些话来试图使人们理解他，但是人们不理解。在历史上，要填饱肚子的想法曾引发过无数场战争，引起了无数的变革。饥饿是人类历史的重要组成部分。

我们可能永远都无法真正查清楚人类是如何成为人类的，但是已经有无数种相关假说了。福斯蒂诺·科尔顿在他的著作《餐饮造就饥饿》中指出，人类的出现很可能是因为我们没法做到其他物种能做到的事情：当我们的祖先仍然是行走于树上寻找嫩芽、树叶和昆虫来吃的猿猴的时候，有一些猿类已经开始学习如何长时间、更好地吊挂在树上。这些猿类后来进化出了更加强壮的四肢和躯干，成了大型猿，他们占领了有食物资源的区域作为专有领地，驱逐了其他的猿猴。我们的祖先，没有那么强壮，他们占尽下风，只能从树上下到陆地上，从此开始在地面上谋生。

他说，人类可能就是从失败中诞生的。

有人说现在世界上人口过剩、气候巨变、土地和水资源枯竭，"食物战争"就要来了。事实上食品战争自古就有，而且永远都会存在。只不过有时候可能会有一段很平静的时期，因为战争的胜利者赢得了太多的东西，他们不急于再次发动战争，他们得再多享受一下胜利的喜悦。

这些人科生物们，既然已经从树上来到了陆地，就得学习一些新的求生技能：他们要学会更好地行走，需要进化出更有力的脚掌，需要让手变得更细小一些，因为现在他们已经不需要挂在树上了，他们需要用更细小的手来操纵原始工具：一块石头、一块骨头或是一根木棒。这次机遇，或者说这一过程，持续了几百万年，不过它也确实产生了有重大意义的效果：人类学会了直立行走，这一新技能使他们可以便利地运输工具，不必像从前那样为了爬树就得扔掉工具了。直立行走还使人类能更好地聚居到一起，这种新技能让他们感到害怕，他们在陆地上更需要互相依靠。聚居生活也使得人类在交流方面取得了进步，最初的通过话语进行交流的尝试开始了。

人类用这些进步弥补了身体方面的不足：我们其实并没有那么强壮，我们跳得没有其他动物高，跑得没有它们快，我们没有其他动物那么好的视力，我们的听觉、嗅觉也都比不上它们，我们既没有爪子又没有尖锐的牙齿。同时我们的祖先开始改变自己的饮食习惯：用手中的木棍他们可以杀死一些动物，用另一些工具他们可以翻地去找根茎类和菌菇类食物，用石头他们可以敲碎骨头吸取骨髓，他们的身体逐渐适应了新的食物，而这些食物又进一步改变了人类。

一个残暴的景象：一群动物围着一只更小、更虚弱的动物，它们吼叫着，跳跃着，它们把它撕碎，然后把它全部吃掉。这是饥饿带来的最初的影像。

这群有些笨拙的捕猎者做了和现在的很多经纪人所做的同样的事情：评估危险，这也就意味着社会开始形成了。这群类人猿还没有买卖的概念，但是他们已经学会了和其他类人猿结成盟友，这些人可能是他们的亲人，也可能是邻居，他们会每天分享他们获得的食物。因此，当一个人没搞到食物，他也不会挨饿，因为其他人会搞来食物和他分享。对挨饿的恐惧促进了社会的形成，人们之间的联系越来越紧密了。这是一种互惠性原则，是一种公平的交易：我给你，我会给你的，不过我也希望你给我一些等值的东西。信任也好，不信任也好，事情就在这样发展着。

饥饿是一切的根源。在三百万或四百万年前，人类的生活条件极其艰苦，很多时候不得不忍受资源的短缺和各种危险，他们把所有时间都用来寻找食物。他们只吃各种野菜和各种死去动物的肉，很多时候是腐肉。但这些动物肉类提供的蛋白质和脂肪使得人类的头和脑容量不断增大，进而使得人类的智力水平得到了提高，进而促使他们去获得更好的食物。在其他动物身上常见的身体和大脑的大小比例被打破了，人类的身体需要更多的食物来满足他们日益增大的大脑。

　　但是人类的身体是很神奇的，它能适应不同的天气和生活环境。有时有食物：树叶也好，动物也好，但有时候人类无法获得这些食物。

　　我们的身体运转的原理在那个古老的时期被确定了下来：饱食感持续的时间很短，人类身体内的激素不停地索要食物。它所带来的焦虑感一直在持续，当我们面前没有食物时这种感觉依然会持续存在，这也就是我们所说的饥饿：机体对食物的需求所产生的一整套生理反应。

　　（为了忍受有时不可避免的食物缺乏，我们的身体也建立了一套应急体系：人类能够把能量以脂肪的形式储存起来。）

　　距今不到一百万年，人类发现了火的妙用，我们不知道人类是怎么做到这一点的，但是相关的假说着实不少。

　　（人类这种生物在经历了几千年满是惊恐的生长之后，终于因为发现了火的用处而变得与众不同了。就像神话中说的一样，例如普罗米修斯的神话，火使得人最终成为人，他们终于和其他种类的动物不同了。）

　　很可能人类最初对火的利用不是出于加工食物的目的。这些类人的生物可能最早用火来取暖以及抵御其他动物的入侵。出于偶然，他们发现掉到火中的食物变得更美味了。当他们开始刻意用火来加工食物，一个最根本的差异就出现了：他们成了唯一不直接食用食物的生物，他们会先加工食物然后更好地食用它们。这也是文化最早的表现之一，它就隐藏在食物和我们的胃中，加工食物使我们成为人。

那些原始的人类学会了狩猎和加工食物，也有了更多的时间来思考除了打猎和吃饭之外的事情，他们互相帮助，照顾孩子（因为体积和头部变大，孩子们要提早出生，才能更容易地通过母亲的骨盆），他们还逐渐创造着语言，这对于文明的发展同样重要。

对于这一时期的人类而言，饥饿开始变成了一种不是那么经常出现的事情。

想象这些遥远的时光有时候会让人头晕目眩。去想象那些半裸的男人们、女人们，想象他们吼叫着、跳跃着穿梭在丛林和原野中，他们不知道什么是过去，也不知道什么是未来。但是我们必须不断地回忆这些，遥想我们创造的一切。

加工食物大大增加了可供人类食用物品的范围，很多在未加工前人类无法消化的植物或动物肉在经过加工后变得可食用了。我们的祖先真正意义上变成了杂食动物。

这是一个长达上千年的过程。接受新的食物是一个全球性的问题：当我吃得越多，我就会生产越多，然后我会吃得更多。人类开始变成像我们现在的样子：什么都吃。我们吃动物、蔬菜、树根、树皮、嫩芽、叶子、果实、鲜花、种子、菌类、软体动物、鱼、鸟、蛋、爬行动物、昆虫，甚至吃和我们同类的哺乳动物。我们吃肉、血、皮、骨髓，还有某些被我们称为奶和奶酪的腺体分泌物以及被我们称作盐的粉末状晶体。

这种对抗饥饿的能力使得人类在十万年的时间里，从一个数量为几十万的族群发展到了现在的七八十亿。这是我们这个种族配得上"种族"二字的最好证明。

没有什么事儿比成为一个种族更具有欺骗性了。

人数的增长是一个长期而曲折的过程。我们可以想象到气温在不断升高，生态系统发生了变化，动物数量大幅下降，人类需要在饮食问题上做出更好的选择。这些捕猎–采集者为了维持人数和食物数量的平衡而建立了一套严格的体系，有时他们甚至会杀死婴儿来追求这种平衡。人类开始思考自己会不会有某种做法会打破这种平衡，同时也在思考有没有什么新的方式可以解决吃饭问题，但又会再去想这些新方式会不会打破平衡状态：又变成了一个先有鸡还是先有蛋的问题。

当农业出现之时，一切都不一样了。农业的出现是人类历史上最重要的时刻之一，同时也是最大的谜团之一，虽然很多历史学家说农业的出现要归功于女性。距今一万到一万两千年，在中东、中美洲、中国、新几内亚、赤道地区的非洲等不同地区的不同人群几乎在同时发现了如何使那些以前他们只能去野外寻找的植物从地里生长出来的方法：找到它们的种子，种到地里，然后等待。把种子种到了地里，然后假想出很多神灵来保证降雨。还有一些人跳出来说他们能和神灵交流，说他们能理解神的旨意。从某种意义上说，祭司和宗教只是蔬菜种子上的寄生虫。

同时，人类发现他们也可以对动物做同样的事：驯养它们，然后吃它们的肉和蛋，喝它们的奶。而且人们发现在这种模式下，只要他们付出更多的劳动，往往就能得到更多的食物。

在现在这样一个种地是最平常不过的事情的时代去想象一个耕种是最现代的事情的时代是很难的，农业不过是最近才改变了人类命运的重大发明。种地的想法当时一定也令我们的先祖担惊受怕，新事物总是会令大部分人感到紧张，这是很正常的。很多人认为种地是对大地母亲的一种冒犯：破坏她，伤害她，而这一切都是她的子民对她造成的。他们认为大地母亲一定会报复他们的。在很多神话传说里都有对人类这种"粗暴"行径的描绘，这就像是最早的环境保护主义。

那是一场根本性的变革：之前从来没人能确认种到地里的种子会在几个月后变成食物。然而只有对此坚信不疑才能使人们待在一个固定地点等待从地里长出果子。人类最早的村庄出现了，人们定居在那里，他们选择了等待，而不是到处寻找植物和动物。人们开始能预见将要发生的事情，未来的概念出现了，人们从此可以思考未来并为将来的事情做打算。

储存植物种子的需求也应运而生。人类历史上通常会被忽视的一个重大变革出现了：人们学会了储存粮食。又是一个先有鸡还是先有蛋的问题：可能人们是先知道了怎么生产更多的东西，然后开始想储存它们的问题，但更有可能人们先发现了储存食物的方法，然后才去想怎样能生产更多的粮食。他们最终生产了更多的粮食也找到了储存它们的方法，然后再次扩大产量、继续增加储存量，如此反复，就形成了社会的概念。

不知是好事还是坏事，人类开始变成我们现在的样子了。

还有另一项重大的变革：人们开始定点吃饭了。只有在确信自己有足够的粮食储备时，人们才能做到这一点，而不是每次见到食物就立刻吃掉。在此之前，人类都选择立刻吃掉食物，而其他动物依然是这么做的。

持续的饥饿是人类最初的状态。当人类得知自己不必再花所有的时间去寻找食物时，他们一定长舒了一口气，这对于人类文明的发展是具有决定性意义的。我们吃得越饱才越有人性。人类文明的发展过程实际上就是人类从无时无刻不在寻找食物到花最少的时间去寻找食物的过程。当时的人类越饿，就会越像野兽，越没有饥饿感，就会越有人性。

这条法则现在依然适用。

2

出于懒惰、无知或其他人类惯有的品性，我们习惯认为人类社会的历史就该是现在这个样子。这是那些希望我们全盘接受现有秩序的人们最常耍的花招，他们最爱说："你得习惯，事情就是这样的。"现存的一切好像理应是我们唯一的选项。如果直立猿人们从来没想过他吃的、用的东西都是他的私人财产，而是大家的，因为所有人都想要它们，那么世界会变成什么样子？如果他们不想劳动，就是想继续过游荡的生活，世界会变成什么样子？要是从来没有哪个人有胆量、有想象力、有信心或是有足够的智商去说服他的同伴们那棵高大的古树是一个高等生物，是一个神，而人们应该向它祈求恩赐的话，世界又会变成什么样子？

　　有很多类似的例子：蝴蝶效应告诉我们说连蝴蝶扇动一次翅膀都是如此的重要，还有什么事是一定的呢？

　　在最初的那些村庄，或者最初的那些城镇，储存粮食的可能性造就了一些新的东西：闲暇时间。人类不必再把所有的时间都用来寻找食物，他们知道他们的食物就在那儿，在田地里和牲畜栏里生长着。人们可以花更多的时间在其他事情上了：纺织、制革、制陶、运输、争斗、交谈、休憩、密谋、相爱、背叛……出现了职业，出现了差异。

　　由于有了储备粮，就有人想打它们的主意。所以人们要保护它们，渐渐地也就产生了一批专门干这行的人：这群人最强壮、最灵活也最有野心。群体决定给他们的保卫工作提供一些报酬，这使得这些人的权力越来越大。

　　这是一个长期的过程：一些人因为有了大量食物储备而不再亲自动手耕作，他们住在大房子（或者是宫殿）里，只在乎积累自己的财富。村民不再都是农民，出现了富人和穷人之分。财富聚集在新建的地方，也就是最初的城镇。拥有谷仓的人支配着那些想吃谷物的人。一个人一旦有了支配权，他就想要有更大的权力：他们努力建构一套新的体系来保证他们的控制权能够一直存在下去。于是最初的国家开始纷纷建立。

　　当权者用手中的权力获得了更大的权力：新兴的美索不达米亚国家开始大规模修建堤坝和运河，这允许他们更大规模地种植和收获作物：更多的粮食，更大的权力。

　　阶级形成了，差异形成了，不公也形成了。出现了一种前所未有的情形：有的人有吃的，有的人没有。在此之前，饥饿的传统模式是所有人都一样，要么一起挨饿，要么一起吃饱。但现在情况变了。生产粮食的那群人，弄脏双手耕种土地并在地里流血流汗的人，反而成了获得食物最少的一群人。

新的情况就是这样：一些人有饭吃，一些人没有。

按照农业生产而组成的社会却把务农之人那丰富多样的食谱变成了只有主食，而现今在很多贫穷国家情况依然如此。某一种谷物或菌类食物变成了大量人口每天都重复吃的东西，最多是偶尔配上一点菜酱或者一小块猎到的或是饲养的动物的肉。

人们确实吃得多了，但是吃得差了。这是一个值得玩味的现象：新石器时代的变革和推动人类历史产生巨大进步的技术的发展却使得很多文明程度更高的人们变得更加瘦弱了。而且这些人还要没日没夜地为雇主卖命。

人类原来以狩猎为生的祖先们有着极为多样化的食物资源：菜类也好，肉类也好。后来，最初的农民摄入了更多的碳水化合物，而且活动得更少了。身体的变化是对这一切最好的反映：几个世纪后，农民的平均身高降低了近二十厘米，平均寿命或者说预期寿命减少了五岁。由于饮食变甜，人们长出了龋齿，这又是我们文化的产物。还有关节炎，因为在地里劳作，有些人得了关节炎，当然也还有其他多种疾病。于是最早的流行病出现了。

人们更加聪明了，他们生活的社会更加复杂了：有国王、有神灵、有妓女、有士兵……他们有了对这个世界全新的认知。然而他们却更矮了，活的时间更短了。这都是人类文明发展的奇怪悖论。人们不再感到饥饿了，或者说不经常感到饥饿了，但人们却开始营养不良了。

生活在现代的人们有时候指责说新石器时代的技术进步，尤其是农业的发展，导致了当时很多人的饮食质量下降。那么我想问的是，为什么在后来的四十个世纪，我们又允许同样的事情发生了四十次？

难道说，要使我们这个种族变好，就得让许多族群中的个体的生活情况变差？

同时，同样生活在新型城镇的领袖们、将军们、祭司们、像神一样统治着一切的国王们和皇帝们的食物却越来越特殊化。在大约一万年前，当出现了高级食物和低级食物的差别之后，上述这些人的餐桌有了各种雕饰，他们食物的制作由专业的厨师来进行，烹饪步骤更加复杂，而农民、手工艺者和士兵的饭菜还是由家中的女性来制作，品种也极为单一。饮食上的差异使得富人们愈发肥胖，甚至连肥胖都成了财富的象征。穷人们则越来越瘦，瘦弱变成了无能的代名词。

饥饿又死灰复燃了。

穷人们只能吃到一种固定食物，这使他们的营养状况进一步恶化。同时，这种情况也很危险，因为一旦出现了旱灾、战争、洪水、冰冻或是其他灾害，饥荒就会到来。人类对于饥饿最早的记录出现在埃及人安吉缇非的墓中，此人在四千年前是埃及南部地区的领袖，记录显示："上埃及的人民陷入极度饥饿的状态，出现了父母食子的惨象"。

人类发明了面包。在经历了数千年的探索后，人类终于发明了面包这种食物。播种、收获、去壳、揉成面团、塑形、烘烤……这四五个步骤对古人来说是如此复杂，不亚于四五个重大的发现。当把这些步骤组合到了一起，地中海人终于做出了面包这种对他们而言最具有意义的食物。这种食物的重要性体现在各个方面，就拿荷马来说吧，他在《伊利亚特》和《奥德修斯》里提到人类时，总是喜欢称呼他们为"吃面包的种族"。

还得说说神灵的事情。人类经常处于惊恐的状态下，他们需要有某种精神寄托，因此他们创造了神的概念。神灵的职能之一，也可能是他们最重要的职能了，就是要保佑谷物顺利生长。如果在最糟糕的情况下，他们不能保佑人类获得好收成，那么神灵就得直接赐给人们食物：

"以色列全会众在旷野向摩西、亚伦发怨言，说：巴不得我们早死在埃及地耶和华的手下，那时我们坐在肉锅旁边，吃得饱足；你们将我们领出来，到这旷野，是要叫这全会众都饿死啊！

耶和华对摩西说：我要将粮食从天降给你们。百姓可以出去，每天收每天的份。"

农业技术的进步促进了人口的增长，越来越多的人被迫外出寻找新的土地。有些地不够肥沃，他们只能重新寻找，从这一过程中也生出了一些新的方法：农民焚烧田地，把烧出的灰烬作为肥料来用，这样这片地就又能再种一两年了；当一块地最终失去了所有的肥力，农民就会在邻近的地上重复这一行为，如此反复。多年之后，他们又会回到最初焚烧过的地上再次耕种，新的循环开始了。即便是这种方式也只在一个农民有多片可耕田的情况下才行得通，在很多人争夺一片田地的条件下肯定是无法施行的。但现实情况是人口越来越多，空地越来越少，这也是大规模人口迁移的原因之一。

在罗马帝国时期的地中海地区，已经没有多余的空地可用了，农民们发现把农业和畜牧业结合起来的效果会更好：牲畜们不仅可以作为食物食用，它们的排泄物还能用作肥料，另外还能利用动物耕地。不过牲畜们还面临一个竞争者，那就是奴隶：奴隶的价格越来越低，工作效率反而更高。

在同一时期的亚洲，水稻开始流行起来。在东亚和东南亚的一些地区，例如中国南部、印度的部分地区、朝鲜半岛或是日本，水稻在每年甚至可以有两到三次收获。这套水稻种植模式可以生产大量的粮食，但同时需要很多的劳动力，不过却仍然足够让这些人吃饱饭。因此，远东地区变成了世界上人口最多的地区。

高级食物和低级食物的差异性在罗马帝国达到了顶峰。罗马帝国皇室的一场宴会哪怕是放到两千年后的今天，也会是富人们挥霍浪费的典型案例。喜剧故事《萨蒂利孔》[1]中描写的特里马尔奇奥的晚宴就是一个很好的例子：兔子的乳房、塞满牡蛎的大雁、火烈鸟舌头、猪肉捏成的鸟形菜肴……要是烹饪的价值就在于把自然的食材变成文化的产物的话，那么这道猪肉捏成的鸟形菜肴可真称得上是巅峰之作了：猪肉

1　被认为是罗马讽刺作家佩特罗尼乌斯的散文体喜剧故事，仅有残篇传世。

的口感没有变，但是它被捏成了另外一种动物，人类创造出了一种虚假的动物。人们在烹饪的是大自然本身。

但是罗马帝国也提供了一种至今仍在施行的获取食物的模式：食品援助。每一位罗马帝国子民都有权免费，或以很低的价格获得分发的援助食品，根据不同的时间段，援助食品可能包括谷物、面包和油。分发主食是国家用来解决饥饿问题的一种手段，这些措施有时候管用，有时候也不能完全解决问题。

"只有罗马帝国会给穷人分发食品，再往东去的那些国家都只是把穷人当作社会毒瘤，要是他们买不起食物，国家会任由他们饿死。"古罗马政治家安东尼在公元前30年的一封信中这样写道。罗马帝国为此建立了一套完整的食物援助体系：分发的谷物来自西西里或埃及，油则来自伊比利亚半岛或叙利亚。这些地区把这类交易当作花钱买和平，谷物和油就像是这些地区上缴的战争税一样，上缴对象是他们可怕的对手：罗马帝国。

每一个有权势的古罗马人身后都有一批卑微的追随者，他们服从于他、从他这里拿到食物。有一个词专门形容这群人：食客。

一套体系使这些人能苟且偷生。

3

从文明最初形成的时期开始，饥饿就变成了一个最强大的武器，变成了展示权力的最极端方式。要征服一座城市，最常用的方法之一就是断水断粮，让饥饿把城市完全击溃。要赢得人民的支持和容忍，就用分发食物的方式使他们避免饥饿，这也是一个很好的例子。

饥饿是一个永恒的威胁，因为它永远都会存在。饥饿，或者出现饥饿的可能，扎根于所有的文化之中。

有一些人认为当饥饿达到某种程度时，它就有可能瓦解任何社会，消除任何团结性，解除人们之间的任何联系，而在历史上也有不少例证。伊克人的历史借助彼得·布鲁克的戏剧变得远近闻名。伊克人是生活在乌干达北部的狩猎民族，但是政府把他们从世代居住狩猎的土地上驱逐出去，伊克人立刻陷入了极端饥饿的困境。伊克人接下来所经历的一切无疑是饥饿能对一个民族造成的最可怕的伤害了。

伊克人几乎没有食物，所以他们决定停止在族人间分享食物。他们决定用极端个人主义对抗极端饥饿，也就是说每个人只能靠自己救自己。因此，孩子们刚满三岁就会被父母抛弃，小孩子们只能组成一个小团体来求生，他们会去抢其他人的食物来吃，通常是老人或者因营养不良而丧失自卫能力的人。

年满八岁、不足十三岁的孩子们会加入另一个团体，这个团体会更加的残暴。他们一起出去抢劫，一直到青春期，再之后就要单独行动了。单独行动的伊克人中有很多都死掉了，因为一旦你搞不到食物你就注定吃不到东西。英国人类学家科林·特布尔写道：伊克人不仅不能从其他人那里获得食物，甚至连他人的同情也得不到，面对亲人或是邻居在树荫下饿死的场景，伊克人甚至都不会多看一眼，除非他们认为还能从那些人那里搞到什么东西。

谢尔曼·阿普特·鲁瑟尔在她精彩的著作《饥饿》一书中总结了饥荒出现的三个阶段："首先会出现一些征兆。人们会更容易焦虑、更喜欢群居。他们可能会共用更多的东西，例如吃大锅饭。他们可能会移居。人们的情绪更易波动。可能会出现易怒、不安、骚乱和掠夺。会出现更多的宗教仪式和神秘活动。

在第二个阶段人们会把饥饿本身当作抗争对象，而不去寻找饥饿产生的根源。人们减少能量的消耗，他们把它储存起来。他们的社会行为减少，用全部精力去寻找食物。他们会组成一个个很小的团体，例如以家庭为单位，因为这是求生的最佳模式。朋友和远亲可能会被排除在外。抢夺变成经常性事件。政治干预减少，暴力事件增多。在这一社会秩序崩溃的时刻，人们却更倾向于寻找一个领导者。

在最后一个阶段，任何形式的合作都开始崩塌，哪怕是在家庭范围内的也是一样。这种情况可能是逐渐显现的。老人们会成为最早一批牺牲品，然后是年纪最小的孩童。人们从身体上和精神上都陷入了精疲力竭的境地，他们可能几个小时、几个小时地呆坐着，一句话也不说。

在饥荒中，一个人的善良和邪恶都显露无遗，它把原本就隐藏在每个人内心里的东西放大了。"

饥饿同样是一直隐藏在历史中的东西。

"同年，几乎在加利亚地区 [1] 全境都出现了饥荒。很多人试着用葡萄种子、栎树果实，甚至是欧洲蕨的根部来制作面包。人们把这些原料晾干、碾磨、然后和他们仅剩的一点面粉和到一起。还有些人会用田地里的杂草来做面包。没有面粉的人有时会直接吃杂草，他们很容易就会得腹胀病，然后死去。"生活在公元六世纪、后被尊为圣人的史学家格雷戈里·德·图斯在他的著作《法兰克人的历史》中这样记录道。

饥饿和睡梦、通奸、死亡、家庭这些事情一样，是组成那一时期人类生活的重要因素，因为它是自然的产物，也因为它有如此强大的威力。中世纪的西方世界一直被饥饿的阴云所笼罩。罗马帝国的崩塌、商业的衰败和农业技术的停滞都导致食物产量降到了极低的水平。

每一个地区都要靠自己来解决饥饿问题。想要用粮食丰收地区的食物来支援因旱灾、蝗灾、战争、掳掠而粮食歉收的地区，来挽救这些地区成千上万的饥饿的人们，根本行不通，因为交通和地区之间的联系已经完全被切断了。

没有哪个行政机构会去派发食物，教会偶尔可能会做一下这件事，但教会更希望教民们能理智对待饥饿问题。实际上每一个人心里都会问这样一个问题：在全能的神统治的世界里，为什么还会有人吃不上饭。教会的回答是：饥饿是上帝对那些以某种方式冒犯过他的人的合理惩罚。

1　加利亚地区（Galia）是古罗马时期对现法国、比利时、瑞士西部、荷兰部分地区和莱茵河东岸的德国地区的欧洲区域的统称。

"神父，那么为什么上帝要惩罚我呢？"

"我想你其实比其他人更清楚答案是什么。"

有时候上帝非常大度，神父们就可以引导那些迷途的羔羊。但是在中世纪发生的饥荒就像是上帝给他的子民的一次警告：你们如果不听从我的命令，不尊重我的法令和权力，你们的下场就将是这样。这次上帝降下的不再是恩赐，而是恐怖：根源就在于人类的缺乏道德、懒惰和其他罪行。

饥饿成了一种警告。

有一些办法显然比另一些更有效。面对饥饿，没有什么比说服饥饿的人相信他们没有食物是因为自己的过错更有效的应对手段了。

在遥远的年代，诸多伊斯兰王国在更富饶的地区发展着，它们后来占领了非洲北部、欧洲南部、中东和亚洲中部。他们用轮作制度、灌溉系统、风车提高了农产品的产量，他们把新的作物带到了统治地区的各个角落：甘蔗、水稻、香蕉、柠檬、茄子、椰子、香瓜……这些足够使当时的大城市能有充足的食物，这些大城市包括巴格达、科尔多瓦等，他们的人口数都达到了上百万，而在当时伦敦只有一万人口，食物消耗量也不大。

"当时可供作为食物的动物已经很少了，有很多人因为饥饿被迫开始吃腐肉或是其他污秽的东西。还有人试着用野生植物根茎和水生植物来充饥，但是并不起什么作用。上帝的复仇怒火依然在继续着……三年来雨水不断，没有几块地是可以正常耕种的，这三年里，饥饿一直笼罩着大地。

啊，还有更大的灾难：难以忍受的饥饿迫使很多人开始吃人肉。经常会有旅者被更强壮的人袭击，这些人会杀掉他们，把肉烤着吃掉。有很多人从饥荒之地逃了出来，他们到一些人家里求那些人能允许他们过夜，但房主也经常会杀死这些投宿者，然后把他们吃掉。在很多地方，人们甚至会把尸体挖出来吃掉。事情后来发展到即使是被放走的牲畜活命的概率都比人类要大。由于已经习惯了吃人，甚至在图尔尼的市场上竟有人做起了人肉买卖，就好像那是正常的动物肉一样。后来做这买卖的人被抓了起来，他竟然不认为自己的恶行是一种犯罪，最后他被绑在柱子上烧死了。当晚，他的尸体被另一个人挖出来吃掉了，而这个人同样被判处了火刑。"法兰克的僧侣"秃子"劳尔在他著名的关于1031至1033年间的西欧饥荒的编年史中这样记载道。

食人是一种不同寻常的状况，而饥饿不是。在罗马帝国衰败后的上千年里，欧洲地区没有哪一个连续的十年是没有可怕的饥荒发生的。

如果说饥荒是偶发事件的话，那么饥饿就是永恒的威胁，是人们每天都有可能遇到的事情。

饥饿不是一次性的事件，也不是每次出现都完全相同，这是一个充满变数的过程。人们占据了新的土地，改善了耕作的工具和技术，生产出了更多的粮食。但是与此同时人口数量也上升了，一直上升到食物再次供不应求为止，不过战争和蝗灾也有可能打破二者之间的平衡。在那个时代的欧洲几乎所有地区，上述这些情况一直在反复出现。

（这些贫穷和饥荒的循环出现在 14 世纪初，并在 1348 年达到了顶峰，在那一年，一种虚弱人群极易感染的恐怖疾病出现了：黑死病杀死了近四分之一的欧洲人。）

在那些有无数人要忍饥挨饿的社会中，没有饥饿问题的人们很自然地就有了优越感：饥饿一向是认清人本性的有效工具。一神教一直以来就与饥饿联系紧密。所有的一神教就在一定程度上提倡禁食，用这种方式来说明神灵能帮助我们做到任何我们认为自己做不到的事情。人们用折磨自己的方式来向至高无上的权力致敬。

宗教需要通过违抗人天性的方式来展现自己的优越。这是文化的一种极端表现形式：这种文化不帮助我们解读这个世界，反而在创造着许多与这个世界格格不入的东西。禁食这种行为是文化的胜利，是文化值得骄傲的纪念碑。宗教思想认为存在比人类更优越的物种，或者说认为人类是一种低等生物。在这种思想看来，吃饭就是虚弱的表现。也就是说，如果我们不吃东西的话，我们就会变得更好。进食一直以来就被视为人类的一种沉重负担。高等生物根本无需进食。在基督教的经典中从来没提到过上帝吃过什么东西。在希腊－罗马神话体系中，类人的众神只吃神食喝神酒。根据基督徒的说法，禁食这种行为是从天使们开始的，而天使也是超自然的群体。

选择禁食也就意味着选择不遵循自然规律，而转向遵循文化规律。这种文化规律、宗教规律却是超自然的。它超脱于自然，主宰着自然。自然变成了一种堕落，肉体变成了一种堕落，进食也变成了一种堕落。这种超自然的东西看上去却好像是在对一切进行修正。

然而，要解决饥饿问题，吃东西是最直接的方法。

但是对于大多数人而言，能够暴饮暴食并不是什么罪过，而是一个神话。少数人吃大量的东西，而大部分人依然吃得既少又差。肉类食物变成了贵族们才能吃到的东西，因为他们还享有捕猎的权利。在一千多年的时间里，大多数欧洲人的饮食都简单而单调，而且还要靠天吃饭。

几个世纪中，人们面临饥饿困境的主要原因就是食物的缺乏：耕作技术过于原始，再加上战争和自然灾害造成的粮食歉收。不过还有另一个原因，有的时候食物是够吃的，但是这些单调的食物提供不了足够的营养，于是不断出现营养不良的情况。在主宫医院，中世纪巴黎最大的医院，大量病人在缺乏药物的情况下只能靠住院来治病，很多人只能祈求奇迹的降临。很多年后人们得知在那里住院的很多病人后来都病愈出院了，原因是病人们在医院吃到的面包比在家里吃的更有营养，他们在家里只能吃到用麸皮做成的黑面包。

在中世纪很长的一段时间里，富人和穷人在饮食上的差异还体现在调味料上：辣椒、丁香、肉桂、生姜、藏红花……穷人根本买不起这些调味料。16世纪，当世界的联系更加紧密之后，少数人的餐桌上又出现了以奶油、新鲜蔬菜和其他城市里才有的特殊食品为主的新的饮食方式。饮食的差异就是阶级的差异：有或者没有、吃或者不吃。

当时的医生们也在里面起到了推波助澜的作用，这些人出版了很多有名的著作。例如雅克·杜波依斯在1545年于巴黎出版的《适合穷人的饮食结构》一书中就说道："穷人们的饮食应该围绕着符合他们情况的食物做文章，例如黑面包、洋葱、大蒜、韭菜、面糊粥、一点点熏肉、素汤等，而不要总是想着那些只有绅士们才懂得如何品尝的美味佳肴。"看上去他好像是在为穷人们着想，他认为穷人们的胃适应不了禽肉、鱼肉、甜品、新鲜水果还有其他的美食，他们消化不了这些，是会生病的，而且还有可能因为想吃这些东西而丧命。幸运的是，科学并没有按照这些人的思路发展下去。

"卡布拉先生坐了下来，做了感恩祷告，主人们就开始吃那顿吃不完的午餐了，他们每个人都有一小木碗汤，纳西索斯[1]要是碰上喝那样的清汤寡水，那么他面临的危险要比在清泉旁碰到的更大。"克维多[2]这样写道。

为了对抗饥饿，人们幻想出来了一些神奇的地方，在那些幸福的国度里，房子都是用火腿做的，房顶是鲑鱼和鲈鱼，而"人们在街边烤着雁肉，餐桌铺着华丽的桌布，桌子上还有洁白的蒜粉，不远处还有一处酒泉，美酒不断从中涌出"。不同的民族给这种地方起的名字也不同：科卡涅、库卡纳，或者直接叫安乐国。但也有相同点：它总是在很遥远的地方，

---

[1] 纳西索斯是希腊神话中一位俊美的男子，因爱上自己在水中的倒影而溺死，死后化为水仙花。

[2] 克维多，西班牙黄金世纪文学著名作家，以诗歌和讽刺文章见长。本文出自他的流浪汉小说《骗子外传》。

在海的另一边。有趣的是有一天，一群从西班牙出发的航海者以为自己找到了它。美洲大陆当然不是那个传说中的幻想国度，但是那里生长的作物却永远改变了全世界的饮食习惯。土豆、番茄、玉米、胡椒还有其他一些食物使得穷人们有了更多的选择，但仍然远未达到理想的程度。饥饿仍然存在，饮食问题仍未解决。

农业发展后，情况也没有什么好转。农牧业技术发展了，但是人口数量也呈爆炸式增长，很多人吃得更少了，他们餐桌上食物的种类也更单一了。

那时正是乔纳森·斯威夫特[1]创作他的《一个温和的建议》(1729)的时候，这是最伟大的讽刺作品之一。在这部作品中，作者讽刺性地提出了一个解决爱尔兰饥饿问题的建议——吃掉那些饥饿的人们：

"现在每年出生在贫困家庭的孩子只有十二万了。然而问题仍是如何抚养和教育这些孩子，我之前已经说过了，在目前的条件下，迄今所提的方案无一能解决这个问题。因为我们既不能雇他们从事手工业，也不能雇他们从事农业；我们不需要建造房屋，也不用开拓耕地。这些孩子在六岁之前几乎不可能靠偷东西来自讨生计，除非在那些他们有望拉帮结派的地方。我承认，他们很早前就开始入门了，但在这段时间他们还只属于见习小偷。我从卡文郡一个数一数二的乡

1　乔纳森·斯威夫特，英国启蒙主义时期作家，他对资本主义本质进行了无情鞭挞，反映了普通人生活的艰辛与困苦。

绅那里了解过此中内情，他曾对我断言，在这样一个因对那门艺术掌握得最迅速最熟练而闻名的王国里，他却还从没听说过哪个地方有小于六岁的小偷的一两个事例。

商人们曾很肯定地对我说，十二岁前的男孩或女孩作为商品并不适合销售，即使他们到了十二岁，他们的利润也不会多于三镑，最多通过交易获利三镑五先令，可这并不能补偿他们的父母，也不能补偿给这个王国，因为他们吃过的东西和穿过的衣物值的钱至少是这个数的四倍。

因此，我谨此提出我的想法，希望不会遭到任何反对。我在伦敦的一个深知内情的美国朋友向我证实，一个年轻健康、营养良好的孩子在一岁的时候是味道最美、营养最佳、最有益健康的食品，焖、烤、煎、煮皆可；而我也确信无论做成浓汤炖肉还是蔬菜烩肉，他们都一样美味可口。

因此我谨将此建议提交公众考虑：上面提到过的十二万名儿童，两万也许可以用于饲养，其中男性只需四分之一（这已经比猪牛羊的比例大了），我的理由是：这些孩子大多不是合法婚姻的产物，我们的粗人也不会计较这些，因此一男足以配四女。剩下的十万名儿童在满一周岁时可以卖给国内有权有势的人，但要总叮嘱他们的母亲在最后一个月让他们喝饱奶，把他们养得圆圆胖胖，这样做成饭菜也会更可口。在招待朋友的筵席上，一个孩子可以做成两道菜，家庭聚餐的话，孩子的前后腿的四分之一已经可以作为一道好菜了，如果加点胡椒粉和盐腌上四天再煮，味道将更好，尤其是在冬天。"

　　斯威夫特的建议当然不会被施行，但也没有什么能保证没有人这样去做。他的老乡、可敬的托马斯·罗伯特·马尔萨斯似乎就有点把这个建议当真了。

　　"那时，整个巴黎城都陷入了饥饿中。每天早晨从四点开始，女人、孩子和老人们就从被恐惧和不安笼罩着的黑人区最深的巷子里涌出来，喊叫着'我要生存'。一块面包可能就是一场胜利。但是，他们能获得什么样的面包呢？一块像是混了土的发黑的面团，不停地散发着恶臭，面粉里很可能掺杂着许多有害身体的成分。谁能体会到一个怀抱死去的孩子的母亲的那种绝望感呢？"路易斯·布兰科在他的《法国革命史》一书中这样写道。

　　饥饿是这一切的根源。在当时的巴黎，一个短工每天只能赚不到 20 苏[1]，而他每日所需的四磅面包（约合两公斤）的售价要大于 15 苏。因此成千上万饥饿的人们涌上街头，呼喊着要面包吃，而他们收到的回答成了历史上最大的笑话之一："没有面包吃的话，吃蛋糕不就好了。"[2]

　　于是在法国，革命开始了。从某种意义上说，时至今日，这场革命仍在继续。

1　法国古时货币，1 法郎约为 20 苏。

2　传说此语出自法国皇后玛丽·安托瓦内特。

印度：传统

加尔各答

1

我看到不远处有一个酒囊，一个男人在不停地往里面灌水。我已经记不起上次看到一个酒囊是什么时候的事了，一开始我都想不起应该用"酒囊"这个词来形容眼前这个东西。一个实实在在的酒囊，不是什么酒囊饭袋之类的成语里的东西。总之我看到了一个酒囊，"酒囊"这个词就在我的嘴边，但我仍然过了一会儿才想到它。我喜欢这个词也好，不喜欢也罢，当酒囊里面没有了酒，人们往往就不会再提到它了，这种词有时会令我有些难过。（还会有人在这种情况下用舌头和牙齿的接触来发出"酒、囊"这几个音来，然后能赋予它什么新的含义吗？）

有时我会觉得很奇怪：一幅画、一个景点、一处古迹或是一些词语的消失会让我感到很难过，但是一个人的消失却通常不会给我这种感觉。因为我总是会有这样一种感觉，这种感觉可能也有它的道理：我觉得古迹、景点或是词语是不可替代的，而一个人仅仅就是一个人，是众多人中的一个罢了。在街角有一个老人，用亚洲人特有的方式蹲在上百个土豆中间：脚着地，屁股压得很低，膝盖翘起。他在往一个竹筐里一个又一个地扔土豆，筐里已经堆满土豆了，土豆滚动着，又落回到了地面。

加尔各答在 20 世纪上半叶还像是一座欧洲城市：有小径，也有宽阔的街道，有很多笔直的街道拐角，在三十年代和五十年代就有很多地中海式的四五层高的楼房。但是一个城市总是在不断地被创造中，它会经历不断的重组，一层覆盖着一层。这里现在充满着现代化的商业气息，有车、有灯光、有广告牌，但城里却仍然有成千上万生活悲惨的人，有各种动物，还有各种气味。在我们这些国家的城市里，人们用了几个世纪的时间驱散了各种气味。但是时至今日，这座印度西孟加拉邦首府中，仍然充斥着各种气味：动物粪便的气味、人类的体味、屎尿味、腐肉味、椰子香皂味、焚烧垃圾的气味、熏香的气味、香料的气味，所有的气味混到了一起，是那么奇怪。

太多古怪的气味了。

然后是两条堆满废旧电子产品零件的街道：电脑、电视、收音机、车载收音机、手机……看上去都有二十年左右的生产年限了，都因为人口的压力而要被回收利用：我是买不起新式计算机，但这不意味着我就不能用旧电脑。与我们通常对现代消费需求的认识不同，十多个男男女女就坐在这两条小道里的长椅上，不断地拆卸、组装这些零件，来看看能不能搞出什么能用的东西来。人们走着、爬着，在这几百万个零件中搜寻、丢弃。在二三十个受潮的鞭炮中有人找到了两个熏香，这种熏香只有刚生产出来时才会有香气，香气很快就没了。现在，在这里，废熏香却找到了它们的归宿。

上千年来，商品就一直按使用年限长短被分为耐用和不耐用的两类。食品和饮品是一次性的，衣服也可能很快就会被穿旧。但是很少有人在买床、车子或锅的时候会想着很快把它们替换掉，持久性是这些商品的固有品质。然而资本主义却几乎把所有的商品都变得和食品、饮品一样了，给它们起了个消费品的名字，时刻提醒着我们要消费。消费，这是一个被扭曲了的词。

因此，我认为现在世界上有着比以前更多的商人，因为没有什么东西是买过之后再也不需要再次购买的了，所有种类的商品都要无数次地被卖、被买。

有时，当我行走在另一个世界中的那些国家的市场上时，我会觉得自己受到了某种巨大的冲击。成千上万一模一样的衬衫，一模一样的拖鞋，一模一样的书包、便鞋、梳子、皮球、锅碗在等着成千上万长得差不多的人来把它们买走，然后那些成千上万长得差不多的卖家赚到钱后会再去买来同样的衬衫、鞋子、梳子、锅碗、米面，第二天再到同一个市场卖给成千上万长得差不多的人成千上万同样的衬衫、成千上万同样的鞋子和成千上万同样的……

他们不做什么别的事。他们等着，聊着，收取着微薄的利润。比起其他人来，他们可能更加没用。他们不会往衬衫、鞋子、绳索、橡胶、糖果上添加任何东西，即使没有这些人，日子也没什么不同。如果世界上再也没有这个看上去如此无用的活动：商业，世界会变成什么样子呢？

商人就和那些成天指手画脚地告诉你已经发生了什么、将来会发生什么的人一样无用。

商人所做的事情只不过是让我们获得我们想要的东西的成本上升罢了。最好的情况是：有些人能够搞到其他人弄不到的东西，然后他们可以成为有效的中间商。但实际上大部分人卖的东西和其他人卖的是一样的，但他们仍然挣扎地活着，而且这种人越来越多。在富裕的国家，商业会以一种"隐蔽"的方式进行：在商场里，在店铺里或是在互联网上。然而在这些国家里的情况却相反，"公开"变成了最明显的特点：当一个人不知道应该做些什么的时候，他最先想到的就是跑到街上卖芒果、铅笔或是小包，这是最低等的城市贸易形式。这里的大街小巷变成了成千上万的人进行买卖、谋生计的空间。

显而易见，要杜绝这种现象并没那么容易。有一些人曾经做过尝试，他们把这些人变成了毫无生气的工人，这些人的工作效率比以前更低了，而且他们也无法解决物品分配的问题。就算真的出现了一种有效的替代方案，这上百万以这种街头贸易为生的人又该做些什么呢？他们会找到适合自己的工作岗位吗？真的能够把这些人变成有效的劳动力，然后通过这种方式改变这个社会吗？还是说到头来街头小贩没有了，却都变成了拾荒者和乞丐？

拾荒者和乞丐。

满大街的拾荒者和乞丐。

距离我上一次到加尔各答已经过去了二十年。那时我正在写一本关于印度的书，名字叫《我的上帝》，这个城市当时已经让我感到非常困惑。二十年后的今天，我仍然惊讶于印度人竟然能这么自然地忍受这种悲惨的生活。曾经有无数人用无数种方式说过同一句话："当你身边的人生活在水深火热之中，而你却依然快乐地活着，这是一种耻辱"，这句话离生活在这座城市中的居民是那么遥远。

满大街都是拾荒者和乞丐。

还有那些人坐在满是灰尘的街道上的样子：一脸稚气，缩成一团，十分警惕，他们用胳膊抱着腿，把脸埋在双腿中间，一只脚搭在另一只脚上，双脚像是在互相照顾着彼此。一个车夫正在休息：现在是下午两点，天气异常炎热，然而这个加尔各答的车夫却光着脚踩在柏油路或者天知道是什么材质的路上。这么多年来，这个世界上没有什么种类的路是这些车夫没有走过的了。

他们的脚也在互相摩挲着，互相保护着。

加尔各答有太多动物。懒洋洋的牛总是会阻碍交通，猪群在垃圾堆里欢快地拱来拱去，乌鸦会从桌子上偷走食物，猴子则比乌鸦更擅偷窃、更狂躁，鸡在笼子里咯咯地叫着，狗总是摆出一副心满意足的样子，它们的满足感使你感觉很奇怪。另外还有上千万的男男女女，准确地说是一千五百万的男人女人。

他们中的一些人每天都有饭吃，甚至吃得上肉。在加尔各答市中心的市场上，那些用来食用的动物在被卖出去之前一直是活的。在我们生活的国家里，肉贩们会尽最大的可能使我们拿到手的肉和动物活着时的样子大不相同：剥皮、去骨、切块、盖章、装袋……这样做是为了使我们在吃牛排时不会想到牛死前悲伤的眼神，吃羊腿时不会想起羊羔的咩咩叫声。在最贫穷的国家里，动物被吃掉前的最后一刻仍是活生生的动物，它们不会被冷藏，这是保证在被端上餐桌时肉质依然鲜美的最好方法。可是在最贫穷的国家里，最贫困的人是不可能吃上肉的。

人们通常认为在印度人们是有的选择的，因为很多人都是素食者。

在嘈杂的人声中，一只麻雀落到了市场中央，它绕着肉块转了几圈，又飞走了，又飞来了，像是在寻找什么东西。我们这十几、二十个人都看着它，一时间大家都不动了，也不再张口说话，一切都停滞了下来。鸟飞走了，一切又都回来了：说话声、移动声甚至是气味。我们不禁一起笑了起来，好像还带着点自责。我想说点什么来打破这种尴尬，却不知道该说什么，于是我只是买了四公斤长相奇怪的坚果。

我在想，飞来的麻雀好少，在这停留的时间好短。

在一个有些偏僻的摊位上，一个男人在卖一种小红鱼，鱼是放在鱼缸里出售的，鱼缸上还有塑料装饰。这是文明进步的象征。很不幸，或者说很幸运的是，西方世界早已习惯了不去在意多余的物品的价值。伟大的伏尔泰在没什么必要的情况下说道："多余的东西非常有必要。"多余的东西是巨大变革的象征：你想要拥有一些多余的东西，你已经不再处于捉襟见肘的窘境，而是有了多余的钱去买一条小红鱼或是其他什么没用的东西。"红色"是个很重要的词，然而"没用的"才是关键词：你有了购买没用的东西的权力，这与忍饥挨饿已经不可同日而语了。感到饥饿就意味着要依靠最急需的东西去过活，要为了那些最急需的东西去过活，在最急需的东西中去谋生存。很多时候人们做不到这些。

饥饿就是吃掉那些小红鱼。

素食者这个词是在伦敦被创造出来的，大约是在1850年，一群为了更加健康而决心不再吃肉的人创造了它。但是这之后，印度却成了这个星球上素食者最多的国家。据统计，约有五分之二的印度人是素食主义者，总数约为五亿人。印度教的教徒会告诉你印度教视牛为圣物，但是他们不会告诉你在他们三千多年前写成的经典中，尽是牛肉宴的描写。如今，他们满怀素食的热情，对你解释说他们不想那么残酷地对待其他动物，因为他们不想造太多的恶业，"把动物肉吃到肚子里，就会把愤怒、嫉妒、焦虑、怀疑和对死亡的恐惧一起吸收进自己的身体和灵魂中"，而蔬菜更易消化，有助于人们"活得更久、更健康、更有活力"，地球一直在遭受破坏，如果人们能不吃肉，那么就可以帮助保护地球。

他们也不会告诉你，大部分印度素食者吃素单纯是因为太穷，因为他们买不起肉。哪怕他们有一两头牛，他们也舍不得把它们吃掉，他们得养着这些牛来让它们提供供人饮用的奶水、烹调用的油脂、用来点燃的粪便，另外它们还要被拉到地里干活。这些被尊为圣物的动物的命运也真是奇怪，它们不能被杀，却能被用来干繁重的农活。真是一个巨大的讽刺。

　　我突然有一些感触，我们吃各式各样的食物的时候竟是那样的自然，甚至是用各种奇怪的方式和工具去吃东西时也是那么自然。我们没想过吃一口牛肉、一个鸡翅、一只大虾竟有可能会费那么大的周折。我们觉得这一切都是理所当然的，从来没想过几千年来这从来就不是所有人的常态，没想过上亿人从没过过这种生活。这是对特权的滥用：我们有着这样的特权，甚至连我们的生活可能会是什么样子都没有想过。

　　看待20世纪的方式有很多种，但是我认为对于20世纪而言最具有决定性的变革就是移动性的胜利：20世纪一个重要的特点就是所有的东西都在动。1900年前，只有上千公里的道路，没有小汽车和大卡车，也没有为它们而修建的公路，当然也没有飞机。没有超级坦克、直升机、自行车、摩托车，自然更没有潜水艇、地铁。不仅交通工具很少，人们其实也很少出行。人们住在城市里、农村里、田地间，但基本都是靠步行。后来我们不断适应了不断地移动：每天早上我都要赶20公里的路去上班，为了到外国的海滩去度假我可能要飞400公里，或是4000公里。这是一件很奇怪的事情：人类实际上是一种相对安静的生物，竟然变得如此好动。同样的事情也发生在了人类的食物上，交通一直存在，但是直到一个世纪之前，各地之间运输的都还是最必需的、最有价值的东西。如今，所有的东西都进入了流通市场：俄罗斯人能在一月吃到葡萄，印度的富人能够吃上卡蒙伯尔奶酪，中国人也能买到阿根廷大豆。

动物肉一向是一种奢侈品。"除了极特殊的情况，人类的基本食物都是谷物，无论在世界的哪个角落、哪个国家或是哪种文化中都是如此。但是谷物提供不了足量的人体所需的蛋白质。最先被添加到饮食中的通常是豆类……。然后是菌类。在生活水平提升之后，人类饮食中还会加上油脂类……。最后，在生活水平进一步发展后，肉类或者其他的动物制品（蛋、乳等）才会成为一个选项"，布鲁诺·帕门铁尔在他的《人类饮食》一书中如是写道。

他还写道："也许吃掉一块牛排对于很多人而言会是这个星球上最疯狂的事情了。"

我们这些来自比较富裕的国家的人从很早之前就和这个星球上的大部分居民吃完全不同的东西了。这其实已造成了一个巨大的文化变革，只不过很少有人察觉到罢了。人类一向是以碳水化合物和植物纤维为主要食物的，偶尔会佐以一点动物蛋白。如今我们配着沙拉吃牛排，就着米饭啃鸡腿，汉堡里夹上一点点菜泥，两片面包里放上一大块火腿，我们完全扭转了上千年的饮食习惯：现在我们吃太多的动物肉，碳水化合物和植物纤维反倒变成了辅料。

我想我们根本没觉察到这意味着什么。一个印度人、非洲人或是南美人则会。因为对于这些"另一个世界"的居民而言，饮食体系依然和以前一样：看上去人类的食物种类越来越多了，但实际上我们吃的东西中的四分之三依然是大米、小麦或玉米，其中大米就占了二分之一。

换句话说：七八十亿人每天吃的食物的一半都是大米。

大米。

哪怕是在全球化的市场上，吃肉依然是一个奢靡的行为，但是对肉类的消耗依然不断在增加。1980年，平均每个中国人每年会吃掉14公斤肉，而现在这一数字已经达到了约55公斤。

而且我们很享受吃肉。吃肉的行为是很具有吸引力的：新近致富的人会用吃肉来显示他们的财富，来说明他们现在和世界上的其他富人一样了，来说明吃肉对他们而言已经轻而易举了。

然而吃肉也给人们带来了之前未曾遇到过的问题：心血管疾病、消化系统癌症还有其他与胆固醇相关的疾病。对肉类食物的需求增加也给气候带来了巨大的影响，牛屁的主要成分是甲烷，是造成温室效应的罪魁祸首之一。

这中间还有一个竞争的问题。一般来说，动物和人类的饮食是截然不同的。著名的美国人类学家马尔文·哈里斯曾提出过一种假设，他认为世界三大宗教中的两个都对猪有所排斥的原因正在于这种动物和人类吃的东西很相似。换句话说，养猪是一种浪费，因为它不像牛羊一样吃人类不能吃的草，所以把人能吃的东西拿去喂猪并不是什么好主意。

现在情况变了。如今我们用来喂养动物的饲料中的百分之七十五都是人类可食用的：大豆、玉米和其他谷物。

这多少算是人类的一种新的创造。以前的牛都是吃草的，直到1870年左右，随着冷藏船的出现，英国人开始从美洲大陆购买用玉米和其他谷物饲养的牛的肉，那时的人说这种肉更肥、更香。直到"二战"，这种牛肉依然是一种奢侈品，年产量大约只占世界牛肉产量的百分之五，食用人群通常只限于欧美的富人。但是到了20世纪50年代，随着农业生产率的提高，美国开始想办法利用多余的粮食。美国的大型跨国粮食公司开始施压，力求使谷物饲养的动物肉类被端上更多人的餐桌。如今，世界大部分的生产都按照美国人预想的模式进行。同时牲畜的数量也在上涨，仅以牛为例，半个世纪前世界有七亿头牛，如今则有十四亿头。也就是说平均每五个人就有一头牛，供人类食用的肉越来越多了。

还要提一下大型的养猪和养鸡的企业。作为世界最大产粮国之一的巴西需要进口谷物来养鸡，因为它同时也是世界最大的鸡肉出口国。巴西养鸡户们每年要饲养和处理七十亿只鸡，也就是说，巴西人每年要杀和人类数量一样多的鸡，然后把它们卖到世界各地。中国和美国的鸡肉产量与巴西相同，唯一的差别是他们本国的居民就可以把这些鸡肉消耗掉。

问题是要生产一卡路里热量的鸡肉，需要花费四卡路里热量的蔬菜，花费六卡路里热量的蔬菜才能生产出一卡路里热量的猪肉，而对牛肉和羊肉而言则需要十卡路里热量的蔬菜。水也是一样的道理，要生产一公斤玉米需要用一千五百升的水，而为了生产一公斤牛肉则需要消耗一万五千升的水。一公顷良田可以产出大约三十五公斤的蔬菜蛋白质，如果把它们用来饲养牲畜，最终只能产出七公斤的动物蛋白质。换句话说，一个人吃肉获得的能量其实原本可以用来为五到十个人提供能量。吃肉就意味着建立某种残酷的不公：吃肉的人就好像在对其他人炫耀说他吃一顿饭顶得上他们吃五顿，或是十顿。一个人吃肉就好像在对自己说：其他九个人吃什么与我何干？

吃肉是权力的野蛮炫耀。

在近几十年里，人类对肉类消费的增长是人口增长的一倍多，蛋类的消费增长为人口增长的三倍多。在 1950 年前后全世界每年消耗五千万吨肉，而如今这一数字几乎已翻了六番，而且根据预测，这一数字到 2030 年还会再多一倍。

畜牧业如今已占用了世界百分之八十的可耕地、百分之四十的粮食和这个星球百分之十的水源。人类为了获得肉食竟付出了如此之多。

肉食是社会不公的完美体现。

但是肉食的时代可能正在走向终结。

环境分析家列斯特·布朗曾提到很多人问过他，我们这个星球究竟能够养活多少人，他每次都会反问提问者，这个问题是基于一个什么样的饮食结构。"如果所有人都像美国人那样吃东西，也就是说每年吃掉八百到一千公斤的粮食，再吃掉用大量粮食饲养起来的动物，那么按丰收年的粮食产量来算的话，我们的星球可以养活二十五亿人。如果我们按照意大利人的饮食习惯来生活，也就是说每年每人消耗大约四百公斤粮食、美国人三分之一的肉类食物的话，地球可以维持五十亿人的生存。如果我们都像很多印度人那样是素食主义者的话，这一数字就会达到一百亿。"

　　如果我们还是坚持用少量的菜配大量的肉作为食物，而非用少量的肉来配大量蔬菜的话，三十亿人就会消耗掉本来可供七十亿人使用的资源。代价太高了。

　　肉食就像是军旗，又像是政治宣言：只有很少的人能使用它们，如果所有人都想得到它们的话，事情就没办法解决了。

　　在这些事情上，排除法看上去成了唯一的选择，但其实要用它来解决问题是远远不够的。

　　（我已经当了半个世纪阿根廷人了，我自己其实就是一个糟糕的例子，若非如此的话，我想我会第一个站出来发誓说自己再也不会吃牛排了，何况我也知道自己的表态起不到任何作用。大概我在这里写下的一切毫无意义，只能显示出我思绪的混乱罢了。

　　但是无论如何，我们这些阿根廷人都应该要求自己成为这项实际上并不存在的运动的先驱。一个多世纪以来，阿根廷似乎已经变成了"肉"的同义词了，因为我们生产优质的肉食，而且还曾是世界最大的牛肉消耗国，尽管现在我们已经让出了这头把交椅。在我出生那会儿，一个中产阶级的阿根廷人每年大约能吃掉98公斤牛肉，平均每天比四分之一公斤还多，现在这一数字变成了每年50公斤左右。这一现象的原因很简单：因为大豆的效益更好，人们把原本用来放牧的土地用来种大豆了。自然还有其他原因：牛肉价格上涨、替代食品出现，还有人们对红肉带来的健康问题的顾忌。）

　　但是在印度，大部分的素食主义者都认为是自己选择成为素食者。平均每个印度人每年只吃五公斤肉，所有种类的肉加起来只有五公斤，这一数字只是中国人平均吃肉量的十分之一。印度人认为这是他们的自主选择。这是思想领域的奇迹，不是吗？

2

　　实际上远在二十年前，就有一件思想领域的事情让我印象深刻。特雷莎修女的仁爱之家建在一所修道院旁边，她在那里奉献了她的一生。她在1951年着手建立了这座收容所，原来的房屋是一位崇敬她的穆斯林商人以极低的价格卖给她的，这位商人说真主给了他这么多东西，现在该轮到他报答一下真主了。

　　我到那座收容所的时候，那里的墙已经被刷成了白色，墙上贴着祷告词，收容所里面摆着圣母像、耶稣受难像，还有特雷莎修女和沃伊蒂瓦教皇的合影。在合影的下面写着这样一句话："我们要造福全世界"。收容所的男性接待区长十五米、宽十米，两侧长墙处各有一个贴着廉价马赛克的台子，每个台子上都放着十五张行军床，在两个台子之间的空地上还放着二十张床。每张床上都放着天蓝色的垫子和深蓝色的枕头，但是却没有毯子。每张床上都躺着骨瘦如柴的人，他们在静静地等待着死亡的降临。

　　在那些日子里，志愿者会把街头的将死之人带回收容所，给他们清洗身子，然后安置到那些行军床上，他们将在那里体面地死去。

三十岁的英国人迈克操着一口蹩脚的法语对我说："台子上的那群人情况好一些，有人可能会捡回一条命。睡在下面床上的那些看来坚持不了多久了，实际上，越靠近门的情况也就越糟糕。"

在收容所里能听到呻吟声，但实际上次数并没有那么多。一个皮包骨头、头上有个伤口的男孩——可能是个男孩吧，因为他可能只有十三岁，但也可能已经有三十五岁了——在哇哇大叫着。体型庞大、一头金发、曾在密尔沃基做过教区神父的理查德拍了拍男孩的背，然后又给躺在门旁床上的老人端去了一杯水。老人的头耷拉在床边，一动也不动。理查德把他扶着坐好，老人吃力地动了动，头又耷拉了下去。

"这位老人情况很糟。他是昨天来到这儿的，我们把他带去医院，但是医院不收他。"

"为什么？"

"因为没钱。"

"医院不是公立的吗？"

"公立医院会在四个月内给你提供床铺，但是并没什么用。我们在一家私立教会医院有一些床位，但是现在已经人满为患，所以当我们把这位老人带去时，那家医院也拒绝了我们。这儿不是美国，这里真的有许多人会因为没地儿治疗而丧命。"

理查德对我说，一个月前曾有一个腿部受伤的人来过这里，他们没条件照料他，后来他因为伤口感染死了。他说他还能举出一堆相似的例子来。他还说，在这里，一个人哪怕只是随便打了一架都有可能死去。

"我们不是医生，所以没办法给他提供治疗。我们这儿有一个医生，他一周会来两次，不过我们既没法给他提供医疗团队，也没法提供足够的药物。我们所能做的只是宽慰他们，给他们提供精神上的慰藉，让他们能死得体面一些。"

那时候，特雷莎修女已经成为世界闻名的特蕾莎修女，捐赠源源不断，但是却没有被用来改善收容所的医疗条件。

那次当我结束对收容所的参观时我说道："我原本很想把特蕾莎修女的收容所描写成世界上最高尚的地方，但是当我来到这里没多久我就陷入了极大的困扰中，因为这里的人们做的只是从街上把快要死掉的人接回来，然后让他们干干净净地死去。要是能选择让他们做什么的话，我宁愿他们帮助这些人更好地活着，而不是像现在这样让他们更好地死去。也可能是因为这里的人经历过太多死亡了，因此他们觉得死亡只不过是通向另一个世界的必经之路，所以更重要的是如何到达另一个世界。虽然我并不认为死时身边多一张床、身上少一点伤疤有什么太大的区别。另外，我仍然对教会这种经典的施恩方式持谨慎态度，他们就像是那种不停地抨击周围的人缺乏教养，却从不去深思其背后原因的人。在眼下，在这还在发生着一个孩子和一头山羊因为饥饿互相扭打撕咬着的事情的时候，人们却认为特蕾莎修女遭受的苦难更多，这种想法让我有些困扰。"

其实在此之前我还有很多不知道的事情，后来我了解到艾格尼丝·刚察·博亚丘小姐，也被称作加尔各答的特蕾莎修女，是一个很大胆的女性，有很多惊人的想法，例如她曾提出苦难是上帝给穷人的恩赐："穷人们接受自己的命运这件事中蕴含着一些很美的东西，他们就像耶稣基督一样遭受苦难——这句话她说过很多次——世界在苦难中变得更加美好。"

　　大概也是出于相同的原因，这位宗教人士请求在著名的博帕尔市联合碳化物有限公司氰化物泄漏事件[1]中受影响的人们放弃索赔，选择"遗忘和宽恕"。另外，特蕾莎修女还在 1981 年造访了海地，接受了独裁者让·克洛德·杜瓦利埃给她颁发的荣誉军团勋章，在此之前她已经接受过此公的大量捐赠，她声称这位绰号"婴儿医生"的独裁者"热爱穷人，也受到穷人的爱戴"。对了，她还曾跑到阿尔巴尼亚首都地拉那去，在这个欧洲最贫穷、最受压迫的领导人恩维尔·霍查的纪念碑前献了花。哦，她还曾替诈骗了无数小储户的一位美国银行家们辩解，值得一提的是此人曾在入狱前给了她许多捐赠。类似的事数不胜数。

　　我是在 1994 年去加尔各答考察的，那时我还不知道艾格尼丝小姐是如何利用她的圣人光环的。"圣人们可以在任何时间、任何地点，说任何他们想说的话。"这句教皇训谕被特雷莎修女用到了她所经历的最大的一场论战中：她强烈反对堕胎和避孕。1979 年，她在斯德哥尔摩领取诺贝尔和平

1　1984 年 12 月 3 日凌晨，美国联合碳化物属下的联合碳化物有限公司设于印度中央邦的博帕尔市贫民区的一处农药厂发生氰化物泄露事件，死亡人数超过两万，被认为是史上最严重的工业灾难之一。

奖时就曾说道："堕胎是对世界和平最大的威胁。"之后，为了打消人们的疑惑，她又说道："从伦理的角度看，避孕和堕胎是同一回事。"

之后，在领取美国议会给她颁发的"荣誉国民"头衔时，她又说道："穷人们可以没有吃的东西，也可以没有住的地方，但只要他们在精神上强大起来，也同样可以成为伟大的人。堕胎和避孕使人们成为精神上的弱者，这才是最糟糕的贫穷，难以治愈。"在座的上百位同意堕胎和避孕的议员们却也陶醉地送上了经久不息的掌声。

同一天下午，枢机主教詹姆斯·希克利也附和道："她那充满爱意的宣言并非泛泛之谈，因为她是战斗在一线照顾挨饿的人、受罪的人的……"他声称特雷莎修女在为这些人而战斗。

特雷莎修女还有另一番高论："所有人：国家也好，朋友之间也好，排球队也好，任务小组也好，都需要一个'好人'：他得是一个典范，一个完美的人，他得在人们迷茫时给予他们希望。'好人'分很多种，可能是一个仁慈的神父、一个反抗捕鲸者、一位无所不知的老者、一条狗、一位忘我的医生……他们得有一定的信仰。'好人'是无可替代的，他们代表人类的生存状况。世界会在寻找'好人'并把他们捧上神坛的过程中获得进步。"我不得不说，艾格尼丝小姐最后也确实占据了一个特殊的位置：一个受到了全世界推崇的"好人"。

如今她的形象还在那个位置上高坐着。尽管时不时会有几个像我这样的人试图揭发一些她贪腐渎职的事件，却没什么人愿意听。人们都认为还是像现在这样继续把她看得纯洁高尚比较好，他们觉得这对大家都好。保持特蕾莎修女崇高形象还有利于巩固一些思想：首先，现世只不过是通往上帝所在的另一个世界的一段路罢了，所以人们在活着时发生的事情没什么大不了的，重要的是我们要做好去另一个世界的准备，换句话说，我们得逆来顺受。所以特蕾莎修女最先做的就是修建一个收容所，好让人们干干净净地去死。她自己却领了那么多奖，得到了那么多馈赠，还因为她的宗教事业而领取了很多补助金。她从来都没有公开过自己的账目，但是人们可以从她自己的话中略窥一二，她曾提到过自己在上百个国家建立起了大约五百所修道院。但是她却从来没有在加尔各答建立过哪怕一家诊所。

我要再强调一遍：那位修女所鼓吹的核心理念是苦难是上帝对人类的恩赐。后来又说"穷人们接受自己的命运这件事中蕴含着一些很美的东西，他们就像耶稣基督一样遭受苦难——这句话她说过很多次——世界在苦难中变得更加美好"。这些就是她的理念中最基础、最核心的东西。人们在两千年来的妥协让步可以汇成简单的一句话：还没那么糟。"穷人们接受自己的命运这件事中蕴含着一些很美的东西"，也就是说，饥饿使挨饿的人显得更加高贵了，他们就活该有这个命运，这话听着像是凯撒大帝的口吻，却是我们这位"好人"修女说的。

如今，教宗方济各成了特雷莎修女上述言论的继承者，按照特雷莎修女的标准，他也是个"好人"，而且是个更有权势的"好人"。他挽救了地位直线下降的教会，这位信奉庇隆主义的教宗使得天主教廷重新占据了举足轻重的地位。

也是由于他，更多的人又开始有了那种逆来顺受的思想，他们接受了自己压根听不懂的东西，因为他们认为"懂的人"是这么说的，而这些"懂的人"是有能力掌握真理的。

但无论基督教怎么努力，它安抚穷人的能力也可能永远都比不上印度教。实际上，宗教就是为此而存在的：如果一个人生活惨淡，饱一顿饥一顿，那么他就需要相信存在着一个全能的神，这个神能向他解释所有的事情、为他主持正义。若真是如此，我倒是想请他解释一下，为什么很少的人能拥有大量的财富，他们能发号施令、掌管着他人的生死。不止于此，我还想请他解释一下，为什么会有人告诉别人死亡不是人生的终点。不止于此，我还想再请他解释一下，世界一切的邪恶存在的理由是什么。不止于此。

当《圣经》中说穷人们是有福的，因为他们更接近天国时，西方的宗教第一次假想出了一种穷人们得天独厚的价值：作为补偿，他们会更先进入天国。也因此，穷人们应该接受悲惨的生活，因为现世的忍耐就意味着他们向更美好的生活在大步迈近。与此相反，印度教的理论更加极端，它不为人们提供任何美好的念想，也不给贫穷施加什么荣光，印度教认为，如果一个人很穷，如果一个人在受罪，那是因为他在为上辈子做的孽还债。也就是说，一个人穷是他自己的问题，活该他倒霉。在宗教用语里，这就叫作"业"，这也许是这个千年文明最好的发明了，它使得屈指可数的几个人对成百上千万衣不遮体的穷人进行了长达几个世纪的统治。

　　这就是印度，一个真正的大国，他们喜欢称自己是世界上人口最多的国度，可能确实如此。他们不喜欢指出自己也是这个世界上拥有营养不良人口最多的国度，不过事实也确实如此。在人口最多的民主国家里生活着最多的饥饿的人，这该是让人最不舒服的一种偶然搭配了吧。谁说不是呢。

3

　　当然啦，饥饿本身就是一个很让人困惑的事情。关于它的统计数字一直在变化，根本无法准确统计出有多少人正在挨饿。这些人中的大多数生活在条件差的国家，它们无力自主统计相关人数，而就算有机构乐意代劳，也无法实行详细的普查，只能靠估算。

　　事实上，联合国粮食及农业组织的职责之一就是统计"世界饥饿人口"。他们也确实做过尝试：从农业入手，调查了食品的进出口情况、国家对粮食的利用情况、经济困境以及社会不公等问题。从这些调查中，他们推算出人均可支配食物数量，再用人均所需卡路里值和该数字相减，从而得出营养不良的人口数量。这是个不错的方法，或者说到目前为止还没有比这更有效的方法，但是这个办法的弊端就是不够透明，他们可能会根据每个时期的不同需要来修改这些数字。

　　粮农组织最近已经减少了他们对世界营养不良人口的

统计数字，因为他们改变了统计办法。类似的统计该组织已经做过了多次，1974 年该组织的专家认为世界饥饿人口的数字大约是四亿六千万，这一数字和诸如世界卫生组织和联合国儿童基金会等其他组织的统计结果相差无几。在当时的报告中，专家们还预测说这一数字在十年后可能会达到八亿。到了 1989 年，预言变成了现实，统计数字变成了七亿八千六百万。

　　但是在 1990 年，粮农组织重新核查了之前的统计数字，然后声称之前使用的统计方法并不准确，他们认为在 1970 年时不应该只有四亿六千万的营养不良人口，而应该是它的两倍还多：九亿四千一百万。这也使得他们有底气说那一年，也就是 1990 年，的七亿八千六百万并不意味着饥饿人口数量增加了，反而是减少了。少了一亿五千五百万人呐，这可是个大成就。

　　来到又一个十年之后的 1999 年，他们说饥饿人口的数字是七亿九千九百万，距离八亿差的那一百万人去哪儿了呢？不管怎么说，这回饥饿人口可真的是上升了吧。得了吧，他们又开始检查之前的统计数字了，然后说实际上 1990 年时的数字不应该是七亿八千六百万，而是八亿一千八百万，所以 1999 年的七亿九千九百万又一次意味着饥饿人口数量的下降。我们又赢啦。

　　好戏还在后头呢：2011 年时他们坚持说 1990 年的数字是八亿四千八百万，到了 2012 年又说 1990 年的数字该是十亿，2013 年这同一个数字就变成十亿一千五百万了。这样看来，要是我们这个星球上真的有什么人道问题的话，最严重的就该是1990年的营养不良人口问题了。

我们只能说这一切都是因为近30年来统计方法得到了巨大的改良，但我们还是很难相信在短短三年里，方法就改善到了能多发现之前没人发现的一亿六千万饥饿人口的地步。但如果我们不相信的话，又该怎么解释这些统计数字一再出错的现象呢。

我们知道没什么是比历史更不靠谱的了，但我们还是无法接受过去的事情这么快地发生这么明显的巨变。但是我们还是得知道，对于历史的不同描述实际上是为了服务于现在的时代的。我们要想到将在2015年到来前发布的2014年的统计数字会有极为特殊的意义，因为它必须完成联合国千年发展计划所规定的目标。

联合国千年发展目标是在2000年9月8日在纽约的首脑会议上被提出的，它指定的首要目标是"根除极端贫困和饥饿"，尽管具体而言，它设定的目标是"在1990到2015年间，要把日平均收入低于1美元的人口数降低一半"。它的参照标准恰恰是1990年的低收入人口数，也就是说到了2015年，统计数字只能是1990年的一半以下。所以说，要是现在饥饿人口的数量没有大幅下降的话，可行的办法就只剩下把1990年的统计数字拔高了。改变过去，改善现在。把数字从世界人口的24%往下降可比从20%往下降要简单得多。看上去这是在胡说八道，实际上它就是在胡说八道，就算是做统计的那些人也会这样想的。

　　所以说对抗饥饿的战争是由很多其他因素组成的。

　　尽管如此，联合国粮农组织提供的数字还是得到了广泛的认可和使用，我们的这本书也是如此，因为它是我们手头仅有的与这一领域相关的数据。这些数字上的变化不仅能令当权者继续稳坐钓鱼台，还能向人们证明他们决策的正确性，另外还可以决定成百上千万美元的援助款的去向。用官话来说，这些数字决定了"政策的延续性"和"资源的合理分配"。

　　如果我们认可联合国粮农组织的最新统计结果的话，那么如今世界饥饿人口数量就是八亿零五百万，八亿零五百万可是个不小的数字啊：这就意味着世界人口的 11% 都在忍饥挨饿、每九个人里就有一个在饿肚子。每九个人里就有一个在挨饿，亲爱的读者，这意味着可能你的某位叔叔、你周围的同事、你儿时的同学或是足球队里的队友正吃不饱饭呐。

　　无法确定这九个人里有几个男人几个女人，一个确切的数字里包含着如此多的不确定性，但可以确定的是，饥饿并不是平均分布在我们这个星球的，而是集中在最为贫穷的那些国家，也就是官方说法中的"发展中国家"，他们用这来代替"另一个世界"这种称呼。

　　（现在很少有人再称呼那些国家为"不发达国家"了，而改叫"欠发达国家"。Underdeveloped 这个词看上去很古老，实际上却出现不久。这个英文单词在 19 世纪末才出现，最早在影印领域使用，指一件复制品的显影效果欠佳。最早将这个词用在政治领域要追溯到 1949 年，具体地说是在哈里·杜鲁门的演讲词中："我们得制定新的政策，将科技和工业领域取得的成果用于促进欠发达领域的发展。目前，世界上近半数人口的生活处境仍极度艰难，他们没有足够的食物、大多疾病缠身、经济能力非常低下。对这些人来说贫穷既是重大问题，同时也威胁着发展较好的经济领域。")

这种威胁依然存在。虽说有些过时，我们还是在使用"第三世界国家"这种称呼。要使这种称呼有意义，必然离不开其他两个概念："第一世界国家"，也就是"二战"后形成的资本主义集团；"第二世界国家"包含"二战"后、中国革命和亚非国家独立运动中形成的苏联集团。"第三世界国家"是个很模糊的概念，所包含的国家既不属于"第一世界"，又不属于"第二世界"，既不属于资本主义国家，又不属于苏联集团。

所谓的"第二世界国家"，如今已经不存在了，按理"第三世界国家"这个概念也该不复存在了，但实际上我们这个星球仍处于四分五裂的状态：有富裕集团，有时我们称它们为北方强国，有时叫它们西方强国，虽然这些国家越来越少了，但它们的国内生活水平仍然远远超过其他国家，同时它们还对全球的政治经济决策有着巨大的影响力。

剩下的国家就属于"另一个世界"了：我指的是那些贫穷的国家，那些极度贫穷的国家。

对于哪些国家属于"另一个世界"一向较有争议，但也有些国家毫无争议地会被划归其中，在四十年前被联合国列入"不发达国家"名单中的五十余个国家就在此之列，这份名单中的国家被视为这个星球上最贫穷、最没有话语权的国家。

这五十个国家中有三十四个非洲国家，除了我们前面提到过的尼日尔之外，还有安哥拉、贝宁、布基纳法索、乍得、科摩罗、厄立特里亚、埃塞俄比亚、冈比亚、几内亚、几内亚比绍、赤道几内亚、莱索托、利比里亚、马达加斯加、马拉维、马里、毛里塔尼亚、莫桑比克、中非共和国、民主刚果共和国、卢旺达、圣多美和普林西比、塞内加尔、塞拉利昂、索马里、苏丹、南苏丹共和国、坦桑尼亚、多哥、乌干达、吉布提和赞比亚。

还有十四个国家属于亚洲—太平洋地区：阿富汗、孟加拉、不丹、柬埔寨、基里巴斯、老挝、缅甸、尼泊尔、萨摩亚、所罗门群岛、东帝汶、图瓦卢、瓦努阿图和也门。另外还有一个美洲国家：海地。博茨瓦纳、佛得角共和国和马尔代夫则只是在最近才摆脱了不发达状态。

在这五十几个国家里居住着七亿五千多万人，占世界人口总数的 11%，但它们却只拥有着世界 0.5% 的财富。

以上这些国家是无可争议的贫穷国家，但是根据联合国开发计划署的《人类发展报告》，这份名单上还应该添加上更多的国家：布隆迪、肯尼亚、纳米比亚、斯威士兰、津巴布韦、加蓬、尼日利亚、摩洛哥、埃及、叙利亚、巴基斯坦、塔吉克斯坦、土库曼斯坦、乌兹别克斯坦、吉尔吉斯斯坦、蒙古、越南、斯里兰卡、泰国、菲律宾、印度尼西亚、巴布亚新几内亚、斐济、密克罗尼西亚联邦、尼加拉瓜、危地马拉、洪都拉斯、多米尼加共和国、萨尔瓦多、苏里南、圭亚那、玻利维亚、巴拉圭，甚至还有一个欧洲国家摩尔多瓦，它是欧洲最贫穷的国家。

（噢，要是不想这么麻烦，可以忘掉所有这些国家，只记着一个很冷酷的名字："另一个世界"，它包含了所有128个年均生产总值还比不上世界首富、墨西哥人卡洛斯·斯利姆一个人的财富的国家。）

还有另外五个很特殊的国家，它们有影响国际市场发展的能力，人们现在习惯叫它们"金砖五国"：巴西、俄罗斯、印度、中国和南非。这五国中的每一个都有着大量的人口。人们生活水平的差异是不以国界为分界线的，中国沿海各省和内陆各省之间的差距甚至比法国和土耳其之间的差距还大，同样，圣保罗和巴西腹地之间的差异要大于意大利和亚美尼亚之间的差异。

所以说，实际上在经济水平中等的国家中，也有大量的贫穷人口，例如阿根廷和墨西哥，而在发达国家也有着相同的情况。

所有这些人实际上都应被算作生活在"另一个世界"中的人。

在"另一个世界"里没有坚固的房屋，没有下水道，没有自来水，也没有救死扶伤和授业解惑的医院及学校，没有稳定的工作，没有国家保障，甚至没有未来。

在"另一个世界"里，最缺乏的是满足所有人需求的食物。

那八亿零五百万饥饿人口的绝大部分分布在亚洲南部：

其中两亿七千六百万是印度人和孟加拉人，这一数字比起十年前减少了三千五百万人，但仍占到两国人口的16%。东亚地区有大约一亿六千一百万饥饿人口，比起十年前也减少了三千四百万人。东南亚的饥饿人口数字也减少了许多：从一亿一千三百万降到了六千四百万。撒哈拉沙漠以南非洲的情况则未得到改善，饥饿人口数从2000年的两亿零九百万增加到了如今的两亿一千四百万。北非和中东的情况也日益恶化：从一千八百万升到了三千二百万。在拉丁美洲，饥饿人口数字则从2000年的六千一百万降到了现在的三千七百万。发达国家的大约一千五百万饥饿人口则基本无增无减。

换句话说，恰恰是在这"另一个世界"里，聚集了我们这个星球绝大多数的饥饿人口：七亿九千万。

要是不把死亡算在内的话，饥饿应该是折磨人数最多的事情了，其实几乎所有人都经历过饥饿。

因此，它杀死的人也是最多的。是的，很多人忍饥挨饿，然后死去。

许多人没有金钱也没有财产，他们无足轻重，他们无法影响到决策者们做出决定。很久之前，饥饿是一种怒吼，但是在现代社会，饥饿却变成了一种沉默：它使无力进食的人无力言谈。我们都是先填饱肚子，然后才有力气高谈阔论，所以吃不饱饭的人更容易变成沉默的一方。又也许他们也会大声疾呼，只不过我们没人去听他们说了什么。

在上面提到的七亿九千万饥饿人口中，大约有五千万是异常局势的受害者：武装冲突、独裁统治、自然气象灾害（干旱、洪灾、地震等）。剩下的七亿四千万人则并未遭受这种异常局势的毒害，他们填不饱肚子是因为他们从属于一种社会经济秩序，这种秩序不允许他们有填饱肚子的机会。

根据联合国粮农组织的调查，近半数的饥饿人口是有小块耕地的农民，20% 是没有土地的农民，20% 是贫穷的城市居民，另外 10% 是牧人、渔民和采集者。

据统计，从 2007 年开始，世界人口发生了一个根本性的变化：在人类历史上第一次出现了城市人口超过农村人口的情况。其实这早有预兆：每年都有上百万人逃离农村，因为不管怎么说，农民仍然是相对贫穷的群体。根据世界银行的统计，在十二亿日均收入不足 1.25 美元的极端贫困人口中，近四分之三居住在农村，换句话说，世界上有九亿农民正处于极端贫困中。

饥饿人口大多是无地或只有很少土地的农民，他们每四个人中就有三个吃不饱饭。实际上逃离农村的人，情况也不见得有多好，他们大多成了大城市的边缘人群，居住在棚户区或是贫民区。

无论在哪一种情况中，饥饿都是对"另一个世界"居民健康的最大威胁：它每天杀死的人要比死于艾滋病、疟疾和结核病的人加起来还要多。

西班牙国民的预期寿命是 82 岁，而在莫桑比克则是 41 岁，日本，83 岁，赞比亚，38 岁，饥饿问题是出现这种差异的最主要原因之一：有的人从出生就有着比其他人长两倍的寿命，而这仅仅是因为他出生在另一个地方、另一个社会。这是我能想象到的最残忍的不公正现象。

（什么是合乎道德的？什么不是？什么是"合理地"死去？什么不是？人们在不断重新定义这一切。事实上，这个世界上最大的丑闻就是每年、每月、每日都有成百上千、成千上万本不该死去的人死去了。要是他们不是生活在贫穷的国家、不是那么穷困潦倒的话，他们本是不会死的。

这是一种何等的恩赐啊：我们没有降生在那片死亡之地。但我们必须要谈一谈死亡之外的其他事情：艰难的生活、巨大的焦虑、无尽的挥霍……）

我们罗列的数字触目惊心，然而我们实际上还能列出更多的数字来。我们心知肚明，这些数字只不过是无耻的旁观者们的避难所。如果饥饿人口总数不是八亿零五百万，而是一亿呢？是两千四百万呢？是二十四呢？我们是不是只能说一句"哎哟，还不是很糟"？怎样算糟呢？数字变成了相对意义上的不在场证明。数字很大只不过意味着"太糟糕了"，数字适中意味着"不太妙"，而数字很小则仅仅意味着"还不错"。如果这本书足够大胆的话，或者我这位作者足够大胆的话，这本书里也许本该一个数字都不出现的。

我们都不是什么胆大的人，我这个无耻之徒最终选择了逃避，逃到了这一堆堆的数字之中。

比劳尔

1

三个医生站在小女孩的周围：除了希腊医生玛利亚之外还有两个印度医生，另外还有两名护士。小女孩的妈妈光着脚、身上披着红色的莎丽[1]，坐在他们身后的红色小凳上抽泣着，像是在演奏着某首不知名的悲伤歌谣。小女孩瘦极了，很安静，眼睛瞪得大大的，正在吸着氧。

小女孩是前一天因为不停地腹泻和呕吐被送来的，那时她已经非常虚弱了，而直到现在医生们也没办法治愈她。她的妈妈坐在后面。悲伤的歌谣在继续。

"你可别相信在电视上看到的那些玩意，"我刚到这里，无国界医生组织的一名老雇员就这样对我说道，"这儿发生的事情和电视上演的完全不一样。你别指望会看到大肚子小孩或是瘦成皮包骨的腿脚。在这儿你也看不到被蚊蝇围绕的孩子们。这儿发生的事情完全不同。"

1　莎丽，印度妇女披在身上当作衣服的棉布或丝绸。

　　总的来说，这里是印度。具体说来，这里是比劳尔（Biraul），比哈尔邦中最穷的小城之一。比哈尔邦本可能会成为世界上人口排名第十的国家，但它不是一个国家，它只是印度的一个邦罢了。在这里居住着一亿人，比西班牙和阿根廷的人口总和还要多。他们聚居在十万平方公里的肥沃土地上，土地面积却只是西班牙和阿根廷国土面积之和的三十分之一。那里尽是绿意盎然的平原，要是天公作美的话，大米和小麦每年都能丰收一次。三千年前，这里就出现了印度历史上最大的帝国。两千五百年前，佛教同样诞生在此地。一千五百年前，这里出现了当时世界上最负盛名的学府。

　　"忘了那些吧。在这儿，饥饿是种完全不同的东西。"

　　小女孩名叫古尔雅，只有十五个月大，她的妈妈叫拉赫马蒂，今年十九岁。拉赫马蒂说她不明白发生了什么，小女孩一直都挺健康，虽然至今仍没学会走路，但是她一直挺健康。她说她还有个四岁的女儿，也很健康。她不知道事情怎么会变成这样。啊，真主，这到底是为什么。拉赫马蒂是穆斯林，她的嘴里一直在叨念着真主，叨念着为什么在她身上会发生这种事。真主永远掌控着一切。

　　"你觉得真主对你们发火了吗？"

　　"对，真主发怒了。"

　　"为什么这么说？"

　　"我不知道，我哪里会知道呢。"

　　"你是怎么想的呢？"

　　"我倾向于不去想这些事。我现在唯一想要的就是我的孩子好起来，所以我带她来到这所医院。剩下的事就以后再说吧。"

古尔雅有夸休可尔症[1]引起的皮炎症状，身上的水肿表明情况已经很糟了。

拉赫马蒂也很瘦，看上去很脆弱，左鼻孔戴的铜环是已婚的象征。她的眉毛又粗又黑，目光闪烁，穿着看上去洗过很多次的红莎丽。拉赫马蒂说她住得很近，步行到医院只需要三个小时。

拉赫马蒂从来没上过学。她从小就帮着妈妈做家务活，有时甚至还会和爸爸一起钻到水池里去捞水藻，然后爸爸会把这些水藻拿到市场上去卖。拉赫马蒂家没有土地，没有其他谋生的手段。拉赫马蒂说她还是经常能吃上饭的，只不过偶尔可能有一两天没有吃的东西，但最后终归能吃上东西。

等到年满十三岁，拉赫马蒂就有些失去耐心了：她在村子里的朋友们纷纷结婚成家，而她却依然未婚。最后，由父母做主把她嫁给了她妈妈一位表姐的孩子。男方比她大了将近十岁，等到结婚的时刻真正来临时，拉赫马蒂却感到更不自在了。为了节省开支，拉赫马蒂不得不和她的妹妹同一天举办婚礼，她连一生中最重要的日子都要和别人分享。每位新郎除了能娶到新娘外，还能获得一头奶牛。为了购置奶牛，拉赫马蒂的爸爸只能去借钱，这钱连本带利他得还上许多年。

婚礼一结束，拉赫马蒂的丈夫就走了。村子里没有工作，

1　夸休可尔症，即恶性营养不良。

有人告诉她丈夫说在德里能找到工作，于是他就去做了刷墙工，希望能赚点小钱，然后再开始自己的婚姻生活。拉赫马蒂则还是待在自己家里，生活看上去没有发生任何变化，但实际上变化已经悄然而至了。她再也不能像未婚女孩那样出门玩耍了，因为她已经变身成了已婚女人。婚后的第一年对她而言无聊透顶。然后她的丈夫回来了，把她带回了男方父母家，于是情况变得更糟了。她的婆婆很喜欢使唤她，总是命令她干这干那，她甚至还要负责照顾自己的小姑子们。她生下第一个女儿的时候全家人都很高兴，可当第二个孩子又是一个女孩时，家人们就有点不开心了，她的婆婆也一直因此而唠叨个不停。印度夫妻总是有种养儿防老的观念，因为女儿们终归是要外嫁的，而且还要为她们置办嫁妆。

拉赫马蒂每天的生活都没有什么不同。她六点起床，叫醒丈夫和孩子们，然后开始准备一天的食物。她会用一点时间来淘米，米是肉食的替代品。只有米可以吃的日子是很凄惨的，要是能有点豆子或西红柿，一切就会变得好起来。但是要搞到那些食材可没有那么容易。有时候，当她搞不到那些食材的时候，她可能会往米饭里加点野草来提提味儿。要做饭就得生火，有时候她能在市场上买点柴火回来，有时候则是她亲自出门去捡柴，只不过能捡到的柴越来越少了，要是哪天她捡不到，那就得去向邻居借。要是拉赫马蒂有一头牛的话，她就能把牛粪利用起来了，有的邻居确实有牛，或者是小牛犊，这些邻居有时候会送给她一点牛粪来生火。拉赫马蒂说要是她有很多钱的话，她一定要去买一头奶牛。

"啊，对，我会买一头奶牛，它还能产奶。"她这样说道，眼神里充满希望。

"一头奶牛值多少钱呢？"

"大约两万五千卢比。"

两万五千卢比约合五百美元，对她而言这是一个天文数字。她说有了奶牛的话，她的人生就将焕然一新了："想想吧，一头奶牛啊！我要是有一头奶牛，一切就都不一样了。奶牛会产奶，每升值二十五卢比，而且我也就有牛粪可以用了，它还能生一头小牛犊。我卖一点奶，去买点米啊、菜啊或是其他什么东西。对，我要是有一头奶牛，一切就都不一样了。"拉赫马蒂说着说着，声音就大了起来，她越来越激动了。这时她大概突然想起了生病的小女儿，于是她走进病房去看了看她，过了一会儿又走了出来，径直走到一个竹垫处坐了下来，天气炎热，蚊蝇飞来飞去，她又愁眉紧锁了起来。

拉赫马蒂和她的丈夫、婆婆、小姨子还有两个女儿一起住在用木头和茅草搭成的小屋子里。她对我说以前房顶上还盖了一块板子，后来破掉了，他们也没钱修补。每天早晨八点，一家人就在屋前吃早饭，吃完饭，她的丈夫就会出去找活干：翻翻地也好，刷刷墙也好，一般都能赚上一百卢比（不到两美元）回来，这样他们第二天就会有吃的东西了。丈夫出门干活的时候，拉赫马蒂就和两个女儿待在家里，打扫卫生、洗洗衣服。"每天都有衣服要洗，"她说道，"家里的衣服越少，洗的次数也就越多。"干完这些活，她就有时间和女儿们玩一会儿，又或者是去睡一会儿，什么也不想。中午的时候她们就吃早晨的剩饭，然后她继续打扫卫生，然后再午睡一会儿，醒来后有时会和邻居们聊聊天。再晚些时候，等到丈夫回来，她会给丈夫准备一些米饭做晚餐，没有米的时候就给他一块面包。

"你会做其他一些不同的食物吗？"

"不会。我们每天吃的东西都是一样的，除非哪天有婚礼或者是宗教节日。每周五我丈夫都去清真寺，但是我没法去。"

"为什么呢？"

"教义是这样规定的，女人是不能去的。"

"那么你会不会有时候也想和你丈夫一起去呢？"

"没有。因为我得遵守教义啊。"

然后我又问她最喜欢一天中的哪个时刻，她却没理解我的问题。我又重复了一遍，也请翻译好好把我的话再翻译一遍，但是拉赫马蒂还是回答说她不明白我想问什么：她说她没有什么特别喜欢的时刻，因为它们都差不多是一样的。

那几天我问了十几个女人她们在闲暇时一般会做些什么，她们对于"闲暇"这个词并不是很理解，我不得不给她们解释"闲暇"的含义。有几个女人，在回答了我的其他几个问题后，对我说在下午的时候，当她们做完了所有的家务，她们会和邻居聊聊天。她们还提到了婚礼、葬礼、孩子出生和宗教节日。她们再也想不到其他什么"闲暇"的时候了。

当然常规有时也是会被打破的，那就是他们没钱购买食物的时候。没有土地的农民没法为自己种菜来谋生，然而这里的人却大多是要依赖土地生存的，他们只能去给别人家下地干活，然后用赚来的钱到市场上去买吃的东西，价格自然是翻了几番，这些无地农民们苦不堪言。

"有时候我丈夫找不到工作，也就赚不到钱，而邻居们也不愿意借钱给我们，又或者他们自己也没什么钱，之前邻居们借给过我们不少，现在他们也没什么钱了。"

（拉赫马蒂的丈夫通常会在村口闲晃，等着某人来雇他去干活。拉赫马蒂说等活干的人有时是十个，有时是二十个，有时是三十个，所以她的丈夫大部分时间都等不到活，有活干的时候很少。她丈夫就待在树荫底下思考着，我猜他是在想待他两手空空回到家里后应该怎么向拉赫马蒂解释，但也有可能他是在想如果拉赫马蒂抱怨的话他要怎样用一记耳光让她闭嘴，又可能他在想和一位没有饭吃也不会唠叨的女人结婚是一件不错的事情。）

也许拉赫马蒂并不喜欢唠叨，但她还是对我坦陈如今吃不到饭时她就很难能睡得着觉："没有饭吃的话，往往就很难睡得着，但我们总是想着也许一觉醒来就会有吃的东西了。我们最终也还是会睡觉，因为除了睡觉实在没有什么别的事情可干……六点钟的时候就又得起床了，真让人绝望。"

拉赫马蒂又对我说，其实最让人绝望的还是孩子们的哭闹声：她们饿了就会哭闹，她们睡不着，没有任何可以摆脱饥饿的办法。

现在，在这里，小女孩并没有苦恼：她仍然安安静静的，眼睛睁得很大，戴着氧气罩。这里是无国界医生组织在比劳尔设置的医疗机构，比劳尔是个很大的村镇，这里住着两三千人。比劳尔由几条长街组成，街边分布着一些店铺，长街上还分出去一些小街道，有的通向一座杜尔迦女神庙，有的通向一个水塘（经常有水牛和老人在里面冲洗身子），有的通往医院、旷野（孩子们喜欢在那里斗蛐蛐儿）、住房和其他的神庙，一路上你会看到更多的公牛和水牛。在比劳尔主街道上的商铺中，你可以买到几乎所有东西，从上网用的调制解调器到铁匠们拿锤子敲打出来的镰刀，当然还有其他东西：活鱼、活鸡、西红柿、葡萄、糖果、台灯、摩托车、神像……主街道总是相当拥挤：一辆牛车横在路中间，十几辆摩托和小车鸣着喇叭，还有十几个男人女人在缝隙中挤来挤去。

"有时候我会想，如果我不再醒来的话，可能事情会更简单一些。但我总会想到我的女儿们，没有我的话她们可怎么办呢！所以我会说好吧，生活还是得继续啊。但是生活实在是太艰难了，看不到任何出路。"

我小时候总是会想象那些遥远的地方、那些在地图上看来那么遥远的地方，它们远离我所熟悉的一切，远离我所了解的历史。我想象这些地方无人居住，空空荡荡。然而那些终归是幻想，呈现在我面前的这个地方挤满了人，上千人挤在这世界尽头之地，无论他们在做什么，一切都可能以鸣笛声结束。人群中的一个首先按响车喇叭，其他人于是也一起按响喇叭。说起来这也不算是什么巨响，它不像一场大火，不像震耳欲聋的惊雷，也不是什么大地崩裂之类的声音。在这里，比劳尔也好，加尔各答也好，雅加达也好，鸣笛声只不过是使世界看上去更完整的一件物事罢了。

　　比劳尔的无国界医生组织的医疗中心位于村镇边缘，邻近一个小卫生所、公共康复中心和无国界医生组织的粮食救济中心，旁边有一棵大树。在非洲也好，在印度也好，医疗中心的选址往往与树木有关，因为天气过于炎热，病人（孩子和他们的妈妈）往往需要在树荫下排队等着看病。他们在树荫下聊着，睡着，呻吟着，等候着。

　　和普通的印度卫生所比起来，无国界医生组织的医疗中心就像迪士尼乐园一样"奢华"：两个房间里摆了十三张床，白白的墙，带窗，床上还有蚊帐。在中心的另一处还有一个小厅，里面摆着三张床。每一张床上都躺着一个小孩，妈妈待在各自孩子的身边。这些病人一般会住院三四天，那时他们的病情一般会稳定下来，可以不必住院了。中心一共有六名医生、十名护士，有医疗空间、设备、家具、药品、清洁人员。

　　然而医疗中心还是人满为患，每天几乎都会有一两百位母亲带着自己的孩子来到医疗中心。这些孩子往往在发烧、咳嗽，或者虚弱异常。这些患者一般会先到公共卫生所去，可是当卫生所工作人员发现孩子们有可能是营养不良时，就会建议这些母亲带着孩子去无国界医生组织的医疗中心看看。还有一些人早就听说过医疗中心，所以孩子一发病就直接来这儿了。三四个印度青年人负责初步检测，他们观察一下患儿，给他们称重，量他们的腰围，看他们是不是有明显的营养不良。这些检查是很重要的，几分钟后，患儿就会拿到一块标牌，上面写明了他们接下来需要接受的诊疗项目。

在医疗中心，有一位妈妈看到我拿着手电筒，她问我她能不能试试它，她想知道这灯是怎么回事。她有些恐惧，小心翼翼地按下了开关：她不知道这样做是不是会引发什么奇异的事情。

人们给比哈尔邦贴上了有些奇怪的标签：拥有如此富饶的土地，却是最贫穷的邦。向北六十公里就是尼泊尔和喜马拉雅山脉，但比哈尔邦却拥有大片平原，可以种稻米、小麦。肥沃的土地等待着雨水。这可与我之前想象的大不一样，我一直以为这里会是一片荒芜之地，然而呈现在我面前的却是一片欣欣向荣的景象。看来问题不是这里没有资源，问题是资源都分配给了谁。

当地人说在英国人到达这里之前，虽然那里的居民很穷，但还是能维持生存。可是英国人的税务体系使得土地高度集中，人们失去了土地：富有的人占据了原本属于其他上百万农民的土地，而这些农民却变成了负债者。这套体系使得大部分人变成了无地者，而使另一群人成了大地主。虽然两个世纪以来土地所有人的名字换了又换，但基本的土地产权结构没有发生任何变化。19世纪七八十年代，印度社会动荡，政府不得不颁布改革法案来把土地分配给无地的农民。但是由于主导执行法律规定的官僚们恰恰是大地主，这些法案最终也没有得到全面施行。无地农民悲惨的境遇随着人口数量的上涨进一步恶化了：如今在比哈尔邦，每平方公里的土地上居住着上千人，其中超过半数是不足二十五岁的年轻人，这可是一项新的纪录！这是生活在此的男男女女们不停生育的结果，而他们不停孕育下一代的原因则是知道自己活不了多久。

在比哈尔邦，一半的孩子都有营养不良的症状。一半，也就是两个孩子里就有一个营养不良。一半的孩子。

比哈尔邦就是印度社会的一个缩影，而印度是世界饥饿人口最多的国家。世界四分之一的饥饿人口都生活（生活？）在印度：近两亿两千万印度人填不饱肚子、摄入不足专家建议的人体每日所需的最低两千一百卡路里热量。许多人，大概有几百万人，离上述标准差得非常远。

注意：几百万人啊，这可是一个巨大的数字，这么多人每天都生活在烦恼、焦虑、痛苦和恐惧之中。在社会进步的过程中，人们总是会人为抹去饥饿的痕迹，好像饥饿只是落后国家的事情，好像只需要认真对待一下这个问题，饥饿就会不复存在了。但印度是世界上经济排名第十的国家，但是营养不良的居民数量却位列世界第一。

在印度，37% 的成年人的身体质量指数低于 18.5，而这一数字是世界卫生组织认定的营养不良的界限。

同样是在印度，47% 的不足五岁的儿童达不到正常儿童的体重。在全世界范围内，约有一亿两千九百万儿童的体重低于正常水平，其中五千七百万就生活（生活？）在印度。另外，世界上还有一亿九千五百万儿童身高发育低于正常水平，其中的六千一百万就生活（生活？）在印度。

每年在印度都会有约二百万低于五岁的儿童死去。其中半数，也就是一百万儿童，死于饥饿和营养不良带来的疾病。每年一百万儿童死于饥饿，每分钟两个，您看书的这一分钟就有两个。

营养不良的儿童死于腹泻、呕吐、麻疹、艾滋病和肺炎的概率是正常儿童的九倍。不仅仅是因为这些儿童的抗病能力弱，其实从统计学的角度看可能会更直观：鉴于他们的生存条件，营养不良的儿童更容易生病，却更难以治愈，而且他们比正常儿童更难以接受专业的治疗。在如今的印度，处于这样极度饥饿状况的儿童大约有八百万。

落在纸上的只能是几个数字。数字让我们知道了我们早就知道的事情，数字让我们相信了那些本就显而易见的东西。我们尊重数字，我们认为数字能告诉我们某些事实。在现代社会，真实事件的最后一个避难所就是数字。

同样，数字也是人类把现实问题冷却的最好方法：我们把现实抽象化了。

（人类历史上从未像现在这样有众多如此冷漠的数据，我们用数字精确地表现了人类的各种情况：数量、分布、财富、疾病、工作……可能再过五十年，当我们再回头看今时今日的统计数字时会觉得很不靠谱，但我们这个时代是无可替代的：它由数字组成，人们用数字来诠释发生的一切事情。大型的国际组织也好，公司企业也好，发达国家的政府也好，他们都爱使用数字，他们巧妙地利用数字来构建权力、缓和差异、畅想未来……）

人们对我说这里的饥饿是不一样的，说它不一样是因为它并不经常致人丧命。在印度，饥饿并不被看作是什么巨大的问题：上百万人世世代代忍饥挨饿，他们好像已经习惯了忍受饥饿，甚至好像已经有人练就了不吃什么东西也能生存的本事，这些大概都体现了人类顽强的生命力。我们人类为了生存已经克服了无数的困难，而在印度，有这么多人正在适应饥饿，大概也因此，会有成百万的印度人看上去非常瘦削、矮小、抵抗力弱。

许多年轻的母亲生下了瘦弱的婴儿，这些孩子周岁时的体重还不足四公斤，很多孩子永远都学不会走路。这是人类的一次惨败，是达尔文进化理论最悲哀的一面。为了适应饥饿，许多人的身体发育不正常，头脑的发育也是一样。

也许营养不良不会对你一击致命，但它也不会容你正常地生存：它会给你留下虚弱的身体和发育不正常的大脑。上百万人，为了生存，舍弃了正常的生活。

2

我问他最喜欢吃什么，他看着我的眼神有一点愤怒。卡姆莱斯二十六岁了，瘦瘦矮矮的，看上去精力充沛，很有自己的想法。卡姆莱斯和他的妻子莱努是刚刚才骑自行车来到无国界医生组织的医疗中心的，莱努的怀里抱着马努哈尔。

"我是不会挑食的，我最喜欢的是有饭吃。我很穷，所以我没法去想着吃些什么不一样的东西。我就吃我能搞到的东西，一块饼或是一盘米，随便什么。我最喜欢的是有饭吃，是我的家人有饭吃。"卡姆莱斯这样说道。他们花了两三个小时在来中心的路上，幸亏这次是骑自行车来，要是步行的话得花四五个小时。我很愚蠢地问他为什么不每次都骑自行车来。卡姆莱斯望了我一眼，我不知道他的眼神里是轻蔑还是绝望："因为自行车不是我的，是我的一个邻居的，有时候他能借给我，有时候不能。今早我是向他求来的。"

卡姆莱斯还说，有没有自行车对他而言并不重要，他不在乎走上四五个小时。每年丰收时节，他都要去旁遮普两次帮忙收获粮食，只是坐火车就得两天两夜。在旁遮普，人们每个月付给他四五千卢比。在这儿，他说道，做泥瓦匠或田地雇工每天也能赚一百卢比，但问题是他不知道什么时候有工作，什么时候没有。

"你喜欢去旁遮普？"

"不，我更喜欢待在家里，和家人在一起。"

"你没想过和家人一起搬到旁遮普去吗？"

"那样的话花销就太大了，我得租一间屋子，大约得花一千卢比，我承担不起在那儿的花销。"

他还说他和他的邻居有矛盾，因为他的邻居都是有钱人。和有钱人做邻居总是会有问题的，他说道。

"和穷人做邻居就不会有问题吗？"

"也会有问题，但是穷人不会总来惹你。"

"有钱的那位邻居家是什么情况呢？"

"有地，有牛。"

"多少头牛？"

"有两头，其中一头是水牛。我也曾经有过一头牛，是我们结婚时莱努带来的陪嫁品。但我后来把牛卖了，为了治好我儿子我几乎卖光了所有东西。"

他还说他从没遇到过一位好医生。他们的小儿子叫马努哈尔，今年两岁半，没法自由活动，因为他的身子实在太瘦小了，连头都支撑不起来。

"我们不需要更多的儿子了，我们已经有两个了。我们想过去做节育，但我们还想要个女儿……你看看现在发生了什么。"莱努说，所有人都想要女儿。卡姆莱斯看着我，为了迎合一下他，我说我知道大家都想要女儿。他说有个邻居告诉他马努哈尔生病是因为吃得不好，他并不相信，因为他的两个儿子吃的都是一样的，只不过因为莱努现在奶水不多，所以在吃奶方面两个儿子不太一样。

"所以你们现在不给他喂奶了？"

"有奶的话就给他喂。我们会向邻居要点奶，他们有奶牛。有时候能要来，有时候要不来。"

"要不来的时候呢？"

"就给他吃我们吃的东西。"

他对我说他们吃的东西就是大米，几乎只吃大米。

"他吃大米吗？"

"吃，大部分时候都吃。"

在医疗中心，医生说他们能治孩子的营养不良，可以喂他吃两周的 Plumpy' Nut 酱，但是孩子还有大脑损伤，这个他们治不了。他们建议卡姆莱斯把孩子带到达尔彭加的大医院去。

"问题是我们没钱带他到那儿去。像我们邻居那样的有钱人是有钱看病的，想什么时候去医院都行。我们可不行，唉，可怜的孩子啊。我们要去医院的话就得先赚到钱，交通费、诊断费、药物费……我们几乎从来都无法承担这些费用。"

"你们打算怎么办呢？"

"我们打算怎么办？我们打算怎么办？"卡姆莱斯着重强调了"打算"这个词。看上去他是一个聪明人，他能挑出我话里的毛病。

"好吧，你们要怎么办呢？"

卡姆莱斯摇着头："你觉得我能做些什么呢？"

印度是一个值得骄傲的国家，是世界闻名的古国，也是世界最大的国家之一，而且由于其日益增大的影响力，印度文明已经再次引起了人们的注意。也正因此，印度人大多不愿意承认有近半数的印度儿童正饱受饥饿的折磨，好像这些惨剧是些很遥远的事情、是人们想象出来的事情。但事实是在几乎每个村子里、每个角落里，这些悲惨的事情每时每刻都在发生。

因此在 2008 年，当印度总理曼莫汉·辛格第一次在一次报告中承认有如此多的营养不良人口是"国家的耻辱"和"印度人民需要打破的魔咒"的时候，上百万人涌上了街头，好像他们是第一次听说这些惨剧一样。

实际上印度在很久之前就为改善孩子和成人的饮食情况

做出了一些努力，其中影响最广的应该算是"Anganwadis"了。

所谓"Anganwadis"，其实就是"家庭庇护所"的意思，这是一种辅助性的社会救助体系，专门为贫穷家庭的孩子提供疫苗和食品。几乎每一个印度村镇里都有"Anganwadis"：数量超过一百万家，其中的工作人员大约有两百万人，大多是女人。根据印度政府的统计，"Anganwadis"一共救助了约六千万儿童和一千万刚分娩的母亲。但是很明显，"Anganwadis"并没有起到它应有的作用，很多甚至已经关闭了，就是在没关门的"Anganwadis"里，接受救助者也都在抱怨没有获得之前许诺的食物，或是抱怨说现在每周只有一天能领到食物了，当然还有其他类似的怨言。

除了"Anganwadis"，社会救助体系中还包括 BPL（below poverty line）卡，也就是"贫困线下身份卡"。持卡者被允许每个月以三或四卢比每公斤的价格购买最多 35 公斤大米。在印度，贫困线是一个饱受争议的话题，有的人管它叫"饥荒线"，因为政府划定的贫困线是人均日收入不足 50 美分，也就是 30 卢比，还不到国际标准（1.25 美元）的一半。

另外根据官方统计，有一半符合标准的居民并没有领取 BPL 卡。卡姆莱斯领了 BPL 卡，那是在他父亲去世的时候，他努力说服了一名公务员发给他。

"我是有权利领卡的，要是没有这卡还不知道会怎么样呢。但是我领孩子看病还是得花钱，花很多钱。"

腐败和缺乏执行力使得一些很好的政策压根无法被施行。有研究表明，印度政府每年用来救助贫困人口的一百二十亿美元中的三分之二都落到了公务员、商人、中间人和其他富人的口袋里。不仅仅是贪污，还有执行力不足的问题。近些年在印度针对腐败问题爆发了"印度反腐运动"，这次运动的领袖是安纳·哈扎尔，他除了利用各种方式向政府施压之外，还领导了模仿甘地的绝食示威活动。好吧，饥饿又成了一种武器。

印度的救助体系还在发展着。卡姆莱斯对我说，每次他要去旁遮普干活之前都得向邻居借路费，还要给他的家人留点钱。

"我一般都去找萨利姆借钱，他是我们村搞贸易搞得最好的。他通常会借给我一千卢比或是两千卢比，等我干完活回来再还给他。问题是我得还给他两倍的钱，而且借钱的时候我得把我的 BPL 卡留给他作抵押。"

于是就像其他村子里的富人一样，萨利姆会用 BPL 卡低价买入大米，再用市场价卖出。他可以搞到五十张、一百张甚至是两百张 BPL 卡，再去对救济中心的某个公务员行贿，或者直接在救济中心买个职位，因为其中有利可图。所以萨利姆的行为就合法了：卡是真的，粮食也是从真正的公务员那儿买来的。还有的人会直接从救济中心工作人员那儿买卡。在印度，好像一切都有可能，因为在这里没有什么是完全不可能的。在这里，规定可以被肆意篡改。然后就会发生各种各样的事情，所有的事情都有可能发生。

许多男人去跑到其他邦里谋生计：德里也好，旁遮普也好。有的人会往家里寄钱，有的人会回家，还有的人从此消失了：消失不是什么难事，而是一种诱惑。这些消失的人总是希望这样做会令家庭得到解脱，使孩子们生活得更好，因为他们觉得会有人站出来照顾他们的家庭（实际并没有）。他们抛弃了身上的责任，但这也算是一种生活的理念。

孩子哭得很厉害，这很折磨人。他大概是不想让我们忘了他，妈妈说道，然后把孩子耷拉下来的一只手扶了上去。

"要是我有足够的钱，我会去做点自己的生意，在家门口卖卖水果什么的。我们家里人也就能吃上水果了，赚来的钱还可以攒起来一些，这样以后我的孩子也就可以有水果吃了。"

听卡姆莱斯这样说，我赶忙问他难道现在他们连水果也吃不上吗，他盯着地面，神情有些落寞："不行，现在吃不上。"

"你觉得有的人有那么多钱，而另一些人却没有钱，这公平吗？"

"这不是公不公平的问题。有钱人就是有钱，没人在乎这公不公平。"

卡姆莱斯显得忧心忡忡，他说他家的房子建在了公共用地上。"政府的土地。"他说道。他很怕哪一天他们会把他赶走。我问他为什么政府会把他赶走，他说："因为政府只想干对他们有好处的事情。要是有一天哪个官员或者哪位官员的朋友看上了那块地，他们就会把我们赶走。我们能做什么呢？"

社会金字塔的底层是数以百千万计的无地穷人。很多人从未拥有过土地，也有很多人曾经拥有过土地，他们有的是在政治变革时期丢掉了土地，也有的是在近些年才因为债务问题把土地抵押掉了。很多人（说不清到底有多少人，因为官方文件从不会记录这些数字）在20世纪六七十年代从政府手中分得的一亩三分地被大地主或资本家夺走了，也可能是被两者一同夺走了。很多奔走申诉的农民最后得到的可能只不过是往他们头部射去的一颗子弹。最好的情况也只会是法官（通常是地主或资本家的朋友，或者是已经被他们买通了）打发这些农民回家去。

"我经常会有出门打人的想法，想去做点坏事，去杀几个人，让他们知道我们也是不好惹的。但我立刻会自问这样做对我的家庭有什么好处，于是我选择继续这样活着。"

"你认为如果你那样做的话会有什么效果呢？"

"没什么效果。他们会把我扔进监狱，然后我们就什么都没有了。能有什么好处呢？可是我只是希望属于我的东西不要那么轻易就被别人夺走啊。"

3

"为什么我们渴求荣耀却连公平也得不到？"

现在是旱季。再过两个月，待印度洋季风一到，雨水也就会随之而来。接下来的就是洪水以及它造成的道路瘫痪。那不是一般的洪水，倒像是末日洪灾，还夹带着昆虫和疾病，于是食物就更难获得了。这里的人们都是靠天吃饭，有没有食物取决于老天爷高兴与否。这里的人们的生活都很类似，例如阿尼塔，她的生活和她的妈妈、外婆乃至上百万人都很相似。

"我不太清楚，我妈妈很早就去世了。"

"多久了？"

"好多年了，我不确定。我结婚前很多年吧，那时我还是个小女孩。"

"对她你还记得什么呢？"

"我记得一点，但也不多。"

"印象最深的呢？"

"不知道，我记得她一直在干活，就记得这个。其实我很想记起来点她不干活时的事情。"

话虽如此，实际上她还是记得一些事情的：她还记得自己第一次挨饿时的情景，她记得自己当时明白自己吃不到东西了，于是她指责妈妈，说她是个坏女人，她要她给自己吃的东西，然而妈妈却打了她。然后她看到妈妈哭了起来，她对妈妈说该哭的其实是她，因为是她挨打了，于是妈妈笑了，笑了一会儿却又开始哭，当时的阿尼塔不明白发生了什么。

二三十年前，一些国际机构认为这一地区儿童营养不良的主要原因在于这里的母亲不懂得如何给自己的孩子补充蛋白质，于是他们到这里来给母亲们培训如何给孩子们搭配食物。然而他们不知道食物恰恰是这里最缺少的东西。他们的培训内容很科学，但是有什么用呢？

阿尼塔瘦骨嶙峋。她今年十七岁，牙齿很不整齐，鼻子扁平，穿着金色的鼻环，披着绿色的莎丽。阿尼塔看人的眼神像极了被逼到绝路的野兽。她的女儿卡哈尔穿着一件绿色衬衣，头发很长。卡哈尔九个月大，体重却只有五斤多一点，身子连头都支撑不起来。阿尼塔抱着她，抚摸着她，看她的眼神却很奇怪，实际上阿尼塔看谁的眼神都有些奇怪。

"不，我从来没上过学。我们这种低等种姓的家庭都很穷，不可能去上学。"

"你看着别的孩子去上学时，有什么想法吗？"

"没有。我也和其他小孩一起玩，到了收获的季节就陪着妈妈下地干活。我从来没想过关于上学的事情。"

"你刚才说的低等种姓是什么意思？"

"低等种姓的人没有土地，没有房子，也没有足够的食物。"她这样给我解释着，但是没有提到低等种姓的人没有权利和其他种姓的人结婚，也不能和其他种姓的人混居，很多工作也不会招收低等种姓的人。印度的宪法禁止这种歧视，但是实际生活中却一切照旧。

"你小时候能吃到想吃的东西吗？"

"不行，有时候可以，但大部分时候不行。有时候我们一天只吃两顿饭，有时候一次，有时候甚至连一次也吃不上。小孩子们通常会哭得很厉害。"

"你小时候也经常哭吗？"

"我不哭。哭有什么用呢？跟谁哭呢？我只知道我父亲为了让我们吃上东西已经尽了全力。"

"你当时想长大后干哪行呢？"

"我没想过。"

"想都没想过？"

"没有，就走着瞧呗。"

"你想过自己长大后能穿上漂亮衣服、住上大房子吗？"

"没有，我从来不想这些事情。这都是其他种姓的人该想的。"

"人道主义援助存在着一个悖论。在人们为了接近贫困人群、清点他们、帮助他们而做出巨大努力的同时，这些援助者会越来越希望向别人展现这种贫困，但在真正解决导致贫困问题出现的本源上的投入却远远不足。人们因为这些人'贫困''没饭吃'而帮助他们，却不知道真正的问题根源不在于提供多少食物，而在于完善他们获得食物的渠道。"在伯明翰大学任教、研究非洲问题多年的人类学家贝内德塔·罗西这样写道。

我想起了阿尼塔，她得到过真正的帮助吗？

阿尼塔的爸爸没有稳定的工作：他帮着邻居种地、放牛，邻居们则给他一点粮食、牛奶和动物粪便。现在她的丈夫也会在砖厂需要人手的时候去干干活。他有时候干活，有时候不干。阿尼塔说。

"为什么有时候不干活？"

"我不知道。也许他不想干吧。"

"你没给他说你们需要他工作吗？"

"这事儿一提我们就得吵架。"

"吵架？"

阿尼塔闭上了嘴，望着地面，抚摸着孩子的头发，她的眼神又开始变得奇怪了起来。一个绅士是不会问这些问题的，我差一点就要说我们不谈这个了，但她却开始解释说吵架的意思就是他会骂她、会打她。她说这些的时候声音很小。

"他冲我吼叫、打我。我只能哭。"

"你给你的兄弟说过他打你吗？"

"没有。"

"但是你得做点什么啊。"

"不行。"

"为什么不行？"

"他想打我的时候就能打我，因为他是我丈夫，我是他的妻子。"

"那么你能对他做什么呢？"

"什么也不行。"

"你想当个男人吗？"

"我怎么知道。"

"你在生下这个女儿之前有想过生个男孩吗？"

"想过。"

"为什么呢？"

阿尼塔站了起来，整理了一下莎丽，走了。她不想再继续和我交谈了。我能理解，我想向她道歉，我很羞愧自己问出了那些问题。但是没一会儿她却回来了，回到了这个满是苍蝇的院子里。她说："回家后我又能和谁说话呢？"

有位智者曾经说过，是苍蝇带来了饥饿。想想公元前212年的帕加蒙、公元800年的尤卡坦和1286年的博洛尼亚吧，当饥荒出现的时候，总是有大批的苍蝇相伴。

阿尼塔是十一天前把她女儿带来的，因为她看出小女孩生病了，发烧，而且咳嗽。她不知道该怎么办了，村里的一位邻居给她说有这么一个地方，可以免费给她孩子看病。

"我一开始不相信，她坚持要我带着孩子过来，最后我来了。"阿尼塔说道。

实际上，几十年来，印度的公共医疗体系从来没有发挥它的作用。很多病人知道医疗中心很多时候对他们的病也没什么好的治疗办法，所以他们都不想去看病。又或者那些医疗中心压根就不开放，想去看病还要塞钱来进行暗箱操作（很多时候连"箱"都没有）。当然有的医疗中心是可以治病的，但只是极少数。一切都并非偶然：印度是在公共医疗上投入最少的国家之一，只占其财政支出的百分之二左右（阿根廷和以色列：百分之十；墨西哥：百分之十四）。就是这百分之二的财政投入，也只有三分之一真正用到了公共医疗上（这一数字在阿根廷、以色列和墨西哥都是百分之六十）。这是问题的根源所在。

这其实也算得上是一种仿古的做法。上千年来，很多病患都没有接受过治疗。如今，在这里，他们还是不能被诊疗。人们对我说，在这个村子里，一个人得了梗塞就会死，因为没人能治这病。哪怕这人生活在城市里，他也一样会死，因为医院往往人满为患。

其他地方的人，男人也好，女人也罢，通常不会因为这些病死去。但在这里会。

"我把她带来这里，而他们确实把她照顾得不错。他们说她是因为吃得太少才生病的。她几乎不怎么吃奶。"

"是母乳喂养吗？"

阿尼塔说不是，她没法母乳喂养，因为她一直没有奶水。太干了，她低头朝下看去，太干了。

"所以我给她喝配方奶粉，如果我能搞到的话。"

"所以他们说是因为这个小孩才营养不良的是吗？"

"对，他们用的是'营养不良'这个词。"

阿尼塔说这儿的人把孩子照顾得很好，现在她好多了，所以她准备带着孩子回家了。我问她为什么这么着急。

"因为我的丈夫想让我回家。我来这儿两天了，他让我立刻回家去。但我跟他说我没钱回家，他也没。他说过他今天会带着钱来，然后我们一起回去。"

"为什么他想让你们这么快就回去？"

"因为我嫂子病了，她得去医院，她的孩子得由我来照顾，我还得照顾我的丈夫、照料我的家……"

"这些比治疗你的孩子还重要吗？"

"我觉得她已经被治好了。"

"但是医生说还没有。"

"我想走了，我并不喜欢这里，而且我的丈夫也想让我回去。"

"你不想让你的女儿彻底被治愈吗？"

"我丈夫说我们回家后她会恢复得更好。"

我想问她如果这孩子是个男孩，一切会不会比现在更好，但我没有问出口。我耻于开口，我觉得自己已经够冒犯她了。阿尼塔，她那如困斗之兽的表情……她不想去理解什么，或者她认为自己理解更多的事情也毫无助益。

"医生说你的孩子要想痊愈，就还得在这里住上几天。你觉得你丈夫的话比医生的更有分量吗？"

"我不知道。但他是我丈夫。"

"有时候我很生气，但我试着去理解他们。"希腊医生玛利亚对我说。她说她有时候很生气，但也去试着理解这些印度妈妈，因为她们很想搞懂在她们的孩子身上到底在发生着什么。

"就拿 MUAC 指标作为例子吧，我们通常根据这个指标去测量孩子的胳膊，胳膊粗度小于 120 毫米的孩子就处于营养不良状态，大于 126 毫米则证明他是健康的。我们很清楚这 6 毫米的差距是有多么的重要，它说明了很多问题。但这些印度妈妈对此很不理解。"

"我知道她们对营养不良毫无概念，那么当你对她们说孩子们营养不良的时候，她们是什么反应？"

"她们大多很疑惑。她们对这个她们不了解的疾病很茫然，有时候会怀疑你的能力，她们认为我们制定的治疗方案压根就不是什么治疗方案，因为既不打针也不吃药。她们说这不对，真正的医生是会打针的。这些妈妈不愿意待在这里，因为家里有很多事情等着她们去做，她们认为那些事情更重要。"

"你觉得这是因为她们不重视孩子们的健康还是说她们压根没意识到问题的严重性？"

"她们是很在意自己的孩子的。为了把孩子带到这里来，她们往往要走上好几个小时，她们同意给孩子做她们完全不了解的治疗，哪怕有时候她们压根不相信孩子得了什么大病。但是她们确实还得照顾其他的家人，她们的家里往往有不止一个孩子，也可能家里还有头奶牛要照料，她们认为要是在这里耽搁太久的话家里其他的孩子或者奶牛就会生病或者死去，那时家里的情况会变得更糟……有时她们必须做出选择。这种情况很常见，她们虽然很担心生病的孩子，但最终她们不得不做出看上去损失更小的选择。"

如果接诊的是女医生的话，情况往往会更糟。玛利亚今年三十岁，精力充沛，保养得很好，她对我说这种事情在她身上经常发生：她接诊了病人，问了好多问题，那人盯着她看，然后又走进来一位男护士，这时那位正被接诊的病人会对着男护士说："医生，您终于来了，我等了很久了。"

很久之前印度政府就已经决定禁止使用 Plumpy 的产品来应对饥饿问题：无论是 Plumpy'Nut 酱还是其他什么产品。这像是一种饥饿民族保护主义，他们说印度自己有治疗营养不良的产品，没必要使用针对其他地区饥饿人群设计的产品。印度人说他们无意把营养不良的话题扯到医疗问题上：政府不需要"治疗"营养不良，而需要"预防"营养不良，他们要做的是维持稳定。因此他们给穷人提供补贴，为学校提供食物，并建立了一套相关体系。然而事实却是，如今除了六千万长期营养不良患者外，还有八百多万重度营养不良患者。

他们还说这是外国公司的阴谋，目的是在印度建立跨国公司来倾销商品。他们认为印度有能力利用当地企业来生产本土化的产品。然而他们并没有付诸行动。无国界医生组织曾试图用实际行动证明他们的做法行之有效，比劳尔的医疗中心就是这一意图的直接体现。印度政府没有干涉无国界医生组织的行动，他们暂时采取了容忍的态度。

数字是最有说服力的：很多刚到医疗中心时情况极度糟糕的患儿在食用 Plumpy 一段时间后，死亡率比正常情况下明显降低，具体来说降低了 3%。

治疗是有效果的。如果方法得当，营养不良是可以治愈的。但是正确的疗法因为政府的阻挠而没有得到推广。无国界医生组织的工作突出表现了当地社会的不公和一种社会模式的暴力，尽管他们治愈了一部分患者，却仍有上千万人得不到救助，他们甚至不知道自己已经生病了。

玛利亚说希望那些病人没有面孔才好。

"什么？"

"没什么。只不过有时候我希望那些患者最好没有面孔。"她说，每次她看过那些病儿的脸之后，睡觉时就会不自觉地想起她们。

"有一个极度营养不良的女孩，被送来时才 18 个月大，由于感染，几乎已经不能呼吸。那是个周五，然后我们周六一天都在努力救治那个小女孩，想让她的情况稳定下来。但是周日的早上女孩的父亲来了，对我们说他们要走了。我坚持说不行，我说如果他们就这样把她带走的话她一定会死，但是那男人说他是孩子的爸爸，他知道该做什么。我很难过，很失落，但我还能做什么呢？周一早晨我们开了两个小时的车到了小女孩家，结果他们说她在前一天晚上已经死了。"

她说，悲伤之余，她第一次了解到了她这份工作所能做到的事情是多么有限。

"我是说，受社会的限制……要是在欧洲碰到这种情况，你会尽一切可能去施救，病人最终离世的话也是因为你不能再做得更多了。这里的情况恰恰相反，孩子们的死是由于他们的爸爸想展示自己的权威，我们对一切都无能为力。所以我说我们在这里的力量太弱小了。"

医生的工作是基于现实的，作家也是一样。只不过作家用几年时间写出来了作品，却不知道它们会被多少人接受。作家们可能永远也不会知道这一点，有时候一个作家有五六个读者，有时候有成百上千。但无论如何，他们的作品永远在那里。医生不同，医生是处于暴风雨中的人，他们要面对的是最极端的状况：如果把病人治好了，他们就是好医生，如果治不好，哪怕不是医生的原因，他们也会被视作失败者。就算他们把病人治好了，可能到了第二天病人也就不会记得他们了，而医生则依然处于那极端的状况之中，因为他还要继续治疗新的病人。当医生比当作家更难的地方就在于他们无法欺骗自己。

阿尼塔的丈夫那天晚上来到了这里。那位阿尼塔眼中至高无上的一家之主是一个身高一米六、体重五十五公斤的小伙子，肤色很黑，一头卷发，穿着双很大的拖鞋。看上去他大概有二十岁，也许是二十五岁，他有点粗暴地抱着自己的女儿，抚摸着她，还哼着小曲。之后他见到了一位印度医生，他说他们得走了，因为他在德里工作，他得把他家人带回家去。这不是事实，但是医生是不会知道这点的。医生坚持让小女孩留下来，起码再在这里待上几天，她需要继续接受治疗，因为体重不足六斤意味着她仍处于危险之中，随时有疾病会夺走她的生命。阿尼塔的丈夫说他是小女孩的爸爸，他知道怎样做对他女儿而言是最好的，而他决定把她带走。医生还在坚持，但那人望着天花板，意思是随你说吧，我是不会听的。阿尼塔开始把女儿的两三块碎布小衣服塞进一个绿色的小袋子里了。

（有时候我想把这本书写成一些诸如此类的细小事件的合集，然后一切就交由读者自行思考，让读者问自己为什么我要读这些或者为什么我不想读这些。

然而之后我坠到了陷阱之中，我试图解读这一切：给这些让人难以忍受的事件以合理的解释。

面对这些事，我觉得自己也很怯懦。）

4

无国界医生组织在比劳尔要对抗的并不是疾病，而是病人或者病人父母的抵抗，他们大多不相信自己已经生病了，这也许正是营养不良这种病症最残忍的地方：患上它的人却往往不愿意承认它。

他们不愿意相信，不能相信，也终将无法相信自己的生活将会发生巨变。

营养不良使这一地区超过半数的儿童不能健康地成长，有的就此死去了，要是他们能摄入足够的营养的话，大多数目前缠着他们的病症其实压根不会出现，或者不会发展到如此严重的地步。无国界医生组织却被顽固的患儿家长耗尽了所有的精力。

无国界医生组织使尽浑身解数试图说服这些家长把患儿留下继续接受治疗：他们派卡车去接这些家长、不知疲倦地去找他们……而政府往往是不会做这些的。他们甚至创建了一种"流动诊所"，把人员、设备和药品带到最偏僻的村镇里去。

马赫穆达离比劳尔很近，离达尔彭加也不远，到巴特那要走三个小时，距离德里有将近一千公里。马赫穆达有居民两千余人，分布在七八个街区中。这些街道大多是土路，有时候泥泞不堪，而今天早晨却烈日当空、尘土飞扬。这里没有电，没有自来水，也没有下水道。有的只是人、牛和苍蝇。

马赫穆达富人（也就是有几公顷土地的地主）的住房是砖瓦房，有的房顶的瓦只铺了一半，让人觉得他们由于偷懒而没有将其完工。较富有的人住的是砖坯房。穷人则只能住草屋。大多数人的房前通常会有头牛，奶牛也好、水牛也罢。屋子后院还会有做饭的用具，然后是住人的房间。不过这些地方的用处通常会比较混乱，东西胡乱堆着，牛可能睡到了人的房间里，人们搬出草席坐在院子里，孩子们则到处乱跑。

孩子们通常很矮、很瘦。

一个女人走在她丈夫的后面，或者说一个男人走在他妻子的前面。女人边走边看着走在她身前的丈夫，而男人却不想看她。女人随时可以跑掉，而男人大概得过上一阵子才能发现。

在这里，女人走路的方式和水牛无二，水牛也是这样昂着头跟在男人的身后，好像在说它会服从他的，因为这是它的工作。

在马赫穆达有差不多十几个小商店，卖点种子和其他小杂货。这里还有差不多八百万只永不停歇的苍蝇。还有一棵大树，注视着来往的人群。剩下的树都很矮小，盖满了灰尘，树上偶尔有鸟飞过，树下走着人和牛，人可能更多一点，他们大多用头顶着木柴或干草，空气中有股难闻的味道。富人骑摩托，较富的人骑自行车，更多的人是步行。妇女们披着旧莎丽，男人们使唤着女人。近郊有田地，耕作的是女人和少数几个男人，男人们负责用牛耕地，剩下的活几乎都是女人来做。

房子的门廊里坐着几个无所事事的男人，他们请我给他们拍照。我大概是他们这辈子见到的第四个或是第五个白人。实际上，我无论走到哪儿都会成为焦点。我坐在一家商店门前的地上写东西，看店的小伙子跑过来递给我一把塑料椅子，我只好收了下来。然后有个长着一口大牙的男人用印地语给我讲了一个很长的关于仓库的故事，一个瘦瘦的男人赶走了冲我走来的一头牛，一个女人跑了出来，另外两个走过来的女人还抱着她们的孩子，几个小孩边跑边冲我喊叫。

到处都是动物粪便。无数的动物粪便。粪球、粪渍、粪砖……一切难以想象的形状的动物粪便。这里有一套由女人们掌控的循环系统：她们摘取树叶，把它们团成直径约两米的球，顶在头上跑去卖给养牛的人，如果自己家有牛当然就更好了，然后她们会去收集"战果"：把牛粪拾回家，有时用来糊墙，但更多的人会把这些粪便储存起来，这样在潮湿的天气或者洪水来临时就可以把它们用作燃料来做饭。

牛粪的味道、牛身上的泥土味，牛反刍出的食物味……各种牛的味道就塑造出了类似村镇的味道。很不幸，这也是很多类似国度所共有的味道。

"哎，您带来什么啦？"

"没什么，我什么也没带来。"

"怎么会什么也没带来呢？真的什么也没有？"

我走着，微笑着，躲避着水牛。一位罗圈腿的老先生牵着一头水牛，走得很吃力。此刻陪着我的年轻商人会讲一点英语。我请他帮我问问那位老先生是不是准备清洗那头牛。老先生带着一脸奇怪的表情回答说那不是他的牛，还问我是从哪儿来的。我让年轻商人告诉他我是从阿根廷来的，老先生却一直盯着那头水牛。他又问了我的年龄，我告诉了他，然后他又含含糊糊地对我说了些什么。我也问了他的年龄，他说他也不知道，反正不小了。这儿的天气简直能把狗都热死，不过这里没有狗，只有水牛、奶牛、人类、几只山羊和无数的苍蝇。

在大池塘里有很多的小孩和成人在清洗水牛。所有的水牛都带着不信任的表情走入水中，不过没一会儿就放松了下来，任由它们的主人用手清洗它们的口鼻、用干叶子擦拭它们的脊背。有的水牛会慢慢走远，这时主人们就会用他们之间交流用的语言喊它们回来，然后水牛就会回来：它们服从命令，走了回来。这是这里的人们最愉快的工作时光：浸在水中、恣意畅谈。

这里的人们是靠身体吃饭的，越是贫穷的人用双手干的活就越多，越是富有的人就越少。但是很多时候，干活最多的双手捧起来的食物却是最少的。在西方世界，为了掩饰我们日益不用身体去劳动谋生的现状，人们开办了很多健身房，我们在里面挥汗如雨，就好像自己是在劳动一样。

在这里，身体依然是一件工具。

村子的尽头是一片小树林，有人在这里放牧。再向外走，会看到一条由草屋围绕的街道。我的新向导，也就是那个年轻的商人对我说：这里住着达利特。在印度的村镇里，达利特，也就是最卑贱的种姓，是不能和其他人住在一起的。

今天早上，和每周的周四一样，无国界医生组织的"流动诊所"会到村子的学校里来，他们会占用两间粉刷过的教室，这两间教室在平时是给村镇调解员用的，他负责调解村子里发生的各种争端。流动诊所主要有两个任务：一方面，寻找可能存在的病人并控制他们的病情；另一方面，给之前已经发现的极度营养不良的孩子分发 Plumpy 酱，顺便观察他们的恢复近况。

　　每当阿米达哭起来的时候，她的妈妈萨达迪总是会不自觉地想起自己的大女儿哈娅。事实上，萨达迪总是会想起这个大女儿。一年半以前，还不满两岁的哈娅死去的时候，萨达迪相信自己很快就会忘了她，但是她做不到。

　　"能给我说说你的感受吗？"

　　"没什么……那是我女儿，本来她能一直做我女儿的，但忽然之间她就不在了。"

　　萨达迪拍了拍阿米达，给她整理了一下绿色的小衣服。她有一双深黑色的眼睛，非常瘦。萨达迪说哈娅当时也是这样：她忽然有一天就瘦了下来，但是我没有太上心。几天后情况越来越糟，她几乎没吃东西。实际上全家人都没吃什么东西，萨达迪心想。哈娅的哭声越来越小，移动的频率越来越低，终于快不行了；那一晚，萨达迪整晚都抱着她，弄湿她的嘴唇，试图让她安静下来。天刚放亮，她就死了。在印地语里，哈娅是胜利的意思。

　　"她的死应该怪谁呢？"

　　"一切都发生得太快了，我们能做什么呢？"

　　"你的丈夫是怎么说的？"

　　"他想让我明白这种事是经常发生的，如果发生了也是因为神想让它发生……我明白这些，但我还是很难过。我从没想过我会那么难过。"

　　萨达迪和她的丈夫用几根柴火把哈娅烧掉了，他们试着忘了她，一年后阿米达就出生了。这次，当阿米达一出现掉体重的情况时，萨达迪立刻就跑到了流动诊所。她说她的村子离这里并不远，她一早就出门了，是步行过来的，不到中午就到了。

"我想把她抚养成人。我是能好好养她的，她一定能健康地长大，变成个漂亮的姑娘。"萨达迪这样说道，但是她并不清楚她的女儿到底怎么了，她一直给阿米达吃米饭或者面包，还配着蔬菜，至少每天这样吃一顿。她想天天都给她吃米饭，但有时候她们家里搞不到米。

"为什么？"

"因为米太贵了。"她悲伤地说着，眼神死死地盯着我：有的人连最简单的事情都想不通。

有些时候，最简单的事情也是最难让人想通的。我认为我在这个世界上到处走访的原因大概也正在于此。

有时候，大概每隔四天或五天，他们就没钱买食物了。她感到疲惫，每件让孩子吃不饱饭的事情都让她心生厌烦。她觉得每次让孩子吃不上饭都会使孩子的情况变糟。

"怎么变糟？"

"就是变糟。"说完这句，她好像不打算再开口了。孩子一直很好，突然有一天她就开始变瘦了，然后活动得越来越少，这吓到了她。如今，医生们告诉她孩子的情况很差，而萨达迪不明白这些，或者说她明白得太多了："要是她还健康的话……她昨天还是健康的呀……"边说着，她又哭了起来。

他们的生活，他们的故事，是如此相似。悲剧就是这么来的：一切都在不断循环、无路可逃。

"有的人很有钱，有的人没钱，你觉得这是好是坏？"

"不好也不坏。"

"谁能改变这一切呢？"

"谁能改变这一切？"

他们的生活，他们的故事，是如此短暂，波澜不惊。他们在慢慢地坠入深渊。

"生活会永远如此吗？"

"我不知道。"

"你没有什么想法吗？"

"我希望有些改变，但是我不知道……"

"谁能改变这一切呢？"

"也许神可以。"

"但这一切难道不是神造成的吗？为什么他要改变这一切？"

"我不知道。神也许会知道。要说有谁会知道这事，恐怕就只有神了。"

在我的这本书里，实际上什么都没发生，或者说没有什么不是每时每刻都在发生的。写这本书最大的困难是搜集案例，把它们提取出来，然后去理解它们，去思考，思考着这种种悲剧可能会在成千上万的人身上发生，思考着在萨达迪身上发生的事情其实是上亿印度人经历的缩影。

那么当一个个体成了某种概念的组成部分时，又会发生些什么呢？例如那些挨饿的人：那个面带凄惨微笑的小女孩也好，那位试图用含糊不清的声音告诉你什么的老先生也罢，当他们变成了饥饿这个概念的一部分、成了一种抽象的东西，他们对事情的解决是有益还是无益呢？

稻田、水牛、披着莎丽的妇女。两头牛拉着一辆车在悠闲地走着，车上坐着一个男人，晒着太阳，异常安静。他是成千上万同一类人的代表，这些人好像来自另一个星球，他们对住在自己家几公里范围内的其他阶层人的生活漠不关心。也许全球化的另一面恰恰就是类似这种财富的堆积。

5

"我不知道能不能管用，我自然是觉得能，不然也就不会来这儿了。"项目参与人路易斯这样对我说道。他是个三十岁的马德里人，瘦瘦的，脸上总是挂着微笑，他已经在无国界医生组织服务多年了。在比劳尔，他领导着一个差不多有七十人的团队，其中除了六个外国人，其他都是印度人。

"不过这并不是我决定来这儿的最重要原因。我决定用一年的时间到印度、苏丹和中非共和国服务的原因是我无法说服自己不这么做，我想这也是大多数人到这儿来的原因。有时我自然也会想回国，回到马德里为某个公司工作，这样我会赚更多钱，能找个女朋友，生活肯定比现在要好得多。但这些想法会让我直冒冷汗。"路易斯解释说他希望改变世界上的一些不好的事情，但有时候却束手无策，他也不知道来到这些地方服务能不能改变一些人的悲惨命运，但如果他不来做这一切的话他会感觉更糟。

"所以其实你可以写我来这儿完全是出自私心，只是为了不让自己感觉糟糕。"

这些来自第一世界国家的年轻人就像一群不信上帝的传教士，他们常常自问自己何德何能出身比他人更好，但其实他们也在遭受着经济危机的影响，未来一片暗淡，他们试图改变什么，却总是感到茫然。

无国界医生组织就像是古罗马兵团一般，由许多自愿远离自己祖国的青年组成，只不过他们到其他国家去不是为了占领土地、烧杀抢掠，而是为了去帮助那里的人。但和古代兵团相同的是，这个团队里也充满了困惑和差异，这些外来者互相混杂在一起，与当地人又完全不同。

（我喜欢"移居者"这个词，它现在已经越来越常见了。有人说，"移民"指的是从穷地方到富地方去打工的人，而"移居者"指的是从富地方到穷地方去帮忙的人。但我认为"移居者"这个词的重点不在于他们远离故土，而在于他们心中已经没有了故土这个概念：祖国的概念对他们已经不重要了。）

在这个远离祖国的地方，这群服务者住在一个还没完工的楼房里（这种事情在印度很常见），用来洗澡的水是冷的，厕所的墙面上全是洞，每天只通五小时电：晚上六点到十一点，而且是用发电机发电，要指望政府供电只能是个奢求。因此冰箱也是无法正常工作的，更加没有电视之类的电器。每一位"移居者"都只有一个小房间：里面有一张带蚊帐的床、一两把塑料椅子、一张小桌子、一个衣柜、再加上一个到了夜里十一点就无法再使用的风扇。他们很简朴，但绝对不是什么牺牲者，他们也懂得苦中取乐，他们也会喝醉，也会相爱，也会……

　　每天，这些人都会一起吃饭。其中有七个人用带着地中海不同地区口音的英语交谈：意大利人艾莉萨、法国人梅兰涅和爱德华多、西班牙人路易斯、葡萄牙人夏洛特和希腊人玛利亚。每次吃饭我都会想起艾柯说过的话，他说英语和其他过分雕琢的语言不同，它是一种很直率的语言，说得多赖都能沟通。每天午后都会有一个女人为他们准备晚餐和第二天的早餐。出于安全的考虑，通常日落之后他们就不会外出了。他们的生活充满嬉笑怒骂，有成就感，也有挫败感。但无论如何，有句话却总是被他们挂在嘴边："我们的首要职责就是挽救生命。"

　　挽救生命。在一个看上去一切都无足轻重、毫无意义的地方，他们却始终坚持着这种信仰。

　　有些事情，比最真实的事物还要更加真实。例如，挽救，生命。

　　"刚开始我还不是很明白，现在我想通了：无国界医生组织并不是要改变这个世界，而是给绝望中的人们带来一点希望。"一位组织里的叫作卡罗丽娜的阿根廷医生在尤巴这样对我说道，她多年来曾在无数最艰苦的地区服务过。

　　"我们只能做到这些，但是这些虽然既改变不了世界、又不能让那些贫困的人富有起来，却也是不可或缺的。在他们需要的时候，我们出不出现在那里实际上是大大不同的，因为对于他们而言这是个涉及生死的问题。"

　　"这算是种骄傲的谦虚呢，还是种谦虚的骄傲？你就没想过从根本上解决问题吗？"

"到目前为止我还没想过，因为它完全在我的能力之外。也许我永远没能力做成那些事，我没有那么大的能耐。我只去做自己力所能及的事情。"

急救团队的护士坎迪则说道："我倾向于不去想那些不好的事情，不管有没有解决方案我都不愿意去想。要是我总是去想那些事，我就什么也做不成了。要继续做好我手中的工作我必须选择在很多时候无视我所看到的一切，也绝对不能去想造成这些的原因。"

在现代社会，一切都充满了不确定性，医生们的工作是意志力的体现。很多在无国界医生组织工作的年轻人很清楚，或者说我认为他们都很清楚，他们所能做的往往只是在病人伤口出血时去止止血之类的小事，但就如希腊医生玛利亚所言，她喜欢自己正在做的工作："这个世界上有太多我看不惯的事情，我想去改变它们。当然，我也想像个正常人那样去旅游、认识新朋友、学习新东西……"

"这些事情你都做到了吗？"

"前者我做得更好。你在这儿努力工作，或者说把大部分的时间都用来工作了，你一想到有人的生活要依赖于你的工作，那么干起活来就完全停不下了。我在做这种工作，我感觉挺好，我喜欢每天像个疯子一样去工作。我知道自己在做好事，不过待在这儿也意味着你会觉察到问题是有多么严重，太严重了，严重到你所做的一切看上去都毫无意义……"

"然后呢？"

"没啦。我还是得继续工作不是吗。因为这是我唯一能做的。我还是会一个接一个地诊疗病人，至少我能看着他们慢慢好起来。总是想着自己做不到的事会影响到我的工作效率，还是应该着眼于当下。不然的话我真的会变疯的。"

另一天夜晚，路易斯对我说这个工作最困难的部分就是说服自己一个人的能力是有限的，没法改变一切。但总会有一个时刻，你会觉得自己就像一坨屎，在做着无意义的事，那时你就不能好好干活了。

"之后你还是会想通的是吗？"

"实际上不会。但是一定要强迫自己不去想那些彻底的改变，你要想着自己正在做的是人道主义的援助、要想着去救自己能救的人，无论他们在你眼前还是需要你自己去寻找。"

"你所得到的成就感无与伦比，但付出的代价同样巨大：远离家乡、与世隔绝、工作个不停。"漂亮的法国姑娘梅兰涅这样对我说道。她在团队中负责后勤，总是喜欢开玩笑。无论是医生、护士还是后勤工作者，他们全都尽心尽力地工作。他们在这里工作的第一年，每个月只能获得七百欧元的报酬，几乎可以视作义务劳动。如今，已经过了一年了，他们获得的报酬会更多一些，但是生活条件却依然很差：一起住在穷乡僻壤中，毫不停歇地工作着。

"在刚开始工作的几个月时间里，你要把生活这个词抛到脑后才行。之后，你可以去想想自己是想回家去找个稳定的工作还是继续待在这里做人道主义援助。"梅兰涅说她暂时还不会去想之后的选择，她只想着眼当下。

"这里的生活和你习惯的生活最大的差异是什么？"

"到处都是差异。没有电、电视、互联网，永远没有这些东西，你也吃不到你想吃的食物，房间里还有数不清的虫子……你还能看到许多在欧洲永远见识不到的悲剧。"希腊医生玛利亚这样对我说道。

"一切都很不同。但是来之前我就想到会是这个样子了。但是我不想回国，我不想假装自己已不知道在这里发生的一切。如果我回家了，然后我的兄弟跑来说他计划买套房，我没办法不对他说印度的人们连饭都吃不饱，你还想着买房……"

比劳尔的夜晚就像是一场大型音乐会，各种声音夹杂在一起，其中最令人难忘的是祈祷的声音。一个人处在这样的信仰中，是很难入眠的。

6

今天，无国界医生组织又要进行有些伤感的"例行巡查"工作了。一位医生将要实地走访以前接诊过的患者家庭，看看患者的近况如何，有的患者可能已经死了，那么就看看患者家人的状况怎样。

"都是些被迫必须离开的患者，他们一走就再也不会回来了。有时候我们会得到一些消息说他们回家后遇到了一些问题，但有时候我们一点消息都收不到，这样其实更糟糕。"

我们八点出发，直到十点才到达我们的第一个目的村落。卡车上的广播里放的是宝莱坞的音乐节目。走的路基本是土路，也有的看上去曾经是柏油路。卡车载着我们走过一个又一个村庄，有时候要走一些残破的桥梁，还有的时候需要从牛群中穿过。有次，我看见窗外有一老一小两个牧人带着一群水牛走过，在这里，每年都有上千名牧人把他们的牛集中起来，走上百公里的路来寻找牧草，直到找到一片绿地为止。获得食物已经难到了这种地步。

我们到达的这个村子里有一条宽阔的河流经过，村子里大约有五十户人家。我们穿过一片玉米地之后终于来到了我们计划拜访的第一个患者的家：那是一个两岁的小女孩，她曾经因为营养不良接受过一段时间的治疗，但是突然有一天就不再到医院去了。女孩的妈妈觉得自己的女儿已经痊愈了，但是小女孩回家后一直说自己肚子难受，而且哭得很厉害，不过她的家人没有在意这些，直到她哭得越来越厉害，他们才带她去看了村里的医生。由于女孩并没有好转，家人才在一周后带她来到达尔彭加的医院。医生立刻要求小女孩住院，并表示第二天会进行会诊，可是还没到天亮女孩就死了，于是也就没人知道她具体的死因是什么了。女孩的妈妈想不通到底是为什么，她只是不住地哭，她的身边围着她的婆婆、姐夫、她的儿子和另外两个女儿。无国界医生组织的印度籍医生问了她很多问题，试图依次确认女孩的死因，但是这位妈妈几乎什么也答不上来，她只是说女孩咳嗽、发烧，但是女孩和她的姐妹们还是玩得很好。医生问她有没有什么女孩的死亡证明时女人掏出了一个屏幕已经碎裂的手机，开到了免提，给他在德里工作的丈夫打了电话。男人说："我怎么知道，我哪里知道有没有死亡证明。"女人又哭了："我想着你会有的，我想着你至少会有她的死亡证明的……"

女人的大女儿大约有十二三岁了，此时正看着自己的姨父蹲在地上吃饭，准确地说是用手抓着吃拌了点酱的米饭，她需要在姨父吃完饭后给他端来水洗手。但这次她慢了几秒钟，姨父吃完饭，水还没有端来。女孩低下了头，有那么一会儿我觉得她的姨父就要动手打她了，但是没有，后来她抬头看了看我。

我后来在车上又看到了这样一幕：一个女孩脸朝下趴在一头水牛的背上，不知生死。不远处有一位老人，不紧不慢地走在路中间，我们的司机不停地冲他鸣笛。这里有很多这样的人，他们可能是走路时走神了，也可能是压根不知道自己要去往何处。

第二个目的地更加偏僻。通向村庄的道路隐藏在耕地中，进村之前我们还得穿过一片贫民区，黑色的塑料袋散落在竹林中。很多女人带着一头山羊正在树荫下避暑。村子里只有不到十间茅草屋，第二位患者的爷爷对我们说他到现在也说不清到底发生了什么，他只记得在某一个夜晚他的孙子突然就死了。他说小男孩一直都好好的，但是忽然肚子就大了起来，他还想办法让男孩腹泻，但是没什么用，他们很紧张，想着天一亮就带他到治疗中心去看病，然后小男孩就死了。

两个看上去像是好朋友的人在自行车上沿着道路骑行。后来他们决定在路边的树荫下歇息一会儿。那是一条双向通行的公路，是这一地区唯一的一条这种规模的公路，对本地交通意义非凡。我看见两人中的一个把自行车靠在树上，另一个就把车放在离公路半米远的地上。放在哪里其实并没有什么区别。

一个女孩牵着一头牛的耳朵，她的身后跟着另一个背着竹筐的女孩，这个女孩的职责是把牛的粪便收集起来。村里的男孩子们在水塘里给水牛冲凉。第三位患者的家就在这里，在一座海拔挺高的山上。印度医生告诉我说，雨季一来，刚才路过的田地就会被淹没，那时就只能坐船到这儿了。这位患者的家已经破败不堪了。不远处，有几个女人和一群孩童在盯着我们看。第三位患者是一个刚满周岁的小男孩，他们一开始是用 Plumpy 酱给他治疗的，但后来他回家了。男孩的父母都不在家，有个男人说他们应该是在地里干活。在地里干活？旁边的几个女邻居笑了起来。男人立刻命令她们闭嘴，他说这里明白情况的人是他。他笑着说我们要找的这家人可能得再过一两天才能回来。

"我给你们说了，他们今天是回不来的。"

我们觉得他说的可能是实话，于是就继续往第四位患者家行去。第四个患者家是做生意的，住着砖房，门口还停了辆摩托车，一看就是有土地的人家。一个瘦小的青年对我们说患病的小女孩三个月前就因为结核病死了。他的怀里抱着一个小孩子，坐在一条门前的长凳上。青年是患者的叔叔，他的哥哥也就是患者的爸爸现在正在旁遮普工作。女孩的妈妈就在旁边的女人之中，离我们大概有两米远，坐在地面上。青年说他们都想治好小女孩，他们把她带到了无国界医生组织的医院里。那时小女孩很瘦，咳得很厉害，还咳血。邻居们说无国界医生组织那里治不了这个病，他们没有理睬，依然带着小女孩去了。医生对他们说对小女孩的治疗要几个月的时间才能见疗效，他觉得医生这么说就是为了让他们一直去医院。

"为什么你会这么想？"

"因为他们就是想骗我们继续去嘛。"

我们旁边围了将近三十人，他们都在窃窃私语地讨论着。一个男孩给我们送来一杯奶茶，很甜，还放了姜。

"他们又不收费，为什么要骗你们去呢？"

"我也不知道，但他们就是想让我们去。"

家人的想法阻碍了结核病的治疗，于是小女孩的病情越来越重。他们把她带去看私人医生，医生说他会换另一种疗法来治疗小女孩，但是治疗还没开始女孩就死了。

在这里的发现让人觉得很奇怪。在发达的西部沿海地区，田地纵横交错，人们却不太往来。这里的人们往来却很频繁。我很想知道这里的人对我们的来访持什么样的态度。他们看着四个人乘坐一辆吉普车来到这里，就是为了看看生病的小孩，再考虑到他们的宗教信仰，我很好奇他们会怎么想我们呢？

天黑的时候我们回到了比劳尔。

患儿几乎都是死于偶然。这里不是非洲，这里的人会坚定地告诉你人是不会因为吃不饱就死的。这里不是非洲，情况却比非洲还糟：这里的人们好像都习惯了饥饿、适应了饥饿，好像他们在这个话题上拥有着不容置疑的解释权。

　　古尔雅的病还是那么重，这很令人绝望。拉赫马蒂的歌声总是透着一种凄凉。希腊来的玛利亚总是说他们已经尽力了。还能做什么呢？大概只能希望上苍保佑了吧。

■ 部落的话 ■

　　我们到底怎么才能在知道这些事仍在发生的情况下继续生活下去呢？

　　抱歉打扰您了，先生，我掺和进了不该掺和的事里，但是我想知道：您现在正在吃什么？今天早晨吃了什么？昨天晚上吃了什么？今天晚上要吃什么？想一想，如果您愿意的话，想一下，然后把您想到的东西告诉我。

　　我说，我想说，但不知道该怎么说：您，亲爱的读者，心地善良却有些健忘的读者，想过不知道明天早晨有没有饭吃是种什么滋味吗？再多想想：您想过日复一日，每一天都不知道明天早晨有没有饭吃是种什么滋味吗？想想那种充满类似不确定性的生活，还得迎着这种不确定性努力思考如何解决这些问题，可那种不确定性却依然存在，这是种怎样的生活呢？这种生活如此受限，又如此无足轻重，有时又如此让人苦痛，要求人们不停地抗争，这是种怎样的生活呢？

　　我们到底怎么才能在知道那一切仍在发生的情况下继续生活下去呢？

　　都好，兄弟，都好，但是你也看到我是怎么生活的了。不，说真的，你想看看吗？还是说想让我给你画张画？没人帮助我，嗯。我自己本来就有太多问题要解决，可还是忍不住去想非洲、加尔各答还有其他类似地方的穷人，他们连……

我们到底怎么才能在知道那一切的情况下继续生活下去呢？

饥饿永远是他人的问题。永远都不会直接影响到我们。我们担心生态系统的问题，性权利的问题，言论自由问题，中东和平进程问题，但挨饿的永远都不是我们。我们又为什么要操心饥饿问题呢？以何种思想、原则、痛苦和道德为名呢？

我们到底怎样才能安心生活？

"无法让人忍受的是政府不处理这个问题。无法消除饥饿问题的政府应该下台，马里亚诺，应该下台。"

"老是说政府。那不是政府的问题。"

"应该下台，马里亚诺。政府应该承认自己无能，然后道歉，然后走人，让我们找找看谁有能力解决那个问题。"

"可要是政府不这么做呢？"

我们到底怎么才能做到呢？

读读这些文字，也许思考这些问题可以让最脆弱的灵魂生出某种愧疚感。愧疚感有什么用呢？带着愧疚感又能做些什么呢？想要去做点什么的时候，愧疚感是最恰当的情感吗？可如果我们不想试着做点什么的话，又该如何处置这种愧疚感呢？还是说这种愧疚感给你带来的微小痛苦已经起到了镇定心神的作用呢？我们变得更加平静了吗？

最容易做的就是不去思考，可这会让我们差得更多。

我们几乎永远都可以这么做。

这究竟是怎么回事呢？

对，当然了，我当然注意到了这个问题非常严重。要是到了我这个年纪还注意不到那些已经变得十分严重的问题的话，那就太悲哀了，不是吗？但是还必须得说，我们正在进步：我们已经进步很多了，而且在继续进步，这个世界上还有太多人在忍饥挨饿，他们吃不饱饭，这是事实，不过把现在的饥饿问题和我们小时候的饥饿问题比较一下就会发现二者不是同一回事。对，我知道现在这个问题依然严重。我想说的是民主和发展正在解决这个问题，我并不对此感到奇怪，因为哪怕费尽周折，理智也终将占上风。有些人抱怨说张三赚的钱太多了，李四有个大房子，有艘快艇，或者这一类的东西。还有的人说这些人不该这么炫富，我自然是同意的，我有时候也会感到不快，不过完全没必要，因为如果说这些人有这样的好运的话，那是因为他们创造了大量的财富，搞了个发明，做了场生意，开了家工厂，他们做了些创造了大量财富的事情，当然了，他们确实留下了一大部分财富，不过那归根到底是他们应得的，更重要的是，他们给多少人提供了工作机会啊！他们给那些人付了多少工资啊！要是没有这些豁出去开工厂、雇佣他们、付他们钱的人，得有多少人睡大街啊！又有多少人会悲惨地死去啊！那些人赚了很多钱，好像就被套上了永久性的枷锁，不停地惹人嫉恨。可如果没有那些人的话，亲爱的朋友，事情会变得更糟，饥饿问题会更严重，因为他们是……

怎么回事呢？

昌迪加尔

火车车厢还是七十年代的老式车厢，有很多座位，但车厢里却挤下了两倍多的人，他们或坐或站，挤在你意想不到的角落里。就拿我坐的这个三人座为例，上面实际坐了五个人，但是没有人因此显得不高兴。每次车进站停稳，就会有更多的人从门、窗挤进来，于是原本就很拥挤的车厢更加拥挤了。公元 8 世纪时，波斯帝国的流民逃亡到了孟买，请求马哈拉施特拉的君王允许他们在此避难。君主并不想接纳他们，于是作为回复，他赐给了他们一个盛满牛奶的碗，以此暗示说我这个王国已经人满为患了。波斯人的首领在奶里加了糖，然后把碗退还了回去，意思是说："这样不但不会使牛奶溢出，反而会使它更加美味。"现在的情况就和那一历史事件很相似：往本来已经很满的容器里再填些东西吧。

于是火车继续前行。

车窗外的景色依然如故：茅屋、田地、水牛……

在下一个车站又上来了更多人：当你觉得这里的空间连一粒糖都塞不进了的时候，还是有更多人挤上了车。不过这确实可以证实人类的身体有着多么好的柔韧度，也可以反映出这些印度的男男女女用很长时间磨砺出的巨大的忍耐力。我又一次质问自己是想融入这种文化还是要改变些什么东西，就好像我真的有权决定什么似的。实际上我也在不断磨砺自己。

"我们应该做的是遵从圣雄甘地的教导。"夏尔马先生后来这样对我说道。我在互联网上看到过他的一些观点，它们令我很感兴趣，这也是我搭乘这趟火车前往昌迪加尔的原因，夏尔马先生就住在那座城市。

在火车上的几个小时是很难熬的，我发现自己很难像坐在我身边的那位满脸褶皱的女人那样淡定。事情实际上很简单：她不是什么大人物，我也不是什么大人物，我们可以默默地互不影响。可是事情好像又不该如此。因此我时常会为自己的怯懦而感到羞愧，因为我好像一辈子都活在自己的小天地中，从来没有想象过在这里的七亿人是怎样生活的，没有想象过他们竟住在如此广阔的监狱之中。我写作，似乎是为了逃避现实。

要是我们每个人都能做到换位思考，这个世界会变成什么样子呢？人们会更有同情心吗？还是会更冷酷无情？是不是会更加漠视自己的愚蠢？更有智慧？更逆来顺受？更不愿忍耐？还是说依然会像现在这样如一坨屎般生存着？

我刚在昌迪加尔站下车，忽然间就铃声大作了起来。我望向四周，周围的人却像是没听到铃声一般。在站台上，人们等待着火车，妈妈在哺乳，小青年们在卖食品和饮料，也有的没有在卖食品和饮料，有的人躺在地上读书或者睡觉，工人们来回走着……但就是没人留意到那个铃声。我过了一会儿才明白过来那所谓的铃声其实是站台顶棚下上千只鸟一起鸣叫的结果，这是一种无人发觉的巨响。

没人留意到鸟叫声。车站外就是这个不理智的国家中最理性的城市了。昌迪加尔是由勒·柯布西耶[1]设计的，20世纪50年代印度政府建立这座城市的目的就是使其成为国内最富有的哈里亚纳邦和旁遮普邦共有的中心城市。昌迪加尔很空旷、干净、有序，换句话说，非常不"印度"。昌迪加尔是理想时代的产物，是人们追寻理想的结果，却绝无全球资本作用的功劳，它更多象征着美学意义上的成功。

在昌迪加尔，有笔直的宽阔大道，绿化很好，到处都是树木，人口密度很低，空气也很清新，人们是怀着一种信念来建设这座城市的：一切都有可能重新开始。

现在的人们已经不这么想了。

昌迪加尔是一座理想化的城市，而且是由当权者和一群优秀的设计师出于良好的意愿建立的城市，而这些在20世纪已经行不通了。现在，国家层面上已经不允许有专断的集权者存在，当权者不能凭自己的意愿办事了，我当然不是说现在的政府就没有良好的意愿了，一开始他们总是有良好意愿的，但后来因为很多问题（例如饥饿问题），这些意愿就没了。我一直记得前波兰共产党的一位要员1991年（恰好在那场灾难之后）在莫斯科对我说过的话，他说只有完美的

---

[1]　勒·柯布西耶（Le Corbusier, 1887-1965），法国著名建筑大师、作家、城市规划家。

人才能适应共产主义制度。

　　所以共产主义在很多国家行不通的原因可能恰恰是人无完人，于是我们后来压根就不再去追求什么理想了，我们选择接受现在这个世界，只是因为它还算不上糟糕透顶。所谓的民主很多时候只是一个当权者的不完美和其他当权者的不完美平衡后的结果。但是饥饿问题说明这种平衡并没有那么天衣无缝。在这个问题上，资本主义很擅长推卸责任，什么都不想管，所以说实际上资本主义国家在任何问题上都很善于推卸责任。在苏维埃国家，情况则恰好相反，往往是国家对所有问题负责。

　　大概十五年前，我参加了古巴圣克拉拉省企业家组织的一场会议，出席会议的还有一位叫作米格尔·迪亚斯·卡内尔的古巴共产党的重要人物，这个年轻人当时留了一头长发，活像个摇滚歌手，有可能成为劳尔·卡斯特罗的接班人。那天，与会者围坐在一张大桌子前，一个公务员模样的人给我们介绍了房屋建造的情况，后来另一个人介绍肝炎的疗法，又一个讲腌肉，还有的讲能源供应，讲朗姆酒酿造，讲粮食分配，讲雪糕制作，讲清洁水资源，讲准备棺材，讲校车时刻表，讲在校生的午后点心，还讲了很多其他的东西。会后，我对那位大人物说，大概社会主义国家最大的问题就是政府总是想把一切都掌控在手中，在这种制度下，任何一个个体所犯的错误最后都会由国家来承担责任。所以在这样的社会，往往在出现很多问题的同时会出现同样多的指责声。

　　"在资本主义国家，一个人要是没有准备棺材，那么责任要由自己承担，因为是他自己没能力买。在这里，出现这种情况的话，过错是菲德尔的，也是社会主义的。这样的话，管理是很难进行的，不是吗？"

"当然了，但是你想象不到当你看到一切都运转良好时的那种满足感。你看着人们一天天生活得更好，那种感觉无与伦比。"

听到他这么说，我不由得开始思考权力到底意味着什么。对于那些好的统治者来说，为了能让人们过得更好，他们心甘情愿地掌握着那像炸弹一样的权力。权力可能有这层效力吧，但也只是对那些好的统治者而言。但更多的统治者掌权后想的可能只是如何不失去权力，因为他们担心失去权力后会在自己身上发生可怕的事情，又或者是因为他们不想过失去权力后的另一种生活。无论是哪种情况，在苏联体系中，所有人为所有事负责变成了个别人对所有事负责，所有事：好事，决定，争论，利益……于是体系开始慢慢崩塌。有的人喝腻了牛奶，因此就开始讨厌见到奶牛，然后就开始讨论要换个统治者，再然后就把权杖交给一个新的更加平庸的人。

我终于到了德文德·夏尔马的家，房子很新，他很热情。

"为什么印度的饥饿问题这么严重？"

"在印度出现这么严重的饥饿问题是毫无道理的。饥饿在这里是人祸而不是天灾，真正的原因是我们从来没有从根本上重视这个问题。很多人其实是需要饥饿问题存在的。"

"噢？"

"一个像印度这样的国家的饥饿人口总数竟然是全球第

一，这怎么也说不过去，毫无道理可言。印度政府总是会制定看上去很有力的公共援助计划，但问题是这笔钱最终大部分都落到了贪官污吏手中。也就是说，如果没有了饥饿，这些人就得找其他办法'谋生'了。"

这个想法十分大胆：饥饿成了一个国家养活他忠心的服务人员的工具，国家从一些人口中夺下食物去养活另外一些人。

"印度并不缺食物。如今每年印度都能生产比所需粮食量多五千万到六千万吨的粮食。然后国家会把这些粮食出口到国外，而不是让国内两亿五千万饥民享用它们。所以我说印度的局势是很让人难以置信的：我们这里确实有饥民，但我们也有足够的粮食，可是问题始终得不到解决。我们有这么多的饥民，同时又是世界最大的粮食出口国之一，这简直就是个耻辱。"

我对他说他刚才说的话我其实听到过许多次，他很有礼貌地问我是在哪听到的。我说是在阿根廷，在我的祖国，人们也经常那么说。

"因为这是个世界性问题。"他这样对我说道。他说在所有地方，问题都是一样的：粮食掌控在哪些人手中，他们决定怎么分配这些粮食。

德文德·夏尔马是一位记者，也是现役军人，他写过很多书，多数涉及农业、全球化和社会不公。德文德·夏尔马是一个很安静的人，很有风度，他留着一撮小胡子，指甲修剪得很整齐。后来他对我说他属于婆罗门种姓，是最高等的种姓，他们的家庭职责是为年轻人挑选男女朋友，而当他生病的时候，有上百个亲人会来探望他。1996 年，联合国粮农组织在一次会议上提出，到 2020 年要将全球饥饿人口数量减半，那时世界饥饿人口总数为八亿五千万，从那时起，其中的一亿两千万已经死了，没人在乎过他们，而现在世界饥饿人口数量却达到了九亿，尽管如此，在 2008 年，全世界却把二百万亿美元用在了拯救银行和其他财政集团上，这使得夏尔马更加确信有人对饥饿满不在乎。

"要想一次性解决饥饿问题，只需要拿出二十万亿美元就够了，不过是刚才说的那笔钱的十分之一。所以很明显没有人真正想解决饥饿问题。换句话说，有人想让这个世界上有挨饿的人，因为挨饿的人也有可榨取的价值，一个吃饱喝足的人在这种情况下并没有太大作用。"

说完这话，他又有点自嘲地说："我不明白为什么会有政客不希望解决饥饿问题。我要是印度总理的话，第一件做的事情就是在这个国家消灭饥饿，这也能保证我继续在总理的位置上待下去。想想看吧，这两亿五千万的饥民将会永远支持我，不是吗。"

我对他说，就我看到的而言，大多数人是不会因为缺乏食物而奋起反抗的，很多人甚至都不知道他们是因为营养不良才生病的，他们甚至觉得自己已经吃得足够多了。然而夏尔马对我说事情并非如此，他说在印度有 650 个区，其中 200 个已经受到了纳萨尔组织活动的波及。出现这种情况的最重要原因就是这些地区农业的衰败。农粮问题总是左派兴起的重要诱因。

"每当人们毁坏一块良田，把它用来发展工业或者用于不动产投资，换句话说用来供养城里人，就会给这类势力的兴起提供更大的可能性。"

但这不是唯一的原因，他继续说道，现在有越来越多的人觉悟到现有的体制无法带给他们想要的东西。决定性的改变往往会先从农村开始，因为那里住着大多数人。所以要是有人想改变印度，他必须要做的就是掌控农业，得到农民的支持。

一个女佣给我们送来了一杯茶、几块饼干、一小块芒果和一根香蕉。夏尔马对我说，十二亿印度人中有大约一半都是直接靠农业过活的。其中绝大多数是农民和他们的家人。还有两亿人是以加工农作物为生。也就是说，靠土地生存的印度人一共有八亿之多。但是目前却有很多大型公司想要剥夺他们赖以为生的东西，还想要使用更依赖技术而非人力的生产线。这种模式可能适合美国、适合巴西，却不一定适合印度。那些国家有着广漠的土地，人口却没有那么多，而在印度，情况却刚好相反。1947 年的美国，一个农场平均占地约 50 公顷，在 2005 年则达到了 200 公顷。1947 年的印度呢？4 公顷。现在更是只有 1.3 公顷。用美国的方式去开发土地会造成上百万印度人陷入极其悲惨的境地。而且这些人还无法到城市去，因为城市同样已经人满为患了。所以我们要做的其实是继续让他们有在地里干活的机会，而这也是他们最擅长做的事情。

"就像甘地说的，我们需要的不是一套为大多数人服务

的体系，而是一套大多数人都能够参与其中的体系，在这套
体系中，农民可以在为自己生产粮食的同时有富余来供给社
会，这应该成为一套可持续发展的体系，而且这样一来，农
民也就不会再被迫进入本已人满为患的大城市了。在另一种
模式里，有人会说农民在田里种地不是什么好事，因为他们
每个月只能赚不到两千卢比，所以他们不应该继续种地了，
而是应该到大城市找机会。我认为这种想法就是个灾难，我
们需要的是一条刚好相反的道路：农民应该留在地里，而且
已经到大城市去了的农民应该返回农村，靠自己种的粮食来
生活，以一种可持续的方式生产，不用农药和化学杀虫剂，
产品才能以公正的价格出售。"

夏尔马又补充道："我们需要的可能不是'依赖全球化'，
而是'依赖本土化'。对于一些大农户来说他们只在乎种什
么（稻米、小麦还是大豆）能赚钱，其他事情都不值一提。
但是小农户什么都种，因为所有东西都可以用来吃。我们的
模式是每一块地都实现自治，在直径100公里的土地上，实
现耕作、储存和分配粮食的全过程。"

夏尔马提倡的模式已经在北阿坎德邦的一个小镇赫里德
瓦尔试运行过，领导者是一位叫斯瓦米·兰德夫的专家。他
们按照甘地的理论，鼓励人们回到土地去，恢复印度的农业
传统，同时也是对大型粮食公司农业无人力化趋势的一种反
抗："我们要鼓励人们为自己种粮食，要靠自己解决饥饿问题。
正确对待饥饿问题的方式不应该是把有限的粮食在几个人中
平均分一下，这不能从根本上解决问题。授人以鱼不如授人

以渔。赫里德瓦尔能起到很好的示范作用，它会告诉所有人我们的模式是行得通的。"

我觉得好像这里的所有人都在试着说服别人些什么，当然大多数情况他们试图说服的都是政府。德文德·夏尔马想做的其实和无国界医生组织在比劳尔想做的事情很相似，他们毅然着手去做一件事情，只是为了向人们表明这件事情是可能成功的。

德文德·夏尔马微笑着又给我递来一杯茶。我们的谈话波澜不惊，但是很愉快。我问他说，在印度成为一个潜力大国之时作为一个印度公民是一种怎样的体验，他说感觉挺好，因为他还记得在以前很长一段时间里外国人看他们的眼神中透着怎样的轻蔑。

"而现在他们说我们是超级大国。我说不准，一个拥有着世界三分之一饥饿人口的超级大国是一个什么概念，这一切就像个童话，事实是我们现在并不是什么超级大国，以后也不会是。这个国家 30 个最富有家庭所掌握的财富和占全国三分之一人口数的最贫穷人口所掌握的财富相等。77% 的印度人平均日消费额只有 20 卢比，还不到半美元。想想这些不平等现象吧，我们有脸说自己是超级大国吗？"夏尔马说他觉得印度一定要按甘地指示的道路发展，人们在饥饿时不应该指望着神会赐给他们食物，而应该自己生产粮食。

"我们为什么要按照美国或者欧洲的模式发展？为什么我们不能走出一条自己的道路？很遗憾我们已经渐渐遗忘了我们所拥有的资源和我们的现状，而只是一味把目光盯着西方国家。这是一种殖民地思想，我们应该抛弃这种想法，把目光移到我们自己身上。我们民族有着上万年的历史，为什么我们要模仿某些只有不到五百年历史的国家呢？"

　　印度人正在慢慢卸下羞涩的面具，民族主义者们说，一个国家就像美酒一样，应该是越陈越香。

温达文

　　清晨的温达文吹着阵阵微风，气温不到三十五摄氏度。这里的街道拥挤脏乱，是典型的印度式街道。这个时间的街道依然是动物的乐园。猴子占领着这片地区，牛低头吃着垃圾，狗也是一样，还有猪、羊和老鼠。但占统治地位的还是猴子，地面上和高处都是猴子。再过一会儿，气温再升高一会儿，人类会重新占领街道。三名印度教克利须那派教徒拿着喇叭唱着圣歌走了过去，然后是一辆摩托车，摩托车鸣响了这个早晨的第一声喇叭。猴子的屁股红红的。

　　气味还没有那么难闻。两个小伙子拿着竹扫帚心不在焉地开始扫地。又走过了一群朝圣者，大概有十一二个人，他们唱着哀伤的歌曲，好像他们的神已经离开了。更远处有一个男人在烧着垃圾：烟又黑又浓。猴子们尖叫着跳来跳去。四个男人在报亭旁边喝着奶茶，以此开始一天的生活。报亭是个高高的木房子，报亭老板翘着腿坐在里面，他旁边的煤油炉上煮着奶茶。一只母猴子带着一只小猴子跑到报亭前，好像在讨一杯奶茶，老板没有理睬，气氛有点凝重。

　　突然发生了一个意外：一只猴子抢了一个女朝圣者的包，

它的速度很快，得手后就尖叫着跳到了一个三米高的墙上，坐在墙的边缘望着下面的人们。丢包的女人和她的朋友们大声喊着，猴子在上面享受着这一切。喝奶茶的男人中的一个说猴子是想做个交易：想要回包就得给它点别的东西作交换。女人给了男人一张十卢比的钞票，约合二十美分，男人向报亭老板买了两包甜饼干，然后把饼干抛向猴子，猴子一把接住饼干，却仍然坐在墙边，好像不是很满意。它开始吃饼干了，这时又来了一个母猴子和它一起吃，但猴子的左爪子依然紧紧地抓着那个包。女人在下面仰视着猴子，和同伴讨论着。母猴子也在看着那只猴子。猴子晃着饼干和包，看上去很自鸣得意。母猴子冲它撅起了屁股，公猴子伸鼻子闻了闻，丝毫没有把包还回来的意思。它打开包，嗅了嗅，掏出了几张卡片，看起来上面印的是克利须那神。它把一张卡片随手扔了出去，下面的女人尖叫了起来，她们开始感到绝望了。男人又要了十卢比，多买了两袋饼干，向猴子扔了过去。猴子一脸轻蔑地看着其中一包从身旁飞过落到了地上，伸手抓住了另外一包，把里面的饼干挤成了碎屑，撒到了地面上。一群鸟被吸引了过来，后来又飞来一只乌鸦，把其他鸟都吓跑了。猴子继续翻着包，女人们不停地尖叫。这时来了另一只体型更大的公猴子，屁股也比那只贼猴的更红一些，这只大猴子一来，前面那只猴子就跳着走开了，但手里还是抓着包。母猴子待到了大猴子身边。女人们叫得更大声了，一只狗也跟着叫了起来，只不过它并不想要饼干吃，一只红头灰身的鸟追着两只麻雀飞了过去，最后又来了一只狗，这只狗倒是开始舔地上的饼干屑了。

温达文是印度教的几座圣城之一，根据印度教传说，克利须那神就是在这里度过的童年，也是在这里为了成为一位伟大的神而修行。温达文位于北方邦，离阿格拉市和泰姬陵有一百公里远，与德里相距二百公里。在温达文生活着五万人，另外还有两百座神庙：有的在市区街道里，有的分布在市郊，有的就建在河边，有的神庙的阶梯已经泡在了水里。有的神庙还起着神庙的作用，有的已经变成了寡妇院。

和其他印度城市一样，温达文也面临着人口和动物数量过剩的问题。这里的流浪狗由于某些原因长得越来越肥，到处都是。这里有很多寡妇，我试图寻找这些寡妇聚集的寡妇院，于是我就跟在两个寡妇身后，其中一个年纪比较大了，另一个却还很年轻。我距离他们大约有三十米远，她们好像没有留意到我。太阳越升越高，气味也越来越重，各种气味都混合到了一起。转过两个街角后，一只猴子突然开始冲我扔东西，还想抢我的相机，我和它厮打了一会儿，两个寡妇听到了喊叫声，转身走了过来。年纪较大的那个操着一口不太地道的英语问我是否需要什么帮助，我说我想和他们聊一聊。猴子被我赶走了。

阿鲁西说她不介意和我聊聊："我可以和你聊聊，反正我也快死了，没什么好怕的了，"寡妇阿鲁西的话听上去没有忧伤或者惊讶，更多的倒是骄傲，"但是穆巴妮可能没法平静地跟你聊，因为她才刚来几个月，她还记得很多以前的生活。"

穆巴妮披着一件白灰色的莎丽，双手保养得很好，看得出她以前一定过的是完全不同的生活。她不会说英语，所以我们没法交流。阿鲁西会说一点英语，她很瘦，近乎皮包骨，皮肤很白。她的嘴唇颜色很深，牙已经掉了不少了，但是目光还是炯炯有神。她说穆巴妮还记得太多以前的生活，而人们把她们送到寡妇院就是为了让她们忘记以前的事情。可能她想说的是人们想忘了她们，但是翻译是常常背离原意的，她用英语说出来的只是：为了遗忘。

阿鲁西和穆巴妮是温达文的两个寡妇，是这座城市众多寡妇中的两个。她们走街串巷，只是为了寻找食物，而她们挨饿的原因非常奇怪。

有时候，引起饥饿的原因还包括性别。

温达文是性别导致饥饿的最好例子。

在印度，有很多会被歧视的事物，寡妇就是其中之一。这种歧视从几个世纪前就开始了：最开始时，当家里的男人死了，印度人会把他的妻子用来殉葬火化，这种习俗被称作 *suttee*。后来，英国殖民者决定禁止这项习俗。大约 1830 年时，印度爆发了起义。进入 20 世纪，用寡妇殉葬的情况还时有发生，只不过大多都是在暗中进行的。很难讲现在还有没有这种事情了，但是哪怕不被投入火堆，成为寡妇在印度都是一件很悲惨的事情：根据这里的宗教传统，杀死丈夫的是妻子的罪业，她们必须被放逐。寡妇们禁止再婚，也不允许工作，实际上她们什么也不能做。寡妇们只能孤身一人，失去所有家业，更糟的情况是很多寡妇的家人也不会再接纳她们。

"那个可怜人啊，她以为她的儿子会赡养她到老。你应该知道，在我们这儿的很多家庭里，掌权的大多是妇女，很久以来在婆婆和儿媳妇的斗争中获胜的都是婆婆。但现在情况变了，获胜的通常是儿媳妇。"在德里，我的一位女性朋友第一次跟我提到了温达文的寡妇。她给我讲起了一个贫农家庭里的寡妇，他们一家人住在一个单间草屋里，这个屋子实际是这位寡妇的财产，但现在是寡妇的儿子两口子和他们的三个孩子住在里面，寡妇只能住在屋外，她想着这样就不会烦到儿子儿媳了，但事情并非如此。有一天，儿子让她收拾下需要的东西，他要带她去见识一下克利须那神，但实际却是把她带去了温达文，现在，寡妇们死在温达文好像成了一种风俗，儿子把寡妇永远留在了那里。

所有的事情都很相似：有一些数量不多的寡妇是自愿来到这里的，但大部分都是被别人带来的。有一万五千到两万名寡妇被视为不洁之人，被遗弃在了这座古老的城市。

她们等待着。死在温达文和死在贝拿勒斯那样的圣城还是有所不同的，但死在这里也将有助于她们完成"解脱"这一因果循环的最终境界，帮助她们到达印度教的"天堂"。在这里，死亡成了一种恩赐，是的，恩赐。她们来到这儿就是为了等死。

寡妇阿鲁西用苍白的言语对我说，她是从一个小村子来的，从来没去过加尔各答，她已经在温达文待了十三或者十四个月了，她知道自己时日不多了，所以现在很平静。

"穆巴妮还做不到这一点，可怜的女孩啊。"

　　她说着，脸上挂着一种莫名的微笑，在我的恳求下，她把我带到了神庙。我觉得我的好运气大概就是随着看了那场猴子的闹剧一起来的。

　　印度人的宗教狂热其实和我们很像：他们喊叫着、跳跃着、举手朝天、说着我无法理解的话……这和在罗马教廷中看着举办的宗教仪式的感觉完全不一样。班克毕哈利庙充满叫喊声、口哨声、拍掌声，人们站着、跪着、坐着、躺着、睡着，有的在祈祷，有的在给脸上画着什么，有的在撒着鲜花，还有的在点火，到处都是火焰、显眼的标牌、钟表，然后又是火焰。人们向神台上撒着鲜花，祈祷着幕布后的神明能给他们赐福。火焰。祭司们在为信徒赐福，他们时不时地会拉开幕布，我们所有人就会喊叫起来，那是属于克利须那神的时刻。这样反复六七次之后，事情就变得无聊起来了：祭司拉开幕布，我们看到了神像的脸，我们举起双手，开始喊叫。

　　寡妇阿鲁西一脸满足地看着我，我问她其他的寡妇在哪。他对我说，啊，原来你想去的是我们的寡妇院啊，好，我带你去。她没理解我的意思，把我领到了一个错误的神庙。

　　我们在街上走了一会儿，上百个摊位卖着各式各样的东西，猴子们走来走去，乞丐们都在小声念叨着克利须那神的名号。有些行人摸摸牛的头，然后再摸摸自己的：我觉得他们可能在分享着某种智慧。我对这些越来越难以忍受了，我很担心自己的情绪会爆发，我对迷信的忍耐力是越来越差了。

　　印度在大约二十年前开始禁止孕妇做产前 B 超，因为有很多夫妻利用 B 超来决定是否进行堕胎：如果腹中胎儿是女孩的话，他们可能就会把孩子打掉。然而这个禁令实际上并没有起到太大作用，有很多私人诊所依然会提供这项服务。印度在发展的过程中产生了许多耐人寻味的问题：他们用先进的技术来为古老的习俗服务。早些时候，堕胎实际上和谋杀无异，现在却成了很常见的事情了。1980年时，印度全国6岁以下男孩和女孩的比例是104∶100，到了2011年就变成了109∶100，而在旁遮普和哈里亚纳这样富饶的邦，由于科技更普及，这一比例达到了125∶100。印度人普遍认为，在家里缺乏食物的时候，只有男人才能自己养活自己。

还有这样一种思想：男人们通过田间劳动给家里带来了食物，然后他们需要优先进食才能继续带回食物，不然全家人就要饿肚子。对于生产的需求使得习俗更加野蛮了，或者说在饥饿面前，人们的行为会更加无遮掩，他们会把在其他文明中依然隐藏起来的暴力行为放在光天化日之下进行。

温达文的寡妇们就是一个很好的例子，一个完美的例子，她们是印度社会的一个缩影。这群人的结局可能是印度妇女中最体面的了：通常来说，印度妇女首先是自己家庭的财产，出嫁后就从属于丈夫的家庭，她们从来没有什么自主权，也很难靠自己谋生。当她们的第二任也是最后一任主人死后，她们就变成了孤魂野鬼。也可能她们还会有新主人：神灵或是死亡。总之她们已经没有任何存在于这个世界上的价值了。

这一切听上去很残酷，但我们出于要尊重不同信仰的原因，习惯于说服自己相信我们应该尊重这些习俗。就像穆斯林认为自己的女人只能给自己看，所以这些女人上街时只能用黑纱把脸全遮起来，只露出眼睛，而我们现在已经觉得这些是很自然而然的事情了。

好像我们尊重一切习俗只不过因为它们是习俗而已。

现在，清晨刚过，寡妇们到处都是：在每个角落、每个街道，都有祈求施舍的寡妇。她们用一壶清水去交换一卢比，她们以此谋生，虽然她们在等待着死亡的降临。这些女人都很瘦削，好像支撑她们的只不过是一点点记忆，但是却没有其他人记得她们了。几乎所有的寡妇都剃了光头、披着白色的莎丽，在一般人看来这是寡妇应该做的事情。也有的寡妇很抗拒这些，但大多数会随波逐流。她们像木棍一样瘦，在街上晃悠，已经失去了生的希望。有些过得好一点的寡妇会七八个人挤在一间小屋子里过夜，更多的就睡在街上。每天早晨，上千名寡妇会聚集在寡妇院中，为克利须那神唱颂歌。

此时此刻，上千名寡妇就坐在院子里，四周是有些脏的白色马赛克墙，院子尽头是一个巨大的神坛，还有一个神坛在院子中央。寡妇们唱着，敲着小钟，有的在打瞌睡，还有的在窃窃私语，天知道她们此时脑子里在想些什么。她们在吟唱的歌大概是能把她们和饥饿分开的唯一的东西了吧。她们每天早晨都来，唱四五个小时，然后就会有人给她们发一盘加了一点豆子酱的米饭。有时候也会给她们点钱，大概有四五卢比的样子。宗教在这里以一种赤裸裸的方式展现了出来：你来这儿，给神明歌唱，我们给你吃的。饥饿为信仰做出了巨大的贡献。

从外观看，这座神庙很小，但进去后却豁然开朗：在一边有一间大殿和另一个庭院，正前方还有一个更大的庭院。这里挤满了披着白色莎丽的寡妇，看上去最悲伤的是那些最年轻的，她们看东西的眼神好像显得她们还在寻找着什么。最老的那些寡妇看来已经不再寻找什么了。唱歌的那些寡妇看上去是最开心的，而没有歌唱的看上去很忧伤。有一个寡妇用充满愤怒的眼神望着我，好像我冒犯到了她，她转头对另外两个寡妇说了些什么，然后三个人就一起望向我，议论着些什么东西。我坐在一个角落里，听了一会儿她们唱歌，我是这里唯一的男性，也意味着我是唯一可以随便出入这里然后去自己想去的地方的人：男人们才有资格去他们想去的地方。她们中的有些人实在是太瘦了，让你不禁去想她们怎么还能活着，而另外一些人看上去活力十足，让你诧异她们怎么会沦落至此，在这里等死。这是一场缓慢绵长的安乐死：人们把她们带到这样一个地方，等待她们的最终归宿不过是木火的焚烧，消失在田地间是唯一的救赎。

寡妇阿鲁西对我说那些抱怨的人是很可悲的："还有哪儿比这儿更适合死去呢？这里离克利须那神那么近。虽说我们确实很穷，也确实经常没饭可吃，但克利须那神更喜欢我们这种人，他会张开怀抱迎接我们的。"

"但是忍饥挨饿难道不会让你们感觉痛苦吗？"

寡妇阿鲁西轻蔑地看了我一眼。有那么一瞬间，我认为，或者我假装认为我已经理解她了。后来她求我给她十卢比，我给了她五十，我羞愧地感觉自己像坨屎。一只老猴子在房顶上叫着，我觉得它的意思是要我别再开口说话了。

德 里

人们在喝着茶。在这座城市里，穷人们也喜欢喝茶。人们几个世纪以来一直用陶土杯子喝茶，而现在很多人只能用透明塑料杯喝茶了，更有甚者会使用土黄色的塑料杯，因为它们看上去就像是陶土杯子。人们在茶里加奶，还会放很多糖。

"您瞧人们握着陶土杯子的姿势，好像那是世间最珍贵的陶器一样。还有人们喝的茶，就像是神灵的蜜露一般。还有那些摔杯子人的样子，就好像他们是土邦主似的。"几年前，一个穿着十分考究的先生这样对我说道。现在人们用得更多的是塑料杯了。茶又被满上了。

"步行拥堵"是一个在我们的语言里不存在的词，我们甚至想象不到这个概念的存在。在我们的城市里，步行是一个很私人的事情，每个人都可以按照自己的喜好和需求选择自己走路的节奏。但在这儿，事情则完全相反，每条街上都有那么多行人，还有汽车、自行车、摩托车，人们连走路的节奏也要和大家一致起来。对，你得遵守这里的秩序。

一辆警用吉普车拦住了一辆摩托。摩托很大，但是质量很差，一看就是廉价货，连摩托品牌都是用塑料做的。摩托车手在后面喊叫着什么，警察回答了他几句，车手又开始喊叫了，警察又回了几句话。喊叫声越来越大。车手向前走了几步，停在了开车警察的车窗前，他喊叫得更大声了，还抬起胳膊开始敲车窗玻璃。这事有点过火了。我对一些开始愚蠢、后来却变成一场可怕灾难的事情很着迷：有的人迷失了自我，冒险去做一些等他冷静下来会后悔不已的事情。但更加令我惊讶的却是那些相反的事情，那些人们本当重视，却选择视而不见的事情。

这是思想的力量。

这些事我天天都会在电视上看到，也能从报纸上读到，还能在广播里听到，但我只能理解其中很小一部分。有件新闻曾经严重影响了德里的形象：一个小女孩被她的雇主囚禁在了房间里。桑贾伊和苏米达·威尔玛，女孩的雇主，都是医生，大约三十多岁，为人友善，他们是印度新兴中产阶级的代表。两人要到泰国度假一周，于是把女佣关在了房间里。佣人是个十三岁的小姑娘，这在印度并不罕见，因为根据印度政府的统计，共有一千五百万不到十四岁的儿童已经开始参加工作，也有机构说这一数字应该是六千万，其中五分之一是在家庭中做女佣。雇主们因为对女佣工作不满而对其施加暴力的案例也数不胜数，这次事件也不例外。当然这也不意味着所有低龄女佣都会被打。这些女孩工作的目的大多是有个住处、有东西吃。当然她们得到的食物其实很少：每天两块印度薄饼和一小撮盐。厨房里通常会安装监控探头，以确保她们不会偷吃东西。

故事说到这儿好像一切正常。但问题是两名医生临时决定在泰国多待一周。那个被关在房间里的小女孩，断水断粮，在饥饿到绝望的情况下终于鼓足勇气冲到了阳台上，在大喊大叫了几个小时后，终于有一位邻居听到了她的声音，打电话叫来了消防员，这才成功地把她救了出来。她讲了自己的经历，这在印度这样一个低龄女佣普遍化的国家里产生了巨大的反响，但还是有很多人说："忘掉这段不愉快吧，你在做的可是很多人都想干的工作啊"。一直以来，提到低龄女佣，印度人的想法应该就像这家服务中介的标语写的一样："只需要打扫卫生、做饭、整理床铺，这是天堂一般的生活"。

根据这家中介所言，这份工作的工资能达到每月两千到四千卢比，约合四十到八十美元。但实际上不付钱的情况也有很多。在新德里，低龄女佣基本上都是通过中介被介绍到各个人家的。上面那个案例中的女孩是被她的舅舅卖到了一个中间人手上，然后又被卖到了中介机构，再被卖给了威尔玛夫妇。据粗略计算，大约有一千多万名儿童被自己的家人卖掉抵债，这些儿童大多只有一到五岁。很长时间里，人们都对这种情况视而不见。直到那名女孩跑到了阳台上，大喊着她要被饿死了，很多人才假装第一次听说这种事情，假装自己对此感到巨大的震惊。

"你怎么想呢？那样关着一个小女孩，还不给她留食物？"

"唉，说真的，他们确实应该多给她留点薄饼的。"

世界上最大的民主国家，很多印度人喜欢这么称呼自己的国家，现有居民十二亿，到 2020 年预计会达到近十四亿。

其中六亿八千万还没上完小学；八亿人还看不上电视；九亿五千万人家中还没有煤气灶；九亿八千万人家里没有抽水马桶；近二亿人属于最低等的种姓。

（还有为了避免重复我们不再提及的上亿的饥民。）

出于一些我至今仍未搞清楚的原因，上述所有的数据都没有影响到印度人民用"民主"来称呼自己的国家。

但同时，印度有五亿五千万人拥有手机，而这恰恰是先进国家现代化的标志。

我想也许在类似的地区，确实有些事情会迷惑你对其他事情的看法。例如今天早晨，在位于新德里中心位置的外观非常现代化的印度国际中心，围着一张木制长桌坐着近四十位男男女女，在我们面前摆着麦克风、电脑、相机，身后还有空调，耳中听到的尽是牛津味儿的英语。我很难把这一场景和上周看到的茅草屋联系在一起。

这些男男女女在讨论着孟山都公司是否有种子方面的知识产权，一位男士说没有，因为孟山都只是一家公司，它不能像人那样进行知识性思考。我听着他们热烈的讨论，努力说服着自己这些讨论是有某种意义的。

会议是由一位看上去很严肃的女士主持的。几天前，一位之前在阿根廷工作，现在来到印度工作的意大利记者曾经对我说过，范达娜·席娃是一位很有魄力的印度环境学家。

"这是好是坏呢？"

"又好又坏。大致说来是好的，但是太严肃的女人大多都有些可怕的地方。"

　　席娃女士七十多岁了，出过很多书，得过很多奖，是反全球化运动中的重要人物。席娃女士有着多年的生态保护活动经验，最著名的是 20 世纪 70 年代为了抗议伐木而发起的"抱树运动"。席娃女士额头中央点有一颗印度女人特有的红痣，披着一件橘红色的莎丽，看起来很有活力。她领导着一家叫"九种基金会"的机构，着力于推动传统农业的发展。席娃本人也是传统农业的捍卫者，提倡保护传统种子，弘扬传统文化和传统习俗。如今她对我说，在 1990 年之前，印度实际上已经在对抗饥饿问题上取得了显著的成绩，但一切都在全球化浪潮席卷而来的 1991 年发生了变化。我本想表示同意，可是我通过阅读和与他人交流得到的经验告诉我印度一直面临严峻的饥饿问题，这一问题已经持续了几个世纪，没有哪个时刻已经完全消除了饥饿问题，然后饥饿问题又卷土重来的。我把我的想法告诉了她。

　　"不对，事情不是这样的。一切都是从像孟山都公司这样的跨国企业来到印度之后开始变糟的。他们带来了外国的种子，他们的种子侵占了我们越来越多的土地。之前，政府把土地交给农民打理，从 1991 年开始，政府开始从农民手中收回土地。同时，孟山都公司在印度大大小小的村落里都建立了分公司，他们用卡车把种子拉来，许诺说用他们的种子将会迎来创纪录的大丰收，他们对拥有土地的农民们做出了种种虚无缥缈的承诺。于是他们开始购买这些种子，买了种子就意味着还要购买配套的农药、肥料，然后进行大面积种植。这样一来在下个播种季节，农民们就不得不继续购买孟山都的种子了。所有的农民都开始跟风种植农作物了，棉花、小麦、玉米……现在连大豆也可以算上。最糟糕的是农民的思想发生了转变：过去他们种地是为了填饱肚子，现在则是为了把作物拿出去卖钱，这使他们变得越来越脆弱。之前遇到歉收年，他们还可以吃丰收年囤积下来的食物。现在一切都变了，如果他们种的作物价格下降了，同时再遇上干旱，他们就会资不抵债。不是说他们没有赚钱的时候，而是他们慢慢有了饿肚子的时候。"

席娃女士又继续解释了她捍卫传统种子、抵制孟山都和其他公司的转基因种子的原因。我对她说我觉得转基因种子的想法本身可能并不坏，它们的产量确实会更高。

"但是您没听到刚刚在会上大家讨论的吗？"

席娃女士向我追问了起来，她的英语十分标准。我对她说可能我刚才对这个话题没太留意，她笑了。她对我说有个人（名字我没记住）刚才论证过传统农作物比起转基因作物更适合农民耕种，她说那人是用英语讲的这些话，我应该听到了才是。

"女士，很遗憾，那位先生刚才说的话我一个字都没听懂。"

这场对话的气氛有点尴尬。就像是老师在责备一个不听讲的学生，而学生又很不满老师来责备自己。而且学生认为问题的根源并不在转基因种子身上，而是在跨国公司身上，他们试图利用种子来控制全世界的农民。

这是一个政治问题，因此它的解决方案也只能是政治性的：从政治层面上想出一些办法来，利用先进的技术为大多数人服务，而不是为了极少数人谋取私利。

想象一下吧。上百个世纪前，人类还对木棍、石棒这些可以将土地翻动、犁出深沟的新工具充满恐惧呢，人们害怕这些行为会触犯到神明。

当然，正如佩德罗·格鲁略博士说的那样："改变不见得永远是好的，但也不见得永远是不好的。"

从人类发现将某种作物的种子撒到地里、几个月后就能吃上同样的东西的那一刻起，人类农业的基本任务之一就是提高产量。

我们花了上百个世纪来做类似的努力：使作物适合在不同种类的土地中生长、改善灌溉方式、改良生产工具、发现新的肥料、与不同的害虫作斗争。改良种子也是我们一直在做的事情之一，每当我们的技术有了新的进步，我们就会尝试改良种子。大约一万年前，人类开始有选择性地挑选作物的种子，达尔文主义被掌握在了农民手中，他们创造出了只有经过人类精心照顾才能生长的作物。三百年前，人们开始用嫁接、授粉的方式把不同作物的优良特性结合起来：把美味而不耐寒的苹果和另一种口感不好却很耐寒的苹果结合起来，创造出既美味又耐寒的新品种苹果，如此种种。人类不断地在进行各种尝试。

20世纪初，人类突破了许多极限。多个国家的科学家寻求用杂交的方式改良作物的耐力、产量和质量。大约在20世纪40年代，一位叫诺曼·博洛格的美国农业科学家将氮气应用在为小麦增产上，并用杂交的方法提高小麦的抗灾害能力，但结果却是小麦的茎干极易折断，谷粒纷纷坠落下来。直到博洛格发现了一种可以使茎干变短的基因，这一问题才得到了根本性解决，茎干在变短变粗之后就更有力量支撑饱满的谷粒。很短的时间之内，每块土地的产量就翻了三到四番。当博洛格将同样的方法移用到稻米上之后，产量竟然增加了十倍。这次技术的革新可以说是来得恰到好处：当时正值"二战"结束，人类体质和生活状况的改善使得贫穷国家的人口数量成倍增长，但这些国家却没有养活这么多人的办法。新的技术使得数十亿人在那场人口爆炸中活了下来。也许著名的"绿色革命"也是类似的事情：1968 年，印度的粮食总产量有了大幅度提高，迫使印度政府不得不在国内临时停课，把学校改用作粮仓。

但还是有很多人批评"绿色革命"，例如范达娜·席娃就曾这样写道："把土地的极限视作粮食生产的障碍的想法是很可怕的，美国专家们在全世界推销他们所谓的生态新技术，但那种技术实际上对土地的破坏力极强，这种发展不是可持续的。"根据传统的农业知识，席娃知道什么是"土地的极限"。诺曼·博洛格这些批评都"来自富人阶层，他们根本不必担心自己的下一顿饭在哪里"。

"绿色革命"意味着一种人们从未见过的土地多产。在1950 年到 2000 年间，地球人口总数增加了 2.5 倍。粮食产量则增长了 3 倍。

印度在 1964 年总共在 1400 万公顷的土地上生产出了

1200 万吨小麦；1995 年则在 2400 万公顷土地上生产了 5700 万吨。每公顷土地的粮食产量翻了一番。

当然，并不是所有的都是好消息。粮食产量的增加带来了不安和疑虑。这种形式的农业生产极度依赖矿物燃料、化肥和农药，而这大大破坏了土地的肥力，而且还会排放大量的温室气体、使作物种类越来越单一。另外，因为需要购买大量的农药和化肥，很多农民背上了债务，最后变得一无所有。另一些人则把这些农民失去的财富赚走了，这些人可能是幸运的邻居、当地的地主、公司、银行……

另一方面，在粮食产量提高的同时，生产粮食所需的劳动力却变少了，许多农民只能离开农村到工厂里工作，这也是亚洲廉价劳力产生的原因之一，他们的工作量大、报酬极低、住房简陋。尽管如此，技术革新使得饥饿人口数量大为减少却也是不争的事实。如果我们往好的一面想，要是粮食产量没有提高，可能上百万人已经饿死了；要是粮食产量没有提高，可能会有大量的森林被砍伐，变成耕地。

20 世纪 80 年代初的时候，美国和欧洲的基因工程科学家们开始着手重组部分植物的基因组来改善它们的性状：他们依然在做着世世代代的科学家们都在做的事情，只不过他们拥有了更多的知识和更先进的技术。如今，他们的研究成果被称为转基因产品。

孟山都公司是 1901 年在美国密苏里州圣路易斯建立的，建立之初主要为可口可乐公司生产糖精。经过半个世纪的发展，后来主营塑料、杀虫剂和其他种类的化学制品。孟山都公司真正开始获得名望是在 20 世纪 60 年代，"越战"的爆发使得该公司主营产品之一的"橙剂"成了战争武器。美军把"橙剂"喷洒在森林里和田地中，使越南军民无法获得食物。战争期间，大量美军战斗机被用来喷洒这种毒剂，大约有 50 万越南人因此丧命，还有 50 万儿童生下来就是畸形儿。但孟山都公司却借机发展壮大了起来。20 世纪 70 年代，该公司又生产出了如今的旗舰产品 Roundup，一款草甘膦除草剂。之后该公司又把目光瞄准了豆类、玉米和小麦的种子，并成功提高了这些作物的产量。

孟山都的种子由美国、加拿大和拉美的大生产商负责倾销。目前，孟山都公司生产的转基因种子已经占到了世界总产量的 90%。

几乎没有人否认转基因种子的产出量要远高于普通种子，而且它也不要求过度使用土地（所谓过度使用土地，就是指要喷洒大量农药，运用大型机械作业，迫使农民远离土地等）。但它的潜在问题是：转基因种子的效能会逐渐降低，这也就意味着生产者要不断购买新的种子，而且他们还必须从孟山都手中购买种子，因为孟山都拥有这些种子的产权。

产权是一个近代社会才发明的东西，现在却被如此粗野地使用着：不是说谁对那块土地有所有权，而是对像种子这样的自然物品有所有权，现在，只有种子的"主人"才有权决定谁能种它：人们开始对大自然有知识产权了。

这一切都是随着资本主义的发展出现的：科学家们在技术上取得了突破，这项技术可以使上百万人受惠，但是科学家是为私人企业工作的，因此最终受惠的只不过是那家企业而已。在企业背后力挺的恰恰是国家，国家通过法律手段保证所有人都要付钱才能使用企业的产品。

在这种模式下，科技进步并不意味着改善生活，而只是意味着有人要积累更多的财富罢了。

（大型的生物工程公司自然是非常奸诈的。他们在营业执照上动一点儿小手脚，打打擦边球，来慢慢扩大自己的经营范围，这样就可以赚更多的钱。还有一些更极端的荒谬案例：Rice-Tec，一家得克萨斯州的企业，在1997年申请并取得了印度香米的经营许可证，而实际上这种米在印度和巴基斯坦已经种植了几千年了。孟山都公司也干过类似的事情，他们给一种专门用来制作印度传统食物印度薄饼的小麦注册了专利，把这种作物的使用许可权永久性地留在了美国。）

对于先进技术的资本主义式使用会产生许多其他的问题。谁改良了种子，就在某种程度上拥有了对这种种子即将长成的作物的使用权，也就有权决定这些粮食的去处。一家企业决定生产最好的玉米种子来制作玉米乙醇，于是大量农民开始种植这种玉米，因为这会比种食用玉米更赚钱。就这样，某家公司就越来越有权力可以去决定谁有饭吃，谁没饭吃，食物在哪种情况下值多少钱。

另外，农民们也开始越来越依赖卖给他们种子的公司，他们逐渐失去了自主权、失去了土地，因为他们无力承担因购买种子及其附属品而欠下的债务。但解决问题的方法真的只有使用传统种子吗？还是说应该赢得相应的权限，来合理地使用新种子并且逐步改进它们呢？这就像是一个要坐公车的人却没钱买票，解决这个问题的方法是什么呢？让他搞到钱？让公车免费？让他骑牛出行？要是有个人看不惯可口可乐的主要成分是水的话，他是对可口可乐公司不满呢，还是对水不满呢？

所以说人们把两个毫不相关的问题混为一谈了：有人出于食用的目的试着改良他们种的作物来获得更高的产量，而又有人坚持认为真正从技术上改良了种子的人才对种子拥有所有权。所以这场争论实际上并非技术性的，而是政治性的。

我说的这些绝不是为了袒护孟山都或是其他的公司。他们在按照资本主义的那套标准行事，而我们则不然。他们的优势在于他们很清楚自己的目标是什么。

面对这种极端的资本主义经济入侵，很多人提出要振兴传统农业。他们开始歌颂小农，说他们才是真正掌握真理的人，是对抗虚假科学进步的排头兵。

有一句看上去有点过时的古训最近经常又被人们提起："大自然是充满智慧的，我们要尊重它。"这句话可以换成另一个更有活力的版本："当人类试图与自然规律对抗的时候，实际上他们是在挑战人之所以是人的基本原则。对抗自然的行为只会把人类带向堕落。"这句话是阿道夫·希特勒在《我的奋斗》中写下的。

正如伏尔泰所嘲笑的那样："我的屁股如此浑然天成，却要穿着内裤。"为什么最初的人类选择了尊重农作物的自然属性，而不是杀掉患上麻疹的孩子或是允许更强壮的人把虚弱的人吃掉这种违反自然规律的事情呢？

　　但是，提倡以个人或村落的形式回归到传统农业上的想法也有些走极端，就好像我们没有什么好办法对抗新的不公平的农业模式，所以选择了逃避一样。就算这里的人口数再减少200%到400%，传统农业也很难满足成百上千万人的需求。

　　传统农业的捍卫者也不断强调说传统农业可以用到更多的劳动力。但是在技术条件已经足够成熟的情况下，我们真的需要再让这么多人去从事如此艰苦的劳动吗？传统农业是最原始的劳动方式之一，农民们靠身体吃饭，但有时甚至连肚子都难以填饱。

　　现在已经有了更好的生产模式，它可以产出更多的粮食，需要的付出却更少：更少的劳动力、更少的占地……人们有更多的时间和空间去做其他的事情。现在的问题是这种更好的模式被大型公司垄断了。正是由于这个问题的存在，很多人提出与其让少数人把财富攫取，倒不如还遵循原来的那些落后的传统。我们不想生产足够的粮食，只是因为不想让别人把它们抢走，这在富足的社会还行得通，但在饥民遍地的社会则不行。

　　为了要捍卫传统农业，人们往往选择对它的缺陷视而不见，他们甚至不愿意去想象资本全球化可能带来的不一样的未来。他们觉得未来是属于那些公司的，因此自愿把自己封闭在古老的时光里。复古有时候是由恐惧引起的，是一种退步。我们不应该向后退，不能逃避到避风港里了事。但确实有人为了维护某些东西而提议恢复古老的劳动方式、使用陈旧的工具、栽种低产的作物……这一切真的值得吗？

想想看吧，在以前，想要制作玻璃杯的话，人们要把高温熔化的玻璃水吹成球形，还要在高温的环境下做上千个动作才行，而现在的机器生产线可以在一秒钟内制作二十个相同的杯子，差别是何等巨大。我们所有人都知道手工制作的杯子更好看、更独特、更昂贵。但是如果我们的目的是让更多的人用上玻璃杯，那么我们自然该选择工业化的生产模式。传统农业单兵作战的方式只能满足少数人对食物的需求，但我们现在追求的是所有人都能有饭吃。

为了更好地说明问题，我来举个例子。在纪录片《我们喂养世界》的导演、德国人埃尔文·沃根霍夫和马克斯·安拿斯大胆而极具责任感的著作《饥饿市场》一书中的一段里，他们是这样描述饮食制造业的："在这一领域最活跃的两个公司是先锋和孟山都。他们以互补地方式进行工作，努力使传统农业用上千年积累下来的知识变得一文不值，"两位作者都是诚恳的左翼人士、主流文化的批评者，在很多时候，他们对于破除陈旧思想是持肯定态度的，"虽然他们（马克思、恩格斯、德勒兹和加塔利、卡罗索和纳里索塔）都曾让许多有上千年传统的东西变得一文不值……"在写后一句时，作者们充满崇敬，而在写前一句时，却满是恐惧。

问题并非生产模式的改变，而是谁从这种改变中获益了。该反对的不应该是技术进步，而是那些利用技术进步谋取私利的人。这其中隐藏着的最大的诡计就是技术的进步往往是和某种经济模式捆绑在一起的：它们只为资本主义全球化服务，也只有全球资本主义才能使它们运转起来，所以如果你反对资本主义全球化，也就意味着你在反对科技进步。所有的努力都应该是把二者分开，而非因为不知道水质如何就把水和在水里洗澡的婴儿一起倒掉。

我们该做的是创造另一种模式来更好地利用科技的进步，用政治手段将新技术用于为大多数人服务，因为如果不利用好这些新技术，上百万人将陷入饥饿的困境。这将是一个复杂的政治手段，而我们都知道那些政治手段可不是那么容易说得清楚的。作为开始，我们可能需要某个政府站出来说他不承认某家公司对种子之类的物品有完全的所有权。政府可以对农民进行职业再教育，教给他们其他谋生的技能，农民们还可以组成合作社来更好地进行农业作业，还可以在合理的范围内鼓励农民进入城市工作，政府负责提供各种基础保障。实际上，可能每个发达国家的农业部都掌握着几家像孟山都那样的公司，时刻准备用种子之类的东西来进行经济侵略，这当然是一种政策上的可怕失败，但我再强调一遍，我们不应该因此就闭关自守起来，可以预见这将是一个死胡同。

席娃女士继续对我说着。她说世界上超过70%的种子是被十家大型企业掌控的，还有很多耕种的必需品也被他们掌握着，她认为，在印度，这些大型企业的所作所为实际上就是在制造饥饿。我有些失落，我对她说我想不通为什么这些企业的目的是制造饥饿，因为靠制造饥饿他们是赚不到钱的。我说那些公司的运作模式是为了别的东西而设计的：让少数人赚大量的钱。他们希望人们大量用他们的产品进行耕作，所以人们穷得吃不上饭对这些企业来说也不见得是什么好事。没人喜欢饥饿，因为饥饿就意味着问题，意味着紧张局势，哪怕毫无疑问饥饿可能会提高土地和市场上粮食的价值。但席娃女士坚持说制造饥饿就是那些企业的目的，而印度现在已经满是饥民了："如今我们是世界上饥民最多的国家了，这本不该发生。我们不是非洲，我们是印度，而印度是一个富饶的国家。造成这一切的是在这里正运行着的一套制造饥饿的政治经济体系。"

席娃这样强调着。她认为这就是饥饿为何会在近几年在印度卷土重来。我想要从她的话里学到些新东西，但我实在无法认同她的观点。于是最后我对她说，在比哈尔邦，也就是我到这里之前去过的地方，有些人家已经连续好几代人都处于饥饿状态了。

"好吧，比哈尔邦是个特例。"

她这样对我说道。我继续对她说，据我所知，和比哈尔邦情况一样的地区还有很多，那些地区的上亿饥民都和比哈尔邦人一样是特例吗？席娃女士狠狠地瞪了我一眼。

"从纯粹人的感情上来说，亲眼看到这无数勤劳的宗法制的和平的社会组织崩溃、瓦解、被投入苦海，亲眼看到它们的成员既丧失自己的古老形式的文明又丧失祖传的谋生手段，是会感到悲伤的；但是我们不应该忘记：这些田园风味的农村公社不管初看起来怎样无害于人，却始终是东方专制制度的牢固基础：它们使人的头脑局限在极小的范围内，成为迷信的驯服工具，成为传统规则的努力，表现不出任何伟大和任何历史首创精神……"[1]1853 年，一篇题为《不列颠在印度的统治》的文章刊登在了《纽约每日论坛报》上，它的作者名叫卡尔·马克思。

我们回到放着长桌的那个厅里后，一个来自马哈拉施特拉邦的男人给我们讲了自杀的农民的事情。那位先生名叫基绍尔·蒂瓦里，五十多岁，穿着杂色衬衫，看上去人很和善。蒂瓦里先生是维达尔巴地区农民的领袖，那是位于印度中部的一个地区，在那里大约居住着 2500 万人，大多数人世代以种植棉花为生。

近十年，仅仅在维达尔巴一地，就有两万名农民自杀，每年两千，几乎每天就有六人自杀。这种事在印度是很常见的：从 1997 年开始，十五年来全国约有二十五万农民自杀。但是维达尔巴是类似事件最常发的地区，而且好像永远没有停止的迹象。对于那里的人而言，自杀好像变成了生活唯一的出路。这样一种本来不会被人们纳入考量范围的选项竟变成了唯一的选择。多么可怕啊。

"这是因为生活带给我们的只会是贫穷和绝望。恰恰是生活带来了越来越多的死亡。"蒂瓦里先生说道。"生活"这个词在他口中听上去就像是个诅咒。

维达尔巴的农民们一直生活在水深火热之中，那里的田地贫瘠多石，在这种田地上种什么都会十分困难。但是，蒂

1　译文引自人民出版社的《马克思恩格斯全集》第 9 卷。

瓦里先生说，那里的农民之前已经学会了怎样在贫穷中谋生，但这一切在孟山都公司带来了他们的转基因种子之后发生了改变。

"我们的农民是因为还不了债才自杀的，这是事实。但是，他们借债并不是因为要给他们的女儿出嫁妆。好吧，确实有人是为了出嫁妆。但大部分人都是因为要借钱去买孟山都公司的种子。"

他的意思是，杀死那些农民的不是传统，而是现代化。

"来了一些卖 BT 棉种子的人，他们用花言巧语说服了农民们去买他们的种子。"

BT 棉是一种转基因棉花，BT 是指 bacillus thuringiensis，也就是苏云金芽孢杆菌，它可以产生天然的毒蛋白，有防虫害的功效，却不是对所有虫子都有效果。用了这种种子，就得购买相应的肥料和农药，也就意味着花更多的钱。维达尔巴位于印度雨区，那里的气候条件实际上十分不利于 BT 棉的生长，但卖种子的人隐瞒了这一点，农民们都幻想着用了这种种子后能获得丰收，于是倾尽全力去购买那些种子。而且 BT 棉和其他所有转基因植物一样，不适合二次利用，所以农民们不得不每年都买新的种子，而身上背的债也就成倍地增长了。蒂瓦里先生这样解释道。

"我们管这叫'瘾'，明知这事不好可还是要去做，就像抽烟喝酒一样。我们的农民对 BT 棉上瘾了。"

我没说什么，我已经什么都不想说了。我很吃惊，那些世代耕作的农民竟然如此轻易地就会上当，如此不擅长分辨真假。这也许就是"先驱们"最可悲的任务了：他们总是要先否定自己。

　　然而蒂瓦里先生从来没有想过那些种子能起效果这种可能性。我想也许如果不用给孟山都公司付钱，他们是会说那些种子的好话的。现在他甚至对我说农民们背债还因为买了铁锨和锄头这类东西，或是因为租了一头牛来犁地。他说甚至有的家庭穷得连牛也租不起了，都是家里挑出几个人来像动物一样在田里犁地。

　　"我们那儿的农民总是会挨饿，我认为他们是不会因为饥饿而自杀的。我觉得饥饿是他们可以忍受的事情之一，因为他们已经习惯挨饿了。大部分人自杀是因为失去土地而带来的羞愧和绝望。"

　　蒂瓦里先生继续讲着，他说他们那儿的很多农民都是喝农药自杀的，而正是这些农药使他们背上了沉重的债务。他紧接着给我们展示了几张照片，大部分是寡妇和孤儿的照片，但有一张照片里有一个自杀的人，他的眼睛睁得很大很大，好像在努力和迫使他闭眼的那股力量搏斗着。

　　之后蒂瓦里先生又说政府什么都没有做，富人也什么都没有做，媒体也什么都没有做。当然，他说，有时候媒体上也会提到几次这些问题，来迫使政府做出一些行动。政客们不愿意在这个问题上费力，只有在某个记者或某家电视台报道了这些事的时候才惺惺作态一番。从《印度报》一位名叫帕拉古米·塞拉斯的记者的报道开始，上述问题才真正在全国范围内引起了人们的注意。那位被昵称为 P. 塞拉斯的记者非常了解农民的生活，也很了解印度的贫穷和饥饿问题。我已经给他发了好几封邮件了，试图约他进行一次采访，但他一直没有回复我。

人们的生活方式就像过街一样千奇百怪。有的人感情丰富，会停下来盯着某只鸟看上半天，然后才去过马路。有的人急匆匆地低头看着自己的无扣衬衫过马路，好像是在那上面找着某颗扣子。也有的人更笨拙，他们闭上眼睛过马路。神奇的是这样过马路的人中有一些竟然活了下来，至少暂时是这样的。

孟 买

有个人告诉我说印度出现满大街都是垃圾这个问题是有个演变过程的：之前，印度人习惯把垃圾随手一扔，因为狗和牛瞬间就会把垃圾吃光。

"现在的问题是，垃圾的外面还着一层塑料……"

我在孟买靠海的一家咖啡店的露天座位上吃了早餐，正在读着报，却不自觉地走了神：一只乌鸦跳到我的盘子里，叼起面包屑，飞走了。在这个社会里有一些像是隐喻般的现象存在着，大量的动物也来和人类争食。

印度社会像是把好几个世纪的特点糅合在一起了。没错，我们是生活在这个世纪，但好像几个世纪以来出现的不同阶层你都可以在这里看见。与众不同的是这里的富人既是这个世纪的富人，又像是 17 世纪的富人，因为他们对穷人的压迫正是从那时起开始变本加厉的。

孟买作为殖民地的历史在沿海一线体现得最为明显：欧式的房屋、宽敞的街道、古老的树木……不远处，这些就都不见了，取而代之的是摩天大楼和商业中心，那里代表着现代化的孟买。孟买象征着一个现代繁荣的印度，在这座有两千万居民的城市里聚集着这个国家最多的财富，在那里，一座座高楼拔地而起，汽车和商店越来越多，很多奢侈品品牌也进驻到了这座城市。然而在孟买也居住着比世界上其他任何一个城市都多的住在贫民窟的人。孟买的繁华吸引了一批又一批的人涌入这座城市，每天都会有几千人离开农村来到这里，于是贫民窟就慢慢出现了。

人们遗弃了农村，然后被城市遗弃。

阿瓦妮说没错，说他在这里已经待了很久了，然而他不知道自己还要在这儿待多久。

"在这儿一切都是未知。你要是出门去哪个地方，就得做好足够的心理准备，因为你不知道在回来时你的房子还在不在。"

阿瓦妮所说的房子只不过是在四根木杆上绑着一块塑料布搭起来的一座棚屋罢了，她住的地方甚至连棚户区都算不上。

"没在这儿住过的人根本想象不出这里的情况。"

随着揽下八项奥斯卡奖、拿下四亿美元票房的电影《贫民窟里的百万富翁》的走红，孟买的贫民窟也火了一把，但实际上也不是人人都能住进贫民窟的：孟买一千万最贫穷的居民被称为"沥青居民"，也就是睡在大街上的人。他们有的睡在街上，有的在公共区域搭建起一座座棚屋，小路上、大道上、公园里、水沟中、垃圾堆上……他们到处搭建棚屋。没有人知道这个棚户区居民的确切数量，有人说是十万，也有人说是二十五万。

几天前我跟着一位二十多岁、名唤吉妲的女孩在这附近转了几日，她之前在街上住了很久了，但多亏了"妇女团结组织"的资金援助,她最终摆脱了那种命运。"妇女团结组织"鼓励那些住在街上的妇女每天存入一卢比，几年后，组织就可以帮助她们建造真正的住房了。一卢比可以说已经是最低数额的钱了，但对于那些棚户区居民而言还是很难搞到，但很多人决定参与进来。在我认识她的时候，吉姐刚刚搬进了孟买郊区一个安置房小区的房子里。

"'妇女团结组织'的参加人员只限于女性，这样做有什么好处呢？"我向吉姐发问道。

"首先在我们这儿，如果你把男人和女人放在一起，那么拿主意做决定的只能是男人。还有很多其他的问题，例如一个女人如果在天黑后外出的话，她的丈夫一定会打她一顿。当女人们被组织团结起来后，她们才真正敢于走出自己的家门。一开始男人对此很反对，但后来他们看到女人解决了很多类似于住房之类的实际问题后，他们就不再说什么了。而且他们现在看待女人的方式也起了变化，不管怎么说，真正解决了问题的是女人。"

"他们现在不打老婆了吗？"

"唉，不能说完全不打了，但至少打得少了。现在，如果哪个男人打了自己的老婆，组织的代表就会到他们家去尝试解决问题、说服男人别再做类似的事情了。很多时候这确实有效果。"

在那次对话中，吉姐给我讲述了她的童年生活：她上学、她在街上玩、到了晚上就吃她妈妈打扫房间的那家人送给她们的剩饭。吉姐和她的家人们既用不上卫生间，家里也没有电和自来水。每天清晨五点，吉姐和她的妈妈都要到隔壁的作坊里从水龙头上取些水，但她们只被允许在那个时间取水。她的妈妈有时也会给吉姐一些她的雇主们送给她的衣服。吉姐一直到长大都没穿过一件新衣服。

"有时候我们能找到一块塑料布来当作房顶，有时候则找不到。但其实我更喜欢找不到的时候，因为那样我就可以借着街道上的亮光来读点东西了。"

吉姐每天都学习到很晚，对她来说在学校里取得高分是件很重要的事情。有些老师对她很不友善，因为她是住在大街上的孩子，但另外一些则对她很好。吉姐每天的生活就是玩乐、学习、清洗、吃饭，那是一种很平淡的生活，虽然她们一直面临着"毁灭"的威胁：迫于压力，政府会时不时地来把她们搭起来的棚子拆掉。在那些棚子被拆掉的夜晚，吉姐和她的家人还有她的邻居会默默地等着执法部门离开，然后再一次在同一个地方搭起几乎一样的棚子。

"我们只能这么做，虽然我们总是会收到种种威胁。那种滋味很不好受。住在楼里的人总是会指责我们，说我们脏，说我们都是些小偷。随便什么人都能来辱骂我们。我们就这样生活在大街上，没有任何保护措施。"

现在吉姐住进了自己的单元房，她很高兴，但是也很疲惫。她一直在抱怨着周围的噪声："我们这些生活在街上的人早就习惯了街上的嘈杂声音，反而不觉得吵。现在我们周围有了墙，倒是更容易听到噪声了，实在是太烦了。"

我问她能不能给我引荐一位现在还住在街上的朋友，于是她对我说我们可以在第二天约在市里一个中心区域见面，我们能在那儿找到阿瓦妮。

几米之外，一位秃顶的老人坐在路边，他的腰上缠着腰布，胸部是裸露的，正用盛在可口可乐罐里的水在洗手。在他的身后有着十一二个小孩，几乎光着身子，身上涂着肥皂，他们叫着、笑着，就像每天一样在大街上冲着澡。

几百年来，人类已经习惯了要在很多非亲属之人的目光外去做一些重要的事情。或者说，只有家人才能在我们做某些私密事情的时候被允许在场。有些东西我们当然也可以在家外做，例如使用公共厕所，但这些都是有选择性的。我们有更多的理由只在私下里才去做某些事情。在这里，这些住在大街上的人就在大家的注视下做着这些原本私密的事情。

住在街上的人在大街上睡觉、洗澡、做饭、吃饭、祷告、生病、死亡。他们每天说说笑笑、聚聚散散，而这一切都是发生在大街上的。

这一切，都发生在大街上。

阿瓦妮又瘦又小，脸圆圆的，眼睛大得出奇，就是因为这种眼睛，很多人说印度女人长着一双牛眼。阿瓦妮走路的姿势很美，她披着一件红绿色的旧莎丽，她的三个年纪在五岁到十岁不等的孩子在我们身边光着脚跑来跑去，他们的嗓门都很大。一条狗和他们一起跑着。今天阿瓦妮出现在这是因为她已经好几天没有找到活干了。

"有时候我能找到活，在别人家里打扫卫生之类的，但每当他们得知我是从街上来的就会把我辞退：他们说我们脏，说我们偷东西。"

阿瓦妮和吉姐是好朋友：她们的爸爸是从印度南部同一个地区来到这里的，她们一起长大，分享愿望，分担恐惧。但是阿瓦妮在十六岁时怀孕了，孩子的爸爸是一个比她略大一点儿的邻居。那个男孩并不介意她家拿不出嫁妆：从这可以看出他是真心喜欢她的。阿瓦妮说他是个好人，对她很好，虽然他也很难找到工作，但是那时他们都相信他们最终会离开大街、找到一个合适的住处的。

"然后，那一夜就到了。"

阿瓦妮继续讲道：一个男人带着一家人来到了他们住的地方，那个男人想要抢他们的地盘。后来他们才知道那家人付了那男人五百卢比。那个男人很凶悍，吼叫着让他们滚开，带上他们的东西滚开。她的丈夫站了出来要保护她，他当然要这么做了。丈夫拿了一把刀和那个男人搏斗，男人最后负伤逃走了。几天后警察来了，说那个男人死了。

警察从来都不进到我们的家里，他们每次来都是把我们拉到别的地方去，当然不是为了照顾我们。我们很不走运，那些警察认识那个男人，好像曾经还给警察帮过忙，他们这次来就是为了找杀死他的人。

从阿瓦妮的丈夫被关进监狱到现在已经过去四年了，她的丈夫还在坐牢，但是好像就快要刑满释放了。

"一切都完了。我虽然结婚了，却只能一个人待在这，身边没有男人，没有工作，丈夫现在还是个囚犯，我们还有三个孩子。我不知道该拿孩子们怎么办。我没法把他们送进学校，因为没有学校肯接收他们，他们说没有固定住址的孩子他们不收，所以孩子们只能每天在大街上跑来跑去……"

后来阿瓦妮对我说，在她男人刚被抓走的时候，她曾经想过去做妓女，但她没能忍受太久。

"我不能，我不能那么做，虽然那样的话我能赚更多钱。我认识很多干那行的女孩，她们过得都不错。但那种活太令我恶心了，客人们能看出来，他们很生气。太遗憾了。"

如今，因为没有工作，阿瓦妮和她的孩子们只能从垃圾堆里找东西吃，有时候能找到足够的食物，有时候不行。阿瓦妮偶尔也会借钱去买点大米。几乎所有住在街上的人都有严重的营养不良，因为他们吃得又少又差。阿瓦妮有时候还能在垃圾堆里找到点可以卖钱的东西。她说她几个月前找到过一个完好的手机，卖了四百卢比。四百卢比约合八美元，而根据她的描述，我推断那应该是一部苹果手机，而一部用过的苹果手机也能卖两万卢比。

"那天我给我的孩子们买了三块鸡肉。小女儿吃的那块好像有点坏了，她肚子疼了一晚上。"

"你知道现在我想出了个什么办法吗？要是没吃的，我就把牙咬紧，咬到咯吱作响。"

后来她又对我说，她只少还有"肾的希望"。

"'肾的希望'？"

"对，想到这点我就平静多了。我知道就算到了最绝望的时候，如果我们真的什么吃的都不可能搞到了，起码我还可以去卖肾。"

"卖一个肾？"我对她说这个想法太令我震惊了。阿瓦妮疑惑地看着我，好像不明白我惊从何来。

"是啊，很多人都去卖肾了。好吧，说实话我也不知道卖肾的人多不多，但是肯定是有的。我的朋友达西塔就卖肾了，现在也很健康。"

阿瓦妮继续解释着，而我则陷入了沉默。她看了看我，低下了头，然后又抬头看着我。我问她怎么了，她嘟哝着说她其实也并不想听从达西塔的建议。

"我很害怕，非常害怕。我觉得可以去卖肾，如果说我必须为了我的孩子们这么做的话。但您瞧实际上我做不到……您觉得我能做到吗？"

有些问题是我们这些人压根没想到过的。

阿瓦妮还小的时候，如果没有食物了，她的父母总是会说食物一定会有的，他们会说在大城市里虽然他们得住在大街上，但食物却总是会有的。他们说在这儿他们总是能找到一些吃的东西，不像是他们以前住在村子里的时候，往往连续好几天都只能饿肚子。在村子里，阿瓦妮的表姐玛杜的两个孩子都死了，医生说是生病死的，但她们都很清楚孩子是因为好几天没吃东西而活活饿死的。

所以当阿瓦妮被第一次带回到村子里的时候她非常害怕自己也会饿死。但实际上她去村子只是为了参加一个婶婶的婚礼，她在婚礼上吃了很多米，还吃到了羊肉。后来回到城市后，她又没饭吃了，她对她妈妈说她觉得这里才像是村子里的生活。

她妈妈每次的回答都一样："你真的认为我们能摆脱那种命运吗？"

这类问题总是让人无从回答。

她的房子的墙只不过是两张硬纸板，左右两边一边一张，背靠着一堵原本就有的墙，正前方没有任何遮挡，直冲着大街，冲着这座现代化的城市。一块黑色的塑料布充当了房顶，屋子里有一张木床和几口锅。阿瓦妮会在白天把"墙"和"房顶"拆掉，以免被人投诉，而在晚上她会再把家建起来。每天晚上。

"你对你的孩子们有什么希望吗？"

"我不知道。希望他们能离开这儿吧。"

"他们能吗？"

"如果吉姐可以做到的话，那么……"

"为什么她能做到而你没有呢？"

阿瓦妮不说话了，好像是因为她从来没有想过这个问题，又可能是因为她已经问过自己太多次这同一个问题了。

有些问题是我们这些人压根没想到过的。

孟买有三分之一的人营养不良，而且实际上这三分之一的人基本从来没有变化过。有一个叫达斯拉的非政府组织曾经声称，在孟买的贫民窟里每年会有约 26,000 人死于营养不良引发的疾病，换算到每天就是 70 人。国家每年在每个公民身上投入的医疗保障款仅为 210 卢比：每人每年 4 美元。这甚至比不上某些不如印度发达的国家。在那些发展速度最快的大城市，贫富差距往往表现得更加明显。

"你认为这是谁的错呢？"

"谁的错呢，我的？我们的？要是我逃出这里了的话可能我们就不会有这些问题了。"

"你现在的处境怎样才能得到改善呢？"

"方法就是我能多工作几个小时来多赚点钱，这可能是唯一的方法。"

"你有恨谁吗？"

"不，我不恨谁，我没有理由要恨别人。"

"例如你在街上的时候看到有人开着一辆漂亮的新车驶过……"

"我不知道，不过那感觉确实不太好。"

"你想象过你能过上像那人一样的生活吗？"

阿瓦妮笑了，看上去她感觉这个问题很奇怪。

"没有，你怎么会想到问这个呢。我怎么会想过有那样的生活呢。"

"如果你有一大笔钱的话，你会拿它做什么呢？"

"我会买块地，盖几间房子，然后把它们租出去。"

"然后那些可怜的租客就得付你房租了……"

"当然了。但是要是他们哪次付不起房租的话我是会等的。"

目前为止，阿瓦妮的梦想是住进贫民窟。她用的是 slum 这个词，我觉得只能译成贫民窟了。这个词在英语里是 slum，在法语里是 bidonville，意大利语里是 baraccopoli，巴西人说 favelas，德国人，好吧，德国人不需要创造什么新词，他们也说 slum。不管说哪种语言的人，都可以管那种地方叫 gueto：某个部门堆建起来的一片住宿区，迫于政治、经济或是宗教压力，有很多人只能聚居在这种地方，而不能到其他地方去住。

　　和上面几种语言不同，西班牙语里能表达上述含义的单词不止一个，有很多个。slum 这个词在西班牙语中的演变是语言的发散作用的一个极好的例子：一个词越是难登大雅之堂，它衍生出的形式就会越多。

　　拉丁美洲西语大爆炸。

　　单"贫民窟"一词就有这么多种说法：chabola、callampa、villamiseria、cantegril、arriada、población、pueblo joven、colonia、campamento。我花了好几个小时去想在这个书里到底用哪个词更合适，最后我终于决定使用一个古西班牙语的词，这个词应该是从阿拉伯语来的，现在没有任何一个西语国家习惯用这个词了，虽然偶尔我们在描写探戈时还会用到，这个词就是 arrabal。这个词的含义准确来讲是：一个城市最边缘的区域，在那里居住的人通常被认为是不寻常的、堕落的、危险的。这个词可以说是 slum 最极端的变体之一了，同时也是城郊一词最可怕的叫法，它代表着一座真正城市的阴影下的另一座城市。我决定用这个词，这个决定使我感觉我是在用"阿根廷语"[1]写作。

　　villa 是"别墅"的意思。

　　villamiseria 就成了"贫民窟"的意思。

　　（语言中的一个浮夸的词摇身一变就成了另一个与之意

1　此处指阿根廷讲的西班牙语。

思完全相反的词了。再拿 villa，"别墅"这个词举例子吧，当它变成 villero，意思就成了"住在贫民窟里的人"。）

在"阿根廷语"里，有些一诞生就背上骂名的词（它们至今仍背着骂名）有时候会被它的受害者们满怀骄傲地用来称呼自己、称呼他们的文化和产品。

男贫民窟居民，女贫民窟居民。

贫民窟的东西。

这么看来，可能 villamiseria 这个词是这些单词中仅有的一个从表面就完全展示出其含义的词了[1]。

贫民窟是工业革命的产物。我这么说并不是因为在那之前世界上没有贫民、恶人或是城市边缘人群的聚居区，但是却绝对没有达到过 19 世纪开始出现的贫民窟的规模。因此，*slum* 这个原本意为"肮脏交易"的词开始被用来专指伦敦、曼彻斯特、都柏林、巴黎、加尔各答或是纽约的城市边缘区域。

如今贫民窟的特点是"毁坏的房屋、堆积物、疾病、贫穷和堕落的混合体"。但是在 20 世纪上半叶贫民窟在发达国家已经较为罕见了，而在六十年代起却在欠发达国家飞速蔓延开来。

不得不提的是，贫民窟也是近些年一项社会巨变的主要原因：自开天辟地以来，城市人口第一次超过了农村人口。

"未来的城市，不会是像老一代人们想象的那样全是钢

1　villamiseria 一词是一个合成词，由 villa（"别墅""城镇"）和 miseria（"苦难""不幸"）组成，故而作者有此一说。

筋和玻璃构成的建筑，而是砖坯、干草、塑料、水泥和木头垒起来的栋栋房屋。不会是处处有炫目的灯光直入云霄，而是笼罩在污染、排泄物和堕落之中，至少城市的绝大部分会是这样。几十亿城市居民居住在后现代的贫民窟里，用充满嫉妒的眼神望着安纳托利亚高原上恰塔尔·许于克那一片片泥土房子的废墟，那是最早的城市遗址，是九千多年前的人类建造的"，迈克·戴维斯在他那本无与伦比的著作《贫民窟星球》中这样写道。

1950 年全球拥有超过一百万人口的城市有 86 座，到了 2015 年这一数字就变成了 550。在 25 个人口超过八百万的城市里，只有 3 个在发达国家：纽约、东京、首尔。其他的都在发展中国家，且这些国家的人口增速也是最快的。巴西、印度和中国的城市人口已经超过了美国和欧洲城市人口的总和。在这些人口数量巨大的城市中的四分之三的主要人口增速都是依靠城市郊区逐渐出现的贫民窟。

贫民窟是人类现代社会最大的发明之一：它变成了这些国家最"现代"的一种居住形式。在如今这个城市化发展迅速的时代里，正如我提到的，贫民窟成了推动城市化发展的重要因素。根据联合国的统计，每年都有近 2500 万人加入贫民窟居民的名单。

另外，联合国还统计出如今全世界大约有 25 万个贫民窟，里面住着 12 亿居民。换句话说，全世界每 5 个人中就有 1 个是贫民窟居民，发展中国家城市居民中每 4 个人就有 1 个住在贫民窟里。

他们中的很多都在饱受饥饿之苦。

R. 请求我不要在书中写出他的名字。我对他说别担心，我的国家离这儿很远，在那儿没人认识他。他回答我说他可不确定，可能没人认识他，但是不怕一万怕万一，因为他不想让人知道他对现状不满。因为他总是显得很自豪，他不想让认识他的人产生疑惑。

"你对什么感到自豪呢？"

"对我现在的一切。"

"怎么个自豪法呢？"

"我在达拉维的一个邻居也是一个贫民窟居民。他总是觉得住在贫民窟里很丢人，但我不这么觉得。所以我不想让人产生疑惑。"

我不太懂他的逻辑：他自豪到了不想让人知道他名字的程度。R. 的手很大，脸却很瘦，眼窝很深，长着乌黑的头发。R. 大约有三十岁，他的老婆已经怀孕了，实际上他们已经有了三个孩子，他们和 R. 的妈妈和两个姐妹合住在两间屋子里。他们的房子是用很少几块砖、木板、金属薄板和草搭起来的。这些材料都是 R. 捡来的，或者是用很少的钱买来的。他的父母在五十多年前就来到了达拉维，R. 出生在那里。

"我的爸妈确实是因为饥饿才来达拉维的。"

R. 的父母来自数百英里外古吉拉特邦的索拉什特拉，当年的一场大旱使他们失去了土地和食物。他们刚来的时候，达拉维还只是两条铁路边的一片边缘地区，只住着少量的渔民。如今，镶嵌在孟买中央区域的达拉维已经成为亚洲大的贫民窟，这里的街道很宽，但是又脏又难闻，目之所及全是人、人、人，还有很多动物，听到的则尽是喊叫声。这里是印度式拥挤的最好体现。在这个不足二平方公里的土地上，混合了不同的人群，他们组成了一个又一个微型世界：穆斯林、印度教徒、来自北方邦的绣花工、来自马德拉斯邦的糖果工、染色工、裁缝、铁匠、木工、纺织工，还有被因为不动产业的发展而从城市中被淘汰出来的磨坊工人。每一个群体都划分了他们自己的地盘，在上面要按照他们的习惯和规则行事。

"我妈妈在这儿住得很好，我妈妈说她在这儿待得很开心。我爸爸就自己做自己的事情，他是个陶器工，所以他能赚钱养活我们。问题是我们很快就把这一切都失去了，唉。"

R.的爸爸五十年前来到这儿，从那时起每天都有新的人来到这里。每年有50万人移居到孟买，其中的40万都在像达拉维的贫民窟住了下来，因此孟买有1000万到1200万的贫民窟居民。孟买人口的60%居住在6%的城市土地上，没有自来水，道路情况很差。然而正是这样的贫民窟在逐渐地吞食着这座城市。

我生出了一种可怕的想法：如果说在孟买住在贫民窟的人占绝大多数的话，那么哪里才是城市中心、哪里才是城市边缘呢？哪一个才代表了这座城市的核心精神呢？

孟买（但也不光是孟买）是一个伴着许多象征着资本主义经济的高楼的巨大的贫民窟。

达拉维变成了现在这样，可能是因为比劳尔变成了现在这样。所有的达拉维人、所有的比劳尔人。所有的西方大城市在新世纪到来前已经到达了（不）平衡状态的临界点，从现在开始，这些城市将再难回到以前的状态了。

在发展中国家，城市人口快速增长意味着农民向城市的大量涌入。城市化实际上是农村生产结构变化的一种结果，如今的农业生产需要的劳动力越来越少了，于是多余的农民（或者说其中的大多数）只能向城市涌去，因为城市的基础设施建设（交通、清洁、家政等）和工业的发展需要大量的廉价劳动力。

有时候这一切都只不过是海市蜃楼：很多人根本无法找到工作，他们只能用尽方法谋生。城市给了他们更多的可能性：为了欺骗他们，城市让他们觉得一切都那么近、那么触手可及。但实际上，那些触手可及的东西最终只能是遥不可及。尽管如此，梦想依然在激励着他们：房顶、社会保障、富人的生活、找到工作、医院（虽然条件很差）、孩子们有可能上学……所有这些，都是吸引他们的海市蜃楼。对于成百上千万人来说，涌入城市是他们改善生活的不二法门。但很多人最终只能在贫民窟里终此一生。

在全印度，有一亿六千万贫民窟居民。

农民离开了土地，但是粮食依旧在土地上生长着。曾几何时，下地干活是很多人的生活方式，如今这种运作模式发生了改变，田地里需要的人力越来越少了。

就像戴维斯说的：机械的出现使得田地里需要的劳力越来越少，而城市中的资本却越来越多。如今，城市的范围越扩越大，城市发展带来的已不再是新的工作岗位，而是贫困。慢慢地，资本聚拢到了农村，但劳动力却都跑到了城市。

农村人口很难再增长了：几乎已经到达了顶点，已经开始下降了。大多数饥民，大概75%的饥民，依然生活在农村。看上去这种情况会随着城市化的进程而得到改善。但事实上饥饿问题也正在逐渐向城市转移。

未来的人口增长注定将发生在城市里。"饥饿将越来越城市化"，可能没有人说过这句话，但它却是十足的真理，因为没有人敢站出来说这句话是假的。

但是转念一想，又恰恰是因为饥饿，那些还走得动的饥民才涌向了城市。孟买只是其中最极端的例子罢了。

R. 在十或十一岁的时候就开始工作了。十四岁时他的爸爸去世了，他作为长子必须承担起养家的重任。他的两个弟弟有时候和他一起工作，他们一起才勉强养活整个家庭：他们的妈妈、五个妹妹还有三个已经是孤儿的表兄弟。他们当时想着可能在未来情况会有好转。但现在情况变得更艰难了：竞争太强了，不仅陶器工很多，塑料和金属的价格也低得离谱，R. 说再过十几二十年他这个职业就一定会消失，他也就是废人一个了。

"我大概最后也只能去拾破烂了。"

他停了一下，好像是没想到自己会说出这话来。

"不，我还没老到那种地步。也许我的孩子们……如果我能供他们上学的话……他们以后可能会混得更好。反正我是不行了。"

他低下了头，眼睛直勾勾地盯着地面。十年前，就在 R. 刚刚结婚那会儿，他们失去了自己的房子，那对这个家庭是一次巨大的打击。

"不是说我们离开了我爸爸盖的房子，而是我们失去了它。我爸刚来时那块地的位置就不错，后来更是成了最市中心的位置，我们没有任何证件，所以他们就把地收走了。"

这正是贫民窟的众多悖论之一，这些贫民窟居民往往在不知不觉中就会成为资本主义经济的先行者。在某个时刻，在社会和民主的压力下，一群人被允许占据某块没人稀罕的土地：通常都很偏远，不适合兴建楼房，有时还对健康不利。这群人没有其他的选择，只好去那个地方定居下来。随着时间的流逝，那块地慢慢变得宜居、有开发价值了，这时候市场就会决定把地收回来，然后某个富翁或是某家银行会搞到开发的许可，下一步他们就会把原住民赶走，然后开发、出售同一块土地。

还有一些奇特的个案：有人会付给这些原住民钱，而原住民们幻想着自己可以用这笔钱盖更好的房子、做个小生意，或者，说得更夸张一些的话，可以多吃上几顿饭。还有的时候这些居民本身就是租用了这块土地，由于土地价值逐渐增大，他们已经难以支付租金了。

不管是哪种情况，居民们最后都只能把土地交出去，然后去寻找另一块不适合居住的土地。又一个循环开始了。

"我希望我能在这间房子里多住些日子，"R. 说道，"希望这块地不要升值太快。"

　　他很清楚一旦地的价值升上去，就会有人想起他并不是这块地的主人，而只是一个借住者。

　　"很奇怪是吧？我希望自己的生活环境变好，但要是变好了就意味着他又得搬家了，所以我也不希望改善得太多。我当然希望这里发展得更好，但我不能这么想，因为我会失去一切。"

　　最近这几天，有很多人给我说过印度人是最顺从的民族，他们能适应任何事。我不知道他们是不是把这当成了一个优点。

　　他们给我讲了个故事，说是上个世纪初的时候，有位英国女士要到一个印度村庄去旅行，她给当地学校的校长写了封信，询问当地是不是有 W.C.。当地的官员不认识这个缩写，经过了长时间的争论之后，他们最后一致认为那位女士指的应该是"wayside chapel"，也就是"小教堂"的意思。于是他们委托那位校长用殖民地特有的谦虚态度回了一封信："亲爱的女士，我很荣幸地通知您，您询问的 W.C. 离您即将入住的房子只有 9 英里远，位于一片美丽的松树林中。那个 W.C. 可以同时容纳 229 人，但只在周日和周四对外开放。我建议您早点前往，尤其是夏天，因为夏天去的人往往更多。您也可以站在里面，但是可能不会太舒服，尤其是您经常去的话，总是站着舒适度实在太低。我的女儿就是在那儿结婚的，因为她就是在那里认识了她的心上人的。（……）我建议您周四去，因为那天有管风琴演奏，那声音真是太美妙了，在 W.C. 的每个角落都能听到。最近那里还装了一口小钟，每次有人进去就会被敲响。一个商人还捐了很多大垫子，他也因此得到了广泛的赞誉。当然就我个人而言，我也很愿意陪您一同前往，我会把您带到视野最好的位置……"

如今，100年过去了，在R.居住的地方依然没有自来水和下水道，家里的女人们每天都得跑到另一条街上的水龙头那里接水。要是想上厕所，那就只能在杂草地之类的地方解决了。

孟买有半数居民用不上厕所，所以他们只能随地大小便。几年前有人计算过，在孟买的贫民窟里每天大概有六七百万成年人拉大便：如果每个人拉的大便重1斤的话，每天就会有3000吨大便，它们被排得到处都是，很多就在街上或是居民的棚屋旁边。

厕所的缺乏必然会导致疾病的蔓延：在孟买的贫民窟中，每5个死者中就有2个是死于细菌感染，而这恰恰是水污染和缺乏下水道的后果。这还不是仅有的问题：女人们为了不让男人看到自己如厕，往往会结伴在天还没亮的时候就一起到很远的地方去，但那些地方往往有很多老鼠或毒蛇，或者早就有男人候在那里，等着在她们落单时强奸她们了。

全世界目前有25亿人生活在没有下水道的地方，他们到死都没用上过下水道。很多人认为在最近150年来人类平均寿命的增加要归功于医疗条件的改善，但这其实更多的是下水道和自来水的功劳。用不上自来水和下水道的人依然生活得像一坨屎：在2000到2010年间，死于腹泻的人要比自"二战"以来死于战争的士兵总数还多。

R.说："其实本来至少我们可以互相帮助的，大家可以团结起来……"

　　国家机器在贫民窟里好像完全不运转：没有电，没有水，没有学校，街不是街，警察不是警察。一直到七十年代，由于贫民窟居民声名狼藉，很多第三世界国家的政府于是下定决心用新建住房替代贫民窟。

　　但是就在华盛顿共识出现前不久，一切都改变了。世界银行城市发展办公室提出了一项新的建议：不应该把钱花在给穷人建造新住房上，而是应该把钱用来改善贫民窟的条件。这项建议据说实际上源自穷人们自己的想法，世界银行认为，既然贫民窟居民一直想要改善贫民窟的条件，那就不如"帮助他们来实现他们的想法"。这项措施最终导致了穷人更穷，它使得巨大的贫富差距永远存在了下去，贫民窟永远留在了那里。从八十年代起，国家层面上消除贫民窟的努力逐渐消失了。

　　于是援助方面的任务被很多非政府组织和慈善机构承担了起来。"它们使用愚民政策来对待贫民窟居民，让他们永远不往阶级斗争方面考虑。他们使这些居民在完全顺从的心态下去乞求援助，而永远不去想自己应该有的权利。上述机构和组织会尽力确保贫民窟居民无法通过暴动得到他们想要的东西，它们主要负责分散贫民窟居民的注意力，让他们不去关注那些对他们很不公平的政策，同时混淆他们对朋友和敌人的定义。"戴维斯这样写道。

　　不管怎么说，R. 每个月还是能赚 3000 卢比，也就是60 美元，他说很奇怪，哪怕他们很多时候有钱买食物，却还是填不饱肚子。

"真的很奇怪，为什么我们还会饿肚子呢？"

他继续说道：有时候，某个晚上，他们上床的时候手里还能有杯茶，这真的很奇怪，但这至少意味着他们没挨饿。不像他爸妈刚来到这里的时候，连一点儿东西都吃不到。

"这是他们告诉你的，还是你亲眼看到的？"

"我记得我小时候我们家经常吃不上饭，我记不清了，也可能吃的东西很少，总之是有这种事的。"

"你还记得什么呢？"

"我不知道，我记得我爸爸经常打我的兄弟，因为随便什么事情，因为他们说了什么或者做了什么，总之我爸爸经常打他们。他像疯了似的打他们，当然也打我。他一打我们我就知道那天晚上我们肯定没饭吃了。现在不一样了，我们总是能吃上米饭或者薄饼。"

熏鱼、生火腿、熟火腿、火鸡肉、石榴种子沙拉、卷肉饼、鸡尾酒、桃子拌鳄梨、芦笋酱、龙虾虾尾汤、煮鸡蛋加鱼子酱、凉拌沙拉、木瓜酱、带榛果的朝鲜蓟沙拉、墨西哥式沙拉、青苹果沙拉、苹果香蕉配生牛肉片、羊乳干酪、布里奶酪、乐芝牛奶酪、卡门贝尔奶酪、羊奶酪、埃曼塔奶酪、埃丹奶酪、车达奶酪、红车达奶酪、凉调橄榄、墨绿橄榄加坚果塞青椒、驴蹄草、芒果泥、薄荷泥、迷迭香芒果冷汤、玫瑰水冷汤、香根草冷汤、烤肉、咖喱饭、印度抛饼、欧洲面包。

法式黄油炸鱼配香蒜西葫芦、蔬菜杂烩、印度鸡肉香饭、洋葱韭菜乳蛋饼、芦笋玉米塞土豆、乳清干酪配烤南瓜、咖喱菌菇、薄荷芝士、炒卷心菜、中式蔬菜面、酱豆腐、蔬菜酸辣汤、甜米沙拉配鸡、月桂糖醋排骨、印度风味鸡、鸡肉卷配橄榄乳酪及干西红柿、匈牙利烩牛肉、腌鸭胸肉、烤羊排、烤猪蹄。

甜果冻、柠檬、橄榄、果仁千层酥、印度巴旦木糕、菠萝饼、酥皮水果饼、巧克力慕斯、樱桃饼、水果拼盘、苹果蛋糕、水果糖、水果沙拉、欧洲越桔起司蛋糕、果仁肉皮卷、巧克力浆、水果酸奶、咖啡焦糖布丁、开心果薄饼、巧克力雪糕、咖啡雪糕、梨子馅饼、干果奶油馅饼、新鲜水果、坚果蛋糕、米饭拌奶。

幸运的是，这每种食物都有配图和标牌。泰姬酒店的自助餐是全孟买最好的，还赠送两杯酩悦香槟，价格为3500卢比，不含税。税不是很高。

卡伦站在甜点区犹豫着。他穿着一件海蓝色的鳄鱼牌衣服，应该是正品，裤子也是鳄鱼牌的。

"我能问您一个问题吗？"

"当然可以。"

卡伦的生活过得很好，他对我说他的爸爸是一位银行职员，但是从来没当上过经理，不过当他发现自己的大儿子很聪明时，他尽其所有让他能上最好的学校。卡伦在一所贵族大学里学经贸，顺利毕业后进入了印度最大的广告公司工作。这些都是十五年前的事了，后来他升了职，结了婚，新娘家的种姓比他家的还要高一些。他们有了两个孩子，准确地说是两个女儿，但卡伦做了一个表情，仿佛是说他并不在乎生男孩还是女孩。他们在富人区买了房，买了很多高档衣服，分期付款买了一辆宝马。用一句话总结：卡伦很喜欢罗列他的成就。他说很可能几个月内他就会开自己的广告社，他和他的妻子这几天来到泰姬酒店，就是为了庆祝昨天一位投资人给了他肯定的答复。卡伦给自己的头发打了胶，他的头发和他的笑容一样闪亮，一副商人的派头。当我问他了不了解印度的饥饿问题的时候，他看我的眼神变得奇怪了起来。

"当然知道了。我知道。我读报读到了。我对这个话题其实也蛮感兴趣的。但是那些事情离我们太遥远了。比起饥饿来，我的朋友们大概更担心体重超标。听着像是在说笑话，但他们所有人都在节食。"卡伦边说着，边夹起了一块带有奶油和水果的巧克力蛋糕，好像在用行动表明他没有节食。

"我不喜欢的是饥饿好像变成了印度的明信片，你们好像提起我们印度人就会想到饥饿。你们总是在说那些可怜的穷人，却没人提我们取得的成就。大概你不相信，我这么说不是因为我不在乎那些穷人。我认为让所有人过得好是我们的责任，但是如果我们继续取得进步的话，那么他们早晚也会脱贫致富的。"

我很想问他"我们"指的都是哪些人，而"他们"指的又是哪些人，但是卡伦对我说对不起，他的老婆正在位子上等他，他得回去了。卡伦走了，我在心里问自己说桌子上的这些菜最终是不是真的能到阿瓦妮们的盘子里。我问自己这种想法是不是太乌托邦了。我的答案是我也不知道，也许可以吧，但也可能不行。我希望可以。

　　一辆轿车驶过，一辆摩托驶过，一辆卡车驶过。在印度的这段时间里，我从来没有看到过哪辆车礼让过行人。他们会毫无顾忌地碾压过去，更可怕的是他们根本不明白为什么要有所顾忌。我认为这种态度也就解释了为何在面对如此多的饥民时，那里的人会如此冷漠。

　　在富裕国家，开车时你必须遵守一系列的规则。在这里，或者说在大多数发展中国家，司机们总是会对抗交通法规。或者说在开车时他们会进行一套严密的计算，来确定怎样开车对他们而言获益最大。我认为这种心态可以推广到很多事情上。

　　与之相应，我认为这也体现了这些国家统治阶级的很多态度，他们只在乎维持那些他们觉得重要的秩序。污染、消极的心态、公路的状况、生活环境的保护、公民的健康：可能不直面这些问题的人永远都不会在乎这些问题。在公共医疗卫生方面的低投入似乎也印证了我的这种观点。决定性的证据无疑还是饥民的数量。

　　这其实并非一种矛盾。只有那些始终盯着货币基金组织提供的金融数字和《经济学人》杂志的人会对此感到惊奇。关注社会问题的印度著名摄影师帕拉古米·塞纳斯就不对此感到惊讶：

　　"在随便某个像今天这样的日子里，就会有大约五十位农民自杀身亡，还有大约三百个自杀未遂：也就是说，每当有一个人自杀成功了，就会有五六个人效仿他去自杀。这些都还只是官方数字，是印度政府提供的，而官方数字通常都是有水分的。在随便哪个像今天这样的普通日子里，就有二千二百个左右的农民抛下农活，开始寻找其他养家糊口的方法，大部分都选择涌入城市，等待他们的就是饥饿……与此同时，政府每天都会以免税的名义给大型企业或是富商省下一百二十亿卢比的钱。

在19世纪六七十年代，通过大规模的农民运动，农民赢得了对其农产品设置最低价格保护的权利，使上百万公顷农田的农业活动有了保障。到了20世纪90年代乃至21世纪伊始，却出现了大量的农民自杀现象。是什么导致了农民们从大规模的农民运动走向了大规模的自杀行动？答案是很复杂的，这里所有的事情都很复杂，但话说回来也没有那么复杂。一句话，导致这一切发生的原因是政治性的。首先是国家把大量的资金都投到了大型企业的建设，对于发展小农经济则丝毫不感兴趣。所以每个村子里本就不富裕的农民的家产很容易就被进入当地的企业或是银行吞并，而企业和银行是受到政府保护的。

我把如今我们所处的经济阶段叫'麦当劳经济'，因为大街小巷都有这种经济模式。世界上大部分国家走过的经济发展道路都差不多：国家对穷人的投入实际上是越来越少的。但不是说国家的干预少了，恰恰相反，在2008年的金融危机后国家对经济的干预实际上是越来越多的，但他们只想着大型企业的利益。"

帕·塞纳斯在Youtube网站上的一段视频里这样说道。我找不到他本人，我给他发过很多封邮件，但我们的行程总是碰不到一起。虽然他见不了我，但至少我现在能在网上看看他的视频。

"那些大国在这二十年间又是怎么做的呢？他们不再提什么人力价值了，而是一切向钱看。他们说，啊，这种模式无利可图，于是把土地从农民那里抢了过来。失去土地的农民们只能等死了。国家也不会去创造新的工作岗位，实际上这些年来这些国家的社会工作岗位已经减少了 90 万个。他们把农民从土地上赶走，却不为他们提供新的工作机会。一个没有受过教育、身体又不好的农民能在工业社会里找什么活干呢？他们能去哪儿呢？也许只能自杀了。在印度，近年来发展最迅速的不是技术制造业，也不是软件业，而是不公正现象，在整个印度史上，现在可以算得上是最不平等的时代了。

根据联合国的统计，2009 年印度的人类发展排名仅仅在第 134 位上，排名比所有拉丁美洲国家都低，包括被所有人视为拉美最贫穷国家的玻利维亚。我们的排名甚至比巴勒斯坦还低，而巴勒斯坦已经有六十年没尝到过和平的滋味了……在国际粮食政策研究所发布的全球饥饿指数中，我们在 88 个国家中排名第 67，我们的后面是津巴布韦。"塞纳斯说道。他在录像中讲的实际是在一场研讨会中的发言稿。塞纳斯六十岁，穿着一件白衬衫，套着件黑马甲。他的头发已经白了，眉毛却又黑又宽。塞纳斯在录像中边演讲边挥舞着手臂，显得很激动。

"在印度一共有 53 个亿万富翁，注意，不是百万富翁，要说百万富翁的话我们有 14 万个。不是百万富翁，是 53 个亿万富翁。我们是亿万富翁数量上排第四或第五的国家，排在前三位的是美国、俄罗斯和德国，而中国刚刚超过了我们。我们的这 53 位富翁手中的财富总值大约是 3410 亿美元，这个数字只有美国富翁才能相比，这个数字也是我们国内生产总值的三分之一。另一方面，我们有八亿三千六百万人每天只能赚不到 20 卢比：欢迎您来到 2012 年的印度，这就是我们的现实。"

在道路尽头，在林立的高楼中最醒目的还要算安提列亚：它是印度第一富翁穆克什·安巴尼的住宅，此君是印度有名的工业家、商人。安提列亚楼高 27 层，占地 4 万平方米，有 9 部电梯。此楼据说是世界上最昂贵的住宅，有人估算它的价值大概在十亿至二十亿美元之间，具体数字无人知晓。安巴尼和他的妻子以及三个孩子住在里面，还配有约 600 名服务人员。要为 5 个人建造一幢 27 层的大楼可不是一件容易事。据说这幢楼上有 3 个停机坪，6 个停车场，可同时停放 200 辆车，餐厅用玻璃和烛台装饰，另外还有舞厅、健身房、水疗馆、瑜伽场馆、泳池、展览馆、室内花园、室内树木、电影院、剧场、舞厅、酒窖、机械维修厂，甚至还有供娱乐用的可人工制造雪花的"冰室"。

从安巴尼先生的住所就可以望到贫民窟，反之亦然。但是有人说那座楼的风水有问题，因为朝东的窗户太少，而东边是日出的方向，这不符合印度教的习惯：将会给楼主带来厄运。于是安巴尼一家只把那座楼用来会客和举办宴会，直到 2013 年底，他们还没决定是否要完全居住在那里。

"数据往往是引起争论的重要原因，因此政府总是会组成委员会来发布一些官方数据。这是印度模式：官方组成一个又一个委员会，直到某一个拿出了他们想要的数据为止。但我们知道印度每年都会出口大约 6000 万吨粮食到国外，出口价大约是 5.45 卢比每公斤，但是对内卖给穷人的价格却是 6.4 卢比每公斤。出口的粮食大多被谁吃了呢？欧洲的牛。"塞纳斯继续说道。

欧洲的牛大概是世界上最不用担心粮食安全问题的物种了。为了让它们吃得好，人们每天在每头牛身上要花费 2.7 美元。因此当我们问一位维达尔巴的农民他的梦想是什么的时候，他回答说：'印度农民的梦想就是来世做一头欧洲牛。'欧洲农民可以领到许多补助金，美国农民也是一样，所以我们没法和他们竞争，我们如果拿出和他们一样的价钱来搞农业的话将无利可图。2005 年美国农民生产出了价值 39 亿美元的棉花，因此得到了 47 亿美元的补助。这样年复一年，许多国家的棉花生产就被击垮了，不管是维达尔巴，还是马里、乍得、布基纳法索。这些国家的领导人曾在《纽约时报》发表文章称'美国的补贴正在杀死我们的人'。那么世界贸易组织又做了什么呢？它开始帮助这些国家进行'产品结构转型'：如果竞争不过美国农民的话，那就种别的东西好了。"

孟买混合了 2010 年的繁华、1910 年的贫穷和所有时代的悲剧。切·格里尔酒吧位于孟买富人区，黑色的墙上喷印着戴贝雷帽的切·格瓦拉头像，墙上还贴着用英语写的价目单：生啤、苦艾酒、印度 & 法国红酒、莫吉托鸡尾酒、比萨、汉堡包、热狗、美国南部（以及古巴、巴西、墨西哥）风味菜……以及公司团体餐（食物不限量）：349 卢比 + 税。

切·格瓦拉没有死，他在卖鸡尾酒。

食物不限量。

"我刚开始学历史的时候必须得读塔西佗和他的历史著作，"安巴尼在视频中很专注地、用很冷静的口吻说道，"塔西佗虽然记录了尼禄和罗马大火，但他是个令人失望的历史学家，因为虽然他写了很多尼禄在这次事件中的所作所为，却没有把罗马大火归咎到尼禄头上。当然塔西佗倒也确实曾经写到过在大火发生前尼禄忧心忡忡，他想要转移民众的注意力，因此想举办一场可能是古代社会最大的宴会。在塔西佗优美的文章中，尼禄为此开放了他的皇家花园，很多人都去了：元老院的成员、贵族、好事之徒……各色人等都到了皇家花园。但是塔西佗写到了尼禄遇到的问题：如何让花园看上去更绚丽多彩一点。尼禄想到了一个主意：他让人带来很多罪犯，他要焚烧这些罪犯来给宴会带来更多的光亮。塔西佗在其优美的文章中写道：'为了点燃罗马城的夜空，罪犯们被判处了火刑。'对我而言，问题的根源从来就不是尼禄，而是尼禄的客人们。尼禄的那些客人都是些什么人啊？什么样的人能够在别人被焚烧的时候还能往嘴里塞食物啊？什么样的人能够在这种情况下还一颗一颗地吃葡萄啊？那些都是罗马城中最有思想的人：诗人、歌者、乐师、艺人、历史学家……或者用个统称：知识分子。可是他们之中又有谁站出来抗议过呢？有谁曾举起手来说这是不对的，不能再继续这样了呢？根据塔西佗的记录，没人这么做。没人这么做！所以我总是想搞清楚尼禄的客人到底是些什么人。我花了五年的时间去写农民自杀问题，我想我找到了答案。我想你们肯定也想到了我的答案是什么。我们可以在怎么解决这个问题上有分歧，我们甚至可以在分析这个问题的方法上有分歧。但我想我们至少能达成一个共识：我们应该能够坚信我们不应该变成尼禄的客人。"

关于饥饿：人们的手

1

他们发现了能提高效率的方式：土地也好，人力也罢。

在 18 世纪初的时候，欧洲的农业发生了变革。首先是在佛兰德斯，然后是在英国，农民们发现了连续耕种的方法：在收割了谷物后，他们会在同一片耕地上种植菌类和豆类作物，他们把这些拿来饲养牲畜，而牲畜则能给他们提供更多的食物，还能用来耕地、提供肥料。在大约 1830 年的英国，人类历史上首次出现了城市人口超过农村人口的情况：随着农作物产量的提高，只剩四分之一的英国人从事农业生产。"这是一种良性循环。"英国人保罗·麦克马洪在他杰出的著作《大鱼吃小鱼》中这样写道。在《新的食品政策》一书中，他说："城市居民希望在市场上看到多种多样的食品，农村居民想要买城市生产的手工艺品以及改良过的农业工具。这种双边需求推动了农业生产的发展，又间接使更多人离开农村到城市的工厂和矿场里工作。"

这是一种看上去近乎完美的循环。

　　尽管如此，饥饿仍然持续存在着，甚至逐渐成了在哲学领域探讨的主题。在这个世界慢慢变得世俗化的时刻，饥饿也不再是关乎上帝的宗教问题了，它变成了经济问题，变成了社会问题。经济学鼻祖亚当·斯密曾经写道，食物的匮乏可能是战争或者歉收的结果，但饥饿却是因为"残暴的政府用不当的手段迫使商人们以政府认为合理的价格出售粮食"。然后他总结道："粮食贸易自由化是大势所趋，在很多国家，过度限制贸易带来不幸的案例已经太多了，那通常会导致更大规模的饥荒。"他认为，如果政府不对市场进行过度控制，市场就能找到一个合理的发展节奏，饥饿问题就会被消除了。

　　马尔萨斯却认为单靠市场是无法消除饥饿问题的。因此他的经济理念几乎是与亚当·斯密大相径庭的。

　　很少有人在饥饿这个话题上做出的论调比马尔萨斯更有影响力。托马斯·罗伯特·马尔萨斯 1766 年出生在英国东南部萨里的一个小村子里，是一位律师的儿子，后进入剑桥大学耶稣学院学习，毕业后成为学院的教师，之后成为一名牧师，他的教区里既有许多知识分子，又有许多拾荒者。令人意外的是，他并没有像传统牧师那样对教区教民的道德问题过分操心，而是鼓励他们干好自己的工作。马尔萨斯最可敬的一点是他经常问自己为什么在启蒙运动的理性乐观主义精神盛行的当下，在英国的穷人却变得比以前更脏更丑了呢？为什么还会有这么多酒鬼、妓女、乞丐呢？

　　马尔萨斯归根到底还是一位基督徒，他发现这一现象的原因就在那些人自身上。他在 1798 年出版的著名的《人口学原理》中提出了这种观点。他的核心观点是，人类从来就没有过足够养活所有人的食物，因为人类的繁殖力要比土地生产人类所需食物的能力更为巨大，因为人类对性的渴望往往要大于对食物的渴望。这种繁殖的欲望"将会使生活在社会底层的人们永远生活在悲惨之中，也将会阻碍他们改善自己生活状况的种种努力"。他认为如果穷人们一直很穷，然后死于饥饿的话，那就是因为他们活得太像只兔子了：只会不计后果地繁殖。

但是这一切都是有解决办法的，有方法可以避免惨剧、建立某种平衡："在这个满是植物和动物的世界上，大自然却无法让所有的种子都长出粮食，相反它却在人类中间散播着疾病，让人类生活在痛苦之中。"

堕落、饥饿、悲惨是从天国降下的。牧师马尔萨斯这样说道。神这样做是为了维持世间万物的秩序："人类的堕落造成了人口过剩，而这正是毁灭的前兆，人类可能最终毁灭于自己族群数量的过于庞大。战争、疾病、时疫、恶臭笼罩在成千上万的人身上，如果这些都还不能毁灭人类，还会有不可避免的饥荒在前面等待着，饥荒只需奋力一击，人口和食物的结构也许就平衡了。"

可敬的马尔萨斯说，神这样做是很明智的："也许这会带来很多痛苦，但仔细想想带来的好处可能更多。"因为饥饿不但可以维持人口和粮食的平衡，而且可以使穷人惧怕通奸等不道德行为可能带来的后果，从而改善他们的道德水平，使他们远离懒惰的诱惑，强迫他们去工作。

强迫穷人去工作。

饥饿竟然变成了一种符合道德标准的工具。

饥饿被用来推动国家机器的运行。与马尔萨斯有相同宗教信仰的牧师、医生约瑟夫·唐森特在他1786年出版的《穷人法律论》中把这个观点描述得更加清楚："饥饿能驯服那些最野蛮的动物，让它们变得温顺、听话。也许只有饥饿才能使那些穷人振奋起来。"

以这种观点来看，饥饿已经不再是由于经济体制而产生的问题了，反而变成了经济体制解决自身问题的一种手段：一种调节矛盾的基本手段。

饥饿又一次成了饥民们自己的问题：是他们的堕落、道德沦丧和懒惰才导致了饥饿。国家不应该替他们买单，因为穷人只会给国家带来麻烦。在那个年代的英国人发明了"人道主义"这个词（在我们这个时代这个词依然很刺耳）：当时是用来描述那些对最贫穷人群的过分关注的。

（如今，正相反，在人们的普遍认知里，在"人道主义"的援助对象中最无辜的可能就是饥民了。饥民可能是环境的受害者，也可能是不好的地理条件、恶劣的天气、无止境的战争、复杂的国际关系或是不公平的体制的受害者。受害者，总是受害者。在一个需要受害者的世界里，也许饥民就是最好的、最纯正的、最不会引起怀疑的受害者了，难怪有那么多人致力于制造饥民。饥民真是个神奇的东西：只有受害者，却没有施暴者。

要制造其他的受害者可能就需要有人背负恶名了，这就是最大的差别。)

书本中的饥饿。

左翼的饥饿，右翼的饥饿。

在 19 世纪的英国（现代工业的实验室），这种思想愈演愈烈。查尔斯·狄更斯 1839 年出版的《雾都孤儿》是这种思想在文学领域的第一次演绎。小说突出表现了穷人的悲惨境地，把矛头直指富人阶层，当然也不可避免地涉及了饥饿问题。孩子成了表现这一主题的最好代言人：无辜的孩子配上这种难以掌控的灾难。因此孩子的饥饿变成了想要揭露饥饿问题的人激起他人反感情绪的最好武器。现在依然如此。

"那些工人什么都没有，他们赚的钱能够满足他们当日的需求就很不错了。极端自私的社会也不去为这些人担心，它只是让这些人靠自己去养活自己的家庭。然而社会也没有为他们提供为之奋斗的有利条件。所有的工人，即便是最优秀的工人，也只能长期处于悲惨的境地，或者就在饥饿中死去。他们中的大部分人都屈服了。这些劳动人民的住处通常都异常简陋、阴暗潮湿……孩子在他们最需要补充营养的时候却一直在饿肚子，他们中的大部分在成年后都很虚弱，有的还患上了佝偻病或是淋巴系统疾病"，1845 年，恩格斯在《英国工人阶级状况》中这样写道。

就在那时，人类迎来了历史上最大规模的一次饥荒。

爱尔兰已经成为英国殖民地几百年了。在爱尔兰有许多封建大地主，他们的农民（后来成了他们的工人）赖以为生的食物只有土豆。大约 1840 年时，当地三分之一的人口除了土豆没吃过别的东西，因为大部分可以种植多种作物的良田在两个世纪前就被英格兰和苏格兰的贵族瓜分了，这些贵族在良田上养牛和羊，当然也种植作物，但只是为了出口到伦敦、曼彻斯特、爱丁堡。看来今时今日上百万亩非洲良田被外国公司掌控的情况在历史上已有先例。

因此在 1845 年时，当一种称为晚疫病的卵菌造成土豆减产四分之三后，饥荒迅速使爱尔兰全国陷入绝境。爱尔兰人只能向英国政府求救，但得到的援助几乎可以忽略不计。然而那时爱尔兰还在继续向上述英国城市出口肉制品，因为在爱尔兰境内很少有人买得起肉，同时英国政府也没有下令停止在良田上放牧。一个被饥饿摧毁的国家却在出口食物。就像是印度诺贝尔经济学奖得主阿马蒂亚·森在一个世纪后所"发现"的那样：人类近代史上的大饥荒不是缺少食物造成的，而是因为没钱买食物造成的。

1840 年爱尔兰有八百万人口。据统计，在晚疫病盛行的五年时间里，一百万爱尔兰人死于饥饿或由饥饿引发的疾病，还有一百万人移民到了美国。爱尔兰大饥荒之所以被众多学者进行了深入的研究，可能正是因为它促进了世界最强国的多元文化的形成。

在左翼人士的论调中，饥饿象征着一种社会秩序的失败，饥饿成了他们反对另外一种制度的最响亮的口号。"世界穷人站起来吧，/没有面包的奴隶们站起来吧。"饥饿成为团结为之所害的人们的工具，使他们在社会斗争中毫无怀疑地投身到了一个阵营里。"面包和工作"高度概括了他们想要的一切。

但是在1848年的《共产党宣言》中，却没有出现饥饿的字眼。

恩格斯的那篇报告完全是出于政治目的而撰写的，它秘密地发表在德国。但是很多体制内的报纸也纷纷开始刊发关于工人和失业者生活的报道：报纸将读者不愿意读到的事情硬是展现在了他们眼前。

1880年，一位叫威廉·斯蒂德的极富战斗精神的记者被名叫 *Pall Mall Gazette* 的英国保守报纸聘为了编辑。斯蒂德完全改变了报纸的风格，他写道："要为了社会重生而工作。"为此他以第一人称、用简单粗暴的语句写了许多篇生动的文章，还配上了许多图片、平面图、地图和照片，标题用了很大的字号。所有的文章都是讲述最贫苦人民的生活的。他最有名的是题为《现代巴比伦的处女贡品》的系列文章。为了揭露伦敦妓院的幼女买卖问题，他花了5英镑买了一个13岁的女孩并把她卖到了妓院。刊发了这篇文章的报纸卖出了12万份。迫于压力，英国议会不得不立法把法律许可的女性提供性服务的年龄从13岁提高到了16岁。但是这次事件中斯蒂德也由于买卖幼女而被判处了三个月监禁。斯蒂德第一次提出这样的报导方式叫"新新闻学"。在这样的报导方式中，记者摇身变成了他们一直想成为的事件主角。

十年之后，在美国，雅各布·里斯发表了《另一半人是如何生活的：纽约住房研究》：这是史上第一本影集，由于闪光灯的发明，里斯能够来到纽约最穷的人居住的棚屋中进行拍摄，并把这些照片展示在这座城市其他居民的眼前，这些居民极为震惊，对此进行了激烈的争论。这场丑闻无疑给了这个大国重重一击。

在那时，这些事件还被当作丑闻看待。

就在那时，饥饿又找到了新的受害群体。弗拉基米尔·乌里亚诺夫在他的《资本主义的高阶层：帝国主义》一书中举了塞西尔·罗德斯的例子，此公曾把他夺得的非洲地区命名为"罗德西亚"：

"昨天我在伦敦东部参加了一场事业工人的集会。我在那场集会中听到的最响亮的口号就是'面包！面包！'当我回到家后，我陷入了沉思，我比以前更加确信帝国主义的重要性了（……）我总是说，建立帝国不是政治问题，而是关乎胃的问题。要是你们不想要内战，那就变成帝国主义者吧。"罗德斯如是说道。对于罗德斯的这则事例，列宁也曾经提到过。

在1875到1914年间，各个殖民大国瓜分了地球上四分之一面积的土地。仅仅英国就霸占了一千万平方公里的土地，比全欧洲的面积还大。法国，九百万平方公里。对于这些宗主国而言，强占土地可谓是一箭双雕：一方面国内的失业者可以在遥远的土地上寻找工作、赚取廉价食物来填饱肚子，另一方面还可以防止爆发内战。这样看来，饥饿既不是天谴，也无关懒惰或是瘟疫，而是对国家制度的一种威胁。

19世纪下半叶的欧洲殖民侵略造成了许多第三世界国家

如今的模样：上百万半奴隶式的劳工在帝国的土地上生产着食物，来让帝国中心的工人们哪怕营养不良也不要饿死。

但那时几乎没有国家（如今一个都没有）比印度的饥饿问题更严重。在上个世纪初，很多人说这是统治阶级或是宗主国造成的，因为这些阶层制定的恶劣政策是很显而易见的。印度最早的独立人士曾说，在 1860 年至 1900 年间，在英属印度没有发生大的自然灾害，但是却爆发了十多次大型饥荒，造成了一千五百万人死亡。没有什么比这些数字更能证明侵略者的残暴了。殖民侵略不仅没有为印度带来西方的文明，反而掠夺走了本可以养活所有印度人的资源。

饥荒的原因很复杂，但普遍认为 19 世纪下半叶的亚洲大型饥荒是世界资本涌入造成的，也就是所谓的经济"全球化"。上百万习惯了自给自足的农民被迫为世界市场而劳动：为英国工厂提供原材料、为宗主国的工人提供食物……这些农民失去了自己的土地，也失去了自己的生存方式和食物。不是落后杀了他们，杀死他们的是进步和发展。

那些"维多利亚时代大屠杀"改变了我们了解的世界结构。正如迈克·戴维斯所写，殖民活动"创造了"第三世界国家，也创造了那些没有资产的半无产阶级，使他们总是处于饥饿的边缘，并且为接下来一个世纪的多场解放战争的爆发埋下了种子。

不管怎样，这都是一场对数十亿人生活产生了巨大影响的变革。在这场变革中，中国、泰国、印尼和韩国都受到了波及。没有确切的数字表明死了多少人，有的历史学家说是二千五百万，也有的说是一千五百万，就数字层面看，差别不大。

工业革命也改变了人类与食物之间的关系。以前的人们总是习惯储存一些食物：咸肉、熏肉、腌肉……不过大部分食物还是在新鲜状态下就进了厨房：带着泥的胡萝卜、还未脱羽的鸡……而从 19 世纪开始，随着工业革命的进行，食物可以以罐头的形式储存下来了，可以保存数月或数年之久。随着航运的发展，这些罐头被运送到了世界的各个角落。食物的生产已经逐渐失去了季节性，变得和以前不一样了。食物全球化了，当然这只是针对买得起它们的人而言。与此同时，食物的价格也开始全球化了：从那时起，一只塞内加尔的鸡卖的价钱已经不再像一只塞内加尔鸡应该值的价钱了，它按在巴黎的塞内加尔鸡或是在纽约的塞内加尔鸡来算钱。在这种模式下，生产粮食的人已经越来越没可能买得起他们自己种的粮食。大部分购买者往往也只能用自己微薄的工资买很少的全球化后的食物。

我们如今吃的食物来自离我们越来越远的地方，它们以我们不知道的方式来到了我们的手中，我们也不知道它们都经过了何种处理。如此，吃饭成了一种信任的问题，这在以前是从未出现过的。

（再举个例子：自从食物全球化开始，一个苏丹的黑人要在本地市场上买一公斤黍子，就要花与在芝加哥买黍子相同的价钱。这是饥饿最有影响力的创造物之一了。吃不上饭已经变成了国际市场操纵的结果了，它集中食物、撤走食物、使人挨饿。）

在 19 世纪遍布世界的欧洲殖民地中，农业反转了我们通常所理解的比例结构：它把原本人很多而地很少的情况变成了地很多人很少。随着蒸汽机和矿物燃料的出现，人类发明了用于农业的机器，农业生产效率大幅度提高了。在澳大利亚、新西兰、阿根廷、南非、加拿大，尤其是美国，农业都取得了迅猛的发展。1902 年在美国出现了第一辆汽油拖拉机，而五十年后，这个国家所有的农场主几乎人手一部。随着交通工具的进步，在某个地区生产的粮食可能会在几千里之外的地方出售，当然价格也会有一定程度的波动，但还不到不可接受的范围：在 1870 年到 1900 年间，把美国谷物运到欧洲，价格会上涨三倍。在欧洲，越来越多的土地被用于农业生产，人们所谓的"农业领地"的范围在不断扩大，这在人类历史都很罕见。

保罗·麦克马洪写道："粮食全球化可以在与夏洛克·福尔摩斯同时代的伦敦农民身上看出端倪。那位农民吃着用美国面粉制作的面包，喝着用加拿大大麦酿造的啤酒。面包上抹着爱尔兰奶油和西班牙果酱。周末能吃到阿根廷或澳大利亚烤牛肉。喝着印度茶，茶里加的是产自加勒比地区的糖。他们位于全球化食物体系的顶端，能够获得来自世界各个角落的食物。"

在那些年里，具体说来是 19 世纪末或 20 世纪初，在一些富裕国家，传统意义上的饥饿被逐渐消除了，因为这些国家变成了世界体系的核心，或者说：它们不再依赖自己的土地、气候、农民或者本国粮食是否丰收。因为这些国家创造了一套新的模式，在这个模式里，食物不再是种出来的，而是买来的。其他的国家只能遵守这套规则。

饥饿不仅是普通的受罪，或是某种口号、团结的借口，它也是极端呐喊的一种方式。有人说在 20 世纪初的时候，因饥饿引发的罢工再次在西方世界出现。英国妇女呼吁她们也有投票权，而且她们表达呼吁的方式有时充满暴力。在妇女争取政治权利的时候社会上出现了许多丑闻事件。以现代人的目光来看，人们会非常惊讶于妇女竟会在争夺如今看来不容置疑的权利的时候进行那么艰苦的斗争：事实上这些都是历史的陷阱。这又是社会巨变的一个完美体现，我们如今看来再正常不过的事情在以前并非是同一个样子，在将来也未必。

绝食是以暴力的方式迫使另外一群人，当权者或是国家，对这些暴力行为负责：罢工者开始使用暴力，而当权者则有义务通过给予他们所要的东西的方式来结束暴力。

绝食只对那些罢工者信任的政府才起作用。一个真正的暴君在面对罢工时可能只会哈哈大笑，或是什么也不做。罢工者的筹码就是政府重视民主或正义，就是政府不愿意背上让一个只是为了让上层阶级听到自己声音的人饿死的骂名。

当然，绝食是从社会边缘人群中开始爆发的。那些英国妇女让它进一步运转，而一位印度律师却把它变成了一种艺术或是一种范例。莫罕达斯·卡拉姆昌德·甘地是一位印度民族解放运动领导人，一生致力于以和平的方式解决原本充满暴力的政治问题。当艾哈迈德巴德的工人们向甘地求助，希望他帮助他们争取让磨坊主为他们生产粮食的劳动支付更多的钱的时候，甘地决定用绝食的方式支援他们。当时的甘地已经是名人了，他的绝食引起了巨大的反响：几天之后，那些苛刻的磨坊主就同意给工人涨工钱。

在接下来的几年里，甘地多次用绝食的方式推动印度的印度教徒与穆斯林建立良好的关系，鼓励印度教徒接纳那些属于"不可触碰的种姓"的人到他们的神庙里去、并与帝国主义作斗争。他的最后一次绝食发生在1947年底，那年他已经七十八岁高龄了，而印度也已经取得了独立，那次绝食的目的也是促成印度教徒和穆斯林的和解。在那时，双方的冲突已经造成了上千人死亡，而在甘地绝食后的几天内，冲突就停止了。不久之后，1948年1月30日，一位名唤纳图拉姆·戈德森的印度教军人枪杀了甘地。此人在第二年被判处了死刑。加瓦哈拉尔·尼赫鲁和甘地的两个儿子请求对犯人进行减刑，因为死刑不符合甘地的非暴力思想以及甘地本人一直以来对死刑的反对态度。但是印度政府拒绝了他们的请求。戈德森在11月15日被绞死了。

从甘地开始、经过甘地的努力，绝食成为非暴力不抵抗运动最极端的武器之一。或者说，这其实是另一种形式的暴力。这种极端的方式迫使政府去决定它的公民的死活，让政府不得不面对它想逃避的残酷现实。

在此之后，在整个20世纪，饥荒发生的次数还是成倍地增长，而它的特点越来越不同寻常、令人恐惧：最大规模、最可怖的饥荒是由某一个人造成的。说得更通俗一点吧：饥荒是当权者的决定引起的。

2

皮蒂里姆·阿莱克桑德罗维奇·索罗金是一位俄国知识分子、政客，曾是1917年革命中失利的一个政党的领导人。那几年中席卷俄国的饥荒使得索罗金在1922年撰写并发表了一本名为《人类事件中的饥饿因素》的著作，他在这本书里试图从多个角度对饥饿进行分析。他的书是建立在足够的亲身体验的基础之上的：它的作者很可能在那几天的时间里只吃了少量的土豆皮。那本书同时也谈了许多本不该谈的问题，因此它很快就在市面上消失了。直到五十多年后，他的遗孀才再次在佛罗里达的迈阿密将此书再次出版。

这本书后来没有再版过：它是一本奇怪的书。我手上的这本书是从哥伦比亚大学的图书馆里借来的，只有四次借阅记录：1991年、1993年、2003年和2007年。但实际上它是一本关于饥饿问题和它的后果的大作。它记录了关于饥饿的多种诱因及其影响，对移民、战争、社会变革、罪案等等引发的饥饿问题都有所涉猎："一个人只要陷入饥饿，对他而言就没有什么是神圣不可侵犯的事情了。饥饿无论是大是小，都意味着人类的最基本需求没被满足。只有当我们吃饱喝足时，我们才会去说'财产神圣不可侵犯'，但当我们饥饿时，我们会毫不犹豫地去抢夺他人的物品。只有在我们吃饱喝足时，我们才会坚信我们不会杀人、抢劫、强奸、欺骗、诈骗、卖淫……而当我们饥饿时，这些事情我们都会去做。"

到现在为止，我们还是不清楚乌克兰到底发生了什么。1929 年，苏联统治者约瑟夫·斯大林发表讲话称土地应当集体化，私有土地的农民是国家的敌人，土地私有制应该彻底消失。拥有土地的农民要把他们的土地和财产上交国家。很多农民对此进行了反抗。在乌克兰，四千万头牛、羊和马遭到了屠杀。在 1930 至 1931 年间，一百万乌克兰农民被流放到了西伯利亚或中亚地区。没有确切数字表明到底有多少农民受害。

1932 年，乌克兰农村的情况一片混乱。莫斯科下令说留下的农民必须上缴一定的粮食税，这一规定最终使得农民们无饭可吃。同年春天，每天大约有二万五千人饿死，没人敢提这些事，只是说他们"以传统的方式死去了"。当地政府请求中央给他们下拨粮食，斯大林拒绝了。青年武装巡逻队到那些农村去抢夺人们仅剩的食物，因为他们的长官对他们说那里的农民是想颠覆共产主义的反革命分子。饥饿的情况不断恶化，出现了人吃人的情况。在有的村子里出现了这种标语："吃小孩是野蛮的行为"，有很多吃人的或是试图吃人的人最后被枪决了。

乌克兰人把这次事件叫作 *Holodomor*，也就是"饥饿瘟疫"的意思，而在苏联的历史里我们则很难找到相应的记录。甚至直到六十年后我们才能大致搞清楚那场灾难的规模。也因此，针对那场饥荒的数字很难统一，但是确实有上百万人失踪：有人说死了大约五十万人，也有人说是八万、十万。

有关饥饿的数字总是很不确切，但是要为饥饿问题负责的人恰恰喜欢这一点。

在使用齐克隆 B 化学药剂之前，阿道夫·希特勒和他的爪牙们也曾大量使用饥饿的手段来进行屠杀。纳粹很了解饥饿：从几年前起，饥饿就是他们最好的盟友之一。那时德国刚刚在"一战"中失利，德国人自己也被迫只能吃很少的东西。

饥饿计划是一套非常精密的方案，它的目的也很简单：要把珍贵的粮食用在供给德国军队上面，而不能用于那些被德国占领土地上的人民。这对于纳粹而言是一种良性循环，因为饿死那些被他们视为低等民族的人对他们而言只能算是一种好事。

正和当时纳粹的心态相符，饥饿计划代表了一种过分自尊，计划中隐藏着根深蒂固的等级观念：需要分配食物的人共分四个等级，每个等级应该分配的食物也各不相同。正如一名纳粹部长的工作报告中指出的："低等种族需要的空间、衣服和食物都应该少于日耳曼民族。"能得到足够食物的只能是那些德国人认为有利用价值的人。那些"无需给予足够食物的人"每天只能得到一千卡路里的食物，这些人被纳粹认为既不需要保护，又不必须杀死。"无须给予食物的人"是那些德国人决心消灭掉的人，他们几乎得不到任何食物，大部分这种人都是俄国战争中抓获的俘虏。

这些俘虏被德军以上千人为单位关押起来。他们没有生活空间，住的地方没有房顶，得不到食物，也几乎没有水喝。

有些情况下，那些筋疲力尽的人只能去吃死掉了的同伴，但是几乎没有人能活过三周。在其中的一个集中营里，竟然有上千名俄国俘虏签署了人类历史上最残忍的请愿书之一：他们求德国人枪毙他们。可惜他们连这个要求都没得到满足。

据统计，德国和俄国的战争中有大约四百万俄国人饿死。在一些被围困的城市中，例如列宁格勒，当地政府只能枪决那些不是皮包骨的人，因为只有抢夺过食物的人才有可能有脂肪。

1917 年俄国革命的口号是"和平和面包"，这条路看上去依旧很漫长。

德国侵略者于 1940 年 10 月 12 日宣布建立华沙犹太人区。全城所有的犹太人都被要求进入那个被严密监视的区域，周围是三米高的围墙，上面还有尖刺。大约五万人挤在三平方公里的土地上，华沙 30% 的人口挤到了 3% 的城市土地上。

根据德国官僚的说法，住在犹太人区的人们属于饥饿计划的第三类人群：每个第三帝国的军人每天能够摄入 2613 卡路里的热量，而波兰的基督徒是 699 卡路里，至于犹太人区里的波兰犹太人则只有 184 卡路里：每天一小块面包和一碟汤。"犹太人会因为饥饿而消失，犹太问题将不复存在，剩下的只不过是一座座墓碑罢了。"德国政府的一位官员这样写道。本来只有那么一点食物人是活不长的，但犹太人凭借自身的团结和偷偷运送食物，在第一年中只有五分之一被关押者死于饥饿或饥饿引起的疾病：大约十万人。

英雄与恶人、团结与自私的故事在那些日子里是非同寻常的：走私者、通敌者、乞丐、小偷、抵抗者，成千上万各种身份的人为了得到一口吃的做了各种各样的事情。"很多人被饿死。他们在去劳动的路上就死了，有的死在了店铺的门口，也有的死在了自己家里。人们把衣服剥掉，把尸体往巷子里一扔，身上往往也不留证件，这样家人就可以继续用他的证件去领救济粮了。因此街道里充满了死者和粪便的气味"，谢尔曼·阿普特·罗素在他的《饥饿》一书中这样写道。

在那种令人恐惧的条件下，犹太人区的一群医生开始了他们的一项计划，这项计划至今都令我对我自己的犹太血统感到骄傲。他们既没有药品，也没有医疗工具或是食物来医治他们的病人，这些病人看上去没有一丝生还的希望了，但是这群医生和病人们一起抓紧时间开始研究营养不良，他们希望以这种方式来为科学的发展做出一些贡献：希望能帮助在其他条件下，还有希望能被治好的其他饥民。"一群毫无生存希望的人，他们人生最后的愿望竟然是为人类的将来再做出一点贡献。在死神步步紧逼的时候，他们不仅对此坦然面对，还毅然投入人生的最后一次使命之中。"《饥荒病：华沙犹太人区饥饿研究》一书的匿名序言作者这样写道。这本书里有着丰富的案例和统计数字，这本书是刚才提到的犹太人区里最后几名医生在被流放前写成的。他们秘密地在墓地里进行集会，最终完成了这部著作。一个没留下名字的女人偷偷把它运出了犹太人区，把它交给了一个名叫维托尔德·奥罗维斯基的波兰大学教授，他最终在1946年出版了这本书。

"饥饿最初的症状是口发干，并且有强烈的尿意。在不少案例中，病人们每天能尿四升尿。然后他们的脂肪会快速消失，并且有强烈的想要咀嚼东西的愿望，哪怕是不能嚼的东西也想要嚼。饥饿的程度越深，这些症状反而会减轻。接下来的症状就是心理上的了：病人们会愈发虚弱，连最基本的动作都完成不了。他们变得懒惰，他们想睡觉，但是睡不熟，还总是觉得冷，想要有东西盖在身上。他们的睡姿就像婴儿，蜷缩着身子，会有肌肉痉挛。然后病人们会觉得失落、无精打采。最后他们会失去饥饿感。尽管如此，当他们看到食物时还是会一把夺过，不嚼就直接吞下去。

病人们的体重相比战前会下降 20% 到 50%，他们的体重大约只会有 30 到 40 公斤，最极端的案例是一个三十岁的女人，她的体重只有 24 公斤。

肠胃的活动开始变得剧烈起来，很多时候会引发出血性痢疾，这会使他们的身体变得更加虚弱。浮肿会首先出现在脸上，然后是四肢，再然后扩散到全身，在胸腔和腹部会出现积水。

病人的肌肉会愈发虚弱，动作会变得越来越缓慢，哪怕他们再想活动也是一样。举个例子：有一个病人偷了医生的一小口面包，想拿着面包逃走，但是刚下床就跌倒了，然后他大叫道：'我的腿支撑不住我的身体了！'"

这些对临床的描述、统计数据、实验、解剖写满了一页又一页纸。他们在绝望中努力想要帮助这些病人："他往病人的食物里加入了少量的牛肝和牛血，给病人进行了注射和输血，还给他们补充了维生素 A。但这些都没起作用。最后，医生发现最好的治疗方式其实还是为病人提供含足够卡路里的食物。这种研究结果其实早就可以预见，因为治疗饥饿的最好'药物'本来就应该是食物。"

我永远都不会知道我的曾祖母古斯塔瓦（也就是我爷爷维森特的妈妈）是如何熬过她人生中最后的几天的。没有人活到现在来告诉我们她是用什么方法才能每天摄入够 184 卡路里的食物的：她是卖了些东西然后到黑市上买了点面包和土豆？还是强忍住饥饿感？她有没有感到绝望、想过自杀？她有没有想起她在远方的儿子和阿根廷孙女们，然后因为自己的血脉能延续下去而感到一丝安慰？他们也没有给她留太多的时间：她已经老了，所以他们毫不犹豫地把她送上了开往特雷布林卡灭绝营的火车。在那里，她和另外 25 万华沙隔都的犹太人一起在短短几个月内都被杀害了。

（有时候我想也许我们现在放任如此多的人饿死并不是什么很让人吃惊的事情：我们早就对此无动于衷了，我们已经习惯了成为旁观者。现在的人和七十年前的人没什么两样，他们面对希特勒、斯大林、罗斯福、集中营、原子弹时的态度被我们继承了下来。）

"二战"时的饥荒是欧洲最近的一次大饥荒。据计算，五千六百万人口中的三分之一，也就是说有超过一千八百万人在那六年中饿死。白俄罗斯人口的一半因为饥饿而消失了，在传统意义上的"先进国家"荷兰和挪威，情况也是一样：饥饿杀死了无数的人。

1946 年，有一亿欧洲人每天可以消耗含 1500 卡路里的食物：这意味着他们所有人都营养不良。同一年，一家新创立的专门为了避免再次爆发类似战争的机构发起了第一场对抗饥饿的运动。"二战"刚过，联合国此时惊魂未定，而1944年1月罗斯福在联合国大会上的发言则说得比较清楚："我们认为：真正的个体自由是建立在经济独立、安全的基础上的。需要依赖别人的人不是自由的人。所以饥饿和失业的人都是造成独裁的根源。"于是他们的理念展露无遗了：饥饿的人是罪恶之源。实际上给几百万挨饿的人饭吃自然要比对抗希特勒容易得多。

1948年12月10日，联合国大会颁布了《世界人权宣言》，其中第一条是这么写的："人人生而自由，在尊严和权利上一律平等"。最早签署这一宣言的只有六十四个国家，但其实原因是剩下的国家大部分是它们的殖民地。《宣言》的第二十五条写道："人人有权享受为维持他本人和家属的健康和福利所需的生活水准，包括食物、衣着、住房、医疗和必要的社会服务。"

联合国粮农组织是联合国系统内最早的常设专门机构，它的设立就是为了解决人类的吃饭问题。它的宗旨建立在一种虚无缥缈的原则之上：所有人都有一样共同的东西：人道。"人道这种东西往往会在缺失它的地方被提出来：我们要知道在小群体中，一个人的命运会影响到所有人。在这一点被人们想清楚的时候，人们就会互相帮助了，"一位阿根廷现代作家这样写道，"但没有什么想法是牢固不破的。人们手上做的和嘴里说的往往完全不一致，可是大家总会说人们的所作所为只是一时糊涂，于是那些最好的想法往往永远得不到实现，而它们的不现实性又使得人们一次又一次地把它们提出来。"

　　在那些从来没有被兑现过的权利中，最突出的就要属吃饭的权利了。人们很自然地会认为说一个全世界人民都该享有的权利是比其他事情重要得多的，某些个人因素也好，"自由贸易"因素也好，都不应该阻挠这项权利的兑现。所有的国家都应该保证本国的人民全都能吃得上饭。

　　但是在那些从来没有被兑现过的权利中，最少被人提及的也恰恰是吃饭的权利。这很奇怪：当人们谈论人权的时候想到最多的可能是不被无理由地拘禁、不被折磨、不被杀、被允许旅游、言论自由，却很少会想到食物。吃饭的权利变成了次要的东西。当上述那些权利遭到侵犯时，事情会演变成社会丑闻，而当上亿人吃不饱饭时，人们或某些机构的愤怒却显得那么得微不足道。

　　与此同时，在那些习惯发表关于饥饿的政治演说的国家里，饥饿变成了其他国家的事情。只有出于宽厚的仁慈之心和些许的内疚，政治演讲里才会出现饥饿的话题。

　　从19世纪中叶开始，饥荒又在非洲和亚洲卷土重来。提到饥饿，我的第一反应永远是那几张在比亚法拉共和国拍摄的照片：那些细胳膊细腿的小孩子，脸瘦得像骷髅，肚子却胀成了一个圆球。我们这一代的阿根廷人每当看到有人很瘦时，还是习惯性地喊他们"比亚法拉人"，可能我们这些人一直坚信饥饿只存在于照片之中。

　　最近一次农业大变革发生在20世纪初的德国。巴斯夫股份公司的几位科学家设计出了以工业合成氨为基础的新化肥，这也使他们获得了诺贝尔奖。在三十年代时，这种新肥料在世界上最富有的几个国家散布了开来，使得农场主们不必再费尽心思生产肥料，这也推动了农民选择转基因种子进行耕种，虽然这种种子比较脆弱，但是却更加多产。转基因种子需要用更多的农药，浇灌次数也更多。1930 年时，被灌溉的土地有八千万公顷，而到了 2000 年则变成了二亿七千五百万公顷。

19 世纪 60 年代中叶开始，所谓的"绿色革命"蔓延到了许多发展中国家：墨西哥、中国、印度、东南亚……

粮食产量飞速增长。

让我们所有人都能吃上饭是一个奇迹。很多人吃不上饭是一种罪恶。

人类在几个世纪中都没有找到对抗饥荒的办法。那时，每当干旱、洪水、战争、瘟疫降临的时候，饥荒也就随之到来。最有钱的人自然总是有吃的东西，但是其他人就不行了。在一些权力高度集中的王国，周边地区会给核心地区提供粮食，但是在这些王国，交流和交通方式往往都很落后，偏远地区饥饿人民的呐喊声可能要耽搁几周或是几个月的时间才会传达到上层那里，而那时几百万甚至几千万人可能已经饿死了。在那个年代，没有什么人能拯救这些人的性命，也没有什么方式能做到这一点。

如今给饥民食物已经变成了意愿问题。如果有人吃的不够、如果有人因为饥饿而生病或是死亡了，那是因为有食物

的人没有把食物分给他们：我们这些有食物的人不给他们食
物。如今的世界，生产的粮食数量已经超过了人类的需求，我
们全都知道是谁吃不饱饭，给他们食物应该只是个时间问题。

　　也正是出于这个原因，饥饿在当下已经变得比一百年、
一千年前更加残酷、恐怖了。

　　但至少，饥饿让我们更加清楚自己是什么样的人了。

孟加拉：模式

1

"您如果向我保证不外传的话，我可以把我的秘密告诉您。"

阿梅娜低声对我说了这样一句话，同时很谨慎地四处张望了一会儿。我回答她说当然了，我能跟谁说呢。她对我说有时候她烧水时会往里面放点东西，石头啊，树枝啊，当然是趁孩子们不注意的时候。

"孩子们只会看到我在往里面放东西，他们会觉得我在做饭。于是我就说要晚一点饭才能做好，我让他们先睡一会儿，饭好了我叫醒他们。这样他们就能睡得更安稳了。"

我听着。我没有问她第二天孩子们睡醒后是不是会追问她，也没问她这个谎话是怎么一次又一次起作用的：我觉得我不想知道答案。

刚认识哈基姆的时候，阿梅娜觉得自己真正的生活终于开始了。哈基姆人很和善，长得很英俊，对阿梅娜也很好。在房屋租住区里长大的孩子们总喜欢打架，阿梅娜打不过其他小孩，而那些小孩上学了的时候，阿梅娜则属于无法上学的那群人。只有她的一个年纪很大的姑姑在家里教她点阿拉伯语：她害怕自己如果不懂阿拉伯语的话，死后在真主问她话时，她就没办法回答真主了。

　　但当她遇到哈基姆，以前的一切就都变得没那么重要了。当时阿梅娜十四岁，人长得很美，也很苗条，留着一头乌黑的长发。他们只见了两次面，他就对她说想和她结婚。她当时已经知道他结婚了，他则说他已经不再见自己的老婆了，无论如何他都要和她结婚。阿梅娜有点害怕，因为她不理解哈基姆的做法，但是她试图说服自己哈基姆的老婆不是什么好女人，他和她在一起是不会幸福的。她那时还不知道很多男人不再见自己的家人是因为已经养不起他们了，这些男人选择离家出走，然后再找个别的女人，幻想着如果重新开始的话结果应该会不一样。于是她答应了他的求婚，说她也希望和他结婚但是她的父母不会同意的，因为他们已经给她选好了婆家，他们是不会希望在这件事上有变动的。哈基姆提议说他们一起逃走，她又紧张又兴奋，她觉得自己的生活终于发生了彻头彻尾的改变。

　　阿梅娜和哈基姆一起逃到了他位于孟加拉首都达卡郊区一个村子里的一位姐姐的家里。那里的神职人员因为没有得到双方父母的同意而拒绝给他们证婚，他们只能再找别的神职人员，最后终于找到了一位。阿梅娜觉得自己很幸福。

　　阿梅娜说在村子里住的那些日子是她生命中最幸福的。阿梅娜怀孕了，她和她丈夫在坎兰格查租了间屋子住。坎兰格查是位于达卡郊区的贫民窟。哈基姆开始在那里找活干，他搬过砖、当过陶工，干过很多份不同的工作。但他们还没有得到自己父母的原谅，哈基姆说这对他们很重要，他也努力了很多次，他说只有这样他们才会真的幸福。阿梅娜在两位叔叔和一位兄弟的陪伴下回去见过自己的父母，但是他们没有给她开门。阿梅娜在她父母租住的房子门口坐着等了好几天，最后他们终于原谅了她。哈基姆对她说这太好了，这样他就可以问他们要嫁妆了。

"嫁妆？"

"对，当然了。妇女出嫁时是要带嫁妆的。因为我们是逃走的，所以当时并没带嫁妆。哈基姆说他不在乎，说对他而言最重要的是和我在一起，但后来就开始向我提嫁妆的事了。我对他说过我爸妈没什么能给他的，然后他就开始打我。他打我，打得很厉害。"

阿梅娜已经记不清细节了：她觉得从那时起她的生活就都一个样了。生越来越多的孩子、挨越来越多的打、有越来越多的悲伤、饥饿的阴影始终笼罩着他们……我问她是否觉得她的孩子们没有饭吃是符合逻辑的，她看了看我，回答说很多人都挨饿。我又问她很多人都挨饿这事符合逻辑吗，我看出来她对"逻辑"这个词不是很明白，又或者是翻译得不到位，她回答我说如果很多人都吃不饱那是因为这是真主的安排，她也做不了什么。我又追问她说为什么真主想让她受罪呢，她说她怎么会知道呢："我怎么会知道呢。真主知道，而我不知道，正因为如此他才是真主啊。"

这就是她的逻辑。

"我总是梦想着自己能成长为一个有智慧的好人，找个好老公，过上好日子，然后再生几个孩子，我会把他们都培养成有智慧的好人。不过我的梦想最后一个都没有实现，因为我嫁给了哈基姆，而且他死了……"

"你说他死了？"

"对，他的腿上长了块脓肿，必须做手术，手术不成功，感染了，他没几天就死了，唉，真是个可怜人。"

她说这番话的时候眼睛也没眨一下，就好像说书人在说着一个重复了无数遍的段子似的，她好似已经忘记了刚刚才给我说过那个男人把她的生活变成了灾难。

"唉，真是个可怜人啊。要是他还活着可能一切会变得不一样。但是他死了，我也永远都变不成一个有智慧的人了，因为我爸妈没钱供我读书……"

"那么现在要改善生活的话你能做点什么呢？"

"我也不知道我能做什么，要实现我的梦想必须花钱，而我没有钱，所以就不可能实现我的梦想了。我唯一能做的就是把孩子养好，努力让他们能有学上，但是这很难。虽然很难，我觉得还是应该相信我能够做到，我必须让他们做个好人，这样真主问起来的时候我起码可以说自己做到了这点：我把他赐予我的孩子尽我所能地养大了，并且也尽力祈祷了。"

"真主在乎这个吗？"

"我觉得可能不在乎吧，因为如果他喜欢我这样做的话就不会让我受这么多罪了。"

"你觉得怎么样才能让他满意呢？"

"我不知道，我可能永远都不会知道。您肯定不相信我也问过自己很多遍这个问题。"

复杂的逻辑，透着忧伤。

"问题是水。"阿梅娜说着，好像是为了让我清楚她在说什么，因为我刚刚对她说我不太清楚他们现在最大的困难是什么。

"有时候我买不到水，我就给他们喝我找来的水，但是喝了那水我们就都会生病。医生对我说就是水闹的，他说我得给他们喝买的水。我想他说的是对的。但问题是很多时候我压根没钱买水。"

在达卡，就和很多其他城市一样，穷人要喝水只能跟水贩买，水贩会用车拉着水经过，但价格要比自来水贵很多，贵四倍到五倍。

"给他们买了水就没钱给他们饭吃了。我该怎么做呢？先生，请您告诉我，我该怎么做呢？"

很多人可能和我一样，第一想法是穷人们的选择很少，或者说他们压根就没得选。但实际上穷人们每时每刻都在做着选择：吃饭还是喝水，衣服还是屋顶，过得惨还是过得惨。做穷人就意味着永恒的不完整性：一个人只能得到他认为自己应该得到的东西的很小一部分。所有的广告商、商人、售货商其实也都在给富人们制造同样的一种感觉：世界上充满了你想要的东西，但你永远没法把他们买全。区别只是富人买不够，穷人没钱买。

"没饭吃的时候我感觉很糟，真的很糟。我感觉胸疼、恶心。但我还是得继续找食物，有时候我只能靠在孩子们身边，试着让他们不要哭。没办法，我觉得这就是我的命运，我只能接受它，但我不知道这样下去我还能坚持多久。"

"你现在最想要什么？"

"食物，足够的食物。有时候我看到有的人有很多食物，而且他们浪费食物，我觉得很糟糕。我恨这种人。我觉得得有人起来制止这些浪费食物的人，但是要制止他们得有足够的实力，我觉得有足够的实力就得有钱。要是我有钱了我就有足够的实力了，到时候我一定会制止那些人。说真的，我一定会制止他们的，我会惩罚那些人的。"

"但是如果你有钱了，你就属于那些人了，你还会反抗他们吗？"

"不，我永远都不会像他们那样的，就算我有钱了也不会，因为我始终记得挨饿是种什么滋味、没饭吃是种什么滋味。"

"你确定？"

"我当然确定，毫无疑问。"

"城市的饥饿人群属于一个悲伤的世界，他们离传统城市的传统和政策那么遥远，他们代表了不平衡状态的新的一面。城市的边缘是新的避难区，是新的巴比伦。但是，面对那条没有出口的路，穷人们起身反抗了吗？这些城区会像迪斯雷利在 1887 年、肯尼迪在 1961 年所担心的那样，成为即将喷发的火山吗？或者按照达尔文式的优胜劣汰原则那样，穷人们会为了食物残渣而大打出手，变得越来越残暴，造成城市的退化？同时只有这些非正式的无产阶级才能拥有马克思主义最威力无穷的护身符：改变历史的能力？"

"人类未来的团结受到了城市新出现的穷人团体对待资本主义全球化时所采取的暴力行动的威胁。这种暴力行为像是隔代遗传一般，有着很强的先锋性：它们拒绝现代化，试图进行复古。因此伊斯坦布尔、开罗、卡萨布兰卡或是巴黎的年轻人向萨拉菲之类的极端组织敞开怀抱、享受着破坏现代化的标志性建筑的快感的行为就不那么令人惊讶了。还有几百万人成了以破坏城市经济为目的的巷战份子、武装人员和毒贩子。国际上对抗恐怖主义、贩毒和犯罪的战争大多成了语义学层面上的一种种族隔离方式：他们在贫民窟、棚户区四周建立起了一座座无形的墙，禁止人们讨论为何这里的居民被排除到了经济体制之外。在维多利亚时代，人们往往认为最有可能犯罪的人是那些住在城市边缘的穷人，这个预言好像被人类自己强行实现了似的，如今的确不断出现街头暴力事件。"不到十年前，迈克·戴维斯这样说道。

2

"如今这里的境况越来越艰难了。孟加拉是世界上三个拥有最多营养不良人口的国家之一，但这里的人好像从来没有发现过这一点。有所发现的是农民，因为他们最经常遇到没有食物的情况，但是在达卡这里好像没人想过这事。"

维基这样对我说道。他是一个金色头发的大体格荷兰人。我坐的这把椅子摇摇晃晃的，我感觉这里的一切都在摇晃，好像连大地都在晃动着。我没法为我的这种感觉找到一个合理的解释，我觉得一切都是平衡的问题，我觉得我可能是累了，得补补觉了。维基继续说着，他很激动，我却有点心不在焉。之后，在吃午饭的时候，所有人都很有兴趣地讨论着地震的事情。恐惧永远都不会是毫无意义的，尤其是在你很清楚自己惧怕什么的时候。所以他们对地震毫不恐惧的心态大大出乎了我的意料。

我有时候很嫉妒别人能始终保持冷静，无论面对什么都能保持冷静。

孟加拉是一个很年轻的国家：它在我出生前十年才摆脱了英国的殖民统治，而直到我十四岁时它还叫作东巴基斯坦。1971 年爆发了一场小型战争，然后是演讲、庆祝、一个新的国家。我（有些愚蠢地）不信任新的国家：我觉得它们像是假的。一个国家怎么能比我父亲年纪还轻呢？

但是这些国家坚持了下来：最后一次新国家建立的浪潮已经过去五十年了。在这些国家中，孟加拉是遭受灾难最多的国家之一：十四万八千平方公里的土地面积，和乌拉圭的面积差不多，但人口却多了四十倍，达到了一亿六千万或是一亿七千万。按人口来算，孟加拉是排在世界第九位的国家，按国土面积算，排在第九十五位。人口密度达到了 1140 人 / 平方公里，是世界上人口密度最大的国家。孟加拉是恒河的入海口，国内主要河流水系还有布拉马普特拉河，地势较低，很少有海拔高于十米的地方，因此这个国家不停地遭受洪灾，全球气候变暖造成的海平面上升无疑会加剧当地的水灾。在有限的土地上人们种植着水稻，孟加拉国在土地资源极其有限的情况下还成了世界第四大水稻生产国，但这还远远不够。

"这里的人们都察觉不到自己已经生病了。"维基，这位充满活力的荷兰人、无国界医生组织在孟加拉的负责人，坚持对我讲着这些我已经听过的事情。但其实这很重要：习惯过最艰苦的生活的能力，或者说习惯了过这样的生活，这非常可怕。

孟加拉是一个很好的案例，它概括了城市模式是怎样和为何失败的。六十年前，达卡还是一个省的省会，城市规模很小，只有五十万人口。现在城市规模发展了三十到四十倍，数百万人无家可住，城市街道不够、空间不够、交通不够、下水道也不够。而且人们还在大量涌入达卡：每天都有数千人怀着在这里能生活得更好的希望来到这里，也有的人来这儿是因为某一天他们睁开眼忽然发现自己的村子已经被水淹没了，还有的人是因为失去了手上仅有的那一小块土地，也有的是因为他已经没办法给自己的一堆子女饭吃了。

说"数百万"其实是很不负责任的，但这不能怪我，没有人知道达卡城里到底住着多少人，也没人有十足把握说清楚这个国家到底有多少人口。有人说达卡城里住着1600万人，或是1800万人，又也许是2200万人。

我的表兄塞巴斯蒂安是一位科学家，他坚持说必须发起一场紧急的国际运动来重新分配土地资源，因为土地资源就和财富、食物、其他自然资源一样分配不均。有的国家有大片土地，有的国家却很少，因此造成了人口密度过高的问题。

这个世界就像是一片有肉、有铁皮罐子的丛林。在达卡行走就是在一群不停移动的东西之中钻来钻去：人、自行车、手拉车、摩托、汽车、公交车……你一定要在心里这样安慰自己：那些开着某种交通工具的人是不想杀死你的。实际上你并不确定那些人是怎么想的，出于宗教原因或是为了寻求便利，他们不会在任何东西前停下车来。

我看到一个骑摩托的男人经过了这里，他那辆不算很旧的摩托车上还载着他的两个女儿，一个在他身前，一个在他身后。两人都抱着他、贴着他。我看到坐在后面的那个女孩脸上挂着幸福的表情，她的脸贴在父亲宽阔的后背上，感受着父亲的温度，可能觉得很有安全感。她可能还不知道生活本不该如此的。又或许她知道。

达卡在某些方面是很失败的：在公共区域很少有灯光，也没有专门的人照顾公共区域，几乎没有公共秩序可言。从城里的一个地方到另一个地方去可能会用上好几个小时，而走过的路在回程时可能已经走不了了。喇叭声、吵闹声、炎热、灰尘、无序的街道、横冲直撞的汽车、废弃的大楼、充满腐臭味道的河流和小溪、难闻的气味、垃圾……一个社会的财富越少，它对某些事物的开放程度就越低：在挪威，所有人都能享受到便利的公共设施，这在很多第三世界国家是不可想象的。坚持公共区域是属于所有公民的，而所有人都有义务照料它，这种理念好像也只有富有国家才有：在这里，富人有他们自己的活动区域，而且四周往往布满了高墙。

达卡是一个完美的失败案例，同时也是很好的城市取得成功的案例：它就像个吸铁石一样吸引着越来越多的人过来，而当他们这样做的时候，其实已经落入了陷阱。在第三世界国家，城市的成功反而带来了极大的灾难：生活在欲望、吸引力和希望都过剩的危机中，这是一种资本主义式的危机。

这里也是如此，大多数来到这儿的人最后都只能住进贫民窟，成为棚户区中的一员。坎兰格查，孟加拉最大的贫民窟，是布里甘加河中的一个小岛。

穆罕默德·马苏姆是三个月前从他的村子满怀憧憬地来到这里的。马苏姆本来有一小块土地，他用它来种水稻、香蕉和芒果，但后来他不得不放弃那块地：他一结婚，他的兄弟们就把他逼走了。

"我也不知道为什么他们不喜欢阿斯玛。他们说她穷，说她没带来嫁妆。"

穆罕默德和阿斯玛是在村子里相识的，他喜欢她，人们对他说她很勤劳，人很好，所以他就决定娶她。最后他的兄弟们同意了，一切都很波澜不惊，或者说表面上看是这样的：他爸爸有病（他的原话如此），所有人都知道他爸爸活不了多久，兄弟们对于财产的争夺到了白热化的地步。因此他倾向于卖掉地、离开村子。

"遗产很多吗？"

"对。有三块地，每块都有四五十平方米。"

穆罕默德不在乎那些地，因为他很久之前就想来达卡了。人们总是对他说城市里的生活和村里完全不一样。

"我听说过城市里的人过得都很舒适、安稳、幸福。而且还能赚足够多的钱。"

"你怎么知道这些的？"

"别人告诉我的。有时候我在村子广场里的电视上也能看到。从电视节目里看达卡人生活得都很好。"

"你现在还这么觉得吗？"

"当然了。我的生活在改善，所以我还是会留在这儿的。"

他住的房子只有两三平方米，是用薄板和棕榈叶搭起来的，里面没有任何家具。穆罕默德很瘦，却长着一张军人般坚毅的脸。他就像是一个生错了地方的桑德坎虎[1]。阿斯玛脸上挂着微笑，盯着穆罕默德看，手上还照顾着他们的三个孩子，他们所有人都挤在这间小屋子里。这座贫民窟中的屋子都位于一条破旧的道路两边，每一间屋子里都住着一家人。所有人共用一个厨房、一个厕所和一个水龙头，所谓的厕所就是在地上挖了一个洞。为了能付得起租金，穆罕默德不得不到大街上拉车。

"你这工作最不好的地方是什么？"

"最不好的地方就是太累。这是我这辈子干的最累的活了。"

"每天赚多少钱呢？"

"不一定，有时候 200 塔卡，最多 400。"

400 塔卡也就是将近 5 美元，但是他后来对我说他其实很少能赚 400 塔卡，更多的是 200 塔卡，也就是 2.5 美元。这些钱是他拉 10 到 12 小时的车赚到的。这座城市里到处倒

1　此处指动画片《桑德坎》的主人公。

是手拉车，也就有很多拉车工。没人知道到底有多少拉车工，大概总数在 20 万到 50 万人之间。每一位拉车工每天要在这地狱般的城市（还有它那糟糕的交通）里走 50 公里。我又问他觉得他这工作最好的地方是什么。

"没什么好的。但是我没钱，而且在这儿我一个人也不认识。这暂时是我唯一的谋生手段。我一直想待在达卡，所以现在我过得挺幸福的，虽然在村子里我几乎不会饿肚子。"

在城市里，你如果不工作就没饭吃，他对我解释道。不像是在村子里，你哪怕不劳动也能摘到芒果，或者去干点小活就能换来一些米之类的食物。

"城市给人的感觉是所有的东西都是属于别人的。"

他说着，然后沉默了一会儿，像是发现了新奇的玩具一样回味着自己刚才说的话：对，这里所有的东西都是属于别人的。

"在这里，我不干活的日子就肯定吃不上饭。"

他边说着边望向我，然后纠正了一下：我们就肯定吃不上饭。

"我觉得身体不舒服已经两天了，所以这两天我就没有出去拉车，现在我们没东西吃了，这可不是什么玩笑话。今天下午无论如何我都要出去干活了，养病是有钱人才能做的事情。"

每天都要为吃什么而发愁，也就是说从来就没有过余粮。如果今天赚到钱了，他和他的家人就有饭吃，如果没赚到钱，则没饭吃。明天、后天，天天如此。必须出门去碰运气，运气时有时无。余粮、余钱、保障，这些东西促成了文明的建立，也是我们日常生活中不可或缺的东西，但在这里它们都不存在。就像我说的：必须出门去碰运气，运气时有时无。

"但是我现在已经过得比以前好了。"

他说他现在过得比以前好了：现在他们有了一张床，他们现在能坐在床上了。其实这只是一张没有床垫的木板床。每天晚上他们一家五口都要挤在这张床上。他们还有另一项财产：屋顶上的吊扇，帮助他们驱赶炎热和恶臭。

1980 年时坎兰格查岛上有 2800 名居民，而岛上第一次通电却是在 1990 年，是在一家教会学校里。如今这座岛上住着 50 万人，几乎所有人都是从外地涌入的，而且还不断有人试图来到这里。坎兰格查和其他许多第三世界国家的城市一样，迅速被大量外来人口占据了。像布宜诺斯艾利斯这样的大城市，人口密度也只有 15,000 人 / 平方公里，而坎兰格查则是 150,000 人 / 平方公里。在岛上，十个人中有六个是文盲。岛上有 98 座清真寺、69 座伊斯兰学院，人们在这里学习《古兰经》，另外还有 7 所小学。

类似的城市好像是一点点被拼凑起来的。有些事情是很重要的，必须搞清楚他们为什么都想到这些地方来：每天都吃上饭的希望、想让孩子们过上更好生活的想法、对于他们已经拥有的生活的不满、渴求改变的心态……他们认为移居到这些地方就能得到他们想要的这一切。没有什么更美好的生活，也许他们放弃了的才是更美好的生活，他们也因此受到了惩罚。他们应该有未来，他们正是为此而来的。也许他们能有未来，但从现在看来这还很遥远。而现实依旧在继续，他们还要继续谋生，要过上他们想要的生活，他们还需要很长的时间。

"要是我有钱，我就能做点生意。我会进点东西，然后到街上去卖。为了干这些事我必须得有钱，但是目前我一点积蓄都没有，因为我得付房租，还要买吃的。但我会赚到钱的。"

"你有没有想过回到村子去？"

"没有。我们现在已经不能回去了，因为我已经把我们的那块地卖了，因为那样我才能带着家人来到这儿。这就是我们现在的生活，我们要着眼当下。"

他很坚定，因为他已经走不了回头路了。于是我问他最幸福的时刻是什么时候。

"我不饿的时候就幸福。我们有食物的时候我特别幸福，没有的时候我就很不幸福。"

"你们有时候没有吃的东西，这是谁的错呢？"

"我没饭吃的时候也不会去埋怨任何人。我认为真主赐给我应该有的东西，他是会照料我的，他也会决定我的命运。不管是好还是坏。如果说我现在境况不佳，那一定是因为我犯了什么过错，所以才会遭到惩罚的。"

"有的人那么有钱，有的人却那么穷，你认为这公平吗？"

"不公平，我认为主不应该这么安排。"

"但他就是这么安排的。"

"对，可能是因为我们没有成为他想让我们成为的那种人。我们让他失望了，所以他来惩罚我们了。我们如果想过得更好，首先得先证明给他看我们配得上那一切。"

他的女人表示赞同，然后她就带着他们的一个儿子到外面去小便了。仿佛是为了不让她听到，穆罕穆德低声对我说有时候他实在是感觉坚持不下去了，责任实在太重了，如果他赚不到钱全家人就没饭吃，这责任太重了。他问我是否知道他有时候会怎么想。

"我不知道。"

"有时候我想还是当个女人更好一点。"

他边说着，边抬起头来，好像很震惊自己竟说出了那么一句话。我们对视了一下，我也不知道该对他说什么了。阿斯玛带着孩子回来了，她说如果我们在谈论没饭吃的问题的话我们最好还是停下来，因为那可不是什么好事。

"不要再谈那些事了，为什么要说那些呢？我们受的罪已经够多了。"

在达卡城里像这样的贫民窟一共有十几个。坎兰格查里生活的人不是最穷、身体最差的人，它只是规模最大、管理最差的一个贫民窟。坎兰格查里全是没完全搭成的房屋，街道又脏又乱，地上都是垃圾，还有电线、无数的电线、摩托、人力车、窄桥、充满恶臭的市场……木匠睡在地上，铁匠在打铁，肉贩切着肉，短工砌着砖，鞋匠在等待着客人，几个小伙子在整理着几百个黄色木桶的塑料边。还有的人在卖水果、小摆件、吗啡、海洛因：坎兰格查同时也是这个国家最有名的毒品交易中心。

　　所有这一切看上去自开天辟地起就已经在这里了，但实际上它们只有三十年的历史。四十年前，这里还是一片被水和沼泽隔开的岛屿，被当作巨大的垃圾场来用。后来，越来越多的人来到了这里。它依旧是座巨大的垃圾场，不过已经变成了挤满人的垃圾场。

　　随着来的人越来越多，坎兰格查慢慢出现了房屋，这些房子换过了无数的主人。有的屋子是用板子搭起来的，屋顶是棕榈树叶，地面上铺着长短不一的木板，一些长长的竹子插入地下三米深用以支撑木板，这样做的原因是地下都是沼泽。这里的居民在日常生活时是完全没有平衡的，这不是什么比喻，因为无论是住在家里、做饭、洗澡，或是走过三四根竹子搭起来的简易桥的时候，脚下都是散发着恶臭的黑水：这就是他们生活的味道。

　　也有的人的屋子搭在平地上，这样的屋子大概有二三十间，它们围在几个空地边，人们合用一个炉子、一个粪坑和一个水泵。每间屋子里都只有一张床，住在屋子里的所有人共用它，床上自然也没有床垫，不过有的人的床板上会铺一块布。作为墙的薄板上全是大窟窿，里面塞几块废布，有的家里有锅，还有几件破衣服。这恐怕是人类最低的生活标准了吧。

　　这些屋子几乎都没有门，最多有一个帘子。

　　在这里，隐私是另一个奢求。

　　后来，我走到了街上，心里还想着穆罕穆德养活全家人的方法：拉着车，把全身的力量集中到左腿上，然后再艰难地迈出右腿，重复两三次这个动作后，车轮就动起来了，而汗水也就随之流下，像钻石一样。

3

　　蒙塔兹很生气，因为昨天她不得不带他两岁大的儿子去医院，因为他用小刀割伤了自己的一个指头，血流不止。她说她很怕他会死。后来当他们准备出院时，医院却不放他们走，因为她无法承担 1000 塔卡（大约略多于 10 美元）的医疗费，他们把她扣了好几个小时，她既害怕又羞愧。她脸上现在还挂着这些表情。他对我说他们不让她走，把她当作犯人，她的孩子们只能独自在家，没有人照顾他们，也没人给他们吃的。家里都已经快连米都不剩了，而那些人却还扣着她。那几个小时实在太可怕了，最后她的一个姑姑凑到了钱，这才把她赎了出来。如今蒙塔兹还在发愁要如何还这笔钱。

　　"那笔钱够我们吃十天到十五天的饭。我不可能为了还钱而那么久不吃饭。"

　　她对我说着，我在她的语气中听不出任何情绪。没有情绪，这大概是人类最恐怖的情绪了。

　　"我不知道该怎么办，我快绝望了。"

　　蒙塔兹现在独自一人，她的丈夫因为生病已经回村了。他给她留下了十五天的口粮，许诺说他几天内就会回来，但如今米已经快吃完了，他还是没有回来。蒙塔兹已经记不清自己结婚多久了，也不记得是什么时候和她丈夫一起从村子来到这里的了。蒙塔兹记得的事情似乎很少，她还在继续说着昨天的事情，说着她的债务和米即将吃光的事情。在她租住的小屋子里也有一张床，全家人睡在那张床上，她家的墙板上也有很多孔，也塞着碎布，板子铺在地上，屋顶的棕榈叶上有更多的破洞。蒙塔兹不允许她的孩子出门，孩子们整天被关在这六平方米暗无天日的屋子里。

"我是害怕有人会绑走他们。"

"谁会绑走他们呢？"

"我不知道，他们说有拐卖孩子的坏人。"

"他们绑走你的孩子干吗呢？"

"谁知道呢。"

她跟我说话的时候，她的孩子就在旁边喊叫着、哭闹着、咳嗽着、跳跃着。蒙塔兹说她想每天都有饭吃，她想每天都能给孩子们吃的东西，他们应该每天都吃东西。她说她现在已经习惯了，她就算不吃饭身体也吃得消，但她还是会很紧张。很紧张，她低声说道，就好像一个犯了错的孩子。蒙塔兹脸圆圆的，眼神很惊恐，她的身材就像一个孩子那么小。

"你觉得你的生活会变好吗？"

"我不知道，我们走着瞧吧。"

"要想改善你的生活，你能做点什么呢？"

"我也不清楚。目前来看我什么也做不了。但是等我的孩子们长大了我就能工作了，然后就能多赚点钱了。"

"有谁能帮你吗？"

"没有，谁会帮我呢？"

"政府呢？"

"我不懂政府的事情。"

也许她的孩子们长大后会赡养她，也许他们能上学，如果她和她男人能有钱给孩子们买书他们就能去上学；又是钱的问题。但孩子们毕竟还是孩子，没有饭吃他们连长大成人都是问题。他们几乎没有机会长成她希望的那样：他们长得很慢，他们也学不了什么知识，但如果幸运的话，他们还有希望能成为廉价劳动力。

"但是我希望他们能过上安稳的日子，能有个美好的未来。"

"你过的日子安稳吗？"

"不安稳。"

"为什么呢？"

"因为我的生命中总是充满了悲剧，总是如此……"

我问她为什么她会这样生活，错是谁的。蒙塔兹盯着我，好像我的问题很粗暴、很浅显但又很难回答。总之她闭上了嘴，没有回答我的问题。她的儿子摸了摸她的脸，蒙塔兹很粗暴地把他的手推开了。然后她继续说道："都是我的错。"

她说错是她的，因为她生了太多孩子。她说她本应该控制生育的，如果她只有两个孩子的话，一切就都不一样了。一切就都不一样了，她说。都是我的错。她坚持这么说。

说得准确一点的话，有的人说的话就像是一坨屎。

有时候会有人觉得饥饿的问题错在女人身上。如果我是个词源学家的话，我可能会研究下"女性"和"饥饿"这两个如此常见的单词的词源是不是真的有什么交集，因为它们长得确实很像：hambre 和 hembra，或者 faim 和 femme，又或者 fame 和 femina。然后我们可能会发现它们只是发音相近罢了。但我还是会说：事情没有那么简单。

因为这本书主要是由女人的故事组成的，这就和身体的主要成分是水一样自然。哺乳动物身体内 90% 都是水，无论是人、牛还是负鼠都是如此，但水恰恰是我们身体里最不易被人看到的成分。为什么那么多人说女人和饥饿的关系最密切呢？大概就是因为她们是最直面饥饿的人：她们做饭时、照料孩子时、把孩子带去医院时……而她们的男人则离得远远的。在家里有食物时，先吃饭的通常都是男人，而饭不够时只能由女人挨饿。这也就是为什么世界上 60% 的饥饿人群是女人。

（现在孟加拉的总理是谢赫·哈西娜·瓦吉德，她是孟加拉建国之父拉赫曼的女儿。在很多有悠久历史的新建国家，政治圈里子承父业是很常见的事情，例如印度的英迪拉·甘地，巴基斯坦的钱德里卡·班达拉奈克，印尼的梅加瓦蒂·苏加诺等等。往往是一些政治人物被刺杀了，而他们家族中又会站出另一群人来，哦，对了，昂山素季也是其中之一。应该有些博学的人研究一下为什么会出现这种现象。

在这个国家，时不时就会发生一场军事政变。近几年，孟加拉政权争夺就在国父之女和推翻国父之人的遗孀之间展开。然而女性执政并没有让这个国家的大男子主义风气有所缓和，哪怕是一点也没有。）

1971 年，孟加拉的生育率为 6.4，也就是说平均每个孟加拉女人会生超过六个孩子。人口数量增长太快了，政府和许多国际组织出面要制止这种快速增长的石头。宣传员走遍了这个国家的各个角落，20年后的今天，生育率已经降低到了2.5左右，降了一半还多。宣传员最主要的宣传内容是：生太多孩子是贫困的最主要原因。

"我结婚的时候我妈妈就是这么告诉我的。她让我别重复她的错误，生那么多孩子。"罗克娅这样对我说道。

我几年前是因为联合国关于健康问题的一份报告而来到孟加拉的，那时罗克娅对我讲述了她的生活：多亏了她的婚姻，她终于摆脱了做女佣的命运，虽说她现在干的还是同样的活，但是在自己丈夫家里干，这就意味着一切都不一样了，她不再是下人了。

她一直在重复着："我感觉太好了，感觉太好了。"

一切似乎都走上了正轨，但问题是罗克娅迟迟没有怀孕。刚开始的时候，她的公婆认为她太年轻了，但过了三四年后，她的压力就大起来了。她的丈夫古杜斯也对她越来越冷漠了，罗克娅很担心自己会被休掉。

"你去看医生了吗？"

"没有，我们村里没有医生。说实话，那时候我压根不知道有医生这种职业。"

有一天，她的婆婆对她说她应该是被恶灵附身了，她命令她去村里的巫医那里看看，其实我们叫他"巫师"也行，叫他"传统医生"也可以。巫医确认她是被恶灵缠上了，它把她的卵子都吃掉了，必须把恶灵吓走。他给了她一个印着

《古兰经》经文的管子还有一些药草。这个方法并没有立刻见效：罗克娅等了一年才终于怀上了孕。这让她终于放松了下来，而分娩的过程也很顺利：在家里，由村里的产婆帮她生的孩子。是一个女孩，但是罗克娅和她的家人都没有抱怨。

罗克娅已经生了第一个孩子了，而且她始终记得母亲的叮嘱。所以，当一个计划生育的宣传员到村里宣传的时候，她问他要了避孕药。避孕药是一种有些残忍的对抗自然规律的方法。她在接下来的两年里一直在服用避孕药，但是她没有告诉她的丈夫，也没有去看医生。有一天古杜斯发现了那些药片，质问她那是什么。她撒了谎，很害怕。后来她鼓足勇气对她丈夫说她不想再怀孕了，因为这样他们的家庭规模就比较小，就可以更好地抚养他们的女儿。他听她讲完，他们争论了很久。最后他对她说他同意少生孩子，但他们至少得再生一个男孩，因为没有男孩的家庭是不完整的。她对他说好，但是得再等一段时间，等莎丽姆再长大一些。

"我丈夫从来没打过我，他是个好人。他总是支持我的决定，他也知道我们养不起太多孩子。"

这件事情有两面性。一方面国家决定降低生育率，另一方面还要说服那些穷人他们的贫穷是自己造成的，因为他们生了太多孩子。

马尔萨斯的理论也在孟加拉起了作用？

他们的第二个孩子米隆是个男孩。后来，古杜斯的父亲死了，古杜斯继承了一块土地，但他还是养不活一家人。于是他们来到了达卡，也找到了工作：古杜斯帮人看牛圈，罗克娅在一所学校里打扫卫生。罗克娅很满足，但她还是很担心自己会再次怀孕，她害怕那样一来家里的经济平衡就会被打破。最后，一位宣传员建议她去做结扎，说这是彻底解决问题的最好办法。罗克娅想，能住在达卡是一种幸运，在村子里的话她可能永远都不知道结扎是什么。罗克娅和古杜斯同意做结扎，但她还是心存疑惑：

"有些宗教人士说如果一个女人做了结扎的话就不能按照宗教礼仪下葬了，大地会拒绝接受她的身体，而神灵也会惩罚她。我很害怕。我在诊所里和一个女人聊了很久。她对我说那种说法不是真的，所以我最后下定决心做了手术。现在我终于能说如果我们变穷了那也不是我的错了。"

■ 部落的话 ■

怎么回事呢？

今晚我能从工作中回来，钻进浴室，换上衣服，喷好香水，向酒店餐厅点一份丰盛的晚餐，甚至可以点一瓶好酒，是什么东西保证我可以这样做呢？是什么东西保证我可以每天晚上都这么做呢？

哪怕我不这么做，也解决不了那些饥民的生活问题，而我自己的生活也不会受到影响，不是这样吗？我能就这样把自己的职责抛在挂衣架上吗？

至少我在为写这本书而努力，这是个借口吗？

　　这到底是怎么回事呢？

　　我真的想做点什么。我向你发誓，玛尼，看到那些人的生活时我真的受到了冲击，我总是会想起那些可怜人时刻伴随着不知道能否有饭吃的焦虑，我不能相信我们什么都做不了。我看过一部非常棒的纪录片，它把那些问题激情澎湃地展现了出来。玛尼，你无须克制，那真的很让人难受，我感觉非常糟糕，我太激动了，从那时开始我总是会想起那些人。或者事实是我一直就记得他们，因为我记得我的母亲总是跟我说小家伙你得把那东西吃掉，非洲的孩子什么都吃不到，我们怎么能把它丢掉呢，然后我就想到了那些孩子，再然后我就会把东西吃掉。太疯狂了，不是吗？为了让我吃掉那些孩子吃不到的东西，她就告诉我他们吃不到它，他们没有它。我始终对她的话印象深刻，不过我现在回过神来了，那只是一种话术，我吃不吃掉那东西跟那些孩子有没有那些东西可吃之间有什么关系呢？好吧，但这不是关键所在。关键是我总会想起他们，实话对你说，我想做点什么。能让我感到平静一点的情况是我们这些试着帮助他们的人为数不少。不只是像我这样的普通人，还有一些有钱有势的人，例如比尔·盖茨、保罗·大卫·休森和教皇。你没看到教皇总是提到穷人而教会也一直在帮助他们吗？哪怕他们可能并非出自真心……可这些举动让玛尼觉得安心和轻松。不过有时我也会担心起来，我会问像玛尼这样的女孩能做些什么，如果说世界上最有权势的人可以做那些事情的话，如果说……

　　我们到底怎么能做到呢？

"让我无法忍受的是我明知道有很多人饿死，我却还在吃着这些东西。"

"对，这确实很让人遗憾。"

"但是，当然了，我们还是会继续吃下去，继续浪费下去。事情只会变得更糟。"

我们究竟怎样才能安心生活？

我觉得饥饿问题之所以让人难以忍受是因为它永远在指代一种别人的生活。

（所以我觉得我永远都无法学会忍受它。）

我们到底怎么才能在知道那一切的情况下继续生活下去呢？

愧疚感让人惶惑。我们所有人都有错，但不应该以破罐子破摔的方式去对待那种过错，不该因为有这种错误的人太多而稀释了它的沉重感，仿佛它可以被切分成小到不能再小的份额，最后化为乌有。我们所有人都有错，但有的人错得比其他人更多——量变积累，质变出现。的确，您，我，在上文中交谈的两个人，我们可以按照自己的喜好挑选食物，吃掉对其他人来说是必需品的东西。不过这种过错虽然严重，却压根没法跟美国嘉吉公司犯下的错误相比，也没法跟任何一个国家的领导人犯下的错误相比。完全没有可比性，这您是知道的。

我们究竟怎么才能在知道那一切仍在发生的情况下继续生活下去呢？

好吧，我明白，可你又想让我做些什么呢？再也不吃东西了？只吃面包喝点水，或者只吃点玉米，来展示我的忧虑和决心？那也没什么用，老头子，只是在惺惺作态罢了。我觉得我们只能维持生活现在的样子，心里明白我们应该以某种方式帮助他们，或者，这么说吧，如果我们干预此事能改变现在的局势的话，我们应该出手，但还是请自问一下，这有用吗？既然我们都知道饥饿问题还会存在很长时间，我们的干预会有用吗？只是在浪费时间，老头子，只是在浪费精力。难道你忘了可怜的胡里奥了吗？忘了他经历的事情了吗？不，我的意思是我们只该去操心那些有机会得到解决的问题，你明白我的意思，要是问题根本无法解决的话，到最后你就只是自找麻烦，你会觉得自己毫无用处，你会觉得你帮不到任何人，你就是坨狗屎，所以说得仔细挑选那些……

我们究竟怎么才能在知道这些事仍在发生的情况下继续生活下去呢？

4

有些故事非常沉重：在孟加拉，饥饿好像已经成为人们的一种习惯。饥饿最主要的诱因，同时也是自古以来最主要的诱因，是土地不足：几百万农民一点土地都没有，还有几百万人只有一小块土地。只有1%的孟加拉农民有超过3公顷的土地，86%的农民手里的土地甚至连1公顷都不到，他们很难养活自己的家人。这里的人民上千年来的生活条件都是如此艰苦，但是最近一百年中的人口大爆炸使得情况更加恶化了。

而且要在这里的土地上耕种还要看老天爷的脸色：降雨

和水量巨大的河流带来的洪水对于当地农民而言已经见怪不怪了，但如果洪灾泛滥的话局面就难以掌控了。还要再加上台风、龙卷风、巨浪、土地退化，甚至是干旱。绿色革命同样给这里的土地带来了巨大的损害：在四十年里，土地产量翻了三番，但与之同时出现的是土地肥力的丧失。这里的湖泊河流同样养活了大约一千万渔民，但如今也因为过度捕捞而导致产量急剧下降。

因为以上种种，很多孟加拉农民涌入了达卡城，要知道孟加拉人口的三分之二都是农民。农民涌入城市导致孟加拉耕地以每年 1% 的速度在减少，因为城市规模在不断地扩大。这些新的城市居民的生活质量取决于食品的价格。尽管孟加拉国内消耗粮食的 90% 都是本国生产的，但其市场上的粮食价格依旧受到国际市场的影响。换句话说，食品价格在不断地上涨、上涨、上涨。

因此，也因为人口数量的增加，尽管从二十年前开始孟加拉贫穷人口比例就在以每年 1% 的速度下降，贫穷人口总数却没有显著减少，没饭吃的人、饿死的人的数量同样居高不下。

不同社会阶层的家庭之间最明显的一条分界线就是把收入中的多大比例用在吃饭上：一个家庭越贫困，用在吃饭上的钱占收入的比例也就越大。在 19 世纪初的英国，也就是工业革命刚开始的时候，大部分家庭把总收入的 90% 用在吃饭上，到了 1850 年这一比例就下降到了 66%，而现在则只有 10% 到 15% 了。某国际组织的研究人员曾称，衡量一个人是否属于中产阶级的标准就是看他花在吃饭上的收入比例是不是低于 33%。

在这里，穷人们赚的本来就少，但他们还要花收入的四分之三来吃饭。如果再碰上什么天灾人祸，几百万家庭的生活状况就会发生巨大的变化：从有饭可吃变成无饭可吃。

或者依旧有饭可吃，但那些食物原本不应该是给人吃的。

有时候我会想（或者我曾写过？）：衡量一个人是否"开化"的一个重要标准就是看他用多长时间去获取食物。动物几乎把所有时间都用来找吃的东西，而挪威的家庭每年可能只会用一周左右的时间去做这件事。

但如果一个人压根搞不到食物，那么他们可能就属于另一个人群了。

世界银行曾指出，孟加拉是世界上营养不良人口比重最大的国家，占总人口的 46%。在孟加拉有 800 万不满 5 岁的儿童因为吃不饱饭而导致体重在正常标准之下，要知道这个数字占了孟加拉这个年龄段儿童总数的几乎一半。

在最近二十年中，儿童死亡率下降了很多：1990 年时，每 1000 个新生儿中就要有 117 个死去，而这一数字到 2013 年已下降到了 47。但是这 1000 个新生儿中死去的那 47 人里面有大约 31 人（占了三分之二）是因为营养不良而死的。也就是说，在孟加拉，每出生 100 个小孩就要有 3 个被饿死，而他们的母亲大多也都营养不良。按总数看，这里每年有 11 万新生儿死去：每五分钟 1 个。我再重复一遍：在孟加拉，每五分钟就有 1 个新生儿死去。

塔丝利玛说她是家政人员，但事实证明她撒了谎。塔丝利玛说她大约有 30 岁，但她不是很确定，因为她不知道自己的出生日期。她妈妈是知道自己的出生日期的，但她从来也不想知道。

"知道我是哪天出生的有什么用呢？"

塔丝利玛看上去更老：一身皮包骨，眼神中满是悲伤。塔丝利玛出生在邻近缅甸的一个小村子里，但她在达卡已经待了很久了。在村里他爸爸给别人种地，她妈妈也在帮忙：他们有五个孩子，基本上不可能给他们足够的饭吃。孩子们也都知道最好还是不要去向爸妈要吃的，因为每次要吃的可能都只会换来一顿打。

"唉，你的爸妈可能也受了很多罪。"

听到我这么说，塔丝利玛看了看我，她并不理解我的话，她的眼神中只有恨意。

塔丝利玛从来没有上过学，她很小的时候就被她的大姐带到了达卡，为的是让她帮忙打理家务。她姐姐总是去很远的地方给别人家打扫卫生，而她就负责照料她们租住的屋子。好的一点是她们两个总是能有吃的东西。塔丝利玛十四岁时她的姐姐给她找了个丈夫，因为她已经到结婚的年龄了。那个男人在公交车站做临时工，因为他耳聋，所以找不到别的工作。从那时起她就开始了吃得很少的日子。

"我本来想着结了婚就能天天有饭吃了，但实际情况却恰恰相反。"

两年后塔丝利玛已经成了两个女孩的妈妈，他们的食物更少了。她也试过去找份清洁工的工作，但是因为年轻时摔断过左胳膊留下了后遗症，她干不了体力活。她找过两三份工作，最后都被辞退了，无奈之下她只能上街乞讨。

"为什么你骗我说你是做家政工作的？"

塔丝利玛说话的口气都很强硬，但现在却沉默了，头也低了下去。最后她说是因为她觉得丢人："乞讨很丢人。你都想象不到我是多么想去帮人打扫卫生。乞讨可没有你想象中那么容易，有时候人们给你点钱，有时候不给。有些地方你能去，有些地方不能，因为有警察会追你。有些地方好讨钱，有些地方不行。有时候讨来的不是钱而是一小团米饭，这也不错。"

几个月来她坚持在垃圾堆里捡东西，她说效果还不错，每天基本都能赚 50 到 100 塔卡，也就是不到 1 美元。一小包最便宜的米要卖 35 塔卡。但是后来她也捡不成垃圾了，因为来了一家人也要去那个地方捡垃圾，他们把她赶走了。在那片遍地垃圾、满是恶臭的地方，有无数的男男女女背着袋子转来转去，只为了抢在别人之前捡走有用的东西。

"我们都想着自己能捡到东西，但实际上很多时候根本捡不到。"

我们都讨厌那些在垃圾堆里找食物的动物：老鼠、乌鸦、蟑螂、苍蝇、其他的昆虫……但它们还只是动物而已。

塔丝利玛脸很瘦，布满褶皱，左耳上戴着一个金色的耳坠，这表明她已经结婚了。她一共生了三个女儿和两个儿子，最大的一个 12 岁了，最小的还不到 1 岁。丈夫还是残疾人。

"我每天想的都是怎么找到食物。整天都是这样：想着要去哪、要怎样才能找到吃的东西。一整天都是这样。我没办法去想别的事情。"

只有她能带回食物的时候，她的家人才有饭吃。有时她能带回来，有时不行。

"没饭吃的时候我就肚子疼，头也疼，但主要是心里憋屈，心情总是不好。我总是会想起那些什么都有的人，一想起他们我就憋屈，那感觉就像是十万只蚊子在叮我的耳朵一样。"

她又低声重复了一遍，饥饿就像是十万只蚊子在叮你的耳朵。她说她饿的时候，不管找到什么东西，只要能吃就行："我饿的时候心里就只想着找到吃的东西，不管是啥，能吃就行。我也没什么可挑的，不管好坏，能吃就行。"

有时候塔丝利玛找到的食物只够给她的孩子们吃。那种时候她就只能看着他们吃饭，心里想着等到他们长大就可以拯救她了：等到他们工作，他们就会往家里带钱，她就可以休息了。她的孩子们都没上过学，等待他们的也将是社会最底层的工作，尽管如此，塔丝利玛说，情况也会比现在好。

"你最喜欢吃的东西是什么呢？"

塔丝利玛有些不好意思，她笑了。她拉了拉莎丽，好像我问了什么很私人的问题。最后她压低了声音对我说她最喜欢吃的是当地人叫作 hilsha 的一种鱼[1]。

"你最近一次吃到它是什么时候呢？"

1　即鲥鱼，为孟加拉珍贵鱼种。

"我不记得了……"

她是真的不记得了，她开始回想起来。能看出来她在回忆着：她的脸上现出了微笑，眉头却皱着，嘴唇也紧闭着。后来她说应该是在她大女儿出生之前，应该是她十三岁的时候。

"你是怎么吃到那种鱼的？"

"因为我小时候，我们村里还很容易钓到鱼，有很多鱼，也有卖鱼的，价格很便宜。所以我当时吃了很多那种鱼，那味道我永远也忘不了，永远忘不了。"

饮食是文化的一部分。每个村子都有他们吃什么、怎么吃的一套规矩。中国有些地方能把蟋蟀做成美食，在我住的地方蟋蟀有时会象征着诅咒，而在这里蟋蟀有时候则只是用来果腹救急。在纽约被视作快餐垃圾食品的巨无霸汉堡在马那瓜或是基希讷乌却只有富人家的孩子才能吃得上。在哈布哥用来制作西班牙火腿的猪会遭到犹太人和穆斯林的抵制。不过这不只是吃什么的问题，也涉及怎么吃的问题。我们可能觉得每天早晨喝一杯茶或是咖啡是很正常的，或者是喝果汁，再配上点饼干、面包加黄油，又或者是来点甜品，再加两个煎蛋。到了中午，我们吃一两盘主菜，也可能一盘凉的一盘热的，菜里一般都要有肉和蔬菜，来补充我们需要的营养，还得再配上瓶冷饮，也可以是酒，最后是饭后甜点。其实早餐我们有时候也吃肉，但大多是冷肉，要切得薄薄的，但不能是一大厚块的肉，因为午饭或是晚饭我们才那么吃。我们还习惯在吃做熟的肉食时配上几种菜，但是我们也不会在此时再吃上一块鱼排，因为可能这个时候更好的搭配是吃一盘意大利面，或是再配上点奶酪，但是这时如果有人就着肉喝甜牛奶或是蜂蜜水我们就会觉得非常奇怪。我们的主食一般是用面粉做的面包，不过当开始吃饭后甜点时，恐怕也就没人会再去吃面包了。

有时候我们的食谱也会发生一定的变化：几年前，西方人还不太怎么吃生鱼，但是现在到处都是卖寿司的店，里面卖各种生鱼片。但是最基本的饮食特点，例如早中晚三餐的划分，还是没有发生太大的变化。这些基本特点在不同的时代、不同的地点都没有发生过太大的变化。

吃饭就像是写书，就像是在建构自己：每一天，一个民族都在用自己的饮食以及自己的吃饭方式来书写着自己的故事，它体现了这个民族的思维方式，承载着这个民族的记忆，代表了它对未来的期盼。饥饿很少被人提到的一个特点就是它使得人们把吃饭变成了一个一成不变的东西。食物的丰富性变成了一种现代神话，一种只有富裕国家才有的神话。在人类历史上，大部分人每天都在吃着一样的东西。饮食文化，一种使食物多样化的艺术，在某些地方是一种镜花水月般的存在。

在富裕的城市里饮食是极富巴洛克主义的，人们面前有无数种食物可供选择：从带大香肠的三明治、禽类肝脏或者猪肝做的酱到比萨炒杂碎沙拉咖喱汉堡玉米饼肉汤米饭……但是很多贫穷人民的食谱则只缩水到了两三种食物。在达卡这里，很多人的食物都只有米饭而已，能有一点菜就很好了，只有在宴会上才能吃到点鱼肉。这是硬币的另一面：没有改变、不容讨论、简单粗暴。

这是多么肮脏的现实主义。

塔丝利玛已经欠了两三个月的租金了，她说她不记得到底是多久了。她租住的屋子地面上铺着大大小小的木板，墙上都是洞，屋顶也是一块板子。这间屋子建在一片散发着恶臭的沼泽地上，地面黑黑的，到处是垃圾和粪便，地下埋着竹子，这样才能在上面搭屋子。这里分布着大大小小的破旧房屋，都是搭在臭水上的，路和路中间用木板桥连接。塔丝利玛对我说，当风势很大的时候，例如印度洋季风来到的时候，这里所有的一切就都开始晃动。

"有时候我夜里会醒来，听着这些板子在吱呀作响，我不敢睡着，只能那么听着……"

这些地方一开始就很简陋，慢慢地破败了起来，后来就像是废墟了。附近有十间屋子，大家共用两个灶台，地面上铺着摇摇晃晃的木板桥，脚下就是一片沼泽地。这片地是属于一位先生的，这位先生把它租给了一位叫作马福特的女士。马福特来到坎兰格查已经三四十年了，她和她的家人就在这片荒地上定居了下来，慢慢建立起了这座迷宫。马福特夫人一家住在这十间屋子中的三间里，他们和其他租客一样穷。马福特夫人已经很老了，她总是抱怨自己又老又穷，还是个寡妇，她总是担心地的主人会把自己赶走，因为那人一直有把这块地卖出去的打算，或者他自己在这地上建房子再租出去。马福特夫人说如果被赶走，她也就无处可去了。

"您是不会体会到几十年来每天都担惊受怕、怕被别人赶走的心情的。最后他没赶我走。要是我早知道他不会赶我走我就不会一直想着这事了。但是谁也不能未卜先知对吧？"

"你一直不知道他不会赶走你吗？"

"我以前没想明白，现在我算明白了：这个地方太糟了，没有别人会想要这块地的。这拯救了我们。这里的情况要是再好一点，可能我们早就被赶走了。"

马福特夫人很穷，这块地的主人其实也不是什么有钱人。地的主人是在人们大量涌入坎兰格查之前住在这里的人，是这里的原住民。这意味着他其实也是这座城市的边缘人，是渔夫或是清洁工。这些原住民瞅准时机，占据了土地，在上面搭了些屋子，也有的什么也没搭，然后把地以很高的价格租了出去：穷人们瞅准时机来剥削那些更穷的人。

我们还是假设团结是需要时间才能建立起来的吧。

我们假设在移民组成的新社会，团结更难以被建立起来。我们假设在某个时间团结是会出现的，出于某种原因它是会出现的：会有那么一些时候，人们会觉得比起互相争斗，还是团结起来比较好。

我们假设，怀着这个目标，人们是应该对与自己处境相似的人更和善些的，大家是应该团结成一条心的。

我们再假设在某些社会经济因素的影响下，人们团结成一条心了。注意，这些人拧成一股绳不是由于血缘或者是宗教，而是由于经济。这就是现代政治最具决定性的基础之一：每一个社会群体一定都有某些需要共同维护的利益。我们假设要做到这一点也需要政治力量的作用，也需要各个政党来支持。

那么然后呢？

5

坎兰格查是一个被塞满了的空间：三平方公里的土地上挤满了人。这同样是一片很让人疑惑的土地，达卡不愿意把它包含在内，因为它会拉低这座城市的健康、教育、贫富等各项指标。二十年前，一家德国汽车公司签约了一位声学工程师，希望他设计出更好的隔声材料，这也被视作判断一辆车好坏的标准之一。有了噪声，人们就想着怎么样去隔音。某些指标的作用就和门一样，可以把噪声隔开，它们是政府的一项很有效的武器。

"我不知道我要去哪，但是我在去的路上。"一个戴着圆帽、留着穆斯林特有的胡子的男人的橄榄绿色 T 恤上写着这样一句话。他和另一个人一起走着，那个人没留胡子，只是戴了顶同样的帽子。

这里的街道没有名字。一条有名字的街同样只属于有历史的地方。

我有点心不在焉地坐在一张石椅上，望着布里甘加河上来往的小船。有张小船上运送着一批五颜六色的塑料脸盆，那是现代技术的产物，船夫用竹桨划着船。现在是早上七点半，也许快八点了。太阳还没有完全升起。有两个小女孩盯着我看了一会儿，她们对我说想拍张照，于是我给她们拍了张照片。其中的一个十岁了，另一个七岁。一个披着黑色带白花纹的莎丽，头发短短的，眼神有些游离。另一个穿着有些破旧的黄色衣服，但是笑容很灿烂。一个年老的女人脸上挂着很奇怪的表情向我走来，她的牙齿发红，披着件皱巴巴的绿色莎丽，指甲里满是泥污。她开始对我说话，讲的是孟加拉语，我努力想让她明白我压根听不懂她在说什么。有那么一刻我觉得她好像是想把那两个小女孩卖给我。她不停地做着动作，对着两个小女孩指指点点，她伸出一个指头，又做了个手掌下压的手势。我想她的意思是两个女孩只收我一人的钱，价格很低。我不知道我理解得对不对，但是我没有其他的想法了。两个小女孩一直低着头。

很快那个女人的语气就变了，她开始冲我大吼大叫了起来，在我旁边绕来绕去，还冲我打出了侮辱性的手势。围观的人越来越多了，她又开始指我，做着一些我觉得不是很好的手势。我觉得她是在报复我的不回应，开始诬陷我做了什么不好的事情，有可能她对围观者说我想强行买下那两个小女孩。围观的人更多了，而且离我越来越近。我觉得与其搞清楚到底发生了什么，我还是先走为妙。

我带着疑问逃走了，我永远都不会知道到底发生了什么。也许很多时候，无知才是最好的解决办法。

这里的狗就算身边围着上千只苍蝇也能趴在地上睡着。这是一种怎样的冷静。

这种冷静是长期形成的，很顽固，近似于冷漠。这里至少有四十摄氏度，艳阳高照，树都长得很矮小，但风却更小，小得连叶子都吹不起来。街上有人力车、摩托，我还看到一个人拉着一辆满载砖块的车走了过去。有的人背着摞成小山的塑料桶，有的人头上顶着铝锅，这些人满街都是，走来走去。还有很多小孩，他们跑着、跳着、喊着：其实孩子们的蹦蹦跳跳也是生活平和的表现。街的一边有许多棚屋，人们就在里面制作塑料桶、铝锅、彩球，做这些活的人大多年纪不大。

"起来，阿卜代尔，别睡了，起来干活。"

阿卜代尔和他的伙伴们每天工作12小时，来用机器制作塑料桶，机器看上去不是很旧。他们工作的地方是一间地面是土地的棚屋，屋里总共有三台机器，除了阿卜代尔还有另外十个工人，他们年轻的东家正在数着钱，闻起来像是刚洗了澡，头发上还带着洗发水的味道。脸上挂着让人疑惑的微笑。阿卜代尔说他很幸运找到了这份工作，虽说赚得不多，但是现在终于到了他往家里带钱的时候了，他爸爸带回来的钱早就不够了。虽然他很累，但是他还能有时间和他的朋友们玩，他板球打得很好，也许有机会的话他能在电视上打板球。他没说在一支大球队打板球，而是在电视上打。他说他希望做其他的工作、去剪毛边，不希望在这里用机器做塑料桶，但是他才刚刚开始工作，只做了几个月，也许再做一阵子他才会换工作。他想做的工作现在是穆罕默德在做：他坐在棚屋门前，面前摆着许多刚从机器里做出来的塑料桶，他的手里拿着一把剪刀，正在剪着毛边。

"对，那工作更好。"

"为什么？因为给钱更多吗？"

"不是。你没看他坐在哪儿吗？他可以看到街上来往的行人，看到街道，看到太阳。"

在孟加拉 3500 万年龄在 5 岁至 14 岁之间的儿童中，几乎有 500 万都已经在干活了。在这儿，坎兰格查，这个年龄段的一半孩子都找了工作。他们的爸妈没法赚足够的钱养活全家，更没钱让他们上学。在坎兰格查，十个孩子里只有一个有机会上学。

"不管怎么说，在这儿学到的可比在学校里学到的要多。"

在我问他的时候，那位东家这样说道。这里的很多人都认为上学并没有太多好处。我很想知道为什么，我也很想查清楚西方人的不同于此的思想是在何时何地开始出现的。很多时候我们不让孩子干这干那，我们赋予孩子他们的父母都不曾享有的懒惰的权利。我们认为孩子还小，还没有长大成人，所以要把他们保护起来。但同时这种做法也就限制了他们变得与众不同的可能性。我们的做法可能使孩子们失去了发挥自己天赋的可能，但是这里人的做法实际上也是一样的，甚至更糟。看着孩子们像驴一样工作、看着大人们像驴一样工作，都让我觉得恐惧。我很希望孩子们能不再遭这份罪，如果他们能改变这种命运我会觉得很欣慰，但我不理解自己为什么只想着改变这些孩子们的命运。难道是因为孩子本来就是无辜的吗？还是因为孩子们没有保护自己的能力呢？我是在同情他们的弱小吗？

到底是出于何种原因，抑或是原因有很多，总之我们认为，孩子们还没到该受罪的年龄。

在这里无论是孩子还是大人都背负着艰巨的任务：在这些小型塑料工厂的门前，被裁减过的塑料毛边堆成了一座座小山，就像是现代科技的排泄物一样。在一些废弃的屋子里，有六个穿着孟加拉传统服饰的妇女在把汽水瓶塞按照颜色进行分类。在院子里，三四个孩子正从巨大的垃圾堆里捡拾碎布条，他们很专注，表情很严肃，他们要确保自己不会犯错。在河边的街道上，数十个人力车夫在等着拉客，而在几米远的河岸边，有几个幸运的老船夫在自己的船上等着拉货。还有一些小摊位，男男女女们在叫卖小糖果、鱼油煎饼和被切得不能再碎的干果。在一片荒地上，两个八岁的小男孩把一批批奇怪的竹子运来运去，竹子的一端还插着颜色不一的圆球，是刚刚做出来又在太阳下晒干了的圆球。泥瓦匠们在铺好的竹子上面用砖垒着房屋。搬运工们头上顶着 50 公斤重的大米或者十几口黄铜锅或是一棵大树的树干或是一堆砖头。做锅的人、在黑色河水中洗衣服的女人、还没开始干活的孩子们、守在他们小屋子中摆的廉价镜子的理发匠、面包工、油始终烧开准备炸东西的人……还有气味，无处不在的恶臭。这种地沟油的臭味很像我们很熟悉的里亚丘埃洛河的味道，但是味道要臭得多，而且永远印刻在那些居民的脑海中，让你一辈子也忘不了在这里生活的经历。

布里甘加河的河水和里面生活的鱼都是黑色的。我很惊讶竟然还有鱼能在这样的河水中生存。人类是无法在里面生存的，但是可以在里面洗澡。确实有很多人在布里甘加河里洗澡。布里甘加河的河水流动缓慢，河水上飘着很多木筏，木筏的船头高高翘起，也是黑色的，和河水一样，当然也有破旧不堪的小艇和货船，水面还浮着一块块塑料和粪便。布里甘加河是我见过的最黑的河，闻起来和屎一样。

"你只吃米饭能吃饱吗？"

"不能，您知道不能。"

布里甘加河岸边有为数不多的三层小楼，在其中一座小楼前有上百个怀里抱着小孩的妇女在排队。

"你的孩子能吃饱吗？"

"不，不能。但是您觉得我还能做什么呢？我还能做什么呢？"

妇女们披着各种颜色的莎丽，相同的是身子都很瘦，都很有耐心。在孩子的左前额上画着一个黑色的图案，这是用来保护他们不受恶灵伤害的，恶灵最喜欢伤害可爱的孩子们。我们都知道，所谓的恶灵是很自负的，也是很虚无缥缈的。受到护符的保护，孩子们就能避免由于可爱而带来的伤害，因为脸上的护符可以让孩子们看上去更丑一些，显得没有那么可爱。孩子们低声抽泣着，妈妈们在拍打着他们。现在是早上八点，在面向布里甘加河的这栋三层小楼的楼门口，这些女人在等着无国界医生组织来接诊。

"你得给她喂奶，把你的奶水都给她喝。"

"您确定吗，医生？"

"当然确定。"

"但是，真的确定？就用我身体里的奶就能把她喂饱？"

饥饿已经成了他们生活的一部分，有时候他们白天吃不上饭，有时候一整天都吃不上饭，也有时候两天都没饭吃。他们现在都已经知道了饥饿是一种病，而且对于他们而言是无药可治的病。

"现在每次我吃不上饭我都会想以后的路要怎么走。"

夏阿娅对我这样说道。但是除了饥饿，更让人头疼的是营养不良。到底怎么样才能让他们明白，他们每天重复在吃的食物：米、豆酱、有点点剩肉或是半个鸡蛋，是无法提供他们需要的所有营养的，是不能保证他们正常生活的。

"至少我得有活干。"

"在某个工厂里？"

"是，当然了。随便什么地方。"

"为什么你现在没有活干呢？"

"因为我不能干，我的孩子没人照顾，暂时我还不能出去干活。也许很快就可以了。"

这是最顶级的陷阱：让你相信等待是可以拯救你的，这种虚无的希望不断吞噬着你。

夏阿娅说她无路可走了：她不能出去工作是因为没人照顾她的小孩，是因为在这里、在达卡她没有家人，因为她是洪灾之后才来达卡的，她来这看看能不能过得好一点但是实际上情况更糟了，他们有时候有吃的有时候没有，这几天她的孩子们饿得直盯着她看。夏阿娅大约有 23 岁，有一个 7 岁的女儿、一个 1 岁的儿子，她的儿子还不会走路，牙也没有长，发育得很不好，1 岁小孩能做的事情他统统都做不了。

最近几天他连饭都不肯吃了。

"每次我给他米饭他都吃的，但是现在他不吃了。"

对于这儿的很多人来说，食物和米饭是同义词。夏阿娅看上去很紧张，她感觉自己被骗了，她说：她落到了陷阱里。

"为了给他米饭吃我牺牲了很多，而现在他们却告诉我他们吃这个不好……"

夏阿娅特别重视她的孩子们，所以她现在格外担心：她知道如果他们不吃饭的话是会发生不好的事情的，但她也相信只要他们吃饭了就不会有问题的。可是一个无国界医生组织的医生刚刚告诉她事情不像她想的那样，医生说如果她的孩子们还是摄入不了足够的营养的话是会出大问题的，他们会发育不良、长得很慢、大脑发育也可能不健全。她说这些话让她很难过，她觉得自己以前应该做得更好才对，应该让自己有能力给他们所需的食物。太遗憾了，她说。

像夏阿娅一样的人还有很多：当护士或是医生说她们没有给孩子们含足够营养的食物的时候，她们会觉得异常懊恼、悔恨。医生说她们的孩子营养不良，说那是一种病，说她们必须给孩子们更有营养的食物，说这就是治疗的方法。她们懊恼和悔恨的原因可能是觉得这里的医生在指责她们不会做妈妈。

"我总会对护士们说让她们注意自己的措辞，"一天早上，挪威籍护士负责人阿斯特丽德这样对我说道，"尤其不要让这里的人觉得我们在责备她们。这些女人很可怜，一定不能让她们觉得我们在责备她们。"

于是我们就有了另一套区分最极端的饥饿和营养不良的标准：人们对极端的饥饿是有感觉的，但很多人却察觉不到营养不良。在这种情况下，通常无国界医生组织的服务人员会承担起重任，他们要说服营养不良的人相信自己营养不良，这样他们才可能会开始接受治疗。这几乎也是每个左翼团体要面临的共同问题：说服被剥削和压迫的人相信自己被剥削压迫了，然后才能鼓励他们做出改变。正如人们常说的：要先从思想上重视起来。

6

我觉得我应该去想想别的事。只是我也不知道自己现在该想什么，该做什么。尤其是在看过这么多悲剧之后，在看到在这些地方饥饿问题是如此根深蒂固之后，我还能想什么、做什么呢？想想法特玛吧，想想她为了生存每天都要干12小时的活吧。

法特玛把自己的所有身家性命都赌上了，但也许她本来也没有什么身家。法特玛21岁，有一个3岁的儿子和7岁的女儿，她的丈夫刚刚抛弃了他们。法特玛的脸大大的，有些微胖，看着很精神，而且脸上始终挂着微笑，或者说是苦笑。她的父母把她带到了达卡，那年她只有5岁，他们的家乡发了大水，房子被冲走了。她13岁时就被迫嫁人了，她不想嫁人，但那个年龄的女孩结婚也不是什么奇怪的事情。她7岁就开始在一家服装厂工作了，每天干活12小时，嫁人后也是如此。法特玛小时候看到别的小朋友去上学时，也曾想过自己能去上学，她觉得那些上学的孩子就像是群快乐的公主。快乐的公主，她又强调了一遍。

"我看着她们，很嫉妒她们。她们就像是一群快乐的公主。"

她没想到的是自己的丈夫竟然那么懒散：有时候他会出门拉车，或者在街上卖点东西，但也有时候会整整一星期都待在家里不出门，半毛钱都带不回来。而且他对她很差，他觉得她带回来的钱太少的时候就会打她。

"是你把他赶走的还是他自己走的？"

"他自己走的。"

"你希望他回来吗？"

法特玛摇了摇头。她想了很久，然后说他在不在都没什么区别，她还是得自己赚钱给孩子们买吃的。她的女儿发烧了，现在正伏在她的裙子上睡觉，她则坐在她们屋子里的木板地面上。

"但是你不觉得这样独自一人养家的日子很凄凉吗？"

"不，我觉得这样更好。我一直觉得这样挺好。一个男人得负责养家，要是他做不到这一点，就不配当一个男人。"

她说着说着就不再说了，还眯起了眼睛。然后她又重复了一遍：一个照顾不了家庭的男人是一个没用的人，是一只寄生虫。我问她有没有什么时候和她丈夫在一起是开心的，她说有，她们刚结婚的时候有，但是很快就不开心了。但是她也不想再找别的男人了，没什么意思。她得专心照顾自己的孩子。

这是一个很奇怪的悖论：一个像法特玛这样的女人要像条狗那样工作，这是对女人的一种过度剥削，但这种过度剥削却可以使女人摆脱对男人的依赖，让她们不必再去忍受他们。

四天前一个叫阿米努尔·伊斯拉姆的纺织工人的尸体在达卡城外的一条路上被人发现，死前遭受过折磨。伊斯拉姆40岁，有两个儿子和一个女儿，他是2010年示威游行活动的领导人之一，他们发起那次活动的目的是想让政府把月最低工资从1600塔卡升到3000塔卡。3000塔卡值35美元。

"对，我还记得当时的情况，记得涨基本工资的事。但是我没听说过有人死了。"法特玛说道。

伊斯拉姆曾经试过把沙沙·德尼姆工厂里的工人组织起来，这是众多服装厂中的一家，这些工厂制作的衣服出厂后会被贴上Nike、Tommy Hilfilger或是其他类似品牌的标签。但是这么多年来，这里的工人的工作环境从来没有得到过改善，因为他们从来没有对不公进行过反抗：要解决最低工资过低带来的饥饿问题，采取政治手段很难行得通。孟加拉不同地区的政府已经达成了一致，要阻止一切可能出现的工人运动，而国际社会往往也对此视而不见。世界上有太多像孟加拉一样的国家了，有几百万每月只能赚40美元的工人，但有人说出于国际秩序的考量，需要这些国家和人的存在：不仅因为这些廉价劳动力能够生产大量供数亿人口消费的产品，也是因为他们是工业地图上的重要板块，在发达国家是很少有人为了这么点工资去工作的，但这里有。"我们需要用更廉价的劳动力来生产产品，这样我们才能赚更多钱，然后再进行调研和技术革新。"一个美国大公司的企业家在《纽约时报》上这样说道。技术革新有另一个重要作用：它印证了资本主义的残酷性。如果我们不用廉价劳动力来保证利润，我们就没办法进行技术革新。他这样说道，语气很严肃。

"真是个丑闻，不是吗？他捍卫了我们的权利，用他的生命来为我们争取利益，而我甚至都不知道他是谁。"

阿米努尔·伊斯拉姆个子很低，长着大胡子，是一个虔诚的穆斯林。三年前，就在那场罢工后不久，他被孟加拉情报部门的一群人绑架了。他们打了他，折磨他，想要让他在起诉他的工友们的文件上签字。后来伊斯拉姆逃了出去，销声匿迹了几个月，但事情并没有结束。

一个月前工厂里的工人又开始走上街头了。他们要求放一个下午的假好去看板球亚洲杯的比赛，这项运动在这座城市很流行。工头们拒绝了这个要求，于是就爆发了冲突。几小时后，上千名工人参与了罢工：他们抗议工资太少、抗议他们的工作环境太差、还抗议对女性的性犯罪问题。又有一群人绑架了伊斯拉姆，虽然第二天他就被释放了，可是过了不到两周他们就又把他抓走了。

"真是件丑闻，可怜的人啊。"

法特玛继续嘟嘟哝哝地说着，表情很复杂。在最近二十年里，孟加拉成了仅次于中国的世界第二大服装出口国。如今服装出口额占该国出口总额的四分之三：每年200亿美元。服装工人大概总共有400万人，其中90%是女人。法特玛还在同一家服装厂工作：他们每个月付给她3000塔卡，而她需要每天操作一台机器 12、13 或者 14 个小时，每周工作 6 天。每条在纽约卖 60 美元的牛仔裤，付给孟加拉工人的钱却只有 25 到 30 美分。穿那些衣服的人恰恰就是我们这些西方所谓的人权捍卫者。

法特玛半辈子都在做这同一份工作。我问她坐在那台机器前的时候她都想些什么，要知道她一天要在那里坐好多个小时呢，她说她就想着她的孩子们，想着要养活他们需要的钱，想着怎么样才能好好地把他们养大。

"我就想着这些，想着我遇到的问题，想着我眼前的境况。"

"有没有想什么让你开心的事情呢？"

"好吧，有时候我会回忆那些我和我丈夫刚结婚时的快乐时光。"

她有些害羞，看上去也有些自责，她说在这里工作最好的一点是有时候工作后她能和她的朋友一起聊天，给她们讲她的问题，听她们讲她们的问题，那时她会感到她不再孤独了。但是聊天的时间不能太长，因为她还得赶回家给孩子们做饭。他们住的屋子很干净整洁，地上的木板上铺着块席子，角落里还放着两个小柜子、几口锅、一条毛巾和一个暖壶。

"你喜欢听什么音乐？"

听到这个问题，她好像又自责了起来。

"我没法听音乐，因为我没有放音乐的设备，我是说收音机之类的东西。"

卡尔·马克思认为在一个平等社会里应该只有满足生存需求的工作，不应该为了个别人而生产剩余价值，这样所有人都会很轻松，人们也就有更多时间去干自己喜欢的事了。在这里，所谓的闲暇时间，或者说，与满足基本需求无关的活动几乎是不存在的。

　　法特玛用 2000 塔卡租了他们住的这间不足十平方米的小屋子，这样每个月她就只剩下 1000 塔卡的工钱了，她需要用这钱来买衣服、食物，付交通费。家里的三个人每个月都要用 13 美元来吃来穿，如果运气好的话，他们每天能吃两次米饭。这里的人认为饥饿问题是属于那些没工作的人、生活在社会边缘的迷失了的人的。对于一个把自己半辈子的时间都用来坐在机器前面的人来说，饥饿问题是不应该存在的。

　　"没有足够食物的时候我就不吃饭，但是一定要让我的孩子们吃饭。他们是我所有的希望。"

　　法特玛这样说道。然后我问她最喜欢吃的东西是什么。

　　"因为我们很穷，我也想不出什么特别的东西。我最喜欢的可能就是米饭配上一点豆酱吧。我只能吃到这个，所以我就喜欢吃这个好了。"

　　"假设你能吃到所有想吃的东西的话呢？"

　　"我喜欢吃面包房里的甜品和小点心。"

　　"你什么时候吃过呢？"

　　这里的点心要卖四五百塔卡，也就是五美分。

　　"唉，我很久没买过了……"

　　这几天我就在小餐馆里吃饭，我也会点米饭、豆酱，有时再点半块鸡肉，有时候晚饭会把我辣哭。但不管怎么样，只要花 2 美元就可以吃到所有我想要的东西。我最常去的两家小餐馆很干净，有很多工人去吃饭。对于那些没那么穷的人而言，一个人过得穷不穷可能就看他们能不能被用很少的钱雇到。

这是一个奴役的社会。如果你雇一个女人给你打扫房间，每个月要花 500 塔卡，而雇一个男人给你开车要花 5000 塔卡，让一个孩子帮你干活，你给他 50 塔卡他就会很开心了。穷人之间也存在着巨大的鸿沟。

卡尔·马克思在很久之前就曾描述过无产阶级，所谓的无产阶级可能就是除了自己的子女外什么都没有的人。法特玛盯着她正在发烧的女儿，轻轻抚摸着她。

"糟糕的是我现在不敢去工作了。"

法特玛这样说道。我问她为什么，她奇怪地看着我，说：因为火灾。她工作的地方人太多，通风还不好，到处都是布料和化工品。她工作的地方在一个八层楼的五楼上，那里的每层楼都是一个有上百名操作着机器的工人的小工厂，那里没有风扇，楼梯口很阴暗。这栋建筑的质量也不见得好到哪去，由于经常断电，这里还放着很多沉重的发电机，地面看上去已经支撑不住这么多机器的重量了。那里火灾和坍塌事故频发，在近五年里，在当地工厂里有一千多名工人意外死亡了。

"但是我不能不去。要是我不去他们会罚我两倍的钱，要是迟到了虽然我还得工作但是那天的费用他们是不会给我的。"

有时候我觉得我们都不喜欢回答很简单的问题：为什么在孟加拉有那么多人如此贫穷？为什么他们要挨饿？因为人

们在剥削他们，给他们付很少的工钱。就付那么点钱，为什么他们还愿意干那样的工作？为什么他们没有别的选择，为什么他们总是要挨饿？谁会从这种剥削中得到好处呢？很多人，很多人。我知道很多人，但能不能告诉我具体是谁呢？好吧，比如我，因为我也买过他们做的衣服。

西班牙首富阿曼西奥·奥尔特加的资产上升到了200亿美元，因为他的公司，Inditex集团（Zara品牌）"正在新兴经济体上优化生产成本"。换句话说：他要在印度、中国、孟加拉建立更多的工厂。其实仅仅在孟加拉，他雇佣的工人就达到了25万。

我们开始谈论未来，却没有提到"未来"二字。我问她觉得二十年后她的生活会变成什么样子。

"我很害怕。因为虽然我现在有工作，但是二十年后我已经很老了，谁知道我还能不能工作呢。我也不知道那时我的雇主是不是还想让我留在那里。这都取决于我怎么抚养我的孩子们。如果我能把他们养好，他们就能找到工作，然后二三十年后、等我老了之后他们就能养我了。但要是我不能把他们养好那就全完了。"

这就是赌注：什么都有或者一无所有。虽然所谓的什么都有其实实际上也没有多少东西。我问她她必须这样生活是谁的错，她对我说她不知道，而且她觉得无所谓。这时我们听到旁边一个屋子里的谈话，那边有个小孩在哭。仅有的一点光从门和墙上的窟窿里透进来，这个屋子里几乎没有光。

"要是我埋怨谁能换来点东西那我立刻就去埋怨。但是这不可能。我认为这就是我的命运，是真主给我安排的命运。我什么都没有是因为我必须得依靠自己。真主知道这是为什么。"

"为什么他在创造世界的时候不让所有人都有自己需要的东西呢？"

"我没有能耐解释这件事。我真希望自己能解释为什么世界这么不公平。但是我做不到，我没上过学。"

"你认为这错误是真主的、政府的、还是其他什么人的呢？"

"我不可能抱怨真主，真主做了他应该做的事，做了他想做的事。但我可以说政府只是为有钱人服务的，政府从来不为我们这些穷人考虑，从来不照顾我们，从来都不。"

《圣经·申命记》："那地上的穷人永不断绝。"

城市对于剥削那些廉价劳动力而言是最有效的一种形式。也因此开始了著名的工业革命：它吸引着无数贫穷的英国农民进入城市，一旦他们定居下来，他们就只能做一份受到严重剥削的工作，但无论如何，工作就意味着食物。

我很反感有人凭空口说发达国家和第三世界国家没什么两样，不过在有些事情上确实没什么两样，例如剥削：在工业革命开始两个世纪之后的今天，在第三世界国家，这种模式依然在运行着。在亚洲、非洲、拉美，不断有新的城市崛起，也不断有大量廉价劳动力在受到剥削。是什么样的悲惨境地才会使那么多人，成百上千万人，心甘情愿地把自己贱卖出去呢？但很多人还觉得自己很幸运，因为自己身后还有很多人连工作都没有。

我们该怎么做呢？为了社会正义，我们要脱下这些穷苦人民制作的衣服，从此赤身裸体吗？我们会多同情他们几秒吗？我们该对自己说是因为我们他们才能有活干，才能有饭吃吗？还是说我们保持沉默，仅仅是保持沉默呢？

有人说坎兰格查的贫民根本不在乎国家大事或是政治之类的事情，因为他们只顾着寻找食物，他们说，这才是这些穷人真正的罪业。

穷人们真正的罪业。

在达卡最昂贵的酒店的前厅里，我的一位记者朋友向我引荐了中间人 N.。他们也是在贸易中获益的人：西方品牌把需求告诉这些中间人，中间人再在当地寻找廉价劳工。N. 手下有三十几个劳工。他的脸上挂着微笑，穿着件高档衬衫，手上还戴着表。N. 点了一杯卡布奇诺，他说这里很多工人都是靠做服装过活的。"靠做服装过活"，他竟然这样对我说。实际上他赚的钱要比付给工人的钱多至少六倍。他说品牌商一方面提高着商品的价格，另一方面在压低给工人的工钱，而他们这些中间人已经很努力地进行谈判了。他说得有点心不在焉，因为在这个达卡最昂贵的酒店的前厅的大屏幕上，正在放着一场板球亚洲杯赛，孟加拉对印度。

"板球是我最大的爱好。干这项运动的都是真汉子，板球精神象征着真正的为了生命而斗争。"

在这最昂贵的酒店的前厅中，一块有花纹装饰的玻璃前面，站着一位女员工，她的手中拿着一把好似最昂贵球拍似的拍子。她就如猎豹一般埋伏、出击、挥拍……拍子吱吱作响，闪出了一点光亮：又一只苍蝇被电死了。也许她是在为客人们清理着环境，也许她只是为了跳上舞台让别人不要忽视自己的存在，让人们不要忘记她。不要忽视她，不要忘记她。她的脸上露出了绵长而满足的微笑：没有什么其他的词能描述那位女士面对死苍蝇时的心情了。

（此时此刻，在我写下这几页纸上内容的时候，又发生了一起楼房倒塌事故，遇难者有1100名。据说前一天因为发现了几条裂缝，政府清空了一座有3000名工人的八层楼房，但后来雇主说不进楼工作的人就拿不到当月的工钱。然后所有人又都回到了楼里开始工作，两个小时后，这座楼在短短几秒钟的时间里就倒塌了。人们说那位雇主是执政党的一位要员，也有人说在孟加拉每五位政府官员中就有一位是服装厂厂主，不做服装生意的官员则都去搞工业投资了，所以尽管这个国家贿赂之风盛行，也没有人想改变现状。在这里，政治就是为经济服务的，没有人想掩饰这一点。）

很难把法特玛或是阿卜代尔当作是幸运的人：他们有工作，但是同时也在被剥削着。塔丝利玛或者蒙塔兹或是穆罕穆德没有这么"幸运"：他们没法向任何人索要东西，他们没有可以联合起来的工友来一起为了改善工作条件而努力，他们甚至不知道第二天是否还会有吃的。他们迫于生活压力，尽了最大的可能去工作，因为如果他们不工作他们就什么都没有了。

换句话说：他们吃到的东西更少，他们想过上法特玛或是阿卜代尔的生活。

再换句话说：在某些时间、某些地方，在这儿，在达卡，现在，或是在其他很多地方、很多时间中，饥饿模式都是这么运作的。

关于饥饿：又是清汤

在 1957 年，我成了 29.5 亿人中的一员。我并不独特，我和其他 2,949,999,999 人一样。现在情况变糟了，世界总人口翻了不止一番：在半个世纪的时间里就增加了一倍，而且增长的势头还在继续。如今全球人口已经超过了 70 亿。

　　两千年前，在那个封建王朝制度依然盛行、那位犹太神子出生的年代，世界上只有不到 3 亿人，而且人口增长速度非常缓慢。人类用了 15 个世纪才使人口总数翻了一倍，但是从那时起增速就开始加快了。1900 年时人口数大约是 17 亿，1950 年就达到了 25 亿。据统计 1999 年 10 月 12 日时人口数量已经达到了 60 亿。据说 2050 年时这一数字将达到 90 亿，而且地区间的人口分布也将进一步失衡：亚洲依然会拥有超过世界人口总量一半的人口数，但是欧洲的人口数将只占不到 7%，而在上个世纪初这一数字还接近 25%。与此同时，非洲人口占比将翻倍，达到 20%。

　　人口实在太多了，增速也实在太快了。如果一位历史学家具有敏锐目光的话，他一定会说我们这个时代与其他时代最大的不同之一可能就是人口繁殖速度太快了。（人们可能都不敢再提博尔赫斯那句经典的笑谈了："镜子和男女交媾是可憎的，因为它们使人的数目倍增。"）

但人们肯定会去研究这个星球是怎样从连5亿人都养活不了变成了能够给50亿人提供足够食物的。这可以说是人类历史上所取得的最伟大的成就了。

饥饿有很多诱因，然而缺乏食物已经不在此列了。

1970年，56岁的诺曼·博洛格获得了诺贝尔和平奖。时任诺贝尔和平奖委员会主席的奥瑟·利奥内斯在为博洛格颁奖时说："长久以来，世界都有着两个巨大的恐惧：对人口数量剧增的恐惧和对核的恐惧，两者带来的威胁是近似的。在这种局面下，博洛格博士挺身而出，解决了一个看似无解的问题。他给予了我们新的希望，并且会带来和平和真正的生活：绿色革命。我们将这个将颁给他，他比这个时代的任何一个人都配得上这个奖，因为他为饥荒世界带来了食物。我们颁给他这个奖也是希望他的成果在给世界带来面包的同时，也能够带来和平。"

这种担忧是持续性的：1974年，时任尼克松政府国务卿的亨利·基辛格在罗马召开了一个旨在制定对抗饥饿政策的会议，在闭会时他宣布说："在十年内，将不会再有任何一个孩子饿着肚子上床睡觉"。十年很快就过去了：1984年是一个充满问题的年份。

在那些年，马尔萨斯人口论重新成为最受人们推崇的理论之一。斯坦福大学生物学教授保罗·埃尔利希凭借1968年出版的《人口爆炸》一书成为风云人物，他在该书中首次提出："为养活全人类而进行的斗争已经结束。在七十年代将有上亿人饿死，无论何种形式的援助都毫无用处。要采取降低不断上升的死亡率的行动已经太迟了……"

埃尔利希认为要长期阻止这一灾难的话唯一可行的方法就是限制人口增长速度到零或者使其负增长，为此甚至应该在那些最贫穷国家人民的水和食物里暂时性地添加一些"限制生育的药品"，要想更有效率，那么大面积地推行这一方法也是可以考虑的。他还认为美国应该根据每个国家的出生率来制定援助标准，例如：印度根本不去控制本国的出生率，那么美国就不应该给它提供任何援助。埃尔利希博士和他的夫人更扬言说，没必要把援助浪费在那些高出生率的国家身上，让那里的人们饿死、使人口总数下降其实更好。这俩人不但没有被关进监狱，反而是被请上了约翰尼·卡森的《今夜秀》节目，他们在节目里大肆推销他们的书，发了一笔横财。

世界上的任何灾难都是一个巨大的商机。

对于一些知名机构来说，这一定律也是有效的。举个罗马俱乐部的例子吧，由麻省理工学院科学家们在1972年制定并出版的报告《限制人口增长》卖了3000多万册，人们把它当作《圣经》一样去读。该报告写道："随着人口的大量增长，自然资源会消耗殆尽，而人类将进入一个黑暗的、充满灾难的时代，战争和饥荒会使得人口数量大幅下降。"

对于我们而言，最恐怖的事情莫过于世界末日了，它永远横在我们面前，威胁着我们。

人们习惯从现有的状况推断未来可能出现的情况，而顽固的马尔萨斯主义是这一想法的极端体现。推崇马尔萨斯主义的人们认为如果人口数量持续增长的话，以现在的粮食生产规模来看，人类的食物必将难以为继。他们没有考虑到在历史上，人类的粮食生产速度总是与需求增长速度相适应，反之亦然。

没有比这更保守的思想了：拿着当下的标准去想象将来会出现的问题，然后再把这些担忧拿来干预现时的发展。在这个案例中，人口增长将提高人类对食物的需求量，这成了困扰我们的问题。

我们被可能出现的结果吓破了胆。

（在《未来简史》一书中，雅克·阿塔利针对这一错误提出了多个反例：在16世纪末，人们曾预测说活字印刷的出现只会有益于两个掌权集团：教会和帝国。18世纪末，大多数分析人士都认为蒸汽机的出现并不会改变传统的农业经济模式。19世纪末，几乎所有专家都认为电力只能做到一件事：让街道更加明亮。）

1970年，37亿人口中有超过四分之一的人都在挨饿：也就是大约8.8亿人。在那些年里，绿色革命取得的成就改善了许多亚洲国家的境况，尤其是中国和印度。饥饿的人群没有什么变化，但是随着人口总数的增长，饥饿人口所占的比例下降了。

到了1980年，有8.5亿营养不良的人，占世界人口总数的21%。1990年，有8.4亿，占16%。1995年，饥饿人口数量降到了历史最低：7.9亿（数据全都来自联合国粮农组织），在世界人口中所占比例也降到了14%。于是各个相关组织表达出了极为乐观的态度，他们宣称对抗饥饿的斗争已经胜利结束了。

我们觉得对抗饥饿的斗争很重要，这可能源于它制造出了一种假象：全世界人民在为了同一事业而奋斗。联合国自然是这一童话的编织者。但其实在这一斗争背后作支撑的更可能是罗斯福的理论："当有两个阵营的时候，双方都不会希望在本方阵营里出现某种危机来使得人们投入另一阵营，所以给所有人饭吃是很必要的。"

几乎没有人敢说饥饿是神降于那些不够顺从他的人的惩罚。但是马尔萨斯的理论仍然在持续（持续？）发酵：穷人挨饿是因为他们生了太多的孩子。但实际上这一解释并没有太大的价值。我们来瞧瞧：那些生孩子多的人往往是生活最没有保障的人，既没有食物方面的保障，也没有医疗方面的保障，他们不能确保自己的孩子能够活下来。所以说在现代社会中，如果穷人们的孩子没有食物和医疗的保障，不是因为他们的人数太多了，而是因为其他人从他们手中攫取了他们本应享有的东西。

另外还有很多的论调，其中的许多仍然盛行。几十年前，在美国、欧洲、整个国际社会都流行着许多符合主流观点的宣传标语，其中最常见的一个论调就是：贫穷是饥饿的主要诱因。看上去这一论调很有道理，却有失公允，或者说是修辞学意义上的欺骗。甚至我们可以说事实是完全相反的：穷人们挨饿确实是由于他们没钱买吃的，但这并不能说贫穷和饥饿是起因和结果的关系。实际上贫穷和饥饿的诱因是一致的，它们的共同诱因就是财富：因为少数人拥有了本该属于多数人的资源，包括食物。

之后又出现了一些更为复杂的说法：饥饿是由另外一些结构性问题引起的。"要解决饥饿问题必须大力发展教育"，这是近来最经典的一种论调了，它有其合理之处，但是，在大多数贫穷国家针对穷人的教育不见得能够提高他们谋生的能力。在一些教育能起到作用的国家，人们受教育的目的也往往是移民到发达国家去，而这些国家也是很欢迎他们的。例如，这些发达国家很喜欢雇佣来自苏里南或是津巴布韦的廉价护士，他们把这些受过教育的穷人从那些国家带走之后却还在继续提议提高这些国家的教育水平。

还有一些言论称贫穷国家的政府太腐败了，说那里的官员把所有援助的钱都私吞了。他们贪污、私吞钱款："你们控诉无耻的男人／控诉无知的女人／却不知你们同样／属于你们控诉的人群。"这些政府恰恰是嘴上喊着反贪腐、反行贿的西方政府和机构所支持的：通过对他们的支持，这些西方国家可以获得原材料和军事布防等好处。不过西方国家慢慢失去了对这些穷国的控制，因为中国在这些地区的影响力在加大，所以西方国家喊叫得少了许多，在贸易上给的好处也多了那么一点。

我再重申一遍：如果说那些国家过于贫穷，那是因为它们曾经是殖民地，而那些宗主国是根据自身利益来设计这些国家的发展路线的，它们依然处于全球体系中的边缘地位。

因此这些国家依旧属于"另一个世界"。

在这关于饥饿的许多种理念里，有一种在 20 世纪 80 年代再次强势出现，它几乎复制了亚当·斯密的理论：如果说世界上依然有上亿的饥民，那是因为国家对经济的干预太多了，是因为政府不允许市场按照自己的模式运转。

这种理念实际上是脱胎于那些年里人们对资本主义制度的不满。在九十年代，随着柏林墙的倒塌和苏联解体，在资本主义发展的道路上好像已经没有什么障碍了。故事已经广为人知了：20 世纪 70 年代，许多跨国银行有着大量的流动资金，它们说服许多贫穷国家向它们借贷，而后再利用这些国家的欠债来获利。国际货币基金组织和世界银行在不断推行着它们的新自由主义政策。许多发达国家的领导者凭借穷国欠下的债务摇身一变成了新的殖民者，他们在上百个国家的首都建立机构，来推广自己的经济计划，其中最有名的政治−军事型领导人大概要属美国的里根和布什，英国的撒切尔夫人和德国的科尔了。

这些人制定的策略大多和饥饿有关：贫穷国家的国内货币贬值造成进口食品及可出口食品的价格上涨、裁员使上百万人流落街头、企业私营化又使得公共服务费用上升，这使得穷人更加没钱购买食物，同时医疗保障的缺失使得疾病缠身的营养不良者很难恢复健康。

贫穷国家不得不被迫放宽对进口食品的限制，于是本国企业就将陷入与那些享受补贴的发达国家企业的产品的价格战中。同时，货币基金组织和世界银行一直在强调对进口食品的控制是阻碍市场自由发展的举动，但它们却从来不会说那些发达国家对贫穷国家的举动是阻碍市场发展的行为：想想那数十亿美元的农业补贴吧，那正是贸易保护主义的极端案例。1986年到1993年的世贸组织乌拉圭回合谈判中，很多国家被要求降低关税壁垒以及对农业的激励政策，而美国、欧洲和日本却仍然在提高着对本国生产商的补助，来帮助他们降低生产成本以占领国外市场。

加入全球市场中的国家不得不面临着经济角色的转变以及经济结构的转型，他们不得不将自给自足的生产模式改为对外出口型的生产模式，而这又使许多农民失去了自己的土地和工作，他们不得不涌入大城市来寻找机会。在大城市待下来的人失去了自己为自己种植食物的机会，他们大多只能替别人干活，赚的工资连填饱肚子都做不到。

货币基金组织和世界银行在许多国家也会对受国家补贴的食品和因有储备粮等措施而降低的粮食价格进行干涉，尼日尔就是这种干涉的一个很好的例子，它导致的最直接后果就是上千人被饿死，很直接而残忍地饿死。

还有那套被称作华盛顿共识的理论。我想对于一位先生、对于一座城市而言，以自己的名字来命名这样一个掌控着数百万人生活的政策其实是一件很丑陋的事情。

资本主义的这种侵略性在八十年代以及九十年代还造成了一种很普遍却又很有代表性的现象：一个国家最基本的经济政策是在货币基金组织和世界银行的总部（也就是说在华盛顿）制定出来的。换句话说，国家的掌权者失去了话语权：

在那些新兴民主国家中，选举好像变成了一出无关紧要的滑稽剧。国家在解决社会和经济问题上面无能为力，当权者更是如此，他们只能唯发达国家马首是瞻。

"在八十和九十年代贫穷率上升的最主要原因就是国家控制力的下降"，联合国在 2003 年发布的名为《贫民窟的挑战》的官方文件中这样说道。

不过我们有时候也忘记了有多少人的生活得到了巨大的改善。例如在伦敦，当时那个帝国的首都，1851 年有三分之一年龄介于 15 到 25 岁之间的女人干的活是家政服务，另外还有三分之一是妓女。

这仅仅是一个例子，这样的例子还有很多。要不是有数亿挨饿的人存在的话，很多人可能会说这套体系是成功的，会说我们不需要另一套体系。事实上现在也有很多人这样认为。

"整个九十年代，贸易都在急剧膨胀，几乎全世界都对贸易敞开了怀抱，而军费却下降了许多。所有用于生产的初级原料的价格都大幅降低了，随着初级商品的价格下降，利润也飞速降低。资本从国家的掌控中脱身了出来，快速转移到了那些最具生产力的领域之中。在这样的对于新自由主义经济理论而言近乎完美的经济环境中，人们认为无与伦比的繁荣和社会公平即将到来"，《贫民窟的挑战》中这样写道。

然而，这份报告继续写道，"九十年代，很多国家发现自己的经济水平大幅度衰退了。有 46 个国家的居民生活水平在如今（2003 年）相比较 1990 年有了退步。还有另外 25 个国家的饥饿人口比重超过了十年之前"。

　　上亿的非洲人、拉美人和南亚人填不饱肚子：他们也因此改变了自己的生活方式。在第三世界国家的大型贫民窟里，找不到工作的男人们把照料家庭的重任留给了自己的女人，女人们不得不去做家政工作或是在街上卖东西。他们的孩子们也不去上学了，而是也去找一份工作来贴补家用，也有的不去找工作，就在家里待着什么也不做，或者去做些违法的事情。打黑工的情况愈发不可收拾。改善工作环境的想法只能是一种乌托邦。但是涌入大城市的人还是越来越多。很多人失去了希望：对于他们而言，"未来"和"现在"一样，都只不过是一个毫无意义的词罢了。

　　在 2004 年出版、如今已变成经典著作的《自由市场与粮食骚乱》一书中，约翰·沃顿和大卫·谢顿记录了 146 起于 1976 年到 1992 年间发生在 39 个负债国家的针对货币基金组织的抗争案例。很多案例都是以抢夺粮食开始的。

　　在 20 世纪 90 年代，事情发展的趋势是很明显的：饥饿人口数量再次上升，接近 8.5 亿，而且还在持续增加。一场长久以来最大的粮食危机正在酝酿着。

　　在这背后、在远离风暴中心的地方，那个巨大的经济体正在默默地筹划着进行重重一击。它似乎已经准备好了，在密歇根湖畔，它已经为此准备了至少十五年。

美国：资本

1

《芝加哥论坛报》的总部大楼建于 1925 年，位于芝加哥最市中心的地段，该报是世界上最重要的报纸之一。往楼上走去你会发现，这栋楼的层数比一般的大楼要多了许多，不过它的入口大门却是哥特式教堂风格的：传统成了现代的基底。还有其他的权力象征：在这座摩天大楼的楼体上贴着许多来自世界各地的建筑碎片，就好像它把它们都吞并了，又因为消化不了而吐了出来似的。这些建筑碎片来自世界各大知名建筑：泰姬陵、路德教堂、中国长城、柏林墙、位于埃尔西诺的哈姆雷特城堡、哈佛的马萨诸塞大厅、瑞士的拜伦之家、西敏寺教堂、阿拉莫遗址、雅典的帕特农神庙、斯德哥尔摩的王宫城堡、科隆大教堂、巴黎圣母院、耶路撒冷的大卫城塔等。这么多的残片，好像是被猛兽一口一口撕咬下来的，正是这一口一口的撕咬构建出了美利坚帝国。

我的头脑里萦绕着许多答案，或者说有时候我试图去寻找答案，但是为了要忠于自己，我还是决定装傻。一百或是两百只鸽子正在天空中飞翔，它们飞来飞去，有时交叉飞过，混到了一起。没人知道它们要飞去哪，它们的羽翼在天空中闪耀着光芒，扇动着的翅膀像是滚动的波浪，它们在无意中向我们展示着美。忽然，从远处飞来了另一只鸽子，原本就在这儿的那群鸽子分散开来，让它飞过。那只鸽子高昂着头，飞在最前面，其他鸽子跟在后面，就好像在飞的只是一只鸽子似的。

冬天将过，芝加哥的风却还是很大。

就在这里，在这里的街道中，在这里的某些街道中，诞生过许多我钦佩的或是我不钦佩的人：弗兰克·劳埃德·赖特、欧内斯特·海明威、约翰·多斯·帕索斯、雷蒙德·钱德勒、雷·布莱德利、菲利普·K·迪克、埃德加·赖斯·巴勒斯、沃尔特·迪斯尼、奥逊·威尔斯、查尔顿·赫斯顿、约翰·贝鲁西、哈里森·福特、鲍伯·佛西、约翰·马尔科维奇、罗宾·威廉姆斯、文森特·米内利、金·诺瓦克、拉奎尔·韦尔奇、休·海夫纳、辛迪·克劳馥、奥普拉·温弗莉、纳京高、本尼·古德曼、赫比·汉考、派蒂·史密斯、埃利奥特·尼斯、约翰·赫伯特·迪林杰、希尔多·卡辛斯基（就是那位爆炸案主谋）、雷·克拉克（也许提到他的麦当劳公司大家会更熟悉）、乔治·铂尔曼、米尔顿·弗里德曼、杰西·杰克逊、希拉里·罗德姆·克林顿，还有其他很多很多人，他们在不断提醒着我们的生活离不开美国。

"这很简单，兄弟们，这很简单：所有的一切都写在这本书里了，只需要学习、遵守书里写的就可以永远获得最好的生活，永远！"

一个穿着牛仔裤、厚外套、三十几岁的黑人妇女在一条小路上大喊着，她的头发很长，眼镜很大，屁股也很大，她的微笑很有感染力。她不停地说啊说啊，但是却没有人理她。

"快来瞧啊，都来啊。只要学习这本书就能获得最好的生活……"

在这些街道上，有上千个生活窘迫的人，风还在吹着，附近有一个大湖，一眼望去就像大海一样，比纽约的海还像海，因为纽约这个资本主义中心实在是有太多高楼了，像城堡一样林立，那里的石头、钢铁、黑色的玻璃控制了空气，把它切割成了小块，变成了向权力缴纳的赋税。芝加哥的空气还保留着原来的样子，这里的街道看上去也更宽、更干净，被照料得很好，人人都需要这样的空间。我不知道现在是不是还有那么多地方像这里一样，但我们更习惯专横地建立一种理念、权力和交易互相交织的体制，在芝加哥的中心地带，空间还是像古代帝国宣扬权威的做法一样，被粗暴地利用着。在长达数个世纪的时间里，帝国的王都习惯在最核心的地段建立起自己的王宫和城堡，再竖起一座座教堂，他用这些向世人展示着自己对这片土地的主导权，他要把自己的权力印刻在这片土地上。现在的情况也是一样，唯一的区别是这一座座高楼现在是属于各个大型企业的，但这又算什么区别呢？

芝加哥的建筑也许是世界上最好的，或者说是花钱能建出来的建筑中最好的：在近一百年里，这里建造起了四五十座公司高楼，随便从里面挑出一座来都能成为布宜诺斯艾利斯最好的楼，其中至少有两三座可以跻身上海排名前十的高楼，这就是新的世界模式。这座城市最早的设计师之一的丹尼尔·彭汉在1909年曾经这样写道："不要设计那些平庸的东西，因为它们无法让人们热血沸腾。"如今，这里的建筑确实有让人热血沸腾的魔力，同时它们也在展示着谁才是这片土地的主人。在这些高楼之中没有平庸的建筑，也没什么杂货店，没有垃圾、小巷，没有属于其他品质的东西。父亲是芝加哥人的丽莎·明尼里曾经唱过"钱让世界运转了起来"，而平克·弗洛伊德则唱着"金钱，/是一种罪。/公平地分享它吧/但是别想从我这分得一杯羹"。

那个三十几岁的黑人妇女喘了口粗气：一个人自言自语这么久是件很费力的事情。一个五六十岁的白人男子问她是不是真的只要学习、服从书中的话就行了。那男人有些脏，胡子拉碴，穿的衣服已经很破了，应该是一个流浪汉。

"如果不是真的我也就不会这么说了。你不相信吗？"

"不太信，我不太信。"

这些街道中的小路很干净，两旁的玻璃窗也很亮。很多穿着工作服的男女走过：西装革履、领带、高跟鞋……可以看出来那个白人男子对于黑人妇女的回答并不是很满意，转身回到了自己十米之外的"家"里，所谓的"家"其实就是地上铺了块纸板，纸板的上面有个包，还有个棕色的毯子，很脏，纸板前摆着一个蓝色的塑料碗，碗里放着几枚硬币。碗的旁边有一块小板子，上面用黑色的笔写着："我很饿，既没有工作也没有家人能给我饭吃。"他在板子上没有写任何要东西的话，只是在解释他乞讨的原因。

这些街道中的小路很干净，两旁的玻璃窗也很亮，只不过有很多乞丐：每隔三四十米就有一个乞丐坐在干净的小路上，也有的时候是两三个乞丐挤在一起，他们的板子上都写着自己没有饭吃。

"我的朋友，所有的事情都写在这本书里了。要是您不读它、不跟随着它的意志行事，那么过不上好日子的过错就是您自己的了。所有的罪过都将是您的，我的朋友。"

黑人妇女还在喊着。

我找到我想要的素材之时，也正是我最沮丧的时候。在加尔各答也好，在马达拉、塔那那利佛也罢，我总是会想这些城市还有希望，还有很大的发展空间。但是这里不一样，这里是芝加哥，是美国，是在看上去世界上最成功的体制下发展起来的大城市。这时，所有的一切对我而言好像都失去了意义：我是如此沮丧和绝望。这座像大型机器一样的城市是那么完美，却又那么无用。这里也有那么多人每天工作那么多小时制作那么多无用的商品来给那么多有钱人消费，这里也有那么多人每天工作那么多小时制作那么多无用的商品来给那么多有钱人消费，这里也有那么多人每天工作那么多小时制作那么多无用的商品来……就好像突然有一天，我们睡醒后发现自己得了失忆症（终于得了失忆症），来问自己：这一切究竟有什么意义。

（有用的东西和不可或缺的东西在现代社会的商品中所

占的比重越来越小了。更有甚者，如今一个社会的发达程度是和它所生产出的非必需品的数量成正比的。人们越是花更多钱在非必需品上，或者说越是在食物、衣服、住房等必需品上花的钱少，那么这些人所在的团体、国家发展得就越好。

为什么在现今社会中，我们生产出大量美轮美奂的商品就仅仅是为了让钱多得花不完的人再多花点钱？飞机汽车轮船高档住所名贵手表红酒苹果手机私人医疗……难到平均主义的发展注定会越来越慢、越来越阴暗？）

在这座城市曾经有过很多殉难者。很多年中，我对芝加哥只有两种印象：这里是阿尔·卡彭和他的手下拿着冲锋枪杀人的地方，我是在黑白电视上看到这一切的，虽然黑色白色其实也属于彩色；这里也是几千工人游行示威要求八小时工作制的地方，1886 年有四个人因此被绞死。芝加哥的这些殉难者成了工人运动中的经典形象，他们的活动也是五月一日劳动节的起源，这个节日是国际性的，除了美国，对，美国。

从那时往前推三十八年，也就是 1848 年，那一年马克思在伦敦用德语出版了《共产党宣言》，那一年在欧洲爆发了大大小小的起义，那一年在资本主义的芝加哥，人们却只看到了无数巨大的商机。那一年的芝加哥建成了运河，还修建了这个国家最早的连通海岸的铁路，这使得芝加哥成为美国北部最重要的肉类和谷物的贸易中心。那一年，蒸汽谷物升降机设计成功，它允许人们使用前所未有的规模的谷仓。同样是在那一年，芝加哥商品交易所建成了，卖东西的农场主和买东西的商人开始在这里交易，现在它的功能已经变成了决定世界上农产品的期货价格。

"我的朋友们，所有的一切都写在这本书里了。"

女人还在喊着。

这栋楼高二百米，建楼的砖块很大，砖块严丝合缝，结构异常牢固，但窗户却显得不大。在最高处有一个十米高的神像，是罗马神话中掌管农业的女神：她一手拿着玉米，一手拿着小麦。在底层大门上方的石墙上刻着"芝加哥商品交易所"几个大字。这座建筑是 1930 年建成的，那时的美国正陷在历史上最大的经济萧条危机之中。在它的两旁伫立着两栋新古典主义建筑，一栋如今已被美国银行买下，另一栋则是美联储芝加哥分行的大楼，美国人想把这里打造成一个新的经济帝国中心。星条旗无处不在，美国人用他们的旗帜和砖石展示着自己的实力。

"欢迎。"

他的脸上挂着微笑，穿着一件很红的外套。我们就姑且叫他莱斯利吧，他在世界上排名前四或者前五的粮食公司上班，这家公司的年贸易额可以达到数百亿美元，他答应带我去了解交易所，但条件是不能提到他的真名，也不能提他公司的名字。莱斯利留意到我看他的眼神有点奇怪，于是他向我解释说他穿那件外套是有原因的：

"这个月是乳腺癌月，我们穿成这样是为了提醒人们关注乳腺癌。"

这确实是一个很好的理由，人们很喜欢在做事之前找一个好理由。然后他对我说我们可以进去了，他说我们要走不少路。他说："交易所就是一个世界，一个完整的世界。"

"在这个世界里我们有一套自己的游戏规则。可能您刚接触时会觉得很奇怪，很难理解，甚至会认为我们是故意想让外面的人搞不懂我们在这里做什么。但我会给您解释清楚的。"他这样对我说道，听着像是在吓唬我。

这楼，他们管芝加哥商品交易所叫"这楼"，占地超过五千平方米。在这半公顷土地上，满是只顾赚钱的人和计算机还有电子屏。交易所看上去就像是一座大教堂：四周圆圆的，顶很高，在顶部，恰好是教堂里神圣的彩色窗户的位置，有闪着亮光的监控器，电子屏幕上闪着上千组数字，绿色的、红色的、黄色的，行市表、买入卖出量、上升还是下降、损失还是收益：数字不停地变化，代表着进行的无数商业活动。

再往下，我们站立的区域被分成了一个又一个"井"，也就是英语里的 pits 这个词，每个"井"的功用都不同，有的管玉米，有的管小麦，还有的管豆油。每个"井"都围成直径十米左右的圆形，周边还有三组看台。在"井"里通常会站着三四十个男人，大多都穿着红外套，他们看上去很无聊：有的低头看着挂在自己腰上的小屏幕，有的人在读报，还有的人呆望着身旁人的头发或是衣服或是鞋尖。还有的人抬头望向上方，望着那些变来变去的数字。直到突然有个人开始喊出一些我至今没有搞懂的话，那些男人就会像睡醒了一样骚动起来。他们大喊着，互相看着：这里就像变成了一个鸡笼，只不过没有母鸡只有公鸡，一群很有教养的公鸡。他们挥舞着白色的存根簿，用手掌和手指做着各种动作，他们紧张地盯着腰上的小屏幕和房顶屏幕里的数字。只不过一两分钟的时间，所有人就都活跃了起来，叽叽喳喳，手在空气中挥舞，像是在虚张声势。之后，就像这一切开始时一样突然，大家又都安静了下来。

"所有这些举动都是有意义的，或者说我们相信是有意义的。"莱斯利对我解释着那些手势的含义：手掌朝外是什么意思，朝内是什么意思，手指分开或是合拢又是什么意思，手举到胸前和脸前的意思也不一样。这些手势表示是买还是卖、买多少、卖多少、互相理解了没。

"但是看上去他们很长时间里都无事可做。"

"好吧，因为现在所有的东西都在屏幕上操作了。几年前可不是这样，那时这里人多得根本连路都走不了。"

现在可以走路了。如今，这些公鸡时不时做出的一系列动作好像只是为了纪念那遥远的旧时光。因为一切都在进步，他们手舞足蹈的动作在十年前或是十五年前还是这里的常态。如今每天85%左右的业务都是用计算机、数字完成的，这些操作可能来自世界上最偏远的角落。芝加哥已经不再是以前的芝加哥了，它成了全球化背景下的一个抽象物。

然后我问莱斯利觉得这个交易所是不是还有存在的价值："在某个时刻这里是会消失的，是吗？"

"很难想象这里会消失。这里已经有150年历史了，我的半辈子也是在这里过的。你认为我会去想这里会消失的事情吗？"

"好吧，要是我请你现在想想它会不会消失呢？"

"会吧，也说不定很快它就会消失。"

但至少现在，每种谷物所在的"井"中的计算机屏幕上，仍然显示着无数笔交易，显示着供需变化引起的价格变化。虽然芝加哥如今已经不再是买家卖家进行交易的地方了，但这里仍然决定着全世界粮食的价格。这些价格会决定谁赚钱、谁赔钱、谁有饭吃、谁没饭吃。

我突然记起了自己在达卡度过的那无数个下午和在马达拉的那无数个夜晚，我曾在那时想象过无数遍芝加哥交易所会是什么样子，这里的运作模式是怎样的。我想（我的想法可能偏颇且毫无意义也有可能是毫无意义且偏颇），这里是不会有人在乎达卡人或是马达拉人的生活的。

"市场是最好的价格调节工具。没人能操纵市场，就算是最有权势的人也不行。"莱斯利对我说道。

另外一个很胖的公司人员则对我说："这里会帮助全世界的人降低他们购买粮食的花费。"他胖得连喘气都很困难，而我也不想评价他对我说的这句话，我只是问他怎么能做到这点。

"创造一个透明的市场来对外提供流动资金。当然这需要有人或者公司拿出他们的钱来支持市场的运作。这就是我们的工作。当然我们也是靠这赚钱的，如果不赚钱我们也就不会去做这些。"

我静静地听着，没有任何表情。人们说芝加哥交易所的作用是稳定商品价格。19世纪中叶，芝加哥交易所做出了一项创举，为未来签署合同：生产商和购货商签署一份文件，约定在某个日期前者会以某个价格卖给后者一定数量的产品，而交易所的作用就是保证这份文件能够如约生效。这样农场主们在收获之前就能知道自己会赚多少钱，而购货商在得到商品之前就知道自己要支付多少钱。这对于市场而言是一项很有效用的功能。

后来，在布宜诺斯艾利斯，经济学家伊万·奥尔多涅斯给了我更加清楚的解释，他当时正为南美最大的大豆种植商古斯塔沃·葛洛沃克帕特尔工作。

"农业到底是什么？实际上就是你搞到一笔钱，把它埋到地里，六个月后你能挖出更多钱来。问题是在耕种的时候我很清楚种子、人力、肥料等会花我多少钱，可是我却不知道收获之后我会把作物以什么价格卖出去。我很难知道自己能赚多少钱，这有时取决于气候，而气候是很难预料的，但是我得保证自己能有收入。等着买我们的大豆的商人而言也是一样，他们要用我们的大豆做豆粉，再卖给那些需要用豆粉喂养动物的人。所以我们需要做的就是制定一份协议，以过去和现时的情况为基础，在买卖价格上达成协议。也就是说我们在为未来签协议：它规定了我们如何对将来才会出现的商品进行买卖。所以我们说这是'推导'的市场：因为我们对未来商品制定的买卖价格是根据那种商品的现时价格推导出来的。因为市场需要贸易量，而参与交易的不只有我这一家大豆生产商，也不只有你一家购货商，还有很多其他参与者会议论我们制定的价格是高了还是低了。所以这时我们需要投机商，他们的作用是通过买卖期货和向市场投入流动资金来使我们协定的那些未来商品的价格变得更加可信。"

当我听到"可信"两个字时，我真想掏把枪出来。

有很多人坚持说食品原材料市场长期以来就是按照这套模式运行的。但在20世纪90年代初时事情发生了变化。那时几乎没有人留意到这种变化，很多人是在此之后很久才恍然大悟的。

"如今出现了新的玩家，银行和基金组织都想掺和进来。以前的市场只属于生产商和购货商，但是现在不一样了。"

在美国走出里根统治时期的时候，它已经失去了上百万个工作岗位，也就是说有上百万人丢了工作，因为许多大型公司决定把厂子建在其他国家，因为那里的劳动力更加廉价，而产量还会提高50%，而且那里对富人的征税比美国还要低一半。由于这些，富人们有了更多的闲钱，他们希望把这些钱投资到某项产业中去赚更多的钱。

"我不喜欢这样，但我能做什么呢？我还得继续玩下去，这是我的工作，"莱斯利边向我解释边这样说着。过了一会儿，大概是发现我不太理解他所说的，他开始试着让我冷静下来，"其实这些事情很容易理解：这里所有的人都想赚钱。怎么样能赚钱呢？如今有很多赚钱的方法。我们得了解这些方法，还得有能力利用这些方法。我们既得做中期规划，也得做长期规划，有时候我们还要在一两分钟内就完成一次行动。在这里有越来越多赚钱的方法。"

就像这里一样，世界上还有很多国家的人能够直言自己的所作所为就是为了赚钱。但有的国家不行。可不论如何，把提高粮食价格仅仅是为了赚钱这种话说出来还是让人听着不是滋味。这些人有很多借口来提高粮食价格：某国对粮食的需求增大了、农业生产成本增加了、气候条件变坏了……莱斯利起码算得上是一个有话直说的人，我觉得他向我引荐的那些在交易所工作的同事也是这样的人。他们有的人是给大型农业公司工作的，有的人则是为银行、投资机构工作的，还有些人则是在用自己的钱进行买卖，这些人往往还需要一个金融师来协助他们，这些金融师则从他们那里收取佣金。他们所有人看上去都那么和善、热情，都在为全人类而操心。他们甚至让我开始怀疑我的一系列调查是不是真的有意义，让我怀疑自己为什么要去管这些凭借自身工作赚钱的人和其他一些相关的事情。

"那么你们有没有想过世界上其他地区的人们的成本呢？"

"什么成本？你是说经济方面的，还是社会方面的？你说的是哪一类成本呢？"

2

"食物的历史在1991年发生了一个巨大的转折，那时没有太多人关心这一话题。但是就在那一年，高盛集团决定把我们每天吃的面包变成一项新的投资。

植根于种子和犁沟的农业引起了华尔街银行家们的注意，这些人的财富在以往可不是靠买卖像面包或是小麦这样的实体物品积累起来的，他们更多靠的是推销一些例如风险投资或是抵押债务之类的空泛的概念来赚钱的。但是到了1991年，几乎所有可以在金融领域进行抽象化的事物都已经被他们搞了个遍，而食品可能是唯一的一片净土了。高盛集团的专家们瞅准了这一点，决定把食品也概念化。他们挑选出18种可以成为商品的添加剂，然后又准备了包括猪肉、牛肉、咖啡、可可、玉米和几种小麦在内的食品，他们估量每种食品的价值，然后又评估把它们混合在一起后的价值，他们不仅把食品变成了一个个数学方程式，而且还创建了高盛商品指数，并开始提供相应的指数股。

就像我们可以预料的一样，高盛的商品贸易繁荣了起来。原材料的价格开始上涨，最开始上涨得很慢，后来变得很快，所以更多人选择把钱投到高盛商品指数中。还有一些银行家也留意到了这一点，他们选择创立自己独有的食品指数来为自己的客户服务。投资者们很高兴看到自己手中的股票价值不断上涨，但是早餐、午餐和晚餐的价格上涨对于我们这些要想着吃饭问题的人来说可不是什么好事。商业基金开始在这一领域制造问题了。"

这是弗雷德里克·考夫曼在2010年发表的题为《食品泡沫：华尔街是怎样让数百万人陷入饥饿然后脱身的》一文的开头部分。

"食品更加商品化了，成了一种投资，它变得和石油、金银或是其他的有指数的商品一样了。投资越多，食物就会越贵，而那些付不起钱的人就只能挨饿了。"

　　我和考夫曼约在了华尔街的一家咖啡馆里见面，我提前从网上找了一张他的照片，好在见到他的时候能认出来。考夫曼在照片里穿着一件白色衬衫，胡子像是已经好几天没刮了，头发也没怎么打理，脸上挂着笑容，看起来略微有些不修边幅。但是那天下午来和我见面时考夫曼穿着一身考究的蓝色西服，打着领带，还牵着一条白色的狗，我发现他其实挺矮的。他向我抱歉说他刚吃完午饭，没时间回家放狗，只能把狗牵来了。他说他最近在忙着宣传自己的新书《孤注一掷》，他说我有时间的话也可以读一读。弗雷德里克·考夫曼坐了下来，他说我们有一个小时的时间可以聊。

　　"九十年代初高盛集团开始寻找新的贸易点。他们的原则就是'所有东西都是可以交易的'。那时他们想着股票和债券从长远来看收益不大，价值最大的应该是那些最不可或缺的东西：土地、水、食物。但是这些东西没有什么波动性，这对于交易者而言可不是什么好事。看看粮食市场的历史或是人类的文明史，人们追求的往往都是粮食价格的稳定，或者说想让所有不稳定性强的物品的价格稳定下来。粮食可以说是最不稳定的东西了，因为至少每年要收获两次粮食，每次收获所依赖的条件都很多，而且很多条件是我们没法掌控的，尤其是气象因素。但是人类的文明史依赖于稳定性。人类文明在城市中得到了进一步发展，在城市里出现了哲学、宗教、文学、不同的职业、卖淫、艺术。但是城市里的人是不负责生产粮食的，所以得确保他们能以稳定的价格买到粮食。中东文明就是这样开始的。很多个世纪之后的美国也是如此。在整个 20 世纪这里的谷物价格都相对稳定，当然除了一些短暂的特殊时期，可以说对于这个国家而言这是最好的一个百年。"

那条狗很耐心，很老实。当它的主人在说话时它就安静地望着他，好像是它很久没有听到自己的主人说话了似的。考夫曼说得有点激动：

"银行家们可不在乎粮食价格稳定有怎样的意义。他们在乎的是如果粮食价格不停波动的话，他们就可以一直赚钱，因为对粮食的需求永远都不会消失，而且还会不断增大。所以他们只想着怎样去把大量的资本引入粮食市场，而且还要保证这些资本一直被投入这一市场，他们花了很多钱去做这件事，而那也正是他们想要的：钱。他们不在乎市场，不在乎粮食，在乎的唯钱而已。为此他们着手去改变粮食市场，而在此之前的一整个世纪所有人都在努力维持着粮食价格的稳定，维持着买卖双方的安全。他们创造出了一台制造粮食价格波动的机器，有波动就有钱赚。他们还创立了高盛商品指数，来吸引众多大投资者的资本，他们再利用这些资本去操纵市场，主要是提高粮食的价格。粮食价格在短短几年内翻了三倍，是的，三倍。恭喜他们，数百万人因为他们饿死了。很多观察家说粮食价格在接下来的二十年里还要再翻倍，如果这变成现实，贫穷国家的居民就不得不把他们收入的 70% 或 80% 用来买粮食，类似阿拉伯之春的事件在那些国家可能会成为常态。有些人认为这种变化不会影响到我们，所以这不是我们的问题。我们离世贸大厦遗址很近，那次事件使我们觉察到实际上世界上有很多人恨我们，他们将做出对我们有很大影响的事情。"

考夫曼继续激动地说着，他的狗很担心地看着他。

但是此时此刻，在芝加哥最负盛名的大楼里，莱斯利还在试图给我解释运作机制问题。我很难理解他说的东西，我费了很大功夫才相信自己理解了一点：

我们假设我想搞贸易。实际上我这辈子从来没见过人们种大豆，但是我现在可以决定以现在的市场价在 2014 年 9 月 1 日（这个日子在我写这段话时还没到）卖出一吨大豆。我们就假设价格是 500 美元吧。我唯一要做的就是期待着市场出现波动，期待着到八月底的时候一吨大豆的价格跌到 450 美元。因为哪怕从来没见过那一吨大豆的影子，我也可以在那时出手买下一吨大豆，再把它卖出去，这样我就赚了 50 美元。我甚至可以把我手中的期货合同卖出去，让别人去做这些事情，只不过这样做的话我大概只能赚 49 美元。更有甚者，我急着用钱装饰我的洗手间或是要专心搞我的绘画事业，那么我可以在从现在到 9 月 1 日之间的任何时候把我的期货合同卖出去。我明天就可以这么干，只要赚钱就行。

但是莱斯利对我说，也有可能到了 2014 年 9 月 1 日，那些大豆的价格变成了 600 美元，那样的话我们就损失了 100 美元。他说，为了避免这种情况的出现，我们可以更狡猾一点，不去签一份期货合同，而是去购买一个期权合同。所谓的期权合同是这样运作的：它规定我可以在九月份以 500 美元的价格卖出一吨大豆，但不规定我必须这样做。为此我要先付给承诺以那个价格买我大豆的人一笔钱，例如20美元。如果到了时间大豆价格降到了450美元，那么我就可以赚30美元，因为和我签署期权合同的人必须以500美元买走我用450美元买进来的大豆，当然50美元的收益里要减去我提前支付的20美元。我也可以以30或29美元的价格卖出我的期权合同，这样我不用操心就能赚到那笔钱。那个买走我合同的人赌的就是一个星期后大豆价格跌到445美元，这样一周之内他就能赚5美元，以此类推。如果大豆价格最后涨到了600美元的话我可以选择不履行合同，这样我就仅仅会损失提前支付的那20美元，然后交易就结束了。

"唔……"

这些都是纯理论的东西，可实际情况可能完全不是一回事。实际上，期权的买卖每时每刻都在进行，没有一刻停止：如今，大豆在2014年9月1日的价格也好，在后天的价格也好，在下个月的价格也好，都变成了一个需要你去精准预估的数字，押对了注就能赚钱。在以前，哪怕再大的灾害也很难影响到几百万人的生活，而如今在这里，粮食价格变成了资本家们的游戏，在这以外的地方，则关系到上亿人有没有饭吃。

在这里，商人们试图从市价每一分每一秒的变化中获取收益，虽然价格的差异有时候很小，但如果商品数量很大的话，造成的不同就显而易见了。这些人要感谢粮食价格的"不正常"，但实际上为了满足这些投资者，粮食价格已经越来越经常性地"不正常"了。

有件很有意思的事情：那些为市场工作的人、靠市场而活的人却努力想使市场"不正常"。这些人桌子上摆着威士忌，没有一个人在《经济学人》杂志上发表的文章里或是在他们主讲的经济学课堂上明着说他们想要的恰恰正是市场"不正常"。

可是市场的这种"不正常"却是他们进行贸易活动的基础。如果市场正常的话，那么你在今天或是 2014 年 9 月 1 日出售大豆的价格就都会是 500 美元，那么你赚什么钱呢？这个领域里没人说实话。他们唱着赞歌，混淆视听，他们会对你说市场是解决问题的最有效的方法。

他们靠谎话活着。

3

粮食变成一种投资品距今已有二十几年的历史了。但是看上去在 2008 年之前没有太多人留意到这一点。那一年，美国金融危机爆发了，这场风暴席卷了股市、抵押财产和国际贸易领域，货币开始贬值，人们无处可逃。在一段时间的迷茫之后，许多资本流入了他们认为最可靠的地方：芝加哥商品交易所。2003 年，用于食品商品的投资额大约是 130 亿美元，而在 2008 年则达到了 3170 亿美元，几乎增长了 25 倍。价格自然也就变得越来越不可掌控。

左翼的经济分析专家们通过计算认为那笔钱已经达到了世界农业市场规模的十五倍：粮食变成了纯粹而又艰难的交

易。美国政府还把上千亿美元的钱用在了银行身上来"拯救商业体系"，其中大部分资金却都被用在了对食品的投资上。

如今每年在芝加哥交易所小麦的交易量是世界小麦年产量的五十倍。换句话说，世界上每一粒粮食都在这里被反复交易了五十次。操纵粮食交易的钱要远远超过人们实际生产出的粮食的总价值。

在市场形成如此巨大投资的原因是投资者并不是真正拥有粮食的人。这很奇怪不是吗，人们在卖着自己没有的东西。他们买卖的是承诺，使用的买卖工具是屏幕上的一串串数字。在这场奇特的游戏中，会玩的人就能赚到钱。

就算是不会玩的人也会花钱雇人来进行买卖操作。如今在发达国家，股市中超过半数的资金都投入了高频交易（HFT）这种计算机化交易之中。这种交易的速度非常快，利用高速计算机，人们能在几秒钟或者几毫秒中进行上百万次交易。买卖、买卖、买卖、买卖、买卖、买卖、买卖、买卖、买卖、买卖、买卖、买卖，利用最微小的变动不停地进行买卖，不管是多么小的交易，当交易量大了之后就是很大一笔钱。高频计算机的交易速度要比人类快无数倍，我实在很难想象竟然有人能一下子拿出那么多钱来给电脑进行交易，要知道那些电脑可能随时会出现问题：他们对技术如此信任，他们又是如此贪婪。

高频交易是最纯粹的交易：机器不停地运转，目的只是用钱来赚更多的钱。没有人为高速计算机做的交易签署合同，因为它们在几秒钟内就会完成大量对无形商品的交易，这是一个完完全全虚拟的市场。用钱来生钱，用火来点火，这是一种最有真实效益的虚幻。

机器在高速运转着。那一天，2008年4月6日，一吨小麦的价格已经被炒到了440美元，简直不可思议。要知道三年前一吨小麦的价格连这个价格的三分之一都不到，只有大约125美元。谷物的价格在过去二十多年里的波动并不是很大，甚至有时候还有所下降，但在2006年却突然开始攀升，在2007年的最初几个月里它的涨幅已经大到难以控制了：五月时，每吨小麦的价格超过了200美元，八月超过了300美元，次年一月就超过400美元了。其他谷物的情况也类似。

就像那些商人所言，粮食市场的弹性是很低的。其实他们想表达的意思是，不管价格变化成什么样，需求的变化是很小的：就算食品价格涨得很厉害，人们也只不过会稍微延迟一下购买汽车或是鞋子的时间罢了，因为和那些比起来，恐怕没有人愿意推迟自己买午饭的时间吧。也就是说，尽管价格上涨了，但能买得起粮食的人还是会去买，那些本来就买不起的人就听天由命吧。

没有什么东西的价格上涨的诱因是唯一的。粮食价格上涨的另一个诱因可能是石油价格的上涨，在那年四月，石油价格已经上涨到了惊人的130美元每桶，比一年前的价格上涨了一倍。石油对于农牧业生产十分重要，英国评论家约翰·N.格雷在不久前甚至说"农业就是从石油里提炼粮食"。他说这话的原因是根据计算，每生产一卡路里热量的食物就要消耗七卡路里热量的燃料。

　　石油价格以多种方式影响着粮食价格。实际上石油价格还影响着其他很多东西的价格，因为先进社会要运转起来是离不开能源的，很久之前有位大资本家也曾说过类似的话，可以说能源价格就是所有东西的价格。我们在计算生产粮食成本时不可避免地要计算所消耗的燃料的价格，不仅仅是农业机器所消耗的燃料，就算是大部分的肥料和杀虫剂中实际上也包含着石油的某些成分，还要计算在运输、储存和销售过程中所消耗的能源。同时石油价格的上升也给了知名的农业生物质燃料发展的空间。

　　一开始人们管那种新型燃料叫生物燃料，但是近来有很多专家评论说"生物"这个前缀并不是很恰当，不如叫农业生物质燃料。因为"生物"听上去又是心血来潮的生态主义者的惯用词，"农业"要比"生物"更接地气一点。有人在这个领域投入了大量的资金。2000 年全世界生产了 170 亿升乙醇，这一数字在 2013 年翻了五倍：850 亿升。十升乙醇中有九升是被美国和巴西消耗掉的。

　　乙醇是目前最常用的新型燃料，但同时也是历史最悠久的东西，它在 10000 年中的大部分时间里都是人类用来灌醉自己的工具。20 世纪 30 年代，虽然巴西还拥有石油资源，但已经开始从甘蔗里提炼乙醇并使用它了，他们把乙醇和汽油混合起来给汽车充当燃料。随着"二战"的结束，石油价格降到了新低，那时几乎没人会想起乙醇。七十年代，世界范围内的危机爆发后，巴西又重新拾起了乙醇开发计划，不久，在厌倦了被自己的敌人（或者更糟，被自己的朋友）以石油资源进行威胁之后，美国也决定效仿巴西开发乙醇。

说美国因为石油而遭受威胁有一点悖论的感觉，甚至有些充满诗意。要知道在 20 世纪初，世界最重要的一场经济战就发生在英国煤炭和美国石油之间。最终美国人成功使石油成为世界性能源，因为美国人的能力实在是太大了。如今美国的石油储藏量还不足自身需求的三分之一，它不得不从自己的敌对国或半敌对国或可能的敌对国那里进口石油，因此美国时不时地就想用军事手段控制这些国家，如今全世界 15.8 亿美元军费中有 40% 属于美国。因此能用属于自己的资源去生产燃料在地缘政治上是具有重要意义的。

这也是另一种使用食物的方法，不给人吃，而是用来提炼燃料。

另外对许多人来说这也是一种新的贸易。

农业生物质燃料的出现是为了应对困扰美国农业二十年的粮食生产过剩问题。近半个世纪以来，农业技术发展十分迅速，政府对农户的补贴金额也有了显著提高。但是粮食产量过剩却成为一个新的问题，人们不知道要用这么多玉米和小麦来做什么。在 20 世纪下半叶，在美国出现了这个人类历史上几乎从未出现过的问题：生产了过多的粮食。在这样一个食物贫乏的世界里竟然会出现食物过剩的问题，这听上去就像是个笑话。

在食物过剩所带来的众多影响中，粮食价格长期过低是比较重要的一项。最早的解决方案是在政府的保障下大量出口粮食，我们一会儿还会提到著名的"粮食换和平"计划。

另一种解决方案是把粮食用于畜牧业：在美国，猪、牛、鸡至今仍消耗着70%的谷物。大量粮食被用于畜牧业使得那时的肉类消耗量达到了前所未有的规模。

后来又出现了其他多种解决办法：玉米做成糖浆，成了食品工业的增甜剂，另外多余的粮食还被用到了纺织业和制作清洁剂上。当然还有最近的农业生物质燃料。

美国的乙醇是从玉米中提炼出来的，因为玉米是他最主要的农产品之一。美国每年生产全世界35%的乙醇，约3.5亿万吨。根据美国的《可再生燃料标准》，美国产的40%的玉米都需要用来填充汽车油箱，也就是这种世界主要粮食全球总产量的六分之一。要填满一个乙醇-85型油箱需要170公斤玉米，足够一个赞比亚或者墨西哥或者孟加拉人吃一年。注意，每年需要用乙醇填满接近9亿个同等规模的油箱。

再说得更具体一些吧：美国汽车消耗的农业生物质燃料如果换成粮食发给世界上所有饥饿人群的话，他们每人每天可以拿到一斤玉米。

让·齐格勒曾经说过："生物燃料是针对全人类的犯罪。"

美国政府不仅要求把玉米用在汽车身上，还给玉米生产者们数十亿美元的补贴。这是对财富的一次明目张胆的再分配：政府把全体纳税人的税款分发给那些有能力对政府施加压力的部门。美国的农场主们拥有如此大的能力的原因有很多，但可能其中最重要的一个就是虽然那些大农场遍布的州人口数可能较少，却和纽约、加利福尼亚一样有两位国会议员。

这可能并不是什么很像样的说法。但是要想把玉米更多地用在类似汽车等东西上那就不可避免地要从法律层面保证给予种植者更多补贴，他们给这种模式套上了很多冠冕堂皇的理由，说这是"能源独立"和"对抗气候变化的斗争"。但是农业生物质燃料的污染气体排放依然是一个大问题，弗雷德里希·莱马特雷在《明日，饥饿》一书中说，使用玉米乙醇的汽车的二氧化碳排放量只会较以前减少 10% 到 20%，再算上生产玉米所必需的拖拉机、肥料、杀虫剂还有运输过程中产生的污染以及电力消耗，这种模式实际上对生态平衡并没有太大的好处。

而且另外一个之前很少有人想过的问题是随着玉米乙醇的需求量的提高，粮食价格也在随之上升。举个例子：许多美国中西部的种植者不再种植出口到墨西哥的白玉米了，转而种植用于提炼乙醇的黄玉米。这造成墨西哥国内玉米面粉价格成倍增长，甚至翻了三番，成千上万人为此走上了街头。人们管这次事件叫"玉米饼骚乱"。

在危地马拉没有人走上街头，但是危地马拉一半的青年人都营养不良。二十年前危地马拉还能够生产满足其自身所需的玉米，但是 20 世纪 90 年代时美国的玉米来了，因为美国政府的大量补贴，美国玉米的价格低得离谱，当地种植户根本无法和他们竞争。只过了一个十年，危地马拉本土玉米产量就下降了三分之一。

在那段时间里，很多农民不得不把自己的土地出售给企业，这些企业利用购到的土地种植油棕树来产棕榈油和提炼乙醇。那些还坚持搞种植的农户遇到的困难也越来越大：有时会出现强迫他们出售土地的武力威胁，有的土地拥有者不再继续把土地出租给农户而是想把地卖给公司企业，甚至还有人会切断他们的水源或是在水里投毒。

在接下来的几年里这些问题更加尖锐了：美国人开始使用他们的玉米去提炼乙醇了。这造成了玉米价格的上涨，涨幅甚至超过了2008年金融危机。如今在危地马拉的玉米饼店里，一格查尔（约合十五美分）只能买四个玉米饼，而五年前用同样的钱可以买八个。而且鸡蛋的价格也涨了三倍，因为这里的鸡饲料主要就是玉米。

这样的例子还有很多。

但是我不觉得这是有预谋的。

我的意思是：美国当局或是美国农户并不是蓄意想让危地马拉人挨饿。他们只是想卖更多自己的商品、赚更多的钱以及减少自己对石油的依赖程度，或者可以再加上保护环境这个理由。但不可否认的是它带来了一系列的蝴蝶效应。事情就这样发生了，人们能做些什么呢。

事情就这么可恶地发生了。

哪怕是使用谷物来制作新型燃料，但是这些谷物的价格还是和石油价格有着很紧密的联系：当石油价格上升时，乙醇价格也会上升，而这也带动了玉米价格的上升。如今，石油价格的波动对食品价格的影响甚至更直接了。

（2012年欧盟委员会接受了一些新的提案：几年前他们规定全欧洲范围内所有的交通工具在2020年到来之前都应

当使用 10% 的农业燃料。许多政党和组织批评这项规定是在从穷人手中抢夺粮食，于是欧盟更正说那 10% 农业燃料中至少一半需要来自木材、牧草、农业废料、杂草、海草等不能当作食物的东西。

从上一个十年的中间开始，很多人最大的愿望之一就是出现"第二代生物燃料"，主要是用不可食用的蔬菜提炼出来的。他们希望借此降低粮食价格，缓和汽车业者和没钱买粮食的人之间的矛盾。虽然有人计算过这种新型燃料的成本会更高，但是大部分人还是认为那是值得的。在 2007 年最后三个月里，全世界在这一领域的投资总额超过了 76 亿美元，甚至连 BP 和壳牌这样的石油巨头都掺和了进来。但事情并没有按照人们预想的那样发展，到了 2013 年的第一个季度，相关投资已经降到了 5700 万美元，几乎可以忽略不计了。

说为了交通运输而进行的粮食生产与为了食用而进行的粮食生产之间有着巨大的矛盾看上去有些夸大其词，但事实确实如此。但是这种状况已经持续很久了。几千年来，人们种植粮食的重要目的之一就是饲养动物。在 20 世纪初，美国还用它四分之一的耕地去种植马的饲料。只是在最近一百年，随着石油业的发展，粮食才更多地用于食用，这可能也是粮食价格下降的另一个原因。如今，蜜月期结束了，看样子有些东西又要卷土重来了。)

4

那位不会演讲的先生的演讲又火了，就和他的其他很多类似的演讲一样，是因为言辞不当才火起来的："在印度有 3.5亿中产阶级，比美国总人口还多，想想看，比我们国家总人口还多。一个人开始赚更多钱的时候，他往往就会要求改善自己的食物品质。因此需求会上升，这也导致了食品价格上升。"乔治·布什在 2008 年五月这样说道，那时正是经济危机蔓延得如火如荼的时候。现在有很多人像他一样，把粮食价格上涨归咎于印度人和中国人对粮食的需求量的增大，归咎于他们购买力的提高。

也许是有关联的，但关联有这么大吗？

我们在一百多页前曾经讨论过类似的问题：实际上有 5亿到 6 亿的印度人依然吃得很差、很少，还有 2.5 亿印度人几乎没有吃的东西。但说在加入了世界市场后这些印度人或是中国人对粮食价格上涨起了"负面"作用也是事实，因为这数亿人和美国人或是欧洲人一样，他们也要吃饭。

这也是全球化下的另一种秩序，所有人都要参与其中，但并不是所有人都能做到那些掌权者所能做到的事情。

这就像是个笑话：因为有更多能买得起食物的人进入了市场，对粮食的需求提高了，而由于需求提高了，粮食价格就上升了，由于价格上升了，很多能买得起粮食的人又买不起粮食了。也有的人今天能买得起，明天又买不起了。

2001 年中国出口了近七百万吨谷物，2012 年则进口了超过 1000 万吨。这 1700 万吨粮食的差别甚至超过了巴西粮食出口总额，同时它也引起了世界市场的巨大变化。这个数字还没有算上大豆。直到 20 世纪 90 年代中国在大豆上还能自给自足，但后来中国政府决定扩大依赖消耗进口大豆的猪的养殖规模。到了 2012 年，中国每年要进口近 6000 万吨大豆。这可不是个小数字：比阿根廷全国大豆产量还要高。吃肉要付出的代价总是更大。

在几十年里，西方发达国家肆无忌惮地吃一切他们想吃的肉类。现在他们开始担心自己不能再继续这样挥霍了，因为如今的中国人也在做着同样的事情。这是一种极度排外的模式：只有别人不吃那么多肉，你才有的吃。

中国平均每人每年的肉类消耗量已经从 1980 年的 14 公斤上升到了现在的 55 公斤。在印度，由于数亿的贫穷人口和营养不良人口，这一平均数只有 5 公斤。在西方发达国家，从几十年前起这一数字就超过了 80 公斤。

阶级之间的界限是如此分明：有更多的富人吃肉，就有更多的穷人无饭可吃。

粮食价格的上涨还有其他许多诱因。随着人类人口总量的不断提高，对粮食的需求自然也在增大。每天都有 22 万张新生儿的嘴巴等着吃东西，每年就是 8000 万，大多都出生在发展中国家。这种情况已经持续很久了，而要求粮食价格下降的呼声人们也喊了很久。2008 年，美国迎来了其历史上最大规模之一的小麦大丰收，据联邦政府农业部统计，在出售季过去之后，美国农场主手里还有近 1800 万吨小麦，这真是个创纪录的数字。然而粮食价格还是在上涨，饥饿的人群规模还是在扩大，而谷物就堆放在美国中西部的谷仓里。很多谷物最后被出售给了养动物的人，因为他们能出得起钱。尽管粮食价格不断上涨、饥饿在不断蔓延，但在那年，仅仅是在美国一个国家，就仍然有5500万吨小麦被卖去喂养动物。

不过世界谷物储量在下降：世界各个地区的粮食都在减产的原因有很多，而且情况还在不断恶化之中。其中包括极端天气问题：澳大利亚遭受了持续大旱，而它是世界重要农作物产地；印度南部和西亚经历了洪水的侵扰；中国遭遇了严冬；欧洲北部却经历了酷暑。

还有其他许多结构性问题。在发达国家，种植业的收益增长速度在持续下降，甚至有所停滞。科学家们说对于种子的改良已经做到了极致，没有什么太好的方式去改良种子以提高作物产量了。现在甚至连使用高强度的肥料、杀虫剂、除草剂都没有太显著的效果了。

而且土地的肥力几乎要耗尽了：过度的使用使得土地失去了营养，越来越贫瘠了。联合国的一份文件中称世界上每年都有百分之一的可耕地，也就是大约1200万公顷的土地，变成不可耕地。水资源的情况也差不多：许多被用来灌溉的水源都枯竭了，或者正在枯竭。在20世纪70年代，很多发达或较发达国家开始使用机动泵来取水，取水量成倍地增长。有的水源可以用雨水来补充，但很多水源的水量是有限的，得不到补充。例如奥加拉拉，这里为全美种植业提供了近三分之一的农业用水，但是此地的水源预计会在三十年内耗尽。

在中国、印度还有世界上其他很多地区都有类似的情况。

2008 年，因为本国粮食产量增加，许多国家，如印度、中国、菲律宾、越南、乌克兰、俄罗斯、阿根廷、印度尼西亚，都减少了粮食进口数量，希望以此来控制本国粮食价格。而此举造成市场上的粮食供应量减少，粮食价格反而再次上升了。

很多国家没有很好的办法来控制其国内的粮食价格，因为国内粮食价格已经越来越和国际粮食价格挂钩了。造成这种后果也有这些国家自己的原因，因为他们曾大幅减少本国的粮食储备量。

我们都知道粮食不仅仅是用于买卖的商品，它其实还关系到一个国家的政治局势。因此，上千年来，政府一直试图维持较多的粮食储备量。以前的统治者一直相信，掌握住了农业就等于掌握住了整个社会：他们必须保证子民们在紧急时刻能来向政府求救，而且要保证自己能控制粮食的价格，这些都是通过储备粮实现的。但是在 21 世纪初，许多国家的储备粮已经所剩无几了。

一方面，一些发达国家相信，伴随着现代发达的交通运输业和全球市场，再像以前那样储存很多粮食已经是过时的做法了。他们认为与其把粮食储备起来倒不如去换更多的资金：哪怕粮食不够了也可以用这些钱去买，买来的粮食几天内就会被运输过来。那些贫穷国家不再储存粮食则是因为在 20 世纪八九十年代世界银行和货币基金组织要求他们减少对本国经济的干涉，"不要干扰供需的自由发展"，换句话说就是别再管自己国家的穷人了。

在全面的危机之中，世界银行主席罗伯特·佐利克却表示那种经济保护主义是粮食价格上涨的主因，应该"给予市场更大的自由"。佐利克在里根政府和布什政府中都曾身居要职，还曾领导过高盛集团。但是作为世界上第一个粮食投资组织的高盛集团的文件却表明："毫无疑问，那些投入食商品中的资金才是粮食价格上涨的主要原因。"

粮食价格在全世界都在上涨，但是粮食价格上涨在各地带来的后果却不尽相同。在美国，如果小麦价格上涨三倍，那么面包的价格可能会上涨 5% 到 10%，因为在影响食品价格的众多因素之中，原材料价格的影响很小：运输、制作、储存、许可证、广告宣传、包装、销售的花销其实更大。相反，在突尼斯、马那瓜或者德里，同等条件下面包或者妇女们用来制作面包以及飞饼的原料的价格则可能会翻倍，甚至上涨更多。

在发达国家，普通消费者会用他们工资收入的 10% 去购买食品，而穷人的花销则可能占他们收入的 25% 到 30%。在发展中国家，超过 20 亿人要用他们收入的 50% 到 80% 去买食物：价格的小幅度波动甚至都会使他们无饭可吃。

这些数字还不是全部，却解释了为什么在 2008 年粮食价格还在上涨，同时从来没有回落过。

那一天，2008 年 4 月 6 日，上千名工人和失业者来到开罗市郊抗议面包价格上涨问题，同时也要求给予他们食物。埃及是世界最大的小麦进口国，它只能自行生产本国所需小麦量的一半。在不到三年的时间里，面包这种4000万埃及穷人的主要食物的价格就已经翻了五倍。在那一天和接下来的几天里埃及当局决定镇压这些示威者，他们开了火，杀死了许多示威者。最后，埃及政府让步了，它下令军队去制作面包并把面包分发给了剩下的饥民。

这本可能只是一个个例，但是在两周前，在布基纳法索首都瓦加杜古也发生了类似的事件，只不过在那里军队最后成功镇压了示威的人群。在达卡，有数千人在所到之处进行了焚烧和掠夺，以此抗议不断上涨的大米价格，那时的芝加哥交易所中，一吨大米的价格是1000美元，但是在五年前只需要195美元。在孟加拉邻近印度的地区，上千人焚烧了多家接受政府补贴的粮食出售点，因为那里的商人想要以黑市的价格出售粮食给他们。在海地的太子港，接连不断的因饥饿而引发的示威游行迫使该国总理引咎辞职。在喀麦隆的杜阿拉，一场出租司机的罢工最终演变成了大规模的抗议粮食价格上涨的游行活动，并造成了超过二十人死亡。在塞内加尔首都达喀尔、科特迪瓦的阿比让、莫桑比克的马普托、也门、巴基斯坦、埃塞俄比亚、印度、印尼、菲律宾、墨西哥、塔吉克斯坦、巴西和其他许多国家都发生过成千上万游行示威人员与军人和政治家的冲突，目的同样是要求获得吃饭的权利。

甚至在密尔沃基和威斯康星也有近四分之一的人口生活在政府划定的贫困线以下，六月的一个晚上，上千人聚集到了政府办公大楼的楼前，因为他们听说政府要在这里分发食物。政府并没有分发食物的计划，因此这些人开始了大规模的打砸活动。

"当2000亿美元被投入食品市场的时候，却有2.5亿人生活在极度贫困之中。从2005年到2008年，世界粮食价格升高了80%，当《经济学人》杂志刊文称粮食价格已经达到了自1845年以来的最高点时，几乎没有人感到惊讶。该杂志恰恰是从1845年才第一次开始统计粮食价格的。"弗雷德里克·考夫曼这样写道。

在2008年，世界上爆发了大大小小因饥饿而引起的类似示威事件。有人回忆说在几十年前世界上还没有"城市饥饿"这种东西，就算有也和农村的饥饿大不相同：农民们饥饿的时候，他们会离开农村到其他地方谋生，而城市居民陷入饥饿困境的时候则会选择走上街头。

出现了许多死者、伤者和被捕者。政府最终不得不降低粮食的税率、扩大进口量或者禁止粮食出口。有些政府垮掉了，最后粮食价格暴跌，但暴跌的后果是又有数百万人坠入了极端贫困的困境中。人类历史上从来没有过像现在这么多的饥民：第一次突破了十亿大关。

十亿饥民。

也许2008年成了人类历史上一个新的起点：人类为争夺食物而引发的斗争再次大规模出现了。

"粮食就是新的黄金。"《华盛顿邮报》的一位记者在他的专栏里这样写道。这句话指明了粮食已经从一个消耗品变成了一个彻头彻尾的交易品甚至是贵重物。粮食是近些年里价格上升最大的物品。

对于很多人来说，这就意味着他们不可能再有饭吃了。

5

参观过后，我和莱斯利来到一个酒吧，点了两盘沙拉作午餐。他开始给我讲述他生活的点点滴滴：他的父母都是移民，他从小就梦想着成为一个真正的美国人，他的种种犹豫不决，乃至下定决心要去做一份真正能赚钱的工作。因为对于他而言，只有赚到了钱才能成为一个真正的美国人。但是他说他现在很失落，因为他看不惯那些大公司操纵一切的现状，看不惯周围的人只顾着自己的利益，看不惯政府的所作所为。他的工作恰恰是帮助一切他看不惯的人。

"所以我请求你不要把真实的我写出来，无论怎样都不要写出来，我不想让人们认出我来。"

他边吃着饭后甜点边对我说着这些话，看上去他很羞愧。

然而在外人看来，莱斯利依然是在圣堂里操盘的巨人（我说的圣堂自然指的是芝加哥交易所），但他只属于过去。他的同事迭戈，当然这也只是个化名，却属于现在，甚至属于未来。迭戈也不愿意让我讲出他的真实姓名，哪怕是他所在公司的名字也不行，我只能说他的公司是世界上最大的粮食企业之一。迭戈说他们公司有一系列严格的规定，员工该说什么、不该说什么都要按照这个规定来。只要是规定里提到的他不能说的东西，他就一个字也不能对我说。

"今天办公室里的人问我是不是感到害怕，因为我要跟一个即将写关于饥饿问题的书的人聊天了。我跟他们说我不害怕，我很平静。我不能去想我干的工作会给某些人带去饥饿，哪怕一个人也不行，我如果那样想的话就无法工作了。我问过自己上千遍了，我的答案是我的公司、我的工作是不会给任何人带去饥饿的。"

"为什么？"

"就像是那个鞋匠派两名销售员到非洲去的笑话所说的那样：一个人回来了，说那里没有生意可做，因为非洲人太穷了，几乎没人穿鞋，他说在非洲他们一双鞋也卖不掉。另一个销售员则像发现了金矿一样，回来说非洲还几乎没人有鞋穿呢，我们一定能大卖特卖。道理是一样的：世界上有更多人要吃饭，我们才能卖出更多的商品。"

我对他说他的逻辑有点诡辩的意思：没饭吃的人多了，他们能卖出去的东西也就更多了。但是他有些责备地看着我，又解释说："我不是这个意思。我想说的是我们只不过是想到所有有开发潜力的市场中去。我不是卖珠宝的，不是几个富翁偷偷向我买几颗钻石我就高枕无忧了。我做的贸易追求的是量。所以对我们而言最好的情况是全世界的人都能吃饭，而不是吃不上饭。"

迭戈是阿根廷人，但已经在他公司的美国部里干了很多年了，他们部门的信条是"做未来交易者"，要敢于做未来交易者，也就是做金融风险管理这一行。迭戈说做食品贸易的人都会被叫作"香草"，因为香草是最常见的口味，而食品是最常见的商品。迭戈大约四十岁，黄头发，很爱笑，他坚持说："对我而言，只有更多人有饭吃我们才有活干，人们没饭吃对我们没好处。"他边说边望向我。大概是觉得我对他的话没有表现出太大的热情，他问我是不是不同意他所说的："你不认同我的话吗？"

"嗯，不是很认同。首先，你们公司生产面粉最主要是用作猪、牛、鸡的饲料的，为的是向市场提供肉食，但这其实是为人类提供蛋白质最无效率的方法。为了生产出我吃的那几口牛肉而消耗的蔬菜实际上够十个人吃。"

"对，我懂，确实不够有效率。要是我们习惯了以豆子为食可能我们会有更多的食物。但是人类是唯一不单纯以填饱肚子为目的而进食的生物。人类吃东西是因为他们喜欢吃东西。今天我读了你挂在博客上的'饥饿计划'里的几个事例，说实话让我感觉挺糟的，我很难让自己静下心来去想你写的那些，因为看上去要消除世界饥饿问题似乎很简单。一个非洲小孩可能需要摄入……假设1500卡路里的热量吧，那么他吃什么就可以不再营养不良了呢？每天一杯牛奶加两碟大豆？但是市场也在不停地告诉你人们最常买的东西是什么。我不想说我不愿意去卖大豆，我愿意让全人类都有充足的营养，但事实是那样的话没人会买我的东西。市场就是这么一回事。所以如果我改行卖穷人们需要的食物的话，唯一的后果就是肉价上涨，因为市场上的肉类会减少，而且饲料的价格也会上涨。可能大豆的价格会下降，但是所有人都愿意去买大豆吃吗？"

　　我没有说话，只是看着他，而迭戈则继续说了下去：

　　"也许我那样做的话恰恰会起到负面效果，或者说不再起到正面效果了。这听上去似乎变成了哲学问题。"

　　他滔滔不绝。饥饿对于许多人而言只是单纯的交易问题。

　　"饥饿对于许多人而言只是单纯的交易问题。"他把这句话说出了口，我很震惊。他紧接着解释说他的意思是可能非洲的那些领导人更倾向于让本国人民挨饿、不识字，因为那样的人更易于管理。他说，非洲部落的酋长就喜欢那些一个不字都不敢说的人。迭戈用阿根廷富人特有的口音继续说着：

　　"如果你见过那些在非洲发动了政变的军人领袖就懂了，你会看到他们的腰上别着镀金的手枪，而围着他的人们却几乎要饿死了。很明显他在同饥饿做着交易。为什么在阿根廷查科省和福尔摩沙省也会有营养不良问题？因为那里有太多可恶的执政者在以权谋私，比起让人们吃饱他们更愿意坐上公家的飞机到埃斯特角度假。我想说，饥饿的原因有很多，不只是市场的问题，也不只是粮食商品化的问题。"

　　迭戈坚持道。

　　在其他的书里或文章里，我管这种想法叫"诚信主义"：它认为饥饿问题是否出现的根源在于执政者是否诚信。它认为官员们是否贪污对于一个社会的经济局势具有决定作用，它把矛头完全从资本主义市场经济体系身上撤走了，也不去提财富分配是否公平等问题。

　　他们这些交易者会坚持对你说他们所操纵的资金能增

强市场的流动性，进而推动市场正常发展。我通常会对他们说市场在他们的资金进入之前也是同样运转的。迭戈却辩解说交易者也是分好坏的。他做交易并不是为了交易本身，而是为了帮助他的公司能继续以最优价格买卖粮食，确保公司收益。

"我每天都得尽全力工作，去思考，去做出正确的决定。如果你想看到我们这儿的人都穿着阿玛尼上班那你可能就要失望了，因为我们是再普通不过的人了。"

他的公司一共有上万名员工，我认为其中的绝大多数都是他口中的"再普通不过的人"。这家公司的规模在粮食交易类企业里排得进前四。排名前四的企业分别是：阿彻·丹尼尔斯·米德兰公司（Archer Daniels Midlands）、邦吉农业公司（Bunge）、嘉吉公司（Cargill）和德赖弗斯公司（Dreyfuss），也就是我们通常所说的 ABCD 四巨头。这四家企业在全球粮食市场中所占的份额要超过 75%。2005 年这四家企业的贸易总额达到了 1500 亿美元，2011 年则到达了3200 亿。

邦吉农业公司是其中历史最悠久的，至今仍是世界粮食贸易的标杆。邦吉集团 1818 年成立于荷兰的阿姆斯特丹，后来在 1859 年迁到了乌得勒支，又在 1884 年迁到了布宜诺斯艾利斯：这家公司好像从来就没有过明确的国籍。它从阿根廷（当时它还叫 Bunge&Born）开始在美洲全境扩张，自然也扩张到了美国。1974 年，一群庇隆主义左翼城市游击队员绑架了公司的两位主管、豪尔赫·伯恩和胡安·伯恩两兄弟，他们收到了自阿塔瓦尔帕[1]时代以来最大的赎金：大约六千万美元。之后公司又搬到了巴西、百慕大，最后于 2001 年在纽约的怀特普莱恩斯安顿了下来，并开始进军华尔街。

嘉吉公司至今仍是一个家族企业，同时也是全世界最大的私人企业：其在全世界讲 63 种不同语言的 66 个国家共有员工 158,000 人，运营资金超过迪斯尼三倍，超过可口可乐四倍。2007 年嘉吉公司的贸易额已经达到了 880 亿美元，净利润 24 亿美元。2008 年，也就是全球粮食危机最严重的年份，它的总贸易额达到了 1200 亿美元，净利润则是 36 亿美元。

"嘉吉公司是有机会赚更多钱的。我们不得不承认这一点。"嘉吉公司时任 CEO 格雷格·佩吉如是说道。嘉吉公司是世界第二大牛肉和猪肉贸易商，拥有着世界第二大饲养场，同时也是世界第二大动物饲料生产商。全美国所有麦当劳使用的鸡蛋都是从嘉吉公司购入的，嘉吉公司出口的小麦占全美国小麦出口量的 25%。"我们是你们吃的面包里的面粉，是你们吃的面条里的小麦，是你们炸土豆里的盐，是你们沙拉里撒的橄榄油，也是你们今晚要吃的猪肉、牛肉或鸡肉。"嘉吉公司在它的一个宣传册里这样写道。

这些歌词太刺眼了，让我连伴奏都听不清了。

---

1 被西班牙侵略者皮萨罗俘虏的印加王，皮萨罗索要一屋子的黄金作为赎金，但在得到黄金后却绞死了阿塔瓦尔帕。

实际上嘉吉公司和其他公司一道做了许多不法行为：毁坏森林、在作物中喷洒禁用的化学制品、在农作物的处理和保存上也动过手脚、有预谋的逃税、剥削劳工、使用童工等。

嘉吉公司和其他几家公司还试图保持所谓的"粮食产业链中的完全控制权"。让·齐格勒在《大规模毁灭》一书中举过一个例子："嘉吉公司在佛罗里达的坦帕市生产磷酸肥料，用这些肥料来加速其在美国和阿根廷种植的大豆生长。再在自己的工厂里把大豆加工成豆粉。这些豆粉被货船运到了泰国，在那里这些豆粉被用来喂鸡，再把鸡在自动化工厂里屠宰、清洗、包装。嘉吉公司的货船把这些鸡运到日本、美国、欧洲。再用嘉吉公司自己的卡车把它们运送到各个超市中，这些超市往往也是由嘉吉公司控制的……"

ABCD四家企业的共同特点是不太直接出现在公众视野里。每当有新产品出来的时候他们通常会给它起一个特殊的名字。实际上在食品市场上已经有一些很响亮的名字了：麦当劳、必胜客、卡夫、雀巢、通用磨坊、奥利奥。买、卖、供货、交易……没有什么赚钱的方法是他们不想用的。

这些大型企业控制着世界食品市场，当然也包括美国国内食品市场。因为他们的垄断地位，他们可以决定在出现大的竞争对手时大幅度压低自己商品的价格，而当世界食品价格上涨的时候，他们则有许多种不同的方法能保证自己收益的提高：用他们独有的信息源、巨大的仓库、在价格低的地方购入并在价格高的地方售出、决定全球食品价格、操纵价格的短期上涨或下跌、利用价格整垮当地制造商、利用自身所有的港口和船只、对政府施压以获取最优条件，种种这一切都是为了"保证其在真实商品的市场交易中能持续获益"。

考虑到它的国际性特点，各国政府往往很难有效地控制这些企业在本国的发展：这些有能力操纵世界食品价格的企业这样做的唯一目的就是使自己赚更多的钱。而且各个国家也无力（或者压根不想）制定出什么有效方法来控制这些企业在本国的肆意横行。这也是全球化的经济与民族政府经济之间的差距。

西方大型企业依旧控制着国际市场，但如今它们日益面临着来自中国、日本和韩国的类似规模的企业的竞争了。东方企业起初也是以同样的模式发展起来的，但很快它们就展现出了另一面，它们开始改变游戏的规则了：这些企业在发展中国家购入大量的土地来种植作物，从而摆脱了本国其他企业和国内市场给它们带来的束缚。

过了不久，一些西方大企业乃至更小一点的企业都开始效仿起了这种模式。这被人们称为"霸占土地行为"。霸占土地：殖民主义在21世纪获得了重生。

迭戈每天早晨都会来到他位于纽约郊外的办公室，打开计算机开始买卖世界各地的谷物。这一工作的时间是很严格的：9点到13点，也就是芝加哥交易所的工作时间。但是现在既要顾及美洲市场，还要考虑亚洲市场和欧洲市场，所以迭戈几乎没有休息的时间。此刻在纽约的酒吧跟我聊天的功夫，他的iPad屏幕上还在闪动着相关的指数。

他的工作主要是要先于他人预测出世界各大市场的价格

走向：某种谷物的供应价是多少，另一种谷物的需求量是多少，类似种种。只有准确的推测才能提前购入要涨价的商品、卖出要跌价的商品。或者更好的一种情况是：进行期权买卖，而且在合同生效前就将其转卖出去，如此反复。为了做到这一点他必须分析大量的数据，不能放过任何一个可能会影响到商品价格的细节。举个例子，在福岛核电站爆炸发生后，他首先想到的是这将对海运造成巨大的影响，带来的后果就是商品在一段时间内在那一地区会卖不出去，需求也会下降，这样的话商品价格就会下降。这个联想为他的公司挽回了数百万美元可能出现的损失。但也有时候他想像这个案例一样去分析其他案例，但是却出错了。市场最奇特之处在于它有时会依赖于一些判断不是那么准确的人，有时也依赖于一些全盘相信那三两份经济报纸、杂志上说的话的人。不过在短期内，市场依然是由一小部分上层阶级的精英操纵的。这群精英每天做的就是紧盯着世界食品价格，然后为赚钱而进行决策，他们才不会考虑那些没饭吃的人呢。

因为知道单靠自己去思索还不够，迭戈很重视分析一些体现价格变化的图表：因为他认为价格的升降规律是依据某种模式反复出现的。我们假设某种谷物的价格上升了10美元，图表上可能就会显示说这种谷物的价格大概要开始下跌了。这被他视作是一种经济规律。

"你的每笔操作规模都很大是吗？"

"对，你瞧，单讲规模还不能很好地说明我们所做的工作。最好还是把这当作一场游戏，我不能在要上床睡觉之前还想

着我手里握着 20 万吨大豆而明天每吨大豆可能会让我损失
50 美元，要是想着这些数字我就没法睡觉了，甚至十分钟内
我就会选择饮弹自杀。所以你得去努力让自己分心，去想想
你手里操纵的只是一些游戏币，你只是在屏幕上玩着某种数
字游戏。就像是一个要做手术的医生一定不能去想我的这个
病人是三个孩子的爸爸，去想着我一定要把他救活……不行。
他只能对自己说我要把这颗心脏取出来，我要缝合这两根血
管，等等。至于实际会发生什么就随他去吧。"

　　迭戈是面带微笑对我说这些话的，他每说一会儿就会喝
几口可乐。已经快到傍晚了，酒吧里的人开始多了起来，但
是迭戈好像并不在意，他很专注于我们的谈话。

　　"有时候我可能也会问自己到底是在做些什么。有时候
我觉得价格要上涨了但事实却是下跌了。毕竟我不是什么魔
法师不是吗。要是我每次都能算准价格是要上涨还是下跌那
么我早就退休回家弹钢琴了。我必须对我所做的事情负起责
任来，但同时我还要强迫自己分心，强迫着说服自己是在玩
一场游戏。"

　　"但是你应该去想着自己手中交易的食品数量，因为对
于很多普通人而言那简直是个天文数字。"

　　"这行不通。我相信有天赋干这行的人可以很轻松地让
自己分心，而更多的人会去想着啊，我又损失了一百美元……
就像是一位医生的亲人在自己手里去世了，没人想让亲人去
世不是吗，家里肯定每个人都心情沉重，但医生必须坚强地
活下去，要是没有这样的心态他早晚要自杀。"

迭戈没有自杀。他努力使自己的公司能赚更多的钱。这当然很有争议性，我们还是会去讨论它，但这种事情注定没有什么答案。他还坚持说他属于有天赋干这一行的人。他说没有天赋的人就不该接触这个行业，只有当他们不断完善自己的时候，才能在市场上占据一席之地。他们要像高频计算机那样，"只为这项事业而活"。

"糟糕的交易者会让市场徒增一种本不应有的噪声。"

迭戈看上去放松了一些，也许是因为有很多人犯了比他还多的错。迭戈已经喝了两瓶可口可乐，他得走了。我们一起走到了门口。在门外，纽约，天有点冷，还下着小雨。迭戈向我伸出了手，冲我露出了最后一次笑容："我希望我已经让你相信我不是那些制造死亡的商人了。"

说完这话，他撑开了雨伞。

2008年粮食危机以粮食价格下跌而结束，因为它造成了全球范围内的经济倒退。但是仅过了两年，粮食价格又再次上涨了，很快就回到了下跌前的水准。它引起的最有戏剧性的后果（没错，我用的是"戏剧性"这个词）就是"阿拉伯之春"事件了，这次事件是由某位狡猾的广告员命名的。

他们最初把它称为"萨斯穆萨"，这其实是北非一种由蜂蜜和粗面粉制作的糕点的名字，但事实是那次事件中的人们大多没饭可吃。穆罕默德·布瓦吉吉三岁时就失去了父亲，十三岁时就开始自己赚钱养活母亲和一众弟弟妹妹了。他当过泥瓦匠，做过短工，后来推着手推车在他们小镇的街上卖水果和蔬菜。小镇位于突尼斯南部的西迪布济德省。

2010 年 12 月的一天，一个女警察拦下了他，对他说要把他的推车扣下，因为他没有经营许可。为了买这辆手推车布瓦吉吉欠了一大笔债，如果车被扣下家里的生活将难以为继。因为没钱支付女警察想要的贿赂，他和女警察吵了起来，女警察给了他一巴掌。很多人说这一巴掌是使事件不可收拾的导火索，因为在像阿拉伯世界这样的男性社会，被女人打意味着受到了最大的耻辱。

事实上布瓦吉吉曾经到地方政府办公室投诉，但是总督拒绝听他投诉。在办公室门前，有人听到布瓦吉吉喊叫着说他完了，他没法继续活下去了。他走到了一个加油站，搞到了两升汽油，回到了办公室门前，把汽油淋到了自己身上。据说他喊了最后一次：你们让人怎么活呢！？然后就点火自焚了。

几天后，整个突尼斯都陷入了火焰之中。

粮食价格上升不是起义爆发的唯一原因，却是决定性原因。布瓦吉吉在 2011 年 1 月 4 日去世了，在他死前就有许多年轻人走上街头声援他，并因此爆发过一些冲突。当他死亡的消息传播开后，整个国家都愤怒了。十天之内有 350 人死亡，这迫使执政突尼斯已达 23 年的总统本·阿里逃亡到了海外。"阿拉伯之春"开始了。

在接下来的几个月里，阿拉伯世界的多个政权垮台了，埃及的穆巴拉克、利比亚的卡扎菲、也门的萨利赫、科威特的纳赛尔、约旦的里法伊。

"2011 年的粮食危机再真实不过了，它不仅让人重新留意到面包的问题，也带来了政治革命。谁能说那些推翻了多个独裁政府的人民起义只是一段历史的终结而不是另一段历史的开端呢？准备好迎接一个新纪元的到来吧，在这个时代，世界性粮食短缺问题将越来越大地影响到国际政治。"2012年10月，一向以严肃著称的评论家莱斯特·布朗在同样以严肃著称的杂志《外交事务》中这样写道。

谁知道那些看上去很顺从的人们为什么且又是如何突然起身反抗了呢？谁知道为什么这样一次被当地媒体极力封锁的事件是怎样蔓延到这个阿拉伯地区的呢？引起这种爆发的决定性因素到底是什么呢？

能想通这些的人也会想通其他很多问题。

与此同时，粮食价格却依旧在上涨。奥利维尔·德·舒特在联合国关于粮食问题的一份特别报告中指出："粮食价格上涨的很重要一个因素就是投机泡沫的出现。许多原材料价格波动过于离谱，很难将其归因于供需量的波动。"

现在我们了解了，贸易者总是觉得自己是最正确的。他们说中国对粮食需求的增大、用于提炼燃料的粮食数量的增长都给市场施加了过大的压力。另外还有不可控的气候因素，有些人甚至说气候因素也会造成粮食价格上升很多个百分点。

但这种种诱因也是有差异的，有的确实会引起粮食价格波动，而且很难避免：中国人当然要吃饭，汽车和拖拉机也还是要使用燃料，干旱也是不可避免的。但是"投资资金"却不一样，它完全可以不存在，而且也没什么人会思念它。

"现在要解决世界粮食问题不仅仅要与不断减少的供应

量和不断增大的需求量相抗衡，而且要考虑到有很多投机者在人为地抬高未来的粮食价格。结果就是：想象中未来的小麦价格决定了此时此刻真实的小麦价格，因为在以前，投资者的交易量仅占粮食供需总量的五分之一，而如今却已经超过了真实的买家卖家交易量的四倍。现在，银行家们和投资者处于人类食物链的顶端：这套体系是吃人不吐骨头的，它不断蚕食着处于下层的所有人。"考夫曼这样写道。

这些用于投资的资金在富裕国家是多余出来的钱，没有人指望着用这笔钱来过活。这些钱也恰恰代表了人与人之间的差距，有些人必须用他手头所有的钱来谋生，还有的人手上却有着比他所需的多得多的钱。

这些人不需要使用这笔钱，所以他们就开始想着用这笔钱做点什么：他们用这笔钱去进行他们认为的最保险的投资。他们去购买只有富人才能享受到的东西：对未来的保障。

其实他们本可以把这些钱藏在枕头下、购置地产、买黄金、股票，甚至某个国家的国债。但是他们选择把钱委托给了许诺给他们最好收益的机构手中，那些机构里有许多精于此道的工作人员，而这群人把数百万人的资金聚集起来，投资到了类似粮食这样的商品市场中，以赚取更多的钱。

数百万"普通人"：退休人员、提前退休人员、银行里有一万或两万美元存款的储户、行政人员、警察、领取补偿金的被解雇人员、知名医生、出售名贵鞋子的商人、西伯利亚天然气行业的亿万富翁、比利时老师、荷兰妓女、摇滚明星，还有其他很多人，都间接促使了上亿饥民挨饿。他们躲得远远的，有时还表现出对饥民的同情，但是另一边却帮助抬高了粮食价格，使越来越多的人买不起食物。

根据巴克莱资本的统计，上述人群的投资在那3200亿投资资金中有着很重要的比重，这些投资被用到了原材料市场，大大扰乱了食品价格秩序。

我也是那些人中的一员。

■ 部落的话 ■

我们到底怎么才能在知道这些事仍在发生的情况下继续生活下去呢？

泰国僧侣连鸡蛋都不能打破：他们的宗教信仰禁止他们这么做。但是有钱的泰国僧侣可以让他们的仆人打破鸡蛋：这样一来，罪孽就不是他们的了，因为蛋不是他们打破的。罪孽归仆人，因为他们服从了主人的命令。

"有时候，"那个人这样说道，"这个世界就是一颗总是被别人打破的鸡蛋。"

我们到底怎么才能在知道那一切仍在发生的情况下继续生活下去呢？

不如这样，我们分开来谈：要是我跑过来跟你说你孩子的家着火了，你肯定会抛下所有东西，管他什么东西，像个疯子一样跑出去，不是吗？肯定是这样。我的意思是不要装傻，说什么一视同仁，啊呀人性啊，啊呀太可怜了，真是太可怜了，啊呀只要有一个人吃不饱饭我就愁得睡不着觉，这些漂亮话只能证明说话人是个傻瓜。人人都清楚有些事他更在乎一些，另外的事他没那么在乎，可我们要讨论的是哪怕是那些没那么让你在乎的事情，终归也与"在乎"沾边，那么我们就该想想自己能做点什么。别说大话，也不必断言靠一个人的力量就足以改变世界，但至少应该让自己这粒沙子参与进来，为改变这个世界做出点微小的贡献，不是吗？尽管你知道自己无力改变它，而且你很清楚事情依然会持续下去，不管你做与不做，差别都没多少，但至少应该去做，求个问心无愧，不是吗？对我而言，我觉得只要一个人能做到这一点，那么……

我们到底怎么才能在知道那一切的情况下继续生活下去呢？

同时参与，我会这样回答：大家同时参与。

如果说有人能够——如果说随便什么人能够——在读到这句话的时候，在读到这句话的瞬间，明白正在这个世界上发生的再微不足道的一丁点真相，难道他会死去吗？难道他的心中会堆满愉悦恐惧惊讶恐慌吗？

所以说，哪怕明白一丁点真相也是好的。

哪怕半丁点也是好的。

我们到底怎样才能安心生活？

有宽慰，有痛苦，有打击。"自由约等于一无所有"，这样说，这样唱，听上去这话好像真有什么意义一样。

我们到底怎么能做到呢？

"你对这一切持怎样的看法呢？"

"你真的想知道吗？"

这到底是怎么回事呢？

可《圣经》早就提到过这事儿了，不是吗？书里说这个世界上永远都会有穷人。我感到遗憾，这没什么可否认的，可如果说上帝是那么认为的话，那肯定有原因，应当是有原因的。还是说你觉得饥饿问题是毫无缘由地出现的，是为了出现而出现的？上帝从不无的放矢：一切都是有缘由的。有时他会让你经历必需的考验，你得经受住那些考验才能获得他的信任，他的恩赐，因为我们算什么呢？我们凭什么能反对他的旨意呢？这不容易，你可能不相信，不过我知道我们得帮助他们，善良的基督徒应该帮助他们，但是要帮得恰到好处，刚好让他们在心里感受到他人的怜悯和爱意，但是又不能帮得过了头，站到上帝的对立面上，因为如果说让这些人受苦是他的意思的话，那自然有他的理由，肯定是这样，我们算什么呢？难道我们能忤逆他，甚至试图理解那些理由？如果他希望我们理解那理由的话，他会让我们……

怎么回事呢？

6

如果想要选一个这个时代最具代表性的悲惨人物的话，我想我会选择雅迪米泰·达摩尔。

我想我一定会选他。

雅迪米泰·达摩尔那时三十四岁，高两米，重一百二十公斤。他是一个黑人，头上扎着辫子。人们管他叫金宝，他没有固定工作：2008年11月一家临时工作中介给他推荐了一份工作，在纽约郊区谷溪镇的沃尔玛工作几个星期。众所周知，沃尔玛是世界上最大的连锁企业，其控股人是沃尔顿家族，他们是美国迄今为止最富有的家族。

那天晚上，达摩尔和其他十几个同事连续工作了多个小时来布置商场，因为第二天就是感恩节后的"黑色星期五"，商场五点钟就要开门营业了，商品大减价将会吸引上百万人到这里进行他们的"圣诞大采购"。

那一晚，上千人挤在沃尔玛门前，他们非常焦躁不安，喊叫着威胁的话。员工们报了警，同时一位主管用麦克风冲着人群喊话，让他们保持好秩序，但是却没人搭理他。差十分五点的时候情况已经有些难以控制了，顾客们迫不及待地冲进门，达摩尔被从后面推倒了，很多人从他身上踩了过去。当他的同事们最终挤到他身边的时候他已经死了。

不一会儿警察就到了，他们试图清空整个商场，但是顾客们可不答应。"我从昨晚九点就开始排队了，现在是营业时间，我一定要买我想要的东西。"几乎所有人都这样喊着，同时和别人抢着自己想要的商品。《纽约时报》的报道中援引了达摩尔一位同事的话："我看到他跌倒在地，但人们还是在往前冲，真令人难受，实际上折扣也并没有那么大。"

在芝加哥的地铁上，我的身边坐着一位六十多岁的老人，他正在读着一本关于资本主义危机及其解决之道的书。他穿着一条灯芯绒裤子，头发不多，胡子拉碴，戴着一副圆圆的无框眼镜，脸上满是担忧之情。很多人会说这位左派分子就像是讽刺漫画里的主人公，总是想着鸡蛋里挑石头，却不懂得去享受生活。不远处坐着一位黑人姑娘，看上去很有钱，脚上穿的鞋的鞋跟又高又尖，指甲留得很长，被涂成了黄色和绿色，此时正在专心地玩着她那台金色的 iPhone。左派老人没有看她，她也没有看老人。

（有人说这个世界上实际上存在着一种更简单的生活，在那种生活里充满了等待着你去体验的快乐，而那位左派老人式的顽固却会阻碍你去享受这种生活，因为他们这种人总是想着改变现状，尽管可能那位忧国忧民的老人从阅读的愤怒里又衍生出的快感可能并不比玩手机的姑娘小。可是我却不得不说我更倾向于老人那样的态度，因为哪怕我们有时会犯错，我们终归还是有机会能改善些什么。或者说对于遥不可及的事物的追求可以持续更长的时间。按照犬儒主义的说法，一个实现不了的愿望总是更强烈；而按照利己主义的说法，这个世界上没什么比改善现状更有价值了；再或者按照宿命论的说法：这是摊到我头上的责任。）

"如果您是去圣凯文教堂领食物的话那么你可以不用去了，那里今天不开门。"

"不开门是什么意思？"

"就是不开门的意思啊。"

这个叫戈登的男人对我说了这些话，我并没太听懂。实际上我一点都没懂，而且他的口齿已经很不清楚了。戈登大约有六十岁，也可能已经年满六十了，他穿着红色花纹的 T

恤，脚蹬无带皮鞋，头上还戴着顶灰色毛绒帽，帽子上有芝加哥白袜队的标志，我看他一脸不在乎的样子。

"这对你来说不重要是吗？"

"当然重要，但是我又能做什么呢？强迫他们开门？"

这座教堂和其他教堂没有什么两样，是仿诺曼底或瑞士风格的建筑，它的楼体还算坚固，楼前有一片停车场。主楼旁边有矮小的塔楼，窗户却很大，挂的标语上写着要敬畏上帝、希望人们来做祷告的话。今天是周四，按照惯例教堂要派发食物，戈登说他已经等了一个小时了，但是教堂却没有派发食物。

"你每次都来吗？"

"我当然每次都来。我看上去像是来旅游的是吗？我其实就住在附近，每次发食物我都来。"

这边又是另外一番景象了：到处都是千篇一律的木质小房子，大概每个只有十平方米，房前是一片土地，门正对着街道，街上的路灯已经坏了，路面上还放着两把办公椅。这些房子的窗户上都贴着封条，因为房主还不起抵押贷款，这种财产冻结在美国随处可见，毫无人情味可言，冰冷得像一把尖刀。这里的街道很宽，但是却很荒凉，四周遍布着已经废弃的工厂，厂房的门开着，土地荒芜，街上开的都是老式汽车，有很多黑人和黑白混血种人在街上游荡，垃圾随风飘扬着。这里是这座繁华城市的南部，就在这里，多年之前有位受过高等教育的黑人小伙开始对社会问题产生了浓厚的兴趣，他最终成了美国总统。从贝拉克·奥巴马决心改变一切的想法出现起到现在，这里的一切都没有变化。

就在这条街对面的墙上贴着三条小型标语，白底红字。贴得最高的那一条标语上写着："赶快离婚、自己动手、勤俭节约，这样你就能多赚 65 美元了。"另一条写着"按你想的那样快快快离婚吧"，但是却没说有多快；最后一条的内容有些不一样："可负担破产，无需现金，请致电。"今天的太阳很毒，但是风也不小。旧电线被北风吹得乱飞。我觉得没有哪番景象能比这更能体现出城市的衰败了。一个正在等车的黑人小伙把头埋在兜帽里，一辆警车缓缓驶过，车里的警察也是黑人。小伙把头低下了。

戈登突然问我说："我这一周该怎么吃饭呢？"

"你除了到这儿领饭就没有别的办法了吗？"

"相信我，你绝不会想知道我的其他办法的。"

他这样对我说道，而我则说不，我想知道。他笑了，又重复了一遍刚才的话，他整理了一下帽子，准备走了：相信我，你不会想知道的。

在芝加哥，为穷人设置的"食品供应室"有上百个，还有上百个"公众餐厅"。它们所用的食品大多是从大芝加哥食品库处获得。

该食品库位于芝加哥市郊工业区，它的办公大楼放到任何一个中等经济国家都可以作为大型跨国公司总部办公楼使用：除了以玻璃和钢为主要材料的大楼之外还有一个大型停车场，美国国旗和另外两面旗子挂在高高的旗杆上随风飘扬。接待我的人叫温蒂，她给我说了很多遍他们的办公楼有五个橄榄球场那么大，非常干净，这里的员工也都很高效，而这里的气氛也和我之前参观过的美国企业的办公氛围相差无几，一切都好得让人难免产生怀疑。大芝加哥食品库已经有三十五年的历史了，它是由芝加哥水果蔬菜商罗伯托·斯图贝在 1978 年建立的。

"他是在一间酒吧里萌生出这个念头的，人们往往是两杯酒下肚就能想到一些好点子。罗伯特和他的朋友们已经厌倦了把多余的货物扔掉了，因此他们创立了一个组织来把这些货物分发给最需要它们的人。"

后来这些计划的规模不断扩大了起来，他们获得了来自其他商人、这座城市乃至国家立法部门的支持。20 世纪 90 年代末，一家金融公司募集到了三千万美元，他们用这些钱建造了这栋占地 25,000 平方米的办公大楼。

"去年我们一共分发了六千四百万磅的食品，大约是三万吨，换算到每天就是十四万份食物。你能想象出这份工作带给我们的满足感吗？我们竟然帮助那么多人吃上了饭。"

温蒂很高、很瘦，一头金发。我觉得她不仅头发是金色的，她的灵魂也是金色的，甚至未来也是。她同样带着大框眼镜，嘴唇很薄，脸上总是挂着羞涩的微笑。她的年纪不到三十，已经在这里工作了八年。在我们上楼的过程中，温蒂打开了许多扇关着的门，有的门后面是厨房，她对我说许多没有工作的人会在这里接受培训以在餐厅工作；有四个房间是会议室；还有一个大厅用来举办宴会；最后，我们终于来到了一些大型仓库，我看到里面全都是食物。我不知道那些仓库有多大，总之很大。每天，一辆辆卡车就从这些仓库里把食物拉到库克县里的六百五十个庇护所、"食品供应室"和"公众餐厅"，要知道芝加哥也位于库克县。这些食物在那些地方会被分发给约七十万人。温蒂说，整个库克县里约有八十万人正处于"食物缺乏"状态，这一数字占库克县总人口的15%。

"可怕的是这一数字还在不断上升。五年前还只有五十万人。现在，随着经济危机不断加剧，失业的人越来越多了……但我们还是坚持给他们提供优质的食物和有营养的食物。"

温蒂给我展示了一个样品，里面有十八种必需的食品：大米、面条、饼干、金枪鱼罐头，当然也有蔬菜、干果、肉、蛋和奶。

"我们希望我们的每一位客人都能获得我们所能给予他们的最好的食物。"

温蒂说的是英语中的"clients"这个单词，我问自己她嘴里的这个词和罗马人发明、被我们的政府滥用的庇护主义有没有什么关联。所以我问她为什么要把那些人叫作"客人"，她对我解释说她用client是想说"顾客"这个意思。

"对了，就是因为有点糊涂所以我才问你的。"

"因为对于我们而言他们就是我们的顾客。每家公司最重视的都是自己的顾客，都说顾客就是上帝。对，他们就是顾客，我们的顾客，我们必须尊重他们。每家公司都是这么做的。"

我觉得有些美国式思维我可能永远也理解不了。

也因此美国是一个很值得研究的国家：从来没有哪个国

家敢于精确统计这样一组数字来证明自己的社会有多么不公平。

美国人很喜欢创造这些数字，然后汇总它们、分析它们、散布它们，以此来证明美国的财富在最近几十年里到底是怎样聚集起来的。他们会告诉你在三十五年前占全国人口总数1%的富人手里握着这个国家9%的财富，而现在则达到了24%，几乎翻了三倍。而当时0.01%最富有的人手中有全国1%的财富，现在也翻了五倍。也就是说一万六千个家庭拥有这个世界最富有国家5%的财富。之前，一个大型企业的老总的工资是中产阶级员工的40倍，现在已经涨到了500倍，而这种势头还在继续。这一进程不仅使得穷人更穷了，而且还缩小了中产阶级的规模。"如今美国的财富分配不公平程度甚至要比尼加拉瓜、委内瑞拉或是圭亚那那些传统的香蕉共和国还要更加严重。"尼古拉斯·克里斯托弗在《纽约时报》上撰文写道。

美国穷人的数量在不断增多，如今已经超过了五千万，占人口总数的16%。而这还没有算上那些几乎同样数量的处于"粮食不安全"临界点的人，这些人中大约有三千三百万成年人和一千七百万儿童。他们中的一半又是黑人和拉美裔。要知道这两个族群人数加起来还不到这个国家人口总数的四分之一。

美利坚合众国是世界上最富有的国家。

美利坚合众国是世界上穷人数量最多的富裕国家。

这大概是美国最新取得的成就吧。在经过了几十年的抗争之后，在七十年代末饥饿终于攻陷了美国。新自由主义在它自己的国家也运转了起来：对富人减税、提高军费、减少国家对经济的干预……这些都使粮食问题卷土重来了。随着许多大型企业在墨西哥或是亚洲设厂，数百万人失业了，这同样加重了粮食问题：八十年代初处于"粮食不安全"状态下的一千万人在数量上翻了五倍。

尽管如此，现在 80% 处于不安全状态的家庭中也至少有一个人有工作。在这里，使你滑落到社会边缘的不仅是没有工作，更多的是凭你的工作收入买不起够全家人吃的食物。这强迫你必须依赖救济，官方的也好，私人的也罢。

私人救济一直呈增长的态势：在 1980 年全美国有二百个私人救济团体，而 2010 年则增加到了四万个。官方救济也有着很重的分量。2008 年有两千八百万美国人领取救济粮，每个三口之家每个月还有 260 美元的补助金，到了 2012 年领取救济粮的人数已经上涨到了四千六百万。这些家庭平均每月收入 750 美元，可以想象，这些家庭中的大部分都是白人家庭，大约占总数的 47%。另外还有 33% 是黑人家庭，19% 是拉美裔家庭。领取救济粮的黑人家庭比例要高于黑人家庭占美国总人口的比例，但实际上他们的人数并没有想象中的那么多。联邦政府每年用于救助穷人的开销已经超过了七百亿美元，但这还远远不够。

人们说在最近这些年里，美国对待穷人的方式和世界其他国家没什么两样：他们自己把穷人制造了出来，然后给他们点好处或是恐吓一下他们，然后再给这些穷人一点点食物。

穷人逼得紧了，政府就会给他们多一点好处，当然恐吓也会更多：针对穷人和饥民，国家总是有一套弹性很大的反应体系。

这就是古老的救济花招。

对于很多美国人而言，如今他们收到的救济金、救济粮或是救济品已经不再是一种补助，而是成了他们的生存策略。"我们的多数顾客领取救济的时间已经超过了六个月。"美国最活跃的救济组织之一的"喂饱美国"组织的一位发言人不久之前这样对我说道。这一组织接收的救助人数在近八年里上涨了50%。

"来接受救济的人群成分最近几年也有了巨大的变化，以前来我们这儿的人大多是无业游民、老人或是有毒瘾的人。但现在很多刚刚失去工作的或是那些单凭工资养活不了全家人的中产阶级也来领取救济了。"

超过两千万儿童在学校里可以免费领取食物和补助金，这一数字在最近几年也迎来了大幅上涨。政府需要为他们每天所吃的饭支出2.79美元，而2.79美元是其他国家人口总数中五分之一的人每天吃饭花销的两倍。美国依然是令人嫉妒的。但不管怎么说，要在一天里用2.79美元买到含有充足营养的饭还是远远不够的。

被视为进步人士的民主党议员吉姆·麦克格文在国会里领导着饥饿问题小组。他曾经花了一个星期来体验领取救济粮的人们的生活，在那一周里他每天只花3美元去买饭，他想看看这种日子会是什么样子。在《餐桌上的一席之地》这份调查粮食问题的报告中，麦克格文定义了这个问题："失去了成为出色的人的可能性是很可怕的。这些孩子中有的人本可能成长为伟大的科学家或是军队指挥官，但是饥饿把所有的可能性都抹杀了。是我们自己在慢慢摧毁着我们的国家。"要是说饥饿能帮助削弱美军的力量，那我的下本书一定会好好夸夸饥饿问题，但这当然只是一个玩笑。好吧，让我们停止开玩笑：饥饿引起的最坏的结果就是阻止了孩子们成长为伟大的人？如果说这是问题关键的话，那么我们就有很多更省钱的改善方法了：先做几个测试，看看谁有当伟大人物的潜质，这样我们就能省下给那些当不了伟大人物的人买饭的钱了。

奥巴马在他最近一次总统选举中曾承诺会在 2015 年解决美国儿童饥饿问题。但是现在他已经没时间了。

7

"你是开车来的吗？"

"对，我是开着我的道奇来的。"

女人边笑着，边用她那带着墨西哥口音的沙哑嗓音回答了我的问题。

"我那道奇牌的双脚。"

她被自己的玩笑逗得又笑了起来。女人很胖，她坐了下来。另一个坐在她旁边的女人也很胖。俩人年纪都很大了，人们给她们在正在排的队里留出了位置。第一个女人说她一直都买不起车，然后转头问第二个女人是不是有车。

　　"我有车。不对，应该说是我丈夫有车。车很旧了，但还能用。"

　　"你说的是真车吗？"

　　第一个女人紧接着问道。两人又开始大笑了起来。队伍中有两三个人充满疑惑地望向她们。在下着雨，雨不大，但确实是在下雨。

　　上帝之爱卫理公会教堂也从大芝加哥食品库领取食物，而且今天它开了门在分发着这些食品。教堂周围围了很多人。在雨中，几百人排着队等着领取食物，队伍很长，在街角拐了个弯，到了另一条街上。大部分在这里排队的人都是墨西哥裔、大部分是女人、大部分人都很胖、大部分人年纪都超过了五十岁。教堂所在的街区原本并不属于她们，这里曾是一个中产阶级住宅区，大部分的房子都是两层别墅，都带着至少一个花园，房顶都铺着瓦，门窗上装饰着阿拉伯风格的图案，房子周围还有树。不过现在树都已经倒了，墨西哥裔族群占据了这里。这片街区在七八十年前曾风光一时，但后来就衰败了下来。如今在这片街区里，大多数商店都叫库埃纳瓦卡面包房、墨西哥美元兑换所、玛利亚美容院、阿兹特克雪糕店、雪莉玉米饼铺这样的名字。在这儿，在索耶街上，在教堂门前，几个黑人小伙在跳着做游戏，两个男人支了个摊位以一美元一个的价钱卖着蕉叶玉米粽子，而玉米饼则卖一美元九十美分。一个女人推着一辆车子走了过去，喊着说她的蕉叶玉米粽子只需要九十美分。"还热着呢。"她喊着。两个男人看了看她，又对视了一眼。年轻的男人对年长的说别担心，她很快就会走的。

大芝加哥食品库的人说在一个像这样的街区里，处于"粮食不安全"状态的人口一般会超过社区总人口的40%。

人们耐心地等待着，队伍前进的速度很慢。他们走到教堂门前后需要把自己的名字登记到一张表上，然后走下几级楼梯，在一个地下室里的桌子上摆着卷心菜、洋葱、胡萝卜、土豆、橙子、南瓜、香菜、豆子罐头、灌肠、大米、面包，甚至还有一家面包连锁店刚刚制作的牛角酥。到处都是香菜味和汗味；还有喊叫声和笑声以及不断的推搡。刚才还有人说这里有鸡肉，不过现在已经发完了。

"以前我们会把食物装袋发给他们，但是后来我们发现还是让他们自行挑选自己需要的食物比较好。"牧师拉米罗·罗德里格斯对我说道。

"有一天我帮一位老人提他的那袋子食物回家，当他说到了的时候我发现他的家是一间废弃的车库，里面什么都没有，没有厕所，也没有厨房，什么都没有。我在那儿看到了他以前领的食品的袋子，很多食物因为没法加工只能扔掉。于是我们对他们说还是由他们自己来选择需要的食物比较好。"

拉米罗牧师谈吐很优雅，长着一副人们理想中的牧师的样子。他从1997年就开始在上帝之爱卫理公会教堂任职了，也就是说他已经在这里待了十三年了。

"我是1982年成为牧师的，已经挺长时间了。"

拉米罗出生在墨西哥格雷罗州的一个小镇上，他年青的时候就和一群朋友一起在小镇上开始宣传宗教了。但是他没有留在那里：他们家经常缺乏食物，他爸爸决定试试看能不能偷偷穿越边界来到美国，然后给他们寄点东西回去。拉米罗当时十九岁，他对他爸爸说不行啊爸爸，你不能走，妈妈还有弟弟们需要你留在这，还是我走吧，我是长子，这是我的责任，我一定能搞到东西寄回来。他的爸爸同意了，对他说了些祝福的话，把他送到了村子里的广场上，他觉得自己的儿子长大了。

"我花了一年的时间才来到这里，当时想的就是把家人从困境中拉出来，但是我到现在也还没真正做到这一点……"

拉米罗在不同的城市中徘徊了很久，他干过很多不同的工作，尝试过不同的谋生手段，最后选择了建筑业，但不管怎样，他始终会给家里寄钱。他结婚后来到了芝加哥，当时是 1991 年，芝加哥市郊的这片区域还叫拉维利塔。

"这个社区里本来也还有些白人，但后来墨西哥裔族群多了起来，那些白人就走了。最开始情况还不错，但后来这里的经济状况就逐渐变差起来了。最开始是因为纽约双子塔那场恐怖袭击，然后建筑业就开始不景气了，工作慢慢减少，公司企业都从这里撤走了，工厂也就关门了。后来次贷危机又来了，而且到现在也没真正完结。那场危机加剧了这里的糟糕状况。我的东家就是那时垮了的，到现在也没活干。他本来干的活是购买旧房屋，翻修之后再转手卖掉。如今，因为房子卖不出去了，他也就不再去翻修房屋了。因为哪怕是他翻修了房子，也会用人冲进去把所有的东西抢走，赔的钱更多。他现在连修管道的钱都付不起了，你想想吧。"

我想的却是拉米罗牧师没什么工作了，而他要靠那份工作过活。他在教堂的工作是志愿性质的，没人会给他付钱。

"但是我喜欢干这行。上帝会赐福给我的，我们每个人的所作所为上帝都很清楚。"

这位黑人不希望我透露他的姓名。他穿着一双绿色的慢跑鞋，肚子鼓鼓的，两条腿粗得像是两只水桶。我对他笑了笑，问他像这样在街上向拉美裔人乞求食物会不会觉得不好意思，他回答我说既然别人已经夺走了你那么多东西，你向他们要点东西又算什么呢。

"我们总得向他们要点补偿，不是么？"

街的另一边一辆老式运动款汽车缓缓驶过，车里的人把音乐的音量开到了最大。

拉维利塔在一百年前刚刚出现的时候，这里的居民还大多是中欧移民。因此在教堂门前还有块刻着"扬·胡斯"的牌子，另外还有一个玻璃罩，上面写着"扬·胡斯面骨残骸"：扬·胡斯是一位捷克宗教改革家，他认为一般信徒在领受圣餐时也应该领圣血，他还捍卫穷人的权利、对抗当权者，还在塔泊尔山上创立了一个乌托邦式的团体，1421年，教皇下令把与此团体有关的一切都烧掉。我曾经研究了很多类似的不幸事件。

"真是奇怪，我竟然在这里遇到了扬·胡斯，在这么远的地方。"

"离哪儿远？"

"我不知道，总之很远。"

我对牧师说道。然后我给他讲了胡斯的故事，他说他之前从来没听别人说过。

"我不知道这些事，不过我觉得这个玻璃罩挺好看的。我们得修一修它了，不然它可能会掉下来。我打电话找过修理工，他们说修这个要一万美元。天啊，竟然要那么多钱。我们走着瞧吧，也许上帝会给我们那笔钱的。再等等吧，我希望在他们把我们赶走之前能把它修好。"

他用那种牧师惯有的温和语调对我说了这一番话，就好像天堂里所有的宁静之光都洒到了他的身上。

"为什么会有人要赶你们走？"

"因为有些白人已经盯上这个社区了。他们还能买得起这里的房子，而且这里实际上离市中心并不远。白人就是这样，他们总是会卷土重来的。就好像这片地是他们暂时借给我们用的，归根到底还是属于他们的。你认为他们走了，但是只要他们想回来……他们已经开始回来了。十年内，我们这些人绝对不会再有一个留在这里了。"

说自己的双脚是"道奇牌"的那位女士已经排队排到了教堂门口。她叫拉蒙娜，她面部的每一个部分看上去都那么夸张：大大的鼻子，耳朵有些扭曲，双下巴上布满皱纹。这位女士对我说你瞧这是不是很不公平，有时候我是有活干的，但我还是得来这儿。她说她干的是一份很累的工作，我问她具体是什么工作。

"一家面包房总是找我干活。有时候打扫卫生，有时候帮忙打包，看需要我干啥了。"她怒气冲冲地说道。

"那么至少你能搞到很多面包……"

"怎么可能。你得把身上的面粉都抖干净了才能走人。"

拉蒙娜对我说真正的问题是你永远都不知道什么时候有活干，什么时候没有。她说有活干的时候她就觉得很平静，因为她每小时能赚八美元，虽然这是最低工资标准。她说有时候她一天能赚六十美元，但是她得把钱存起来，因为要交租金、还贷款，还要买药。不过她还是能用点钱来买鸡肉或是香肠。但问题是她不知道自己什么时候能有活干，有时候她每天会花好几个小时等着叫她去干活的电话，直到她发现天色已经太晚了，他们已经不可能叫她去干活了。

"我家里有很多人等着吃饭呐。我的丈夫有病，所以他不能工作，还有我的女儿们，每个女儿都还有三个孩子。"

"你有几个女儿呢，女士？"

"两个。"

"她们也没工作吗？"

"一个有工作，但也不是长期的。"

"什么工作呢？"

"也不是啥好活，就是打扫卫生。你觉得她能干什么呢？"

拉蒙娜和她的家人已经在这里住了将近二十年了。她说他们孩子还很小的时候他们就搬到这里来了。她很后悔不是在这儿生的孩子，不然一切可能就会更容易一点了。

"你是说就不会那么容易挨饿了是吗？"

"挨饿，是的，挨饿……我们的问题是需求得不到满足，而且每天都充满焦虑。这种你不知道明天还能不能吃得上饭的感觉太糟了，你明白我的意思吗？你理解我说的这种焦虑吗？"

　　在美国，所谓的"粮食不安全"状态的定义是"不知道下一餐从何而来"。这是善于使用委婉措辞的文明的又一项创举。他们喜欢管刑讯逼供叫"强化式审讯"，管痴呆叫"脑部功能障碍"，管他们的政府叫"民主政府"。现在我可算弄清楚这些词是从哪儿来的了，就是从像这里这样的地方来的。对"粮食不安全"的定义至少有一点是准确的：人们无力掌控获得食物的途径。有的人通过工作赚钱，用赚的钱买食物，他会感到很安全，因为食物的获得与否取决于自己。但是这些要靠救济粮过日子的人显然不会有这种安全感：他们靠别人的施舍过活，而施舍这种东西是说没就没的。

　　实际上，所谓的饥饿并不单纯指没有食物可吃，也是指一个人不能确定自己是否有权利或能力获得食物。在这个国家，有和没有真的是千差万别。

　　但是当他们对你说有三分之一的人"正处在高度粮食不安全状态下"的时候，实际上可能很多人在几个月里都没好好吃过东西了。

　　"我刚来到这所教堂的时候听人们说有的地方可以发救济粮给那些'高度粮食不安全'的人，我说天呀，要是我们也能给我们这里的人发救济粮就好了。"

　　拉米罗牧师对我说他们这里发救济粮已经五年了，最让他觉得难过的事恰恰也是最让他感到幸福的事：每次来领救济的人数都在上升。牧师知道这些人的情况各有不同，但是他还是选择一视同仁。

"有的人是因为真的没有食物才来的，要是不来领救济粮他们就没有东西吃或者只能吃很少的东西。但也有的人家里是有食物的，但是他们还是想来领一些好给家里储备点粮食。不管怎么样，我对所有人都一视同仁。"

但这样带来的问题是到底有多少人是真的无饭可吃了。说实话在我们这个时代，可能没有什么比统计数字更让人困惑的了。

在对面的街角有三个男青年，他们穿着松垮的裤子，帽子朝后戴着，身上有许多文身。社区的帮派头子和牧师的关系很差，因为他禁止他们使用教堂的篮球场，他说他们总是会在篮球场搞破坏，而且这些人总是会在发救济时来捣乱，说些挑衅性的或是嘲笑性的话语。尽管现在尼基也穿过街道排到了队伍里。

"你也要领救济粮？"

尼基嘟囔了几句我听不懂的话。我冲他笑了笑，又重新问了一遍刚才的问题。我给他说了我的名字，他告诉我他叫尼基。他的鼻子上穿了两个环，头发染成了蓝色，我发现他的眼神中充满了不安和不信任。我觉得他长得很像奥尔梅克巨石头像。

"你的朋友们不会嘲笑你吗？"

"嘲笑我啥？我是要把吃的带回去给我妈，省得她总是叽叽歪歪的。伙计，这就是个交易。"

"但这些粮食是给那些真正需要它们的人的。"

"伙计，我们都需要这些。我也需要。我真的需要。"

后来牧师对我说，自从尼基的哥哥因为毒品问题而被关进监狱之后，尼基和他的家人们，他的妈妈和妹妹们，就很难填饱肚子了。

他们都很穷，他们在苦熬。但我们还是要进行一番比较：美国5%最穷的人每天的收入也要超过全世界60%的人。

再换个说法吧：美国那5%最穷的人的收入总和与印度5%最富有的人的收入总和是一样的。看上去很不可思议是吧，但这是世界银行一份研究文件里的说法。

1870年，世界收入差异距现象比现在还要好一点。当时收入差距主要体现在阶级差异上：一个美国工人、一个印度农民和一个肯尼亚牧人在本国的贫穷程度是差不多的。他们是哪国人并不是决定性因素：他们都只是在最低生活标准线上生活。但是现在国别差异却逐渐开始占主导地位了：一个美国穷人可能要比印度的农民或是肯尼亚牧人还要富有。这事看上去显而易见，不过却是一种必然结果：当年那种"世界无产阶级大团结"的思想现在已经失去了在这句口号被喊出时的那种经济基础。

所以对于很多人来说，改善自己经济条件的最有效方式就是移民了。

我们还是用更多的数字来说明这个问题吧：德国5%最穷人群的人均收入也要超过科特迪瓦5%最富有人群的人均收入。所以很多科特迪瓦人都认为只要能移民到德国，他们肯定能比在自己国家生活得好。

　　现在移民的含义已经和一百年前大不相同了，那时"移民"的目的虽然也是发财致富，却是通过开拓未经开发的土地实现的，当年的"开发美国"也是一个很好的例子。现在，"移民"则大多是指一个人移居到比自己原居住国更好的国家去。所以现在移民成了我们这个时代的关键词之一，是希望也好是威胁也罢，这都是穷人和富人进行博弈的一种手段。对于上百万人而言，未来不再是一个时间概念了，而是成了一个空间概念。

　　但这些事很可能不尽如人意。

　　"我还有腿的时候一切进行得很好。"

　　费尔南多对我说道，还试着挤出一点微笑来。

　　"那时我腿脚也很麻利。"

　　他像是想跟我开个玩笑，我冲他笑了笑，表示我已经理解了他的玩笑。费尔南多脸大大的，留着胡子，黑色的头发看上去很硬，他的手很粗大，和他的轮椅很不相称。费尔南多十五年前来到了这里，找到了一份泥瓦匠的工作，后来他还把他的老婆和两个孩子也接了过来。他们是从离墨西哥城有一百公里远的小镇上来的，为了来到美国他们决心付出所有的代价也在所不惜。他活干得很好，足以养活一家人。直到四年前的那个下午，那天下着大雨，他在泥地里滑到了，一块铁片插到了他的腿里，不仅撕裂了皮肉，甚至伤到了骨头。他那赚了很多钱的墨西哥老板不想对此负责，他给了费尔南多一千美金，说他们的合作到此为止了。费尔南多没有保险，他只能用自己手里的钱去治疗。我问他是怎么治疗的，他却不想和我多谈这个话题。他只是说几个星期后他的腿就坏死了，只能截肢。

"就在一瞬间你就失去了一切，老天爷为什么要这么对我呢。"

他望向天空，而我却望着他，后来他也把目光移到了我身上。

"不，不应该怨天尤人。那只是一场意外，不能把责任推给老天爷。"

费尔南多看上去很好，很有活力。我想象了一千零一次对他而言最为可怕的那一刻的情形，也思考了一千零一种避免那场灾难的方法。他十三岁的儿子埃洛伊正推着他的轮椅。费尔南多说他现在已经好多了，刚开始的时候他确实接受不了，原来他是个凭自己的劳动能够养家糊口的男人，现在却只能依赖别人生活了。

"哎呀，爸爸，你看还有很多人也来领救济粮，你又不是唯一的一个人。"

"对，儿子，但他们是因为懒惰或者没那个能力。但是我双腿好着的时候是可以自食其力的。"

"是的爸爸，我们永远都不会忘记这一点的。"

费尔南多拽了拽我的胳膊，让我靠近点听他说话。费尔南多的手很有力量，我感觉到他的手指肚是平的。我小时候曾经想过，等到长大了一定要让人给我解释为什么工人的手指肚会是平的。

"你知道为什么我害怕来这儿吗？因为我害怕移民局的

人哪一天会来这儿把我们都抓起来。移民局的人都知道我们这些来领救济粮的人基本都没有合法证件。一年前就出过类似的事，有一群人到另外一个教堂那儿领救济粮，然后就被移民局的人带走了。"

"确实发生过这种事。"后来拉米罗牧师也向我确认了这一点。他说就因为旁边教堂的那次事件，很多人几个星期都没有来他的教堂。他只能一个一个地去说服他们过来，让他们相信不会有人来抓他们的，他们最后选择了相信他，而他则只能向上帝祈祷移民局的人不要来。

"要是移民局的人把来领救济粮的某个爸爸或妈妈抓走了，你想想那个家庭会成为什么样子吧。在这里饥饿是一件很糟糕的事情，但有时候更糟糕的是恐惧。"

现在的穷人已经是第二代或第三代了。移民一向是边缘人群中的边缘人群：他们不像本土穷人那样能领到政府补助，因为政府压根就不承认这些移民的合法身份。他们不仅领不到官方的补助，而且在去教堂领救济粮的时候还要冒着失去一切的巨大风险。

"我就是因为这事以前才不敢来的，但也有可能我搞错了。我其实很纠结。好吧，他们对我说在这能领到各种各样的食物。以前我也只是听听罢了。"

"你不想再回去了吗？"

"回哪去？在我们国家我过得只能更差。而且我们现在什么都没有，回去了又能怎样呢。在哪儿都没什么区别，我们在这儿不还是遭罪吗。"

在孟加拉的剥削模式并不是富国利用穷国的唯一模式。还有一种经典模式就是利用这些穷国来的移民，把他们当作廉价劳动力，让他们去做那些本土穷人不愿意做的工作。

这样做有很多种后果，其中之一就是那些国家中受剥削最厉害的工人阶级的大部分都不是本土人了，然而他们依旧得不到合法权益，他们所拥有的只会是恐惧。这些移民重构了工人阶级的文化和思想理念，工人的大团结被打破了，他们用自己的坚毅争取着自己本应获得的权利。

但对于他们的雇主而言，雇佣他们只不过因为这是件很划算的事情。

8

在我最终见到桑德拉女士之前，她的三位助手已经给我端上过一份饭了。今天很冷，像我这种通常穿着很随便的人也不得不穿上一件皮大衣。我一直觉得我穿上那件皮大衣的样子很优雅，但可能是"传教运动"的志愿者们见多识广，也可能他们已经养成了不问别人出处的习惯，还有可能是我穿上皮大衣后并不如我想的那样优雅，总之他们问了我这样一个问题：

"愿上帝赐福予你，年轻人。你想要一份饭吗？"

桑德拉女士和我的年龄差不多，双手很软润，穿着一条很干净的围裙。看得出她用了不少化妆品：她把眉毛都拔掉了，现在的眉毛全是用眉笔画出来的。桑德拉女士在美国待了很多年了，"很多年了，对，我自己都不敢相信我已经来美国这么多年了"，她有工作，她的两个女儿长大离开了，她的丈夫在很早之前就抛弃了她们，那时她手头还有点钱，足够能支持她们的生活，而且她还有大把时间。所以她就组织起很多志愿者来每周三到周五来为穷人义务做饭。按她的话说，这都是"为了天主的荣光"。她们的这项志愿服务已经在这所基督再临派教堂的又大又整洁的地下室里进行了五年多了，在你已经对上帝失去信心的时候听人说上帝正在帮助你，这让人觉得有点惭愧。

"为什么在这三天开门呢？"

"因为其他类似的组织在这三天里是关门的。我们发现在这三天里穷人们只能挨饿……"

桑德拉女士照顾的穷人大约有五十人，全都是男人，而且基本都是墨西哥裔的成年人或老年人。这些人正围坐在两个大长桌子边，面前摆着自己的那份食物：有蔬菜、鸡肉、米饭、豆子。他们大多就住在这附近：小部分人有房子，大多数人就睡在街上，睡在某个人们不注意的角落里、废弃汽车里或是桥下。冬天来了的时候他们会去某个专门收容无家可归者的收容所，他们只能在那里睡觉，睡醒后就必须离开。他们一般会在"传教运动"的这间教堂里度过上午，九点钟时会给他们每人一杯咖啡和一个甜甜圈，十点钟时做祷告，十一点时会给他们吃午饭。

"对，这里大部分人都是墨西哥裔，但也有很多从其他国家来的人。讲西语的，不讲西语的。这里什么样的人都来：

深褐色皮肤的人、白人、咖啡色皮肤的人，什么人都来。"

桑德拉女士看了看我，好像是在看我是不是理解了她咖啡色皮肤的人的笑话。

宗教给我们带来了这么多好处：如果没有这些宗教人士，还会有谁愿意做这些事情呢？人们利用宗教做了这么多事：如果他们不做这些，还会有谁会做呢？

巴尔多梅罗对我说他叫巴尔多梅罗，他每天离开教堂后就到街角去，到一个人们看不到他的地方去。在那里有一家24小时开门的店，是专门收容戒毒或戒酒人员的。"要是你不想再受罪就给我们打电话吧。"标语上这样写道。

"只有您叫我巴尔多梅罗，这里所有人都叫我贝托。"

巴尔多梅罗或者说贝托是一个矮个子男人，瘦骨嶙峋的，皮肤很黑，看上去有六十岁了。贝托说他之前工作了很多年，帮人照料花园里的植物。

"我很善于料理花草，那些花花草草都很听我的话，我和它们在一起很开心。"

他有一个幸福的家庭，三个孩子都很优秀。

"我最小的儿子已经获得美国国籍啦。"

他用加勒比地区的口音对我说着他儿子是美国人的事。因为他的小儿子出生在芝加哥，所以获得了美国国籍。但是他却什么都没有了，因为他酗酒：在酒精的作用下，他做了许多平时根本不会做出来的事情，也让他的家人远离了他。酗酒甚至让他丢掉了工作，他觉得连上帝也抛弃他了。现在他正在努力想重新走回正确的道路上，虽然他觉得已经有点晚了。他说他现在就睡在街上，就在那边，他指着一条很远的街，就在那边。他的家人现在已经不愿意再见他了，因为他做了许多不好的事情。

"我做了些不好的事情，我伤害了他们，唉。"

"你到底对他们做了什么？"

"不好的事情。"

他说他能想象到他后面的日子是什么样的：就这么浑浑噩噩地度日，这儿开门的话他就来这吃东西，晚上就随便找个地方睡觉，有时候他可能还是会去喝几杯。既然生活就是这个样子了，喝不喝酒又有什么区别呢？我知道他想让我说对，说他讲的有理。但是我并没有说话。

宗教变成了人们的一种消遣。

现在教堂里放的音乐是倡议人们热爱生活的。在"传教运动"的这间教堂地下室里，穷人们都低着头在吃着自己的那份食物。在一个角落里坐着五六个看上去年轻一点的人，他们边吃着边说笑着。在最里面的墙上贴着一块牌子，上面写着："我是精神的食粮／投向我的人将永无饥饿。"

"他们也是那种人，就是……唉，那个词用西班牙语怎么说来着？"

桑德拉女士在努力寻找着适当的词。

"对，无家可归者，这群可怜人啊。"

她终于找到了那个词。后来，一个同样来吃饭的人对我说贝托的一个女儿自杀了，有人说是因为贝托强迫她做一些她不想做的事情。

"什么事情？"

"就是她不愿意做的事情。"

他也不愿再多说了。

贝托犯了错：他坠落到谷底，却再也没办法爬上去了。处于社会边缘的穷人差不多都是这样。

"你知道最奇怪的东西是什么吗？最奇怪的东西就是那些植物了。这附近几乎都没有什么植物。我试着种过一点，但是都失败了。大概是这附近不适合植物生长。还好我还能照料植物，要是连这都干不了我就没有任何念想了。"

"很多人认为来这儿的人都是无家可归的人。或者说很多人都迫使自己去相信这一点。这样想会让他们觉得好受一点。"

大卫·克劳福德这样说道。他胸前的工牌上写着"食品主管"四个字，他为"A Just Harvest"工作，这是一个由几个大的宗教团体建立起来的组织。大卫是个黑人，头上留了几根长辫子，胡子很直，穿着一件宽大的衣服，领口却挺紧，上面系着一根考究的领带。大卫说起话来就像一杆机关枪，话快得像子弹一样。

"事情很简单：人们说当然啦，那都是些无家可归的人，都是体制外的人。所以不是体制的错，而是那些人自己的问题。但事实并非如此，你能看到这些人中有一些人是有家可回的，问题是他们的钱不够他们吃饭：他们得交租金、买保险、看病，所以他们根本没钱买饭吃。所以他们才会来我们这，因为在这里能吃上饭。来这儿吃饭的人情况各不相同。唯一相似的就是他们没有足够的食物。这一点毋庸置疑：只要能吃上饭，没人会愿意到我们这儿来的。"

去想这些人是因为个人原因才没钱吃饭的当然会让人觉得心里舒服一点。人们经常这样自欺欺人：这些人都是流浪汉、疯子、醉鬼、瘾君子，总之都不是什么好人。基于这种想法，人们会说出现乞丐和他们所处的社会是没有太大关系的。

"A Just Harvest"组织位于芝加哥北部，地铁的最后一站就停在这附近。这里是黑人区，有点乱。夜幕降临后，人行道上的灯光很弱。但是"A Just Harvest"所在的大楼却很干净明亮，窗户很大。大厅的墙上挂着很多画：蝴蝶、鹦鹉、星球、火山、牵着手的孩子、五颜六色的动物。厅里摆放着三十几张桌子，每张能容得下四到六人，这些桌子摆放得很有序、收拾得很干净，每张桌子上都铺着塑料桌布。最尽头的一张桌子上摆着许多托盘。这里有黑人、拉美裔人、也有白人。有年轻人也有老人。有男人也有女人。没有人向谁要什么东西，他们饿了就会来这儿，在纸上登记一下自己的名字，然后就会去找自己的托盘。大卫说，这些人中有三分之一的人是无家可归的，有三分之一退休人员，还有三分之一的人是有工作的，但是他们的收入满足不了他们的生活需求。

"竟然有人有工作，但是工资买不起饭？"

"当然有啦。都是些临时工嘛。给办公室或是人家里打扫为生，或者在酒吧里端端盘子什么的。有时候他们一周工作两天、三天或是四天，每天工作好几个小时，然后会支付给他们 8 美元每小时的最低工资。也就是说运气好的时候他们每周可以赚 150 到 200 美元，但你要知道在这个地区最便宜的房子的租金都要 500 到 600 美元一个月。而且他们还要承担交通费、医药费，还要买衣服。你算算账吧，他们怎么能有钱买食物呢。"

大卫说完又看了看我。

"你呢？你不想吃点什么吗？"

贝蒂今年七十多岁了，头发很短，已经全花白了，但是眼睛还是很蓝。她缺了几颗牙，但腰板还很直。贝蒂走路要靠助步器，但还好她住得并不远，大约一公里左右。她说自从人们给了她助步器她来这儿就没有以前那么费力了。她说她最早来这儿是因为人们告诉她说很多人都会来这儿，她说其实这也不一定是她来这儿的主要原因，她以前很不想让别人知道她是靠领救济粮过日子的。但是她现在敢说如果没有这个组织的话她肯定很难活下去了。

"七年前我的丈夫就去世了。有时候我觉得他不在了是件好事。因为他可以不用受这份罪了。说起来真可笑，我们可是交了一辈子税的人啊。"

贝蒂的丈夫一辈子都在物产公司工作，帮人们管理财产。十五年前他退休了，拿到了一小笔退休金，刚刚够他们两个人生活。后来他们的钱赔到了股市里，贝蒂就没办法交租金了。

"每年我女儿都会带我去一次她在孟菲斯的家，她住在田纳西州的孟菲斯。有时她也会寄点东西给我，但大部分时间她都没办法寄东西来，因为她过得也不富裕，她还要养她的两个孩子呢……"

贝蒂说她不希望自己成为女儿的负担，她说她真想不到自己活了一辈子最后还要当别人的负担。她问我是从哪儿来的，我告诉她说阿根廷，南美。

"啊，那边儿也有这种事吗？还是说只有美国有这种事呢？"

"我们试着让他们不要觉得来这儿是很丢人的事情，而是让他们觉得他们是在行使自己的权利。我们每个人都有权吃到足够的食物。"

大卫告诉我说，话虽如此，但他并不是每次都能成功说服那些人。

"你是知道的，在咱们这个时代人们都觉得来这儿很丢人，就好像这意味着你的人生是彻头彻尾的失败。但为什么政府从来就不觉得在美国有饥饿这种事很丢人呢？要是政府能这样想我觉得就不会有这么多可怜人了。"

我看到一个六十多岁、瘦瘦的黑人穿着一件黑白色印着奥巴马头像的 T 恤。

"这么说你是认可奥巴马的政策的咯？"

"我？为什么这么问？"

"因为你穿的衣服。"

"啊，衣服啊。衣服是他们发给我的，我就穿上了。"

这人的牙已经掉了很多颗了，他的目光有些游离，手里端着饭，没太有聊天的心情。

"你喜欢这件衣服吗？"

"我挺喜欢他的脸的。"

"我说的就是这个。你为什么喜欢呢？"

"因为他总是笑，和我一样。"

"你会给他投票吗？"

"不投，我为什么要给他投票呢。他当了总统后我的生活也还是和以前一样，我为什么要给他投票呢？"

在角落里的一块板子上贴着许多告示，里面有这家组织如何运作的条例，还有一张大大的海报，上面写着"让华尔街付出代价"。大卫告诉我说这张海报不是他们贴的，他们在这里弄这块板子是让人随意在上面写建议的。我看到海报上的落款是"全国人民行动联盟"。在他们的运作条例中，有一条写着：我们不接受政府资助。他们获得的资助来自个人、企业、教堂或是其他组织，但他们从来不接受政府的资助。

"在这个国家有太多饥民了，太多了。"大卫说正是出于这个原因他们才下定决心援助这些人的。

"我们觉得应该像邻里互助那样去帮助他们。"

"邻里互助？"

"对，像邻居那样。每一个邻居都应该知道住在他旁边的人和他一样有吃饱饭的权利。如果他的邻居吃不饱饭，那么他应该伸出援手。如果他不伸出援手的话，那么他就也要对他的邻居的饥饿负责。在这个食物充足的世界上，每个人都应该能填饱肚子，而不管他到底是什么人。这就是我们想的，如果你不同意的话……"

"我？"

"对，或者随便什么人。"

做比较往往会让人更加难过：比起尼日尔或是孟加拉的

穷人来，这里的穷人简直太幸运了。

可惜他们相隔太远了。

必须要讨论一下贫穷以及它的相对性问题。饥饿可以说是极端贫穷的表现，但这里有的只是相对贫穷，所以叫作饥饿。虽说相对性是一个哲学问题，但我们必须要问自己：我们到底能忍受多大程度的不公平呢？

相反，好像没什么人经常去讨论极端贫穷的问题：有人觉得那些实在活不下去的人看着让人难受，还不如早点借助外力死去的好。

那么就让他们饿死吧。

"但是吃饭不应该成为人们每天都要去面对的问题，不是吗？但这就是美国。"

迪克戴着无框眼镜，留着平头和小胡子，有双下巴，穿着一件一条袖子上印有美国国旗的衬衫，看上去是件邮局的工作服。迪克五十多岁的年纪，肚子很大，正在狼吞虎咽地吃着东西。

"没有，我从来没在邮局工作过。这件衣服是我从救济中心那里买的二手货。我在一家卡车公司工作，负责运货。但是我们公司倒闭了，而现在根本不可能找一份新工作。谁会雇我这个年龄的人呢？"

迪克说他以前知道有人会来这种地方吃饭，但是他从没想到过自己有一天也会成为他们中的一员。

"以前我有时候还会捐点东西出来。我真不明白我是怎么沦落到这种地步的。"

迪克说起话来很费力，他喘着粗气。

"我抽很多烟。幸亏现在烟钱很贵……"

迪克说他整个白天都吃通心粉和奶酪，再买点1.49美元的罐头，钱多的时候会再喝一杯啤酒。

"我还能干什么呢。我现在是靠救济粮过日子的人了，每周只能领四十美元的补助金。也就是说我每周就靠四十美元过日子。现在用四十美元能买到什么呢？"

所以他每天下午都会来到这里，这样至少能保证他每天都有饭吃，能继续这么胖。这就是他的原话：有饭吃，能继续这么胖。

"现在人们都说太胖了对健康不好，但至少我还没听说过哪个胖子是被饿死的。胖子也许会死于别的原因，但至少不会饿死。"

说完这话迪克就站了起来，对他而言站起身来是个很费力的动作。他端起了他的盘子，里面还剩着一些米饭和两片黑麦面包。他把它们都倒进了垃圾箱。我知道自己不应该，但我还是忍不住会去想这些剩饭够比哈尔或是苏丹的贫民吃多久。又是比较，我们已经做了太多次比较了。

9

架子有很多种颜色：红色、蓝色、黄色，所有颜色都很纯。架子上放着很多盒子，盒子上印着老虎、狮子、松鼠、鹦鹉、鸡、狗、猫、微笑的明星、微笑的体育冠军，盒子里装的是不同种类、不同口味的食物：蜂蜜、干果、坚果、桂皮、巧克力、奶糕，等等。盒子上大多写着健康食品之类的话。一个外表很普通的女士拿起来一个印着兔子的盒子，犹豫了一下，又把它放了回去。女人的金色头发有些乱，眼睛很蓝。她就和其他很多女人一样，吃力地推着只放着零星几样东西的购物车。她喘着粗气，移动得很困难，看上去她的双腿根本支撑不住自己身体的重量。

"不好意思，你能帮我拿一下那一盒吗？"

她想要的那盒食物其实就放在离她不远的地方，超市自然不会把商品放在客人们拿不到的地方不是吗，但是女人却好像没什么力气去伸手拿它。

"你知道吗，这盒更便宜一些。"

我帮她把那盒食物取了下来，上面没有印动物头像，只是印了一句宣传语，说这个食物绝对健康。女人看了看盒子，把她放进了推车里，向我道了谢。我看得出她还是有些犹豫。她的推车里有几袋超市自主品牌的意大利面、两盒鸡蛋、三袋面包、六罐通心粉 & 奶酪罐头，还有一些不知道是什么的罐头、两卷厨房用纸巾、一瓶家用清洁剂、几盒需要放在烤箱中烤的饼、三公斤糖、两盒香草冰激凌、一盒两升的黄油、三袋火腿肠，每袋里有十二个，还买了一盒鸡肉。

"我的孩子们就喜欢吃这些。"

女人对我说她叫玛蕾希卡，她很抱歉让我帮她取东西，但是她这副身子骨现在已经有很多事做不了了。我不敢问她还有什么事做不了，但是我问了她是不是经常来家庭美元店

(Family Dollar) 买东西。家庭美元店是宾厄姆顿最廉价的超市了。玛蕾希卡看着我，她眼窝深陷，眼睛眯成了一条缝。她好像有点生气，好像我问了个很冒犯她的问题。

"我并不穷，我能养活自己。我不用向别人乞求任何东西，我们全家都不用向别人乞求东西。"

玛蕾希卡说完就推着车向收银台走去。她就住在不远处的一条小街上。后来她对我说，她的高祖父母在一百年前从波兰移民到了这里，因为他们在这里可以找到工作。

"唉，要是我们还在波兰不知道现在会不会过得更好。"

"你觉得你的高祖父母做了个错误的决定是吗？"

"不，我怎么会这么想呢。至少他们去世的时候还是挺满足的，他们没看到我们现在过得并不好。我这么想会好受一点。"

宾厄姆顿是纽约市北部的一座小城，两地间大约有三个小时的车程，也就是说它距离世界权力中心只有三小时的车程。两个多世纪前，一群白人冒险家赶走了这里的印第安人，他们中最富有的一个选择在这里定居下来。威廉·宾厄姆买下了这片土地，并以他自己的名字为之命名。到了19世纪中叶这里已经繁荣起来了：一条重要的运河把这里的土地和港口连接了起来。1850年这里通了火车：工业开始在这座城市生根发芽了。移民陆续到来，钱币的声音叮当作响。在那个年代，宾厄姆顿是一座极为重要的城市，有人说这里是第一座把酗酒当作疾病治疗的城市，纽约州醉酒治疗所就坐落在此城。同时，波兰人、德国人、爱尔兰人、意大利人纷纷来到这里投入建设美国的事业中。他们也确实为美国贡献良多。

人们开始称这里为机遇之城：城市不断发展，一间间美丽的房屋建了起来，一座座高楼拔地而起，桥梁、教堂、公园、企业，后来被大家熟知的 IBM 就是在这里成立的。宾厄姆顿的发展在"二战"后达到了顶峰：在这里发明了飞行模拟器，洛克希德公司在这里和其他公司一起生产了大量的武器。这里还出产大量先进的军事间谍工具。但是"冷战"结束浇灭了这些产业的热情，这里的军事产业慢慢衰败了下去。工厂纷纷关门或者迁到条件更好的地区去了。换一种充满诗意的说法：美国赢了那场战争，宾厄姆顿却失去了工作机会、人力资源，甚至是希望。如今这座城市的人口数量甚至要少于一百年前：算上郊区人口在内现在一共有二十五万人左右，其中每四个人中就有一个生活在贫困线以下。

如今在宾厄姆顿，那些最漂亮的房屋都是些小银行、教堂和殡仪馆。大型购物中心位于城市郊外，购物中心的四周都是残破的街道、废弃的房屋、二流的大学，那番景象真是奇怪。我还看到了一条充满骄傲口吻的条幅，上面写着："这里是世界旋转木马之都，一百五十座古式旋转木马中的六座就位于此。"人们在报纸上还时不时能看到这座城市的新闻：2009 年 4 月，一名越南裔移民闯入位于弗隆特街的美国公民协会益民服务中心，枪杀了 14 人。去年，一项民意调查指出这里的居民是全国最悲观的。这里还是全美阴天天数最多的城市。还有调查说这里的肥胖人群数量位居全美前三位：按照最新标准，该城超过三分之一（37.6%）的居民都属于肥胖人群。

西方文明如今的特点似乎就是：又圆又胖脂肪又多。

在字典里查阅"肥胖"这一词条，你会看到这样的解释：难以容忍的胖，会危害人的健康。

玛蕾希卡的祖父开过一家香肠店，他们自己制作香肠然后出售。她的爸爸不喜欢和肉打交道，于是在 IBM 找了一份工作，但是 IBM 在宾厄姆顿的分公司倒闭之后他不得不重新干起了家族事业。他不喜欢，但不得不干。玛蕾希卡当时已经三十岁了，结了婚，有了两个儿子和一个女儿，她想开一家理发店，但最后并没有开起来。她的丈夫是开公交车的。他们家当时的日子过得还算不错。

"然后那些人就来了。那个银行的女人总是来劝我们买房子，说买房子要比租房子划算。她说的不全是实话，但我们还是相信了她。"

他们花了六万美元买房子，但是银行帮他们先垫付了。她对我说那房子确实很漂亮，是个两层别墅，后面有花园，前面还有门厅。有三个房间，都很漂亮。但是她的脸色慢慢变得阴沉了起来。她说后来她的丈夫在 2008 年去世了，她没法偿还贷款了，银行就把房子收了回去。

"他死于心脏病。"

我不知道该不该问他的丈夫是不是很胖。她一直在盯着我看。

"我知道你在想什么。你想的是对的。他平时确实不注意自己的身体。但我还是觉得他可以活更久的，我到现在也这么想。"

现在玛蕾希卡帮她的表妹照顾生意：卖啤酒、香烟、报纸、彩票、糖果，每个月表妹会支付给她 2000 美元。她的三个孩子年纪在十三到二十一岁之间。

"他们总得吃饭嘛，你觉得我能给他们吃什么呢？"

"因为你赚这些钱，所以不能申请救助或是救济粮是吗？"

"我可以申请，但是我不想。我不愿意申请救助。我能自食其力，我不愿意让别人施舍给我什么。毕竟我是个美国人。"

她说："我是个美国人。"

好像是美国人就意味着什么都有了。

几年前美国人开始议论一种新的"流行病"：肥胖。

害怕肥胖可能是我们这个时代最具代表性的文化变革了。几个世纪以来，几乎在所有文化中，肥胖都是财富的象征：它证明你能吃比你所需更多的东西，证明你能把钱花在你自己身上。除了财富，肥胖同时也是权力的象征。

哪怕是在几十年前，肥胖也依然被视作富裕的代表。领袖们、高官们、主教们、财阀们个个都有滚圆的肚皮，还会戴上一堆金饰。高贵的妇人们戴着纱帽，全都以胖为美。劳动会使人瘦削，所以肥胖的身体就象征着你不必去劳动。在那些日子里进食是一种特权，人们通过身体的肥胖程度来展示自己能吃到多少食物，一个人越胖，就证明他能吃到比自身所需更多的食物。肥胖的身体是用来炫耀的资本。后来，肥胖不再流行了。首先，反抗传统文化的年轻人拒绝肥胖；

而有钱人也开始觉得他们应该更多地注意健康问题了，而且他们发现坐着不动地工作的话也是会长胖的，健身反而是有钱又有闲暇时间的表现，所以应该有一个更加健美的身体。于是在大约 25 年前，肥胖开始被人们视为一种病。

自然，从那时起富人们就不再像以前那么胖了。

这事其实有点让人沮丧。其实肥胖应该只是一个个人问题：有的人可能很难保持自己的身材，很容易长胖或者变瘦。但是它竟然慢慢变成了一种社会意义上的象征符号，以前肥胖是财富的象征，而现在情况只不过发展到了另一个极端，肥胖臃肿的人代表着贫穷。

医生们警告说肥胖会引起内分泌系统疾病以及癌症、糖尿病等多种疾病，甚至导致死亡。为了把事情说得更清楚一点，他们还设计了一套身体质量指数，用体重公斤数除以身高米数的平方，如果数值在 25 到 30 之间则证明这个人超重了，如果数值超过 30 则意味着这个人已经肥胖了。

这套测量标准是很严格的：以我为例，我的身高是 1.85米，体重 90 公斤。按照这套指数测量出的结果是 26.7，略微超重。要想达到肥胖标准，我必须让自己长到 103 公斤重。

如此严格的标准让人不得不怀疑世界上竟然会有 15 亿超重人群。肥胖人群则达到了 5 亿人，是超重人数的三分之一。我们发现这一数字竟然有着某种对称性：世界上的营养不良和营养过剩的人数几乎相同，饥民和肥胖者的人数也近乎一致。我不知道这是不是能够证明一些人缺乏的食物实际上是被另一些人拿走了：肥胖的人吃掉了饥民们吃不到的食物。

听上去这好像是一个完美的解释。但事实并非如此。

"人们说我们必须吃得更健康。但谁能买得起那些所谓的健康食品呢？要经常吃蔬菜水果你就必须有钱……"

"那么你喜欢吃蔬菜水果吗？"

"你想听真话吗，嗯？想听真话吗？"

"既然我们现在是在……"

"真话就是不喜欢吃。我只喜欢吃我能吃到的东西。我知道我应该吃点别的东西，但我也知道我没钱买那些东西，我的钱不够啊。然后就有人说你只吃这些对身体不好啊，但我能怎么办。我这辈子已经受了太多罪了，难道我还要天天想着吃的东西对自己身体不好？我就连安静地吃点自己喜欢的东西都不行吗？"

"你不担心你的孩子们吗？"

"我的孩子们都已经长大了，现在已经开始自己照顾自己了。我现在已经不能再为他们做些什么了。"

"你的孩子们瘦吗？"

玛蕾希卡看我的眼神又流露出了不满和愤怒之情，然后她笑了。

那些都不是事实，其实肥胖是富裕国家饥饿问题的表现。在那些富裕和较富裕国家，在营养不良的穷人身上有更大的可能出现肥胖问题。在这些国家，营养不良已经不再是食物不足的问题，而是垃圾食品过多的问题了。贫穷国家的穷人们营养不良自然是因为吃得太少，所以影响了身体和大脑的发育。富裕国家的穷人却是因为吃了太多垃圾食品(脂肪、糖、盐含量过高）才导致了他们的身体出现了问题。

　　这两种情况不是一枚硬币的两面，它们都代表同样的问题。

　　都代表社会不公。

10

　　在宾厄姆顿，光线从中午就开始暗淡下来了。今天是周四，已到了秋末，天气有些凉，云压得很低。在市中心主街的麦当劳里，气氛还是很轻松的。在大厅中央两张并起来的桌子边，两位白皮肤金头发的母亲正试图管好他们的孩子，这群孩子看上去都还不到十岁，所有人都是金发。几乎每个小孩都是小胖墩，其中有三个特别胖。旁边一张桌子上坐着一对大约三十几岁的看上去很严肃的黑人情侣，男的戴着纽约洋基队的帽子，女的则头上缠着块红布，两人面前放着一堆食物，他们正在喂着他们坐在高高的婴儿椅上的孩子吃东西。小孩很胖，就像是有什么深仇大恨一样撕咬着他父母递过去的汉堡。第三张桌子上坐着一位很胖的老太太，她穿着一件毛绒帽衫，头发留得很短，戴着眼镜，脚上穿着便鞋。此刻她正和她不到六岁的孙子孙女一起吃着麦乐鸡块，这两个小孩不胖，看上去很开心。另外一桌上坐着位五十多岁的白人，有点瘦还有点驼背，看着就像是个老年嬉皮士，他正在吃着草莓奶昔。再远处有两个很胖的女人，长得很像意大利人，她们看上去年纪并不是很老，但是一个有牙另一个却掉了好多牙了。她们正在和一个留着胡子、戴着帽子、有点胖的男人说话。后来我终于搞明白了那个掉了很多牙的是另一个女人的妈妈，那男的和她们是什么关系我倒没有看出来。

在大自然里没有什么明显的胖瘦之分，在原始社会也不存在胖人瘦人的区别：肥胖是人类自己发明出来的疾病。肥胖的原因是身体内堆积了太多的东西。但很多人吃太多的原因也许仅仅是对未来的恐惧，因为他们不知道将来会发生什么。

大约在 1965 年，美国的一位遗传学家詹姆斯·V·尼尔提出，一百万年前，旧石器时代的人类（猎人–采集者）可能经历过连续很多天都找不到食物，他们进化出了某些机能来"能够更好地储存卡路里"：他们把卡路里以脂肪的形式储存在了体内。这些人比其他没有进化的人生存的概率更大，他们在种族进化中领先了一步。

在很长时间里拥有这种能力都是一个生存下去的决定性因素，而现在它却成了人类的一个问题：世界变了，尤其是富人的世界，人们不再缺乏食物了，但是人们储存脂肪的能力还在。

我们把脂肪储存错了地方，我们没有把它们储存在体外：食品柜上、冰激凌店里、图片中，而是把它们放到了我们体内。我们身处后工业时代，却还在使用着旧石器时代的身体，这无疑是很不相称的。文明的进步体现在人类不停地发明出器具来做以前只有人的身体才能做的工作。从这个角度看，可能肥胖也是我们发明出来的一种工具，无家可归的穷人们把他所有的身家都增加到了他的体重上。

另外不得不承认，我们的生活其实是大不相同的：富裕国家的人们活动得越来越少了，因为机器替他们做了太多的事：私家车和公共汽车代替了步行，电梯代替了楼梯，洗衣机代替了搓板、搅拌机代替了石臼，连工厂里都开始用机器人了，还不算那些坐着干的工作。体内的能量曾经是人类最大的资本：只有依赖它人们才能搞到自己需要的东西。那时候，劳动的能力决定了一切，而现在这一切都发生了变化。人们不用把能量全部用在谋生上了，所以人们只能创造出各种方式来消耗自身多余的能量。人们去健身房、使用机器，甚至服用药品来消耗那些不久之前还万分宝贵、需要省着用的能量。一项奇怪的调查指出现在平均每个美国人消耗的能量只有六十年前的三分之一，而肥胖率则翻了三倍，从11%上升到了35%。

　　主街上麦当劳里的电视机播放的是福克斯台，这是一个右翼得不能再右翼的频道了。系着领带的男人在电视里不停地说啊说，但是却听不清他在说什么。因为你只能听到餐厅里放的音乐，那是七十年代的流行乐。在最靠里的角落里聚着一堆年轻人：两男四女，都是十六七岁的样子，穿着牛仔裤和鼓鼓的外套，说话声音很大。其中一个男生很胖，另一个却不胖，有三个女生都很胖。其中一个女生后来告诉我说她叫利亚，是个黑人姑娘，她对我说她的体重已经超过一百公斤了。她五官长得不错，妆画得也好，但在这些下面却是厚厚的脂肪：眼皮、脸颊、下巴……利亚对我说她知道自己很胖，但是她也没什么办法。

　　"在学校里他们教育我们如何去应对将来可能出现的问题。但我觉得他们根本什么都不懂。我不在乎二十年后我会怎么样，那时我都'老'了。我的问题是现在。我的问题不是将来会怎么样，而是现在会怎么样。"

她边说着边用纸巾擦了擦嘴上的番茄酱。

"我不想这么胖，但是我能怎么做呢。我知道我这样很丑。你觉得男孩们会找我做女朋友吗？他们可能连看都不会看我。"

窗外的天空上有很多云，偶尔的几个行人走得也很快。在一张靠窗的桌子上坐着一个七十多岁的长着中欧面孔的男人，胡子都白了，戴着眼镜，穿着灰色的大衣，看上去就像是刚从刘别谦[1]的电影里走出来的人物。他正在优雅地吃着奶酪汉堡和薯条，每吃一口就会用餐巾纸擦一擦自己的手指。虽说如此，但还是看得出他很饿。旁边还有一个二十岁左右的黑人小伙，很高很瘦，穿着一身红：红衣红裤红鞋，只不过鞋上有一些白色装饰，鼻子上还戴着金色的鼻环。他一边吃着手中的汉堡，一边望着窗外，好像整个世界都已经从他的手中溜走了。汉堡里的酱沾在了他的嘴唇和下巴上。还有一个二十几岁的黑人女人，我看她的头发可能就有几公斤重，她的腿是两个完美的倒三角形，她拿着一瓶矿泉水和一盘沙拉走了过去。她的耳朵上戴着插在手机上的耳机，听的内容让她笑了起来。这时利亚对我说她已经试过了所有的减肥食谱：

"我唯一获得的就是一次又一次的失败。我无法把体重减下去。你能理解每次都撞上同一堵墙是什么感觉吗？你能

---

1 德国导演、编剧、演员。

体会我的那种无助感吗？我才只有十六岁啊。"

最开始，快餐店的出现使富裕国家的那些穷人父母们有机会能带他们的孩子到外面吃饭了，他们也能让自己的孩子吃上那些甜甜的、咸咸的、油炸的食品了，这些穷人妈妈也不必每天都下厨做饭了。后来很多妈妈甚至再也不下厨做饭了，连怎么做饭都忘了。孩子们也喜欢上了这种食物，而父母们觉得为了满足孩子们的需求，快餐食品是最快捷廉价的方法了。当然，廉价是最重要的因素。假设一个人只有十美元，但是却要养活两三个孩子，如果你要让他们摄入足够的卡路里和蛋白质，而且还要让他们吃得开心，那么快餐食物自然是最好的选择。但是也没有什么比快餐食品更容易让人长胖的了。

越来越多的科学家证实说这种快餐食品和酒精、香烟一样是会让人上瘾的。垃圾食品和其他的快餐食品再加上酒精和香烟，一起构成了对人类身体伤害最大的三种食品或摄入品。2012 年，一位叫作罗伯特·勒斯蒂格的研究者在《自然》杂志上发表的一片论文里说：大自然让糖如此难以获得是有道理的，但是人类却不在乎这一点，人类不仅使糖的获得变得容易了起来，而且还鼓励人们摄入糖，在最近五十年里糖的消耗量提升了三倍。糖从奢侈品变成了廉价商品，也成了人们对抗饥饿的第一选择。印度人的茶、阿根廷人的马黛茶和美国人的可口可乐都很能欺骗人的肠胃，它们让人们快速摄入了卡路里，很少有真正有营养的食品能这么快地就使人感到满足的。然而事实上，比起普通的糖来，更有名的是高果糖玉米糖浆，现在几乎所有的食品中都添加了这种甜味剂，而越来越多的研究表明这种糖浆恰恰是造成肥胖的根源之一，不仅如此，它还会引起糖尿病。《快餐王国》一书的作者埃里克·施洛瑟曾经说过，在最近四十年里人类饮食的变化甚至比过去四万年里的变化还要大。

利亚吃完了她面前的饭，还反复舔了舔。她的朋友又递给她一杯草莓奶昔，利亚说不用了谢谢，然后看了看我。

"肥胖病"起源于 20 世纪 80 年代的美国。从那时起，蔬菜和水果的价格就不断地上涨，到现在已经涨了 40%。同一时期，加工食品的价格却下降了 40%。用三美元人们可以买含 300 卡路里热量的水果蔬菜或是含 4500 卡路里热量的炸薯条、饼干或是汽水。那些不急着靠吃饭填饱肚子的人可能会选择水果或蔬菜，但那些急着吃饭的人则只能选择垃圾食品。

垃圾食品大多是我们为了消除饥饿感而用最少的钱能买到的食物。用最少的钱填饱我们的肚子。

大型食品公司和其他大型企业一样，肩负着一项逃脱不掉的使命：为它的股东们赚更多的钱。为此它们必须用最少的钱去购买原材料、为他们的员工发最少的工资、用客户能负担得起的最高的价格卖尽可能多的商品。但是到了某个时刻，他们发现富有国家的有钱人已经到达了最大的购买量，所以大型食品公司只能设法增加人们对食品的需求。这造成了两个结果：人们浪费了他们购买的一半或三分之一的食物、富裕国家的青年人每天平均摄入 4000 卡路里的热量，这是他们本应摄入的卡路里量的两倍。人们已经吃饱了，但是还想吃更多的东西，于是他们再吃、再想吃、再吃……因为那些企业在不停地鼓动他们再吃多一点。当然为此那些大企业要支付一大笔广告费。没有哪样食品的广告费所占比例要比垃圾食品还多的。这就是贸易规则。

这同样是农业补贴政策带来的后果之一。农业补贴在20世纪30年代最早出现的时候是为了帮助农民度过危机，但是后来却一直存在了下来。最近几十年这种补贴不再大面积推广了，因为如今农产品已经高度集中了，政府将更多的补贴发给了大型农贸食品企业：70%的补贴发给了10%的受益者。这些被补助的企业往往是玉米、小麦、大豆生产商，它们有足够的游说能力去搞到政府的补助。这些公司的产品同时也是垃圾食物中最主要的组成部分，由于有政府补助，它们的价格要比没有补助的水果、蔬菜要便宜。政府的补助金就是这样毒害了自己的人民的。

拉吉·帕特尔在《吃饱与挨饿》一书中提出的问题很好地解释了我们所吃的食物并不是问题的根源，一次次的决定和选择才是。而且我们并不知道是什么人替我们做出了那些决定和选择的：

"是谁规定了农药的安全标准呢？安全又是一个什么概念呢？是谁选择了制造我们吃的食物的原材料呢？是谁决定了要付给粮食生产商多少钱、又是谁决定了要付给为那些生产商工作的工人多少钱呢？是谁保证说生产那些食品所使用的技术是安全的呢？是谁从食品添加剂中赚了钱呢？又是谁决定了哪些食品添加剂是有害的、哪些是无害的呢？是谁保证说我们有足够的廉价能源可以从世界各个角落把食品运送过来呢？是谁决定了超市的货架上有什么商品呢？是谁决定了那些商品的价格呢？到底是谁制定了那些穷人注定支付不起的食品价格呢？"

食品竟变成了垃圾，而垃圾食品就必须要让穷人去吃？

外面下起了雨，人们的脚步更快了。在麦当劳里面，一个二十岁到二十二岁之间年纪的年轻人正在边拖地边喘着粗气，他穿着黑色的裤子、蓝色的衬衫、还戴着顶黑色的帽子，戴眼镜，脸上有很多粉刺，很胖。弗雷迪·莫库里正在哼唱着吐下苦涩之类的歌词，他问我是不是所有的歌里都有跟吃有关的东西。在我旁边的一张高桌上坐着两个成年人，一个是黑人而另一个是拉美裔，都很瘦，衣服又旧又脏，正在吃着汉堡、奶昔和炸薯条。还有另一个黑人正趴在桌子上睡觉，他们告诉我说这个人没有家也没有亲人，什么都没有。还有个穿着牛仔裤的白人，看上去体重至少150公斤，灰色格子衬衫敞开着，正吃着圣代冰激凌，手旁还有一大杯可口可乐。他胖胖的女儿在旁边跳来跳去，冲他喊着些什么，他试图让她安静下来。男人看上去有些悲伤，我看他喝可乐的表情像是在喝世界上最后一杯杜松子酒。在另一张高桌上坐着三名工人，因为他们穿着统一的工人制服，身上还有污渍，身旁还放着工具。这几个工人都是四十多岁的白人，胡子拉碴，头发也很杂乱。他们正在吃着巨无霸汉堡。他们中的两个都很胖，另一个不太胖。他们聊着天，时不时地打个嗝。利亚对我说她不应该对自己的体形负责：

"有时候我很恨我的父母。要是他们在我小时候不给我吃那么多这些东西可能我现在就不会有这个问题了。但是他们又有什么办法呢，唉，有时候她们有活干，有时候则没有。他们能把我们拉扯大已经很不容易了。"

在美国有两千五百万糖尿病患者，还有八千万潜在患者。在2000年的美国出生的新生儿有三分之一的概率会患上糖尿病，而如果他是黑人或是拉美裔的话，患病概率就会是二分之一。研究人类寿命问题的医生杰·奥珊斯基指出，如果美国继续保持这样高的肥胖率的话，美国人的预期寿命就将在接下来的10年里缩短5到15年。

事实上用"美国人预期寿命"这种词有混淆视听之嫌，因为在美国，一个受过高等教育的白人的预期寿命要比连高中都没读完的黑人多14年。14年可是很多年啊。但不仅仅是黑人：就是跟没受过教育的白人比起来，受过高等教育的白人的预期寿命也要长9年。对于这些没受过教育的白人也有一种称谓："white trash"，也就是所谓的"白垃圾"。

前艾奥瓦州州长、现任奥巴马政府农业部部长的汤姆·维尔萨克在国会的一次讲话中从他的角度解释了肥胖问题："如今，年龄在19到24岁之间的美国年轻人只有25%符合参军标准。这一现象的主要原因就是肥胖问题。医学研究所研究了我们的年轻人最常吃的食物中的营养成分，他们发现这些食物中含有过多的脂肪、糖和钠，他们吃的蔬菜和水果却很少……"

我们再来回想一下脂肪这个概念的发展史：从渴望到恐惧。再来想想饮食的发展史：人类历史上第一次出现了进食是一种威胁的情况。

这是一个巨大的厅，里面放满了白色的长桌和塑料椅子，能够容纳一百到两百人。现在正有二三十人在这里吃着自助餐。墙上挂着美国国旗、几面锦旗和其他一些旗子，另外还有一些照片，都是死去的士兵或是军官的照片，照片里还有一些是很漂亮的金发女孩。我忽然想到这些正在吃饭的人本来也是有可能在前线阵亡的。还有几个黑色的字，写的是 POW-MIA，意思是"俘虏—失踪人员"。在这样一个大厅里，二三十人显得很少，而且他们还分成了五六个小团体。所有人都是白人，所有人都在吃着东西。他们来这里是因为美国退伍军人协会在这周日组织了早餐活动：成年人需要缴纳 6 美元，青年人 3 美元，不满六岁的儿童不收费。缴纳这些钱后，你就可以随意吃柜台中陈列的蛋、香肠、土豆、腌肉、面包、奶酪、咖啡、果汁还有水果。美国退伍军人协会由退伍军人组成，如今有会员 300 万人，在全国有 15,000 个像这里一样的分部。正如他们的制度中写的那样，他们的使命是"捍卫美国宪法、法律和秩序。百分之百地促进和延续美国精神，与阶级专制作斗争……"。他们不仅会举办类似的早餐会，有时还会给社区里的学校捐献食物。

"我很骄傲自己能为协会工作。"

高飞这样对我说道。我觉得叫他高飞很奇怪，但是他给我说他就叫高飞。高飞大约有六十岁了，他已经很多年都没法把上衣塞进裤子里了：因为他实在是太胖了，连走路都成问题。他脸上的肉太多了，连眼睛都被遮住了。我看到他的衬衫上也印着一面国旗。在他的白色塑料餐盘里放着堆成了小山的煎蛋、三根烤肠、培根、薯片和一杯咖啡。他的夫人洛蕾塔就坐在对面。洛蕾塔比她丈夫的体重稍微轻一点，盘子里的食物却相差无几。他们对视了一眼，高飞说：

"我觉得我们对我们的邻居或是其他人其实是有一种责任的，我们看不得有孩子连饭都吃不饱，所以我们就在这里搞了这些活动。"

"但是他们吃这么多不会对身体不好吗？"

"谁说他们吃得多了？这些不就是我们每天都吃的东西吗？难道就因为现在有几个医生在电视上跳出来说这些东西不健康，我们就不再吃我们爷爷奶奶那会儿就在吃的东西了吗？"

高飞吞咽着他的食物，然后用纸巾擦了擦嘴，笑了。坐在他对面的洛蕾塔好像想说什么，但是他没让她开口：亲爱的，你等一下，先让我跟这位先生说完。我问他是否曾经参加过某场战争，他把脸抬了起来，说是的。他的赘肉在颤动。

"我在越南打过仗。我决不会告诉你说那是我这辈子最幸福的几年，因为我要是留在家里的话，我老婆肯定已经把我烦死了。哈哈。"

他说完自己也笑了。他们结婚已经三十年了。但是洛蕾塔并没有笑。

洛蕾塔说："就因为那些越南人没把你杀死，你现在就可以吃这些东西来慢性自杀了吗？你不知道医生已经警告过你很多次了吗？"

我们又要用数字说话了：高飞患有2型糖尿病，他应该努力降低他的体重，吃少含脂肪、糖、盐和其他类似成分的东西。这些都是洛蕾塔告诉我的。高飞边嚼着食物边听她给我讲这些事情，最后他拿纸巾又擦了擦嘴。

"我不知道人们在怕些什么。我们这儿的人不都是这样吗？我们所有人都这么活着，也都这么死。怎么，瘦子就不死了？"

后来我走上了街，天空还是阴沉沉的。没有下雨，但是地面却显得湿湿的，非常冷。我看到一个三十多岁的男人穿着一件很旧的黑衬衫，上面有几个白色的大写字母："胖点生活—英年早逝"。我记得有一个笑话说这句话里的"fat"这个单词其实缺了一个字母"s"，应该是"fast"："快速生活—英年早逝"。我觉得我的生活节奏是很快的。这个男人是个黑人，除了这件黑衬衫外他还穿着一条新牛仔裤、黑色便鞋，戴着一顶红帽子，袜子也是红色的。我看他身上至少有200公斤的赘肉。他对我说他叫巴基，他接下来的话实际上我并不相信：

"我已经厌倦了他们对我指手画脚，告诉我应该做这不应该做那的，或者说我应该吃这个、不应该吃那个。但是之后我想减减肥的时候我又做不成了，因为我没钱了。你觉得我不想长得像布拉德·皮特一样帅吗？但是我做不到，你瞧，我确实做不到。所以我希望他们都闭上嘴。他们要是不闭嘴那么我就只能不理他们了，对，不把他们的话当回事。"

　　我还没来得及问巴基所说的"他们"指的到底是谁他就走了。我也没来得及告诉他那些人、那些"他们"这样做可能是因为他们发现肥胖让人付出的代价太大了。

　　有一些数字简直太"美国化"了，而美国人也确实很喜欢统计各种数字。他们统计了国家在不同人群身上的投入：平均对每个肥胖者每年的投入要比一个瘦人多 1500 美元。他们还说对一个糖尿病患者比正常人每年的投入要多 6600 美元，而对所有的糖尿病患者每年的投入加起来达到了 1500 亿美元。这些钱中的一半可都是用那有名的"纳税人的钱"支付的。肥胖平均每年会引起 30 万人死亡，所以有人说"肥胖目前和饥饿一样，都造成了太多问题"。最近在很多演讲中、国际论坛上、报纸上这种论调越来越多了，说肥胖造成了和饥饿一样的灾难。但是他们却对那根本性的差异避而不谈：饥饿大多出现在其他地区、其他国家，美国插不插手变成了一项特权。然而肥胖却是出现在此时此地的，美国无法选择插手与否，也无法选择投不投钱。因此肥胖成了美国全国性的问题。和营养不良这种听上去好像只有非洲人才有的东西不同，肥胖问题就出现在美国自己的城市里，而要解决这个问题则必须要花美国人自己的钱。

　　可能最难的一点是承认失败：很难让美国人承认在自己的这个全世界最繁荣的社会中竟然会出现这样一具具连人类最正常的活动都完成不了的躯体。这种以辛普森、巨无霸汉堡、沃尔玛为代表的肥胖文化最终演变成了一具具堆满脂肪的行尸走肉。

我再强调一遍：肥胖之人的问题绝对不在于他们吃了饥饿人群吃不到的东西。问题在于为富人生产垃圾食品的和占有了穷人们食物资源的是同一群人。所以虽然表象不同，但肥胖人群和饥饿人群都是同一群人制造出来的受害者。

我们可以用下面这几个词来概括这种现象：无耻、不公、资本主义。

杰克逊此刻正在他家的木头房子前的院子里，坐在一张对他而言太小了的塑料椅子上，他屁股上的肉从椅子四周垂了下来。天有些凉：杰克逊的腿上盖着一条黄红色相间的毛毯。他的眼睛半闭着，似乎是在感受着阳光的照射。我对他说很抱歉打搅了他。

"没关系，伙计，你没打扰到我。只不过这可能是这几个月最后一次出太阳了，我得好好利用一下。"

杰克逊的房子是用涂成黄色的木板搭起来的，有破损的地方都用绿色的板子补好了：这一片区域里有很多类似的木头房子，全都长得很像，都是穷人在住，但是他们的条件比起世界上其他地区的贫民区来要好太多了：有电、自来水、电视、电脑，甚至有微波炉。杰克逊把毛毯掀开了点，他原本裹在毛毯里的腿看上去像两座山丘一样臃肿。

"人们说我要是想活动得更自如的话就得多做运动，但是你看我现在连移动都费力，又怎么能做运动呢？"

这里的房子周围都没有围栏之类的东西：他们像在淳朴无比的社会那样向全世界敞开着自己家的大门。门前街道上的雪还没有完全化，整个街区看上去都是灰色的。杰克逊对我说他的生活一点意思都没有，没什么戏剧性，但他还是可以给我讲讲。杰克逊对我说其实不久之前他还是有工作的，他在附近的一间饮料仓库工作了很久。

"但是我现在干不了活了，你看看我这个样子，还能干什么活呢？"

杰克逊和我的年纪差不多，但似乎他对自己的未来已经不抱希望了。他现在靠救济金过活，但那点钱根本就不够，他的孩子们有时候还要再给他点钱。他给我说他有两个孩子，两个人都有工作：一个女儿在超市收银，一个儿子在一所学校做清洁工。但是他们赚的钱连养活自己也不够。

"他们把多余的钱都给我了，他们自己也不富裕。"

"那么你每天都怎么吃饭呢？"

"教堂的人会帮助我，说实话要是他们不来我根本就吃不上饭。"

"教堂的人都给你吃些什么呢？"

"唉，给我他们能给的东西呗。"

在来这之前我还想着要费劲儿去找他们，但事实上肥胖的人无处不在。在街上、超市里、汽车里都有那么多肥胖的人，这种感觉真的很奇怪。我对自己说这是当然啦，这儿可是美国肥胖人口第二多的镇子啊。但其实这个排名并没有那么重要，因为虽然这里 37% 的成年人都属于肥胖人群，但也只比这个国家其他地区的比率高了两个百分点而已，差距很小。把比率换成具体数字来看吧：在这个国家有七千八百万成年人和一千两百万青少年的体重都在肥胖线以上。

　　而且这一数字还在继续上升。五十年前美国肥胖人群的比重还只有 11.7%。二十五年前是 20.6%。而单算美国黑人的肥胖率的话，还要比全国平均值高十五个百分点。墨西哥裔则比平均值高五个百分点。这样看来，肥胖好像又变成穷人的问题了。

　　在肥胖问题上，美国是一个先驱。但是肥胖问题已经开始在全世界蔓延了：每当一个国家的消费水平达到了一定程度，这个国家的穷人就会开始去吃那些他们之前接触不到的垃圾食品，然后他们就会变胖。墨西哥就是一个很好的例子，而现在中国看上去也走上了这条道路，这样的国家还会有很多。

　　肥胖问题看上去确实不是什么很可怕的、让人不安的问题。但是很可能它会引领一个新的人类进化进程，由于抑制肥胖确实很难，我们的世界可能会出现越来越多的肥胖人群，人们如今的腰围恐怕要成为历史了，而这一问题还会使全球人口总数下降，因为地球上土地所产出的粮食数量已经无法满足我们越来越大的胃口了。不过也有可能它引领的是世界末日的进程：人类进化得越来越胖、越来越无用，直至消失。

　　当然人类是不会随着一声巨响而忽然消失的，但是千里之堤，溃于蚁穴。

关于饥饿：不平等

我们把这叫作不平等。

根据国际粮农组织调查的粮食生产和消费数据，保罗·麦克马洪按粮食存量将全世界 170 多个国家分成五组。这只是一个简单分类，但是，我们可以借此一瞥世界：这是一张不平等的地图。

现有的食品强权国是 14 个发达国家，它们都是粮食的净出口国。它们是美国、加拿大、澳大利亚、新西兰和一些欧洲国家，拥有优越的自然条件、稳定的经济，长期控制国际市场，总是优先享受技术革新的好处。

新兴粮食出口国的总面积很大：巴西、乌拉圭、巴拉圭、阿根廷、泰国、越南、缅甸、俄国、乌克兰、哈萨克斯坦。近几年来，这些国家转向了技术含量高、人工需求少的集约化生产方式，谷类出口成倍增长，并且大多接受了全球自由市场机制。

那些"勉强"自给自足的国家，因人口迅速膨胀，只能勉强维持本国食品的供应：科特迪瓦、马拉维、土耳其等都在此列。但其中最突出的国家是中国、印度、巴基斯坦、孟加拉国、印度尼西亚。这五个亚洲国家拥有 30 亿人口，他们的食品供应情况影响着整个世界。20 世纪六七十年代，这些国家抓住了"绿色革命"的契机，但依旧使用大量劳动力，其适龄劳动人口一般都在农村。工业和社会的发展以及城市化，正在改变着这一现状。这些国家仍然可以看到数以亿计的饥饿人群。

富裕的粮食进口国，要么土地贫瘠，要么干旱缺水，要么是大部分居民依靠大宗商品如石油和矿石或工业产品的出口获得收入，如日本、韩国、瑞士、英国、海湾阿拉伯国家。这些国家生产少量的粮食，但有足够的收入进口粮食。当市场动荡或世界地缘政治发生变化时，这些国家的粮食市场就有些脆弱。

粮食不安全的贫穷国家是中美洲、中亚、北非的大多数国家，尤其是撒哈拉沙漠以南非洲的大部分国家，他们被称为"另一个世界"。尽管大部分的人口住在农村，土地贫瘠、气候多变、其他国家对其不公平的竞争、尤其是资金和基础设施的匮乏，将其置于生产力低下、产量不能满足居民需求的境地。这些国家也没有足够的资金进口所需食品，许多居民忍饥挨饿。

现在我们要说的就是：不平等。

我们住在一个数字的帝国里，数字在我们的世界观里从来没有这么重要过。似乎一切都能被量化，机构、政府、大学、公司都花费巨资计算那些隐藏的和可见的变量：人口、疾病、产量、市场、观众、地理、贫穷、未来。所有的事物都有数字。

这是个新的办法，不太容易的方法，政府官员和企业老板们好几个世纪以来千方百计地想要统计得越精确越好，现在终于如愿了。他们时刻试图通过计算，来了解我们是怎么样的人，判断万物的利用价值，从而选择恰当的行动并判断结果的好坏。算、算、算，世界从来没被这样横算竖算过。几个世纪以来，也许有人会注意到印第安人很瘦，吃得很少。现在，当你读到一些详细报告说 47.2% 的印第安人体重不达标，你也自以为你理解了世界上发生的事情。

测算的表象使我们相信，我们拥有了所有必要的信息。数字给人一种牢靠的感觉，不受制于任何的运动、任何的政策、任何的交易、任何的抗议。但是，抛开别的因素不说，测算首先是一个被歪曲了的信息，在这样一个世界里，最具决定性的东西变成数字，一个公司到底是盈利了 34,480,415 还是 34,480,475，我们把看待问题的方式都统一成了这样一种视角。

数字是我们认为可以用来互相交流的语言，我们试图让对方理解自己，也试图理解对方。数字是当代我们掌握世界的方式，这种方式粗枝大叶、极不细致。这本书同样也充满了数字，我对此感到羞愧，就像我在西班牙说字母 C 和 Z 时模仿西班牙的口音，我也觉得羞愧，因为我说的不完全是自己的语言，改变口音仅仅是为了确保他们能听懂我的话。

不平等是以数字来定义的。

不平等越来越多地被其制造者所谈及。收入平均主义的趋势曾于 20 世纪 30 年代在欧美国家盛行，但在八十年代的新自由主义反击之下不复存在，新自由主义的影响在世界范围扩展开来，新富国家也加入了这个行列。在最近的三十年里，世界经济发生了很大的变化：新的角色出现了，即著名的金砖国家和跨国公司。那些国家的经济增长催生了一个国内的富裕阶层，这个阶层的富人加入了传统欧美富人的俱乐部。全球富人在同一时间拥有诸多住所，在不同的地方获得利润，通过全球网络流通他们的财富，这一群体脱离了国界线内的政治和法律机构的控制，国界线内的政府机构只是用来控制国内经济的。

人们用著名的基尼系数来衡量社会的公平程度，如果大家的收入都差不多，则值为 0，如果一个人拥有了所有的东西，则值为 1。这个系数显示了在最近 30 年里，几乎所有国家的贫富差距都加大了。巴西的系数维持在 0.50，瑞士的基尼系数也从 0.20 升至了 0.25，德国从 0.24 升至 0.32，美国从 0.30 升至 0.38，英国从 0.26 升到了 0.40。

如果把全世界的居民收入都算进去，整个世界的基尼系数为 0.7，比任何一个单个国家的系数都要高。

乐施会（Oxfam）最近的报告指出，世界上 46%（几乎一半）的财富集中在 1% 的人手中，其余的财富分布在其余的人手中。

我们再换种说法：70 万人集中了与其余 70 亿人一样多的财富。

我们还可以这么说：世界最富的 85 个人中，其中有 78 个男人，7 个女人，他们拥有的财富比其余 35 亿穷人拥有的所有财富都要多。

这就是我们所说的不平等。

有时候这会让你们忧心。

《经济学人》杂志，世界知名经济杂志，以肆无忌惮为特色，在2012年底的一期特刊中总结道："现在许多的经济学家对不断加剧的收入不平等的现象表示担忧，认为这会带来有害的副作用。从理论上来说，不平等与繁荣有一种模糊的关系，可能会推动经济增长，最富的人群之所以富是因为储蓄率高、投资更多。在激励之下，人总是工作得更努力。收入的巨大差距也会导致无效率，可能会将一部分有天赋的穷人阻挡在教育门槛之外，或是使他们产生憎恨而带来毁灭性的民粹主义政策。"

"很长时间之内，大家的共识是经济的增长是水涨船高的，这要比抹杀激励的再分配政策效果要好。诺贝尔经济学奖得主罗伯特·卢卡斯也把这种理念总结成了理论，他于2003年写道：'在所有损害有效经济的倾向之中，最有诱惑力也是最有害的是聚焦于分配问题。'"

但是，现在经济界也开始担心了。国际货币组织的经济学家的调查显示，经济的不平等拖慢了经济的增长，造成金融危机，削弱了需求。亚洲发展银行在最近的一份报告中论述道，如果新兴亚洲国家的收入分配没有在过去的20年中变差的话，该地区快速的经济发展可将两亿四千万人从极端贫困中拯救出来。一些颇有争议的研究试图将收入差异的持续扩大与各类疾病如肥胖症和自杀等联系起来。

　　"许多国家的收入差异越来越大，也让越来越多的人，甚至那些富裕的财阀都为此担忧。达沃斯世界经济论坛的一项研究指出，贫富不均与财政失衡是十年内最紧急的问题。社会各个部门都渐渐认同，世界正在变得越来越不均，目前的不平等与其可能的发展趋势都是非常危险的。拉丁美洲在很长时间内都是收入最不平等的地区，它动荡的历史暗示着由顽固的富人精英领导的国家运转得并不如意。"

　　报告指出，尽管如此，一些富人仍然表示怀疑，认为不均并不是一个问题。"但就算是他们，也愿意减少不平等，因为如果这个差距继续加大，可能会产生变革的力量，产生谁也不愿看到的政治后果。"

　　他们在担忧，但是也没那么担忧。

　　尤其是对事实。

　　以奢侈酒店行业为例，我挑这个行业讲是因为这个行业即便不存在，对世界也不会产生任何伤害。贝恩咨询有限公司的数据显示，2012年，奢侈酒店行业中资金流转数额达1650亿美金，相比2009年上涨了三分之一。这些酒店的费用一般是七百美金一晚，只有一个秘诀：每个客人对应更多的服务员，也就是说佣人更多。

　　这是一个不断增长的行业。弗兰克骑士，一家房地产公司，称预计十年之内将会出现4000个亿万富翁，目前这个数字是2200。即便这么富有，他们也有无法满足的欲望，尽管这些欲望不是基本生存方面的。例如，现在他们以600万美金预订一台湾流公司生产的G-650型号的秋冬季最酷的私人飞机，但是需要追加支付6000万和等待五年的时间才能拿到货。湾流公司隶属于一家生产坦克和潜水艇的集团，其总裁说过，"从来没见过那么有权有势的人也会处于困境"。其他一些服务当然就没有这些困难：抗火箭筒袭击的钢制门窗和玻璃的门窗市场就火爆地持续增长。

　　在奢华品和奢华安保物资上耗巨资是资本主义的辉煌。也可以说是资本主义的愚蠢：2012年美国民众在"直接营销"的轰炸下挥霍了1700亿美金用于购物，直接营销是通过纸质信件或电子邮件向顾客兜售东西。据这方面专家调查，3%的纸质信函和0.1%的邮件都能成功说服顾客购买东西。"也就是说1640亿美金消耗在打扰人们、制造填充地面的垃圾、将邮箱充斥垃圾邮件这些事情上。"《经济学家》的另外一篇文章强调了这一做法的明显用途，即给千万民众提供无用的工作，进行重复劳动，造就少数的富人老板。

　　（有一些说法是很难去争论的，例如，全世界的人们养着8亿只宠物狗和宠物猫，光美国一个国家每年就花费300亿美金喂养宠物。那么我们还能向谁游说，说这个地球上还有人吃不上饭，应该禁止饲养宠物，我们如何说服他们我们有理？我们如何证明一只狗吃掉了人该吃的东西？在每个人的道理之间有难以跨越的鸿沟。）

　　沃伦·巴菲特，世界排名第四的富人，2011年曾说过，在他的国家，发生了一场阶级斗争："二十年前就开始了一场阶级斗争，我所在的阶级赢了。我们是唯一税负大幅下降的人群。1992年，美国负税最高的前400名富人的收入约为

4000万美金，而去年前400名付税大户的平均收入为2.27亿美金，他们的收入增长了五倍。在这一期间，他们支付的税费占收入的比例从29%下降到21%。按这个税率比例，我所在的阶层获得了斗争的胜利，这战役真是残酷。"

（资本主义好似飞机：如果停下来，就坠落了，所以必须不停地往前跑，假装不能着陆。飞机真正的神话不是飞，而是将我们能达到的最快速的运动转化为静止的表象，在云端静止不动，这是一种几乎难以解释、难以置信的静止的感觉，仿佛我们挂在了空中，而资本主义真正的神话，是将卓越的静止转化为激烈运动的表象。）

最近30年来，不平等的加剧是20世纪总体趋势中最激烈的变化。在最富裕的国家，很少有人关心这个问题，因为大家有能力消费，大家持续保持冷漠，直至危机在眼前爆发出来。2008年，富裕国家耗费了大量资金来拯救银行和最富的人群，却导致许多穷人过上更差的生活：没有存款、没有房子、没有工作。更别提想到其他国家的穷人了。

2008年6月，当几十个国家的几千万居民在大街上乞讨食物，当世界上营养不良的人数第一次在历史上达到了十亿以上，在联合国粮农组织的一次峰会上，与会者宣称，如若每年支出超过300亿美金，连续六年，也就是说花上1800亿美金，就可以解决世界最紧迫的饥饿问题。有人在那时提醒道，美国每年在减肥市场上的消费就高达330亿美金。

于是富裕的国家承诺每年掏出120亿美金作为援助资金，他们真是气派：承诺给予超过所需经费的三分之一的资金，而实际上他们真正拿出来的钱只有 10 亿。11 月份股市和银行行情低落，他们的政府很快就忘记了那群挨饿的人。几个月后，他们支付了三万亿美金来纾困银行。

能让我如此吃惊的事比较少见，那些政府花费巨资去纾困银行，却花了相对很少的钱去拯救饥饿的人。金融是让其体制运转的必要部分，而饥饿的人可不是，他们仅仅是机制运转车轮上的一根棍子。

尽管如此，救助银行的行为却也导致了许多人的破产，而这些人就是在那时才真正开始了思考。

很奇怪，那么明显的事实却没人看得到，怎么就突然地被一些事实和话语给"揭示"了。也许得这么说，这一事实凝结于此，形成了一个共同和共享的概念。西方政府救助大银行是被揭示的诸多事实之一。很快，那些好多年对其生活水平、自由度、消费能力都很满意的人群或阶层发现自己一无所有，受控于握有大权的少数富人之手，富人们可以操控政府机器为自己的利益服务，他们愤怒了。

（2008 年夏季的救市行为在某种程度上是 2001 年夏季就开始的一个循环的另一面，也许是终点？如果恐怖分子对美国的袭击说服了中心国家的千万民众必须依靠政府来保护他们，尽管这意味着放弃一些自由，那么金融纾困一事又推翻了这一结论，真正有需求的时候，不能信赖政府，因为政府是由富人控制的。这一心态的变化至今仍有影响，仍未画上句号。）

对这一现象最广为人知的或者是吆喝声最响的说法是：

99% 的人群。

这一说法起源于自由主义经济学家、诺贝尔经济学奖获得者约瑟夫·斯蒂格利茨于 2011 年 5 月在《名利场》杂志上发表的一篇文章。斯蒂格利茨提醒了人们财富是多么得集中，"美国人中的 1% 的最富人群每年拿走了全国收入的四分之一"，大量资金在金融界流转，吸引了大量人才，人才远离了生产性产业，他还解释了这种财富的集中是如何导致富人不关注公共服务，如学校、医院、公园等，因为他们不需要这些东西，以及这是如何摧毁社会凝聚力的。

他最后说道："1% 的人群拥有最好的住房、最好的教育、最好的医疗、最高水平的生活，但是有一样东西貌似用钱买不来：他们对于以下事实的理解，他们的命运与剩下的 99% 的人的生活方式紧密相连。历史告诉我们，这 1% 的人最终是会明白的，可惜到时已为时太晚。"

这句口号很快传播开来。在短短几天之内，许多人都在谈论 99% 和 1%：政客们、记者们、出版业、普通大众。"我们是 99%"变成了战歌。

（美国 10% 的人口集中了全国一半的财富，但国家仅由那 1% 的人说了算。）

这下子事情就明朗了。突然间不平等这一话题变成了大众话题，一个易于沟通的话题。因为不平等与过度积累是相对的，两者的差别不是质变，而是量变。个人并不能对应自己在社会、生产和国家不同层面所处的位置。在这种框架下，一个有 200 个工人的小工厂的老板，一个剥削 200 个工人的老板，与200个工人成了一根绳上的蚂蚱，他们都是这99%的人群中的一部分，他们都没有千万的资产。

民族主义的假面具也是这么运转的。民族主义能将老板、工人、律师、女佣、庄园主、雇佣工变成一类人：民族国家、祖国，将他们团结在一起，对抗另外一些人。这些人需要一个敌人来相信自己的存在，民族国家的敌人是其他的民族，一些民族比另一些更加可恨；将富人和穷人、中心人和边缘人、镇压者与被压制者以难以置信的凝聚力联合起来面对的共同敌人，是那句口号中提出的99%对抗的那1%，也就是那群富得不成比例的人，他们那么野蛮，那么过分，我们都可以以此推断出除他们之外的其他所有人的共同点了，那就是其他人不是他们。

尽管如此。

（那些呐喊"99%对抗1%"的美国人会不会承认他们整个国家的人民是世界范围的1%？）

99%的口号引起了对极端富裕这个问题的讨论，但是没有引起对财富、财产、财富攫取方式等话题的讨论。

（仿佛所有的争论最后都停在了私有财产的门口，这就是这个时期的局限性，一个不能越过的门槛。就像这句名言所说："进去的人就丧失了所有的希望" □*Lasciate ogni speranza voi ch'entrate*）。

我认为，人们基本上已提不出任何替代性意见了。文化产业出现了一些不同的财产形式：自古以来，欲分享三明治之人必定要放弃这个三明治的一半，欲分享一本书必然要交出这本书。现代我们可以在一些酷酷的城市里分享一首歌、一部电影、一本电子书、一辆自行车，而并不损失它们，这是一个小小的激进的变化，这为新财富共享模式带来了一丝希望。一旦我们回到分享三明治这样的物质时，我们就又会回到笨拙的分享形式，一如既往地引起争议。

人们不只提不出新方案，他们还把资本主义和私有财产的观念看作是最自然不过的事情，看作是不可避免的，是"自然"的。因此，接受这个观念才是现实的。与之对应的是政治：假定接受这个观念是一种个人的选择，而不接受是另外一种与之相反的个人选择，不接受这观念的人不能保证会去改变这一观念，只是存有改变的想法。）

在目前霸权话语下，不平等的反面并不是平等。现在批判这种不平等的人，并不是寻求平等，而是寻求一种分寸。他们不想看到极端。他们觉得令人讨厌的并不是一些人剥削另一些人的机制，而是一部分人剥削他人太过厉害了。

在99%和1%的人群中：他们是那些得到太多的人，我们是拥有太少的人。资本主义是不错，但可不能太过分了。乐施会是专门致力于消除贫困的国际非政府组织，正如乐施会对不平等的宣言所说："不平等与许多不同的社会问题相关联，包括暴力、精神疾病、犯罪和肥胖。还不止，目前已证实，不平等不仅对穷人来说是件坏事，对富人来说亦如此。世界上最富的人群如果能生活在更加平等的社会中，他们将生活得更健康和更幸福。"

事实上，当人们说起平等的时候没人知道其准确含义。

法国大革命推广的平等（égalité）是法律上的平等，当时的社会不存在这种平等，当时人们的权利取决于自己出生在什么样人家的摇篮里。现在，当大多数的国家都规定了法律面前人人平等，对很多人来说，平等就变成了"机会的平等"，人生好比一场障碍赛跑，我们要保障的是所有人都能到达起跑线上开始跑步，然后，在赛场上，强壮的人获得奖杯，其余的人失去了这次机会。还有一些人，终于谈起了实质的平等，他们说的平等有可能仅仅是对不平等的程度的限制，如不能出现巨大的差异，拥有较少财产的人能够有足够的物质基础，而拥有较多财产的人不能侮辱其他人。现在那些建议实现实质平等的理论已经没有市场了。

难道还有市场吗？

为了推广"不平等程度的上限"，这种"合理的不平等"，大部分的政府和国际组织认为，在最近几十年里，救助穷人的办法是涓滴经济学，即富人的财富累积慢慢溢出而惠及穷人。

最近这个声音小了，害羞了，好像不想让别人完全理解，说得更加隐晦了。

我们处在建立在实质不平等基础之上的社会，很难想象出一个衡量实质平等的标准，同时还要对这种不平等进行批判。人们总是说死亡是最好的平衡器，最伟大的诗歌如是说："最后大家都是平等的，那些靠双手吃饭的人和那些富人"。

2011 年 9 月 11 日，纽约，大约 3000 人（档案中记载的是 2973 个人，我们无从得知这一数字是否精确）死于两次新类型的空袭。当天，25,000 个人死于饥饿，第二天依旧有这么多人因饥饿而死亡，第三天依旧。

这次恐怖袭击发生在纽约，世界之都。其他那些饥饿致死事件，发生在世界遥远的边缘，"另一个世界"的郊区。纽约人的遇难是有罪责可追溯的，所有拥有媒体权力的人都想将罪犯公之于众，而另外那些死去的人们却找不到为此负责的人，大部分的媒体更愿意维持这一幻想。纽约人民的遇难被世界强权政客用来证明他们加紧社会控制和镇压他人的合法性，而其他那些人的死亡对他们来说一点用也没有，或者说，他们对此的态度是认为这些不值一提。

不平等不仅存在于发生死亡的故事中，同样也在死亡本身之中。

在历史长河中的大部分时间里，人们通常死于不可治愈的疾病。当然，穷人死的人数更多，因为他们的营养和卫生条件、生活方式都更差，但是痛风、梅毒、乳腺癌这些无法医治的疾病，对所有人都一视同仁了，国王与奴隶也可能死于同一原因。

现在情况变了。近几十年基础医疗的发展，促进了非洲人口从 1950 年至 2000 年间增长了三倍。现在，母亲分娩致死的概率小了，夭折的孩子也少了，疟疾和肺结核得病率也低了。然而，依旧有大量死亡。非洲的十个孩子里就有一个活不到五岁，这个比例比发达国家高出十五倍。

与过去不同的是，现在的死因都是有药可治的，他们死去只是因为没有钱去购买这些药物。例如在乌干达，政府没有足够的资金给所有医院派送足额的马拉隆（托喹酮和氯胍的混合制剂）疟疾药物，因此每个医院分到的剂量少了一些，分到每个病人那里的药剂就更少了。这些剂量不足的药变成了疫苗，慢慢地，人们就对这药产生了抗药性，当他们再生病的时候，就无药可治了，只能死亡。他们的死因甚至不是疾病，而是服用了剂量不足的药物。

也许这才是一种最为紧急、责无旁贷的争取平等的措施：让世界上没有人因可医治的疾病而去世。这是在巨大平等面前最低限度的平等了。

这要求仅仅是那么低。

天天吃饱饭的平等要求比这还低。我们过去总说，法律保护受害者，而饥饿产生无数的受害者，却看不到施害者。没有施害者的受害者是什么？一个无人对此负责的行为，一个没人做却已发生的事实，是一种无法把故事讲完整的困惑。因此，面对这么让人厌烦的故事，那么多人却依然对此视若无睹。

无论真心与否，大家依旧讨论着不平等。

阿根廷：垃圾

1

阳光灼热。一段土路，一块空地，空气中弥漫着烧焦的味道；还有一座桥，桥下面名叫"再征服"的河泛着泡沫，是条褐色的臭水沟。太阳快把人烤化了。桥上，成百上千的人等待着，面前几米外的一道栅栏尚未打开。他们中，有些人站着，有些人扶着自行车，他们汗流浃背、面面相觑，却沉默不语地等待着什么。零零落落的叫声从桥下面传来：两个十五六岁的小伙子追着一个同龄人。栅栏打开的时候，桥上成百上千的人冲向一座大垃圾堆。他们几乎是清一色的男青年，也夹杂些女人和老人。桥下面，那个被追逐小伙子叫了起来，追他的人赶上来揍他，他叫得更厉害了。桥上，一些人在看：有一搭没一搭地看，但确实做出围观的架势。桥下面，被追上的小伙子翻倒在地，追上来的人抓住他的胳膊和脚，将他往半空中晃了晃，便扔到了河里。在那臭水沟里，那人再没有叫喊。人们继续等着。太阳好像要爆炸了。

"在垃圾上走路可真难受。我丈夫跟我说，生活就是这样。我跟他说，如果生活是这样，那生活真可算是丑陋无比了。我丈夫走了，谁知道去了哪里，就这么走了，留下五个孩子，而我则继续留在垃圾堆这边。"

何塞·雷恩·苏亚雷斯垃圾场流传着阿根廷的一个传说。五十年前，在这里，军政府枪杀了一群数量不明的公民，那些人企图支持庇隆派的起义。从这儿，或者说，从那段历史中，一个故事流传了下了，这故事的开头，是一个死人还活着：

"六个月之后，在一个夏夜，天气闷得慌，有人就着一杯啤酒，对我说：'有一个被枪毙的人还活着。'我不知道这段模糊的历史为什么吸引了我，它那么久远，而且不太像真事。"

1957年，鲁道夫·沃尔什用这段话起头，写下了《屠杀行动》：鲁道夫·沃尔什大致写下了我们所做的一切。从这里出现了何塞·雷恩·苏亚雷斯垃圾场。

"我找到了汉堡，西红柿泥、汤之类的东西。是啊，我就是用那上面找来的东西做饭。"

"你做的最多的菜是什么？"

"炖菜。土豆、面条、米炖在一起。如果找到肉，就放些肉。就得看我从那山上找到什么了。"

从那时到现在，垃圾场的变化天翻地覆。现在，它占地300公顷，由国家城市生态区域协调办（Ceamse）管理。它的起源很黑暗：1977年，军队肆无忌惮地杀戮，河里堆满了尸体。军队决定消除影响布宜诺斯艾利斯市的雾霾，这是一个很高尚的理由，为了环保，他们禁止居民焚烧家用垃圾，把垃圾转移到郊区的堆场；在他们的逻辑中，为了保住城市天空的晴朗，把郊区土地弄肮脏也是值得的。

那些日子里，从那至少一公里外，在阿根廷军队中最大的军营"五月营地"，数以千计的尸体消失了、被焚烧了、被掩埋了。

布宜诺斯艾利斯市产生了垃圾，垃圾被转移到城市周边的土地上进行处理，其实是继续被一些人消费。在布宜诺斯艾利斯市生活着300万人口，每天产生6500吨垃圾；而在郊区的30个街区里住着1000万人，每天产生10,000吨垃圾。也就是说：每个首都居民产生的垃圾是郊区居民的两倍，首都人民真是有特权。

这里总是有一些拾荒者：在垃圾里寻找一些东西回收来卖。协调办成立之后，送来的垃圾量成几何倍数增长，这里的拾荒者也越来越多。20世纪90年代末，当时的阿根廷在危机的泥潭中越陷越深，政府在垃圾场旁建立了围栏：几十个警察在这里巡逻。他们可没嫌弃这里脏：看到拾荒者从这经过时，逮住就打，再从他手里抢过已经回收出来的垃圾。协调办的领导们说，这是为了这些拾荒者好，他们可不会允许这些拾荒者带走那些变质的食物，更不能允许他们把它吃掉，这对他们身体不好。政府并不去保障食物供应，却去管他们不能吃变质的酸奶。拾荒者改进了他们的技巧：晚上偷偷摸摸进去，三三两两地行动；当看到警察来了，他们就躲起来，通常是躲在垃圾堆里面。

即使是这样，在这样一个缺乏工作机会的国家，拾荒仍不失是个选择。在垃圾场周围，有一圈空地，因卫生条件差而无人居住。人们渐渐地占住了这块土地。

"那天，我大概在下午三四点时才知道人们去占地了，六点钟我到了那，带上了我的雨篷去占地。真是太难了，太难了。这跟其他街区一样：一个人来了，另外两个人就跟着来了，等你发现的时候，人都已经占满了，"罗雷娜说道，"从那里我才算是真正意识到了什么是贫穷。"

1998年，阿根廷一如既往地深陷在经济和社会危机之中。垃圾场周围的土地已被失业的人们占领，他们再也付不起城市里的最低房租了。东北部省份已然穷得揭不开锅，千万难民涌进了这里。

"占地是自发的。当你占了一块地，可真是个麻烦事，地上全是电线，划分着占到的地块，我坐在一块石头上，守着我的那块地。一个邻居，叫柯基，他总是嘲笑我：'你还记得那些年么？那时候你还挺白的。'"

罗雷娜当时很年轻，还没满二十五岁，而现在她已经三十八岁了，她说她体重达200公斤：庞大的躯体伴着堆满微笑的脸，显得很聪明，微黄的短发，横肉多到溢了出来。

"我皮肤变红了，颜色越来越深，我被晒黑了，手臂都变黑了……'你还记得你小时候很苍白么？罗雷，你那么小就已经坐在了那块石头上占地了？'而我记得的只有恐惧……"

八年前，罗雷娜从乌拉圭来到这，当时她十六岁。她出生于蒙得维的亚的工人街区：在她很小的时候，父亲就抛弃了家；她母亲是一个裁缝，辛苦工作抚养四个孩子，他们都逐渐移民到了阿根廷。她对小女儿罗雷娜做出的最大的努力，就是给她办了个十五岁的成人礼；当时母亲已经生病了，两个月之后死于心脏病发作。罗雷娜，一个人身无分文，不得不从一个姐姐家离开，从拉普拉塔河的东岸到了布宜诺斯艾利斯的郊区：何塞·雷恩·苏亚雷斯。

"我坐上从蒙得维的亚出发的大巴，坐了一整个晚上。凌晨，车驶进了布宜诺斯艾利斯的公路，进入了市中心，当时天刚蒙蒙亮，我看着窗外，心里说，哇，简直是好莱坞，我到了好莱坞，灯光、公路、一些不知从哪里冒出来的时髦女郎，穿着及膝高筒靴、超短裤，那些靴子真好啊。我穿着珍妮丝·贾普林风格的衣服：印度裙子，梳着很多辫子，穿着木鞋，而那些女神从舞厅出来，穿着靴子和迷你裤。我看着窗外，眼珠子都要掉下来了，因为看到的东西实在太多了，在心里默念着：公路、靴子、屁股。我的心脏都要爆炸了，我不断问自己：我在哪里？这是什么？我来了什么地方？"

她到了何塞·雷恩·苏亚雷斯，却不能理解发生的事情。她的姐姐们看到这个少女出现在面前觉得很不安，仿佛她是从遥远的过去来的。罗雷娜没有身份证明，也没有接受过什么教育，不知道人生该做些什么。

"我开始在火车站旁的小吃店卖汉堡（Choripán，阿根廷的一种小吃，面包夹烤牛肉肠），店主人经常摸我的屁股，我一开始并不想说什么，但是有一天我实在忍不住了，直接冲他发火了，就再也没回去。然后我就开始收废纸，在苏亚雷斯所有人都推着小推车收废纸，后来我就开始吸毒了，当时我连香烟是什么都不知道……也不了解贫穷和苦难带来的这个次等世界。我本想自杀……然后一件美好的事情发生在了我身上。我认识了我将来孩子的爸爸。我和我孩子的爸爸度过了十六年的光阴。那段日子很美好。

那个男生叫塞萨尔，在一家工厂工作，和父母住一起。后来他们俩与父母分开重新组建了一个家庭：生了两个孩子，领养了一个女儿。在1998年的那些日子里，他们住在一个租来的小棚户屋里；后来他被工厂赶了出来，不知道该如何继续支付租金。罗雷娜总梦想拥有些私人财产：一块属于自己的土地。但是那个下午他不想去占地。她坚持劝他：

"我已经烦透了，不能再这样下去了。我总是按规矩做事，努力做到好，但生活却依旧一团糟，我什么都没有得到。但是我丈夫'瘦子'不想违法，他还是想照章办事。而且我们看到的竟然是那样一片土地，快被垃圾淹没了，上面堆满了屎和泥，那么大的老鼠跑来跑去，他就更不想去占地了。那是我们第一次分开。"

那个下午，大家都去占地了。罗雷娜记得那个场景很温馨，人们互相帮助。"来这吧，占住这块地，快，你需要什么？"一开始每个人占到了30×30的地块，然后发现不够所有人分，于是决定将每个地块一分为二成30×15，那样就够了。然后大家开始绘制街道，绘制人行道，那几周真是忙坏了，却也真是兴奋。当然也免不了有冲突，有些人占了地是为了卖给后来才到的人，但是邻居们都努力制止这些人的做法。

"当我得知，有些人正在以此做交易，我就叫上了几个哥们儿，我对他们说，走，我们去占块地，直到有新的家庭入驻为止，没找到新住户之前我们可不能让他们售卖那块地。我们每户人家都搭了个临时棚子，我们就那么住在那里，住了六个月。为了生存，我们得组成小组，想办法生火做饭，因为警察不让我们带柴火进去。我们也没水，那里的水已经腐烂得不能再腐烂了，很多人得了肝炎。我们搞了一口大锅，想办法找来水，起初的生活安置非常辛苦。然后我也发现我自己可以做成一些事情。"

一段时间之后，有人提议，这个小区没个名字怎么行。他们在一次居民大会上进行了讨论，有人提议叫何塞·路易斯·卡贝萨斯，这是一年前梅内姆派的百万富翁派人去暗杀的一位摄影师的名字。但是最后他们决定把小区叫五月八日，因为这就是他们大胆采取行动的日子，占地开始的那天。

接下来的几个月，成千上万的居民陆续到达，周边所有闲置的土地，那些垃圾场、沼泽地都渐渐地变成了社区。慢慢地，塞萨尔决定搬来这块地住，与罗雷娜重归于好。他们的收入不多，有的时候吃不饱饭，他们只能捡破烂（Cartonear）。捡破烂是阿根廷人新造的动词，使用时间还不到20年。这是一种政治正确的不痛不痒的叫法，指那些在垃圾堆里重新寻找可回收垃圾的人，以前他们都把自己叫拾荒者（cirujas）。

罗雷娜总是去首都的贝尔德拉诺高尚社区捡破烂，她的一些邻居也总去，诺埃利亚的父母也在其中。

"很久以前，在诺埃利亚五六岁的时候，他们加入了我们小区设立的一个社区中心。我正在给小朋友们讲课做活动，我记得我们正在讲梦想，每个人的梦想，诺埃利亚画了一幅奇怪的画。我没理解那幅画，我请她给我解释一下。'这个是一个麦当劳，阿姨。'我问她：'这就是你的梦想吗？''对啊，吃一顿麦当劳，还要坐在里面吃哦！'我内心震动了。这一切的都是因为她习惯了吃麦当劳扔出来的垃圾，看惯了麦当劳的包装袋。但她很想坐在里面吃一顿。"

罗雷娜说道，麦当劳"是神圣的，因为从里面做出来的汉堡真的是好美味。直到今天，麦当劳扔出的依旧是最干净的食物。"但是诺埃利亚想坐在里面吃。

五月八日小区的大部分居民，在十年前，都去垃圾山上回收垃圾。这个垃圾场，他们仍然把它叫垃圾山。

"鼓起勇气。伙计，如果你要跟着我，那得钻到垃圾堆里面去，你可以吗？我打赌你不敢。你得壮壮你的胆子，那会很恶心的，你会呕吐，你会说我不能再待在那里了。"

垃圾堆有五到六米高，二十米宽，而且真是一个垃圾场：各种各样恶心的液体、黏乎乎的东西、地狱般恶心的气味。

"但是，如果你饿到极点了，你就得逼着自己去做这些恶心的事，但到最后你都麻木了。这就是生存的需要……我们组织起来、斗争、占地，都是为了摆脱饥饿。我有需要，我就得这么做。我们不能太敏感，我们在这里干活不能有知觉。因为一旦我们有了知觉，我们就不会继续待在这里了。"

这里是罗雷娜管理的垃圾处理合作厂，坐落在垃圾山脚下。叫它处理厂真是太过了，其实就是一个装满了垃圾的棚子，几十个有男有女的工人在进行垃圾分类，准备去售卖。这些人逃离了上垃圾山的苦活，可以有份固定的工作。阿根廷是一个什么都可以制度化的国家，现在的世界就是无所不能。

"为什么？如果他们有了知觉，他们会做什么？"

"我不知道，其他事情吧。我们不去想还有多久就会死在这……这里太恐怖了，因为所有在垃圾场干活的人，所有干这行的人生……我们臭死了，伙计，我们太臭了……我们在老鼠堆里工作，你看看这环境。但是你还得解决每天吃饭的问题。当你饿的时候，你就没法停下来看这些东西了。"罗雷娜对我说。

2001年的经济危机导致了失业剧增，很多人缺钱，流浪汉人数很快翻了倍，这些人也越来越执着与绝望。据说看守垃圾场的警察越来越暴力，他们对进来的人施以棍棒。政府的镇压也加剧了，并且蔓延到了附近的街区，发生了殴打和枪击，出现了遍体鳞伤的人。

据说警察"改进"了方法，有时候允许他们进去，当他们出来的时候，警察夺走他们在垃圾场捡来的东西，然后在镇子里卖掉。据流浪汉说，一些警察甚至收钱才让他们进去，有时候收票子，有时候收实物，有时候接受性服务。

2004年3月15日的晚上，两个十六岁的双胞胎，费德里科和迭戈·杜阿尔特进去了，跟往常的夜晚一样，在垃圾山上拾荒。警察突然出现了，他们躲在了垃圾堆里的几个纸板下面。费德里科看到一辆大卡车在几米开外开始倾泻垃圾，垃圾像瀑布一般流下来，倾倒的地方刚好是他弟弟的藏身之处。警察离开之后，他才能出来找他弟弟，但是遍寻不着了。隔天，他们的姐姐向警方报案，警察并没搭理她。两天以后，一个检察官下令搜寻此人，但为时已晚。

迭戈·杜阿尔特的尸体再没找到，这个案件变成了丑闻，全国的报纸都反复地报道。穿过国家城市生态区域协调办的布恩埃雷街被抗议的人群封锁了，几天以后，几百名流浪汉焚烧了土地上的棚屋。最后，协调办只能做出让步，每天固定的一个小时，大约是下午五点左右，允许流浪汉进入垃圾山。以这样的方式批准将秘密进行的边缘化的事情公开化和制度化，成千上万的阿根廷人在这里翻着垃圾寻找食物。

2

扔垃圾也是一种权力，一种将他人需要的财产丢弃的权力，知道别人会将垃圾处理掉的权力。

拥有权力让人快乐，但是，摧毁权力更让人快乐，这是一种不需要占有东西的权力。

真正的权力是轻视权力。

英国机械工程师学院（IMechE）是一个审慎的机构，具有良好的学术声誉。2013年1月，该学院发表了一份报告，貌似纯粹寻求轰动效应，他们经过多年研究，得出结论，世界上生产食物总量的一半都没有人吃。

实际上，这个数字离事实不远，却因数额如此巨大，引起了很大的反响。"我们每年生产大约 40 亿吨粮食，然而因为收割、储存和运输中的一些弊端，以及销售与消费中的浪费，估计约 30%—50% 的食物，大约 12 亿至 20 亿吨，没能到达人类的胃里。这个数字甚至没有反映出生产这些最终成为垃圾的粮食，其过程中浪费的土地、能源、化肥和水。"工程师的报告中写道。

地区不同，原因也各异。在"另外一个世界"，食物浪费是因为缺乏必要的基础设施：粮食因没有工具收割在农田中烂掉、在条件差的仓库里毁掉、在运输途中因不良运输工具而到不了目的地、被老鼠或虫子吃掉，等等。这不仅发生在那些最穷的国家。"比如东南亚国家，"报告中写道，"每年大米的损失达到 1.8 亿吨。在更加不发达的越南，从农田到饭桌，大米要损失 80% 的量。"

在富裕国家，食物在超市、饭店仓库里烂掉，特别是在消费者的冰柜和储藏室里坏掉，因为这些食物实在是太便宜了。人们对食物持有偏执意见，在食品过期前就把它当垃圾扔掉。另外，我们还很挑剔。"在大超市，为了满足客人的期望，坚决拒绝接收达不到大小和品相等高标准的果子，尽管它们是完整的果子，而且完全可以吃。例如，英国 30% 的蔬菜生产因上述原因无法收获。最终进入超市的产品通过常见的大促销手段销售，鼓励人们购买过量食物，在家里放到腐烂，最终不可避免地被扔掉。在富裕的国家，购物者大约扔掉所购得食物的 30%—50%。"

联合国粮农组织一年前也谨慎地说出了同样内容的话，

并且设定了级别：欧洲和美国的消费者每年平均浪费 100 公斤食物，一个亚洲人或非洲人（非洲有消费者？）每年浪费的粮食不足 10 公斤。世界上最富的 20 个国家的居民每年浪费的食物总量约为 2.2 亿吨，相当于整个撒哈拉沙漠以南非洲的粮食总产量。

不仅如此，每年意大利扔到垃圾桶里的食物总价值为 370 亿欧元，足够可以养活 4400 万人。据自然资源保护委员会的统计，在美国共计扔掉 40% 的粮食。谢尔顿集团做的一份调查中显示，美国人五个人中有两个，对食物浪费一事感到"绿色环保"方面的内疚。

再举个例子，这相当于英国人每天扔掉四百万个苹果，五百万个土豆，一百五十万根香蕉。英国人每天扔掉四百万个苹果，五百万个土豆，一百五十万根香蕉。英国人每天扔掉四百万个苹果，五百万个土豆，一百五十万根香蕉。每天，每天！

丢弃食物是产量过剩的清晰信号，尽管是最残酷的信号之一。在 2007 年，这些英国人扔掉了八百三十万吨食物，2010 年，由于经济危机，只扔掉了七百二十万吨。这更可见其卑鄙：越穷才越知道珍惜。

这些数字中隐含的内容仿佛是虚假的：我们浪费三分之一甚至一半的粮食，而许多人却没得吃，实在是令人难以置信，但我已做过多次调查，许多人都证实了这一事实。

2011 年，阿根廷布宜诺斯艾利斯大学工程学系的卫生工程研究所做的一份研究得出以下结论，布宜诺斯艾利斯市每天扔掉约 200 吨至 250 吨粮食，大约 55 万份餐。

垃圾，这么多的垃圾，浪费掉的垃圾，是这个世界体系的一种最明显的象征：一些人丢弃另外一些人需要的东西，一些人缺乏另外一些人过剩的东西。

"胜者带走最好的东西！"

一个孩子对我叫喊着，他身穿博卡青年队的 T 恤，满是窟窿。

阳光焦灼。在土路上，在空地上，空气中有烧焦的气味，上千人在门口等着。他们很专注，全部挤在门口，等着放行的信号。太阳还不依不饶地施虐。前面有一个警察看着他们，漠视他们。警察突然举起了手臂，挥舞着手臂，这是等待的信号。上千人往前挪行，沉默着，走向垃圾山。

第一种选择是把剩下的东西扔进垃圾桶，第二种选择是扔向三等公民。

当警察示意时，他们就该跑起来了，必须抢在别人前面到达，有必要好好利用在垃圾山上的三刻钟的时间。必须跑起来，这是一公里的开放道路，是上坡路，人们推推搡搡，有人摔倒，有人叫喊，有人开玩笑。跑跑跑，加快脚步；在土路上和水坑上奔跑，在一堆堆的垃圾中和草木丛和死水潭中奔跑，所有人都在奔跑，看谁能够第一个到达垃圾山一头扎进去，抢到最好的垃圾。大家都在跑——大部分人是男人，也有一些女人和小孩，上千个男人、女人和孩子勇猛地跑向垃圾堆。这是由毫无天分的导演执导的一幕舞台剧，演员们都在为生存斗争。

"我骑自行车，如果我摔倒了，他们会从我身上踩过去的，或是把我撞倒，这可是个讨厌的事情，这好像马拉松一样，摔倒的人就输了。如果你不起身，他们就踩着你过去。所有人都想第一个到。你知道饥饿不是闹着玩的，第一个到的人才能捡到点东西，后面的就没戏了。所以必须跑。"

劳查爬垃圾山已经有十年了，之前他做过修屋顶的工匠、泥瓦匠的帮工，但是找工作不易，他说，工作越来越少。

"至少对我来说，找不到什么工作了。所以我来这爬这个山。"他后来下山的时候跟我说。

"有些人带着手推车走得很慢，这里禁止带马进来，推着车走得可太慢了，他们得跟那些骑自行车的人合作才能行。自行车旧了，几乎是个破烂，骑起来很颠簸，这段不寻常的路很危险，有许多障碍，很锋利，弥漫着腐烂的气味。"

"你看到了么？"这就好像赛马，先把我们拦在一起，然后一放开就得奔跑，跑出去的最好，很多人推推搡搡，有时候把你踩到脚下。有一次我摔到了肩膀和盆骨，幸好几个小伙子把我拖了出来，你可不知道当时有多疼。"

他们穿得也很邋遢：脏脏的短裤，脏脏的 T 恤，戴着脏帽子，脚穿脏鞋子，穿一整套的肮脏衣服来抢最好的垃圾。

"在这没人会帮你的，你得学会自救。"

之前，"女瘦子"从来不爬上来，因为她没有自行车：

"没有自行车可太不方便了，到得晚，到晚了就啥也没剩了。"

"女瘦子"推着一个小推车去首都市中心拾荒，她说：首都哦。她中午吃完饭出发，一直到很晚才回来。她发现，丢下自己的孩子会让孩子产生很大问题，而且在市中心有时候拾得到垃圾，有时候拾不到。

"这里比较有保障，我总是能找到东西。哦，也不一定总是，但是很经常。而且离我也近。你可不知道，我是怎么省下的钱买了这辆自行车。我花了好几年，我一直想要一辆自行车。"

"女瘦子"很瘦，三十出头，有五个孩子，两岁到十二岁不等。

"最后你终于买成了。"

我说，过了很久，她看着我，好像没明白我的话，我说，自行车啊。

"不是的，我没买成。我是在首都拾到的，在一个恶心的垃圾堆里找到的，然后我慢慢修好了它。"

这气味，这恶臭，那么多虫子，无穷无尽的虫子。

"如果你想爬上来，你会发现那就是一座监狱，人们好像生活在里面服刑。不是你被杀，就是别人代你死。这是很危险的，兄弟，这里很危险。但是他们不会针对你的，这你放心。如果出现了新的年轻面孔，如果是从其他镇子上过来的，他们用棍棒伺候，打个稀巴烂，抢走他们的自行车、帽子，给他们脸上来几下子，那可真要了命了。这是疯子做的事情，就好像抢地盘一样。有一天，一个小孩子被打晕了，他才八岁或十岁，是新来的。他妈妈也在，有些年纪了，抓住自行车的链条锁，挥舞着赶走那些打晕自己孩子的恶少。

"你害怕么？"

"我可不怕，我岁数大了。"

人群渐渐都到了：他们急促地爬到了山顶。山顶是一块平地，穿着冲锋衣的警察把吉普车、摩托车都停在那，黄色的挖掘机在那里来来回回，地下还有几公里长的管道输送气体，这里就是垃圾山的顶部了，山顶是这座无尽头的垃圾堆。

"锁好车，马图特！"

一个二十岁的小伙子喊道，马图特照做了。一些人锁了自行车，另外一些人就扔在那，仿佛很放心。

"哦，这里男人比女人多多了，男人更有力气。我们女人就找吃的，我们扛不动木材或大桶。你慢慢就知道怎么搜寻了。你的本能会告诉你的。"

"女瘦子"后来跟我解释。

"这里女人不多，因为太危险了。他们会撞你，打你。有些女人带了孩子过来，这可不是什么好事。气味啊，污垢啊，对孩子不好。"

"女瘦子"的丈夫，很长时间没找到工作，"女瘦子"和她的丈夫拿着"全民子女救助金"，这救助金是以他们一个孩子的名义去领的，这孩子是随她姓，因为这是她之前生的孩子，其他四个孩子都是随她丈夫姓，她丈夫以前做过有社保的工作，所以没法给他的孩子领取救助金。现在得去重新办理手续，才能领取。

"这对你们来说也不好吧？"

"什么东西？"

"污垢啊，污染啊。"

"谢天谢地，到现在为止我还没事。我已经习惯了。"

空气中弥漫着奇怪的气味，清道夫鸟、顽固生长的稀少的植物、平原上的小山，组成了世界上最难看的景色之一，在一片宽广的平原上有那么五六座这样的小山，都是由垃圾慢慢堆成的。从山顶上还能看得挺远，极目远眺，就发现三座小监狱，一座挨着一座。更远处是街镇，许许多多，无穷无尽。有人跟我讲这是一座以贫穷为主题的公园，啥也不缺：垃圾、监狱、棚户。有一次有人在门口放了个牌子，写着欢迎来到游乐园：贫穷主题公园。

"我更愿意简单地活着，而不是变成有钱人。尽管我拥有的东西少，但是我觉得比那些拥有更多东西的人更好。"

"为什么这样更好？"

"因为你微不足道，他们会给你东西。如果你厉害了，他们什么都不给你。贫穷的人比富有的人得到更多啊。"

"他们给你什么东西最多？"

"食物啊，伙计，吃的。"

一个叫塔托的男士跟我说，他大概有五十几岁了，也可能只有三十二岁。

在垃圾堆里，上千人爬上垃圾山，对找到的物品起了争执。酸奶、香肠、汉堡、面条、饼干、炸薯条、罐头、汽水瓶子、尿裤、布片、药品、速溶汤包、狗粮、塑料罐头、破碎的木头托盘、纸、家具、某种特殊的发现。有时候会出现奇迹：某某捡到了一个值不少钱的手机，某某捡到了一个奢侈手表，某某捡到了满是钱的钱包。

"你们最想找到什么？"

"金子。"

说到这，他忍不住大笑起来。

"你有没有找到过？"

"我能找到什么……"

"如果没找到金子的话……"

"找到酸奶我就要酸奶，因为也来钱啊，有客户向我收购的。香肠、新鲜的奶酪、冷肉片、肉粉肠、猪腿肉、可擦丝的方块奶酪，什么都能找到。"

塔托先生牙都掉光了，戴着一顶掉色的纽约扬基队的棒球帽。塔托先生很关注品牌，总是看不上一些牌子："什么都有。达能活性酸奶他们都是整套整套地扔。绿箭口香糖，我们抓过来重新包装，你可不知道，包装完了跟新的一样。麦当劳扔出来的整包整包冷冻的成品薯条。这挺不错的。"

塔托先生问我要支香烟，可我的抽完了，对了，为啥还用问我要呢。他一会就拿回来一包万宝路，皱皱巴巴的，但是包装完好。他还请我抽。

"你看，这还是烤烟型。"

这烟闻起来像垃圾。几个警察手指扣在短猎枪的扳机上。他们也在那搅动垃圾，也找到了想要的东西。

"孩子们有时候也来。孩子们，他们也是人了啊。一些三齿大铲车，把垃圾倒在一起绞碎时，不止一次发现了孩子的尸体。不止一次啊，不止一次，太多次了。这倒霉事没落到我头上，但很多人都亲眼看见了。他们连死人的棺材都扔。如果你好好找找，能找到一个完整的棺材。如果你想死，也死得容易。"

一个胖子对我说，肚子都从 T 恤底下露了出来，下身穿了中裤，鞋子破破烂烂的。

"你有没有想过扔出这些垃圾的房子里面是什么样的？"

"为啥要想这个呢。最好啥都别想，老板。"

有些人到晚了，把其他人找过的垃圾重新翻一遍。一位老人，弯着腰，背着麻布包，对我咧嘴笑了，一颗牙都没了。

"这群人没捡干净，还剩下不少。"

他背着空空的包，还自信地说着。

在垃圾山上，那么多脏兮兮的人们，搅动着、翻抢着，钻进了垃圾里面。警察们带着猎枪，严阵以待。还有鸟，这是我这辈子见过的最脏的鸟。

"这是世界的另一面，哥们儿。他们宁可丢弃这些东西，也不施舍给其他人，因为不想影响市场价格。他们可真是……"

他们就扔在这里，每天 10 吨的垃圾，能塞满 200 个火车车厢的垃圾。

"我拿点肉，有时候拿点炸薯条。每天的东西都不一样。有时候是狗粮、整包整包的，15 到 20 公斤呢。有时候是一整卡车的香肠、酸奶、碎肉。"

"你捡出来以后做什么呢？"

"当然是吃掉了，还能干啥啊。如果你还剩下一些，就在街区里面卖掉。门口有好几个收购的人，但是给的价真是非常低。我卖得也便宜。"

"怎么，是为了不跟邻居打起来吗？"

何塞·路易斯笑了，也许是笑了。他大概四十岁了：他很小的时候，大概一两岁的时候就从圣地亚哥德尔埃斯特罗省到了何塞·雷昂·苏亚雷斯。他的T恤很干净，他还戴着手套。

"嗯，差不多。人家都知道这是垃圾场里捡来的。如果我捡到一包香肠，原价六块，我就卖三块，店里面卖七八块呢。但是这活也不轻松：我得把他们放到洗洁精和消毒剂里洗洗干净。洗干净了我才卖呢。"

"没人来抱怨么？说吃了这个消化不良，害死他了？"

"没有，东西卖得还不错，基本不腐烂。味道也不错。对他们来说也合适，如果你有好几个孩子，你得买三包香肠，每包十二根……你算算这账。没过期呢，好着呢。我真不能理解，为什么商家不能直接送给他们需要的人，随便送个什么人也行啊。他们不仅把它扔掉，还用推土机扔来扔去把它们变成恶心的东西。你到那还得好好找剩下的东西。因为超市把这些东西扔掉是为了可以让保险赔付丢掉的商品，根本不是因为商品坏了或过期了。垃圾也是笔生意。所有的东西都是生意。那些上午进来的人捡到的东西是最好的，因为他们贿赂了警察。"

"你知道今晚我要吃什么吗？美味的烤肉！"

一个男孩对我说，他穿着查卡里塔青年竞技俱乐部球衣，这是一支本地球队。T恤上到处是污渍，这孩子浑身上下都是污垢，自行车把上挂着一个塑料袋，装着二三十公斤的淌着鲜血的生肉。查卡里塔男孩早早地离开了，乐呵呵地：今天可真是我的好日子。我们吃掉点，再卖一些，今天就完美了。有时候好像上帝在关照着你呢，他边说边开心得大笑起来。

"为什么有人得到那么多，另一些人得到那么少？"

"那些多得的人也比少得的人更痛苦，这是唯一的解释了。我得到的少，但觉得比多得的邻居更幸福。那些拥有许多东西的人是不幸福的。"

"为什么这么说呢？"

"因为我们街区所有人都羡慕我：我拥有的很少，但是我和我的孩子们处得很好，他们可羡慕我了。"

"你不想要更多吗？"

"不想。"

"比如永远都有吃的？"

"我喜欢每天吃每天的，每天过每天的，这比有许多吃的却和孩子不亲、得不到孩子的爱要强多了。"

"那用的东西呢？"

"你可不能两者都有了。你有了更多的东西，你的健康就要出问题了，或者你会有其他的问题。"

一个八九岁的女孩子被什么东西划破了脚，可能是踩到了一个罐头、一块玻璃或是一根弯曲的铁片。远处听到了叫喊声，看到了流血，两三个人在奔跑，他们将她放上小推车带下山去。

"我在和体制对抗呢，和贪腐、权力对抗。这里有十几个人贿赂了警察，把最好的东西都拿走了，后面的上千人就遭了殃了，他们进来的时候，就捡不到什么了，只剩下残余、垃圾。"

卡洛斯告诉我，他也是垃圾山的头领，或者随便叫作什么吧。

"我以前是犯了罪，但是两年以来，我什么都没干了。我从来没有卖过毒品，从来没有抢走穷人的东西，我以前抢的是政府……"

"你怎么抢政府了？"

"政府啊，银行啊，大型机构。但是两年前我已经改邪归正了。我在做社工，因为我小时候很穷，我的家庭很可怜，我们一共十一个兄弟姐妹。我还是个文盲……"

"现在你识字了？"

卡洛斯看着我，脸上表情说不出来是肯定还是否定，或者是与两者都相反，这是一张从来没有表情的脸，他头发很短，脸上没有肉，线条硬硬的，嘴唇薄薄的，嘴紧闭着，身上有些伤疤，还有不那么夸张的刺青。穿着牛仔裤，蹬着皮靴，骑着摩托，骄傲地跟我说他是文盲，仿佛对我说着，你看，我从那里出来的，现在又胜利归来了。他刚买了一辆救护车，方便在紧急情况下送街区的居民们去医院，周六晚上他会去跳蚤市场提货，几年前他买过一辆车，但是圣马丁区的长官因为嫉妒，把车没收了，还随便找了个奇怪的理由来起诉他，把他扔进了监狱待了六年。他说：

"他们关了我六年，找了三个罪名，最后都宣判我无罪了，我没有任何的罪行。但那六年我可是实打实地受苦了，这帮人都没有向我道歉，这群可恶的人。"

在垃圾山顶上，卡洛斯仿佛是指环王：几十个孩子围着他，都在拍他马屁，给他递烟或啤酒，向他讨活计，占据了他的时间。就是他允许我上山的并把我带上来的，尽管一开始的时候他不同意：

"看看你这张脸，我怎么能让你进来呢？他们会围攻你的，会让你死得很难看的。"

我告诉他，现在我也没其他人帮我了，只能靠他了，相信他能保护我。卡洛斯嘟囔着，最后说，好吧，我带你上去，但是我可不能保证什么，我会跟他们介绍，你是我从巴拉圭来的表兄，但是最后的情况你自己负责。

"这里的人会扁你的，逃不过的，你自己负责。"

一个十来岁的孩子拿来了一个刚捡到的压扁了的甜面包，卡洛斯请我一起吃。这个孩子告诉我，他瞒着学校的同学，从不告诉他们他来垃圾山捡东西。

"我可得装傻。要不然，那些孩子都会打我，把我当拾荒的人来打。"

两个孩子打闹着，互相扔着速溶汤粉包。他们停下来，互相看了看：你放开；不，你放开。

"你可不知道我是谁。"

"你谁也不是。"

其中一个孩子留着蓝色的刘海，歪着鼻子，一米五左右的个子，精瘦精瘦的，另外一个有点胖，体型是大但是肥胖，光着头。

"你谁也不是，混蛋，再不放手你就更加差劲了。"

很多人带着刀子，都掏了出来。

"你是记者？别骗我了，你就是记者。好吧，我可不想说什么，但是你们记者可别想损坏我们的形象，说什么这里都是腐烂的东西。上次有人来看了，就开始说什么，这里的东西都烂了，事实不是这样的。我捡这里的东西回去得养家糊口呢，谢天谢地，有这么个地方。我有八个孩子，他们一个也没病。我们捡的东西都是能用的，不能用的就不捡了。如果看到过期的东西我们是不拿的，因为我们得给孩子吃。我可以负责任地告诉你，我们捡到的东西都不是坏东西。我就靠这个生活，靠这个养孩子，他们都胖着呢。"

胡安娜不服气地抗议道。胡安娜住在一个叫"上帝之城"的镇子里，因为有一阵镇子里都是毒贩子，她只能每天来这里，来了好几年了。

"多少年了？"

"记不清了，很多年了。"

胡安娜说以前她是做家政服务的，但是现在年纪大了："他们看我这张脸就不想让我干了。"

她张开嘴让我看看空空的牙龈。她试图说服我看她捡到的垃圾是有质量的，因为她害怕人们总在说这里的东西都腐烂了，不能吃了，有人就会关掉这个垃圾场，那样她就更没得吃了。

"很多东西都是冷冻的，我们捡来的时候还冻着呢。"

"仍然冻着？那怎么可能啊？天气这么热。"

"还冻着的。他们刚扔的。他们有一个时间表，扔一些冷冻的没过期的东西，就大概这个时间。"

"每天你都能捡到些东西？"

"对啊，几乎每天都能。"

"你每天都来吗？"

"对，之前我带我的大女儿小约岚达一起来，她有十七八岁了，但是现在我不想带她来了，这里越来越危险了，有年轻人开始偷东西和干坏事了。我只能一个人来，以防万一。但这只是一小撮人，太坏了。大部分人都是好人。"

这是一个单枪匹马的工作，各人干各人的。

或者说，这是一场单纯的竞赛。

这也是一种学习过程，是我们学习生活的课堂。

"你从什么时候开始上山的？"

"我也不知道从什么时候开始的。我很小的时候就开始来了。每天我都说，我再也不来了。但也没办法，得吃饭啊。"

一个年纪不小的人跟我这么说，他离小时候可有段时间了。

"有许多人因为我们干这个而看不起我们，那他们想让我们干嘛？出去抢劫？实际上，他们得有勇气感谢我们，多一个拾荒者，少一个小偷。"

一对老年男女带着空空的袋子下山。

"我二十多年前就来这了。我的半辈子都在这度过了。"

男人这么说，我问他是不是很多次都是这样空手而归。他挤了挤眼，脸上的深深的皱纹中再挤出一点。"我可不行了，捡不到什么了，我老婆也捡不到了。但我们总来，他们也认识我们。总是有人给我们点东西。"

一个很威严的胖子，光着膀子，挺着肚子，跟他说，拿着，给你的，伸手给他一包东西。几百号人都往外走了，衣服都被沾上了脏兮兮的灰泥，这种东西不是大自然能产生的东西。脸上和手上都沾满了这种泥。

"你找到什么了？"

"给鸡吃的东西，哥们。"

一个年轻人，两腿瘦成杆，身上满是刺青，手里扛着一整袋的玉米粒。

"总是有人收购的，今天的晚饭钱够了。"

有人拖着手推车，有人拉着三轮车，另外一些人推着自行车，战利品挂在车把上。这里也分阶级呢。有人带着一袋吃的，有人却用小车拉走一大堆的桶和木材。

"这就像是抽奖啦。有时候捡得到，有时候啥也拿不到。"

警察在后面驱赶他们，因为三刻钟已经过去了。

"今天连屁也没捡到。"

一张醉醺醺的脸如此说。

"真的，屁都没有。"

一个胖子回答道，头发竖着，当醉汉走远了，他才说："这人笨着呢，从来捡不到好东西。"胖子手里拿的是一袋满满的香肠。

"在这个国家，如果有人挨饿，那还真是自找的。"

3

大家对这个问题的反应十分老套：世界大豆之国怎么会

有那么多饿鬼？一个能生产三亿人食物的国家居然没法养活四百万公民？

阿根廷是世界上第五大玉米生产国，第三大大豆生产国。但是这个国家消费的粮食却只占其产量的很小一部分。不管收成好坏，阿根廷每年都能收获五千万吨大豆，但是国民却不吃大豆。于是它成了世界第一大豆油出口国，第二大小麦、大豆和玉米生产国，尽管其耕种面积比巴西、中国、美国都小得多。

这个问题反复刺痛我们：为什么食物不够吃呢？

这永远只是个问题，好像谁也不想陷入答案的泥潭之中。

1976年3月，魏迪拉将军上台，前一阶段留下来的进口替代工业与华盛顿想要的全球化新世界格格不入。不仅如此，这些工业部门还产生了一群数量过多的激进工人。1976年4月初，美国驻阿根廷大使在布宜诺斯艾利斯收到国务卿基辛格发来的一份密电，概括了一切：他命令大使向阿军政府施压，让其在制定经济计划时，"降低国家在经济中的参与度，推动出口，关注被忽视的农业部门，对外国投资持欢迎态度"。

让人吃惊的是，接下来的几十年里，一届又一届的政府就按照这些命令来执行，程度有深有浅，直至把国家退回到以畜牧业为主的经济结构，而且看不到任何的希望。

因此，大城市里的成千上万的居民发现，以前可发挥自己作用的工作不再需要自己了。成千上万的农村居民也得放弃自给自足的耕种方式，必须让位于机械化的大豆生产。

　　阿根廷建国的基础就是这种驱逐，在这片土地上的原住民在 1536 年被驱逐了，第一批西班牙人企图殖民这片土地，却没能成功。后来，西班牙人慢慢地夺去了土地，但影响力还是有限。直至 19 世纪下半叶，大部分潘帕斯地区仍在游牧印第安人的控制之下，他们以猎捕野牛和野马为生。1870年，国家已经成形，布宜诺斯艾利斯的富人们做出了决定，是时候去占领这些土地了。冷冻船的发明促进了冷冻肉向英国的出口，替代了向巴西和加勒比出口腌制肉。这些草原本来是野牛野马的粮食储备，现在却变成了强有力的盈利工具。它带来的利益如此诱人，必须得征服它。于是，政府启动了最后一场"荒漠远征"，阿根廷总是把这块地方比作荒漠，等待人们的征服、居住和建设。这是建国以来的第一次出口黄金时期。

　　从 20 年前起至今，农渔业的生产方式和其他方面的技术进步也产生了相类似的效果。农产品的多样化意味着过去不适应耕作的土地，现在可以用来耕作了。那些土地上本来是住着人的，从事着其他的生产活动，如小型畜牧业和家庭耕作，如今这些人阻碍了现代化进程，他们便多余了。这个"旋转木马式"的国家不断重复着戏剧性的历史，重复着滑稽，重复着失败。

　　这一现象在世界上的许多地区几乎同时发生了，原因都相同。"二战"结束时，被战争摧毁的欧洲在挨饿。马歇尔计划和其他西方重建力量都优先照顾第一世界国家，扶持他们恢复生产粮食。欧洲和日本对此的解决办法是大量补贴农业生产者，美国自 20 世纪 30 年代"大萧条"时期起就已经开始这一计划了，五十年之间，这些农业生产者可以低价售出其粮食，粮食的价格维持在低位。

因此没人试图"推广农渔业多样化的战线"，因为这么做不值当。每个贫穷的地区都继续种植其传统作物，自己消费，剩下的出口，产量多少只能听天由命。将其正式加入世界经济体系需要事先进行一些投资，例如修建道路，购买设备、化肥、灌溉系统，政策和资金的支持等，而农产品的低价不能产生这么多资金。这是这个行业最严重的问题，也是拿来保护自己的最好的借口。

在 20 世纪的末期，欧洲的农业补贴因公民对疯牛病和生态灾难的抗议而发生了改变：欧洲政府不再支持产量导向，而是支持质量导向，再也不倾向于大量生产各种粮食，而是尽量保存传统农业社会。欧洲产量下降，而刚好这个时候，中国的需求上升了，同时全球对农业燃料原料的需求也增长了，芝加哥商品交易所在粮食价格上进行了投机操纵。

随着粮食价格的上涨，以前无利润可赚的土地现在也开始盈利了，于是开始出现更多的灌溉，使用更多的机械，使用新的种子、化肥和农药，以前贫瘠的土地如今也变成了可耕种的了。

世界粮食新秩序正在发生许多的变化：我的国家也是其中之一。

几年前，在圣地亚哥·德·埃斯特罗市的洛斯胡利业斯镇，我与"农民运动"的成员进行了交谈，他们的主张中有一条：

坚决反对那些大豆商将他们从自己的土地上赶走，永远改变他们的生活，逼迫他们远走他乡：

"种大豆会让土地贫瘠。这些人使用一种除草剂，它让棉花和其他作物都干枯了。化肥越用越多，这些都是用美元购买的，都是人工合成的。我们种的可都是有机菜。大豆还得占很大一块地，用联合播种机，每一步都得花钱。棉花可大不一样了，你在一公顷土地上播了种，然后一家人在这耕作，就高枕无忧了：你扛着二十公斤的棉花去商店里，然后拿棉花可以换各种粮食。种大豆呢，你得有资金和土地，得是大型和中型的生产商才能耕种。大豆造成土地肥力下降的程度是最大的，在短短几年间，土地的肥力就耗尽了。棉花却可以种上千年，没啥问题。谢天谢地，那些万能的科学家还没发明一种机械收割棉花的方法。目前只能机械收割30%或50%，因此需要人手。我们这一辈子就是干这个的。只要我们继续耕种，我们才能继续生存。看样子我们会慢慢消失，一个个地，或是一群群地消失。我跟你说真的，如果再这么下去，农民就完蛋了，小农业生产者就完蛋了。我们都得去城市做廉价劳动力，这还是幸运的，不幸的话就彻底失业了。等到我们每月只能拿市政府给的两百元救济金或是依赖什么计划救助，一切就都见鬼去了。"

与此同时，他们的土地已经被越来越多的贪婪的人盯上了，那些人变得越来越暴力。在最近几年里，许多农民被新的大豆商雇佣的警卫们杀害。罗德尔福·冈萨雷斯·阿尔扎克讲述了最近的两件事情：

"克里斯蒂娜·费雷拉 11 月 16 日被短枪击中，倒在血泊中。她住在圣安东尼奥区，离蒙特克马多市两个半小时车程，路上的风景如月球上一般荒凉。她只有二十三岁，还差一天就满二十四岁了。之前，她与其他的家庭一起，保卫着二十年前农民社区占据的土地（法律上是有效继承下来的）。克里斯蒂娜·费雷拉被害了，有人起诉并进行了司法调查。一个邻居被一个商人收买，杀害了她。这个邻居为这个商人干活。正如所有的小社区一样，这个邻居大家都认识，他甚至与被害者有亲戚关系。"

"米盖尔·加尔万死于 10 月 10 日。他被斩首了。在他都已经死亡的情况下，他们还给他补了一刀，戳碎了他的肝。凶手带着一把枪，有两颗子弹在膛中，并没发射出去。案发现场是在萨尔塔，离圣地亚哥·德·埃斯特罗市很近，一个叫作辛博尔的地方。米盖尔·加尔万是在辛博尔出生的，那里离查科省的塔克波索镇不远，一路上也是如月球表面般的景观。站在山上一望无际，仅有少量的灌木丛、动物、灰尘和生产粮食的家庭，生活紧巴巴的。这一地区是有名的三角边境区。米盖尔·加尔万以前是住在门多萨的。三个月前，他回到家乡来给母亲下葬，然后就留在那了，尽管他门多萨的家人很想念他，他也很想念他们，他留在这里是为了帮自己的两个兄弟，他俩与一个商人打起来了，商人想霸占他们的土地，买通了一个邻居来干坏事。正如其他类似案件一样，这个邻居是从小跟他一起长大的。

这些圣地亚哥的农民，几乎所有人，都是在一百、两百或四百年前来到这片土地的，当时他们赶走了印第安人。与印第安人进行了混血，当然在文化上，主要是西班牙语文化替代了印第安文化。那时反对文明和开化的罪名是扣到了印第安人的头上的，他们把印第安人叫作野蛮人。

如今，诡异的是，被驱赶的人却是这些土地的主人，他们被称作原始人、野蛮人，因为他们拒绝"全球化"，拒绝适应世界经济，拒绝加入现代性。而且现代性也未能改造他们成为有利可图的人。

我觉得，他们企图保护自己的传统、习俗、生活方式是合理的、正常的，他们不想落到那种住在贫民窟里过低贱生活的地步，当时看来，破坏传统就只有这种下场。

小农生产者的效率很可能远不如大豆规模种植的效率，那么面对他们这么维护自己旧有的生活方式，你不禁要问：如果我们总是这么保守，我们是不是还过着茹毛饮血的穴居生活呢？

我也这么问自己。我在一本法语书上《饥饿，为什么？》（*La faim, pourquoi?*）找到了一段，丹尼斯·克拉克说道："在南方国家，为了让所有人吃上饭，就得让每个人都能有工作，尽管这样损害了全球的生产效率。一个效率高的社会有可能比一个效率低的社会更穷。你想想这样两个国家：一个国家拥有现代生产技术和工具，只需要 10% 的人参与生产，就有足够的粮食让所有人口吃饱。剩下的 90% 的人只能等着政府分配的零碎粮食苟延残喘。在另外一个国家，生产工具陈旧，只能生产另外一国的一半，但是这些工具由所有人使用，所有人都必须参与生产，生产出来的东西足够所有人吃饭和生活，尽管有点穷，但是过得很有尊严。这两个国家哪个更穷呢？"

恐怕我的答案与您的不同：如果确保所有居民都吃饱，得在原始的低效率的生产体系中给所有人找到艰苦的工作，那有种东西就不对劲了。如果这种尝试不包括大量生产并进行分配的政策前提，那就更不对劲了。

阿根廷变成了世界上最大的农业生产国之一，只不过它生产出来的东西都是面向全球市场的，而且几乎没什么附加值，更具体点说，就是为一些国家生产鱼和猪肉。未加工的、几乎毫无附加值的大豆，其五千万吨的量只是用来饲养动物，然后这些动物再去喂饱他国的中产阶级。

蝴蝶不停地扑腾翅膀。在这样一个完整的体系里，没办法记录下所有的细节。寻找出一些细节来，也已经非常有意思了。在墨西哥，如危地马拉一样，玉米的价格可是一件重要的事情，因为玉米是他们的主食。自从与美国签订了自由贸易协定，问题就来了，由政府大量补贴生产的美国玉米，开始攻占墨西哥市场，夺走了百万墨西哥农民的生计。北美自贸协定签订十年后，每蒲式耳玉米售价为 1.74 美元，但是生产成本却为 2.66 美元，其中的差价是生产者收到的机器、花费、贷款、运输等方面的补贴。

在墨西哥生产玉米不盈利，许多人只能转而生产大麻。在 2008 年，种植大麻的土地面积第一次超过了玉米地，900万公顷的大麻地，几乎是墨西哥所有耕地的三分之一，相比之下，玉米地为 820 万公顷。

但是，与此同时，美国玉米的价格也抬升了，原因很多，其中之一是用于生产生物燃料的需求越来越多。有一阶段人们对玉米饼价格上升进行了抗议。墨西哥的政治与经济局势变得紧张了，政府批准额外的预算来补贴进口，这样等于产生了更大的需求，价格涨得更厉害了。许多阿根廷的大豆生产者改为种植玉米，因为更能盈利，于是阿根廷的大豆商获得了更多的市场。北美自贸区导致墨西哥大量毒贩子的出现，墨西哥玉米饼的危机又导致布宜诺斯艾利斯和罗萨里奥的商场又繁荣了起来。

这些连续的驱逐浪潮把人潮赶到了大布宜诺斯艾利斯区的郊区小镇上，在这个大豆之国的土地上，开始出现了饥饿。

与此同时，数以百万计的阿根廷人在全球市场上获了利。我们却装傻，并不想看到这一事实，我们的财富是以其他数以百万人的牺牲为代价换来的。阿根廷因粮食价格上涨而走出了最严重的危机，但这上涨的价格也导致了非洲、印度等这些另外一个世界的百万人付出了饿死的代价。我并不是说我们是故意这么做的。请不要这么想。事实只是当有人决定敞开肚子吃饭了，市场的规则就调节了价格的上涨，市场的规则也导致那些买不起粮食的人活活饿死，但是跟我有啥关系，我只是做了我的工作，我保护我应得的，我在市场上以尽量高的价格出售，这就是市场的规则啊，我正好处在这样的市场里，我有什么过错？

这么说是对的，我们先假设这么说是对的。但我们得意识到，在各级政府长官身上、子弹头火车上、各种特权上、在崭新光亮的皮卡车上、在乌拉圭埃斯特角市的醉生梦死、在罗萨里奥的海岸线旁新盖起的每一个公寓间上花的每一分钱，所有这些花销能成为可能，都是因为粮食需求的攀升，粮食价格的上涨，因为尼日尔或苏丹最穷最穷的人买不起、吃不起粮食，只能死去，他们就这样被害死了或是苟延残喘。

我们的财富沾满了血汗，要承认这钱是以千百万人的饥饿为代价是不大令人愉悦的，这事必定不能让我们舒服好过。

如果在我们身边就看到这么多人在受苦，就更加不舒服了。

4

"也就是说，你觉得这里就是天堂了。"

玛利亚也问了下我的工作。我跟她讲我在写这本书，告诉她我去过印度、非洲，还有其他一些奇奇怪怪的地方，她清楚地告诉我："当然了，所以这里对你来说该是天堂了。"

玛利亚小个子，圆脸，慈眉善目，肚子鼓鼓的，穿着一件墨绿色条纹的旧汗衫，脚穿黑色袜子、塑料凉鞋。玛利亚不到四十岁，已经有了七个孩子，最大的儿子满了二十一岁，最小的女儿两岁。

"什么？天堂？"

"对啊，跟您去过的那些地方比，这里简直是天堂了。我在电视上看见过那些地方。我不知道为啥要看，看完了就哭得稀里哗啦，我丈夫还生气，问我明知道看完后心情不好，为啥还要看。但我还是忍不住，我也不知道为什么……看完就怨气冲天。通过电视，你可以知道许多外国的事情，你会发现，这里虽然生活困难，却也没那么糟，还没有发生电视上的那种饥荒。"

在马塞多尼奥·费尔南德斯和博尔赫斯生活的那个世纪的二十年代中期，布宜诺斯艾利斯市政府说必须得花钱请一位衣衫褴褛的人，一位真正的荒唐可笑的人，在佛罗里达大街上游荡，人们看到他，就会说，好吧，我的生活可没像他那么糟。

回头看看历史故事就能明白这情况，历史故事？犀利的？

地上铺着毫不搭配的地砖，墙壁没有粉刷，一条瘦瘦的黑狗百无聊赖，仿佛世界上任何事情都与它无关。三个瘦骨嶙峋的孩子踢着球，看起来也是啥事都不在乎。四个胖女人在聊着天，看起来也是什么都不在乎。

"贝蒂今天上午没来？"

"没来，你也知道她是什么人了。她现在的男人……"

但其实他们并不是百无聊赖，他们拿着空锅子在排队等着盛饭。五月八日食堂在五月八日社区的中心位置，在一个街角，"奇客"商店对面。食堂是两间很大的房间，是邻居们花心血建出来的，材料都是东拼西凑来的。孩子们、妇女们还有狗在其中一间，另一间的墙上有一个手工画的壁画，画风有些笨拙，主要是黑白色调，其中掺杂着些许的色彩。画中，人们在垃圾山上翻着垃圾，在画面的一个角落，一位微笑着的男子张开双臂展示拾到的东西，画上还能看到牛、鱼、瓶子、罐头、袋子、更多的袋子、一个电视机。另外一个长发男子一脸悲伤，嘴角向下拉得老长。

"因为他找到的东西少，你没看到吗？他要空手而归了。"

其中一个妇女给我解释道。旁边的房间是厨房，四个女人边聊天边干活，跑来跑去，大汗淋漓，从一口黑黑的锅中捞出面条，沥了水，招待来盛饭的人们，聊天，奔走、出汗。厨房很大，但基本是空的，中间有一个工业用的大炉子，看起来还半新的样子，一个使用煤气罐的炉子，一个洗碗的大池子，贴满了马赛克小瓷砖的大桌子，一股热浪。四个胖胖的妇女中的一个将面条散在平台上，用一个大勺子往面条上撒一种红色的酱，酱是由西红柿、洋葱、土豆和肉骨头做成的，然后开始拌面。大桌子的另外一边，一个小女孩递过来一个饭盒，其中一个胖女人，同时也是最不胖的那一个，叫玛利亚，给她盛满面条。孩子很高兴地走了。另外一间房间的一个胖女人端着锅过来，递给了玛利亚，等着她盛满。

阿根廷国家卫生部最近的一次调查显示，28%的阿根廷家庭吃外卖，12%的家庭在社区食堂吃饭。大布宜诺斯艾利斯地区有好几百个食堂，也有人说是两三千个，没人知道准确的数字。

"哎，当我们去查科生活的时候，确实饿着了肚子。情况很让人绝望，什么也吃不上，睡前就只能喝一口马黛茶，连饼干和面包都没有。后来我们就只能跑到这里来了。"

"在这里就没挨过饿吗？"

"嗯，也不能说从来没有过。但在这里，如果没钱买，就可以去找吃的，总是能找到一些的，或者有人会给你些，借你些，再不济也能扔你块骨头。这块地方的好处就是这个。"

在五月八日社区住着两千多户人家，超过一万名居民。许多房子都是正常建筑材料造出来的，还有一些是铁皮房子。最初的住户已经离开了，另外一些新住户手头带着些钱，大约三四百美金，买下了这里的地。旧住户就去更远的地方占地。街道基本还是土路、泥路，街上仅有的几辆车其实是车的残骸，一堆破铜烂铁了。街上的狗都是小小的，街边长出了一些树。烧焦的气味一直都在。

每逢下雨这里就淹了，在一片沼泽地上的垃圾场生活真是痛苦，离河近的房子不能打井，因为一挖土就出水。旁边的垃圾山上散发出一些气体，带来一些疾病和气味，气味挥之不去。

这里也有些小生意，一个只卖鸡蛋的肉铺，一个卖啤酒、汽水、香烟的杂货店，挂着一个牌子写着错别字："卖冰阵引料"。另外一家卖本子和给手机充值的商店挂着"书店"的牌子，街上时不时传来好几支昆比亚舞曲。三个胖胖的妇女坐在一家铁皮房子的门口聊天，孩子光着身体跑来跑去，但也不常见，另外两个孩子叫喊着、哭泣着、跑来跑去。那些瘦小的狗都脏兮兮的。

"小心，喂，别踩到狗屎。"

一位女士从家门口对自己光脚跑来跑去的孩子喊了一句。我看了看她，她抱歉地看着我："有时候他们很不小心，踩了狗屎，回到家里一股屎味。"

两个年轻男孩坐在一辆小摩托上从这经过，一只黑狗在垃圾堆里翻着，到处都是垃圾。

贫民窟在阿根廷郊外也不算新鲜事物了，20世纪70年代前就有了，当时还没这么多，而且当时看起来是群临时建筑。对于那里的居民来说，就是个过渡性的地方，占据几年之后，找到了好的工作，他们就搬去正常街区的房子里，那是一个奋斗就有前景的日子。现在情况变了。

现在贫民窟成了宿命的终点。

"我会写字。"

齐亚拉看到我在写字就对我说。齐亚拉五岁了，短短的黄色的直发有点脏，穿着短裤、洗旧了的汗衫和粉红色的塑料凉鞋。

"你喜欢我的新鞋子吗？"

我说很漂亮啊，她冲我笑了。

"谁教你写字的？"

"我自学的啊。我没有书包去上幼儿园。等我妈妈有了工资，就给我买书包。"

"你想去上幼儿园？"

"也许吧，我自己也能学。"

气味，空气中总是有这种烧焦的气味。

玛利亚每天早上八点到食堂，查看剩下的菜，考虑如何做出今天的饭菜。另外三位妇女也同时到达食堂，如果带来了更多的菜，他们就先开始做准备工作，削皮啊，切块啊，洗锅啊。每天中午，玛利亚和她的同事们尽力准备出两百份饭：土豆、面条、米饭、加上些剩肉或剩菜，碳水化合物多于蛋白质。十一点半，孩子们都来了，妇女们带着锅来盛饭。

"以前我们叫他们上这儿吃饭，发现他们都不好意思来吃。于是我们想出来打包饭菜，他们只需要来取就行了。女人们都让孩子来取，仿佛这饭只是给孩子吃的。但我们心知肚明，总是多给他们盛一些，因为孩子们的父母也指着这个吃饭呢。让大人们来这里说我没找到吃的，我没东西可吃了，这个对他们来说不容易，他们非常地羞愧。"

玛利亚给我解释，有时候，会像现在一样，找不到足够的菜来做饭了，她会觉得非常沮丧，她得站在门口对带着锅的孩子们和妇女们说，亲爱的，今天没有饭，今天没有了，我们没有办法了，希望明天能有。

"我是有点叽叽歪歪的，我看到人们在那翻垃圾找吃的，我就很难过。"玛利亚说道。

大约下午两点的时候，她们就停工了，她们开始清洗、储藏、聊天、整理。玛利亚回家睡个午觉，醒来就给孩子们和丈夫准备晚餐，丈夫如果有工作，到家就该晚上八点钟了。然后一家人吃个饭，看会儿电视，睡得比较早，因为晚上不能上街溜达。

"我喜欢看喜剧，那种电视剧能让我发笑。如果没有的话，我就看些让我掉眼泪的，就像那些墨西哥、哥伦比亚的电视剧。我很想去趟哥伦比亚，那里看起来好美，景色、房子都不错。哎，其实去哪我都很高兴，我想了解世界，起码离开这个街区一下。但我怎么可能去呢。我怎么才能离开这里呢？"

玛利亚对我说，孩子们把她的时间都占上了，因为她必须时刻照顾他们，看着他们别摔倒，别迷路。事实上，她哪里也没去过，她说：我知道的太少了。

"我能知道些什么呢？"

罗莉是一位四十几岁的瘦瘦的女士，没几颗牙了，有五个孩子。罗莉一直没有固定工作，目前在一家垃圾回收合作厂干了好几个月了。她可以挣1500比索的月薪，大约140美金，尽管有时候工资到不了这个数目，有时候工资发不下来，或者迟发，或者就这么没了。自从她有了这份工，就再也不去食堂打饭了。玛利亚劝她接着去，还给她留着她的那份呢，她说不需要了，谢谢，现在她有了工资了。

"那你也可以派个孩子来打饭，也可以帮家里减轻些负担。"

"谢谢，玛利亚。我喜欢自食其力。"

玛利亚说，有时候她充满希望，有时候又很绝望，她觉得永远都不能离开这里了，她就只能天天刮锅底了。

"这让我绝望，尤其是他们来偷东西的时候，更让我难过，怎么能来食堂偷我们的东西呢？"

一年半前，她说，有人来食堂偷走了所有的锅，这可是给邻居们做饭的工具啊。

"偷走我们的锅是有点奇怪吧，对吧？"

"你是说奇怪？"

"是啊，奇怪。"

两周前的一天晚上，小偷从食堂的屋顶上偷走了水箱，那是个能盛一千升水的高达两米的水箱，都不知道有多重。玛利亚说这种事情真是让她泄气。我告诉她我觉得这种现在叫作"无底线"的行为很可怕，强者为王，所有人反对所有人，本来可以服务大众的社会网络破裂了。

"嗯，这个就是我们企图恢复的，我们就是做这个的。但我们知道，事情没那么容易。"玛利亚说现在已经不能像以前一样将食堂借给邻居们办生日聚会了，因为聚会总是以闹剧、争斗、飞来飞去的瓶子和亮出某把刀子收场。

"他们能为任何无厘头的理由就打起来。为了顶帽子、为了鞋子、你看啥看，等等，都能打起来。这里毒品泛滥，看不到希望。这里的孩子们都看不到出路在哪。"

玛利亚有一个儿子，可能会看到出路，他踢足球踢得很棒。突然之间，家庭的希望都聚焦在了他身上，如果他沿着这条路发展，可能会拯救所有人，但是他不能，因为他的钱不够支付所有的开销，例如坐公交车去训练，购买护腿，摄入特殊的食品。

"俱乐部总是说会给我们支付这些费用，但是最后什么也没给我们，因为我不想签协议，如果你签了协议，他们就把所有东西都拿走，甚至把你的灵魂都抢走了。"玛利亚第一次露出了痛苦的表情。

一个孩子带着一口锅来打饭，他穿着短袖汗衫和短裤，身上纹满了监狱里蹲过的青年才文的纹身，这些人被叫作"老炮儿"。

"可怜的孩子，他有两个哥哥在监狱，但可不是因为随便什么小事情，可是有命案在身。他自己因为其他事情进去了，现在终于出来了，但是他身上的这些印记让他找不着工作。他能怎么办呢，可怜的孩子。不管他做了什么坏事，他饿的时候肚子也会难受，你明白我说的吗？我可是有亲身体会的。"

世界上很少有地方能像餐桌，可以如此明显地在上面看出社会的不公，有人可能连餐桌都谈不上，能吃上饭就不错了。

几十年里，阿根廷人的饮食一直都是令人惊奇地平等，第一份有准确数据的调查是 1965 年国家发展署做的，数据显示当时阿根廷富人与穷人都吃一样的东西，红肉、奶制品、水果、蔬菜、面条、面包的比例都差不多，那时的阿根廷还是一个非常不公平的社会，当时我们还高举正义的旗帜，想要去改变现状。

"饮食不是完全一致，差别在于穷人吃的肉与富人吃的肉不一样。后臀肉都是给富人街区供应的，肩颈肉是给贫民街区供应的，有一些部位的牛肉是给两种街区都供应的，例如用作烤肉的腹肉，用来做炸肉排的后牛腱肉。但是如果你列出当时穷人的菜单给一个营养师判断的话，他会说这是一个中产阶级的饮食标准。当时饮食的数量与种类和现在真是有天壤之别。"

人类学家帕特利西亚·阿吉雷是国民饮食研究方面的专家，她告诉我："当时的价格与口味必然有一些差别，但是摄入蛋白质的量在各个阶层都很相似，也就是说当时的穷人没有饮食方面的欠缺。"

我还记得一种已经丢失的传统，当时建筑工地上的烤肉是祖国强盛的象征，是我儿时对这座城市的记忆。

这种模式在 1985 年开始解体，1996 年的普查展现了最新的趋势，穷人的饮食与非穷人之间的饮食差距巨大。现在的阿根廷，富人和穷人的饮食彻底不一样了。现在不仅是量的不同了，而是构成都不一样了，社会高层和中产阶级吃水果、蔬菜和肉，主要吃白肉，为了保持苗条的身材，也许为了更健康，而穷人吃土豆、米饭和面条，主要是碳水化合物和脂肪将他们的胃塞满，很少吃肉、水果和蔬菜。这是一种理性的选择，肉太贵，水果和蔬菜不仅贵，而且不能产生如面粉制品一样的饱腹感。

"不是他们不知道该吃什么，而是他们能力有限。他们并不是非理性的，就像一些营养师怪罪他们自身，实际上是他们的逻辑与我们的不一样。一位母亲并不是不知道孩子应该多吃水果和蔬菜，而是因为一公斤桃子的价格与三百克牛肉价格一样，水果就不能买来当饭。他们并不是不知道什么是健康均衡的饮食，他们只能拿仅有的资源去考虑每天都能吃上的东西。"

帕特里西亚·阿吉雷告诉我，不仅是在食品种类上有差别，连做饭的方式上也有不同。穷人们没办法用烤箱，一是烤箱价格太贵，二是因为每顿饭都要用掉半瓶煤气，那可就太贵了。他们只能做油炸或烧炖。在一个烤肉之国，他们却回到了最原始的乡村烹饪方式，最贫穷的做饭方式，炖菜就是把剩菜剩饭放到一起炖，用最便宜的原料，最大限度地利用火，这个厨娘同时还能做些其他的家务。

"我记得一个普通小区的一位女士，我们在交谈的同时，她在炖一锅豆汤，儿子从学校回来了，带回来四个小朋友。'他们能留一会儿吗？妈妈？''好的，孩子，他们可以留下来。''那能吃什么呢？'这位女士就抓起水壶，往炖菜里加了许多水。'豆汤啊。'她对儿子说。"

"家里唯一的房间由窗帘分隔成了几部分生活区域，厨房是家庭的中心位置，厨房中做出的饭菜最常见的是油炸菜、炖菜和汤，因为做这些菜的同时还可以做其他家务和看孩子……炖菜和汤还有一个优点，可以和主食一起吃，用面包蘸着吃，吃完饭菜还可以用面包擦干净盘子里的汤汁，只要收入下降，面包消费就增长。汤是必不可少的，因为这样才能有吃饱的感觉。"阿吉雷几年前这么写道。

玛利亚对我说，有一次她得去拉普拉塔市办一些手续，看到了许多的农场，她从来没有想象过那么大的一片农场。

"我看到这么多的农场，想着富人们、政府是不是能想到农村还住着许多有需求的人，我们中有些人连住处都没有，他们却保存了所有的东西，所有东西都留给自己，这么多的地方就这么空着……"

"他们为什么这么做呢？"

"因为自私啊，为了获得权力，为了永远持有比他人更多的东西。他们可能是这么想的，我不知道，是我自己想象的。"

阿根廷人的很大一部分，大约四分之一的人已经放弃了民族旧有的饮食习惯——吃肉，这是一个残酷的现实，如此震撼，我们最近三四十年努力创建的新国家的这一数据，居然没有人重视，实在让人吃惊，这一数据证明了一个事实：我们持续的失败。

"阿根廷几乎没有严格意义上的营养不良。"

帕特利西亚·阿吉雷跟我说，有时候在报纸上出现过年轻人饿死的新闻，在米西奥内斯省、福莫萨省、胡胡伊省、图库曼省都出现过，但这在报纸上并不常见。你还记得哪些死者在报道上出现名字了吗？我的一个在巴黎流亡的朋友 20世纪 70 年代末的时候这么问我。

"现在补助都能发放到各个角落，除了一些特别偏远的地区。但是我们给孩子们带去了什么呢？面条、大米、土豆。他们不是营养不良，他们是长期的营养不均衡，孩子们没有按时按量成长，没有正常发育。

在孟加拉、印度和非洲这些"另一个世界"，这样的故事都很常见。人们习惯于吃得不好，摄入低于身体所需，异于身体所需，勉强凑合活着，身体和大脑发育得不好，过着糟糕的生活，但几乎对此一无所知。

在西班牙语里我们说饥饿是有饥饿感（tener hambre）、挨饿（pasar hambre）。奇怪的是，有饥饿感比挨饿更暂时。例如，我有饥饿感了，没关系，我们马上就吃饭。哎，他在挨饿哦，是的，可怜啊，自从他没了工作就这样。这并不是饥饿这种东西的唯一怪诞之处。

如果不是这样，正如那个俄国人说的："给你的世界涂上颜色，就等于给你的村庄涂上了颜色。"[1]

■ 部落的话 ■

怎么回事呢？

再说一次：这困惑对我们来说似乎很正常，不会像愤怒的老鼠一样突然跳到我们眼前，不妨碍我们一如既往地生活。这是正常的、自然的、事物秩序的一部分：它不会变。我们需要许多文化机制来实现它。还是会适得其反？是不是每个人各管各才是自然的，文化就是互相打扰、聚在一起、集体思考？

我们到底怎么能做到的呢？

但是，一点点的思考也会耗尽。最后，一个人是无法理解其他人想要的东西的。世界上总是有穷人和富人，永远都会有。看看我们自己的社区：meldani 地区的人和墨西哥的萨尔瓦铁拉能一样吗？这事儿不是现在才有的，兄弟，不是现在出现的。这事儿一直都有，为什么会突然消失呢？事情是这样的，穷人之所以是穷人，是因为他们做得不够，他们有些事情没做；他们很粗野、很懒惰、很暴力，明知道无法养活还生十几个孩子，他们很闲散，这些特点跟获得成功背道

---

1 这句话是说事情要从大处解决，从面上解决，而目前饥饿的解决办法是从点上解决，作者建议要从根本上和整体上解决饥饿问题，而不是从个体身上去解决饥饿问题。

而驰。然后，他们还要我们去怜悯他们。不，你别理解错，我不是说要饿死他们。我说的是，也没必要装出惊讶的脸：哎呀，真奇怪，怎么这些人都挨饿啊。没必要装傻了：他们要是挨饿，是因为他们不喜欢劳作，他们不想努力，他们不喜欢劳动。我并不是说他们自生自灭吧，大家要是能帮还是尽量帮，当然了，也没必要虚伪，装作他们跟我们一样。最终老天总是要做点筛选的。不然，挤破头还有什么用。你希望大家都一样？

我们到底怎么才能安心生活？

这是古老的预言把戏。他们告诉你，到 2050 年地球上可能会缺乏食物，因为在灾难预测中，预计到 2050 年，连地球上某些富裕地区也可能缺乏食物——如果穷人人口继续增长，并收复他们的一部分份额。在世界上的其他地区，2050年也可能会发生可怕的事情：类似于现在正在发生的事情。

我们到底怎么才能在知道那一切的情况下继续生活下去呢？

小小的生活：我要做什么明天才能不饿肚子？

大大的生活：我要做什么明天才能不饿肚子？

我们到底怎么才能在知道那一切仍在发生的情况下继续生活下去呢？

"好吧，但这就是现实，我们能做点什么呢？"

"做些事，总得做些事。举个例子，政治。"

"你是不清楚政治怎么运作的吧，是不？"

我们到底怎么才能安心生活？

我不知道，我跟你说，我不知道该想点什么。对，有些人来跟你说，世界满是各种吃不饱的人，给你看看统计数字和所谓真相，直到他们对你说，我们自己的城市里也有这样的人。我不得不去多次访问贫困的街区，那里的情形有点让人绝望，并不是因为满目饥饿的人，而是看到他们饱腹虚胖的样子。总之，我不知道，完全没概念，但有时候，我觉得这也是一种宣传，谁知道他们想给我们贩卖这些东西有什么利益在背后；我并不是说别发生这种事儿，也许总要发生一点，但是他们卖给你东西就像是有个大灾难，然后你就被他们骗了。

我们到底怎么才能做到呢？

5

"世界上有人拥有的东西很多，有人拥有的东西很少，那究竟错在哪里了？"

"政府应该给予那些失业人员就业机会，让他们每天吃饱饭。但对于那些卑贱的人，政府就可以不予理睬了。疾病之类的事情，是政客的事情，因为如果你有工作了，你就能吃饱了，你不工作，你就饿肚子。"

葆拉看着我，眼神恐惧。

"你觉得十年后会怎样？"

"我不知道，因为我不知道能不能活到那会儿。我就活在当下，我怎么能知道十年后发生的事情呢。为什么我要想象十年内会发生什么？也许我某天睡下之后就永远不会醒来了呢。"

　　每天中午，每一天的中午，葆拉都会带着她的三个儿子去社区食堂吃饭，她所在的社区叫作格雷戈里奥·德·拉费雷尔，位于布宜诺斯艾利斯十公里外的马坦萨区。葆拉有两个女儿，一个十岁，一个三岁，一个七岁的儿子，另外两个夭折了。

　　"我两个女儿是一出生就没了，真可怜，她们一生下来就死了。最后一个孩子去世的时候，亚比好像懂事了，真可怜，她好像很难受。因此，我每天都比较关注她。"

　　亚比叫作亚比该，那个三岁的小女儿，一直贴在母亲裙子上，葆拉经常把她抱在胸口，抚摸她的头发，允许她的放肆。

　　"我再也不想失去任何一个孩子了，一个都不想失去。"

　　葆拉二十七岁，穿着褐色的齐膝短裤、粉红色的上衣，头发是深色的直发，手臂与腿都细细的。她父亲从东北部的图库曼省到了这里，那时候她还没出生，过了很久她才发现，父亲在图库曼还留下了另外一个妻子和好几个孩子。在拉费雷尔，他在一家洗涤剂工厂找到了工作，在一次舞会上认识了葆拉的母亲，在献了殷勤之后，就搬去与她同住。然后，两人生了两个女儿。后来，因为父亲"酗酒、吸毒、还打我妈妈"，他们就分开了。她母亲很快找了另外一个丈夫，那位男士刚从监狱里出来，跟他又生了三个孩子。

　　"我像父亲一样尊敬这位先生，我一直把他当爸爸。直到有一天，他强暴了我，我当时大概才七岁。比起向我的妹妹下手，我更愿意牺牲自己。我就在那里长到了十二岁。"

　　"他都对你做了什么？"

"他就对我上下其手，摸我的私处，让我跟他一起看黄色杂志，让我摸他的私处，然后就是那些事情了。但是，事情是一点一点发生的。我弟弟出生的时候，有一些残疾，总是生病，我妈妈经常带他去医院。有时候她去医院只是个借口，其实是找一些其他男人。我就得一个人在家，面对他，我得洗衣服、做饭、尽个老婆的责任而不是女儿。我从来不像同龄人一样出去玩，我总是待在家里。有一天晚上，他抓住我，我感觉到后面一阵剧痛。我什么也没告诉我母亲，我一直忍着，有三年时间一直是这样。所有人都知道，但所有人都沉默。"

她的妹妹们最后告诉了母亲，她并没相信这事。葆拉觉得，她宁可选择不相信这事，这样对她更合适。但是有一天，那男人以为她老婆睡着了，就起来抚摸葆拉，老婆却醒了，看到了这一切，她再也不能否认这件事，或许她还有些醋意。

"然后我母亲对我说，我们得闭嘴。她说如果你说出去，你的兄弟姐妹包括你的残疾的弟弟都要被关在学校里，她就得去监狱。邻居们会怎么看我们啊，她说。我忍受了这么大的压力，一直对此事保持沉默。"

葆拉还说，很多年之后，她问这个男人为什么这么做，为什么不能像对女儿一样的对待她。那男人说，为了报复她母亲，因为她母亲总是背着他出去鬼混，并不像老婆那样伺候他，他得出去偷东西来维持家用，而她却不理他。

"我对他说，他去偷东西是因为他自己想做，我从来没要求他去偷。而且外面有那么多女人，那么多可以随时得手的女人，为什么非得抓住我不放。你知道我当时的年纪的，对吗？不，他说，他没有意识到，他不知道如何请我原谅。但是我最后原谅了他，因为我去了教堂，他们教会了我宽恕，我宽恕了他。但是因为在我身上发生了这些事情，我根本就没有童年。"

那时候也吃不饱饭，母亲有时候一走就是好几天，葆拉得想办法给弟弟妹妹去搞吃食，那时候她十岁左右，就去街上乞讨。

"沿街乞讨让我感到非常羞耻。但是我也没有别的办法了。"

有时候讨得来食物，就回去做一顿午饭给大家吃，煮一锅加盐的面条，有油的话就加点油，下午煮一杯马黛茶，为了避免感到饥饿，晚上早些睡觉。

"如果没有面条，你们吃什么？"

"米饭，土豆，只要是我找得到的就做。或者我去向我外公要些东西，他总是推着车，去捡蔬菜商扔下来的菜边皮，我把一些变质的部分择掉，就可以烧了。或者是一些碎水果，把不好的部分去掉就能吃了。"

"有没有肉吃呢？"

"哦，很少吃。"

"你对那种情况生气吗？"

"很生气啊。有时候我们只能吃过期的食物，现在你要是还那么做，你会觉得恶心，但是我们当时连保质期都不知道去看一下。我们什么都吃。感谢上帝我们没吃坏肚子。我们还就这么长大了。"

"你们这样的情况是谁造成的？"

"没有人，我不想把错误怪罪到任何人身上。这确实很难过，但这也是生活教会你的东西。生活教会我太多东西了，我知道的太多了，我不需要知道那么多。"

"人口的一部分对于这种积累和增长模式来说是绝对的多余。这种模式不需要他们，他们剩下了，他们很昂贵，因为还得养着他们。而且他们还有需求，他们还要发表意见，他们发声，他们是个符号，他们有要求，有诉求，还会投票。这些都是这种体制衍生而须付出的很高的成本。对，他们就是多余。"

奥古斯汀·萨尔薇亚这样告诉我。她是布宜诺斯艾利斯大学的教授，社会学家，是天主教大学阿根廷社会债务观察站的协调员，每年都对国家的社会形势做民意调查。

"理论上是可以把这部分人加入劳动力之中并且创造财富的，他们不仅可以为个人而且可以为集体创造财富。在另外一种模式下，依旧是资本主义模式，以另外一种逻辑去思考，将非正规部门加入经济的正规部门，经济会从最集中的部门流向不那么集中的部门，那部分人就会融入社会，这样小型家庭企业起到了社会的作用，在经济上也可算作生产力。但是现在他们仍然未被计算进来，他们是多余的人。即使他们消失了也没关系，什么事都不会发生的。"

葆拉很想念自己的父亲，她有三年时间没见到他了，她十二岁的时候，他来过一次。当时喝醉了酒，对她说，她是他女儿，他爱她，想送给她点东西。

"我对他说，如果想见我，得清醒的时候来，我才不要看到一个醉醺醺的爸爸，我想看见一个清醒的爸爸。我家里已经有够多的酒鬼了，我的舅舅和外公都是。我想要一个大部分人都有的那样的爸爸。我告诉他我唯一想要的礼物就是他留下来和我在一起，等我满了十五岁，就去和他住一起。"

父亲对她说好的，当然了，他会来见她的。但是三天之后，有人来告诉他们，他可能是跌落或是跳进了马坦萨河里，有人把他尸体捞上来了。那一年，葆拉开始工作了，照顾一位警察家的小女儿。晚上还尽量去夜校上课，但她总是有点不忍心，因为到家的时候非常累，她还害怕把弟弟妹妹单独留在家里，有些时候她也没有办法，另外一些时候母亲在家。至少这样她可以往家带些钱，带些吃的。最困难的事情是给最小的妹妹卡米拉搞到牛奶。

"有一天卡米拉生病了，我没能去工作。一大早我就给另外一个妹妹喝奶，我也给卡米拉准备了奶瓶，我照顾她，我告诉妈妈，我不去上班了，我可以留下来照顾她。我给她喝了奶，晚些时候，睡在妹妹旁边的我的残疾弟弟，叫醒了我妈妈说要上厕所，这时候我的小妹妹居然已经死了，在我母亲的怀抱里。她忘了呼吸。那是我永远的最大的痛，我一直照顾她，她却走了。那种痛苦实在很难受，是我受过的所有痛苦中最难受的一种。"葆拉说。

阿根廷顽固的失业率一直保持在 15% 左右，总人数大约三百万人。他们和他们的孩子和家庭都生活在我们难以想象的困境之中，而且我们也不是那么关心这些事情。他们没有固定工作，没有自来水、下水道、电，没有街道，没有保护，不是每天都能吃上饭。

"这是一种边缘文化，他们建立自己的团结纽带、运作方式，法外行事并不成为一个问题。所有的事情都在一种黑色操作之中进行，没有规范化的义务，暴力可以解决经济冲突，正义并不存在，规范并不存在。"

萨尔薇亚说，那些阶层与正常社会之间的隔阂越来越大，跨越这种界限是难以想象的，甚至都不在人们的考虑范围内了。阿根廷有几百万人从来都没想过要加入正规社会，他们知道这种无法解决的不平等就是他们的生活状况。甚至，他们就靠着这种非正规的活动来致富，无论合法还是非法，他们就活在在这个阶层之中。一般来说，他们都不能致富，仅仅只能活着。阿根廷百分之五的家庭受到"粮食不安全问题"的严重困扰，百分之七的家庭受到"粮食不安全问题"的相当程度的困扰，还有百分之十二的家庭存在粮食不安全的问题，因此，还有百分之八的孩子，大约二十五万人，长期营养不良。

"百分之十二的阿根廷家庭"也就是五百万阿根廷人，并没有摄入足够的食物。

十五岁的时候，葆拉就绝望了，她母亲有时在有时不在，钱不够，饭菜量不够。那时她发现，有些男人愿意给她钱或商品，条件是和她睡觉。

"我遇上了一些不应该遇上的人，但是很遗憾，为了钱，我不得不这么做。他们都是我舅舅的朋友，从小就认识我。

有时候我不想要新客人。有朋友从小就认识我，就不想碰我，但对我来说都一样，但是有些人就不这么想。我就闭上眼睛，想着我的弟弟妹妹。"

葆拉十七岁的时候，在夜校里，认识了一个男孩，仿佛能理解她，他们互相喜欢，谈了恋爱。葆拉怀孕了。他负起了责任，他有钱的时候就给她一些，给她吃的，给她几颗糖，她再也不接客了。他们的第一个女儿叫卡米拉，就是那个忘记了呼吸的妹妹的名字。他有时候找到工作，就打打工，后来他们找到了一个小房子，就住到了一起。第二年又生了一个孩子，叫作约玛。

葆拉很高兴，所有的事情都仿佛步入了正轨。他们有自己的小房子，有床垫，毛毯、跛腿的桌子、自己的煤气炉灶。但是她家人开始对她老公开战，认为他对自己的女儿动手动脚，强暴她，是一个危险的人物。葆拉相信了他们的话，就离开了他。她当时二十岁，带着两个孩子，没有任何的收入，一个姐姐建议她跟她一起在酒吧当陪酒女。

"在酒吧里，他们坚持让我做其他的事情，可以挣更多的钱，我拒绝了，我不想做那些事。为了钱和一个男孩睡，跟每天和五十个人睡是不一样的，但是最后我决定做这件事。我和我的姐夫说了，他负责这个事情，然后我就开始了。自从那时候起，我的孩子们就什么都不缺了。他们拥有了所有的东西。他们问我要，我都能买给他们。"

对她来说是个解脱，孩子们每天都能吃上饭了，她还能给他做包子，给他们买汽水。但是她不喜欢这样的生活，她想念自己的丈夫，她有了一个男朋友，再一次怀孕了。客人们对她挺照顾的，不让她喝酒了。葆拉讲述道。

"做这种事情的价格是 60 比索半个小时，老板拿走一半，女孩自己留一半。你就是去坐在用隔板隔开的大沙发那里，没有浴室，没有洗澡的地方。我自己挺注意安全的，对所有人都一视同仁。他们给你安全套，强迫你使用。平时是晚上八点上班，凌晨三点下班。我以前在宪法大街工作，然后从那搬来了这儿，我的弟妹们照顾我的孩子。周末的时候也一样，回家更晚一些，大概早上七点钟。我到家，睡一会，就又得出去了。有一天我在路上遇到了我丈夫，他告诉我他很想念孩子们，我告诉他我又怀孕了，我现在做皮肉生意来养活他们，我什么也不想问他要。"

怀孕四个月的时候她就不接客了。几周之后的一个晚上，她感到疼痛，让弟弟去找个医生来，但是那个街区的医生不想来，因为他说没有救护车来运病人。葆拉没能忍，她妹妹帮她生产，大概五点的时候，一下子生出来一个女婴，但是个死婴。

"我弟弟去了诊所，拳打脚踢，他们没办法了，就只能上门来治我。但是死去的孩子就只能用床单包起来，放进一个盒子。没有人愿意带我去医院，没有人愿意为此负责，警察也不管。然后他们放肆地骂我，说我自己堕胎了，因为只怀了六个月。这些话听得我灵魂都生疼了，同时我做出了一个很大的决定。我挣扎着起来去了教堂，我再也不想去妓院了，再也不想过夜生活，我想和以前一样过正常的生活。"

葆拉和她丈夫和好了。两年之后又早产了一个女婴，同样是死胎。现在他们五个人住在一个小房子里，只有两张小床，一张是他们俩睡，另外一张给孩子们睡。一个亲戚借给他们一个炉子来烧饭，当他们需要水的时候，还得去问邻居借。

"现在我们想存下钱来，装一个淋浴，再装一个马桶。否则，我们就得一直去井旁边解决。"

情况变好了，葆拉说，她丈夫找到了工作，在一家工厂做清洁，每个月有 1000 比索的工资，大约 80 美元。

"他们给他付更多的钱，但是从那里面扣掉了一些，我不知道为什么这么做。"

"你能拿子女补贴金吗？"

"不能够，好像因为他在职，在职员工没有补助，补助是通过其他途径给别人了，轮不到我们。一开始我还能领补助，后来他们发现我们是一家人，就取消了我的资格。"

传说在这附近诞生了甜奶这一食品，这是阿根廷的一种发明，比这国家的存在时间还要长。历史上传说，在胡安·曼努埃尔·德·罗萨斯，19 世纪一个全能的首领的庄园里，一位女仆用火热着加了糖的牛奶，但这时主人的敌人之一，胡安·拉巴耶来访，她得去招待客人，就忘了炉子。最后当记起炉子上的锅，她才发现锅里的液体变成了黏稠的褐色液体，她很害怕主任责骂，把锅子端出去想做解释。罗萨斯尝了以后，特别喜欢，就用来招待拉巴耶了，两个人吃得很愉快。十年之后，整个国家都在追捕他，直到最后杀死了他。

几个月前，葆拉将她的三个孩子带到了隔壁街区的一个组织那里，希望测量一下孩子的身高和体重，他们说孩子是不达标的，葆拉没理解，他们给她解释，意思是说他们按照这个年纪来看太瘦了，太小了，必须吃得更好一些。葆拉先是很生气，她认为这是对她的责怪，为自己进行了辩护，然后，她就哭了起来。

"最后，他们告诉我，如果是发育不达标的孩子，政府会发一大包东西，我得去办理手续，去申请。最后，他们终于发给了我。每半个月给我送过来，一个盒子里有面条、大米、油、红薯四个袋子。"

葆拉很高兴，但是仍然觉得很内疚。她给我讲述的时候还是哭了："我的孩子们对我来说是最重要的，我知道他们发育不全都是因为我没照顾好他们。以前我们从丈夫的工资里省下一些钱准备装一个厕所，现在我认为他们吃得好更加重要。钱总是不够，每个月我们都紧巴巴的，但是我们都努力让他们吃饱。我们不允许自己的孩子挨饿。中午我带他们去食堂，晚上我给他们做饭。我们宁可自己不吃，也要让他们吃饱。哪怕是做一碗汤，一些面条。"

"你没有足够的钱吃饱饭都是谁的错？"

"我不知道，我哪能知道。我不喜欢的是听总统说现在已经没有贫困了。我听她说了好多次，没有贫困。希望她能来看看这里的贫困，看看那些正在被饿死的孩子们。有一天我看到一则新闻，报道了一个孩子饿死了，教士将母亲关进了监狱。你知道我看了这新闻以后感到多么难过和无力吗？

那么多的施暴者，那么多的罪犯，还在逍遥法外，而一位母亲，因为孩子饿死，就得去坐牢。"

"大约15%的家庭遭受最严重的结构性边缘化，算下来也得是五六百万人。古巴菲德尔·卡斯特罗二十多年前打开了门，对所有人说，你们去迈阿密吧，或者是布希将军将所有的懒汉都带去了卡塔马卡省，对于体制来说，这些人走了更好。他们太多余了。"

萨比亚对我说。我告诉她，那不让他们吃好也算是一种狡诈了。

"哦，但是得给他们吃的，为了让他们不造反，不让掠夺成为这些边缘人向政府清算债务的系统方式。"

我们坐在咖啡馆的桌子旁，位于圣胡安街与柏艾多街交界的地方，我们说着话就仿佛我们真的坐在咖啡桌的旁边闲聊呢。

"不，你没理解我，我没说不给他们吃，我说的是给他们吃得差，因为这样他们不会太聪明太强壮，而且以这样的方式处理他们更便宜。从利润角度讲，为什么要花钱在那些没有产出的人身上呢？最后不得不说，这些没有生产力的人才对你有用，要是营养跟上了，他们可就有了工作积极性。"

"我同意，但是我不认为这是设计好了执行的……"

"我也不这么认为，因为我觉得他们没那么聪明。"

"但是，等一下，我认为这种逻辑是存在的，政府在何种程度上能阻止这些人洗劫超市、产生政治问题？给每人发250比索？"这可没用，这种想法不行，那哪天他们食物不够了，搞一场暴动，我就得把补贴涨到 500 比索。社会抑制和社会控制的程度到底有多少？如果这成本很高，政府就捉襟见肘了。我不能支付那么多，因为我得从其他地方多收一些。但是我总得付一些，当然越少越好。

　　这并不是阿根廷特有的把戏，统治者的战略总是将被统治者维持在最低存活的水平线上。想准确找到每种情况下的最低线，就得不断尝试和失败。一个错误可能会导致千万人饿死，或者起来抗议并提出他们的要求，机制就这样持续。当欧洲和美国选择给银行纾困而不是给穷人花费，他们相信穷人们是会忍受的，当他们用粮食价格进行投机或者榨取原材料，或者将玉米变为燃料，他们相信一些非洲人民的死亡不会影响到他们的生活。当一个政府给其臣民一些施舍，它是希望将他们维持在沉沦与被统治之中，没有反抗的能力，保持沉默。

　　因为饥饿是一种强烈的欺骗性元素，许多人看到媒体播报饥荒的时候，十分钟之内是会感到难受的，这种难受是与地理距离直接成反比的，如果你离事发地五十公里，那么你的难过可能会持续四十五分钟。政府最厌恶的莫过于其臣民的难受，他尽其所能让臣民感到舒服，最好是什么感觉也没有。于是他们进行基督教的慈善或类似的现代慈善活动，即援助：给予穷人生存的最低所需，可别让他们的血肉污染了我们的屏幕。

　　许多人靠这个活了下来，还有另外一些并没有。

6

越往河边，棚户越稀疏，因为水流有时很危险。遍地都是水草、烂泥、沙滩，这里以前都是沼泽地，穷人慢慢地占据了这块地。有一家人养猪，一家人在烧砖，另外一家人在杂草堆里翻着瓶子、纸板、破布。一个邻居过来，告诉克劳迪奥别忘了去开会，社区组织去申请更多的土，申请装土的卡车和小车，运点土过来夯实这块地，把地基抬高。

一百米开外，黑色的马坦萨河在碎石和杂草堆成的岸间流淌，岸的这一边是垃圾，另一边，是原始森林。克劳迪奥告诉我，有时候他还在这钓到了鳗鱼，那可是他最爱吃的鱼，他老婆若米能把这几条鳗鱼做成人间美味。

"很多孩子都游到河对岸去偷东西。对岸有一条路是那些四驱越野车走的，孩子们就从那去偷东西，你可不知道他们都偷了些什么机器。"

克劳迪奥说，我更不知道他有多少朋友死在了河对岸。

"如果你被逮到了，他们就直接干掉你了，把你的尸体扔在树林里，谁也不告诉，让你的尸体被虫子慢慢吃掉，这种地方谁能找到你呢。有好几次，我们得去那找尸体。有一次，一个叫"恶魔"的人在偷东西的时候被逮了个正着，他跟警察起了争执，警察一枪就把他击倒了，他躺在那儿，警察以为他死了。因为他没回家，朋友们四处去找他，最终发现了他，发现他眼部中枪，头都开始腐烂了，爬满了蛆，但他还活着。整个眼部发炎了，把视线都遮掉了，他什么都看不见了，他在那儿叫喊，说着胡话。朋友们就把他带到医院，他最后成了独眼龙，因为那些蛆把他整个眼睛吃掉了。"

克劳迪奥说，这条河是个背信弃义的家伙："你看它现在安安静静的，一旦发大水，就把我们所有人淹没了。"

克劳迪奥很高，身材魁梧，穿着牛仔长裤剪短的中裤和很考究的天蓝色衬衫，脸上胡子刮得干干净净的，下巴上留着小撮山羊胡，短发，嘴上带着敢作敢为的微笑，他跟我讲道，几周前，河水泛滥淹了整个街区，非常严重，水都到了脖子那了。那些人把下游的闸门关了，好让富人区不受影响，这水就只能流到他们这里了。一个星期之内，他和他已长大的孩子们都只能待在淹掉的房子里，坐在一张桌子上。

"这里的年轻人太可恶了，如果你不在家看着，他们就把东西都拿走。"

水把街道全淹了，没办法走路，克劳迪奥就用木头和充气袋子做了一个筏子和几个桨，划着筏子出去寻找吃食。

拉罗马小区，位于马坦萨镇格雷戈里奥德拉费雷尔乡，街区里面有土路，有两个用木头、铁皮、砖头搭成的房子，没粉刷，街道两旁有两条大沟，里面的死水已经又黑又臭了。女人们在家门口喝着马黛茶，家里的广播还开着，放着昆比亚舞曲，空气中有闻起来像大麻的香味，新种下的树还绿绿的，孩子们在周边玩耍，一位男士拿着砍刀在砍树，两匹瘦马在土路中用蹄子翻着稀少的草。每个街道都有两到三根电线杆子，每根杆子上伸出几十条电线，那是邻居偷电用的线，挂在了杆子上。

社区的入口有一块荒地，占据了大半个街区，荒地里堆满了垃圾、杂草、火堆烧完后的灰烬，还有几棵老柳树。在街角挂着一个涂有颜色的木牌子，上面写着"记忆公园"。

上面写着"记忆公园"

克劳迪奥三十六年前在这里出生，一辈子都在这里生活。他说三十岁之前都活得浑浑噩噩，是个坏小子，好打架斗殴，是流氓混混。他是一个街头团伙的头头，天天骚扰街区的居民，有时候向他们收取过路费，还振振有词：不留下买路钱，不得从这儿过。

"我们总是在欺负人，借口是你还欠我两毛钱，你不能从这儿过是因为这是我的地盘……我那时候是个坏人。不过那已经是很久以前的事了。有一天我路过这个街角，那个我管事的街角，小混混们还在那，吸着大麻，可能是闻到了烟味还是别的原因，我觉得好像回到了十年前。他们还在聊那些永远不变的垃圾话题，毒品啦、偷窃啦、女人啦，昨晚上我去偷了那个地方……我看看他们，几乎不能相信。他们都疯了。他们没有底线了。要是你不跟着他们疯，他们就给你一枪，要是你没两把刷子，他们根本不把你当回事。以前我们只是拳打脚踢就解决问题了，现在这些人居然跟我说，你老了，现在可是火药时代了。"

克劳迪奥说他不偷东西，他确实在街上晃来晃去，但是不偷：

"我一直都干活，我吸的大麻都是用我挣来的钱买的。我可从来没想过去偷。我们是基督徒家庭出生的，是受上帝的教诲长大的。别看我吸毒吸得多，可都是我自己的钱。我十五岁的时候上完了小学，那时起我就在街上混了，一直到三十岁，我都吸了十五年毒了。"

克劳迪奥一开始是用吸入剂吸，然后是大麻，最后是可卡因，他把做泥瓦匠挣来的钱都花在了这上面，周末都是在迷醉中度过，而平时是在醉酒中度过。

"所以我才知道没有上帝的帮助的话，没有人能自己戒毒。上帝一旦救了你，就是彻底地救了你，把你整个灵魂清洗了一遍。现在如果我看到年轻人偷东西，我是会去给他忠告的，会给他说教。有时候他们跟我说，他们也不想这样生活了，但是没有办法改变，我告诉他们，在主的帮助下他们能改变。我就是知道，因为我就是这么做的。"

克劳迪奥在首都做泥瓦匠，几年前的一天，他正在静静地刷墙，有四个人过来，问他工头在哪。克劳迪奥说在里面，然后就拿起刷子接着干活。一会这几个人就回来了，对他表示了感谢，走远了。当他看到他们在街角转了弯就开始跑，他才明白了，这是抢劫。克劳迪奥追到巷子底，几个同事被捆着，头按在地上，工头认为是克劳迪奥为抢劫犯通风报信了，工头说不会去报警，但是你再也别回来干活了。克劳迪奥没法证明自己不是那帮家伙的同伙：然后，跟他一起干了那么多年活的人再也不相信他了，克劳迪奥被气哭了。

"你如何证明你是无辜的？能跟他们说什么啊，说什么他们都不信。你还能说什么？我是从拉费雷尔市来的，哥们儿，所有人都会对你说，拉费雷尔市的人都是小偷。"

那些年，克劳迪奥和罗米娜总是去捡东西，但是最后还是放弃了，每次能捡到的东西越来越少，因为人们扔得少了，因为疟疾泛滥，或是因为竞争激烈了，很多人在那里捡垃圾，当他获得"老板和老板娘"计划的资助时，那真是解决了心头大患。

那几年，阿根廷政府停止了无条件地发放补贴。"如果一个人得了补贴，所有人都需要得到补贴。我们要帮助他们每一个人实现的是他的尊严。"当时的社会福利部部长，也是当时总统的妹妹如是说。"有人对我说他想成立一家合作社或服装厂。如果补贴给家庭作坊，就等于给了他们一次机会。但是如果补贴对这家人来说只是一笔单纯的收入，数额还那么少，就等于什么也没给。难道有人认为给100比索就解决了他们的贫困问题了？"

一系列竞选失败说服了政府得好好改改立场，政府的"全民子女救助金"计划变成了伟大的社会方案：他们将一笔固定数额的补贴，每月约40美元，分配给超过三百万个孩子。当然，他们并没有把这计划认作六年来的执政失败，而是把它当作执政道路上向前跨的一大步，鬼才知道他们的执政道路是通向哪里的。事实上，这种补助确实赢得了民众的欢迎，这种以国家名义做宗教般的慈善的真正含义是，我给你一点，是你维持现状仅需的那一点。

当然，这种计划建立起了忠诚，民众忠于分发补贴的政府，忠于那届政府的主要官员，忠于政府在地方上的委员，忠于那些能搞来资金去分配的人。民众也产生了一种感激，同时也产生了恐惧：如果这些人只是随意地给我们这些东西，同样他们可以随意地把这些东西拿走。我们可别造反，不然这些东西可就没了。

救济是一种针对贫困表象的救助，救助的目的是给他们缺少的一些必要的东西，而不是针对贫困根源进行救助。或者说，救济是一种将他们维持在贫困状态的方法，创造一些必要的条件使救助对象没有能力开始或重新开始自食其力。救济让这些穷人继续做穷人，严重依赖于救济的施舍方，施舍方可能是国家、政府、非政府组织、不同的教会。救济可以解燃眉之急，同样会让他们陷入无助的泥潭，需要持续地被救助。

我们很难不追问，这种不公正无法根治的原因是不是体制本身。

克劳迪奥满三十岁的时候，听到了感召。现在他节食，与上帝对话，向他做出承诺，努力付诸实践，整日忙着在社区宣传他的计划，他给我讲述了他与上帝会面的场景，讲述了他所有的不幸：传教士就经常使用自己受苦难和上帝显灵的故事，来劝服其他人走上正途。

"我告诉你真相吧，我小时候曾经被人侵犯。这事儿我谁也没说，没跟我妈妈、老婆、朋友讲，我谁也没讲，直到有一天主跟我说话了，他通过一个教士先知告诉我，他知道我小时候被侵犯过，我必须得宽恕那些作恶的人才能洗净我的心灵。他什么都知道。他会探究你的心灵，他什么都知道。"

每个晚上，克劳迪奥都祈求上帝帮助他从善，把年轻人从毒品中拯救出来，把他们拉回正途。有一天晚上他还在睡梦中，主显灵了，穿着白色的袍子，抓住了他的手，把他带到了一个门口，说，来吧，我的一个孩子住在这里，我希望你跟她说说。

　　上帝，到了拉费雷尔市，用你和他相称。克劳迪奥说他在梦里告诉那女孩子所有上帝让他说的话，希望她能向他坦陈她的罪恶：通奸、毒品、堕胎。他吓得半死醒了过来，但是还是感谢上帝给了他一次机会，第二天就去找那个女孩，事情正如梦里发生的一样，因为梦并不是一场梦，而是上帝引他入正途。但是过程也较艰辛：

　　"因为魔鬼没有那么容易放弃他征服的人，如果你去赶跑他，他会攻击你，会用岩石赶走你。但如果你带着诵经的经文和斋戒的武器，你就能赢过魔鬼。这可不是我随口一说，《圣经》上是这么说的。不过，毕竟魔鬼是不容易见到的。我是见不到。我弟弟是有这种能力的，上帝赋予了他这种能力。他能在树上见到他们，在家里，走路的时候见到他们，在我们准备给一个被魔鬼缠身的人诵经的时候，他也能看到，魔鬼从那人的嘴里出来了……但是这也挺难的，因为魔鬼什么都知道，他知道你是谁，你在干吗，所有事情都知道，他会说出只有你一个人才知道的事情，让你害怕。"

　　几个月前，克劳迪奥去市政府申请接入合法的电力服务，装上电表。安装电表会收取150比索的安装费，而且意味着必须开始缴电费了，这看起来很不划算，但是这么做是因为如果想要用补贴卡通过分期付款来购买东西，例如鞋子、炉子，随便什么东西，必须出具电费缴费单。这是加入体制的第一种形式，你付了电费，你才是消费者。但是他申请了许久，却没有人来安装。

克劳迪奥皈依的时候，已经有了两个儿子。他二十岁的时候把邻居罗米娜肚子搞大了，她那时才十五岁。罗米娜拒绝堕胎，孩子便出生了，很健康，但是他们俩没有在一起生活，仍旧住在各自的家中，两家门对着门，还经常打架。第二个孩子出生后，他俩就计划住在一起，但是没有钱租房子。克劳迪奥的干妈愿意以 2000 比索的价格卖给他一半的地，折合到美元是 180 美金，让他别着急，他可以慢慢还清。这是一块低地，一共 80 平方米，周边都是水，但是没有流水从那经过。克劳迪奥用垃圾场上捡来的瓦砾石块把地填平，问题是他根本没有钱把墙砌起来。他向上帝祈求，他反复地祈祷，不停地祈祷，祈祷了好几个小时。直到一个朋友出现了，那个朋友以前想给自己建个真材实料的房子，于是就把自己的木房子给了他。

"那真的只是一个空间，房子有点烂了，但总是比没有强吧。这是一种信号，主没有抛弃我，他为我着想，他听我说话。

克劳迪奥说，事情就是这样开始的，一点一点地，一步一步地，克劳迪奥和罗米娜把房子改造了下，加了两间房子，铺了水泥地。一间房间里有两张小床给三个大孩子睡，一些衣架挂干净的衣服，另外一个房间里放了一张双人床，是给罗米娜和克劳迪奥的，一张单人床给两个小女孩睡，这间房里也放了一些衣架。在旧木房里是他们的厨房和餐桌。所有的东西都很整洁，地也擦得干干净净。克劳迪奥说这都是上帝没忘记我们的证据。

"因此我必须帮助其他人，证明给上帝看，我也能成为他从善的工具。"

因此，现在他在给在合作社认识的一个女人造房子，那个女人有五个孩子，丈夫在监狱里，她聘他来做泥瓦匠。

"她不知道的是，上帝跟我说，别收她钱了，免费帮帮她吧，但是做完了再跟她说，这样就能给她一个惊喜了。"

免费给人干活对他来说也是代价不小，他前一段时间还能找到很多泥瓦匠的工作，现在他好几个月都找不到活干了。

"我不知道该如何度日了，这几天我让我老婆带着孩子回她妈妈家了，至少还能吃上饭，我们家已经揭不开锅了。"

克劳迪奥每月收到政府合作社计划 1000 比索的补贴，大约 80 美金，条件是周六周日在拉费雷尔市中心做清洁工，每四个小时一班，做两班。

在市中心，火车站前的一座桥上挂上了一个牌子，祝贺 2011 年该市成立 100 周年："格雷戈里奥·德·拉费雷尔市，百年历史……"，省略号就是该市的未来。这座城离布宜诺斯艾利斯市中心有半小时火车车程，是由阿根廷政治家、记者、戏剧家格雷戈里奥·德·拉费雷尔先生建立的，他非常慷慨捐赠了不少钱，想冠以自己的名字。但是这也没成，现在所有的人都把这里叫拉费。

拉费市中心就是火车站，桥的周围有许多小生意，有卖牛肉汉堡的，有卖半合法的手机的，有两个卖香烟和小糖果的小亭子，卖巴拉圭的小面包和汤的小店，"礼物之王"连锁商店。再远一点，在周边的大道上，沿街有许多店铺：麦当劳，腌肉铺，"港口人"面包房，两家电器商店，一家贷款行。大道的沥青路让人联想到坑坑洼洼的月球表面，在人行道上，几十个人排成蛇形队伍在等公交车。古铜色的脸庞，景色就是无数的招牌、拥挤的人群、垃圾、叫喊声，总之就是非常拉丁美洲。

人很多，女人们、孩子们、老人们、手掌粗糙的男人们。干净体面的年轻人穿着短裤，脚上一双绚丽的运动鞋，如果天气不热，没怎么出汗，就戴上棒球帽。妖娆的女孩子们把头发染成了黄色，穿着超短裤，这些招蜂引蝶的女孩子们都胖乎乎的。肉分布得可真不均匀，短裤男孩都是瘦成了杆，而热裤女孩子们却圆鼓鼓的，大腿很扎眼。

"国家批准了同性恋婚姻之后，我们去广场上抗议，这个是与上帝的旨意相违背的，因为他的话就是金科玉律，过去、现在、未来都是。批准这个法律的基什内尔总统因此很快就去世了。因为上帝的旨意是，虽然他是充满爱意的，有时也会发火，如果不如他意，冲你吹口气，你就没命了。"

克劳迪奥时不时讲讲《圣经》，话语间都是郊区传教士使用的专门术语，不仅在这个从来不用"你"这个称谓的国家用"你"的人称来说话[1]，而且使用古语讲述，仿佛上帝是从时间的尽头在跟你说话，以爱和契约之名对你发出最残酷

---

[1] 阿根廷人不用"你""tú"而用古语 vos。

的威胁。克劳迪奥，经常用鹅叫一般的口音重复这些话，好像在话语上滑冰，吞掉最后的元音不发，就好像阿根廷球迷唱歌时候的那种发音。

"我认为总统就是因为这个死的。因为现在这个时代很奇怪，把好的认作坏的，把坏的认作好的，所有的事情都颠倒了。"

拉费市是猎鹰（Falcon）的土地，是一片炼狱，因为没有地狱可去，就存活下来了。猎鹰是福特公司汽车的一款旧型号，福特公司在20世纪50年代推出了这一款车，几十年里都是阿根廷人最喜欢的一种车，它结实耐用，价格实惠，"样子也不错。七十年代的时候，猎鹰汽车，尤其是绿色的，载着军人和警察，造成了好几万人的失踪。从那以后，猎鹰汽车就不再布市出现了，而是来拉费市了。这里有无数废弃的猎鹰款出租车，当年出租车还在运行的时候，上车就收两比索，只要车上有空间，人就不停地往里挤。这些废弃车已经缺少零件了，过了使用期限了，生锈了，但是还能启动，有一些甚至还有车牌。

"上帝没有创造一个更公平的世界，你不生气么？"

"这不是上帝做的，是人类做的。"

"但是像你的孩子没有足够的食物，你把他们送到姥姥家的时候……"

"是，这是一个学习的过程，你得在物资缺乏和物资丰富的时候学会生存，无论上帝给你什么样的条件。他想要教会你的是你得接受他给你的东西，你得依靠他。我的老婆，罗米娜，不能理解这一点。她只能理解一半，她的心灵关上了门，主一直在努力敲她的心门，她却不愿意打开。这让我痛苦，我在教堂里总能看见夫妻成双出入，而我总是一个人。我又不是鳏夫也不是单身，我也想全家一起去教堂。上帝对我说要等等，他也在测试我的耐心。罗米娜认为政府得给她这些东西。她目前还能凑合，但是上帝想让她依赖他。牧师刚对我说，上帝想要你放弃去向别人祈求，而是向他祈求，他是万物之主，如果你虔诚地祈祷，他会给你想要的东西。"

罗米娜对我说，嫁给她老公还是很幸运的，有时候他确实让人头疼，喝酒、吸毒、在街头鬼混，但自从他痊愈了之后，她说"痊愈"，他就变了一个人了，帮她做事情，当她出去的时候，他就打扫房子，洗衣服，照顾孩子，哄他们睡觉。

"他对我也不错，人挺好的，从来不对我动粗，从来不。可惜我们从来不得消停。您知道我是多么喜欢安心么？"

"您说的安心是什么样？"

"嗯，就是不需要到处找吃的，家里能囤积足够的食物，能一下子囤好一个月的。我就安心了……"

罗米娜三十岁了，有五个孩子。她瘦瘦的，两条腿细长，穿着黑白色的短裤，脚指甲涂成了紫色，短头发染成了棕红色，脸上棱角分明，牙齿很大有点不整齐。天气很热，她出着汗，我问她为什么她不相信上帝，她说不对，她是信上帝的。

"我是信上帝的，在我身上发生了许多事情，当我的孩子三岁的时候，我的公婆送来一只公鸡和一只母鸡。孩子喜欢摸东西，什么都去摸，他想摸摸大公鸡，大公鸡用锋利的爪子抓了他，刺破了四个小口子，流了血，好像一个过滤网。我和丈夫飞奔去找出租车，可他在路上就已经奄奄一息了。出租车司机说，快弄醒他，不然就要死了，他在我们的怀抱中渐渐不行了。我们到了卫生所，没人理我们。我丈夫就吼，快点救治啊，我孩子要死了，最后终于有人来了，那人就说拿着，给他输液吧，他给了我们输液包。你到底在干什么？我问他，孩子都要死了，你就给我们一包液体？但是那里没有儿科也没有保安。但是求你找个医生来吧，如果孩子死了，你们也要负责的。最后他们终于把孩子擦干净了，给他伤口上了药膏，但孩子已经没有反应了，还是处在昏厥状态。我们想把他带去儿童医院，但是我们没有钱了，没办法了。卫生所旁边有个教堂，叫'上帝是我的拯救者'，丈夫说我们就进去向主祈祷吧。牧师来了，也为孩子祈祷了，我们所有人都在那祈祷了两到三个小时，突然他就醒了，认得出我们。上帝救了他的命，如果不是因为他，我们的孩子就离我们而去了，已经离我们而去了。"

"为什么你们宁愿留在教堂，不愿意去医院"

"因为身无分文。"

"牧师不能借给你们么？"

"不，我们就进去祈祷，然后孩子就醒过来了，本来已经半死不活了，但是居然醒过来了。"

罗米娜说，她仍然没法相信神的善意，她更相信政府的补助。

7

客人（cliente）这个词来源于拉丁语的 *cliens, clientis*，是从动词 *cluere* 而来，意为服从，也许这就是共和国中最古老的关系：一个公民"服从者"承认另外一个公民"主人"的权力，并接受"主人"的指令，换取他给予的保护，允许他行使"服从者"让渡的权力，而服从者本身靠服从和驯服来协助"主人"行使权力。

庇护主义，这种人民与强权之间的一种关系，是大致民主的"另外一个世界"及其周边国家采取的主要机制。

（因此，右翼取消"大政府"国家干预的典型技巧是把这种干预转化成庇护主义：政府本来应该寻找和创造条件对财富进行公平分配，现在政府唯一可能的干预方式变成了分配补助。）

"如果我们赠送食物，他们就永远不再去工作了。"

"我们给他们赠送食物，是因为我们不能给他们工作岗位。"

"你怎么看？"

这些对话都是陈词滥调了。那些反对慈善的人，早在五十年前，甚至两百五十年前，那时还是令人尊敬的马尔萨斯牧师的时代，就有这样确凿的论据：如果我们用免费的食物惯坏了他们，这些人永远都不想再回去工作了。饥饿是因市场的需要产生的，让所有的劳动者劳动起来，维持人类遭受面包与汗水的原始诅咒。但现在情况又不一样了：市场甚至不需要那些人了，目前找不到更好的办法解决他们的饥饿，唯一使他们活着的方式就是送给他们食物。

最近两年，罗米娜在社区的一家食堂工作，她负责做饭、盛菜，每月收取 700 比索，还可以把饭菜带回家，有时候还能带一些出去卖。但是，食堂去年关张了，原因是管理人员之间的内讧。"他们卷进了政治斗争，我不知道是什么情况，我问了他们很多次，他们都不想告诉我。"罗米娜这么说。政府的某个官员再也不给这家食堂送菜了。

"现在我在这个'脚丫街区'登记了，以前我参加了其他团队的游行，整天在外面晃。他们付我 150 到 200 比索，你也得不间断地去，一天都不能落下。"

"去哪里？"

"去扎营，去玫瑰宫那种地方。"

"以前那个团队叫什么名字？"

"叫作'特蕾莎还活着'，但是现在我在'脚丫社区'登记了，我就得去游行了。"

"你做了很久了吗？"

"没有，刚开始呢，两三周吧。我把我最小的弟弟也登记进去了，他也需要钱。他现在干干泥瓦匠，但是工资太低了，所以和我一起去游行，也能挣点钱。"

在她家的院子里，其实就是她家周围的空地上，瓦砾遍布，有一口挖到一半的井，三四只瘦骨嶙峋的野猫，一只刚生完小崽的母狗。一只很大、乌黑的鸟与一只猫为了点东西争了起来，那东西看起来像肉，但是应该不可能是肉。它们尖叫着，鸟和猫打斗起来。

罗米娜说，现在这个区，生活比以前好了，社区给她发的东西与以前差不多，但是不用走远路去领取了。

"脚丫社区给你发什么呢？"

"嗯，商品已经给了我一些了，还发工资，这个我还在等，750 比索。因为我还在领孩子的全民补贴，我问社区补贴会不会突然没有，他们说不会的，你不用担心。那些没有领到全民补贴的人可以去合作社，那里可以领取 1200 比索。但是游行我们都必须去。如果你不去的话，他们就会取消你的份额。"

"你去吗？"

"我去啊。"

"他们付你的 750 比索是从哪里来的？"

"我不知道，是一种工资，一个机构付的，名字有三个字母。我不知道是 PC 还是 PNL，好像这几个字母。"

庞护主义并不是中央、省、市政府独有的，也不是传统政党独有的。当然，谁也不能和庞护主义政府的补贴带来的权力相媲美，尽管如此，一些所谓左翼也按照这个套路运作。每个政党团队在政府机器中运用自己的影响力和利用人群上街抗议，为本党的追随者争取最大数额的补贴和资助，这样就能维持并且增加追随者的数量。有时候这些补贴甚至变成了追随者参加活动的唯一理由。

"是一张支票吗？"

"不是，他们会给我一张卡。我正在申请这种卡。街区的协调员跟我说已经申请了，不久就会给我了。"

脚丫社区连续好几年参加了现任政府活动，后来与政府机构分道扬镳了，但是在以前的那段时间里，他们争取到的群众团队资源，仍然掌握在手里。

"他们给你五个孩子都支付全民补贴吗？"

"是的，这几个月他们没付给我多少，因为我没给十岁的孩子重新申请文件，他们不想收我的文件了。我三岁的孩子也是一样，我把文件送去了，但是没有收。最后一次他们拒绝我的时候，我对他说，我等了一年半，孩子都要满三岁了，你们不能总是拒绝我。他们找各种理由来搪塞，我就坐在那里，把文件扔在那里，对他说，我就不走了，我那个八岁的孩子从五岁起我就带他去那家幼儿园，幼儿园的人不给我签字，没有签字的话……"

罗米娜激动起来了，说起了为拿到孩子的补贴，经历的各种艰难的官僚手续的故事，这可是一个讲不完的曲折故事，她为了这个补贴等了不知道多少个小时，坚持了又坚持，受尽了隐性的侮辱和细微的暴力，为此受的委屈和辛苦不比任何一份工作少。

"另一个孩子五月一日就满六周岁了，必须重新申请文件，我没钱了，没办法做。然后他们就拒绝收我的账本，想把它作废掉，我反复解释，我需要这个，没有这个钱我们没法吃饱肚子，那天我一屁股坐在了那里，一动也不动，那里人满为患，他们对我各种谩骂，场面一团糟，但是我没走。我对他们说，不行，我必须跟一个管事儿的人说话，他得告诉我怎么做才行，他们让我滚，我丈夫都不愿意看着我，我以为他……不知道他怎么想的，我一直待到了晚上八点。我坚持一定要和他们的领导说话，有人跟我说，这里是不能申诉的，我仍然坚持，不放弃……"

罗米娜，最终争取到了 1200 比索，而按规定五个孩子是可以拿到 1500 比索的。

"是他们欠我的，就是欠我的钱。现在多多少少能接济一下家里。"

"你去找工作了吗？"

"我以前是干钟点工的，这种工作最好找，我必须得找钟点零工，不然谁照顾孩子啊。现在没什么工作了，我就去游行。如果你们兑现你们的承诺，我可以负责任地说，我也兑现我的承诺。如果他们在那骗我，那我去几次，以后就再也不去了。"

"您对他们做出什么承诺？"

"游行啊。承诺去游行。到现在为止我一共才去了三次。我们一早七点出发，到下午两点就回来了。对我来说挺合适，这份工比较轻松。我以前的游行工作是要到晚上的，我到家都半夜十二点了。你想想看。"

"最近几次都是去了哪里？"

"我们去了五月广场，去了阿巴斯托市场，在圣胡思托……啊，还去了方尖碑。"

"游行都是什么目的？"

"我不知道，他们说是为了抗议，或是申请新的补贴计划。我们去阿巴斯托市场索要的就是这些计划，还为了圣诞礼包。"

"去抗议的几次都是抗议什么？"

"也没抗议什么，就是申请给予更多的补贴，更多的商品，就这些。"

"他们对你承诺了什么？"

"承诺支付我一定的报酬，750 比索。"

罗米娜给我解释，好像根本不明白她自己对此事无甚了解。

这点补贴还不够，很多情况下是不够的。自从食堂关门之后，孩子们吃得更少了，罗米娜说，他们吃的总是一样的菜：菜饭、菜面或蔬菜泥，有时候还带一小块肉。

"有时候天气太热，我们就吃沙拉和午餐肉罐头。如果有零食吃了，我就做土豆饼。我把所有能找到的食材，尽力做成菜。如果我们到处随便找吃的，经常不够，我们挣来的每一分钱都是给孩子们的。我们不吃，省下来给孩子吃。孩子们有时候会发现，就问我们：你们俩什么都不吃？不吃了，我们已经吃过了，现在你们吃吧。"

"你最喜欢吃什么？"

"我没关系的，什么都能吃。"

她说，挑食可是不好的事情，只有特别难以忍受的东西才排除在外。

"但是你总有最喜欢吃的东西吧？"

"我不知道，我喜欢吃甜菜糕，蔬菜糕。"

罗米娜这么说。

克劳迪奥和罗米娜很担心他们三岁的小女儿，"她体重不达标"。脚丫社区有一家商店是卖零食的，她把孩子们都带去了尝尝好吃的零食，还可以在那称体重，量身高，店里的人对罗米娜说了这样的话，小女儿图提这个年纪至少得有21公斤重，现在只有16公斤。但是店里的人说不用担心，他们会带她去看医生的，给她开具一张营养不良的证明，他们就可以半个月给她派送一整盒的食物，有时候甚至每周都送。罗米娜心里清楚，她的两个大儿子几年前也发生过同样的事情。

"现在的问题是，医生不给她看啊。"

罗米娜叹了口气，世界真是个充满了苦难的地方，到处都是为难别人的人，把这世界弄得更加痛苦。"

"脚丫社区的女士把我们带去看医生，那女医生不给我们看，说这孩子没事。但是给孩子称体重的时候我没看到，我在人满为患的等候大厅里。

"你相信世界会变好吗？"

"我都不知道能相信什么了。运动协会的女士跟我说，我们要继续努力，我们再重新找另外一个医生。也许另外一个医生也不愿意这么做。因为就是有这样的医生，不愿意给你开证明。"

"为什么？"

"因为你是脚丫社区的成员，或者是其他类似组织的成员，他们就不乐意了。如果你是政府一派的，他们就给你开。我认识一个护士，她告诉我儿科主任就这样下了指示，不让医生们开证明。也许她真的下了这样的指示……我说这样不好吧，我们是因为需要这个才去申请开这个证明的。哎，希望他们能有点理智，不是吗？"

罗米娜笑得很勉强，一方面，她希望她的女儿没事，尽管她失去了收到一盒食品的机会：

"那盒子里有油、糖、面条、大米、甘薯酱，装得很好看。我不能抱怨什么了。但问题是他们一个月才给你一次，一个月一次也不够啊。"

另一方面，她还是怀疑女儿真的营养不良了，她真的需要营养，就因为某个政府公务员的一不高兴就没给她发食物。

世界就是充满了敌对，比任何一个其他空间都要更加敌对，充斥着不断变化的规则，充满了别人才知道的小伎俩，充满了欺压。

罗米娜常在离家两个街区的小店买些东西，因为小店的主人可以给她赊账，但是她必须多支付商品价格的一半作为补偿。罗米娜也想去其他地方正常消费，以正常价格买些面条、糖、油，但是她没有钱。

"小店主人可在我们身上挣了大钱了。我们能怎么办呢？我们啥也做不了。我们从来也没能做什么。"

在现在的阿根廷，有那么五六百万人是多余的。最穷的人是多余的人，他们被社会排斥在外，他们的需求得不到满足，这是一个相对新的话题，没人知道该怎么解决这个问题，没人知道该拿他们怎么办。

当然，一些社会学家、政客和非政府组织，也许带着些许不自愿的犬儒主义，把这叫作包容。这是一个相对较新的概念，直到最近，穷人和穷人的庇护者们要求的并不是包容而是平等。以前的社会知道该用什么机制来使唤穷人，给穷人们一些回报，如奴隶地位的稳定、从属关系的保障、固定工资的诱惑。阿根廷也不例外，在 20 世纪大部分时间里，都是一个穷人地位很明确的国家，穷人就是工人。工业资本主义需要他们在工厂和服务中操作工厂的工具，资本主义对劳动力的需求，使这些被需要的工人们能提出一些条件，例如改善他们的生活条件，尽管改善力度永远不够。

当阿根廷的富人们决定派出军队去改变体制，重建一个从来没有存在过的乌托邦，关闭工厂，赶走农民，让他们继续做回世界豆农，也许他们没预料到这会让几百万人失业，用激烈一些的语句来形容，就是让这些人回到没有用、没有需求的状态。最后这种制度成功地将工人有组织的暴力威胁替换成穷人无组织的暴力，后者是一种个人的暴力，毫无头绪的暴力，随时随地可能爆发，不可预见。现在大家才对这事表示遗憾。

当然，他们当时本可以预见到这个后果，本可以研究下这个后果，因为将几百万人排除在制度之外这种安排在拉丁美洲的其他国家也发生过。但是阿根廷的富人们是有点傻，他们相信，在建立"另一个世界"的国家之时，还能在街上闲庭信步。当他们明白自己错了的时候，已为时太晚，对穷人的排斥已经造成了这种暴力，这种基础暴力的性质是无目的、无未来的。

"我不知道，我小女儿跟我说她想成为医生，小儿子跟我说他想成为律师。"

"他们怎么会想到做这个？"

"也许是从电视上看的。"

"你觉得他们会做成吗？"

"谁知道呢，希望他们能成。但我不知道怎么样才能让他们实现。"

现在的阿根廷，根据永远模糊、愚蠢、总是需要人来澄清的调查，大约有 75 万 18 岁至 25 岁之间的年轻人没有工作，也没什么希望能找到工作。每六个年轻人里就有一个，每三个底层年轻人中就有一个。

阿根廷的独特之处（这事真是有趣），就是出现了一个相对较新的现象：那些被抛弃的人群成了可丢弃的垃圾，成了多余的人，这可是在一个曾经避免这种事情的国家中再度地出现。

人类的资本主义的优胜劣汰过程已经发生了。詹·布莱曼早就在其关于印度的文章中警告过世人："我们已经到达了一个无法折回的点，当一大队储备劳动力在等待加入劳工程序，却被烙上了永远多余的烙印，他们是一群永远多余的负担，无论是现在还是将来，都不能融入经济与社会。这种比喻在我看来就是世界资本主义的真正危机。"美国中情局（CIA）于 2002 年指出："20 世纪 90 年代末，世界劳动力的三分之一处于失业或就业不足的状态，数量惊人，且大部分都在南方国家。"马克·戴维斯在《贫民窟的星球》中这么写道。

他还说："这几千万人，就是贫民窟的居民，是社会最不期待
见到的阶层，也是目前世界人口增长最快的阶层。"

男人女人都各司其职。印度是一个好例子，几个世纪以
来，印度的穷人都是最便宜的劳动力，一方面为富人耕种粮
食，另一方面，还得伺候他们吃，为他们服务。而且他们这
些穷人是可以交换的，他们不是个人而是一种物件。没有人
在意他们是死是活，几百万人具有了劳力储备的功能，他们
的工资必须保持在很低的水平。

这就是经典的模式：在大量使用劳动力的社会，人总是
被当作必要的生产资料。我们知道问题之所在，例如，罗马
帝国总是通过战争来获取奴隶，但是在成为大帝国之后，这
种以战争夺取劳动力的方式也越来越难以为继了，反而成了
帝国衰落的原因之一。再举个例子，我们知道欧洲的工业革
命需要数以百万计的工人，这些劳力需要从农村解放出来，
农村的技术已经得到了很大的发展，农民们可以抛弃土地来
到城市，操作这些离不开人的机器，甚至那些失业人员也履
行了其经济职能，即对在业人员造成压力，让他们接受更长
时间的工作和更少的薪酬，因为失业人员随时准备替换他们。
我们知道任何一个农业社会的基础直到不久前都建立在农民
持续不断的努力和汗水之上。

有些体制合理地利用了它的资源，出于体制自身的目的，
给每个人分配一项盈利的任务。这种平衡不稳定、不持久，
从历史的观点看来，是太不稳定和太不持久了。如果情况不
凑巧，也可能不会产生这种平衡：技术的进步解放了一部分

劳动力，但技术进步未能解决这部分多余的劳动力相应增加的需求。

目前，在一个大机器生产很有效率的世界，劳动力和工作，包括人，都多余了。战争和传染病，以前是调节人口的利器，最近已经不大出现了。人们活得更长，孩子们存活率更高，我们人口太多了。但是人口不是在抽象意义和普遍意义上太多了，而是我们中有一部分人多余了。

这是一种非常规的情况：我不知道这种强度和数量的情况是不是在历史上曾经发生过。有时候我以为这是时代的巨大变化之一，历史上第一次出现五分之一或六分之一的人口过剩了。让他们直接去死实在是说不过去，只能让他们勉强活着，营养不良，但也饿不死。

阿根廷是一个例子：阿根廷关闭了好几千家工厂和车间，用拖拉机和收割机替代了大部分的农村劳力，这些机器是越来越有效率，用更少的人生产出了更多的粮食。

但是这些多出来的人该怎么办呢。如果有一天，阿根廷的领导们，那些富人与其代表们，摄入足够剂量的麻醉剂，那他们的谈话可会是很有意思了：他们可能会讨论如何将这五六百万人除掉，他们真把这办法当作为国除害了，以为这样犯罪率就会下降了，教会的影响就会消失了，就会产生更多空地可以生产新的作物，会成立私人小区，公共交通服务会更好，国家就会节省更多的资源，补贴、机构、警察、监狱这些都可以不用了，剩下的钱可以用来改善中小学、大学和医院服务，受过教育的人才会理智地使用这些资源。也许把穷人除掉的过程中会损失一两个足球运动员，或几个拳击手，两三个歌手，也许庇护主义会损失几百万张选票，所有人都会苦于找不到佣人，但总体来说，这么做还是利大于弊。

他们却没这么做，也许是不敢，目前他们只是用救助计划来安慰穷人。也许他们更希望这几百万号人继续存在，通过一些补助计划，来保障他们的选票，他们也愿意为了获得权力，而牺牲一些，承受这些不幸。我不知道。对于他们来说，这场赌博也有风险，这就是再也不能放心地走在街头而不用担惊受怕了，而且他们时刻担心也许某个晚上，这些穷人们就受够了，起来推翻这一切了。

"不，当这些人开始讲盗窃和抢劫的时候，我总是对他们说，冷静，冷静，这么干不值当。最后你总是倒霉的那一个，不划算。但是这些年轻人叫我别捣乱，说我软弱，说当牧师把我变成了软骨头了。他们嘲笑我，有时候我一激动就开始骂他们，他们就笑得更起劲了，说啊，你不是那个好人小天使么？"

阿根廷是一个奇特的例子，对此有一个经典问题：我们如何才能说服我们自己？我们曾经生活在一个相对包容和同质化的国家，现在这个国家却沦落到那么多公民没有办法过上有尊严的生活倒成了正常现象。

这种事情在世界的其他地方也在发生，当然形式会有一些不同，阿根廷政治导致的贫困与印度、孟加拉经济导致的贫困当然是不同的，与其他许多地区政治经济层面都不作为所导致的贫困更加不同，但是不作为的事情却在不断重复，无论出于何种原因，结果总是相同。阿根廷人口中剩余的一部分在世界上也一样多余。全世界14亿人，大约为世界总人口的20%，处于极端贫困之中，每天的生活支出不到1.25美元，他们就是那些挨饿的人。

还有其他的可能。达卡的工人与世界经济是接轨的，他们遭受剥削为第一世界生产便宜的衣服。难道最终的选择是以同样的方式将非洲人、尼泊尔人融入世界？目前在经济领域还不大可能。换句话说，他们不知道如何从这些人身上获取剩余价值，他们不需要这些人。

对于富国来说，最好的办法就是让"另一个世界"剩下的人自生自灭。安心照顾好自己饲养的瘤牛，种好自家园子，如果有人强占了他们的地也是活该，反正还有些肥力不高的土地可以留给他们。当富人的财富多得溢出来了之后，那就分一包粮食给穷人好了。最坏的可能是，穷人们会来打扰城市，会联合起来，会进行反叛。这种情况下事情就很明朗了，他们是一种麻烦：

他们是一枚死去的铜板。

（可丢弃的人群还有一种更温和的版本，他们是数以百万计的做着毫无用处的工作的人，如何界定无用，就是一个人的消失只影响这份工作的一小部分。伦敦政治经济学院的教授大卫·格雷伯说"这就好像某人随便造出了一些无用的岗位，目的仅仅是维持我们所有人都在工作"。雇工，无数的雇工，受雇于各类服务公司，雇工，无数的雇工，在政府官僚机构中工作，各类经理、各种律师、公共关系家、销售者、前台、秘书、记者，还有许多其他工种，这些都让我们淹没在一种假象中，无法发现我们在生产链条中根本没有位置，如果我们真正有位置的话，我们仅需要每周工作十至十五小时，我们如印度比哈尔的农民一般可被丢弃，只是在一些国家，事情更加复杂而已。这类可丢弃的在职人员普遍还有一个优势，没人告诉他们真相，而他们自己没意识到。

　　而且他们随时可以吃上饭。）

　　当然，体制是不会投降的，而是会时不时地发现这些可丢弃人群的新用途：那些印度医院聘用贫穷的妇女来做孵化器。发达国家的父母们把自己受孕过的胚胎，或是把精子和卵子拿过来，当地的医生把它植入当地女孩子的肚子里，让这个女孩子在九个月间全职用身体干活，挣到大约是四五千美元，这是一笔干二十年工作才能挣到的钱，前提是找得到工作。在美国，代孕价格为三四万美金，孩子出生的总价大约是十万美金，对于美国中产阶级来说是一笔不小的金额，因此这种服务的受众有限。现在这事解决了：印度这项服务一共只用付一万五千美金。

　　在印度最优雅的医院里，管理体系越来越像传统的生产链条。现在他们不让这些代孕妇女在自己的茅草屋里孕育孩子了，因为在那"她们吃得不好，活干得太多，遭受贫困，对她们和孩子来说，最好是住在医院里，配上有节制的最健康的饮食"。在这行当里，营养不良的代孕工人等于是次品，卖不出好价钱，因此，必须把她们集体关在医院里九个月，她们唯一的工作就是待产，生活安宁，饮食平衡。生产完成后，当然，她们得签协议，保证永远不会企图去了解她生产出来的产品是什么。

在奴隶制终结之后，只有身体的外在部分用来生产，身体的内部还完好无损。现在技术的发展攻入了身体内部来生产人，而且不是用来生产奴隶的。这就变成了一个很好的理由："我们把一些妇女从贫穷中拯救出来，同时还可以给另外一些女人以做母亲的幸福。生存和繁殖的本能是人类的两大基础。"

这是一个新市场，还得继续与一些限制抗争：印度是禁止未婚者和同性恋者使用代孕服务的，法国和德国反对这种代孕。新的代孕技术中，代孕妇女的基因不会影响腹中产品的基因，印度女孩只是提供了一个温暖潮湿的孵化器，孩子生出来仍然是金发的。

几亿人勉强存活下来。发达国家在非洲的所作所为与阿根廷政府对阿根廷所做的一样：给这些多余的人群存活下去所必需的最少的资源。并且希望他们不要让灵魂高尚的人群害怕，希望他们想一下，没有这些救助他们会活得更惨，希望他们不知道如何想象自己的未来，希望他们别什么都烧了。

一种体制不能如此浪费它的资源。如果不能学会如何使用资源，或者说，如果资源有缺陷，却不能将其消灭，那问题就大了。

这群人真让人不舒服啊，就像无处安置的垃圾一样。

关于饥饿：正确理解慈善

1

世界上还有 14 亿每天消费少于 1.25 美元的人，这就是穷人。这些人缺少我们认为很自然很普遍的东西：房子、食物、衣服、电、水、前景、希望、一个未来、一个现在。

14 亿吃不饱的人。14 亿被看作没有必要存在的人，是可以丢弃的人，不被全球化体制所需要的男女。但是，我们还得忍受他们的存在，因为用大屠杀去消灭他们在电视上看起来不大好，而且会给一些弱者带去噩梦。

对于这点，获得胜利的自由主义在其最佳媒体工具《经济学人》上说过这样经典的话："尽管我们的经济增长持续了两个世纪，但仍然有超过十亿的人生活在极端贫困之中。"

所有的重点都在"尽管"这个词上：强调了这两个世纪的经济并不是造成极端贫困的原因。

"这是绝对的贫困：一种非常受限的生活条件，根本没有办法实现个人基因中的潜能，一种那么屈辱的生活条件，简直是侮辱了人类的尊严，然而这却是发展中国家 40% 人口的常见命运。尽管我们有能力减少穷人的数量，我们不还在承受着贫穷？难道我们不就是拒绝履行有史以来的文明人都接受的最基本的义务？"

如果有人这么说，他一定被贴上左翼标签。罗贝托·麦克纳马拉，世界银行前任主席，在这个职位之前他还管理过福特汽车公司，当过林登·约翰逊政府的国防部部长，美国越战时的高级军官。四十年前，他去了趟肯尼亚的内罗毕。

可是再明显不过，这是一个美国的世界。美利坚合众国百年来一直是世界政治、经济、文化、军事的决定力量，占据了从未有过的霸主地位。

大约四分之一个世纪前，才受到了来自苏联阵营的抵制，但从那时以后，美国的霸主地位再也无人动摇了。2000年，美国军费开支超过了世界其他所有国家军费的总和，美国以世界二十分之一的人口积累了五分之一的财富，世界七成的互联网内容都是用美国人的语言写成的，他们的科学家囊括了一半的诺贝尔物理学、化学和医学奖得主，其政治实力无人质疑，制造了所谓的"单极世界"。

因此，如此说来并不夸张：这是一个资本主义和美国所谓民主造就的世界。百万人口的贫穷和饥饿就是这个世界带来的结果，而不是这个世界犯下的错误。

这个体制的最大成就就是，我们不再思考，只看到事实的反面。

这个体制的所有伎俩就是把这些错误当作是暂时的、可纠正的。

"如果您想知道男人和女人们真正的想法，别看他们说的，看他们做的。"特里·伊格尔顿引用马克思的话说道。

人道主义援助首先是传统想法的实践，传统上认为让人饿死可不是好事。这不应该发生，我们的体制不能允许这种事情发生，他们用"允许"这个词，如果发生了，是因为他们也有鞭长莫及之处，也有一时照顾不到的地方。人道主义援助是一种近视和乐观主义。

"哎，但是都二十一世纪了，怎么还有人在挨饿呢。"

"是啊，他们遭受了多少不幸，可怜啊。"

"我们也是啊。"

"我们？啊，对，我们也是。"

在最佳情况下，人道主义援助也不过是以最良好的意图来纠正这个体制的一些错误和无度，其实是加固这一体制，尽管有人对这种做法做出了不同的描述。

"在富足世界里还有饿鬼，不止是一种道德上的羞耻，也是一种经济学意义上的愚蠢。挨饿的人不是生产力，就算他们能去学校的话，他们学习上也有困难，他们容易生病，死得很早。饥饿也会代际遗传，那些营养不良的母亲只能生出体重不足的孩子，智力和体力无法完全发育。生产力和国家的经济增长都被这些缺陷拖了后腿。饥饿产生了绝望，忍受饥饿的人成了那些通过犯罪、强力或恐惧来争夺权力之人的猎物，会将国家和世界的稳定置于危险之中。因此，消除贫困符合所有人的利益，包括富人和穷人。"

联合国粮农组织 2003 年发起的"抗击饥饿计划"，隔一段时间就得重新制定，因为没什么人给予足够的重视。

总是有一些机构援助了他人，事实上，许多教会的主要活动之一就是赈济，是对紧急情况下的人们进行单向救助。罗马教廷中产生了"慈善"这个词，是从拉丁语 *bene facere*，来的，意思是做好事，几个世纪以来，这是人道主义援助最普遍的方式，女士们，一般都是女士们，有权有势男人的妻子们，为了弱小的无能的人群的命运而担忧，因为她们的丈夫剥削了他们，她们得带些东西去施舍。滑稽的是，这群人本来可以通过工资购买的东西，现在却成了被施舍过来的东西。美德替换了权利。

一些国家时不时就帮助另外一些国家处于灾难之中的公民。但是现代人道主义援助的历史是从"二战"结束的时候开始的。美国 1947 年至 1951 年间开展的马歇尔计划，给战后苏联以外的欧洲国家送去了大量的食物和其他急需品。马歇尔计划是欧洲经济恢复的关键因素，是按照美国的利益对欧洲进行的调整。

所有的手册上都说，"人道主义援助是一种在紧急情况下救死扶伤、减轻痛苦、保护人类尊严的行为"，大家都认可它，因为这行为受"人类最基本原则、中立性、公正性和独立性"的支配。

这是手册上说的话。

1954 年 7 月，美国国会批准了 480 号公共法律《食品换和平法》，授权允许以象征性价格向"发展中国家"售出食品。

世界依旧不太平。"冷战"中两大巨头各自为战，许多第三世界国家试图加入第二梯队，美国人不惜一切代价阻止他们加入。美国刚刚参加了朝鲜战争，在世界上许多地区都驻扎了军事基地，从德国到日本再到南非、土耳其、巴拿马，扶持独裁政府上台已见怪不怪，哈科沃·阿本斯，危地马拉总统，几周前刚刚被其手下推翻。食品援助的寄送看起来是与其作战的最佳方法。

另外，粮食生产过剩了，美国的农业技术化程度改善了生产效率，运输的机械化把运载货物的动物口粮的需求降到了最低，马歇尔计划的受惠国已经恢复了元气，粮食达到了自给自足。农场主，特别是粮食农场主，不知道如何处理多余的粮食了。他们的游说者尽力施压，以期从《食品换和平法》中受益。

他们的做法有很多种。一开始，政府高价向农民购买粮食，对其进行补贴，以低价发往贫穷国家。然后，根据艾森豪威尔总统所说，这部法律可以"建立我国农产品出口长期扩张的基础，我国和其他国家人民将长期受益"。也就是说，发展新的市场，或者说得更直接一点，让其他国家依赖他们送去的粮食。

一方面，当地的生产者无法与这些廉价的粮食竞争，被挤出了竞技场，百万农民破产，百万农民来到城市讨生活。另一方面，这些低价粮食的进入改变了人们的饮食习惯。有一个极端悲惨的例子，发生在马绍尔群岛，位于太平洋的中心，那里珊瑚环礁围绕，岛上只生长面包树，周边只有鱼，居民们几个世纪以来靠这些资源生活。战后依附于美国，居民开始习惯吃面条、比萨、汉堡包、烤肠。所有这些食物的进口耗费了居民仅有的收入。

马绍尔群岛的故事仿佛是一幅漫画，但是在世界其他一些国家，这个原因却使许多人挨饿。

你可以把人道主义援助看作是全球庇护主义体制的一种机制。至少美国在20世纪后半叶是这么考虑的：采取这种极端的方式、建立一种罗马帝国式的主人与客户之间的依附关系。如果你给我一些，我也给你一些。我给你食物，你服从我，并给我提供一些服务。

当人们讨论这部法律时，当时的议员，后来做到副总统位置的民主党人休伯特·汉弗莱曾说过一句著名的话："在人们做事之前，总得先吃饱。如果我们真的希望他们支持我们，依赖我们，与我们合作，我觉得粮食依赖是最佳解决办法。"

帝国总是从依附国进口粮食，这成了金科律令，而美国竟然是第一个出口粮食的帝国。

（或者说，罗马帝国认为它需要庇护的人是它的邻国，美国人却把需要庇护的国家范围扩展到了全世界。这两种都是控制的方式，只是规模不同而已。）

但是援助不能只为了美国在全球的政治实力服务，为了争取本国居民的支持，它还需要提供一些实惠。因此，美国法律规定，75%的粮食援助必须使用在美国国内生产出来的、加工过的、包装好的产品。大的粮食生产商，"嘉吉，邦吉"等这些行业内的垄断公司收益最多，他们获得了一半的订单，根据巴雷特和麦斯威尔的调查，这些公司以高于市场价格10%至70%的价格售出产品。

美国法律还规定75%的援助由美国船只运输。美国商船本来不是一个稳定的行业，其他国家的船运收取更少的税费，劳工法律没有那么严格，运输费用更加便宜，全世界只有3%的外贸通过美国商船进行运输。因此，运输这些援助粮食是美国商船的主要救命稻草。最近的研究估计，运输成本就占到了援助费用的40%，也就是说，对外援助主要是用于援助美国自己的船运行业。

美国法律还允许美国的非政府组织将美国政府给予的粮食按照受援助国的市场价格售出，以此资金支付该组织的运营费用和项目资金，他们把这叫作"货币化"（monetization），或以阿根廷土语说，是变现。巴雷特和麦斯威尔仔细检查了美国最主要的八家非政府组织，他们几乎卖掉收到粮食的一半，从那里抽取机构收入的三分之一。这种做法听起来有点不妥，所有这些粮食，以受补贴的价格运到了贫穷国家的市场，并没有分到需要食物的人手中，而是分到了能支付得起的人的手中，将当地价格拉低，摧毁了当地的农业生产者，复制了饥饿的循环，援助获得的效果与起初的设想完全相反。

因此，一些美国人连续好几年提议，粮食援助中至少一半粮食须在受援国市场或邻近市场购买。在当地购买有许多好处，几乎所有商人都这么做。一方面，缩短了粮食送达所需人群的时间，从艾奥瓦州运到这里和在旁边村子里买相比较，时间当然是不一样的。另一方面，粮食购价也更便宜，不需要支付长途运输费，尤其是估价虚高的运输费、加工费和官僚手续成本。好处还在于，这样不仅能改善一个国家的饥饿状况，而且同时可以促进当地农产品的生产。

但是如果有人发善心建议做些变革，总有另外一些人，也是出于善意，劝他别做，如果改变了现状，就会失去农业生产者、海运公司和非政府组织的支持，这三者是所谓的铁三角，美国如果离开这些组织，便无法维持食品援助，也就是说，如果你想改进这事，你等于是在搞砸它。这真是如此现代的论据。

于是，增加 25% 的援助资金的提议在国会数次失败。乔治·布什政府推动这一提议时，时任国际开发署主任的安德鲁·纳齐奥斯对国会建议，粮食援助的 12 亿中至少四分之一得在当地购买，才会改善援助：在当地可以用同样的资金购买两倍的粮食，并节省四倍的时间。

然而无人理睬。

巴雷特和麦斯威尔还调查了美国在埃塞俄比亚 2003 年饥荒中的援助，美国运去了五亿美金的粮食，都是生产于美国，由美国船只运输，由美国的非政府组织去分发，而且以为仅仅花费五亿美金援助农业发展就可以避免那样的饥荒的再次发生。

嘴上说毕竟容易，谁都喜欢说两句。2002 年美国前总统比尔·克林顿在华盛顿对外关系委员会对布什政府减少人道主义援助的预算表示遗憾。"有许多的调查显示，美国人认为政府在对外援助上花了国家预算的 2%—15%，这笔钱太多了，我们须控制在 3%—5%。我同意这笔花销，当然如果我们只花 1% 以下，我们就成了发达国家在这一领域的老末了。"克林顿如是说。1993 年，他上台之后，美国在对外援助上仅花费国内生产总值的 0.16%，他离任时的这笔花费仅仅占 0.11%。

1970 年，联合国代表大会上，发达国家承诺每年将国内生产总值的 0.7% 用于援助贫穷的国家。援助不止用于食品问题，还用于其他方面。

0.7% 看上去不是很多，但就是这个小数字，也从来没有达到过，事实是所有的援助加到一起连 0.4% 都没有超过。2005 年，发达国家继续做出同样的承诺，最近几年，这个比例一直在 0.3% 左右徘徊，连 0.7% 的一半都不到。

2012 年，23 个经合组织成员国提供了共计 1250 亿美金用于援助"另一个世界"的国家。听起来这个数字很庞大，再给两个数字就能看清这个规模了，同比 2010 年减少了 7%，占这些国家国内生产总值的 0.29%。

美国依旧是主要的捐赠国，捐助总金额达到 305 亿，占国内生产总值的 0.19%。奇怪的是，正如克林顿所说，美国公民都确信政府在对外援助计划中的花费实在是太高了，远高于国内的医疗补助（Medicaid）和老年保健医疗（Medicare）计划。这两项计划上，美国政府 2011 年的支出为 9920 亿美金，是援助资金的三十倍。据位于华盛顿的智库"全球发展中心"估计，低于 40% 的援助最终有效到达预计的受益人手中，其余的都被中间的官僚手续耗费掉了。也就是说，实际援助金额才占国民生产总值的 0.12%。例如，据国际行动援助（Action Aid）估计，2009 年在柬埔寨工作的 740 名国际人道主义顾问专家的成本就高达 5000 万至 6000 万美金，这笔钱相当于柬埔寨整个国家行政系统中 14 万员工的所有花销。

这是件小事，但是千真万确，人道主义援助者太贵了。

在美国之后，英国排第二，每年援助 146 亿美金，占其国内生产总值的 0.56%。仅有三个斯堪的纳维亚国家的援助资金超过了 0.8%，另有几个国家援助资金低于 0.15%，分别是处于危机之中的希腊、意大利和西班牙，以及韩国。韩国在 20 世纪 60 年代接受了国际上无数的援助才脱离了贫困，但是需要注意的是，当时它处在"冷战"的前线，对西方富裕国家来说在它身上花钱可具有战略意义，而非洲大部分地区可没这福分。

近二十年来援助与之前有所不同，九十年代之前，美国的援助目的国是根据地缘政治利益来选择，通过自己的机构来发放的。五十年代，仅援助欧洲和远东，六十年代，主要援助印度和东南亚，七十年代，援助近东和中东，九十年代，非洲成了援助对象，美国至今仍未放手。

这些年，撒哈拉沙漠以南的非洲拿走了世界一半以上的粮食援助，80% 的援助是用于紧急情况，不是用于中长期项目。预防性的长期援助项目在媒体不常见，没人知晓，也无人喝彩，也不能赢得更多的投票。干旱来袭之时，派出装载粮食和抗生素的飞机去救活几个人，就好看多了。

直到 20 世纪 90 年代，第二世界和第三世界共存的时候，不同的地缘政治决定一切，现在这种决定力变小了。粮食的分配已经不再像以前那样用于补偿盟国和惩罚敌国了。

但是粮食分配可用来再造这个庇护主义的体制，将世界一分为二，一边是给予的富国，另一边是接收的穷国。还有一个划分"另一个世界"的标准是，所有接受粮食援助的国家都在这"另一个世界"里。

援助的粮食大约占世界消费总量的 0.015%，真是个走向零的好趋势。

有一个傻傻的骗人的账本，却如此让人动容：美国每天在军备上花费 17.6 亿美金，这笔钱足够给 8.4 亿挨饿人口发每人一天两美元来填饱肚子了，甚至还花不完，这样再也没有人会饿肚子了。当然，把食品当作施舍物是没有意义的，而且那样的世界可是不一样的。

2

针对此现象提出的建议可算具体：为实现联合国千年发展目标中的第一个，即在 2015 年将 1990 年统计出的营养不良的八亿多人口数目降至一半，联合国粮农组织 2003 年提出了"抗击全球饥饿计划"，为此还制定了颇为详细的规划，承诺每年花费 240 亿美金，即可在这段时间内实现这一目标。

"资助的措施包括在贫困地区注入初始资金，共计四百万至五百万个家庭，大约每户人家发放五百美金，用于提高农业生产力和农产品产量。措施还包括直接发放粮食救助计划，每人年均约为 30 至 40 美金，主要发放对象为两亿贫困人口，其中许多人是学龄儿童。另外一些措施为发展灌溉系统，在农村铺设道路连接农户与市场，土地、森林、渔业和基础资源的可持续保护与规整、农业研发、信息系统的学习"，文件中列出了许多项。资金来自国际捐助人和对此有兴趣的政府。

但是，这计划从来没实施过，从来没人知道这计划是否有效。联合国粮农组织总干事雅克·迪乌夫于2008年的经济危机之中再次发起此项计划，当时的饥饿人口接近了10亿人，所需的资金达到每年300亿美金。

那次也没有收到相应的资金。但是，在机械复制的魔力下，这300亿美金又变成了众人不断重复的口号，粮农组织宣称，有了这笔资金，我们就可以消灭世界的饥饿了。

在过去几十年中粮食危机最严峻的时候，简·茨格勒，联合国前粮食人权事务的高级专员，对世界粮食计划的预算从2008年的60亿美金下降至2011年的32亿美金表示了不满。当然，预算的下降情有可原，是金融危机捣的鬼。

联合国世界粮食计划，一般由世界粮食计划署（WFP）来实施，该机构成立于1961年，成立宗旨为协助粮农组织完成减缓饥饿的任务。目前，其西班牙语网站将其定义为"世界范围最大的抗击饥饿的人道主义援助组织"。

世界粮食计划署渐渐承担了最紧急的任务：在饥荒和灾难中负责粮食紧缺时刻的救援任务。世界粮食计划署的官员经常将自己称为"饥饿斗士"，模仿消防员"救火斗士"的称号，仿佛他们是到处救火的志愿者，面对一系列不幸的事故。可惜，着火的房子太多了。

饥荒有一种重要的教育意义，这使我们相信，饥饿仅仅是超常规的，是紧急的，不是常态，除去饥荒，平时发生的饥饿可算不上什么严重的事情。很多的组织送去缓解饥荒的物资，这是一种世界观，在突发事件上采取行动，纠正体制的错误与过度。

但是，传统意义上的饥荒现在已经不常见了。在非洲，这片最有可能发生饥荒的土地，美国政府在20世纪80年代建立了一种预防机制叫作"饥荒早期预警系统"（FEWS），由粮农组织和美国国际发展署（USAid）管理，分析数据以避免由干旱造成的贫困。当威胁变成现实，世界粮食计划署和其他机构就立即介入，这样就避免了成千上万的人甚至上百万人的集体暴毙。大饥荒不发生，那就只剩下每天慢慢被饿死的人了，从未停止。

无论如何，这些措施还是减缓了危情，对危机做出了反应：预防意味着在农业上投资，赋予当地维持自我生存的一种方法。有时候，就算是国际机构也不能介入。

2007年，世界粮食计划署的学校计划给约一千万非洲孩子提供了食物。专家估计，其他机构或政府也给另外一千万孩子发放了粮食。这两千万的孩子吃掉了72万吨的谷物。这些专家还估计，非洲大约还有2.03亿的孩子饿着肚子去上学，却没能收到粮食救济。还有0.38亿的孩子没法上学。

目前发达国家发放救助的一半以上是通过世界粮食计划署进行分配的，他们认为这样的分配过程更加公正，避免或减少了救助中的政治因素。如果这些救助作为奖赏或惩罚的工具，就无公正可言了。

通过世界粮食计划署发放援助对于接收救助的人来说也更加容易接受，没有附加条件，不需要做出过于明显的政治承诺或军事承诺。因此，政府更愿意接收这样的援助，对自力更生这事一点都不着急，他们慢慢习惯了，越来越适应这种庇护主义。

通过世界粮食计划署发放援助也是因为联合国及各个成员国宣布了著名的千年发展目标中最重要的第一条目标，即"消除极端贫困和饥饿"，尽管这个目标，再仔细解释的话，是"在1990至2015年间将每日收入不足一美元的人口比例降至一半"。2000年9月8日在纽约宣布了这些目标，建议减少极端贫困人口数量，并与十年前的数字进行比较。

（我们来讲讲"极端贫困"。曾几何时这被称作是"穷苦"。但是穷苦这个词带着感情、想法和政治因素，官员们已经不用这个词了。现在把它叫作"极端贫困"，意思是一样的，但是听起来更好听，而且仿佛是可以测量的：每天收入1美元，目前涨到了1.5美元，那就是穷人了，收入少于这个数，就是极端贫困，官员们喜欢把测量尺度定得清清楚楚。）

千年发展目标变成了"人道主义"行动的灯塔，在此期间，产生了无数的报告和宣传册，都是些奇怪的文件，讲述一些非常正确的事情，比如："在某些地区，体重不达标的儿童在穷人中的比例较高。"要不是这段话是出自一本正经的且花费时间和收取大量报酬的人之手，这简直是一个烂笑话了。大型国际组织的世界对显而易见的论点来说是个完美的生态

系统，这个世界里充满了紧握自己名声的先生女士们，害怕
与众不同的可能性，因而他们就安于平庸了，有时候他们需
要假装一下与大家观点一致。

将穷人人口数降至一半是我们的目标。将世界上只剩下
几亿营养不良的人作为目标，这事是否值得去宣布，还是沉
默面对并心怀愧疚，还值得商榷。

但是，他们宣布目标达成，还给你看了数字。他们不说
营养不良，只说极端贫困，这两个概念大部分时候是一致的，
有时候又不一样。无论如何，他们宣布说：

1990 年，"发展中国家的极端贫困人口"占 43% 为 19 亿。

2010 年，"发展中国家极端贫困人口"占 21%，也就是
说减少了一半。现在数字为 12 亿人。世界银行的数字仍然
说是 14 亿，我们可不能为了 2 亿人争来争去。我们接受 12
亿这个数字。

也就是说，极端贫困人口少了 7 亿人。

在这一期间，大约 6 亿中国人由于他们国家的经济发展
脱离了贫困线，也就是说：这二十年间大部分的脱贫人口是
中国人，因为中国的经济发展加入了世界体系，而这一体系
虽是不平等，却能致富。

（在全球化的世界，蝴蝶一扇翅膀就能造成地震。中国
的贫困人口减少是一个很好的例子，中国营养不良人口数量
下降的原因，是百万人口通过工作和薪酬与市场连接了起来，
有了薪酬能努力去购买更多更好的粮食，也由于这同一原因，
许多非洲人和印度人吃得更少了，许多阿根廷和巴西的富人

挣得更多了，还有许多其他事情。)

与此同时，粮农组织开始启动千年发展目标的计算时，1990年，营养不良人口总数为8.23亿。2010年，当这一目标已经接近实现之时，粮农组织统计的人数为8.7亿。

3

人道主义是人性概念的一种最新化身。

人性是一种相对较新的概念，原则上，它将世界设想为一个整体。首先要明确，这个圆形的星球承载了我们的各种可能和我们的限制。

直到最近也没人知道什么是世界，也没什么人追问这个问题。绝大部分的男男女女都只知道家、村子、镇子周围的风景，只认识以自己为中心的周边20至30公里的范围。对他们来说，更远的地方就很模糊了，甚至于不真实了。遇到外国人是非常少见的，如果遇到了，可是一件危险的事。世界并不是一个抽象事务，是无法想象的，也不需要被思考。

那么为他人着想，这里的他人指邻居、熟人、同胞，总之得是认识的人，可以想象的人，与本人发生确切联系的人。直到有一天，世界闯入了你的世界，你才改变了这一观念。

大约500年前，世界开始形成了，世界带来了世界性的概念，把我们都包括进去了。然后，渐渐形成了这样的概念：这里的"所有人"包括所有的男人和女人，都是一个物种，作为一个整体我们叫作人类。看起来很明显，可事实并不是这样。文化和宗教在千百年间把人们分隔开来，说服各自的信徒，其他人跟我们不一样，因此，他人受苦受难是他们活该，国王就该拥有王国。

基督教是人性概念最大的推动者，他们需要设定所有人都是一样的，都是从同一个上帝那里造出来的生物，来论证传教的合法性，企图使世界上所有的居民都臣服于其教义。现代革命如法国大革命，恢复了人性的概念，人权宣言和公民权宣言、巴黎 1789 年，奠定了这一概念，即人性是由拥有平等权利的一群兄弟般的人们组成的，当然这里的人们不包括加勒比种植园里的黑人奴隶。

最近人性概念的改变发生在 19 世纪，革命国际主义的信徒一旦获得权力就将这一概念破坏掉了。

从那以后，这一概念就逐渐丧失了力量，20 世纪是民族主义的顶峰，曾经涌现出三至四个全球计划，都是设计帝国来统治世界。直到 20 世纪末，政治和技术的变革将我们的地球史无前例地联系在了一起，这就是所谓的"全球化"，这是一个资金流动无国界、人员流动也日益便捷的世界。半个世纪的清晰的权力格局正处在转型之中，权力更加分散，如此分散与我们惯常看到的不一样，于是全球化的效应就加强了，如果权力的顶端已经不明显了，那么权力体就更加模糊了，显得更加平等了。

解决饥饿需要借助某种"脆弱的"国际主义概念，或者说是"人性"的概念，要求所有人须关心和帮助其他所有人拥有足够的食物。如果不能实现，我们以什么名义去担心阿比西尼亚、哈萨克斯坦、孟加拉发生的不幸呢？

这是一种非同一般的概念。这种巨大的概念进步，仍未在社会实践中落实。这概念有可能发生扩展，再次增长。目前现有的"人性"的程度足够用于现有的问题，如宣言、小泪珠、鳄鱼的眼泪、援助、救市。人性成了一种内疚感，足够让我们送去一些粮食，却不能阻止我们少挣一些钱，也不能找到真实的问题解决办法。

人性也不能让我们爱屋及乌，我们同胞的苦难与更遥远的他人的苦难不在一个级别上。

国家不只是一种愚蠢的设置，而且是一种卑鄙的行径。这样的机制导致民族国家这样的组织架构只会确保自己的臣民比其他类似国家的臣民拥有更多的东西。同时，也确保了臣民中的一部分人拥有比另一部分人更多的东西。

一想到世界是由国家组成的，一些国家比另一些国家拥有的更多，就让人难以忍受。没有任何理由去相信，世界"理应采取"的组织方式，居然是"国家"这种新近的发明。有些国家有 200 年历史，有些有 500 年，有一些才只有 50 年。

国籍是一种对人性的削减，是一种自私自利的合法化。如果我们接受了这样的理念，我得与我国籍一致的人保持团结，排斥他人的原则就已经建立了。如果你排斥其他国家的居民，同理就会毫不费力地排斥另外一个省份的人、另外一种宗教的人、另外一类性别选择的人，另外一种种族的人，甚至排斥早餐喝汽水的人。

人道主义，也就成了人性概念的一种贫瘠的形式。

联合国粮食计划署覆盖世界 80 个国家，执行着拯救千百万营养不良人口的艰巨任务，雇用了上万名员工，深入世界最隐秘的地方，冒险去完成他们的使命。当条件允许，他们也会在当地或邻近国家购买援助食物，还会花费大量资金发起许多宣传活动：

"每天晚上，几乎有十亿人饿着肚子去睡觉"，宣传视频的开头画着可爱的天真的图画，接下来用故事来做解释，每个故事配一幅不同的画：

"每七个人里面就有一个。"

"这个理由就已经足够，我们必须解决饥饿问题。"

"但是还有更多理由。"

"营养均衡的女人生出来的孩子一辈子都更健康，更健壮。"

"减少孩子们的营养不良，国家就能增加国民生产总值。"

"解决饥饿问题，我们就能建构一个更安全的世界。"

"大家听着：我们知道如何解决贫困。"

"供应紧急情况下所需的粮食。"

"支持小粮农。"

"给孩子们足够的食物。"

"给女人和女孩们赋权。"

"给予当地粮食市场一定的支持。"

"公民、公司、政府携手合作，我们能做到。"

"饥饿：世界上最大的可以解决的问题"

盈利、性别、安全、市场：这就是他们担心的问题。赠予、给妇女赋权、支持市场：这就是他们的解决办法。

"饥饿：世界上最大的可以解决的问题"，他们不断重复，这是他们最喜爱的口号。他们没有谈到任何饥饿产生的原因、造成这一问题的国际秩序，以及需要改变什么才能使我们再也不用派出飞机给上亿人运去急救粮食。饥饿，对于世界粮食计划署来说，可不是一个政治问题。

"资本主义：世界上最大的可以解决的问题。"

还有人这么说。

人道主义的倾向是不去想如何与他人一起做事，而是自问如何为他人做事。

饥饿在这种视角下，并不是一个政治问题，却会引发政治问题。几年前，当我开始准备这本书的写作的时候，世界粮食计划署的高级官员在罗马跟我说，为了"解决饥饿"，应该发动资本主义的大型企业加入人道主义援助事务中，说服他们在做好生意的同时帮助成千上万的人，这是一种双赢的局面，他说话的时候还带着微笑。

"例如我们正在孟加拉国进行的项目。"

他给我解释了项目的模式，他认为他们的工作是很重要的，因为这会给世界带来和平。富裕国家的公民经常无法理解，饥饿威胁了他们的安宁，催生了恐怖主义者，迫使百万人口向外移民，渗入富裕国家，并且产生复杂的社会问题，如果不减缓或消灭那些饥饿，他们将无法安静地生活。

如果人们接受这种宣传策略，必须承认，"9.11"恐怖袭击的效应可比非洲穷人的粮食问题大多了，恐怖袭击将威胁置于人们眼前。既然这类袭击很有效果，那就得继续制造。

这么看，饥饿问题还得寻找别的宣传策略去抓住人们的眼球。

事实是宣传策略根本没改变过。我觉得这是犬儒主义，这是一种政策：

所有的政治领导知道，饥饿可能导致民众的冲突与对抗。俗语说：饥饿带来愤怒，a hungry man is an angry man，这一论断已经被事实一次又一次地论证过了。

历史上最有名的例子莫过于法国大革命爆发带来的饥饿动乱。还有更多例子，2008 年海地政府被推翻，就是粮食价格暴涨之后街头抗议造成的结果。

事实上，根据美国国务院统计，2007 年至 2009 年间，世界范围内因粮食匮乏和食品安全问题引发了 70 次暴动。食品价格的高涨也是 2011 年"阿拉伯之春"中人们愤怒的原因之一。

"在'饥饿＝不稳定'的公式的对照之下，危机时期的食品援助会促进和平与稳定。面对时事变化无常，只有人类最基本的需求得到满足才会带来平静。"世界粮食计划署 2012 年的一份文件上清晰地表达了上述想法。

或者，我们可以看一下西班牙前任外交部部长、社会民主党人士、本问题领域的专家米盖尔·安赫尔·莫拉迪诺的综述："我们必须认识到，如果解决了饥饿和食品安全的问题，恐怖分子的数量就会大幅减少，他们就可以安心待在家里种地……"

这样的话，这些人就能在自己家待着，哪儿也不去，也不愤怒了，他们可以在家乡做着本来的自己：穷人，对，但不至于穷得绝望，揭竿而起。

　　这样的意见背后考虑的并不是一个国家或帝国的利益，而是一般的政治利益，甚至是我们叫作意识形态的东西。

　　因此，世界粮食计划署开展了一项 P4P 项目（Purchase for Progress 当地采购促进发展计划），目的是"给当地的小农生产者带来市场收益"，将他们加入世界粮食投机网络之中。这个项目的参与者还有比尔·盖茨基金会、沃伦·巴菲特基金会、洛克菲勒基金会这些资本主义巨头。最近这些组织决定投入几十亿美金，这些资金是他们对世界市场控制和投机的成果，现在用来缓解这一市场带来的贫困。

　　在 19 世纪和 20 世纪的大部分时间里，富人变成了众矢之的，财阀们你们颤抖吧，贪婪的人夺走了一切，一个老家伙花钱买香槟把小姐灌醉，却拒绝给穷困的工人涨工资，哪怕只是多一块面包的钱。现在这些富人却变成了"神奇的三王"，捐钱来拯救世界。他们依旧决定着财产的去向，我为了挣到这么多钱可是花了大工夫的，现在扔块骨头给一些人，因为我在乎他们，我为他们担心。他们还决定，哪些不幸需要拯救，哪些穷困需要解救，哪些不需要。

　　诀窍就是把病症当作解药。

　　（这是最近比较流行的看法，很多人都这么认为。1985年，埃塞俄比亚遭受了现代史上最大的一次饥荒，其原因完全是政治性的。总统门格斯图·海尔·马里亚姆就认为国家北部的干旱会弱化反叛军的实力，臣民遭受饥荒的新闻对于他领导者的形象也不佳，于是他决定什么都不说，并且拒绝了非政府组织的援助，说不需要这些。当他被迫无奈必须承认事实的时候，百万人口已经离世了。于是世界上组织了许多运动、音乐节和募捐。新的人物加入了那些运动：鲍勃·盖尔多夫等组织了"拯救生命"摇滚乐音乐会，有良知的摇滚乐手成了那时的新事物。他们成了伏尔泰式的知识分子：利用为弱者争取权利的文化活动来增加自己的知名度。这种情况下，这些人并不会提出改变全球体制的建议，而仅仅是在利用全球体制，这些人与这个世界有权有势的人交好来推动他们的事业，为了他们的事业，他们不会去质疑权力。

这种全球意识最为明显之处就是一段时间对某个问题表示特别关切，当时觉得不可忍受，但是过了这段时间，他就不会再去质疑这一现象了。

他们实现的就是谈及饥饿的时候，仅限于谈及饥饿。比尔·盖茨和沃伦·巴菲特这样的人、世界粮食计划署、其他商界的代表就是这么做的，即在残酷的事实面前觉得十分恐怖，另一方面，又认为这会带来危险，会造成反抗。于是他们想尽办法确保那些一无所有的人得有吃的，不能让他们造反。我们谈及饥饿的时候究竟在谈些什么呢？）

奥斯卡·王尔德在其 1891 年的著作《社会主义下人的灵魂》中谈到他的态度，一如往常地光芒四射："他们被可怕的贫穷、丑陋、饥饿包围了，不可避免地对此产生情绪的变化。人类情绪的变化总是快于智慧。因他人受苦而产生同情心要比与一个意见产生共鸣容易多了。于是，他们带着值得敬佩的却是错误的意图，开展了严肃的情绪化的救援工作，拯救目光所及之不幸。但是他们的解决办法却是这种不幸的一部分。

例如，他们解决贫穷问题的办法是让穷人活着，或者，用一些高级的办法，是让他们高兴高兴。

然而这些都不是解决办法，反而加剧了问题。应该树立的真正目标是试图重建社会，重新制定社会的规则使贫穷再也无法发生。利他主义者的优点却阻止了这一想法的实现。奴隶制最坏的支持者是那些对奴隶和善的人，他们使受苦的人感觉不到这一体制的恐怖之处，目前英国的事情就是这样，带来更多危害的人就是那些企图做好事的人。"

"但如果不是那么多人介入救援的话，成千上万的人可能死得更快。"

"这倒是真的。"

"那么怎么办呢？"

"我不知道，得思考一下。"

"使用私有财产去缓解私有制带来的可怕的不幸，是不道德的。不道德而且不公平。"王尔德坚持他的观点。

真实的"援助"，或者说是富国向穷国转移资源，是移民向祖国汇入侨汇。世界银行估计，2013 年，通过正规机构如银行、各类金融机构汇出侨汇的总额为 4000 亿美金。但是许多移民通过非正规渠道汇出侨汇，所以这一数字可能至少上浮 50%。世界上最大的侨汇接收国是印度、中国、菲律宾、墨西哥和尼日利亚。

世界的主人们领导的"抗击饥饿的战斗"或是"粮食不

安全"战役中最著名的讽刺形象，是足球运动员克里斯蒂亚诺·罗纳尔多，他被任命为"消除饥饿和儿童肥胖的救助儿童会的全球形象大使"。他对《国家报》说，"当我得知世界上每七个孩子中就有一个每天晚上饿着肚子去睡觉，我就毫不犹豫地加入了这个活动"，人们认可了他，庆祝了这一任命。

我们还习以为常了，还对其百般赞美，一位日进十万美金的先生会为了饥饿的人群担忧，仿佛他与穷人之间是没有联系的，仿佛他那笔可以养活五万人的日薪与那些没有这笔饭钱而只能挨饿的五万人之间，没有任何的联系。

有这样的富人，他们这么做肯定是出于他们的善心，他们确实为穷人担忧，愿意付出自己所得的细微部分，但是我们得仔细听听他们如何从中受益。罗杰·索罗报道了荷兰物流巨头 TNT 公司首席执行官彼德·巴克在达沃斯世界经济论坛向他的同事们解释与世界粮食计划署的合作如何使他获利："质疑我们的人想知道我们的股价上涨了多少，或是我们公司的利润上涨了多少，2001 年，我们在荷兰最佳声誉公司榜排名为 26 位，现在我们排在第 4 位。"那段时间，该公司刚开始开展人道主义活动，并且笼络了他的员工，巴克说他手下 16 万员工中 78% 的人都对协助世界粮食计划表示很骄傲，这使他们觉得在公司工作很舒服，并且会更好地工作。"我们与世界粮食计划署合作改善了员工对公司的信心和公司的名誉。在服务行业，无论我们在哪里，一支有动力的员工队伍总是具备竞争的优势。"巴克如是说。

这叫作"公司的社会责任"。

　　彼德·巴克领导着一个物流公司，证明了阿玛蒂亚森之前的假设，即食品不在该在的地方才是问题所在。因此，他们加入了沃达丰集团，以期在不同的网点之间获得更好的沟通。所有这些都有利于更有效地配送捐赠物资，改善公司的形象，晚上睡觉的时候可以安宁，至少对这样愚蠢的问题有了一个答复：我怎么能在一个上亿人挨饿的世界中活下去，每天还收入百万美金？

　　给他们施舍一些吧。

　　"迄今为止，我从来没有拯救过任何生命。现在我知道这种社会责任了，我会继续做下去的。"

　　百胜餐饮集团的老总大卫·诺瓦克几年前解释道。百胜集团是一家连锁快餐集团，旗下包括肯德基、塔可钟、必胜客和其他一些品牌连锁，在112个国家共计拥有35,000家分店。想到他正在积极解决饥饿问题，这真是让人欣慰，因为他们想要解决的是在不改变体制和保持巨额收入的前提下，就可以解决的一些问题。

　　"当我给他们东西吃的时候，他们叫我圣人。当我提问，为什么他们没有食物，他们就叫我共产主义者。"巴西主教海尔德·卡马拉半个世纪之间写下了这句话。

　　有时候我自问，慈善与庇护主义之间究竟有什么区别，如果真的存在区别的话。我们假设庇护主义含有政治元素，如果他给你东西，就会要求你臣服于他，而慈善不应该有政治元素，或者是慈善是由意识形态来衡量的：宗教、人道主义。但是最后的情况是，当一位慈善家或世界粮食计划署介入，他们也会期待一些回馈，但可能不是当下。他们主要的宗旨是维持现状，因为这会带来感恩，并且阻止这些绝望的人群进行反叛。

"根据自由市场法则，饥饿的人群需要自己承担责任，如果不能满足自己的需求，是他自己的行为需要改变，而不是社会分配食物的机制需要改变。全国性或国际性的公共活动可以被描述为行为方式改变的倡议，如少生孩子多种树，改变饮食习惯，可比提供援助说得多。免费分发食物仅仅是留给富裕国家的穷人去享受的。"时任无国界医生组织总干事写下了这样的话。

可不仅仅是最富的国家才这么做。一个非政府组织用瘦骨嶙峋的孩子与悲泣母亲的形象来轰炸你时，也给你提出了解决办法，攻心的同时提出了让你感兴趣的建议：捐赠吧，承诺吧，赠予吧，这样负罪感就会下降，问题暂时被解决了、搁置了、扔在了抽屉的角落里。

这些个人的慈善行为都是从内疚感出发的，虽然确实可以拯救一些人，但这也使得体制继续运转。如果不做慈善行为，等于拒绝给予他人吃饭的机会。那能不能边做慈善边控诉体制？

我总是记得我落入陷阱的那一天。

那是几年前了，萨拉豆给我讲述了她的人生，我听着她说，眼睛看着一块木板。她的茅草屋里什么也没有，仅有一张染有颜色的麻绳毯子，泥糊成的墙，角落有一个炉子，两口黑黑的锅。她说啊说，我时不时打断她，提一些问题，隔着翻译的对话总是这样有一搭没一搭，很长时间一句都听不懂，需要等待翻译，可以拍拍照片，思考事情。我一直想着这块板子，而萨拉豆给我讲着她的第二次生产。她刚满十二岁就结婚了，第一个儿子生下来就夭折了，一年之后，生了第二个儿子：

"当我觉得孩子快出来了，我就把自己关在房间里，我跪在那里，抓住了床脚，祈祷，拼命祈祷，最后宝宝就掉在了我铺好的草席上。

萨拉豆后来又有了11个孩子，最后得了一种产科瘘病，这是在这个恐怖的和有阶级性的大陆最恐怖和最有阶级性的疾病之一。我们当时在达克瓦力，与尼日利亚其他任何一个村庄一样，这里只有砖房，没有电也没有自来水，这里的生活几个世纪以来都不曾变化。我参与了联合国人口基金的一个项目，采访了萨拉豆，她的故事很感人，我没有办法从木板上转移目光，感觉自己是个混蛋。

"接生婆来了，剪了脐带，把宝宝的头放在了扫帚上，让他别沾上沙子，然后我就坐起来，对着麦加的方向，接生婆把孩子用布裹好了递给了我……"

木板就是穆斯林叫作 alluha 的东西，学生用钢笔在木板上抄下《古兰经》的经书来背诵。然后把它洗干净，继续写另一段经书，其实等于一本只有一页的书。我不明白，这块木板为什么这么吸引我的注意，是因为它有很久远的气味？是因为由字符组成的图画？是因为把木头当纸书写？还是因为被擦掉的字迹？

我们交谈了一会，我听她说，也问她几个问题，这场对话进行了两三个小时。有一阵，萨拉豆发现了我总是盯着这块木板看，她通过翻译问我为什么。她笑了，她问我问题等于是我俩身份对调了，一种大胆的姿态让她有些焦虑。我试图显得和气一些，我告诉她，我觉得这块木板很美，我祝贺她有这样的木板。结果我做错了，后来他们给我解释了，这样的赞美在他们的文化中就是一种不可拒绝的索要。

"我把它送给您吧，请拿走。"

萨拉豆通过中间人对我说，我通过中间人对她说不，很感谢，她又说请拿走吧，我又再次道谢，她的脸越来越严肃，仿佛如果我不拿走，就是侮辱了她。翻译给我解释了，我的拒绝看起来很粗暴，对她来说就是这块木头配不上送我，她也配不上送我东西，我歧视她，只有白人才会歧视人。我陷入了麻烦，我笑了。

因为说不了话，只能微笑，留些时间思考。我们对视而笑，这段时间我继续思考我的提议。她告诉我她有一段时间生病了，不能照看羊群，最后只剩下了两只小羊，没有公羊的话就没法繁殖，现在没有了羊群，她就没有办法做油炸圈饼去市场卖，有时候就会饿肚子，饥饿比痨病严重多了。我告诉她我想送她一只羊，如果她拒绝我，我就会感到很难受。

萨拉豆换了一种笑容，是一种开心的笑。在当地搞来一只羊也不容易，得去十公里之外的村子里的周四市场里买，我们说话的时候是周二。我给她钱她去买这样最方便，然后我就想到了这一出，后来发现是个蠢事。我还会给她够饲养小羊一年的钱，然后开出了一个条件：把它叫作马丁。萨拉豆忍不住大笑起来，然后对我说，这头羊会改变她的人生，她会永远记住我。我高高兴兴地拿走了木板，对于自己帮助了她感到很欣慰，心满意足。

"如果我能恢复我的羊群，我每天都能吃饱饭了。"离别的时候她这么跟我说。我带走的经文木板在机场可是个累赘，太大，包里装不下，露在外面，一眼看去就是个阿拉伯物件。最后我于一个清晨到达了巴黎，去我堂弟塞巴斯蒂安家之前，我在面包房买了牛角面包。当我们在家吃早饭时，我告诉他这块经文板和叫"马丁"的小羊的故事，我们笑着，我的弟媳妇劳伦斯问我那只羊花了我多少钱。我算了一下账，当时才惊恐地发现，花了和牛角面包一样的钱。

我们时不时处在一种幻想之中，以为自己理解了一些东西。

我内心盲目的无法诉说的释怀，却让他人受苦了。

我们的良知只需要几个美元、几个欧元硬币就买到了。但现在是大批量的贩卖。坏良心是发达国家大宗生意的基础。正如斯洛伐克学者齐泽克所说：在现代化合作的商业中，消费这种自私的行为在价格中包括了其反面，即一种需要感到慷慨的满足，需要感到我们在为大地母亲或是为索马里衣衫褴褛的人们或为了挨饿的危地马拉儿童做些事情的满足。

购买有机食品、公平贸易、环保意识，其实标签都是购买这种良知的赎罪券，价格不贵。尽管我们的社会建立在不尊重这种良知的制度之上的，居然还需要与社会本身协商，并且出现了推广这种产品的赎罪疗法。这是经典救赎宗教性的一种现代的、进步的形式，他们给你一把刷子洗刷灵魂，你给他们钱币。

（要不然，你们也来写我这样的书，赎罪的效果也一样。）

当然这样会产生一定的后果。富人获得意识上的平静和地缘政治上的安心，但是这两样东西也得不到太多。穷人获得每天的食物，日益依赖这种施舍的食物。发达国家、国际机构、大型基金会的粮食援助加强了这种上亿居民过剩的秩序。

对抗饥饿的慈善，是我们所有人都有权利生存（或存活）这种理念的结果。这是一种现代的、创新的理念，在两个世纪之前可没人谈及，目前很多人也只是迫于媒体压力才这么说。

但慈善已经成为文化的一部分，这个理念的效应之一就是援助，那么多人都在实施援助，却从来不去质疑制度的不公，只关注物资的极端缺乏。也就是说，他们认为社会的问题不是财产的不公，而是物资极端缺乏，这才是饥饿的原因。有不公平很正常，会激发人们的斗志，可以修正自己的缺陷。问题不在于百分之一的人有了太多，而在有一些人不能吃上饭。如果能给他们吃上饭，那事情就改善了。如果是由这百分之一的富人给他们吃，那就更完美了，你看他们是好人吧？他们为所有人创造了财富。

粮食安全问题，被理解为确保所有人都收到足够的粮食，"收到"这个词很关键，国际机构、农民之路组织（Vía Campesina）铸造了这种粮食主权概念。

2007 年在马里发布的《尼也勒尼宣言》，将其定义为一种"获得有营养且符合文化习俗、易于获得的、以可持续的生态方式生产的粮食的权利，有权决定自己的粮食制度和生产制度。这意味着将粮食生产者、分配者和消费者置于粮食体制与政策的核心位置，越过了市场与财团的要求，维护了下一代的利益。它给我们提供了一种策略去抵制和废除目前的粮食方面的自由贸易、集团贸易和当前的粮食体制，将粮食、农业养殖、畜牧业、渔业等生产制度引入正轨，由本地的男女生产者来管理。粮食主权将本地经济和市场置于第一位，赋予农民、家庭农业、手工渔业、传统畜牧业以权力，并主张将粮食的生产、分配和消费都建立在环境、社会、经济的可持续发展的基础上。粮食主权推动透明的贸易，确保所有人获得有尊严的收入，保障消费者控制自己饮食和营养的权利，确保粮食生产者拥有和管理土地、领域、水源、种子、家畜和生物多样性的权利。粮食主权意味着新的社会关系，人类之间没有因性别、民族、种族、社会阶层和代际不同而造成的压迫与不公"。

如果我们所有人都有吃的，再也没人会饿死了，那会怎么样？一些人拥有亿万资产，另外一些人只有刚够吃饭的钱，这样公平吗？这种现象不会很快发生，但是如果有一天，这个饥饿现象消失了，我们得想想其他的问题了。

南苏丹：最新的国家

1

"新的国家、新的开端。今天你测艾滋病毒了吗？"在首都朱巴的一条街上挂着一个巨大的广告牌，这里洋溢着一种新起点的感动。

重新建立一个国家还真是件奇怪的事，我们大部分人都无法体验这种巨变的感觉，尽管几天之后，所有的事情又回到熟悉的样子了。据说，那个夜晚的庆祝活动通宵达旦，舞蹈、吃喝、歌唱、对空放枪、拥抱等等，以及九个月后出生的、在屁股上盖着新祖国印章的孩子们也是对祖国的献礼。在每个人群中，每个街角，总有人在努力信仰着什么。

"他们很激动，这种情绪还在持续，你想想，那么多年来，他们一直期待这一天的到来。"一位人道主义外派专家告诉我，"但他们还想要更多的基础设施：医院、道路、学校等，让孩子们过上更好的生活。他们还处在这样的信仰之中，认为这一切都会有的。"

世界上可能有十几亿人都不知道南苏丹这个国家的存

在。他们连冈比亚、斯威士兰、不丹或伯利兹很有可能都没听过。但是，不知道南苏丹情有可原，因为几年前这个国家还并不存在。

苏丹这个国家曾是英国人的发明，这一地区北部是信仰伊斯兰教的阿拉伯民族，地貌为半沙漠态，南部潮湿而充满绿色，住着信仰基督教和泛神论的非洲人。自从殖民地解放之后，南方就曾起义，企图脱离北方的统治，第一次内战于1955至1972年间爆发，第二次内战于1983至2005年爆发。那时候，仅有为数不多的人讨论这个现象。他们认为，这是20世纪持续时间最长的内战。当时几乎没有人说，如果美国雪佛龙能源公司，前身是洛克菲勒标准石油公司，三年前没有发现南苏丹地区的石油矿藏的话，1983年的内战就不会爆发了。历史一贯如此，新资源的发现会带来新的灾难和悲剧。

南苏丹于是成了石油的附属品，没有石油，南苏丹根本不可能得到美国的支持。但是，这段历史很长，雪佛龙和美国的外交人员把宝押在了喀土穆政府，即中央政府身上，作为回应，政府企图在国家南部的石油藏区进行清缴活动。反叛军苏丹人民解放军，因意识形态为左翼，从未获得美国的好感，直至1991年，苏丹总统巴希尔在第一次海湾战争中站在了萨达姆·侯赛因一边，美国将他列入黑名单，撤走了对他的支持，才转而支持南方的反叛军，经由乌干达政府给他们提供武器，在国际会议上维护南方叛乱军。没有美国的支持，反叛军是不可能与苏丹的正规军队对抗的。这是一个良性的循环，用武器保卫油田，就可以用更多的石油产品购买更多的武器，来保卫油田。喀土穆并不想放弃南方的油田，国家收入的一半都要靠那里产的石油，但是，这个良性循环被打断了，当喀土穆理解了他们无法对抗美国的意志时，南北双方签订了和平协议。

无论如何，这也是一次世界范围内鲜为人知的惨烈的战争。22年间，两百万人死于战争。两百万人中，大约二十万人是军人，在武器下毙命，其他人则是被无辜杀害或是因战乱导致的饥饿、疾病而死去的平民百姓。

大家本以为，2005年协议签完了，战争就结束了，协议商定在南苏丹成立朱巴临时政府，隶属于苏丹国家政府，然后举行公投来决定南苏丹地区的命运。2011年1月举行了公投，98.8%的南苏丹人决定独立。7月9日，南苏丹成了地球上最年轻的国家，同时也是地球上最贫穷的国家之一。

与此同时，战争可没有结束，只是以另外的方式发生。

7月9日，我曾说过：起步很难。

朱巴不是一座城市，只是一堆房子和茅草屋聚集点，那几十个部长们的房子很大，总统府是座超大的房子，城市里还有树，几条路，高高的黑人在街上晃悠，人数也不多，正在施工的工地，灰尘飞扬，垃圾遍地。

四五年前，据说朱巴是另外一幅场景：无聊的人们、低矮的房屋、少量的汽车，像边缘郊区，仅有的一点生气是不同国家来的人道主义者。现在这些机构还在那，他们把这城市叫作"非政府组织小镇"（NGO Town），有大使馆、建筑公司、在那里努力营生的一些投机商人、正经做生意的企业家。

　　钱在流转，以前被喀土穆中央政府收走的钱现在在这里流转起来了，但是国家确实在两个月前就停止生产任何产品了，而建筑业却还很繁荣。外国的投资者被收益快的生意所吸引，这些生意当然是指石油、土地收购、矿产开采、木材砍伐，还有房地产，所有国际机构用作办公室和工作人员住宿而租用的丑陋不堪的大房子，月租金不低于一万美元，甚至更高，非常高。

　　"这里有人靠人道主义援助挣了很多钱，给他们出租房子和提供一些服务，价格都是天价，因为这些人垄断了市场。而且建筑行业的人都想尽快收回他们的投资。天知道几个月后或一年之后这里会变成什么样。"

　　这位外派专家说道。还有些南苏丹富人，他们财富的来源总是很可疑，据说大部分人是政府官员的亲戚或挂职人员，都挣了个盆满钵满。这里一共有十栋左右的五层以上的楼房，有一些还在建，一个豪华酒店也在建设中。这是发展不平等的好处，为了把穷国的原材料取走，那些富国的人需要一些便利的条件。因而在任何一个贫穷国家总是有一些五星级豪华酒店。这些贪婪的商人，石油、钻石、铀、大米和大豆的投机商，需要睡在符合他们身份的床上。更别提那些国际官员带来的西方的罪过，即金钱。

　　朱巴人口增长了，2005 年有十五万居民，现在居然有五十万了，大部分是绝望的农民。他们被一种衣食无忧的海市蜃楼吸引过来，却住进了贫苦的茅草屋，分散在城市的各处，缺水缺电，与农村也无两样，却没了耕地。城市与农村除此之外还是有些不同，在熙熙攘攘的市场里，上百个男男女女和孩子聚在铁皮棚子里的木头长凳那儿。面前有两台电视机，一台在放爱情故事，另外一台在播英国足球联赛。两台电视的音量都开得很高，常客们也在高声喊叫着。

这些地方演变到了这么一种地步，已经失去了农村和民俗的魅力，但还没有形成城市的结构与吸引力。这就是朱巴，一个半成品，充满希望又破败不堪。

南苏丹面积像法国那么大，人口大约有九百万至一千一百万，但该国至今仍未做过人口普查工作。南苏丹现在还没有自己的统计数字，还没有进行那种恐怖的统计，如被列为全世界最穷的第五号国家，世界上文盲最多的第三号国家，等等。南苏丹刚成立，还没有统计数字，若以苏丹整体的统计数字来推算，可以估计大约三分之一的男人与三分之二的妇女都不会读书写字，五分之四的人每日花销低于一美元。

"我总是说我自己去看了看未来世界，现在又回来了。"

阿吉是一个高高的南苏丹女孩，总是带着微笑，受过教育，二十几岁，她在肯尼亚、乌干达和西班牙生活过，因为他父亲是高级流亡人士，现在做了部长。

"我认为我们两代人必须在接下来的五十年间做出牺牲，才能让我们的孙子辈生活在真实的、公平的和公正的国家。"

她在新首都朱巴最好的酒店的露台上，吃着一个汉堡。她说二十多岁才回到这个地方，才认识自己的祖国，这次回来是为了留下来，为了尽一切力量实现这样的梦想。但是她清楚这是个艰巨的任务，非常艰巨：

"世界银行说我们的经济会崩溃。什么经济？我们现在有的只是混乱，但是我们不能继续喂养侮辱过我们那么多年的人，终有一天我们要从刽子手手中解脱出来。"

因为南苏丹政府连续多月来在一个关键事务上坚持其激进态度，南苏丹有石油，是石油之国，但是南苏丹没有石油管道，说得更准确些，那些运至红海的石油管线必须经过苏丹。苏丹人想要在石油价格上加价30%，南苏丹人只肯让他们加最多两个点，其实只肯加一个百分点。

于是斗争开始了，争论僵持了很长时间，后来朱巴政府受够了，再也忍不了喀土穆政府对石油管道运输收取的高额佣金，2012年1月决定关闭管道。

自那时起一年多的时间，直至2013年4月，这个98%的出口都是石油的国家，停止了石油的开采。许多人支持这种行为，认为这是个壮举。是时候给苏丹人看看南苏丹人的厉害了，如果需要牺牲些什么，南苏丹可是乐意的，因为新成立的国家得这么做，得做的还远不止这些。

2012年6月，我第一次去那里。南苏丹做出的牺牲越来越明显了，国家没有了美元外汇、中国和卡塔尔的贷款，大约40亿，已经花完了，债务缠身。肯尼亚和乌干达是南苏丹粮食的主要供应国，现在已经不愿意继续赊账售卖给南苏丹了，南苏丹国内开始出现物资匮乏，通货膨胀，物价飞速上涨，南苏丹镑在黑市上的汇率起伏很大。居民很不安，政府对民众的不安也很焦虑。民族主义的呼声并没有消退，反而越来越大声，造成越来越高的代价。

我也听到有人支持这种政策，在某种程度上，我尊重他们，他们有两种意见，一种是说的比唱的好听的民族主义，宣称你们必须归还这些脆弱的岛屿，不然我就生气了，这种民族主义是你敢来我就杀了你，另外一种是生死之战，以饥饿为代价。我并不是在判断哪个比哪个好，只是说我尊重其中的一种意见。

但是南苏丹是一个沥青公路总长不超过一百公里的国家，电网还没有铺设，没有自来水，也没有下水道，除了那种黑色黏稠的液体，不生产任何其他的东西。其余所有的产品，甚至每天的食物和日用品，如鸡蛋、水果、蔬菜、肥皂、食用油、火柴都是进口的，是用石油赚来的外汇购买的。

"南苏丹像一个孩子，刚刚诞生，还在学走路。在一个连道路都没有的地方无法建立国家。"

人道主义专家跟我说。一块领土、一个民族、一面旗帜、一支军队还不足以成立一个国家，哪怕它坐落在一块石油藏量丰富的地区。在这里，每十个刚出生的婴儿中就有一个夭折，每五十个母亲中就有一个死于分娩，85% 的公共卫生是由国际组织负责。2013 年政府号召外国捐赠者捐款数亿美元，半年之内募集到了一半的金额。重新统计并且认定的数据是，不是 450 万人而是 400 万南苏丹人吃不饱饭。

"在苏丹有个苏丹人，与英国人一样爱出汗"，我父亲刮胡子的时候习惯唱这句歌词，我到了这以后，才发现这不是事实。

班提乌镇就更加厉害了，在那里，以前的传说没有一个是真的。

2

班提乌镇上的街道是很荒凉且很宽的土路，每隔一段有一棵树，一些稀疏的平房，茅草房，茅草围栏，教堂的茅草屋顶上插着十字架，茅草铺子卖着水烟茶，远处可见清真寺的顶。河上架着一座破败的桥，上面还留着四月战争中炸弹留下的凹痕。机场跑道也是土路的，水泥杆子架起了电线，电线坏了一年了，没有人出钱去购买小发电厂每日发电所需的一百桶柴油。砖房子里是稀稀拉拉的几个商铺，这里一共有两个银行、三个小学、两个中学、一个足球场、一家医院、二十几个国际机构。有一些吵闹的鸟儿，几条狗，阳光很强。

"您真的从来没来过这？"

"真的，从来没有。"

"啊，真奇怪。"

班提乌是南苏丹十个州之一的团结州的首府，与苏丹接壤，到处是灰尘、汗水、石油和战争。班提乌共有一万名居民，但是这里谁也不知道准确的数字，人们来了又走，带着牲口或饿着肚子搬来搬去。

尽管现在面前是国界线了。

国界线就是一条直直的线，这几乎是无法想象的，简直就如一名冷酷的地图绘制员的发明。

非洲地图上的国界线经常是笔直的。没有任何一个大陆有那么多笔直的国界线，因为它们都是历史上的殖民者官员拿着指南针和尺子，在办公桌的地图上画出来的。1878 至 1898 年的二十年间，欧洲各个帝国创建了三十多个非洲国家，1960 年后，这些国家从殖民者手中独立出来的时候，仍保持了这些边界。英国、法国、比利时、德国甚至意大利和葡萄牙人都宣称他们在这个大陆上的使命是三个 C ：基督教（Cristianismo）、文明（Civilización）与贸易（Comercio），但并不一定按照这个顺序进行。他们以此为由夺走了黄金、象牙、花生、棉花、棕榈油、珍稀木材、劳动力、炮灰，以及一些性病。

因此，这些国家的原始积累都跑去了伦敦、巴黎和柏林。当然，这是有去无回。非洲国家许多都是人为的、随意的、不能成形的，由不同的种族组成，各种族之间的冲突持续了好几个世纪。这些国家的经济结构是面向宗主国的出口导向型，仅有的一些道路和铁路都是通向港口的，在国内其他地方却互不相通。放眼望去，看到的是教育程度低的贫困人口、令人痛心的基础设施、消失的工业。国家领导阶层的富裕和排斥成了传统，如果殖民者得给当地的管理层一种奢侈的生活，才能使他们接受这些边境线，新的统治阶级也不能放弃前任的这些特权：大房子，拥有奴仆，有任意处置的权力。受到了前宗主国的鼓舞，他们把所有这些都继承了下来，现在反而变成了前宗主国的"最惠贸易伙伴"，当然得加上一条附录：一点儿慈善。大型国际机构如国际货币基金组织和世界银行认为市场是解决问题的办法，它们对非洲进行援助并强制推行市场政策，这导致的死亡人数比所有殖民过程杀害的人数还要多。

（20 世纪 90 年代媒体充斥着对国际货币基金组织的紧缩和活力的称赞，而现在的新潮流是对非洲经济腾飞和其稳定增长率的祝贺。如果仔细看，就会发现这些都是国际原材料价格上涨带来的效应，非洲许多国家主要的经济活动就是原材料的生产和出口，而且普通大众根本未从中受益。国际劳工组织最近的一份报告称，撒哈拉沙漠以南非洲只有 7% 的年轻人有正式的工作，十四个人里才有一个。其他人都没有正式工作，在父辈的土地上耕作，或试图做个小生意养活自己。

这份报告中强调了"不良"教育的责任，声称在埃及或南非这样政治架构完善的国家，有成千上万的年轻人无业，同时还有成千上万的职位空着，那些失业的年轻人，没有足够的资质，不能胜任。）

临近中午，街上人越来越多，阳光让人慵懒。街上的人趾高气昂地走路，这些高个子的先生和女士的威严很是让我惊讶，我爷爷安东尼奥一定会说，哪怕是没有面包的一天，他们也将头昂起，抬起下巴，仿佛风都得给他们让道。每一步都像一种标记。每个人都很高、很瘦，仿佛是用绘图软件疯狂修图之后的效果，许多人骄傲的脸上划着很艺术的疤，那是他们部落的印记，指明了他们的身份。

人越来越多，但是年龄都不大。所有人都是年轻人，偶尔能见到五十岁以上的，年龄更大的人几乎见不到。据说，但没人确信，这里的人均寿命是五十五岁，但是我在有其他类似数据的国家也从没见过这么整齐划一的年轻人，他们的寿命如此之短。一个光脚的男人过去了，把鞋拿在手里：手里的鞋擦得干干净净的。

十几头驴过去了，个头就比大丹麦犬稍大一点，拖着两个橡胶轮子的铁皮车，车上放着两大罐水，卖水的年轻人就走在驴子旁边，他卖的是这里的河水，浑浊、浓厚。基本没有车经过，偶尔能见到一辆国际机构和政府的四驱白车，或是摩托车。

时不时还有几个负载不少的妇女经过，头上顶着她们的搬家行李：塑料椅子、脸盆、锅碗瓢盆、行军床、一个装着衣服的垃圾袋，前面几公里处是她们的丈夫和牛群。夜晚降临，牛不走了，她们也停下来了。

这里的财富是用牛的头数来计算的，但十个人中有九个每日凑不足一美元。他们用牛来做生意，用牛来做罚金，用牛买媳妇。每个牛群的牛都瘦瘦的，长着不对称的细长的牛角，一般是由两至三个牧民照看，牧民一般都是高高的活泼的年轻小伙子，穿着紧紧的短裤，左脚踝上系着羽毛脚环，靠这种装扮在柏林或里约热内卢的同性恋酒吧中都能挣大钱。但是他们没钱，右手举着一条细杆，左手举着六七个长矛。

"他们为什么带着长矛？"

"因为经常会打架。"

"为什么打？"

"因为要打啊，我们都打架。如果你走在路上，遇到其他一些部落的人，恐怕你也只能打。"

那时候他们就举起长矛进攻，可能会受伤，可能会被杀，但是男人不就是干这个的么，他说，最后，他又补充道："有时候我们还用长矛来杀动物。"

他说，他们还用长矛来杀动物。

但是前天在市场上，一个妇女用一把斧子劈开了另外一个妇女的头颅。

"为什么会发生？"

"谁知道啊，女人之间的争斗。"

我不清楚为什么贾斯汀会认为这是个找老婆的好地方，贾斯汀要在莱雷镇子上找个女人结婚，莱雷距离班提乌五十公里，这段距离坐大巴需要三个小时，旱季走路需要两天，雨季就说不好要走多久了。道路还有一些危险，因为不小心就会踩上战时埋下的地雷。

孃库马只有十六岁，身高一米九，眼神露着凶气。当那位年纪稍大的男士跟她说想和她结婚时，她大笑起来，然后看了他一眼，见他并没笑。孃库马对他说，他这个年纪找老婆已经算年纪大的了，于是他笑了，说她看起来一点也不傻。

隔天，贾斯汀与孃库马的爸爸和叔叔们见了面，他们之间达成了一致，用三十头牛来娶，三十是个好数字。（我问了好几个人，如何用牛来衡量女士的价值，却没有得到一致的回复，因为每头牛的价值是确定的，但是没人知道一个女人的价值到底是多少。)

嬢库马经历了她的婚礼，当到达丈夫家的时候，她才知道她丈夫已经有了个老婆，还生了五个孩子了，大女儿才刚结婚，女婿给了他们家三十头牛。贾斯汀拿他女儿的彩礼出去找了第二个年轻老婆。

"你生气了吗？"

"没有，我为什么要生气？"

嬢库马说道，这么过日子也挺好。嬢库马的肩膀很宽，声音很细很甜美，目光深邃，说没什么理由生气，贾斯汀是她们两个女人的丈夫，她们俩都挺高兴，每人都有各自的房子和儿女，如果这是她们丈夫想要的生活，她们也认同。

"那如果他继续找女人呢？"

"随他高兴。我不会生气，如果他再找一个，证明我们的食物充沛。"

"如果食物不够呢？"

"那就够的时候吃，不够的时候饿着。"

嬢库马发音有些奇怪，她的下面一排第四个牙齿上有个洞，说话漏风，许多妇女都有这个问题。他们告诉我这是努埃尔部落女人的习俗，但是没人告诉我为什么要在牙齿上打一个奇怪的洞，正好在舌头下面。

"因为美观啊。"嬢库马说，笑着露出了牙齿上的洞洞。

对女人来说是牙齿上动了手脚，而男人们则是在脸上划几刀。伤疤是一种告知身份的方式，清楚地告诉他人你是谁，忠于哪一个部落。几年前，一位萨尔瓦多黑社会的人告诉我，为什么他要把脸和脖子都刺上刺青："有时候你被敌人包围了，你可能会贪生怕死而拒绝承认自己的身份，但是你脸上的印记不能说谎。这样就可以确保你不会背叛部落。"

这些印记是社团防止个人脱离的一种保障。刺青是一件很痛苦的事情，是一种成长的仪式，每个男子都必须经历这个成人仪式，很痛，出很多血，还要宰杀一些牛祭祀。

最棒的男生最能忍受疼痛，刀划肉的时候，一声都不吭的，没哭的都是最汉子的。如果你不能战胜它，那就和它共生吧，痛苦、折磨是在人身上发生的最让人吃惊的、最悲惨的事情。我们无法想象一个没有痛苦的世界，痛苦是不必要的。但是它就在那，存在着、统治着，人们得做点什么，把它加入体制之中。

在一个有神灵的体系中，神灵创造了一切，那就有更多的理由将痛苦转为一个体系。有必要解释下痛苦之存在，和它那种无法理喻的坚持。对恶、痛苦、疼痛的合法化论证，是世界上最大的神话所在，不断有人讲述着，这些神为什么总是做出一些与他们身上赋予的善发生激烈冲突的事情。为了给出合理解释，人们创造了许多说法，其中之一就是痛苦的救赎价值，人们给痛苦赋予了作用，找到了它的用处，这样，受苦的穷人便得到了祝福，他们受了苦就会去天堂。上帝给你送来苦难是为了考验你、改善你。受苦不是无偿的，并不是完全的损失。痛苦是一种储蓄，一种在天堂可以进行花销的现世积累。痛苦是一种保佑，但条件是你相信天堂。另外一些人更大胆，努埃尔部落的人认为，痛苦以及忍受痛苦的能力是一种衡量人价值的方式和特权。谁最能忍受痛苦，谁就是更好的人，而且衡量就发生在现在，并不发生在一个值得怀疑的未来和他处。

刚长成人的孩子就得受苦、结痂，最后获得他的权利，即可以使唤任何女人，甚至包括他的母亲，能扛起长矛，能打仗，不需要再挤牛奶。努埃尔部落的人在额头上划六道伤疤，代表一些规矩：不应害怕，不应偷盗，不应犯奸淫，不能与表亲媾和，一个男人必须学会尊重才能成为男人。

孃库马有三个孩子，一个六岁的女儿，一个四岁的儿子和一个一岁的女宝宝。孃库马在莱雷的时候，和她的三个孩子住在自己的房子里，她丈夫有时候和她一起睡，有时候和他另外一个老婆睡，有时候在他自己房子一个人睡。他们住的房子就是铺了土的茅草屋，墙是砖坯或树枝糊上泥砌成的，顶上是茅草铺的四坡水屋顶，角上还有些装饰。在房子内部，一般是有一张无床垫的简易床，一个角落放着器具，另外一个角落放着衣服，有时候还放一张塑料椅子、一盏煤油灯，或是挂在泥墙上的装饰品。一家人有两到三个房子时，就用树枝做栅栏把这几个房子围起来，这块地就是一个小区，或者您再找个西班牙语中更贴切的表达，这里就是这家人居住、做饭、吃饭、聊天、玩耍、种几排黄秋葵的地方。牛棚，如果有牛的话，与人住的房子一样，但是更大。

孃库马每天早晨五点起床，如果是种植季节，就扛起铁锹去犁地或是播种、浇水。然后去森林里捡柴火，用木头磨盘磨高粱，生火做饭，这里的饭叫作瓦尔瓦尔（Walwal），一种用高粱粉与沸水混合起来的糊状的东西，如果有牛奶就加入牛奶，也可以加点盐。上午十点钟吃饭，所有人都饿得前胸贴后背了。大家在房子周围席地而坐，准备吃饭，这时候太阳很灼热，午饭吃得很快，从不超过五至十分钟。然后孃库马把盘子和锅收走，拿到一个两百米开外的水塘里去涮洗，这时候是她比较开心的时候，她可以与其他女人见面，与她们交谈、聊聊天、说说闲话。孩子们这时也和其他的孩子们玩耍，如果水量足够，他们就跳进水里玩耍，六月份雨季的时候，水塘就是个泥潭。如果有脏衣服，孃库马也拿去洗。洗完了就回到房子里，大女儿帮助她从水塘里盛一大桶水带回去喝。贾斯汀一般不在家里待着，如果是种植季，他一般都在离家几米的地里干活，如果不在那，就在和某个朋友聊天，或是在大老婆的房子里。孃库马与孩子们玩一会儿，与邻居妇女聊一聊，中午休息一会儿。晚上七点钟吃晚饭，吃剩下的瓦尔瓦尔，有时候喝蔬菜汤，如果运气好，就喝黄秋葵汤。天色黑了，一天就结束了。

"你们有时候吃别的吗？"

"没有，每天都吃瓦尔瓦尔。"

"你喜欢变下菜谱吗？"

"我不知道，我们只种高粱啊。"

"不能种点别的吗？"

"我不知道，好像种别的长不起来。"

"你们吃牛肉吗？"

"是，也只是偶尔，不常吃。"

嬢库马脖子上挂着亮闪闪的塑料珠子项链，她紧张的时候，就摸一摸项链，转一转。

"最近一次吃牛肉是什么时候？"

"去年吃过一次。"

有时候没有吃的，那就饿着，嬢库马说道。当饥饿发生，人就只能想吃的了，想着如何才能搞到吃的，去哪里可以找来吃的，挨饿的时候她最不喜欢的就是止不住地想食物。

"我可不想不停地想食物。"

她的小儿子，尼亚皮尼住进了无国界医生组织在班提乌的一家小医院里。嬢库马、贾斯汀和孩子们，没带另外一个老婆，从莱雷到班提乌来"度夏"，一月至五月间是旱季。苏丹人总是在移动，总是在迁徙，因为他们的牧民文化就是这样，他们总是在迁徙中寻找食物，现在国内冲突加剧了，他们搬家也更频繁了。

他们种植更少的东西，因为总在迁徙，他们不能在这块贫瘠的土壤上用心耕作，他们也有道理。例如四个月前，苏丹军队占领了离这里四十公里的油田黑格利，在国界线的那一边，那里是冲突之地，双方国家的地图都将其囊括进自己版图。几天之后，北苏丹人回来了，赶走了侵略者，又强占了更多的领土。两队人谈论着受伤的自尊、赎回的血债、不朽的民族，当他们认真起来，就主要谈石油。

"你们来莱雷是因为战乱吗？"

"不是的，在莱雷比这好多了。但是任何地方都不安全了，你到任何地方都不能安心地说我得救了。"

　　嬢库马看着我，仿佛我能解救她。

　　"那为什么来这里呢？"

　　"土地不肥沃，我们种不出来一年的粮食。我们只能来这里试试找工作，看能不能填饱肚子。"

　　他们捡木条回去做成碳条，然后售卖，还制作高粱酒。但是尼亚皮尼得了严重的痢疾，面色越来越苍白，他们把他送到了这家小医院。医院告诉他们，孩子极度营养不良，必须住院几周。他们就推迟了回莱雷，但留在那也茫然不知所措。

　　"我们太饿了。"

　　嬢库马，人高马大，很难想象她身体虚弱。但是她坚持认为她就想要每天足量的瓦尔瓦尔，她根本不奢望更多的东西，我问她，现在吃不到足够的瓦尔瓦尔，谁该为这事负责。

　　"我丈夫。"

　　"你丈夫？"

　　"当然了，他得为我和我孩子吃饱饭负责任。我们结婚就是为了这个啊。"

　　"但是他也在挨饿啊。是他的错吗？"

　　"我不在乎。他就是得让我们吃上饭。"

　　周围有哭声和尖叫声，三四十个孩子，睡在小床上，母亲们坐在一种圆凳子上，这是一个茅草屋，茅草盖的顶，有防蚊纱窗，这算是重病房间了。

　　嬢库马抱着尼亚皮尼，尼亚皮尼不想吃奶了，只是哭。嬢库马长长的奶头上停着一只彩色的苍蝇。嬢库马说问题并不是因为吃得少了我们才得去找吃的，吃少了他们就没力气出去找了，就更找不到工作，吃得更少了，然后更没力气继续找了。她没说出来，但是饥饿对他们来说就是一个陷阱，一个罕见的恶性循环。

"你们出来找什么呢？"

"找到什么算什么。农田里的虫子、蟋蟀、一些熟知的草叶子。找到啥都行。有时候上帝保佑你，就能找到一份小工。"

"你们总是能找到吗？"

"不是的，有时候我们四天、五天、六天没吃的。"

"那是什么感觉？"

"就好像我在慢慢死去。我感到我要死了，我没有任何的力气了。我连死的力气都没有了。"

"你看见过人饿死吗？"

嬢库马看着我仿佛我说了一件特别愚蠢的事情。也许我确实说了一件特别愚蠢的事情。她的目光是一种蔑视，我就试图收回这个问题：

"你害怕这种饿死的可能吗？"

"是啊，我害怕。我一直都有这种恐惧。"

"你能做什么去避免它呢？"

"我不知道，我不知道能做什么，我就是到处找吃的，有时候找得到，有时候找不到。因此恐惧一直追着我。"

苦难就是这样一种情况，当一件事情失败，所有的一切都坍塌。平衡看起来是那么的脆弱。

尼亚皮尼得救了，但只是这一次他得救了。嬢库马和贾斯汀的家庭回到了莱雷，回到了他们的房子里，他的第一个妻子和孩子们还在那里等，如果还在的话。孃库马等不及回去了，她很乐观：

"我们的生活会变好的，我们现在独立了，阿拉伯人再也不会骑在我们头上了。我们以前不是自由人，阿拉伯人总是指使我们做这做那，让我们去这去那。现在我们可以过上自己的生活了，没人能指使我们了。我们自由了。"

"这种自由会给你带来更多的食物吗？"

"当然了。现在还不会，但是慢慢会的，会给我们带来更多的食物。现在阿拉伯人已经不是一切的主人了，战争结束之后，我们就可以有更多的土地去耕种了，我们当然就会有更多的食物了。"

战争还在继续，一年前，我在班提乌认识了孃库马，现如今战争依然继续，一时加强，一时停歇，一时又加剧。

二三十年来战争就一直这样：发生在贫穷的国家，一些贫穷的军队之中，至少是一支穷人的军队起义，不停歇、延长、来来回回、平静与爆炸反复交替。他们把这叫作低强度战争，因为没有杀死那么多军人，只是杀害了一些女人、年轻人、部分男人，这些人被强暴、被驱逐、被抽打、挨饿，他们一般都是死于饥饿和疾病，多过于死于子弹。

[鄙人于 2013 年年中写下了这几页，2014 年初在巴塞罗那做了修改。这段时间之内，从朱巴传来内战或是争夺政权或是种族屠杀之类的消息，据说已经有好几千人死亡了。昨日，足不出户，我便得知班提乌的无国界医生组织被努埃

尔的反叛军在逃出城之前洗劫和摧毁了。还出现了许多（得花工夫找找）关于食品短缺、当地千万难民的饥饿问题的新闻。从这里，自现在，再读一遍我对这个国家的印象我感到奇怪，不幸的是，我笔下的这块灾难深重的地区，比现在处在灾难之中的这片土地还稍好一些。]

3

荷兰的无国界医生组织在班提乌的办公室和住宅位于一片旷野中，如这个地区的其他房子一样，建筑风格拙劣丑陋，周围用墙围起来一片长不超过三米的花园。

这个组织的房子很小，善心不知道是否很大。我住在了班提乌大酒店，酒店有三层，房间都是预制瓦楞板建成的，房顶是铁皮的，小小的窗户在角落里，窄窄的床挂着蚊帐，旁边有张塑料凳子。浴室在外面很远的地方，只有一桶水和一个脸盆，厕所在更远的地方，很难闻，苍蝇就说明了问题。

班提乌地区物资匮乏，更别提网络了。据说有时候能有网，但是我到访的那几周都没能运转。失联的经历在现代还是很少见的，但在这里却是很常见的事情。在世界上，在我的世界里，可能会发生任何的事情，但是我要几天以后才能知道了。我们是舍弃了这种慢悠悠了解世界的习惯，不久之前，这种习惯还是我们了解事物的方式，后来发生了一些变化才导致一切的认知都是即时的，这种变化在另一些地方直到很晚才发生。玛利亚·瓜达卢佩·昆卡，马里亚诺·莫雷诺的寡妇，在他于远海死亡后的两个月还在给他写信，因为她并不知道丈夫的死讯。对她来说，他还活得好好的，她还在信里给他讲家里发生的事情、孩子、奴隶的事情。

我觉得很惊讶，失联的我感觉到的不是焦虑，而是平静。正如那次的车祸，我的脸狠狠地撞在了方向盘上，他们送我进手术室的时候，我感觉到的根本不是之前想象过的恐惧，而是一种冷漠，我自己什么也做不了的感觉。现在在南苏丹的深处，网络没了，我并没有疯狂地去找，我的感觉与那次车祸一样，所有与我相关的东西已经不关我的事了。

在这里，了解食物的方式还是旧式的，举个例子，贾斯汀，孃库马的丈夫，已经好几个月不知道他另外一个妻子和儿女的消息了，对他来说太常见了。忽然之间，现代那些了解事物的即时性的习惯和需求，让我觉得有一丝可怕。

仿佛有人想假装认为空间不会是时间的隔阂。

这是一场斗争。昨天，好几个国际营养问题机构的负责人聚在一起开每周例会，地点在世界粮食计划署的办公室，甲说他的组织已经控制了鲁普科那的好几个区，检测到了当地营养不良的孩子数量上涨了18%，然后乙问他哪几个区是更受影响的，甲说没有更多的细节了，乙说他需要这个信息才能介入，因为他们派出的救援队伍如果能知道问题在何处更集中，工作起来会更有效率，甲说当然了，如果乙来甲办公室的话，可以把这个信息给乙，乙说那两点半吧，丙说如果乙还有援助食品供货困难，他也可以先支援他们几周，给乙发去几箱东西。这会就这么持续了一个多小时。

我并不想说这会议是多么祥和美好，其中有争斗，有这些国际机构的傲气、个人利益、政治利益，但给我留下深刻印象的是，这些先生与女士，愿意在世界的这个角落里决定做减少饥饿这样的事情，而且做得那么认真，他们的人生就是在考虑如何才能达到这个目标，无论做得好坏，都是一种帮助，当然这并不能改变结构性的事实，但是他们一定要去做。他们并不是为了祖国而工作的宣传员，也不是省级官员，也不是舒舒服服的官僚，也不是大胆的专栏作家，他们就是一些很多个月一头扎在这片空无一物的土地上，试图拯救一些人的甲乙丙丁。

几个世纪以来，白人来这里主要是为了掠夺东西的。现在，大家的设想是，大部分情况下，白人是来给予东西的。有时候这甚至是事实，无论他们做这事的理由和逻辑是什么。

我得承认无论如何这种付出和努力让人感动。他们告诉我，这几天，十万多快饿死的难民正从战争中逃离出来，那个地方的名字世界上大部分人都没听说过：马班，在上尼罗省，离这里三百公里的地方，那是个得开好几天车才能到的地方。成千上万的难民出逃，原因是敌军给水源下了毒，烧毁了他们的房子，对他们进行千百人大屠杀。在朱巴，各类救援机构按照自己的时间和方式组织食品救援工作。因无道路可以到达，他们派出了载有药品和食物的飞机。当地没有了饮用水，他们花了大价钱打井，却没打出几口来。当地疾病泛滥，他们派出医生、护士和物资人员。据说，难民都是盖着塑料帆布躲避枪林弹雨，靠从水塘中喝水、吃树枝为生。

突然之间，这几万人艰难地不可思议地存活了下来，变成了这一群"疯子"每日十五小时的工作任务，这群人之间也打斗、互相指责、互相骚扰，最后这群人救了几百个、几千的人，但是救不了更多的人了。

"我再也不能把对立本的记忆从我的脑子里抹去了，我觉得那是我这一辈子活得最惨的时光了。"

卡洛琳娜几天后对我说，那是一个平静的夜晚，在朱巴的无国界医生组织的院子里，蚊子吵得如火车，远处还有叫喊声和枪声。卡洛琳娜是阿根廷的一位医生，三十几岁，是战争和饥饿方面的专家。现在等着作为紧急救援队出发去马班。我也在那等着，无国界医生组织的负责人对我说可以带我去，但是昨天荷兰总部的领导跟我说又不行了，因为飞机载满了救援设备，没有多余的位置了，就算凑巧有空位置，也得留给路透社或英国BBC或半岛电视台，希望我能理解他们有一些特权。

"那一年，2011年，整个非洲之角地区情况都很复杂，收成不好，到处都是紧急情况，特别是在索马里，情况特别混乱，充斥着暴力，我们都不知道发生了什么，我们没有信息来源……"

卡洛琳娜说，他们唯一确信知道的是难民如潮水般涌来。六月份，埃塞俄比亚东部的立本，靠近索马里边境，每天接收两千多名难民：

"他们的状态实在是很悲惨，好几个月没吃饱了，好几周在烈日底下行走，没有水，什么也没有。一般情况下，中度营养不良的比例是重度的五倍，但这些人里面根本没有中度患者了，全部都是重度，而且非常严重。我们所有人都崩溃了，没有办法分配粮食，因为人太多了，人群从到达之处到帐篷入口处之间形成了漏斗状分布。可怜的人们，处在那么悲惨的情况下，等待救援不是一两天的问题，而是两三周的问题。这太可怕了。"

"来的难民都很生气吗？"

"人们是很难以置信的……他们沉默地死去，当然有时候稍微抱怨一下，最让我吃惊的是，在这种灾难面前，他们还感谢上帝。"

"感谢上帝什么呢？"

"我也好奇，能谢他什么呢。他们感谢上帝让他们一个个地死，而不是所有人都一起死，至少能救出一些其他人，他们感谢类似于这样的事情。我感觉他们不了解其他的东西，不知道世界可以再公平一些的。因为他们的无知，他们也不觉得多苦了。我这么说是有点残忍，但是……"

当时的立本没有足够的帐篷、药品、水和食物。有两个帐篷已经塞进去了两倍于容量的人，又竖起来两个，在很短时间之内，就聚集了十八万人。人们接连去世，以一种地狱般的速度离开人世。

"我从来没见过这样的场景，我也不想再看见。那次我真的很生气，因为这本来是可以预见到的，却无人预见，国际社会并未对此负责。当看到每天都有人在你面前死去，这种气愤是绝望的。我绝望了。我不知道能做什么，我整天不停地工作，那些人还是在不断地死去，每天死去五十个、一百个。我自问，我在这能起什么作用，他们还是一样地死去。"

　　世界从来不知道还有个地方叫作立本。这段历史也没有在电视屏幕上出现过。电视上出现最多的一个地方是这时候出现的肯尼亚的达达布，达达布占据了富裕国家新闻里的两到三分钟，占据了重要报纸的四分之一版面。几天之内，它几乎要成为与其他地名齐名的地方了：巴士底、奥斯威辛集中营、广岛。达达布是一种残酷的失败的例子。位于肯尼亚北部的这座索马里难民营是在1990年建立的，由临时设施组成的，可容纳两万人，现在已有四十万从索马里的饥荒中逃出来的难民，而且每天还在不断地涌入，他们到达这里的时候已经身心俱疲、临近死亡了，情况确实很让人绝望。

　　后来公众觉得厌烦了，这里没什么不同，没什么新鲜的，最后，情况慢慢平稳了。紧急状况过去了，四十万人留下来了，这些无国家也无希望的人，在这块飞地生活，不能出来，因为他们没有身份文件，只能勉强生活，他们不是任何地区的居民，他们就是人道主义援助下的俘虏。

　　立本就更糟了，因为根本没人知道这地方。无国界医生组织的专家把它叫作经文，叫作密码：一种到过地狱边缘的骄傲。

　　"我永远都忘不了在立本的那几个月。太可怕，太绝望了，我累极了，每天都在受苦，但是每天我都在想，我没有其他更想去的地方了。这里需要我，我知道待在那里、做我该做的，就是我人生最好的过法。当然，这里面也有我的自私，救助他人的时候感觉很好。我知道这对那些人来说是个好事，我很高兴能帮助他们。"

卡洛琳娜这么说。

"有时候我止不住地想，大部分人在自己家里舒舒服服的，而这里的人在饿死，我却在现场，止不住想我是一个好人，是少数几个好人里的一个。我还得不断地制止我这样的想法。"

爱尔兰医生科马克，在班提乌对我说。他没去过立本或达达布，但是他能想象，他一辈子见过最悲惨的情况是在达尔富尔，他曾在那里连续好几天做着伤员鉴别分类（Traige）工作。

"这些人到那里的时候已经筋疲力尽了，还受了伤，我们的工作超负荷了，没有办法医治所有人。"

Traige 是一个法语词，意思是筛选，在许多国家医学上都使用这个词，紧急情况下，一位医生或医护人员接收了无数的病人，在没有足够药品医治所有人的情况下，必须决定哪些人更有可能存活，而丢下另外一些人听天由命。

"我不能想象比这更惨的事情了。"

科马克的声音很低、很奇怪。

部落的话

我们到底怎样才能在知道那一切仍在发生的情况下继续生活下去呢？

有时候就是一个片刻。

谁最后一次提到了宇宙的划分？人们是如何嘲笑他的？谁低头看地上来隐瞒些东西？谁对这同谋露出了共谋的笑容，谁是真的笑了？

我们到底怎样才能在知道那一切的情况下继续生活下去呢？

问题是他们很想赶紧利索地解决一切，他们觉得做这些就够了。够什么呢？一点也不够，而且他们习惯于你给他们东西，当然了，他们会要更多、更多、更多，最终什么都不够。我们要做到的是让他们自己生产，自给自足，因为要不然，世界没法运转，像现在这样可真的没法运转：要再这么下去，他们都要骑到我们头上来了。你们没看见每年有多少黑人跨境来了欧洲么？或者更糟糕：要是再这样下去，他们会更加憎恶我们，你们也看见过，当他们心怀仇恨的时候会变成什么样。别做白痴，我们教授他们养活自己的方法，而不是给他们吃的；给他们工具，授之以渔，这是能说服他们永远留在自己家里的唯一方式，不是吗？我并不是跟你说，他们是个很大的危险；穷人他们还构不成威胁，但按现在的情况，要是继续这么下去，谁知道是否有一天他们会……

不记得谁说过这个话，单个看，人是悲剧的，集体看，人是痛苦的。也不记得谁说过，要是一个人的故事让你感动，一百万个人的故事就让你无聊：你将无法动用你那极其匮乏的想象力。

我们到底怎样才能安心生活？

话语变成了沉默。这些话说了太多都没人听了：有八亿人吃不够，每五秒钟就有一个孩子饿死。我看到过，我写过，我听到过，我也说过不知道多少次：就像有人甚至在下雨的时候说下雨。

我们到底怎样才能做到呢？

如此神秘莫测的沉默。

这到底是怎么回事？

好了，瘦子，也没必要满是情感，得用点脑子。也就是说，我跟你讲：世界上有饥饿存在不是偶然的，这并不是因为上帝是混蛋，不是因为气候变化，也不是因为黑人是白痴，或是出于其他什么瞎编的理由，而是因为有一群混蛋拿走了一切，连续很多个世纪剥削他们，那你怎么办，要是不改变这种制度，你想怎么解决所有那些人的饥饿问题。你没能力，瘦子，你没能力。你在努力做的事情最终不过是让这个体系得以维持，你听懂了吗？你以为你在努力一次性结束这一切，但实际上……

怎么回事呢？

4

安吉丽娜好几个月都处于恐惧之中，非常地恐惧。她说："他们对我们越来越差，辱骂我们，威胁说会杀了我们，独立之后，住在苏丹首都喀土穆的南苏丹人的生活变得无法进行下去了。"

"如果我服务了二十年来的主人对我们说滚蛋，我们已经变成了一个奇怪的敌人了。"

"一个奇怪的敌人？"

我又重复了一遍，生怕翻译得不准。

"是的，他们就是这么说的，让我滚蛋，永远不许回来。"

安吉丽娜是墨阳人，就在这附近，现在属于南苏丹了。但是三十年前她出生的时候，还属于苏丹，一个统一的苏丹。因此，当生活无以为继的时候，她母亲就带上五个孩子来到了首都喀土穆。

"您知道这是什么感受吗？"

我没能理解她的问题，安吉丽娜给我解释，她是问我知不知道这种感受，得到之后很快又失去的感受。因为当她还拥有一些东西的时候，她的家人还能存活，直到有一天，敌族的进攻夺走了她父亲所有的牛，安吉丽娜不知道总共是多少头，也许是五十头，也许是一百头。

"你们没去找吗？"

"有人偷了你的牛，如果你当时不抓住他们，以后就再难找到了。如果你很强壮，你可以去偷其他部落的牛，但是你再也找不到你原来的那群牛了。"

南苏丹共有几百个登记在册的部落，但是一些部落的人口仅有一两千。丁卡人，无论其下还有多少细分部落，占据了南苏丹人口的一半，形成了权力的核心，总统萨尔瓦·基尔也是丁卡人。努埃尔人是第二大部落，最后是穆雷人。内战将这几个部落联合到了一起对抗外敌，内战结束后，他们之间又继续斗争，其中最温和也是持续时间最长的方式是偷盗牛羊。

几个世纪以来，大部分的苏丹人一直都是游牧民族，仅有的财产就是牛群，经济流通在很大程度上是通过偷盗进行的。偷盗牲畜是一个习俗，也有其仪式与传统。无国界医生组织的一位前任负责人告诉我，他的当地雇员时不时会向他请几天假去偷盗牛羊，员工说这话的时候表情很自然。这是最自然的事情：他们的文化。在某些部落，例如对穆雷人来说，一个男孩只有在偷盗过牛群之后才能成为真正的男子汉。

问题在于偷盗的方式和规模。一般来说，他们使用长矛、弓箭，最近开始用上了卡拉什尼科夫冲锋枪，本来受限制的杀戮权现在全都放开了。在这个地区，穆雷部落的人是反叛军中的野蛮分子，不仅掠走牛羊，还杀害妇女儿童，烧毁房子，路过一个地区就夷为平地。努埃尔族对他们旧有的仇恨被点燃了，也采取了暴力，并且重申了旧有的论据：穆雷人没有生产能力，到处去抢其他部落的孩子，穆雷人是很暴力的，因此必须对他们发起进攻，杀死他们，因此组织了一些小型部队进行进攻。

柯伟亚，我的翻译，是努埃尔人，他告诉我有时候他认为他的朋友们说得对，必须占据穆雷人的土地，将他们从土地上消灭掉。另外一些时候呢，他还是认为他们都是苏丹人，他想说的是南苏丹人，互相之间必须相亲相爱，但是听上去连自己都说服不了。

据乐施会估计，大约有三百万不受控制的军队在南苏丹境内辗转，其结果就是几十年的战争。如果数字属实，那平均下来，几乎每个人手里都有武器。在一个政府无法保证你最低限度安全的国度，这么做也有道理，在一个拥有七千万支卡拉什尼科夫冲锋枪的大陆，这么做也有理，这还没算上其他的武器。

安吉丽娜的父亲再也没有收复自己的牛群，几个月后就去世了。安吉丽娜说那时她还小，她记不大清楚了，但是那几个月里很多人饿死。

"我认为我爸爸也是死于饥饿的。至少是因为失去了牛群，悲伤过度而死。但是那段时间里，我的很多亲戚什么都没丢却也去世了。"

那是1988年，著名的大饥荒爆发了，首先是干旱，然后是暴雨，把仅有的那么几株粮食也吞没了。千万人迁徙去寻找食物，那时他们还都是苏丹人。她母亲运气不错，她的一个兄弟卖了一头牛，给她付了钱，她和五个孩子坐上了去往喀土穆的卡车。

安吉丽娜是大女儿。实际上在她之前还有过一个哥哥，但是夭折了。到城市时，安吉丽娜大约七八岁的样子，就开始帮助母亲在一个富商家里做家政服务：打扫房子、洗衣服、熨衣服，做饭。20年间就一直做着这样的工作。

成年以后，安吉丽娜与班提乌的一位男士结婚了，这位男士也在喀土穆工作。但是作为礼金的牛群并没有在喀土穆支付给她，而是付给了在南苏丹的舅舅，就是卖了头牛让他们来喀土穆的舅舅。几年之后，安吉丽娜的丈夫在内罗毕的一家基督会的护士学校找到了工作，回国之后，他在一家医院找到了工作，但是他嗜酒如命，不久就天天烂醉如泥了，工作也丢了，也不再关心她和孩子们了，现在好几年都没见他人影了。他们的孩子冬瓜才一岁半，我对此表示怀疑，翻译柯伟亚对我说这是那个消失了的丈夫留下的孩子。

"为什么？因为他经常回来看她？"

"不，她说没有。"

"那这孩子的爸也不可能是他啊。"

柯伟亚滔滔不绝地给我讲着努埃尔的婚姻习俗，如何计算礼金牛的头数，如何送礼，如何离婚，父母的兄弟和妻子的姐妹何时该介入，解释了半天，直到我失去了耐心：

"我的问题很简单啊，这孩子的爸爸是谁啊？"

"安吉丽娜的丈夫啊，我已经跟你说过了啊。也许不是基因上的父亲，但是按理他就是父亲啊。在我们之中，并不在乎谁生育了孩子，孩子的父亲就是那个付了牛群的人，那个丈夫。如果你不把牛群还给他，他就还是那个父亲。"

冬瓜瘦骨嶙峋、睡眼惺忪，他是什么都不在乎了。

安吉丽娜不断跟我说，她信上帝，但是上帝不爱她。

安吉丽娜逃离了喀土穆，因为那里没法生活了，她服务了那么多年的主人把她赶了出来，她靠非法做红酒为生，但是如果被逮到，天知道会发生什么，她常听到其他人的事，因为一些很小的事情就遭了大难。

"什么样的大难呢？"

"具体是什么不重要，反正就是很恐怖的事情。"

安吉丽娜低声说，她说在身上从来没发生过多严重的事情，声音低到仿佛说不出来了。然后她说，她在桐贝克的女友因制酒被关进了监狱，在监狱里待了好几个月，直到她的兄弟们凑齐了贿赂的钱，才把她从监狱里救出来，在监狱里的那几个月她过得非常悲惨。安吉丽娜脸上的骨头棱角很分明，疲倦的眼神仿佛再也不想看任何的东西了。

"没什么，没什么，这都过去了。"

她说这话仿佛在跟自己说话，而不是对着我们说，在她脸上有一些奇怪的东西，有一种沉默的东西，消瘦的脸庞紧紧地锁着，仿佛不想让任何的记忆渗入。一天，她带上四个孩子，口袋里揣着钱，这是她卖了两口锅、洗脸盆、旧收音机攒下的钱，付了钱坐上了卡车，到了一个村子，坐了驳船，沿着尼罗河而上，有一户人家愿意给她出个好价钱，因为他们是一个部落的人，但是这趟旅程要十天，六七天之后，她只剩下了不到半公斤的高粱了，孩子们不够吃了，她绝望了："您想想，在船上，我怎么才能给他们吃的。"

安吉丽娜想到了一个办法：给孩子们每人留下一件汗衫，给自己留了一件衬衫，船靠岸停歇时，就把每人剩下的两三件衣服都卖给了村上的人。拿着钱，她向渔民买了些鱼，撑到了班提乌，她的亲戚家。

"他们给你吃的了吗？"

"是的，也不是很多，但是给了点吃的。"

但是冬瓜已经太瘦了，人家叫她把冬瓜送到医院去。

"可怜的孩子，饿得不行了。我饿着没事，我知道饥饿是怎么回事。但是他，太可怜了。"

安吉丽娜又重复了一遍："我知道是怎么回事。"

"你想说知道什么？"

"对我来说，不会造成多坏影响。有食物的时候我就吃，东西少了，我就吃少点，没吃的我就不吃。最终总是能吃上一些。"

安吉丽娜说着，然后告诉我，她的第一个孩子像冬瓜一样病了，然后死了，所以她现在很担心。

"一开始症状很像，先是剧烈的腹泻，但是十年前，我不知道去哪儿医治，最后我把他带去了喀土穆的医院，两天以后就死了，太可怜了。医院里的医生很多，但他还是死了。看起来是上帝想带走他了。"

安吉丽娜是虔诚的基督徒，她说这个信仰在喀土穆也给她带来了不少麻烦，那里大多数人是穆斯林，她说的是：阿拉伯人。现在她只想回到墨阳，去找找她的家人，但是现在是雨季，不知道路还好不好走。如果不通行了，她得想想怎么办，她说：下次再告诉我。

5

冰鲁克离班提乌大约十公里远，但是仿佛到了另外一个世界，成了"另一个世界中的另一个世界"。在冰鲁克，一天上午，无国界医生组织的成员正在进行"流动医疗站"的服务，在一棵巨大的忙果树下摆放了几张桌子，每张桌子旁都坐着一位医务人员，桌边围满了几百个带着孩子的妇女，有坐着的、站着的、侧躺在潮湿的地上的。母亲带着营养不良的孩子们，等着领取每周发一次的援助餐，并且测量一下身体的状况，更远处的帐篷里，还有几百人在排队等待着第一次的会诊，等着严格测量臂围、体重、身高，根据这些数据来判断孩子需不需要治疗。到处都是哭声，到处都飞舞着苍蝇。

到处是泥，昨天下了第一场暴雨，很快暴风雨季就要来临了，大部分地区会处于无法通行的状态。国际机构和组织加紧囤积了好几吨粮食，因为很快卡车就没法进入这里了。人们不断迁徙，以免落到没有粮食的境地。

第一世界的人们已经不记得那些大雨就能把我们打垮的日子了。文明，这种形式的文明，让我们的生活不再被季节和气候所影响。可这里还不是这样。

"我不是每天都给发瓦尔瓦尔么……！"

"有时候不够啊，女士，不够的。"

"为什么不够？"

冰鲁克就只有一些散落各地的土房子和几排高粱、黄秋葵、玉米。目前正是种植的季节，人们扛着锄头在犁地和播种。作物总是很矮小，周边空出来很大的地方，看来能种更多，但是人们不想种了。因为种子很贵。

在村子的中央，有一块空地变成了广场，学校就是在这片空旷的泥土地上的各个角落放上的七组长凳。在每个角落里，站着一位高大年轻的教师，用一块黑板教授 15 至 20 个学生。很显然，下雨天课堂就自动中断了。

"那我能做什么呢？"

"把他送到班提乌的医院。"

"我儿子没病啊！"

一早上，无国界医生的队伍发现了 28 个营养不良的孩子，我得说，在一个这么小的村子里，居然一会儿就能查出 28 个营养不良的孩子。

"他是没病，女士，但是他需要治疗。"

"我不能给他任何的治疗了。我给他吃的可不少了。"

两百米开外，男士们正在占据自己的土地，用围栏围起来表示这块土地是自己的。他们缓慢地移动，每一步，每一个表情都像是一个独立的决定，一件可能出现或可能不出现的时刻，是一连串的偶然性。围栏里面仍然是空无一物，我问柯伟亚是不是要建新小区，他说是啊，很多人来这里定居，因为政府最终把土地卖给了他们。

"卖给他们？"

"对，但是很便宜。一块这样的地，600 平方米，大约值 660 镑。"

"比一袋高粱米还便宜。"

柯伟亚舔了舔嘴，660 镑就是 150 美金，柯伟亚是一个二十几岁的小伙子，长相活似美剧《火线》中的主人公体面毒枭斯丁格·贝尔的劣质翻版，他也留着类似的胡子，穿着花里胡哨的汗衫。他也是一个热忱的爱国者。

"对，因为市场就是这样。市场上有人想挣钱，就开出他的价格。政府不想挣钱，因为土地是社团的，不能向社团收取土地使用的费用。唯一能做的是以较低的售价卖给人们，有个先来后到的顺序，然后每个人都有一块土地了。"

"如果有人想要买更大的面积呢？"

"那价格就完全变了。"

柯伟亚给我解释了，想要大于基础面积的土地就得支付每平方米 20 镑的价格，一块地的价格就贵起来了。但是可以向已分到土地的人购买，那些人因为各种原因要去别处，或想拿这笔卖地的钱碰碰运气，这样的话，600 平方米的土地约为 2500 至 3000 镑，每平方米大约 5 镑。事实上，有人从政府手上拿的土地更多，然后就出售，柯伟亚的一个朋友有三到四块地呢。

"他是怎么做到的？"

"很简单，在不同地方申请，或者以不同的名字申请，用妹妹的名字申请之类的。"

"你朋友为什么要那么多土地？"

"哦，也许哪天我也能有很大的家庭呢。"

他笑了，一不小心，他把话题扯到了他自己身上。

"很多老婆之类的。"

"但这种事情是合法的吗？"

"介于合法与非法之间，刚好在中间。"

柯伟亚停了下来，他想了想，沉默了。最后他用一句警言总结："如果你有对的朋友，所有事情都能做到。"

"我们为了自由、正义和平等而战。我们朋友中的许多人为了实现这一目标而牺牲了。然而我们夺取政权的时候，却忘了我们斗争的目的是什么了，我们以人民为代价来致富。"2012年五月，南苏丹总统萨尔瓦·基尔在国内媒体发布了一封"致腐败分子们的信"，里面就这么写道。这不是他的原创，所有人都说着苏丹政府的腐败，但是萨尔瓦·基尔是政府的总统，以前的反叛军即现在南苏丹的政府军"苏丹人民解放军"的首领。在信中，基尔请求政府的同僚们归还带走的四十亿美元，他开出的条件是不再追捕他们。第一个月，只有少数人归还了七千万，仍然有三十九亿三千万收不回来。

据说萨尔瓦·基尔发表这封信是应美国政府的要求，美国以中断人道援助为要挟。谁知道是真是假。当地一位记者特别吃惊，他说看到人们这么多年的牺牲、看到人们在那么艰苦条件中的斗争、以生命为代价建立了一个独立的国家，现在却向自己职位上面涉及的金钱伸出了双手："我还以为他们建立了政权就会像革命时期一样行为做事。现在看来，他们得到了权力之后，就想为自己之前的付出捞回几万、几百万的美金。"

他们很容易就被指控为贪腐，大部分非洲国家都从对本国的国际援助中盗取一部分。因此，也有人说饥饿的主要原因之一是这些非洲政府自己的过错。

"既然当地政府几乎都贪污掉了，那为什么还要给这些国家输送援助呢？"

正如世界银行这样的国际组织所说，因为贪腐，他们的援助不能到达应该到达的地方，留在了半路上，解决不了应该解决的问题，因此还有那么多人在挨饿。确实大部分的非洲政府都非常贪腐，一般来说是是烂到根儿里去了。但是被贪污的援助款项与国内丢失的资金还是不能比，非洲国家与公民一个半世纪之前就融入了国际秩序，也正是国际秩序导致了国内动乱与资金的流失。

国际机构利用非洲政府的贪腐，正如非洲政府利用国际权力的贪婪，说百万非洲人民在挨饿是因为政府贪腐、官员强盗，还是比较容易，说百万非洲人民在挨饿是因为全球化资本是掠夺成性、永不满足的，也是比较容易的。这两个都是事实，但是如果把其中一个说成是唯一的原因，真相就差了一半。

这两个原因都回避了私有产权和财富分配问题，这在他们看来是微不足道的事。

"政府把国际援助的钱和物资装进自己口袋，贪腐就显得更加残酷。问题首先在于什么样的体系导致援助有必要存在？那么谁来投资确保这里的土地能生产足够的粮食？比如在苏丹，石油盈利是由各部门如何分成的？当然，尽管石油的开采使用的技术和投资是为外国列强所有的。"

某知名非政府组织的一位高管告诉我，如果我不泄露他的身份，他可以告诉我一些事情："如果国际捐赠者和国家能在这些国家投资基础设施建设，例如开井、建堤坝、建设太阳能发电场、修路，让当地人民能自己致富，是更好的。但是，当然了，这样人民就变成了独立的个人，我们的政府和捐赠者就不大高兴了。他们更愿意继续发放粮食。如果你二十四小时之内花更多的时间在给家人寻找食物上，对我来说就更合适，因为你可没时间去观察我做的事情了。

你们指控的是无知狂妄的人，如果在这些国家没有可欲的物资和有欲望的人，贪腐就会更少。当企业家想要某种资源，而这种资源只掌握在一位有贪污倾向的人之手，贪腐就滋长了。那么，一位得克萨斯的石油大亨获得了苏丹的土地进行开发，和一位政府官员从中获益，这两个人有什么区别？获得财富的方式不同？因为我们认为，手握财产或土地的出让权，能让人从这块土地上获益，但是如果以国家的名义来管理这些资产，人们就没法获益了。以政府名义管理，就不让个人获利，这个还算有逻辑。那有了财产权，就会让个人获利，也合乎逻辑吗？

6

"我不想给自己建房子。我以前有房子，后来因为战争不得不离开。如果我省下钱来建个房子，我如何能保证自己能长待呢？建了又得抛弃可不好受。还是没有的好。"

"那你准备住在哪里呢？"

"我不知道，再看吧。"

在离冰鲁克一公里的地方，远的不能再远的地方，曼怪这个村子是在一片空旷之地由百来个茅草屋组成的，人们从一条褐色的河里取水喝。这里的雨水仿佛没啥功用，褐色的土地依旧那么干旱，布满裂缝。这里的茅草屋可真是简陋，房子是四平方米大的正方形，墙壁是秸秆糊成的，屋顶是褐色塑料袋做成的，房子里可能有一张褐色的塑料椅子，一张木制小床，一堆衣服。茅草屋散落分布在离河流两百米开外的地方，夹杂着一块块的黄秋葵地或玉米地，一两棵孤树，女人们在劈柴、生火、用秸秆做的扫帚扫地、用臼磨着谷物、用头顶着水桶、用颜色鲜艳的塑料脸盆洗东西。在脸盆的边沿写着字，盆已经坏了，隐约看到写着"孟加拉国制造"，我猜是达卡地区制造。一位妇女告诉我，这里是军事区，所有这些人都是军队家属，军人得在班提乌服役六到七年，"那些有家眷的人"都带上了家眷，女人边说边疑虑地看着我，仿佛我是什么阴谋的同谋。她穿着一件黄色的汗衫，牙齿上有洞，脸颊像黑色苹果，她坐在一张塑料椅子上，旁边是另外两位穿着黄色汗衫的瘦弱妇女，她们仨正在清洗树枝，从上面择下圆圆的绿色的叶子。她们说是远处的树上的，光这么着是没法吃的，她们准备用它来做汤。

"那配着什么吃呢？"

"就喝汤啊。"

其中一位告诉我：她们的丈夫每月挣八百镑，按黑市汇率大约是 180 美金，足够在市场上买一百公斤高粱，可以供一家人连续吃三周瓦尔瓦尔。但有些日子，像我看到的那天，他们只能吃树叶子。另外两位则警惕地看着我的身后，仿佛有人会出现。

"早上好啊，先生，欢迎你。"

一位很高很壮的男士跟我打了招呼，他大约四十好几，很结实，衣着整洁，昂着头。他用清楚的英文跟我说，他是中尉。"借一步说话。"中尉有一种下命令的习惯。

"欢迎来到我们的街区。我们在这保卫我们的新国家。终于我们都成了同一位母亲的儿子。"

我听不懂中尉的比喻，但也没法让他解释得更清楚了。于是我问他，他的职责是什么，他说是在道德引导领域，这可是个重要的领域，因为一个没有道德导向的民族不能把握发展的方向，只有拥有良好的道德和一个坚定的方向，才可以结束和阿拉伯人之间的战争，如自由民族一般生活，他大致说了这样的话。于是我就试着问他，小心翼翼地问，这些准备树叶子汤的贫穷的女士呢，他笑得更加灿烂了："您看到她们啦。最胖的那个，穿着黄色衣服的，是我老婆。"

中尉很骄傲地说，我没跟他说那三个都是瘦子，三个人都穿着黄色衣服。我们继续在茅草屋间的道路上散步，几十个孩子跟着我们，不断尖叫，还小心翼翼地触碰我。年龄更大一些的孩子就不怎么理我们了：有三个大孩子在踢着绑在绳子上的空瓶子，绳子绑在插在地上的一根棍子上，游戏的规则是做出各种杂耍动作去踢这个瓶子让它翻个身。另外四个孩子用泥巴手枪互相射击，其中一个手里拿着卡拉什尼科夫枪，枪上布满了弹片，我问他是否教这些孩子玩打仗，中尉说没有，这些孩子自己闹着玩的。女孩子们玩得少，基本上背上都背着婴儿。

"我本以为军官们住在另外一边。"

我并没告诉他，我没想到他们生活这么悲惨。

"军官得跟他的士兵们在一起。而且，您看我们这么穷，那是因为我们刚从一长段战争中过来。很快这一切都会有改观了。"

他就这么中断了并未开启的争论，然后接着说："如果我不和他们在一起，我怎么才能给他们鼓励和引导呢？也许其他人并不同意，但是这就是我父亲教我的。"

"这日子不好过。"

"谁说过成立一个国家是个容易的事情。"

他说父亲教给他的东西他都继承了，他父亲为此抗敌并战死了。

"我父亲，如其他千万人一样。你不知道我们家园里死了多少人了。"

他神情严肃，伸出手臂，给我指出家园或是逝者的位置。道德指导员中尉额头有连接两个太阳穴的六道疤，这是他们部落的印记，是他的成人纪念。

"现在，请允许我离开。我得去处理些重要的事情。"

中尉和我握了手，就离开了。几间房子开外，几位妇女聚在了一起，她们围坐在一堆炭火旁，烤着咖啡豆，用水煮一只鸡，她们说没钱买高粱做酒，喝咖啡也挺高兴的，她们用一根吸管轮流喝。她们抽着烟，脸上露出了愉悦，甚至是春光荡漾。婴儿就吸在奶头上，她们就开怀大笑，所有人同时说着话，仿佛过着多么美好的生活。有人问我，战争是不是真的会结束，我说我不知道，希望如此吧，我们都这么期望。她说当然了，我们都这么期望，但是她想问我一个问题。

"好的，请问。"

"战争结束的时候，就不需要士兵了，那我们怎么办？"

如果我对她说，女士，您别担心了，总会需要士兵的，您也可以继续嚼着树叶，这么说就太卑鄙了；如果我说，对呀，那你们可怎么办呀，这么说也很无耻；如果我问她确定想要这么继续生活一辈子吗，这么问也很无耻。其他妇女干笑着，我还是做了一样的事情：卑鄙无耻。

这里也没有老人：这是生态系统的另一种胜利。

我们所有人在技术面前都有些迷失。衰老是我们仍无法控制的一种发明。我总是对衰老造成的损害非常吃惊：身体的机能没有随年龄增长而改善，时间对我们来说是一种衰落。几个世纪以来，许多社会都企图用一种理念去弥补这种缺陷，即老年人才有智慧。"魔鬼因为是魔鬼才知道更多，而老人比他知道得还要多。"现在，自从我们认为真知是新近才发生的，学问这种标志性的价值也转到了年轻人中。

我总是自问，为什么这么精巧的自然系统将我们置入衰亡之中，直到有一天，我明白了自己有多傻，现代的衰老绝对不是自然的，是人类文化的一种发明。在穴居的自然状态下，人类只能活二十五至三十岁，在衰老之前就死去了。直到不久前，发达国家居民的平均寿命也没有超过六十。现在这一平均数字超过了八十，而且还在不断延长。科技的进步促进了平均年龄的增长，但我们还在一种过渡时期，一种复杂的境况之下，我们却已经学会延长衰老，而没有学会去避免衰老带来的灾难。

　　但这并不是自然的错，是我们发明了极端衰老这种非自然的状态，但是我们还差很远，我们只做了一半，做法还充斥着错误。

　　在毫无希望的时代，衰老也只能带来忧郁。以前的技巧很明显，你努力工作了，到了某一年龄，你就有许多的职业经验，使你成为值得敬佩与一个完整的人。现在年长却纯粹是一种耗损，世界象征性的主人是年轻人，如果你越衰老，你越发不会有任何的回报。

　　这里的年轻并不是任何的象征符号。

　　这里只有一种可能的情况，完全的自然。

　　彼德很容易沟通，口气不生硬。我问他，当他为国而战，他家人却在饿着肚子，他是否很介意。士兵彼德很高大，穿着新发的迷彩服和夏威夷凉鞋，手持崭新的卡拉什尼科夫枪。

　　"不，正相反呢。我觉得这给了我更多的理由去战斗。如果我们战胜了，我们就能吃饱饭了。"

　　独立战争是结束了，但是结局还未定。事情总是变幻莫测，双方都在对方国家支持一些民兵在敌国领土内作战，还时不时爆发常规战争。战争一直持续，现在仍在继续。轰炸与多种形式的对抗不断发生。情况依旧不堪，南苏丹仍旧需要保持大量的军队，现在这支军队是执政党的权力基础。批评家说，战争对两个政府来说都较为合适，可以凝聚各自的民族，遮蔽其他的问题，加强对国家的领导权。

　　几年前，世界粮食计划署的官员詹姆斯·莫里斯曾说过，战争中的非洲人民比和平下的非洲人民更加引人关注。"有时候我想，对一个饥饿的非洲孩子来说，最糟的地方就是一个和平稳定却贫穷的国家。"

向北几公里之外，在努巴山脉之中，以前叫作努比亚，成千上万的人在苏丹飞机疯狂地空袭之下，不得不离开家园，躲避在洞穴之中。飞机是苏联旧款安东诺夫型，每次飞过会投下三至四枚炸弹，而且基本不能击中目标，除去偶尔命中。飞机向平民投放炸弹。那些老弱妇孺都是反叛军"北部苏丹人民解放军"（SPLA-N）的家属，这支部队为推翻喀土穆的巴希尔政权而战。巴希尔说，只有对反叛军家属区进行轰炸，才能搅动后方，动摇反叛军军心。

但喀土穆还有另外一件有效的武器，由于炸弹和不安全因素，努比亚人当年也没能耕种，苏丹政府禁止所有国际机构向其提供粮食援助，从那传来的消息都是说那里的饥饿是持续不断的，无数居民吃草根、树叶子、各种昆虫度日。这些传闻都没指出饥饿最古老的用处：一种战争武器。

国境是关闭了，以前从苏丹运来的粮食援助现在已经运不过来了。这里离朱巴有七百公里土路，雨季是无法通行的。冰鲁克市场是一片惨淡。

对我们这些国际人士来说，世界是一个巨大的超市，我们乘坐各种交通工具在世界范围内购买食物、纪念品、牛仔裤、职位、不同的感受、海滩，甚至购买故事，或对生意或大变革的幻想。对于那些可被丢弃的几十亿人以及更多人来说，世界只是离自己家二十公里以内的范围和一种周而复始的生活。

　　这种不平等并不小，"世界"这个词对一些人与另一些人的含义不一样。

　　空气中的气味夹杂着油污、灰尘与紫檀木香。这些小商铺是由秸秆与铁皮做成的摊子，几十家商铺围着一块空地。最大的那家售卖蜡烛、清洁剂、刮胡片、薄片饼干、果汁袋子、当地产的香烟、鲐鱼罐头、肥皂块，在危机与贫困之中，肥皂总是稀缺产品。另外一家卖着按斤卖的袋装煤，另外两家卖着圆面包和扁面包，还有两三家卖西方捐赠的旧衣服，说是捐赠其实就是不想扔进垃圾桶，我踩到了一只死老鼠，很小，银灰色。有一家卖新的和二手的夏威夷拖鞋，其他一家卖三个洋葱，只有三个在摊位上，另外一家卖按半斤袋装的糖和稻草做的扫帚，没有一家售卖肉类、蔬菜、水果。我走过世界上各个市场，这是第一次我看到一个没有生鲜食品的市场。有时一只公鸡从市场穿过，雄赳赳地，它是独一无二的，后来又来了一只动物，不过是卖水用的驴子。

　　更远处的铝皮铺子上写着电话充电中心，给那些有手机却没电的人提供服务，后来我得知这是新近的好生意。这里的人们使用的手机是十年前的旧款，却仍有无数人想用而没用上。因此在其他地方一无是处的充电服务在这却很抢手，一个男孩看着铺子，里面放着几个汽车电池，几十个插头，各种不同接头的线，几个音响震耳欲聋，营造了商业氛围，展示了其创业劲头，铺子位于市场的中心，仅出售微量的电。与其他商品一样，这服务也很贵，充一次电两镑，大约半美金。

　　在市场深处还有一家店铺，一位男士用小电磨磨着谷物颗粒。他告诉我物价上涨得厉害，他的工作机会越来越少。在发动机的嘈杂声中还有巨大的音乐声响，播放着一种雷击顿舞曲，旁边还有一个房子作为酒吧。七位男士，其中四位是士兵，坐在了分散开的褐色的塑料椅子上，他们喝着茶，吸着水烟。

一百年前先锋的艺术家，厌烦了现代生活，在这些村落里寻找灵感，认为这样更加靠近真正的人类本质。那种寻求本质的想法很愚蠢，但是这些艺术家们靠这个赢得了一席之地，当地人们根据自然天性生活，与生活在文明社会和宗教的条条框框之中不那么自然的白人正相反。现在他们的形象又变了，他们是一种愚蠢的我们，失败的我们，不知道该做什么的我们。现在我们用传教士的眼光看他们，他们也在同一个上帝手中，我们得向上帝寻求帮助，使他们不至于死于饥饿。

玛利亚问我是否想喝奶茶，我说不用了，跟我讲讲故事吧。玛利亚很高大、机灵、长相美丽、嘴唇脸颊与眼睛都是细长的，走起路来是轻飘飘的。我发现我心底存有极大的偏见，她实在是太漂亮了，不能过这么穷的生活。

"哎呀，加点奶喝吧，加奶的茶是两镑。"

她噘了噘嘴，跟我解释道，她经常没饭可吃，就来这里的房子里做茶，房子主人将房子的一角租给她，收取每天十镑的租金。她买来一磅茶与一磅奶，卖奶茶。有时候收支平衡，有时候欠债，有时候能盈利。但是她说这是她唯一的选择，她没有其他出路了。

　　玛利亚告诉我她十五岁的时候生了第一个孩子，是一位士兵留下的，我没敢再问为啥发生了这事。我想问问例如，这士兵是哪支部队的，但我不敢。之后她与村子里的一位男士结婚了，他并没有那么多牛，还有一个十一个月大的孩子，但是现在他去了朱巴，好像从那去了肯尼亚，有一阵子失去了联系，谁知道他还回不回来。玛利亚腰上系着一条绿色或蓝色的长条布，掉色了的粉红色衬衫左侧有一个洞，她说她和母亲生活在一起，她父亲很久以前就去世了，她们的日子不好过，她说：有一半的日子，不对，过半的日子没有吃的。

　　"你害怕饥饿吗？"

　　"我从没想过这事。有吃的就吃，没吃的，我能怎么办。"

　　她说，有饭吃的时候，一天吃一到两次瓦尔瓦尔，有时候晚上还能吃一次约德约德（yodyod），就是瓦尔瓦尔剩下的东西做成的。好多时候只能光喝黄秋葵汤。

　　"如果你能吃任何你想要的东西，你会选什么呢？"

　　"瓦尔瓦尔，加入很多牛奶的瓦尔瓦尔。"

　　"我说的是任何东西，鸡肉啊、牛肉啊、鱼啊，随便什么。"

　　"我可没钱去吃这些。我只希望吃到瓦尔瓦尔。"

　　这不是个问题，吃上瓦尔瓦尔能让她不挨饿，她说问题是她的孩子们，不久前无国界医生组织的医生来过这里，跟她说她的孩子们都营养不良，玛利亚说，一旦有可能就把孩子送到卫生站去治疗。

　　然后他们告诉我玛利亚的丈夫没去肯尼亚，他踩到了一个地雷或是碰到了一个地雷就死了，谁也不知道发生了什么，当时他正在犁地，就被炸得粉身碎骨了，还说玛利亚害怕与人说这件事情，别人问起她，就随便编造一些故事。

7

尼亚伊伊眯缝着眼睛看着，她说她看不清楚。她问我是否能看得清远处的东西，她认为那些是牛。在这世界的角落里没有眼镜，能看到多少只能听天由命了。有些人看到的世界是清晰的、彩色的，另外一些人看起来是模模糊糊的。这是古老视觉方式的残留，现在的发达国家中都有眼镜，说服我们只有一种方法去看世界，我们得去渴望这世界，尽力完善自我去到达这世界。因为眼睛的用途也统一了，例如阅读需要清晰的视力，这对世界上四分之三的人口来说是一种新现象。历史上好几个世纪，好几百年，大部分人的生活中并不需要这么清晰的视力。

在这里，一如既往，事物可以模模糊糊地看。

我又看到了一个不断重复的故事，又一个十四岁或十七岁的女孩晚上在河边怀孕了，河流离房子很远，女孩发现的时候已经太晚了，她对男孩说他得负责任，结果听到了骇人的回答。三年以后，她怀抱着两岁的孩子，告诉我问题是她父亲没去逼迫那男孩承担责任：拿出必要的牛群当彩礼，然后和她结婚。尼亚伊伊说得很缓慢，声音是疲惫不堪的，仿佛已经厌倦了她自己的故事。

"我父亲关在监狱里呢。他没做错什么，但是被关进去了。"

尼亚伊伊说，她父亲是士兵，是军队的卡车司机，去年年底的时候出了车祸，死了两个人，他就被关进监狱了，仿佛是他犯了错，所以父亲没办法去逼迫那个男孩子去承担责任。

"我父亲得来抓住那个男孩子，威胁他必须承担责任，给我们牛群，照顾老婆和女儿。"

父亲没能这么做，这男孩子也逃避了责任。尼亚伊伊说自己二十岁了，不过她看上去只有十四岁。惊恐的眼睛睁得大大的，穿着蓝黑色的裙子，戴着蜗牛样子的别针，平头。这里所有的女人都把头发剃光了，只有一些时髦的女人，套上一个假发套。假发套上有发卷，有紫色或红色，有各种发式。这些天我带着嫉妒和冲动的心理，设想了好几次，想象一位妇女揭开那发套露出光光的脑袋这一时刻的效果。

"我父亲当时对我很生气，把我赶出了家门，他对我说，带着个女儿谁还会娶我，即便有人愿意，也不会用牛来娶我了，他让我滚。我不得不去我舅舅家生活。"

她边说边搓着手，咬紧了嘴唇。尼亚里艾，她的女儿，睁开双眼看着她仿佛很吃惊。

这又是一个爱和冲突的故事，因小错误而付出惨重代价。但是饥饿如影随形。饥饿是不同的生活中共有的东西，是一直存在的威胁，在这些地区能吃上饭只是一种可能性。在这里，饥饿将常见的悲伤故事变成了生死故事。

几周前，她的孩子尼亚里艾开始剧烈地咳嗽，昏睡不醒，睡得时间过长。几天前，尼亚伊伊最终将她送至无国界医生的流动医疗站，诊断为严重营养不良，现在只能住院，插上了导管使她稳定下来。尼亚伊伊抱着她在怀里，晃动她、依偎着她。尼亚里艾太瘦了，手臂细得很容易就折断，还在不停地咳着。

"她好了以后，你将如何避免她再次因饥饿而病呢？"

"我没有办法，如果她再次生病我什么都做不了，因为我找不到工作，我没有受过教育，什么都不懂。如果我会做些活，我一定养好我女儿，现在却是没办法，她爸也什么都不给我，她爸都不知道女儿病成这样。"

"你还想再婚吗？"

"当然了。我想有人照顾我们啊。"

"现在有人选了吗？"

"这是个秘密。"

她脸红了，说这个我不能说，她又重复了一遍。我们沉默了。然后她说有了，有一个男人接近了她，想给她钱，想照顾她，也许会和她结婚。

"但我父亲派人打了我，还派人跟他说，如果再靠近我，他就杀了他。"

"他在监狱里，怎么能杀他呢？"

"我父亲有兄弟，堂兄弟。他能做到。"

尼亚伊伊说道，我问她那么她女儿还有别的出路么。

"她可能会死吧。"

她嘟囔了这句话，嘴唇都没有动：她可能会死吧。但这不是一个解决的办法啊，我跟她说，她不知道怎么回答，表情保持冷漠："对，不是解决办法。但如果没有夫妻两人照顾她，我也想不出解决办法。"

我又问了一遍，她说并不是她想让孩子死去，这怎么可能呢？她擦着孩子的鼻涕，赶着苍蝇，尼亚里艾低声地哭泣。

"我不想，我怎么能这么想呢？但是我没有东西养活她。如果她吃不饱……"

有什么东西，可能是几千年的文化干扰了我，我根本听不进这位妇女说女儿很可能会死去而她什么也做不了的话。

"你认为她会活下去吗？"

"如果她不再营养不良，我觉得可以。但是如果她再次营养不良，就难说了。"

我还是纠缠她："你能做些什么让她不要营养不良吗？"

尼亚伊伊的耐心比任何的愤怒都可怕。她静静地听着翻译的话，看看他，看看我，说不：

"什么也做不了。"

她说：什么也做不了。她看着女儿，拉扯了下她的红白汗衫，抚摸着她，却什么也做不了。

苏丹的饥饿如其他地区的饥饿一样，原因复杂。土地不肥沃，但他们种植的东西也确实过少。说句不好听的，在村子旁边有一大片土地没有耕种。政治正确要求我们不把这些原因加入产生饥饿和贫穷的原因之列，但是缺乏劳动积极性也是原因之一，但占比不大，因为有些土地还在长久的争议之下，牧民想要用来放牧，为此争夺土地，这是人类历史上最古老的争斗，游牧民族与农耕民族之间抢夺土地。这种现象在社会和文化上的解释为，牧民是高高在上的、全副武装的，而耕农是卑贱的、占满泥土的，被认为是劣等的。这种看法在这里依旧盛行，耕农因为偏见，只能少量耕种。

就仿佛，随便哪天下午，一群牛和带着长矛或手枪的小伙子就会来抢夺这片园子。

游牧是最古老的生产方式之一，靠牛来打猎与采集。牧民的牲畜群会为他们找地方，他们自己不种植，不在地里干活，他们就只采摘。我说这种方式古老，是因为很难找到合适的形容词，我想说的是他们只是适应于一个不同的世界。我并不想用"现代"来贬低"古老"，我说的古老是想表达他们居然可以在现代世界运转，这个世界自两个世纪之前，当时人口只有现在七分之一的时候，每个人都可以靠比现在多七倍的土地来生活。现如今在已经超负荷的地球上生活，我说的"古老"也意味着不可持续。

土地不肥沃是事实，但是也不是说只能种植高粱和玉米，他们可以种植蔬菜和水果啊，但是他们没种，从来也没种过。当地农业工具确实比较匮乏并且价格昂贵，种子质量不高且价格不菲，技术也陈旧，也都是事实。苏丹的农业在几个世纪间都没有发生任何的变化。最近几天，《新国家》报纸报道，政府正在选取 180 个模范农田，每个农田有能力种植至少六个费丹的土地，大约两公顷，并给这些农田发放金属制的可以用牛来拉的犁。犁是绿色的、简易的，只有一边有刀刃来犁地。农业部部长、一位姓波尔的先生说"必须丢弃锄头，因为靠锄头种不了多少地的"。

也就是说，全世界，不，在"另外一个世界"，有几十亿农民没有拖拉机、没有牛来帮他们耕作，他们只能靠自己的双手、自己的身体。他们没有灌溉系统，没有上乘的种子、化肥、杀虫剂，就向欧洲的中世纪一样，靠天吃饭。

而且他们还得忍受发达国家的保护主义与农业补贴下的竞争。

2012 年，发达国家向自己的农业生产者共计发放了2750 亿美元的补贴，用来刺激农产品出口、保护本国农产品与进口农产品进行价格竞争、购买本国农产品、鼓励农业燃料生产，以及直接发放现金补贴。

那些国家中的农业是一种有保障的生产，如果一位生产者因干旱、虫灾或其他什么原因未达到正常预计的产量，政府会给他补贴损失的部分。

在那些国家，农业占国内生产总值的比重很小，补贴是起了决定性的作用，例如在瑞士，农业生产者 68% 的收入来源于补贴，在日本，50%，欧盟大约 30%，美国大约 20%，在所有那些国家，农业生产者一般都是大农场主，国家再一次补贴了富人。

在贫穷的国家，农业生产较为困难，政府反而不干预。或者是反向干预，降低粮食价格、方便城市居民的粮食消费，但是农民就受了损失。

全球化加深了全世界范围内的社会差异。几个世纪前，肯尼亚、柬埔寨、秘鲁在自己土地上生产各自的物资，最富裕的人多吃一部分，用小小的运行缓慢的船只运输出口，剩下的没法出口和没法消费的食物就给了穷人，因为穷人人数也不多，运输工具效率也不高。现在所有国家都可以方便快速地出口，每个地区最穷的人已经收不到剩余的粮食了，潜在消费人群数量是全世界人口，只要世界任何一处的人有消费能力，市场就能将产品送达，而本地没有支付能力的人就什么也得不到。

换句话说：现如今穷人不仅从比他富裕的几万人的虎口中夺食，而且是在二三十亿人面前夺食。

补贴不仅是在发达国家的国内经济上起了作用，使本国农产者以非常便宜的价格出售产品，因为反正本国政府已经给了他们足够的钱，而且他们的价格打乱了市场。最经典的例子就是棉花，这个领域研究颇丰。如乐施会所说，如果美国不再补贴其棉花生产者，国际棉花价格就会上升10%—14%，西非八个国家的每个棉花种植家庭的收入就会增长6%，看起来不多，但是这点差别就会改变他们时不时吃不上饭的现状。

还有更多的旧数据可以有效论证这一机制，2001年，34名经合组织成员国共计向贫穷国家提供了520亿美金的援助资金，同年，这些发达国家向本国农业给予了3110亿美金的农业补贴，是对外援助资金的六倍。联合国的一份报告指出，那些补贴使贫穷国家在出口中损失了500亿美金。从你口袋里掏出钱来送给你，这事挺容易。罗杰·索罗在《够了》一书中讲述了一位驻马里巴马科的美国合作援助官员，他认为应该将援助资金投向恢复马里当地的棉花生产，因该产业受到了西方农业补贴的严重打击，但美国没法做到，原因就是邦佩斯。"戴尔·邦佩斯是阿肯色州的议员，1986年他引入一条修正法规定，不得将国际援助资金用于支付受援国与其出口产品的种植或生产相关的检测或分析、可行性报告、改进和引进物种、咨询、出版物或培训，如果该出口产品与美国生产的类似产品在世界市场处于竞争状态。"这再清楚不过了：你让我做生意，我才帮你。

补贴的数字总是惊人的，2002年天主教发展署的研究表明，一头欧洲的牛从欧盟每天收到2.2美元的补贴，每年800美元，也就是说，欧洲每一头牛都比世界上35亿人还要富裕，胜过了世界人口的一半。

在班提乌郊外的这片只有四五棵树的干旱贫瘠的空地上，上百头的牛轻声哞哞叫着，它们被绑在打在土地里的桩子上，懒懒地绕着桩子转圈，寻找着几乎找不到的草地。这里是牛交易市场，牛的主人把它们带来卖掉。这里闻起来都是牛粪的味道，这是生命的香水。

"还没人来。"

一个瘦瘦的年轻人对我说，他脸上刻满了图案，穿着条纹汗衫，破旧的牛仔裤，拿着艳红色的手机。

"已经中午了，他们也该到了。看起来他们是没钱了。"

年轻人想卖掉他的六头牛，我问他为啥要卖，他说得买高粱喂饱家人。中型个头的牛能卖800镑，他告诉我，一头牛只能卖到一包粮食的价格，以前从来没有过。

"卖了这六头牛，你也只能买到六七袋粮食啊。"

"我有个大家庭。"

他狡黠地笑了，然后说不是的，两包给家人，剩下的要存着，几个月后再去市场上卖掉，因为别人跟他说，粮食价格要上涨。

"那这几个月后，你可就没有高粱吃了呀，你也得按照那时的市场价格去购买高粱了。"

他奇怪地看着我，停在那思考。另外一个额头刻着更多条纹的穿着更旧的更瘦的孩子，告诉我他在卖那边的一头牛，问我是不是愿意买。那头牛是灰褐色的，两个角不一样，瘦骨嶙峋的。

"你还有别的牛吗？"

"没了，我就这么一头牛。"

"为啥要卖掉？"

"因为家人没有任何的食物了。"

"如果你只有这么一头，你卖了它以后怎么办呢？"

"睡觉。我会睡很长一段时间。"

他边说边笑，挠挠布满苍蝇的鼻子。我笑了，我说当然了，那再以后怎么办呢："睡完以后，你再也不困了，你也没有牛的时候，怎么办？"

"不知道，到时候再看了。"

游牧民族，自给自足的小农，都是无用人口、可丢弃人口的典型，全球化经济是大市场经济，这些人一点用处也没有。唯一有用的是在这片荒土之下的石油。但是目前还不能如愿消除这些游牧民族，他们还得在这生活，还有其需求，不仅如此，这些人之间还经常争斗，只有在扫除了这些障碍之后，才可以派出一些合格的技术工人去开矿。

　　障碍的消除至少不能立即实现，他们会慢慢地去实现，带着仁慈与所谓的尊重。

　　另外一件事就是创造自给自足的条件：基础设施、工具、各种知识等等。道路和运输的匮乏是一个严重的问题，而且越来越严重。以前市场上充斥了北方的商品，现在因为国界线的封闭这种情况也结束了。从南方运来商品非常昂贵，一年中的好几个月道路还不能通行。石油的缺乏加剧了现状，食品量很少，价格还奇高，大部分人承受不起。本地交易市场的高粱价格在不到一年的时间内涨了一倍。这也导致国际交易所谷物价格的攀升，例如芝加哥商品交易所。

　　有时候冲突和战争会直接造成饥饿，叙利亚正在发生的内战，导致农民无法耕种，商人无法买卖，生产者无法将面粉做成面包。这时候必须得承认，有些民族已经形成了战争文化，在收获季节协约休战，并且命令士兵修整，因为他们知道饥饿会让交战双方都溃败。

　　这里的战争并不是那么残酷，据说已经停止了，但实际还在继续，不明显，隐藏着，但依旧是产生饥饿的明确原因。战争意味着可怕的屠杀、不断地移民、持续的恐惧，人们的想法是种地已经不划算了，因为不知道是否可以收获。二十年间，在南苏丹生产粮食都非常困难，这个国家完全依赖国际援助。现在，大规模内战应已结束的时候，双方依旧为了石油而战，边境的摩擦不断，部落之间的争斗，散落的军队自行继续战斗，零星的爆炸，恐惧依旧，稀少的基础设施被摧毁，战争中埋下了两百万个地雷。

暴力依旧产生着影响，道路被封，耕作依旧困难，人们都害怕待在原地不动，他们得不断地逃离，因为不断遭受攻击，不断被杀害。

南苏丹的暴力是石油战争中最贫穷、最丑陋的、最不被世人所知的一种，这种暴力一直存在，从"冷战"之后开始升级，"黑色液体战争"是今日最主要的冲突。

在"冷战"期间，两大霸权之争迫使美国使用更多情报去确保对石油国家的控制。每当出现变化无常的政府威胁到美国对当地石油的控制，美国中情局和他们的同伙就准备搞军事政变，1957年的伊朗，1965年的印度尼西亚，1966年的加纳，美国态度依旧坚定。当美国不再需要当地部门掩饰其行动时，他们又找到了恐怖主义这一完美的借口来论证每一次入侵的合法性，那些暗潮涌动的石油战争变成了明面上的战争。

美国以打击恐怖主义为借口，在全世界130个国家拥有737个军事基地，其主要的目的是维护自己的经济利益，即保障石油的获得。民主党副主席候选人乔·利伯曼，在21世纪初曾说过，大国满足其能源需求而做出的努力"可能会让石油争斗白热化与危险化，正如美苏之间的核竞争一般"。

在这种格局下，2002年，美国副总统迪克·切尼发起了倡议，对孀库马、贾斯汀、安吉丽娜、玛利亚、柯伟亚、士兵彼得、道德督导中尉和很多人的生活产生了巨大的影响，这一倡议是：中东是一个不稳定的地区，美国需要通过"参与创建非洲新的安全和繁荣区"，来改善其石油供应，"非洲是美国影响力较大的地区之一"。

于是 2007 年，布什政府的最后一个措施之一即成立"美国非洲司令部"（Africom），美国军队在非洲的统一指挥部，旨在加强美军在非洲大陆的影响，第一次重要的行动为 2011 年北约入驻利比亚，这可是又一个产油大国。美国的非洲司令部是一个目标明确的军队组织，2008 年副司令罗伯特·穆勒上将，将其使命定义为"确保非洲自然资源顺畅进入国际市场"。

该举措确实奏效了，据估计，2015 年美国消费石油的四分之一将来自非洲，非洲新发现的可通过液压方式开发的油田储量，降低了美国受制于中东、阿联酋和委内瑞拉这些国家的任性和复杂的程度。非洲石油具有优势与劣势，石油储备并不在两三个强权政治国家手中，只需与这几个国家签订特许经营协议即可解决，而是掌握在十几个弱国手上，这就更加容易控制。尼日利亚、利比亚、阿尔及利亚、埃及、安哥拉、几内亚、加纳、乍得，加上一些新探明的油区，非洲也成了全球最后一片未开发的土地之一。不久前，在民主刚果和乌干达边境上发现了整个非洲大陆储量最大的油区。

石油是丑陋的、肮脏的，还污染地球，还导致战争。但是石油产生的能量替代了牛背，替代了人的身体，这是无比美好的，是世界上最伟大的发明之一。

这是一种矛盾，一种悖论。

苏丹的内战正如一个预演，接下来的几年会持续不断地重复上演非洲"黑色液体战争"这一章，尤其是石油进口大国之争，韩国、印度和俄罗斯时不时地加入精彩片段。苏丹最终只是这场大战中的一次战役，真正的利益相关人并没有参战，参战的只有一些可怜又可恶的本地人。两百万死者和恒久的饥饿是这场战争附带的伤害。

这并不严重。

关于饥饿：比喻

三十年之前，一本由阿玛蒂亚·森签名的书，宣布了温水的发明。

森仍然是帝国的产物，他是个印度人，但是生命中大部分时间是在大学的英文环境中度过的。1933年出生于加尔各答，十岁的时候去了达卡生活，那时印度爆发了那个世纪最大的饥荒之一，超过三百万人死于那场饥荒。孟加拉的饥荒是向殖民宗主国英国运去无数吨粮食造成的后果，当时英国处于战争之中，想要弥补粮食的亏空。印巴本地的粮食仍有盈余，但是价格暴涨，穷人没有能力购买，如老鼠一般死去，而当时的英国首相温斯顿·丘吉尔并不担心，他在一次内阁会议上说，这事情不严重，因为"印度人的繁殖能力就跟兔子一样"。

森后来讲述，这段经历给他留下了印记，于是1981年，他以剑桥和哈佛的著名教授的地位，写下了《贫困与饥荒》这本书，书的开头是后来广为引用的一段话："饥饿是一部分人没有获得足够粮食的结果，而不是没有足够粮食产量的结果。"下文还提到："人们一直在讨论粮食供应没有跟上人口的增长，然而，并没有明确的证据来证明这一判断。事实上，世界上许多地区，除了非洲，粮食供应的增长与人口的扩张相比是齐平甚至是更多，但是这并不表明饥荒被系统性地消除了，饥饿是因为没有粮食权，而不是粮食产量少。更甚者，最糟糕的饥荒都发生在人均粮食产量并没有发生明显下降的地区。"

"说饥饿不应简单地归因于粮食供应，而是归因于粮食分配是正确的，但也是无用的，重要的问题是，什么因素决定了粮食在社会不同部门的分配呢？权利的问题又把我们引向了财产和财产结构问题……"

我止不住地想起一句话，那是现在已经不重要了的一句话、几十年都搁置不用的一句话，但是也有过其辉煌的历史，从那时起我开始关注类似常识的句子：没钱的人就挨饿，这不是常识么。

这句话没有特殊的意义，这里我们可以再次向这位祥林嫂博士致敬：因为森的这些句子不停地被人转述来揭示这一问题，我们才能明白这一秘密：付不起钱的人就没得吃。这个事情让我不安，为什么对这么明显的事情那么起劲呢？直到我自以为理解了，对于世界体制来说，这一事实并不是那么明显的。

（有人明白了一些事情，便以为事情如此清楚所有人都该明白了，但事实并非如此，理解这点是很困难甚至是残酷的。而且，一个人可能永远都理解不了这一点，还在坚信所有人都与他想法一致。我从来都认为，粮食如其他任何产品的获得取决于社会中的产权结构，除此之外，我并无其他想法。然而，上亿人和掌权的人的想法就与我不同。）

但是，那些想知道的人就知道了，那些不知道的人，因为种种原因，就不想知道，这个事实还总是发生。对于那些生活富足的几亿人来说，最好是别想粮食分配的问题，对于那些善良的人来说，最好把问题的原因想象成粮食的匮乏而不是有人掠夺。那些埃塞俄比亚人、印度人或是爱尔兰人饿死是因为没有足够的粮食，是气候变化、战争爆发、地质灾害或其他天知道的什么原因，导致了这种"悲剧"。没有必要必须接受一些人没饭吃是因为另外一些人吃得太多了这一看法，因为这种说法最终会将个人的作用置于讨论之中，将这个问题抛给了个人：既然我也是原因的一部分，那我能做点什么呢？

对于统治那百万公民的政府来说，问题又是另外一个：如何能让人们带着这种想法活下去，我能做点什么呢？最简单的方法就是，尽量不让他们产生这种想法。

"冷战"时期，政府与国际机构的"为抗击饥饿而战"的宣言是基于粮食匮乏的前提。因此，粮农组织和其成员坚持认为，解决方法是提高粮食产量。他们也这么做了，自然，最后什么也没解决。

对他们来说，祥林嫂阿玛蒂亚的话是个麻烦。或许他的话是将他们无法再继续否认的事实公开化的方式。一种观念传播的过程中，权力总是倾向于将浓墨重彩的版本降至轻描淡写的版本，试图抑制和修饰其中最具批判性和最具威胁的内容。森的话语中，解决饥饿的办法与财富的分配相关，只是对资源过度集中这一事实进行了道德批判，但是采取最低额度的分配机制就可以解决这个问题，即给所有人分配最低额度的粮食让所有人吃上饭。我的意思是：他不对财产的概念进行质疑，只想纠正它产生的错误。

（为了写此书，我在三个大陆的十几个国家寻找饥饿的种类和效应，在所有国家，除了马达加斯加，所谓的民主都生效了，在所有这些国家，除去马达加斯加，前三年之内都进行了选举。）

阿玛蒂亚·森是让我无法理解的无数现象中的一个，1999年他依旧能写下以下字句，热切的学者们还不断地引用：

"饥饿不只与食品生产和农业扩张相关，而且与经济整体的运行相关，从更宽泛的意义上说，与影响人们获得食物、健康和营养的能力的政治、社会的机制运行相关。"在其《以自由看待发展》一书中端出了更多的温水壶。

森刚获得了诺贝尔经济学奖，许多人将其称为"经济界的圣母特蕾莎"，这一称呼解释了一切。

几年前，我与一个政界朋友谈到了我的计划，我认为这么明显的好计划应该不会有人反对：发起一场全国性运动来消灭阿根廷的饥饿问题。在这么一个目标分散、不知所措的国家，这场运动会给我们树立一个明确的目标，在那么多虚无缥缈的承诺之中，树立一个清晰的宗旨，在那么多的失败之后，最终树立一个可以兑现的目标。

这个计划也是分阶段实现的：开始的时候，几千志愿者将进行全国性问卷调查，确定目前的形势与现实，然后开始行动，在几个月的时间内，阿根廷人与阿根廷人进行对话，会面、互述。一旦收集到了必要的信息，就召开中期会议来思考一系列问题，其中包括接下来要做什么。专家递交计划，政客也递交其计划，民众还有其他很多人对这些计划进行讨论。最终做出集体的决定，成千上万的人开始着手解决问题，在这个大豆之国一次性解决饥饿问题。这种方式可以给我们一个目标，同时给我们建立能动的、共享的和可扩大的权力，给我们提供了专注于可实现目标的可能，恢复对我们自身的能力的信心。

我们看下细节：所有人都各司其职，互相补充，互相促进。我兴致高昂地告诉了我的朋友，而他，受欢迎、有威望，应该去领导这个事情。这也将是他的大旗，会将他引至更高的地位。

我的朋友倾听了我的计划，很感兴趣，思考了下，最后跟我们说，这是一个过于慷慨的计划，即百万阿根廷人再也不会挨饿了，再也想象不出饥饿与自己相关了。但是，很遗憾，他觉得这个计划不会有效。

饥饿对西方中产阶级的读者来说很遥远。饥饿对于艾莎、胡赛娜、凯蒂、穆罕默德这些人来说就是事实，对于我们来说是对世界运行机制无法提出意见的一种表达。

换种说法：饥饿对我们来说是一种比喻，有时候会奏效。

这也是一种复杂的比喻。

这一比喻刚开始就被滥用了：别懦弱了，当你听到一位男士或女士因饥饿而遭罪时别再假装你美丽的灵魂震颤了，或许你还一边喝着茶。

这一比喻重新开始使用的时候，再讲述就危险了：总是热泪盈眶，总是多愁善感，总是追求廉价的感性主义。

然后，讲述就更加复杂了：情况缓慢而复杂。这不是零星的事件，而是长期的状态。我们习惯于将饥饿认定为危机。我们生活在一个更加受控的世界，饥饿并不是一个事件，而是一个不出声响的持续的现象，全世界七分之一的人的生活方式，然而这故事总是与我们自己无关。

结束的时候，它的原因是多样的、混杂的、难以理清的。因为一般情况下出现了两个层面的解释：一种是复杂的、敏锐的、充斥着相互关系的，价格啦、补贴啦、基础设施啦，等等。另外一种是基本的、残酷的解释，世界的一部分人决定，为了更好地生活，可以或应该或出于对己合适，将另外一部分人维持在悲惨生活中，这样才能使所有那些机制留存和运转下去，产生预期的结果。

最后，总是有陷入最新道德主义的危险。

问题是人们变得道德主义了。

问题是人们没变得道德主义。

我们如何才能讨论一些所有人都谴责而所有人都免责的事情？免责这个词真是好听，而谴责又是那么廉价。

（提议：我们将饥饿定义为不只是无法摄入足够的粮食，而且是无法保护自己免受那些拥有更多金钱、行政权力、武器的人的侵害。）

最近的两三年中，我不止一次认为以饥饿为题写本书是个愚蠢的想法：是向比喻让步。

饥饿是一种比喻，因为这并不是一个值得讨论的话题，并不发人深省，因为无人反对。去反对饥饿真是愚蠢，因为没人支持饥饿，哪怕其所作所为都是为了维持饥饿的存在，人们也不会公开支持饥饿，饥饿的人群是无施害者的受害者。饥饿产生了一种幻觉，即公共事业是有可能的，我们意见一致，我们团结起来就能前进，所有人一起对饥饿宣战。

一种幻觉的比喻，所有人都为饥饿感到遗憾，但一旦涉及如何治理饥饿时，人们之间的异见就无法克服了。我们对金融转账收取托宾税，我们给他们更多的市场，我们禁止粮食投机，我们派出专家去跟他们解释如何播种，我们捐赠粮食礼包，我们获得权力，我们维持权力，我们寄去粮食礼包。

我们可以说饥饿是贫穷最后的比喻，是其最不可争辩的表达。贫穷，正如我们所见，是相对的。贫穷对一些人来说还算不错，对另外一些人来说就是绝对的悲惨了。饥饿是无法主观衡量的，饥饿是贫穷最不可争辩的表达，任何争辩都在这点上停止。人们可以为了其他事情争辩，但绝对不会质疑每日进食低于 2100 卡路里会将你摧毁，没人会质疑饥饿是在人身上发生的最可怕的事情。

饥饿是一种不接受任何异见和延误的贫穷。

我们可以说，饥饿是一种分隔的比喻：一道他们与我们、拥有者与没有者之间、因为一些人有和因此一些人没有之间的屏障。如生态理论哪怕是虚张声势，也给我们造成一种人人平等承担责任的感觉，如气温上升，我们都要一样受煎熬，如果生态危机是所有威胁中最平等的一种，因此引起了广泛的支持，饥饿却正好相反，饥饿是最具阶级性的威胁。我们很多人都清楚这不是我们的问题，那么，这为什么成了我们的问题？

因为道德、良心、羞耻？

有人说世界上有两种文化，一种建立在负罪感上，如犹太基督，另一种建立在羞耻心上，如日本文化，在这么多饥饿的人面前，我们是基督徒还是日本人？让我们伤心的是我们自己的良知还是他人的目光？

两者都不是，什么都不是？

（提议：我们将饥饿定义为不只是无法吃足够的粮食，而且是必须接受那些辛苦的、恶心的、诋毁人的工作，那些我们想都不想就会拒绝的工作，他们过着我们无法忍受的生活。）

马克斯·韦伯曾定义，对于基督徒来说，财富是上帝给你恩赐的征兆，因此，贫穷是这种恩赐的缺失。那些穷人因某种原因而没过上好日子，因为他们没做足够的事情，他们的努力与工作没能赢得神的眷顾而脱贫。那些半野蛮的印度人或非洲人就没能过上这样的日子，他们过这样的日子是因为他们自身的野蛮、暴力、懒惰。如果他们努力工作，是不会挨饿的。

由资本主义创造并用来论证自身的故事中，没有一个比多劳多得的假设更加有效的了：最聪明的、最勤劳的、最有毅力的人就过得更好。挣钱是对你成就的奖赏，精英观论证了人与人之间的差别。为什么要批判某人，只是因为他比其他人做得好？为什么要为其他人做得不好和做得少来负责呢？

这是一种比喻，一种最残酷的、最容易理解的对他人的轻蔑、对他人命运的蔑视和对无法做到一流的个人的不幸和他遭受不公的蔑视。对我们读者这些吃饱喝足的西方人来说，饥饿是其他人关我什么事的一种比喻。或是稍微多关心一点点，我也给援助者提供一些东西呢，援助这种做法是有坚实的理论依据的，只需要敢于说出来。

而且，饥饿对受苦的人也是残酷的比喻：别人可丝毫不关心我，如果我死了，他们也无动于衷，我对他们来说是不存在的。希望他们对我来说也是不存在的。

（建议：我们把饥饿定义为不仅无法吃到足够的粮食，而且住在我们大部分人不会叫作房子的房子里。）

在发达国家，饥饿总是左翼力量的一面旗帜，用来论证其改变社会秩序意图的合法性。现在听起来就像是一群好心人的申诉，一群拒绝政治定义和政治代表的人：国际机构、非政府组织、各类教会。

在发达国家，为面包而争斗是一种古老的行为，是古老的行为。现在他们的要求更加多样化了。也许正因为这个，饥饿丧失了其政治重量，变成了陈词老调，这个词几乎处于半死不活的状态，是另类旅游的明信片形象。

因此，在那些国家，饥饿不仅是"他人"贫穷的比喻，而且意味着过去。

或者威胁着衰落，如果饥饿回归，我们就惨了。

例如现在的西班牙。

饥饿同样还有其无法估量的社会功能，世界上挨饿的人让我们体会到，我们作为融合在一起的西方人，生活得有多好，而那些"野蛮人"没有我们如此光辉的历史、文化、机构。

他们是"另外一种"极端，他们持续不断的痛苦提醒我们曾经奋斗的岁月，以及可能变成他们的危险。

（建议：我们将饥饿定义为不仅无法吃到足够的食物，而且可能死于花 20 比索就能买到治愈药物的疾病。）

那么，我们可以说，饥饿是贫穷最极端的形式，贫穷还包括许多其他的内容：疾病、悲伤、损失、幻想、破灭的幻想、实现了的幻想、不可饮用的水、焦虑的明天、打击再一次打击再一次打击、一天十二小时工作、十五小时工作、孩子带来高兴、孩子的疾病、遇见与不见、暴力、希望、再一次。

（建议：我们把饥饿定义为不仅无法吃到足够的食物，而且无法想象行动方案、生活改善、某种前途。）

打击，更多的打击。

同时，说饥饿是一种比喻是多么残酷啊。

我们街区的人会对我说，你去跟那些黑人说，他们那么瘦就是因为一个比喻。

马达加斯加：新殖民地

1

他们看看我，笑了起来，又看看我，又再次笑了起来，说了些什么，十五个记者坐在一间简陋的厅里，几张贴着福米卡材料贴面的桌子旁，桌子摆成了 U 形，他们笑着，说着话，看着我。我摆好了表情，笑了笑，耸了耸肩。我的翻译给我解释，艾因在跟他们说，看啊，这个占领土地的事情还真重要，欧洲的记者都来看了。欧洲的记者就是我，一个从遥远的地方来的怪人，马达加斯加人不知道说什么的时候，他们就只会笑。

马达加斯加人是个奇怪的民族：几个不同的民族曾经占领过这座岛屿，一个地理上位于非洲的岛屿，但是这里并不是非洲。非洲城市中一半的企业和政府都将非洲的经典剪影用作商标、标识，马达加斯加并不在这个形状之中。非洲的剪影就是一个大陆，形状如南美大陆，上面是宽宽的，底下是尖尖角，但是从来没人注意右下角的大岛屿。对于非洲来说，马达加斯加不是其中的一分子，但它又算是。对马达加斯加来说，这也是个疑惑。因为他们与非洲在很多方面都不同。就拿首都塔那那利佛来说，八月份这几天的温度是十度，较为寒冷，这座城市的居民并没有穿着传统服饰，城里也没有形状各异、风格不同的建筑，大部分的居民长相为波利尼西亚人，还有非洲人、华人、印度人、欧洲人长相的人，穿着现代，无法与他们的过去联系起来。在首都塔那那利佛市（当地人叫作塔那），并没有出现我们常见的非洲颜色、布料、飞机。马达加斯加的旅游宣传中出现的是面包树、狐猴和森林：原始森林的自然，人类还未破坏的纯真。

　　马达加斯加因一部电影而闻名，貌似大家都看过。我也拿来一看，《马达加斯加》电影讲述了纽约中央公园动物园的动物，海难后落到了一个热带天堂，风景如梦如幻，这里就叫作马达加斯加。这些城市动物说，以前只有在四方的明信片上才能看到的景色现在成了现实。那里的狐猴同胞们操着当地口音，还照顾和宠爱这些外来客，保护他们不受坏人的欺负，因为总有一些坏动物想吃掉这些美国游客。动物园的狮子，以前只是个演员，突然发现自己竟然是头狮子，因此所有其他动物对它来说就只是大肉排了。在森林之王的眼里，其他动物成了食物。

　　但是《马达加斯加》这个电影只是个动画片，森林之王最后在那吃寿司，现在这些白人来这观光，只是将迪士尼或国家地理频道看过的东西重温一下，或者在海滩上度过八天的假期，那里的海滩也没有了国籍，因为这里所有的棕榈树、茅草屋、躺椅、莫吉托酒、玛格丽特、快速饮酒、一夜情、古铜色、白沙子、碧绿的大海，正与明信片里出现的一样。

明信片就如现代麦加，是对成功的批准。

明信片是旅游景点的宣言。

塔那看上去只是一连串肮脏的大道，中间包围着木头或其他材料建造的茅草屋群，街区走道很窄，遍地是垃圾场和死水塘。塔那是一个贫穷的城市，没有任何一处留下了民俗文化的痕迹。这是一座没有树木的城市，只有水泥、沥青、铁皮与污垢。在这座贫穷的城市里，甚至连擦鞋的人都没有。这里的最低工资为九万阿里亚里（约 40 美金），大部分的居民都拿不到这个工资。一袋 50 公斤大米的价格为五万，如果家庭不算太大，一袋米够一家人吃一个月。

这个早晨越发寒冷，人们裹了很多的东西，毯子、长袍、有颜色的毛巾、各种帽子，还有许多人光着脚。通往市场的街道上，一个女孩子赶着 12 只鹅，一位老人小跑着，拉着一辆满载货物的车，两个孩子在脑袋上顶着两袋垃圾，六个妇女在卖油煎饼，市场热闹起来了：母鸡、西红柿、南瓜、草莓、番石榴、甜菜、生菜、更多的生菜、茶叶、法式面包、成把的香草、木薯、土豆、一截截的香肠、报纸、牡蛎、印度米、手工麻绳、花生、一堆堆的花生、塑料水桶、手机充电器、通话服务、手机越狱、炭包、黑色绿色黄色的香蕉、盗版光碟、文具和本子、几乎所有国家的地球仪、长长的牛排、深色的牛肉。瘤牛的肉是深红色的，深到几乎是黑色了，但是苍蝇可不管这些。我在那溜达，被人群挤来挤去，我也挤其他人，我在街边小摊上买了香草饼干，不好吃，就随手给了坐在路边的一个男孩。他看明白了我是送给他的，他露出了笑容。我喜欢这种微笑，但不喜欢拿用剩的东西去做好人，这时候，我又成了一种奇怪的垃圾。

到处都是旧衣服堆，那些二手三手甚至八手的西服、裙子、裤子、衬衫、套衫堆成了山，皱得不行了，这些是富裕的西方剩下的送给了非洲的垃圾。

"您想买点什么吗？老板？"

"不用了，谢谢。"

"不会啊，您肯定是要买点什么的。"

塔那是物资的仓库、垃圾场或坟墓，这些西方死去的物件最终达到了这里。例如，雷诺 4 和雪铁龙 2CV，在西方二十年前就淘汰下来的车型，在这里的街上运转，涂上了奶白色，用作了出租车。我们本以为这些车已经消失在时间的长河中了，没想到，它只是换了个地方，在这里继续存在。旧的笨重的电脑、电视机和堆成山的鞋子、衣服。若用一个我杜撰的说法来说，塔那是纯粹贫乏所在的地方。之所以说它是纯粹贫乏所在，是因为没有特征性的传统、行为或空间可庇护：成千上万的人占有一个衰落的西方城市、逝去的物件、破旧的衣服，这些二手衣服让市场上的裁缝失业了，以前大家都得靠他们做衣服。

垃圾文明和它的问题。

"我知道，老板，您想要买。白人总是想买点东西的。"

一个孩子拿着破帽子在乞讨，我想那些硬币就快从他帽子里掉出去了，或者他根本就不在乎那些别人给的硬币，而是待在那看着别人是否给他，还是等着看别的什么。直到最后我终于明白了：马达加斯加是没有硬币的。最小面额的纸币就是一百阿里亚里，大约四美分。拿帽子的孩子大约八九岁了，硬硬的头发竖在那里，这么冷的天，他光着脚，站在一家学校大门的旁边，是学校的外面。

在门的另外一边是学校斑驳的墙面，孩子们到了，老师迎接他们，摸摸他们的头，叫着他们的名字。然后她对我说，这看起来像谎言。

"这看起来像是谎言，我们没意识到这有多严重。"

一年级的老师西尔维亚娜是这样告诉我的。她大概二十几岁，矮矮的，厚厚的嘴唇，穿着蓝色的厚套衫，胳膊肘那有破洞。

"一年前一家非政府组织给我们带来了早饭。您可不知道，上课效率提高了多少。以前我们上课效率不高，一直没发现原因就是孩子们太饿了，没法思考。"

然后他们跟她解释：并不是马达加斯加人天生就矮，而是因为我们吃得太少，跟不上身体的需求。这是那家非政府组织的一位女士跟她说的，这些孩子，如果营养跟上了，就会比现在高十到十五公分。

"您不知道这让我多么伤心。"

西尔维亚娜告诉我，矮矮的母亲们十五六岁就生孩子了，她们自己也没发育完全，孩子们生下来也比较矮，她们自己已经停止生长了，因为一个女孩生产之后就再不生长了，西尔维娅那说有人给她解释过：

"她们不长了，就这样了，一直这么矮。"

在塔那，如这个国家的其他地方一样，为数一半的孩子营养不良，大部分人吃不饱饭，许多人只吃大米，无法满足营养的需求，无法健康成长和开发潜能。法国农业发展中心（CIRAD）的法国研究员佩里那·比尔诺德给我解释，80%的人口靠吃大米为生，有段时间马达加斯加能生产本国所有消费量的大米，但是现在已经不能了。

"现在进口占很大比例，每年政治经济政策中最重要的一步就是决定进口大米的配额与价格了。如果进口商引进过多的大米，就会导致价格下跌，本地生产商就会破产，挣来的钱无法覆盖自己的劳动成本，但是如果进口较少，进口商就挣得更少，国家也会有粮食不够的危险。"

佩里那解释道，另外，大的进口商处在马达加斯加政治权力中心，从那里直接控制他们的生意。例如今年，50公斤大米卖五万阿里亚里已经到了极限了，很大一部分居民已经无力支付。

"真叫人难过。事情天生就是这样。"

马达加斯加有两千两百万人口，四分之三人口生活在贫困线以下，一年的收入为47万阿里亚里或234美金，相当于九袋半的大米（每袋50公斤）。马达加斯加人平均花费四分之三的收入在粮食上。21世纪初情况有所改善，自2008年起，情况又有所恶化。

"35%的人口都处在饥饿之中，这个数字在农民中更高，达47%。"联合国粮食权利署首席观察员奥利维尔·德舒特在马达加斯加撰写的报告中如是写道。

"现在我知道事情本来可以不这样的，我感到一阵恶心。"

自从 2009 年出现了政治危机，人道主义援助和发展计划大幅减少，西方大国决定撤掉这些援助，以此对该政府进行民主施压。那些援助占据马达加斯加政府预算的一半强，就这么一下子消失了。卫生预算削减了 45%，教育预算就更少了。美国取消了与该国的贸易协议，该协议本允许小纺织工厂生产的产品免税进入美国，现在这些工厂倒闭了，好几千工人被辞退。大量政府公务人员，如教师、医生、保健员的工资因援助的减少而大幅下降，他们进行了罢工。悖论由此产生：成千上万的人，穷人、工人在受苦，仅仅因为西方民主社会决定捍卫民主。

在塔那的咖啡馆，人们，尤其是白人在吸烟。在"另一个世界"生活的好处之一是没有那么多条条框框需要遵守，如果是白人的话，就更加不用去遵守所有的规矩。在一家法国味道浓过法国本土的法国咖啡馆，苏菲·卡扎德，"反饥饿行动组织"驻马达加斯加的代表，给我讲述了他们如何资助在南部贫瘠地区的发展计划：她花了大量时间研究该地区的居民，得出如何更好介入的结论。

她说，他们想在好几个问题上进行援助。他们想要改善居民饮用水的获取，因为缺乏饮用水的供应是导致致死疾病的原因之一。但是，人们不禁要问，一旦开始帮助他们挖井或挖渠，谁来管理这水呢？非政府组织自然倾向于创建民主参与机制来管理水源，但是当地人不会这么干。那么，难道不应该适应当地居民的方式来保障饮用水的分配吗？在这种情况下，接受和支持那些传统威权的方式是对的吗？或者最好与之作战，但风险是无人理解民主方式，而且水还会被浪费掉。

　　他们还想通过新技术转移来改善农业生产效率，最终给农民发放农产工具。本地的生产量上涨和产品多样化是很重要的，苏菲说，他们坚持让本地人多种水果和蔬菜，改善饮食结构，将剩余产品在市场上出售。但是，如何确保户主并不拿这部分用于改善饮食和健康的援助资金来购买瘤牛？苏菲解释了瘤牛在本地文化中的作用，他们并不用牛来耕地，历史上从来没这么做过，而是仅仅在几个月间里用来生产牛奶，因为旱季的时候牛不产奶。人们并不把牛粪用作燃料或化肥，因为瘤牛是他们富裕的指标，它的副产品也是，于是人们在牛圈里堆积半米高的牛粪来展示权力。瘤牛不仅是工作和饮食的来源，而且是牛主人上升社会阶层和累积财富的方式，有危机时可以卖掉，可以用来换取妻子或获取修建家庭坟墓必要的材料，可以用来在婚礼或葬礼上宰杀祭祀。那么，如何才能确保我们的努力不白费呢，能实现让他们挣更多的钱和吃到更多的饮食的目的，而不是导致他养更多的牛而饮食却丝毫未变呢？苏菲自问，说最佳的办法是让被排除在瘤牛管理之外的妇女来管理这部分额外的收入，他们正在研究如何实现这一点，也许是鼓励她们的生产和售卖多余的水果或编织柳条筐，以防止这部分钱变成更多的瘤牛，好让这些钱能确实"客观地"改善他们的生活。

"如果对他们来说，生活最大的改善就是有更多的瘤牛，怎么办？"

"我不知道。这问题总是同一个。我们的组织并不叫作为瘤牛行动组织，而是反饥饿行动组织。"

苏菲带着一种奇怪的笑容说，他们还想延长婴儿的哺乳时间，这样可以改善两岁以下婴儿的健康状况，因为一半以上的孩子都患有长期营养不良。但是，他们认为这一点也很难实现，因为这里的人拒绝变化，害怕任何的变化都会惹祖先不高兴，祖先是希望后代继续重复他们的所作所为，如果一定要发生变化的话，祖先可能会报复，而且，因为他们生活在了边缘，他们认为任何的变化都有可能将他们推下深渊。

而且，每个解决方案都有问题。但是这些问题引人深思，试图改变一个小国家的小省份的一小区域居民的生活方式的想法很简单也很夸张。觉得能做些什么、能让这万把人过得更好的想法是骄傲的，不愿认识到他们这万把人只是两亿人中的一小部分。

努罗斜靠在一面天蓝色的破旧的墙上，鼻子很宽，脸上有很多斑点，微笑着，穿着脏脏的衬衫，脸和身体看上去是十五岁的年纪，而下面的两条腿瘦瘦的，像两条干树枝。努罗走路的时候是用手的。努罗说小时候生了一场病，他妈妈回到乡下去了，把他留给了其他人，他妈妈还有很多孩子，肯定不能照顾好每一个孩子，但是他不在乎，他也不需要她，他在街上靠朋友生活，并不需要她。

努罗的眼睛很活跃，随时都在微笑，脏脏的脚上都是结痂，手掌心已经磨得厚厚的，我想问他是如何生活的，没有腿是如何生活的，如何带着这样的腿生活，没有腿在街上生活，但是我没敢问，我觉得难过。

"你怎么吃饭？"

努罗说自己吃的不多，有时候邻居给他吃，有时候朋友给他找来吃的，有时候他乞讨来些，有时候也讨不到。他给他的朋友们讲故事：

"我给他们讲故事，我可知道不少故事。"

他给人们讲这条街上发生的故事，谁来了、什么时候来了、谁有什么、谁带来了什么，他可以看到发生的一切，因为别人都看不见他，他仿佛是不存在的。他给他街上的朋友讲这些故事，他们给他找些吃的，他就这么生活。最后，他说，他最想要的是一辆自行车，有了自行车他的生活就会不一样。

2

记者们还在笑，他们看着我笑。

他们所在的地方是个高楼里的大厅，大楼名字叫托克瓦托，墙面有点旧，是修道院的寺产。全国十五个记者正在这里进行为期两天的培训，学习如何报道外国企业征用土地的话题。

艾因正在讲演，他的全名叫作海尔林尼亚伊娜·拉克托马拉马拉，是土地诉讼团结会（SIF）的研究和媒体负责人，SIF是国际土地联盟在马达加斯加的会员协会。他的讲话热情而富于感染力。他是一个年轻的农学工程师，留着小胡子，戴着眼镜，穿着运动鞋，有闪亮的牙齿。他总是坚信，他在做该做的事情，尽管力量总是微薄的。记者们围着摆成 U 形的桌子而坐，面前是手写的桌签，十五个人中十二位是男士，三位是女士，年纪都在三十岁上下，除了一位年纪稍大的瘦瘦的男士，戴着脏脏的白帽檐帽子，一位胖胖的女士，指甲上涂过的颜色已经脱落了，有一张饱经风霜的脸。天气很冷，记者们都紧紧地裹着大衣，艾因不停地说着，大汗淋漓。

"这些事情需要先调查：每件事情发生的条件是什么。例如这个案例，印度瓦伦公司征用土地，将收成的 30% 留给工人，这些工人本来就是这片土地的主人，现在他们必须将 70% 的产品以该公司的定价售卖给公司。"

记者们相视会心一笑，他们觉得，如果这种明显的坏事都干出来了，任务就简单了。艾因告诉他们，大多数情况下很难找到直接的恶劣行径，所以调查是重要的，去掌握信息，去了解，"只有准备好了，才能理解面对的事实"，这话是路易·巴斯德说的。他问大家是否知道谁是路易·巴斯德，然后解释道，他是一位化学家，在显微镜下发现了不可思议的东西，因为他知道他在寻找什么。

"重要的是理解征地是如何运作的，才能理解别人给我们的和我们能收集到的数据。"

他告诉大家，这次开会的主要目的就是成立一种土地信息体系，建立一个巨大的网络，实时监控正在发生的事情。这对所有人都有益，他说：马达加斯加不能丢失土地，放任其落入外国人手中。在座的各位记者将获得新鲜和炙热的话题，我们土地诉讼团会将继续做好登记和控诉的工作。但是其中一个细皮嫩肉的、穿着法式蓝色带垫肩的大衣的光头记者，说这可能会给他们与老板的关系带来麻烦："在我们的地区，有一家公司开发珍稀木材，每天运走了很多卡车的木材，我知道他们给我报社老板很多钱，让我们不去报道这个事情，那我能怎么办？"

其他人看着他，做出我也是这种情况的表情。一位女士，很年轻，烫着头发，手指上戴着假戒指，站起来说，如果他想称自己为记者，就得做出记者的样子。些许的笑声，有人在椅子上动来动去。穿大衣的记者说，你是不用养家糊口吗。

"我马上就得养家。"

"你还不是靠老公啊！。"

一听这话，这女子深吸了口气，把脏话咽进肚子里。艾因出来打圆场：

"过一会儿我们讨论这个。这是个重要的问题，我们再仔细地看下。"

但是女孩不放过："正是因为这个理由，我们得在我们的报纸上讲真话，如果我们不讲，会有越来越多的外国人花钱买我们的沉默。

戴着帽子的人说道，本想再说些什么，但沉默了。艾因企图避免更多的争吵，他告诉大家，记者的工作是很重要的，是一个畅通的信息网，可以将千万的农民从贫困和饥饿中拯救出来，最重要的是调查事实，以免为时太晚，很多时候我们知情之时已为时太晚。他们知道这些事情，因此想方设法不让我们知道。我自问谁是"我们"，一个瘦瘦的坐我右边的记者，问谁是他们：

"谁是他们？"

他表情严肃，往杯子里倒着水。桌子上有一瓶一升半的矿泉水和一些玻璃杯。瘦记者大约三十来岁，穿着运动服，留着稀疏的胡子，露着参差不齐的牙齿，每十分钟或十五分钟就倒杯水喝，就只倒入一次喝的量，一口喝完，一点不剩，不浪费。

"他们是很多人：买地的人、卖地的企业家、政客、收佣金的技术官僚、收钱的记者。"

艾因说，十五个记者都笑了，因为感觉不舒服、紧张，马达加斯加人典型的做法。

"但是还有很多人想要了解，因为只有先了解情况，才能做些事情。难道你们认为就因为人们不知道，大宇公司就不会开发我们的土地了？"

他最终说了大宇。

大宇是一个单词。

2008 年整年都传播着谣言、疑惑和部分的确信，有人知道，马克·拉瓦卢马纳纳总统将大量的土地都出让给了外国公司，但无人有确切消息。

拉瓦卢马纳纳的掌权之路颇为曲折，2001 年，他作为塔那那利佛市市长，与当时的总统、海军上将迪迪埃拉齐拉卡，在全国范围竞选总统。两人都宣布了获胜，拉瓦卢马纳纳在首都区势力较大，而迪迪埃拉齐拉卡在海滨城市图阿马西纳势力较大。冲突在所难免了，直到美国、欧洲大部分国家、世界银行、货币基金组织介入支持拉瓦卢马纳纳，将其扶持为总统，之后对其政府给予了补助和投资的支持。他将任期延长，第七年的时候，塔那市长后继者、一位三十多岁的企业家安德里·拉乔利纳对总统发动了人民起义。随着大米和其他基本粮食价格的上涨，民众的愤怒开始孵化，但是主要的抗议是针对一家受听众欢迎的电台的关张，该电台是拉乔利纳的资产，民众还抗议政府挪用世界银行贷款，购买总统的第二架飞机。最后的一击是政府将土地出让给韩国大宇公司。

"这一切都是从一位在首都工作的农业工程师同时也是国家东部地区的一个城市市长那里得知的，政府办公室正在办理一项公开手续，出让百万公顷土地给一家外国公司。因为这些土地是分散在全国的，但有好几千公顷坐落在他家乡的区域。"

现在，在巴黎的第十一区，在一家流亡人士、生态分子、立志改变世界之人，以及许多现代各种主义的人经常聚会的破房子里，马达加斯加保卫土地联合会（Collectif pour la Défense des Terres Malgaches）（Tany）的主席马密·拉克敦德莱尼贝告诉我说。

从那时起，这位工程师就关注了这一问题，尽其所能了解了情况，几周之后，2008年快结束的时候，他召开了一场新闻发布会，来控诉这场黑幕操作。他并没有细节资料，但是可以确定，这次的土地出让量是不寻常的。在发布会上，许多记者出席了，但是最后很少有媒体报道。这位工程师领袖和几位朋友并没有气馁，他们继续寻找更多的信息，和所有能找到的人交谈，发放找到文件的复印件，直到警察清楚地告知他们，如果不结束这些活动，他们的下场会很难看。这位工程师就向海外求助，他飞往了德国，最后去了法国，马达加斯加的前宗主国。马达加斯加移民群体在法国还不算小，他告诉他们国内发生的事情，请求他们的协助。那时起，他认识了马密。

"我们为了祖国尽了全力，我们收集和分配粮食、药品、急需物资之类的东西，当他们告诉我们这些事情，我们认为必须得介入了。于是我们成立了这样的协会。"

马密是一位六十来岁的女士，带着些许的微笑，声音甜甜的，话语却带着严厉的味道。

"因为很多马达加斯加人都害怕谈论这些事情，特别是在安科罗德拉诺事件之后。"

安科罗德拉诺是一个坐落于首都向西 90 公里处的小村子，那里的一个富有的地主借助警方的力量将几十户农户赶出了生活了几十年的土地，地主宣称这土地是他的。

当法国 1883 年占领马达加斯加的时候，一道法律宣布，绝大部分土地归殖民政府所有，这样政府就可以按照自己的喜好进行再次分配。在非洲其他殖民地国家，这种做法也很普遍。殖民政权夺取的土地最后落到了独立政府手中，允许农民使用。

渐渐地出现了祖先土地财产登记方式，但是手续非常复杂和昂贵，仿佛也没有这个必要，大部分的占领者依旧如常住在这里，并未去理会手续的问题。至今马达加斯加一半的人依旧居住和耕作在几个世纪前他们的祖先占领的土地上，那些土地是村庄的集体财产，法律上是不属于农户的。

（另外，国家独立以来，法律禁止售卖土地给企业或外国公民。2003 年，国际货币基金组织和世界银行的施压，当然是打着经济发展的旗号，产生了效果：土地售卖自由化了，只要有钱就可以买。于是产权证就变得重要。）

如今，对许多人来说，没有产权证是最大的焦虑，随时都可能出现一位律师或一位政客将你逐出你自己的家门，夺走你的土地，然后卖给随便哪个外国佬。

或者是担心，集体的和社区的财产或收益形式是无效的，在私有财产的市场霸权和垄断之下已无用处。

2006 年 8 月，在安科罗德拉诺，几百个农民抗议，拒绝将土地交给富人地主，警察介入与人群起了争执，杀死了一位年长的妇女。于是产生了更大的愤怒和更多的冲突，两个警察倒地身亡。一年之后，法院判决 93 位农民是这场骚乱和死亡的负责人。其中 6 个人被判监禁十二年劳改，还有 13 个人被判处死刑。在马达加斯加，这种极刑一般是不会实施的，会改判为终身监禁，但是这场判决成功地平息了那些人群的不满，2008 年间，很少有人敢于讨论土地事宜了。许多本地富人利用这次机会壮大自己的资产，许多人就是外国企业的买办。

在相对安全的巴黎，马密和其同伴，为大宇的计划而愤怒，还在坚持作战。他们在网上传播和呼吁停止这场交易，在欧洲收集到了几万个签名。在马达加斯加，马密说道，许多人私下回应他们，鼓励他们继续作战，但是签名还是让他们害怕。但是他们愿意继续扩大影响，在自己的朋友和邻居们中宣传。

正在此时，出现了一篇稿件，将大宇公司的事情传到了全世界，出版这篇报道的报纸居然是欧洲最古老的商业类报纸《金融时报》，它可不是为世界上的穷人说话的报纸。那篇新闻的标题是"大宇将在马达加斯加的土地上免费耕种"，文中指出"韩国公司大宇物流公司表示，无须支付任何的资金，即可在马达加斯加的一块面积如半个比利时那么大的土地上种植玉米和棕榈树，这引起了对这类大型投资的担心"。之后它引用了该公司的话，双方将签订130万公顷土地的租赁合同，有效期为99年，"我们想在这里种植玉米，以保障国内的粮食安全，粮食现在可以被用作武器"，据大宇的经理所说，"如果出现粮食危机，我们可以将这些农产品出口到韩国或其他国家"。报道末尾称，该租赁合同已经签订，大宇公司无须支付一分钱，但是会创造就业，建造必要的基础设施，惠及马达加斯加国，130万公顷土地相当于该国一半的可耕地面积。新闻的后面还怪异地附上了联合国世界粮食计划署的数据，超过70%的马达加斯加人口生活在贫困线以下，"大约一半的三岁以下的孩子因长期营养不良而发育迟缓"。

　　谣言成了准确的信息，有数据和文字支撑，但是在马达加斯加没有什么大的反应。2008年12月中期开始，因粮食价格上涨、电台被关和总统挪用资金购买飞机，冲突升级了，一月份人们对祖辈土地的捍卫才变得越发声势浩大。在马达加斯加，土地成了民族性的缩影，当地语言"祖国"这个词（*tanindrazana*），字面的意思首先是祖先的土地，国歌中的一段坚持了这种道理："哦，我们祖先所爱的土地，哦，美好的马达加斯加，我们对你的爱永远不会逝去。"

　　这次的抗击是火上浇油了，一周之内，反抗者与军队的冲突导致了百人死亡，拉瓦卢马纳纳政府也随即倒台了。几天之后，在民众的压力之下，新总统拉乔利纳宣布，政府与大宇公司的合同作废。

　　用马达加斯加的土地去解决其他国家的粮食问题这种想法已经有了先例。最残酷的一次是纳粹德国帝国中央安全局的马达加斯加计划，该局由莱因哈德·海德里希领导。该计划由阿道夫·艾希曼于1940年设计，计划将欧洲犹太人"安置"到这座岛上，每年计划安置一百万人。

　　这项计划比较复杂：刚被占领的法国将交出马达加斯加，由党卫队来控制，用向全欧洲犹太人征收的资金来支付运作费用，完成"海狮作战计划"之后，占领英国，犹太人将由英国商船来运输。

　　该计划并未实施，因为英国空军的抵抗阻止了德国的入侵。一些人的胜利就意味着另外一些人的失败，一贯如此，德国政府无法将犹太人送去马达加斯加，便决定屠杀他们，启动了最终解决方案。

在大宇事件中，马达加斯加刻在了少数人的记忆中，成了强征土地和反抗强征可能性的最明朗的例子。

3

"快买地吧，已经没有更多的地可占了。"大师马克·吐温写道，而当时人们还在不断开拓土地。

几十年间，农业在全球经济中变得无足轻重，这是一种必要的恶：人得吃饭。但是，种地不能带来大财富，不能给人威望和地位，不能使用很多的光鲜的创新和发明，看起来一点都不现代，事实上，农业看起来像过去的一种令人生厌的生存手段。直到粮食价格上涨，人们对粮食匮乏的恐惧扩大了，农业生产国才开始挣大笔的钱，农业产量小的国家才开始担心。与代表未来的机器和技术相比，那些多余的土地和水源代表着过去，足以被轻视，可现如今土地和水源也变得稀缺了，因而越来越值钱了。

变化就在此发生了：农业遭几十年的轻视之后，突然变成了重要的经济活动之一，毫无疑问，它成了另外一种农业。技术上的突破，使得土地并不总是紧巴巴的，水也不用从石头缝里去找了。

强占土地，在英语里叫作 land grab，是对一种古老手段的翻新。只是以前的叫法是殖民主义。那时，那些占领土地的强国插上自己的国旗，现在他们扛着全球化和自由贸易的大旗，让占地成了一种帮助穷人的方式。

以前的殖民是以教会和文明的名义进行的：必须教育和教化那些野蛮人。现在以人道资本主义之名，我们得教会他们认真地生产，才能融入市场，购买更多的东西和吃更多的饭。这群可怜人。

"强占土地是国际投资者对农村土地的窃取，将世世代代靠土地养家糊口的农户赶走，"肯尼亚学者麦克·欧秦·奥迪杨波在为国际土地联盟撰写的报告《非洲土地的商业压力》中总结道，"把这个叫作强占就是因为征地时并不征求民众的意见，并不考虑民众的利益。"

一般来说，他们生产的农产品都是出口到这些攫地外企所属的国家去的，或者是另外一些发达国家，这些农产品与本地市场流通就此隔绝。这是一种直接的、明显的方式，一个国家（一个地区）人民的口粮就这么没了，因为，一些有钱佬把这些粮食带走了，去自己的市场上卖去了。或者，换种更直接的说法，他们把人们的粮食从嘴边抢走了。这比喻真不像个比喻。

（西班牙语中将 land grab 翻译成"霸占土地"。我觉得"霸占"含有一种垄断的意味，并不符合事实，他们没有独占，他们没有垄断，这里发生的事情是这些没有某项财产资格的人，这里说的财产就是土地，使用了政治经济权力，夺取了他人土地的使用权。因此我更愿意写成"强占土地"。）

那些富裕却缺少土地的国家，那些工业顶尖的发达国家，那些地下囤积石油的幸运国家，那些强国派出探索者在"另一个世界"寻找可以购买的东西。拥有大笔资金的大集团或大投机商也在寻找，然后他们找到了。

　　在全球资本主义的逻辑中，他们是有权有势的，没有任何法律禁止有钱的、有关系的、能言善辩的、实力雄厚的老爷们占据想要的土地，将收成寄回自己家，哪怕在这生活的农民、这里的周边村镇的居民都剩不下任何食物。没有任何法律禁止这样的做法。

　　有一些国家和大公司占据一些土地的原因是不想依赖国际贸易市场来购买所需的粮食，他们找到更直接的购买方式，他们这么做竟然是因为不相信市场的机制：市场上的大玩家不信任自己的游戏规则，另外一些人试图这么做的理由是觉得这是个好生意：

　　"我们这些生产商认为对付高价的解决办法就只有高价。唯一让粮食降价的办法最终只能是突破巴西的农业界限，在非洲进行扩张。这种扩张需要很多钱，为了挣回来足够的盈余来偿还这笔投资，粮食的价格得很高。每年从农村进入城市的人不知有多少，他们已经再也不会回到农村了，他们需要购买粮食，这种需求只增不减，那么，解决的办法要么是世界多生产粮食，要么是粮食更加贵。"

　　几个月前，在布宜诺斯艾利斯市中心的一家酒吧，喝着干马天尼，吃着小菜，伊万·奥多涅斯，当时阿根廷最著名的大豆经济学家这样告诉我。

　　"你看，你说要利用非洲的土地，粮食的价格就必须上涨，如果事实如此，那些土地就会被开发得更好，因为那里的人更少了，因为粮食价格上涨会逐渐饿死一批人。"

"嗯，有可能。我不是说我的办法是最理想的，我是说事实正在发生。资本主义就是这样的。你是现代人，我是后现代的。在非洲有一些投资资金正在运作，因为那里的土地一文不值。但是还得去证明土地对投资商是有用的。"

这种循环可比恶性还恶性，非洲的小农仅靠自己的土地生存，因为没有工具、资金、基础设施来生产更多的农产品，全球粮食价格的上涨让国际大资本嗅到了开发这里土地的可盈利性与紧迫性，他们因此赶走了那些农户，农民流落到了城市之后，只能以更贵的价格购买粮食。因为那些外国大生产商想要赚回自己的投资，或者是更加残酷的情况是，他们将粮食直接出口，将这些粮食撤出了本地市场。

换种说法，可以确定的是：农民吃得更少了。

"另一个世界"的强占土地运动在 21 世纪初开始启动，但是 2007 年粮食价格的上涨给了它决定性的助推力。

这十五年间，不同的国家集团、私人集团或购买或租赁或通过其他途径搞到大面积的土地。写"大面积"更方便，不用去指出准的数字，因为没法知道准确的数字。许多的操作无人报道，另外一些被报道的占地事件最终没有发生，还有一些占据的面积与报道的不符，在许多情况下，被占据的土地并没有被准确地丈量或登记。

在任何情况下，数字出入都很大。2010 年世界银行发布的报告——世界银行可从未沾上反资本主义的激进性——中说到当时强占土地面积达到了 5600 万公顷，比整个西班牙国土面积还要大。但是"让人吃惊的是当地对这一事件的无知，甚至那些本应出手控制这一现象的公共机构也是如此"，特别是在那些国家能力较弱的地方，财产权并未完全界定，管理部门缺乏足够的人力去管理。

美国国家科学研究院的研究认为，强占土地的面积达到一亿公顷，一亿公顷是一百万平方公里，相当于法国和德国面积之和，或者是意大利、日本和英国三国面积之和。

"但是哪个才是确切的数字呢？到底多少土地被强占了呢？"

人们几个月前向《土地强占者》的作者、英国人弗莱德·皮尔斯提问，这本书是这方面最全面的一本书。

"没人确切地知道。许多笔被报道的交易从来没有执行过，而还有许多大交易都是秘密进行的。据乐施会称有超过两百万平方公里的土地被占，大约两亿公顷。但是现在没人知道准确数字。"

我们确切知道的是，超过三分之二被强占的土地在撒哈拉沙漠以南的非洲，那里资产很便宜，几乎可以免费获取，但有许多人吃不饱饭。2013 年 7 月，"土地统计数据库"显示，根据已核实的信息，被外国强占土地最多的十个国家分别是：

南苏丹（410 万公顷可耕地），新巴布亚几内亚（390 万），印度尼西亚（270 万），刚果（260 万），莫桑比克（200 万），苏丹（200 万），埃塞俄比亚（140 万），塞拉利昂（140 万），利比里亚（110 万）和马达加斯加，马达加斯加因民众施加的压力，强占土地面积降至 100 万公顷，许多操作未能实施。

这个单子的后面还有贝宁、坦桑尼亚、利比里亚、肯尼亚、马里，几乎所有这些国家都是世界上最穷的国家，营养不良的人数位于世界前列。那些被赶走的移民数量就更模糊了，因为从来没有在报告上出现过。

大约三分之一的强占土地被用来种植粮食，另外三分之一被用来生产生物燃料。尽管区别不总是那么清晰，许多土地用作柔性作物（flex crops）生产，柔性作物指那些有多种用途的作物，可用作人类和动物的食品、工业或燃料的原材料，这类作物有大豆、甘蔗、棕榈树。

剩下的三分之一就种些木材、花卉，很大程度上，这是一种现代的扭曲，即保存原始森林来获得碳排量额度，也就是说，用这些绿色未开发区域的可节省排量来补偿发达国家生产产生的温室气体排放量。用那些完全贫穷的地区，即无生产、对本地居民也无用的地区，来支付那些挣更多钱的富国的环境成本。

"非洲的土地成了其他国家环境问题的廉价解决方案。非洲变成了世界上其他地区的国家以低成本生产所需产品之地。"牛津大学教授大卫·安德森不久前写道。

在东南亚的柬埔寨、老挝和菲律宾，以及拉丁美洲，占地事件也在发生。

最热门的地区是几内亚大草原，一块 400 万平方公里的土地，约四亿公顷，几乎是阿根廷国土的两倍。从大西洋一直延伸到印度洋，正好在萨赫勒地带之下，横穿二十多个国家：从几内亚、塞内加尔、塞拉利昂到马拉维、坦桑尼亚、莫桑比克，穿过马里、布基纳法索、中非共和国、肯尼亚、乌干达、赞比亚、安哥拉，还有一些其他国家。世界银行将这一地区称作"世界最后的未开发的贮备地区"。这是19世纪占领非洲的殖民者和占领潘帕斯草原和巴塔哥尼亚地区的军队惯用的伎俩：征服荒野计划。在几内亚大草原上，有近六亿非洲人在劳作，占世界人口的近十分之一，那里也是世界上最贫穷和营养不良最多的地区。

这种强占土地的风潮仿佛是西方资本主义完成地球占领的最后一步。这种运动从哥伦布和其他航海家起头，于19世纪下半叶加速，现在正处于结束的状态。下一步将要发生的必然是占领其他星球。

这些非洲新开发地区将采取巴西塞拉多（Cerrado）种植园的管理模式。塞拉多是面积为200万平方公里的地区，占据巴西大部分的领土，除去亚马孙地区、海滨地区和南方牧区。塞拉多是肥沃的大草原，灌溉良好，只有一个问题：土地对于大多数作物来说过于贫瘠，因此许多年间都用作放牧场地，直到20世纪70年代中期，政府的科学家找到了解决方案，使用大量石灰处理土地，这里的土地就变得肥沃起来，于是大面积种植就开始了。

种植园一般都是巨型的，面积为好几万公顷，技术配备完整，使用转基因种子。这里实现了机械化，人工很少，如果有工人的话，也是每两百公顷才配备一名。当地政府是由大豆、玉米、棉花的大种植者控制的，修建了必要的道路将农产品运至港口。许多土地是用枪支强占的，许多地方的工人做牛做马，勉强糊口。

正是由于这类塞拉多模式，巴西变成了大豆、牛肉、鸡肉、糖、橙汁的世界第一大出口国，塞拉多吸引了世界上许多大投资商：索罗斯、罗斯柴尔德、嘉吉、邦吉、三井、卡塔尔酋长国。至少四分之一的土地是掌握在外商手中的，而大于这个比例的农产品的最终目的地是国外。大部分居民的贫困依旧极端。塞拉多某种程度上是不怎么文明的，这是强占土地的第一案例，现如今全球盛行。

"也许这只是最近的一例呢。"

我对这位巴西的农业生产者弗莱德·皮尔斯说。在他们家乡，有叫作大淘金（Bonanza）和灌木丛（Chaparral）的农场。

"难道没有人记得牛仔是如何征服美国西部的了？"

许多贫穷国家的政府通常是站在这些土地掠夺者一边的，这会让政府赢得更多的利益，可比政治红利要多，当然有些政府或许是出于改善居民生活的初衷。埃塞俄比亚前共产主义游击队员梅莱斯·泽纳维治下的政府，以及2012年他死后的继任者海尔马里亚姆·德萨莱尼，都对"投资者"的占地运动给予了激进的支持，成立了促进中心，向外国企业征收象征性的租金，提供土地供开发。他们这么做并没有带来法律上的麻烦，因为20世纪70年代的时候，全国的可耕种土地都收归国有了。

那些所谓的革命者总是被批判，因其不能兑现承诺，而那些信仰坚定的资本家许下的承诺一般都能兑现。

如果强占土地是一种殖民方式，如其他方式一样，它利用了被殖民国家的弱点。如果政府有决心和手段为了公民去保护这些土地，那就没有任何一家公共或私营的企业可以强占千万公顷的土地。强占土地在这种意义上是这个怪异世界的另外一种效应，人们被国家机构代表，政府的权力却小于跨国机构，跨国企业，这些非本国的机构和企业却决定了我们的生活。

也就是说，我们投票选出来的人却不如那些不是我们投票选出来的人有权威，我们也只能忍受，他们不仅不是我们选出来的，还要来兜售他们所谓的民主、自由、自决。

那么多外国企业强占"另一个世界"的土地确实激起了当地人民的愤怒，当然前提是民众知情。这是叫嚣或隐匿的民族主义最开心的地方：国内富人也集中了大量的土地，但是没激起愤怒，仿佛这已经是游戏的规则。让人无法忍受的是遥远国度的一家企业或一个政府居然可以强占我们的土地，相同国籍的人做同样的事情却在我们可以接受的逻辑范围之内。

我们甚至不会去追问为什么，不会向我们是如何形成这样的想法的。

（我并不赞成将土地死死地抓在本国人民手中，首先，在这个土地上生活了几个世纪就有权拥有这块土地的这个概念是值得商榷的，根据这种想法，阿拉伯的国王有权做国王是因为他们家世世代代都是国王。或者说，这是一种保守和心血来潮的想法，是值得探讨的。

我也不相信那种需要不计代价保存自己文化的论据，文化在演变，在变化。我们已经做出了巨大努力将落后的西方和基督教文化甩在身后，那种文化将做爱看作罪恶、将享受看作神迹、侮辱上帝的人都会被地狱之火烧死，我们也不能对两百年间盛行的奴隶制的消失流露出任何的惋惜，然而我们变得更加父权主义了，坚决要保存久远时代不一样的文化。

"为什么我们坚持认为'传统'社会必须永远保持其生活方式，而'进步'就是去帮助他们继续像祖先一样生活？难道是因为我们现代人还得继续使用裙撑和裹腿，还必须得与处女结婚，拿着缰绳骑马通行，用鹅毛钢笔写书信，向我们的国王致敬，让那个小心翼翼的黑人提着煤油灯给我们照亮？"

"传统、纯净、真实，这是保守的想法，想把历史的演变冻结在过去的一个时间点上，这种想法左右两派都能接受，尽管用在不同的地方。"几年前一位阿根廷近现代的作者写下了这样的字句。问题不是传统不传统，问题是活得有尊严的权利。

因此，有时候必须停止使用旧的生存技术，采集、大规模放牧、缓慢的轮种，这些都需要大量的空间，我们可以推断，让很小一群人占据那么大的空间是不公平的。那么，为了在那些土地上生产更多的东西而将原住民重新安置将是合法的。但是这样做的前提是，生产出来的产品得在所有需要的人之间合理分配，如果去耕种土地的人只是为老板或投资者赚取更多利益，那么所有这种移民安置的合法性就丧失了。）

购买土地与强占土地之间的区别不总是很清晰。总之，一种是向个人或公司购买一个庄园并且使用或闲置来进行贸易，另外一种是与政府官员合谋占有社区或一些个人拥有的土地，用来耕作、放牧、种木材或饲养动物。

要是因为文化间没有如今这样的差异，他们的土地占有就会变得更困难。先进的资本主义与当地旧有的财产观念，即不同的资源使用的思维方式相碰撞。大约 90% 的非洲土地并没有进行合法的产权登记，考虑财产登记是其他文化做的事情。现在国家官员和国外购买者援引西方权利来强行闯入，利用这种文化差异来解释这些土地并不属于任何人，因此是可以在其名下使用的。

于是政府就负责将土地上的居民清空，将土地拱手让给新的受益人。将土地上的所有人都重新安置，往往以改善生活质量为借口。但是，我们仅用一例来论证，埃塞俄比亚政府与一个亿万资产的印度富翁签订的合同，承诺给予他南部三百万公顷土地，均价为每公顷每年一美元，合同上明确规定，土地"须清空后交付"，政府"须确保租赁期间安定的使用，须随时按照租赁要求免费提供适当的镇压抗议、动荡或其他类型的骚乱的安保服务"。

这是投资者开出的条件。"此类交易相关联的潜在风险在于，身无分文的本地居民不仅失去了自己的房子，还失去了赖以生存的土地和未来的收入，因为投资商拥有收成与土地的所有权利。"南非标准银行的两位经理贾可·泰勒和卡琳·艾尔顿在一份报告中指出。因此，投资商要求签订协议的政府方确保"投资方可根据自己需求运作投资"。

2012年4月，沙特的官员宣布，苏丹政府交予他们一块面积为八十万公顷的耕地，而且这块地并不受苏丹本国的税收和法律的管辖和限制，沙特可按自己的意愿进行管理，目的是为自己国家的居民生产粮食。

这里的殖民一词就是字面意思。

新的殖民者经常怀抱无数的承诺和合法性，他们会建设基础设施，修建道路、水渠、学校、医院，给当地人创造就业，协助他们生产足够的粮食，那些本来也是空着的或未使用的土地的利用效率将提高好几倍。

他们并没有说，这种利用效率的提高，仅仅是让其股东收益，基础设施工程仅仅是用于运走他们生产的产品，除了一些例外，创造的工作岗位也远远少于从土地上移走的人口，创造的就业只被支付很少的工资，最后还产生了一种奇怪的逻辑，那就是还得感谢这些大资本家，他们强占了无数劳动人民的劳动成果富裕了起来，现在又成了唯一能出钱投资继续占有这些劳动成果的人。

大宇的经理洪先生为了论证这百万公顷的土地，说道："马达加斯加是一个完全欠开发的国家，几乎保持了原生态。我们来给他们创造就业，让他们能耕种土地，这对马达加斯加是有好处的。"

他们再一次炫耀其创造就业的功绩，仿佛他们成了人道主义大恩人，至少是在这块土地上的小小的人道主义者，他们再一次得利。如果他们聘用员工，那是因为他们能将员工产值的大部分留在口袋里，如果聘用那些本来就在这儿生活的居民，也是因为他们价格便宜，比本国企业的劳动力便宜了不知道多少。他们还认为，世界上可不只他们这么想，工人应该感谢剥削他们的人。

（不只是在农村，不只在"另一个世界"，在这个世界也是一样：感谢那些创造就业的人，感谢那些靠别人的工作挣钱的人，这也是最近这个时代最让人伤感的特点之一。先生，谢谢您的善心，谢谢您一直用美丽的鞭子抽打我，伤口教会了我许多的事情，我甚至可以自己舔伤口，这些伤口留的脓就可以把我喂饱了。）

强占土地者经常使用的另外一个论据是引进新的现代技术会提高种植的效率，进而会提供更多的粮食。又是"文明"的借口：19 世纪末期，当欧洲人瓜分非洲的时候，他们的借口就是想给他们带去先进的技术，去教化他们。

据说现在的非洲国家没有足够的资源和知识来深度挖掘自己的潜能、开发自己的原材料。那么，生意就是这么做的：我给钱，让你国家的经济增长，而我得把经济增长的成果带走。这与一百五十年前的那种做法一样，只是那一时期被叫作殖民时期。这些国家未能积累足够的财富，因为财富被卷到了巴黎或伦敦，现在这些国家依旧如初。给他们建议的解决问题的办法居然还是继续做同样的事情。

非洲有 7.5 亿公顷可耕种土地，并且可以开发更多的土地，我拒绝将其说成是未开发的，而是有另外一种开发方式。7.5 亿公顷土地相当于世界可耕地总面积的一半。

问题一如既往，是政治：谁去使用那些地，如何使用，为了什么用途使用。如果将土地分成小块去生产，看起来真的会造成饥饿的恶化，因为该地区的一亿人口可能会在2050年上涨为两亿。所有的问题就在于，这种看上去必要的技术变革，最终是被占地者用于"将其整合进世界市场"，还是被当地社会通过政治手段用于保障居民的生活。采取哪种政治形式？问题就在这里。

孟山都公司的方针就是论证自己的有效性，在网站上将自己形容成人道主义的慈善家，"为了解决世界人口增长带来的粮食问题，农业生产者须在接下来的五十年间生产出超过最近一万年的生产总量。我们正努力在2030年前将作物的收成翻倍"。

孟山都和其他强占土地者都没有说这样的事实，即地球已经生产了足够养活一百二十亿人口的粮食，但是十亿人还是吃不饱饭。仅仅世界上生产的谷物粮食，还没算蔬菜、豆类、根茎类、水果、肉类、鱼类，已经够养活世界上所有人，而且每人每天可以分到3200卡路里的食物，已经超出了所需。当然了，生产越多越好，粮食生产越便捷，粮食就越便宜、越易购买，但是总之，问题并不是没有生产足够的粮食，而是某些人拿走了全部。开发这些土地并不能解决问题，反而加重了这种分配的不公平。

这种占地性质的殖民运动，就是把国家间的不平等用最粗鲁和残酷的方式展现了出来，一些人占用另外一些人的土地来生产所有人都需要的粮食，但是一些人夺走了这些粮食，另外一些人依旧一无所有。

在被占土地三分之二的地区，当地居民都在挨饿。土地在，产品也在，但有权有势的人将粮食拿去赚钱了。或者更甚者，只囤地，并不耕种，坐等价格上涨来进行投机，因为，毕竟如果供应更少，需求更大，价格更高。

终于有那么一次，问题并不是那么复杂。

与此同时，很大一部分的土地强占都失败了，投资者并无经验，对当地情况的不了解，居民的反对，国际市场的变化都导致了这种计划的失败或是运转不灵。于是土地处于一种尴尬的境地：交给了那些待不长久的外国人，但本地人不能使用，而外国人现在也不想要了。"有时候，比强占土地更差的事情是强占土地的失败。"保罗·麦克马洪在《疯狂夺食》一书中如是写道。

自从大宇事件之后，马达加斯加变成了先锋案例，展示了最残酷的强占土地案例是如何在众人反对下失败的。

那么这里的人民该如何继续生活呢？

■ 部落的话 ■

怎么回事呢？

请跟我说，我亲爱的：

这不是我的问题，我不在乎。

我也不在乎。

知道那事儿，我也能继续活下去。

我担忧。我担忧，这很难过。

因为总之没有什么能……

这是个灾难，一个人能做什么呢，一个真正的遗憾。

这到底是怎么回事？

我同意这样不行。对，当然了，跟所有人一样，所有人都知道这样不行。问题是他们穷人不知道，要教会他们。他们确实缺少一些食物，但是他们更缺的是教育，没有教育，他们什么也做不成。要做的事情是教育他们，教会女孩做母亲，怀孕的时候照顾好自己，吃好，因为这些孩子会发育不良，对，怎么做，你不知道，要是孩子在最初两三年内吃不好，后面就会发育不好，会有点傻，小可怜，找不到好工作，没法获得成功，对国家的繁荣也没有帮助，我们就不得不继续喂他们的孩子食物，喂他们的孩子的孩子，永无止境。我们尤其要教会他们的是投票选择其他的政府、其他的政客来统治他们，要是他们继续选目前的这些酋长似的领袖，没人能救得了他们。那些首领是滥觞，贪腐的政客得不到上帝的原谅，他们只知道把自己的钱包塞满，他们的人民却在挨饿。这确实让我绝望。要不是因为他们，一切都会不一样的。所幸我们还能帮助他们，不然他们真是连裤子都穿不上。但他们也得做点事情，也许我们也帮不了太多了，经济危机的影响那么大。我都无法想象，要是我们不管他们了，他们会怎么样，可怜人，不是吗？幸好，至少我们是……

我们到底怎么能做到呢？

别忘了，最常见的答案就是遗忘。遗忘的方式包括滔滔不绝地说话。

我们到底怎么才能安心生活？

这个机制的基础有两到三个支柱。要是没有人人自主的前提就运行不了：在巴布亚新几内亚的马达乌阿生活的一位先生的贫困跟我在布宜诺斯艾利斯、芝加哥、巴塞罗那平静富足的生活有什么关系。在两者间建立关系是一种关键的反叛，或者至少是反叛的一小步。

我们到底怎么才能在知道那一切的情况下继续生活下去呢？

"但是，你真的不理解，你吃这么多，会有人不够吃的。"

"请你别说傻话了。你说的是什么？意识形态吗？"

我们到底怎么才能在知道那一切仍在发生的情况下继续生活下去呢？

你也得想想，他们没意识到这点。这事对你而言还是不一样的，你已经习惯了这样的生活方式，每天吃饭，换着花样吃，从不担心这些事情。对你来说，饥饿是很可怕的，但对他们来说，饥饿这种事是他们唯一知道的，他们没那么难过，你看到了吗？因为他们的生活总是那样的，当然是倒霉透了，很艰难，但你要是觉得发生在你身上也是一样，那你就错了，你懂吗？事情要放在当时当地去看，不然就要犯很大的错，那么……

我们到底怎么才能在知道这些事仍在发生的情况下继续生活下去呢？

4

驼峰、玉米、牛角、湿漉漉的肉和木轭、让它们脚下打滑的牛粪、挥之不去的苍蝇、扬起的灰尘。画面奇异又单调，这两种特质不容易混到一起。牛车缓慢沿着弯曲的土路前行，每走一步都让我身体震颤。

尼亚塔那索亚在岛北部的马鲁武艾区，距离首都塔那那利佛五百公里，靠近马哈赞加大港口。靠近是一种描述方式，通向港口的路是坑洼不多、状态良好的三十公里的沥青公路，加上一条杂草树木丛生的土路，有时候在干草地、木薯、水稻田、许多烧焦的土地、一些棕榈树之间能找到牛车的车辙。

在这个地区，牛车成了唯一可能的交通工具，没有它就只能靠步行了。我们已经习惯了现代化的旅行工具，火车、大巴、飞机，人都忘了如何移动，只想转移注意力让这个旅途时间尽量缩短。在牛车上，没有其他的事情来分散注意力。必须小心每一步的颠簸，每一次的晃动，你成了运输的一部分，你也得移动才能到达目的地。路上花费好几个小时，牛在烈日下走得慢。突然，在一片空地之中，出现了一块锈掉了的招牌，上面写着：Tonga Soa（马达加斯加语的欢迎）、Bienvenue（法语的欢迎）、Welcome（英文的欢迎）到 Fuelstock（福尔斯托克，公司名字，意思是油库），几公里之外就是尼亚塔那索亚。

这里的村庄都没有出现在谷歌地图上，这里并不在全球视野之中。

遥远的福尔斯托克就是富裕的外国人如何占据本地人赖以生存的土地的明证。遥远但是比这个例子更近的，是爱尔兰的银行家如何获得了马达加斯加三万公顷的土地来做生意。走近之后，我们能看到许多或进步或倒退或立场含混的故事，每一个故事都联系起更多故事，更加复杂的、更加热情的、更难理解或解释的故事。

这一切都是从四年前在南非组织的一场生物燃料生产者会议开始的，一位五十多岁的爱尔兰银行家遇上了一位马达加斯加富人，听他讲述了他们岛国的土地之后，银行家就开始跃跃欲试了，那里的土地无人开发，属于国家，他认识那些官员，可以极其合适的价格购买到大量的土地。爱尔兰人和马达加斯加人开始做计划，精心计算，构思了空中楼阁，他们将在马达加斯加北部开发农业，种植桐油树，这树最近几年被看作是一种神奇的树，可以用来做生物燃料，挣大钱。

"老板是个挣钱大户，但是他对农业可知之甚少。当有人想给他解释一下，他就头疼。"

西蒙·南贝纳，是福尔斯托克聘用的本地农业工程师，管理整个项目。南贝纳也是这个时代的产物，五十多岁，二十年来一直在德国植树造林援助项目中工作，政治危机导致发展援助计划被大量撤走，他就失业了。现在他很乐意接受福尔斯托克种植园项目的管理工作。

"老板不知道的事情之一是桐油树需要许多的呵护，直至它可以有较高的产出，这需要很多人手，施许多化肥：也就是说，需要比老板估算的总额更多的钱。他不知道这块土地是硬土，工具都折坏了，也没有办法用拖拉机耕作，在耕种之前土地需要很长时间的准备，30%的山坡是无法达到的，30%的山峰上土地是纯沙子，这些因素谁也没考虑过。"

这事儿挺常见的。当占地者们开始尝试，他们发现有更大的困难，如道路太少，电力不够，机械匮乏，机械师不足等，困难比想象得要多，将他本以为侥幸的投资变为一堆麻烦。他们大多数情况下也没想过，这里的土地尽管处于半荒废状态，其实也是处于半耕种状态，三万公顷的土地图纸将当地居民的水稻田也画了进去，这样的话，当地农民就没了粮食来源。村长开始抗议，邻居也开始抗议。

"不管怎样，桐油树不适合种在水稻田和山间的低地里，这样的地势汇集了许多水。选择这个地块是个失误，他们没想过。"

公司修正了"错误"。他们想出办法来了，为了赢得当地人的支持，便与他们结成同盟，共同对抗他们的传统敌人：做那个伟大的科尔特斯。

这是个经典做法。当埃尔南·科尔特斯带着660个清一色男人和十门炮在维拉克鲁斯登陆，他们的力量与阿兹特克人相比是极弱的。科尔特斯很快明白了只有联合对方的敌人部落，那些再也无法忍受阿兹特克人统治的部落，才有可能打败他们。

在这里，福尔斯托克的人与马洛符爱伊的村长和农民领袖聚在一起，并告诉他们，他们来到这里带来了一种新的作物，可以阻挡萨卡拉瓦游牧民族的瘤牛继续入侵他们的水稻区。

小鸟、母鸡、狗、孩子们的叫声和哭声、女人们的谈话、远处的口哨声、棍子在舂子上不断捣、不停的风、公鸡的叫声、一口吐得很远的浓痰、几声牛叫、两名高声讲话的男子。没有机械、电子的声音，所有的声音都是自然的、嘈杂的。

尼亚塔那索亚有四五百居民，散居在两坡水茅草屋顶的砖房里，房子之间有街道，还有母鸡、孩子、瘤牛、少量的山羊、坐在屋门口的女人们、坐在三间茅草屋之间宛如广场一样空地上的男人们。

"村长第一次将我们召集起来宣布，将有一家大公司入驻这里，我们都很高兴。村长告诉我们，他们会建学校、医疗中心、道路，会给我们通电，会给我们工作，会保护我们不受萨卡拉瓦人欺负。我们都不好意思了，我在想为啥我们这么走运，我们配不上这么好的待遇。"

冯拉萨在类似广场的地方告诉我。他穿着旧旧的白衬衫、彩色齐膝短裤，戴着褪色红带子草帽，赤着脚。在广场或类似广场的地方，有两位男士，四位青年，一位涂着金粉的妇女，七八个孩子。孩子们穿着破旧的足球衫，一件是马德里球队的，一件是巴萨梅西的，两件巴西队的，他们都坐在地上，他们给我留了最好的一块木桩，木桩扭曲的样子看上去像把椅子。我们在杧果树树荫下聊着天。

"学校会运转起来吗？"

"嗯，学校就是以前那个学校，在运转呢。"

"现在有课了吗？"

"现在还没有。"

"为什么呢？"

"因为教师们在罢工。他们都罢了五个月工了，他们在等待涨薪。"

一个孩子告诉我，公司确实了对学校进行了维护，去年给墙刷了颜色，但是没有建医疗中心，居民可以去公司的医生那去看病，医生一周来这里几次。他们也没给我们通电，只在自己的区域内挖了口水井，那片区域本来是农民的，现在农民们每次去接水，公司向他们收取500阿里亚里，大约20美分。

"他们居然把你们自己的水卖给你们？"

"哎，其实也没有卖给我们，因为我们没去买。我们去了两三次，就再也不去了。我们每次去吊一桶水都得付钱……"

村子上的妇女们，幻想破灭之后，就重回老路，带上黄色塑料桶往山下走半公里去水塘里接水。

"你们难道不去质问他们，以前承诺的东西呢？"

"没呢，还没去。他们的领导告诉我们，还没来得及做，因为材料还没到这个国家。"

"但是已经过了三年了。"

"哦，过了两年半。"

"你们不害怕他们最后什么也没兑现吗？"

"不会啊，他们一定会做的。如果这么说，就一定会做的。"

另外一位男士阿尔伯特说。他是一个七海游侠柯尔多式的人物，细长条眼睛、大嘴巴、扁平的鼻子，穿着卷边的旧布裤子、一件旧大衣改成的大衣，戴着博尔萨利诺（男式）帽，光着脚。

"他们会怎么做？"

妇女问：如果这些人从头到尾都只为了自己的利益，你们准备怎么办。她说他们有自己的发电机，自己的水井，他们可是做了自己想做的。村民都诧异地看着她，表情很不自然。

"是时候了，我们不能再被骗了。"

这位女士一直坚持，她叫作李丽娜，一条红绿相间的布包裹住了她的身体。她大概二十几岁，不到三十岁，手臂粗粗的，脸上涂抹着金粉，有些龟裂，脸如干旱的土地。

"这些人想独占所有的东西，看起来我们并没有意识到。"

其他人，男人们、年轻人们，看着她，仿佛想要用眼神让她闭嘴。

尼亚塔那索亚的生活因福尔斯托克和新作物的到来而发生了变化。几十个居民在公司里找到了工作，日薪30阿里亚里，大约1.5美元，工作时间很长。但是当地人并不能满足所有的职位要求，公司就从周边村庄带来了几十个男女工人，有一部分就住在了种植园附近，有些人就每日从家里往返。有些时候雇佣的人很少，在播种或收获的季节雇佣人数可能达到上百人。村子里的妇女就做一些油煎饼或米饼来卖给他们，在这个没有商业交易的地方创造一个小市场。特别是尼亚塔那索亚人终于找到了足够的材料建成了一间放映室，买了一台非常老旧的电视和一个碟片播放器，租来了一台发动机，在茅草屋顶下隔日就播放电影。一年前攒起来的这个机器，改变了当地人的生活。

"现在每天晚上我都出门，以前晚上我可从来不出门，没啥可做的。现在我出去看电影。"

"一周去几次啊？"

"只要放映我就去啊。当然，前提是我有余钱。"

冯拉萨说，眼中闪着狡黠的光。每场电影收取200阿里亚里，有时候一场放映四五个小时，有动作片、爱情片、生活片，她说了生活片。她最喜欢这几种。我最终也没问出来，什么是生活片。

"隔天你们就在这里看五个小时的电影？"

我问他们，所有人都笑了，齐声回答：对啊，当然，孩子们有了新玩具。他们说了很长时间：放映室是一个巨大的改变，人们发现了一种以前根本无法想象的癖好。休闲、娱乐的概念在他们生活中是个新鲜的玩意。

"你们不害怕这些新来的人把这些夺走？"

"他们什么也夺不走。他们是其他部落的，有工作才来，没工作就走了。"

阿尔伯特说，其他人都同意。丽娜疑惑地看着他们，欲言又止。

"你想在首都塔那生活吗？"

"是的，但是我害怕。"

"为什么？"

"因为有许多的强盗。"

"这里没有吗？"

"这里不一样，我们互相都认识。"

丽娜让我跟她走，她带我去几米开外的房子里，门口有两个坐在地上的妇女正在哺乳，十几个孩子在旁边玩耍。他们看起来很开心，有点胖乎乎的，光着脚丫子，浑身脏脏的。一位妇女与丽娜一样，脸上涂着金粉。我问她是什么，她说是一种树皮，磨碎之后用水混合，就可以涂在脸上了。

"为什么要涂呢？"

"为了防晒啊。"

"要是不用，会怎么样？"

"我就会变黑。"

纤娜，非常黑，三十几岁，孩子在怀里吸吮着奶头。这是个女娃娃，她告诉我，还没到一岁，另外一个，也没大多少，吊着她的手臂：她喂的是她的女儿，另外那个是她的外甥女。她也经常照顾外甥女，因为大女儿今天去市场了，尤其得看着。大女儿一早就出发了，步行去了市场。纤娜说路上得花五个小时，回来还要五个小时。如果是男人，就花四个小时，但是男人不想去市场，说不会做，没时间，就把老婆派出去了。

"那这里谁工作得更多呢？男人还是女人？"

"男人啊，因为他们在地里犁地，女人就浇水、施肥……"

"在家里男人都做什么？"

"不做，什么都不做。有时候出去找瘤牛，但是基本啥事不干。我们妇女做所有的家务，家是我们的，孩子、食物、打扫、洗衣服，所有这些。"

"那么，这么看谁干得更多呢？"

"男人们。"

纤娜说，厌烦了给我解释更多。另外一位女士，也同样带着孩子，叫作索亚萨拉，对我说，她得去做饭了。我问她要做什么，她有点痛苦地看着我。

"米饭啊，还能做什么啊？"

于是我问她什么时候吃饭，索亚萨拉说一天三顿，早上、中午、晚上。

"早上吃什么，中午吃什么，晚上吃什么？"

"米饭。"

她说，仿佛这是最明显不过的事情了。

"每次做法不一样，还是都一样？"

"不，我们还能做什么啊，煮熟了就好啊。"

"有配菜吗？"

"有时候吧，能找来配菜的时候。一点蔬菜，一条鱼，但不总能找到。"

"多久一次？"

"每个月一次吧，每两个月一次。"

除了饥荒时节，他们告诉我，大约在 11 月与第二年 3 月之间，那时人们十有八九都要挨饿，因为没有玉米也没有大米了，一半的家庭一整天什么都吃不上，他们的饮食结构就发生了变化。他们找到啥就吃啥，山药、叫作摩奇的一种野生土豆、混着灰浆的罗望子、野生果子、蟋蟀和其他昆虫、小鸟。他们不喜欢，我问他们是不是不喜欢吃别的东西。

"不喜欢，大米才是马达加斯加人的主食！"

索亚萨拉响亮地大声的宣称。

"可您喜欢吃大米吗？"

"当然了，我喜欢，我最喜欢大米。"

那些偶然吃的东西吃下去是非常可怕的，他们发明了一些禁忌。例如：如果一个还没学会说话的孩子吃了鸡蛋就会变哑巴。

"但是如果选择任何一道菜，随便你选，你们会选什么？"

"大米。"

纤娜说，索亚萨拉也同意。丽娜给我解释说，面包吃不饱，没用，只有吃大米才能消除饥饿。

"问题是，我们什么都没有。问题是，我们剩下的土地越来越少了，现在这家公司在这……"

"公司怎么了？"

"您没听说吗？他们把所有的水源都霸占了，也没人说他们。"

世界卫生组织说引起死亡的主要环境原因是使用"原始炉子做饭"。"另一个世界"的大部分家庭，女人们用木柴、碳、牛粪在屋内生火做饭，浓烟占据了整个屋子，把人熏黑、带来疾病。世界卫生组织说每年一百五十万人死于呼吸系统疾病：气管炎、哮喘、肺癌，都是由这些生火方式引发的，女人们，尤其是小孩们是最易感人群。

尼亚塔那索亚的农民们，马鲁武艾整个地区的农民们，都依靠水稻生活，加上一些木薯，有时候，他们会在他人田里兼职做些日工补贴家用。

"我们收获大米的时候，需要卖掉很大一部分去买盐、糖、油、肥皂。我们必须留一部分米粒做种子，然后就不够吃了，十二月或一月的时候，我们的粮食就吃完了，我们必须得去市场上买。"

索罗告诉我。他是一个五十一岁的男士。他和他的妻子布朗蒂娜，有两公顷水稻田和三头瘤牛。每公顷几乎生产两吨带壳大米，但是脱壳之后，只剩下五百公斤。索罗和布朗蒂娜并不知道，在中国或越南的一公顷水稻田的平均产量在六至七吨。

"难道储存所有的大米，之后不用去购买，不是更合适吗？"

"当然了，但是我们如果储存了所有的大米，我们就没钱去买其他东西了。我们只存下一半，用于吃饭和播种，剩下的就去卖掉。"

"但是在饥荒季，也得吃米饭啊。"

"对，他们卖得价钱很高。"

"所以啊，难道都存起来不是更好吗？"

"难道您不理解？我们不能都存下来，我们需要钱来买东西。我们得生存下去，得吃饭。"

索罗告诉了我一整天光脚站在稻田的水里和泥里是什么滋味。然后，他给我看了看他的双脚，如老乌龟的脖子一样，看上去不像脚了，而是一张皱巴巴的地图。索罗告诉我，他们时不时就剩不下食物，一两天吃不上饭，但是饥饿，他们所谓的饥饿，他从来没有过。

"那饥饿得是什么样子呢？"

"我不知道，可能是什么都不吃吧。"

索罗穿着一条剪到膝盖的牛仔裤和一件破旧的干净的白衬衫，布朗蒂娜裹着一块淡紫色的布。他们坐在家门口的门槛上，门槛就是一块土坯，墙壁是砖坯砌成的，涂成了粉红色，许多孩子在周围玩耍，跑来跑去。

"这些都是你们的孩子？"

"不是，是侄子和邻居。我们只有两个孩子。我们有一个十二岁的女孩，一个六岁的男孩，上个月男孩与祖先们一起生活去了。"

索罗的解释让我不明白。塔塔，我的翻译，给我解释了，这里说与祖先一起生活就是说他死了。

"菲迪当时状态很差，越来越瘦，我们给他吃所有的大米，但也不见好，他很累，什么都不想做。"

索罗告诉我，有一天他从广播里听到一位先生说，如果一个孩子不舒服了，就应该送去医院。于是他们就坐牛车去了安塔南巴萨哈，可怜的菲迪不说话，只是低声呻吟。他在医院里住了两天，第三天就去世了。布朗蒂娜说有时候她认为这是医院的过错，他们说孩子是极度营养不良，所以没有办法治好这个病了，她不记得那个病的说法了，但是她不相信：菲迪每天都吃米饭，从来没少过。索罗有两三颗牙齿横着，看着她，让她尽量安静。布朗蒂娜继续说：

"我觉得是他们杀死了他。"

"为了什么要杀死他呢？"

"我不知道。如果我知道这些事情，我就不会这么穷了。"

索罗和布朗蒂娜借了钱买了一头瘤牛，准备在葬礼上宰杀，但是不能将孩子葬在这里："我们在这里住了五十年了，我的爸爸和我的爷爷以前也在这生活，但是现在这片土地不是我们的了，知道吗。我们的土地在南方，离这很远，那里才是我们祖辈的土地，我们一直赶到那里去下葬，旅途上也花费了不少钱。"

"赶到那边去下葬是因为你们想去还是因为这里不让你们下葬？"

索罗看着我笑了，突然开始卷自己的烟，烟丝在一袋蓝色的塑料袋里，纸是从一本用过的笔记本中撕下来的，厚厚的写满笔记的纸被他小心裁剪过。然后他告诉我，这里是萨卡拉瓦人的地盘，萨卡拉瓦人总是告诫他们他们是外地人，现在白人来保护他们了，白人在这里种植，禁止萨卡拉瓦人的牛群摧毁他们的作物，他知道白人是怎样的，白人会抢走所有的东西，他们会变成与这块土地更加不相干的人，他希望到那时候，他已经和祖先在自己的土地上生活在一起了。

"您觉得这家公司会把我们的土地都占了吗？"

他反问我，希望我对他说不，希望我说，你怎么会这么想啊。但是我没法做到。

萨卡拉瓦人几个世纪以来就是这片土地的主人，他们是游牧民族，带着瘤牛奔东西走，去寻找更好的草原，他们拥有很大一片土地，以暴力、专横、严酷著称。

　　马鲁武艾地区几乎所有的农民都是"外来人"：他们的祖先两三代之前就来到了这里，只要他们不去打扰牛群，萨卡拉瓦人就准许他们在这里耕种。但是他们得忍受这些牛群钻进水稻田里踩踏和乱吃，这种事情经常发生：这是土地的主人强加的条件。

　　这就是为何福尔斯托克的所有者认为他们最好与农民联合对抗牧民。他们在萨卡拉瓦人最常用的牧物和"外来人"的牧场之间建起了田地并竖起了铁丝网。一开始，看上去是一种赢得农民的好办法，但也是与萨卡拉瓦人之间开始敌对的最佳方式。

　　"您觉得农民对你们的存在感到高兴吗？"

　　"很难说。我不知道，但是据说我们给他们社区所有的钱从来没到他们的口袋里，尽管我们有村长签名的收据。当然有人生气因为他说马达加斯加不应该把土地出让给外国佬，白人佬。但是在我们手下工作的本地人挺高兴的。"

　　福尔斯托克的农学家南贝纳告诉我，一口烟嗓。

　　"但是他们抱怨工资太少。"

　　"是啊，他们总是要抱怨的，事实是，以前这里有许多闲置的土地，现在我们开始开发了。"

　　"为什么有那么多闲置的土地呢？"

　　"这是个好问题，因为这是一片牧区，牧民用来放牧牛群的，并不种植任何作物。"

　　"但是他们在使用这土地。"

　　"他们是以野蛮的方式在使用，并不明智。"

公司开始耕作的时候，冲突爆发了，萨卡拉瓦的首领出现了，告诉他们这里是自己的领土，他们没有权利使用，公司说这里是公司的土地，是有权使用的。两种产权发生了冲突：马达加斯加政府授予福尔斯托克的土地证，对抗着几个世纪以来土地使用的习俗。双方的协商非常紧张，目前仍在继续。

"牧民总是反对的。"

"为什么？"

"因为他们认为所有的土地都是他们的，他们习惯于将动物散养，烧掉一片草原让它再次生长，再把牛群赶到这里，他们就只做这个。牧民们并不知道如何使用土地。"

5

从尼亚塔那索亚往更远处走，道路就开阔了，变成了牛车的公路。许多牛车正从这里经过，赶往市场，每辆车由两头牛拉着，套着长长的衡轭，一位赶车人不停地挥着鞭子。突然一声巨响，车队来了：两辆成了千辆，相互竞速，尘土飞扬，最后各自散开，消失在视野之外。

"公司的外国佬刚来的时候，给我们承诺会改善我们的生活，改善一切。告诉我们如果他们开始耕种，我们再也不会与牧民产生任何冲突了，因为他们会在我们与牧民之间耕种，让这些牛群不再能进入我们的地块。"

"他们做到了吗？"

"没有，说不准。他们确实占领了那个区域，但是瘤牛还会时不时地来。"

诺贝尔特表示怀疑：最后我们觉得我们什么也没得到。

诺贝尔特是贝松约的一个村子的村长，这个村子离尼亚塔那索亚有三四公里远。贝松约很像尼亚塔那索亚，不同之处是在入口处有十几座烧焦的黑色的房子。诺贝尔特四年前被选为村长，当时从首都来了位官员，告诉当地人必须投票选举出一个村长。当天，有三个候选人参选，诺贝尔特因大比例得票优势而胜出。

"为什么人们选了您？"

"因为他们不怎么了解我。"

他笑了，然后他担心我没明白他的幽默，因为他们爱我，我的邻居们都爱我。

"您乐意做村长吗？"

"当然愿意啊，以前很乐意，但是现在不了。去年发生了一次骚乱，公司拖欠工人工资，我有太多麻烦啦。我得做许多事情，办许多手续，没人给我支付任何的工资，我也不能获得必需的物资。那么我做这个是为了什么……"

诺贝尔特说，公司没按时支付工资，也没有兑现之前的许多承诺，事情一如既往，几个月前，许多工人带上了镰刀，聚在公司门前讨工资：

"可怜啊，那些公司员工吓坏了，以为他们要杀人了。"

"事实上是要杀他们吗？"

"我不这么认为。我觉得不会。但是您可是没见那天工资付得可麻利了。"

他又笑了。诺贝尔特大概六十岁年纪，穿着一件音乐节的 T 恤，这是很久以前的一个音乐节上被人穿过的衣服，他头发黑黑的，总是带着微笑。他的爷爷 100 年前到了这里，他的父亲 80 年前从这里出生，但这块地不属于他们，他们死去之后，不能埋葬在这里，因为地不是他们的。我问他，如果这块土地将来变成了他们自己的会如何，但他没理解我的问题：

"我的土地在南方啊，我的祖先在那里。"

有时候他们不得不将亲戚葬在这里，因为他们没钱支付回家乡的路费。但是一旦凑够了钱，他们就把尸骨挖出来带走。到那时，这个人才算真正的过世，与先人汇合了。他的妻子马赛琳娜看着他，表示同意，也重复了他的话。她是给福尔斯托克公司干活的，负责种植辣椒。村长说，所有人都骂他把大家出卖给了外国佬。他说，如果有可能，她分分钟就可以辞职，因为每天做工时间很长，工资又少得可怜，但是他们需要这笔钱，但凡有别的可能就肯定辞职了。诺贝尔特和马赛琳娜有八个孩子，最大的二十八岁，最小的七岁。

他们的房子是村子里最大的，一个大砖房，带有三个房间，房顶很高，盖上了发黑的棕榈叶，窗户小小的，木门上挂着新锁，闪闪发光。我们在客厅里，里面没有家具，只有那些草席，是女人们用棕榈叶子手工编成的，用来席地而坐，或是躺下休息。他们的两三个孩子和十几个邻居都坐在草席上听我们说话，看着我们，互相讨论着。

贝松约看起来像一片平静的绿洲，但是村子入口处烧焦的房子与之并不和谐。我问了他们两三次，最后诺贝尔特告诉我，就是那次进攻。

"进攻？"

"对啊，进攻。我以为您是为了这事来的。"

几个月前，七八个人进攻了村子。那是一个周一的傍晚，他们突然出现，叫喊着，吹着哨子，打着鼓，敲打着棍子和镰刀，一个人手里有步枪，所有人都在叫喊着，奔跑着，冲着诺贝尔特的房子跑去。马赛琳娜在邻居家看到了这群人的到来。

"他们冲着房子的门开枪，破门而入，喊着我丈夫的名字，他当时没在，幸亏没在。于是他们进去抢了家里的东西，带走了步枪，一些土地证明文件，官方印章，他们大吼大叫，砸了所有的东西。我跑出去大喊，强盗来了，强盗，人们就开始跑到农田那里。"

诺贝尔特村长这时候刚到这里，他也跑了，躲在几棵树后面。这些匪徒就去找副村长，也没找到。于是他们跑到东边的房子那儿，那里有 15 到 20 间新来的居民建的茅草屋，许多是公司雇佣的工人住的，他们一把火全都烧了。烧房子仿佛是马达加斯加的传统。1972 年他们烧毁了塔那那利佛市市长的房子，1976 年烧毁了总理的大宫殿，1995 年烧毁了女王宫，那可是整座岛上标志性的建筑。

"没杀人？"

"没有，没抓到任何人，所有人都跑了。"

当他们离开的时候，邻居们看到，只有一个人手握步枪，其他人都是拿着镰刀和斧头。

"你们没办法保卫自己吗？"

"因为进攻太突然了，我们搞不清楚状况，很害怕，就到处躲。"

"他们是谁？"

"我不知道，我们没法知道。"

诺贝尔特嘴上说不知道，其实他知道，但是不愿意说，他表情奇怪地看着我，我坚持问他，他说听那些人说话，应该就是这里的人，他们认识这个村子，并且知道这里村民的名字。

"有人说是萨卡拉瓦人派他们来的，但是我不知道，我怎么能确认呢？"

其他人也同意，都躲避着我的眼神。他们的表情透着一种狡猾，这是一种什么都没说却说了话的一种艺术。

"问题是萨卡拉瓦人说那家公司来耕作的土地是他们的。他们有时候来质问我们在那块地上干什么，他们认为是我们带来的公司，来这片土地上种桐油树，他们很生气，就进攻了我们。"

"那么那些人就是萨卡拉瓦人喽？"

"不，我不知道。"

他妻子看着他，试图让他注意到她的目光。

"那刚才说的事情？"

"是别人告诉我的。谁知道是真的还是假的？"

6

"以前我们的生活挺好的，得到了尊重。现在什么也没剩下，只剩下斗争。"

"是什么改变了你们的生活？"

"以前我们是得到尊重的。我们的邻居允许我们在这块地里耕种，尊重我们，对待我们的方式是在理的。但是自从这家公司来了之后，情况全变了。他们利用公司来和我们作对，他们说我们的瘤牛吃他们的稻田，于是说服这家公司在水稻田和我们的领地之间种了桐油树，就为了让那些瘤牛无法经过。我们就得把牛赶去更远的地方，那里的草更少了……这里可是我们的地盘。"

我没想到。我看到曼嘉德，它是萨卡拉瓦的一个部落，与其他的部落一样穷，但是人口如此之稀少，令我感到很吃惊：稀稀拉拉的十几户人家，仅有一位老人和一位年近半百的人。老人名叫阿丹年吉，是部落首领的儿子。老人是村子的继承人，已经七十多岁了，他告诉我他父亲已经一百岁了。这位继承者老人穿着一件白色肥大的长衫和布满补丁的牛仔齐膝短裤，光着脚，脚指甲像新石器时代的雕刻，嘴里的牙齿都是歪的，大部分都是金牙。另外一位年近半百的人，是他的堂弟杰拉德，堂弟腰上围着一条布，脚也龟裂了，穿着件敞胸的破衬衫，戴着一个毛边草帽，一直微笑着。他手里从来没有放下那把镰刀，在地上画着，聚拢柴火，切叶片，给树枝削个尖。镰刀的柄是粗木制的，刀片是短小宽圆型的，刀锋不可思议地锋利。

"那家公司的外国人错了，他们以为来这里种地得和下面的农民谈，那些农民也是外来户，是我们允许他们在这里生活的。他们该和我们谈，但是从来没找过我们。他们搞错了。然后他们来道歉了，但是他们一开始就错了。"

"他们以为是你们派人去烧了贝松约。"

"嗯，有人是这么说的，他们可能是因为嫉妒我们才这么说的，谁知道呢。谁知道事实是什么。自从这公司来了这里坏了规矩，我们有许多积怨和冲突，这里大不如前了，以前我们相安无事，我们养瘤牛，没人打扰我们，那时一片祥和。"

"你们担心公司会把所有的地都占了吗？"

"当然担心了，公司已经占据了一大片我们的土地，我们放牧的地方越来越少了。"

"你们能做些什么制止他们吗？"

"我们向村长，向所有人都建议，有时候他们理会，有时候不理会。公司对他们说该做什么，不做什么。他们再也不需要向我们申请许可了，可我们才是土地的主人。这里的地下埋着我们的祖先。如果事情再这么发展下去，我们连这土地里最重要的两样东西都要丢了，地底下的祖先，地上的瘤牛。"

我们坐在地上，坐在树下的一大片树荫下，堂表兄弟靠在树上。周围有四五个茅草屋，鸭子、火鸡、三条腿的狗，远处还有几只牛。孩子们不敢上前来，远远地看着我们，更远的地方是妇女们，站在发黑的棕榈叶屋檐下。

"农民们并不在乎因为这并不是他们祖先的土地。他们不在乎。"

"但是他们靠这片地生活，吃这片地的产出。"

"当然了，但是这还是不一样的。"

阿丹年吉，哦，不对，是阿丹年吉的百岁父亲，有四百头牛。一头牛大约值 80 万阿里亚里，大约 400 美元，一头阉割过的牛长得更肥，可能价格是普通牛的两倍。阿丹年吉的父亲，他的家庭，大约有几万美元的牛，但是这里的财富概念不同。任何一个来到这里看过他们的人都会觉得他们穷，但他们知道自己是富人，他们的邻居也认为他们是富人。这里的富裕并不能按照我们惯常的想法来解释，他们不用物件、生活方式来衡量，与我们所谓的舒适或奢侈不相关，是一种地位、权力、保障。

"那么你们是富人了。"

我问他们俩，他们腼腆地笑了，仿佛少女听到了一个浓烈的奉承话，感到了一种不自在，一种假谦逊，一种快乐。

"但这里是我们的土地，我们祖祖辈辈在这里生活。我们的祖先还在这，在石头坟墓里。现在的村长是我的爸爸，接下来是我，然后是我们中的另外一个人。"

阿丹年吉想给我看下他父母祖先的坟墓，他说在他看来，他们自己住的地方可能挺穷的，但是坟墓看上去却是又大又漂亮的，值得一看。

"你们真的把坟墓建得比家好看？"

"当然了。"

他很奇怪地看着我，然后给我解释：

"是这样的，这是我们这里的风俗。您看，人在哪里度过的时间最长呢？"

拥有瘤牛在这个社会还是一种主要的储蓄方式。他们养大了牛并不去卖掉给别人宰杀和食用，而是存在那里以防不时之需，如果没了大米，如果得庆祝节日，就得用上牛。这不是以售卖为目标的饲养，而是以财富积累为目标。如其他的财富积累一样，对其他人来说是派不上用场的。

"拥有牛有什么好处？"

"牛很重要，如果有孩子出生，我们给他施割礼，并杀头牛，家人结婚，我们也杀头牛，家人去世，我们下葬之时也是杀头牛。牛还能用来犁地，如果让人做这活，是很累的。如果有不时之需，我们可以卖掉一头，解决问题。如果我们想要买块地，我们可以用牛换。这是我们的财富，我们的存款。"

"你们吃瘤牛的肉吗？"

"吃的，我们在新年的时候吃，施割礼的时候，下葬的时候，节日的时候吃。"

"那其他时候每天吃什么？"

"大米啊。有时候吃河里捞上来的鱼。"

"为什么不吃牛肉呢？"

"因为我们不能杀掉它们，它们太大了。肉会吃不掉，坏了就只能扔。祖先也会生气。"

在树荫底下也能感受到阳光、灰尘和炙热，这四百头牛的主人对我说，每隔一段时间就吃牛肉。我自问，是不是我们所有人，包括发达国家的人们，还和他们一样，在过节的时候才吃肉。每周好几次的肉食，这种情况难道不是人类历史上很短暂的时间段和仅有的部分空间实现了的事吗。

两个世纪之前，只有发达国家的富人们才能经常吃上肉。现在，只要是发达国家的居民就能吃上肉。如果人口持续增长，如果生产动物蛋白质的方式依旧需要消耗那么多的资源，不发生变革，那么很有可能在几十年内，肉类就会回到奢侈消费的老路上了。

"你们觉得你们的儿子、孙子都可以继续饲养瘤牛吗？"

"谁知道啊。如果这家公司再继续占地，就剩不下放牧的草原了。那时候牛会饿死的。"

"你们会做些什么呢？"

"我们就变穷了。我们没了牛不知道如何维持生活。我们会变穷，我们会挨饿。"

7

有人认为这是避免自己国家人民挨饿的最佳方法，另外一些人认为只有自己国家的人民挨饿，他们才能赢得巨大的财富。

有些甚至有点儿利他主义倾向：它们可能是寻求土地的国家，一般来说都是通过私人企业，因为它们担心自己国家的"粮食自我供给"问题。他们可能是担心金融市场波动的大型投资基金，或是想"整合其商业模式"的食品公司：以各种方式赚更多钱。他们甚至可能是小冒险家，想利用混乱局势、宽松的法律、腐败的官员、轻信的投资者。

但是只要谈及占地，就必定谈及一些新兴国家。例如，韩国是一个面积狭小，山区较多的国家，几个世纪以来食品都短缺，如今靠先进的工业致了富，城市化将仅有的土地也占据了，这导致 70% 的粮食要依靠进口，一旦出现粮食价格上涨和贸易封锁，就有可能发生粮食危机。沙特阿拉伯，石油丰富的国家，决定花费巨资挖井来灌溉他们的沙漠，将其转变成绿洲。21 世纪初，他们的粮食生产已经可以满足两千六百万人口的需求，还有出口，但是他们的水源开始干涸，农业开始萎缩，连城市用水供应都出现了问题。因此，政府决定于 2016 年停止生产小麦，这是自然对如此畅通无阻的资本都设置限制的绝佳例证。

只要是出现了占地行动，一些新兴国家是最常被怀疑的。但是……

2010 年，美国《滚石》杂志的记者，麦肯齐·芬克，跟随一个出言不逊的美国大资本家去了朱巴。当时，朱巴还不是南苏丹的首都。他报道了该资本家是如何尝试攫取百万公顷土地的。为了报道，他寻求了苏丹努埃尔族将军保利诺·马蒂普的帮助，此人因在班提乌周边团结州边境上领导了大屠杀而闻名。据估计，超过四百万公顷的南苏丹土地通过协议转让给了外国占地者或被其占领，芬克讲述的故事是迷人的：菲利普·海伯格，嘉池投资（Jarch Capital）的老板，给他解释，非洲是一个黑社会横行的大陆，他就是黑社会的重要成员。
"当食品出现短缺，投资者需要一个弱国，一个政府没法强
制任何人遵守任何法律的地方。"芬克，非常吃惊，描述了
这种占地运动：

"所有人都在人口的增加与气候变化上下赌注，认为洪
水、干旱、沙漠化会导致食品短缺，很快食品将如石油一般
珍贵。我们的地球上，极地冰圈正在融化，城市会被淹没，
带来无数的气候难民，到那时，控制了食物就控制了世界。
那些新兴国家就会拥有从喀麦隆到哈萨克斯坦的无数亩土
地，与石油国家沙特阿拉伯和科威特竞争，与华尔街的银行
如高盛和摩根大通竞争。"也许是无意为之，这句话宣告了
一个事实：获得土地的国家将是一些新兴国家，华尔街和一
些银行，而不是美国。

这种美国文化成功塑造出了这样的双轨事实：我们可没
做，我们是好人，我们中有一些坏人。其他国家就不是这样了。

据"粮食"（Grain）——这是一家在该领域权威的国际
非政府组织——的专家称，在国外占地数量最多的企业来自
英国和美国。

之后才是沙特、法国、意大利、印度、韩国、新加坡、
南非等的公共和私营企业。

这是很明显的，一般来说，占地的人并不需要这些土地，
做生意的人，根据其定义，其实是那些可做可不做的人。也
就是说，他们有足够的钱过上安宁的生活，但是更愿意花费
时间来挣更多的钱，因为不这么做，他们就没法过安宁日子。

他们这么做是因为他们是资本主义精神的化身。因为他们喜欢风险和权力，因为他们喜欢钱。

在非洲圈地最多的投资公司叫作"新兴"（Emergent），总部在伦敦，高盛和摩根的前高管在管理这家公司，可以说是世界中心的中心。在路透社采访中，其执行总裁，大卫·穆林不想告诉公众他们手头的资金数额，但是确认是"非洲最大的农业基金"，据金融媒体称，他们大约持有三四十亿美金，根据地缘政治的波动来投机，每年的效益在 25% 左右。在其完美无瑕的网站上，他们响亮地宣布了其致富的机制：

"我们的经理使用特殊的地缘政治模型预测全球政治经济领域的大趋势。这种模型最基本的假设是找准了世界上最大的问题：人口过量，即人太多，自然资源太少。"

"根据这一基本假设，'新兴'公司探索了在更为广阔的政治经济中社会团体的集体行为模式的相似性质。国家政府的演变的性质是重复的，其结果可以高度近似地预测。这部分内容包含在我们对'帝国的五个阶段'进行的研究中和我们的执行总裁大卫·穆林《摆脱历史的法则》一书中。"

"在这个模型中有六个次级主体，通过它们来预测和控制这些变化：多级世界的演变、原材料的稀缺、文化和宗教、东方和西方、基督教和伊斯兰的冲突、科技与军备竞赛、疾病、全球变暖和气候变化的影响。（……）我们的模型建议，这一阶段将会经历许多重要的地缘政治事件，预计在相对较短的时间内，权力和财富在全球的重大转移将随着这些事件同步发生。现在的环境产生了金融市场的重大扭曲。相应的不稳定性的增加会带来绝佳的贸易机会。"

用大俗话来说，就是你将能尽你所能在可预见的灾难中掠夺财富。

"我们也许比较愚蠢，什么都不种，即使这样，我们在接下来的十年也会挣很多钱。""新兴"的女老板说，土地是如此廉价，即使不开发它也是个好生意。

加利福尼亚的奥克兰研究所致力于研究此领域，它解释道："集团公司、银行和国家急切地想确保自己未来的粮食安全，已经探索和确保了大面积的外国土地用于生产或投机。投资者日益将可耕地看作是资本的避风港与收益保障。"

为什么他们觉得那是一种安全的投资呢？世界如此糟糕，以致英国人、阿拉伯人或日本人可以在坦桑尼亚开发万顷土壤却很安心？

他们也不是那么确信，有时候华盛顿的智囊团也在担心："外国投资者在一个充满饥饿人群的国家生产粮食，然后运走这些粮食会引发一些政治麻烦。那些村长们在本村的人正处在饥荒的边缘之时，会允许装满谷物的卡车经过自己的村庄运至港口？这些国家的农民丢失了自己的土地和生存手段，政治不稳定的可能性很高。在投资者与投资接收国之间产生冲突是再容易不过的事情了。"李斯特·布朗，这位环保先锋分子在2012年的《外交事务》杂志上如是写道。

有这样一种逻辑，有俗语说，不能在穷人面前点钞票，同理不能在饥饿的人面前拿走他们的食物，因为他们可能会起来反抗。

　　但是这种事情不常发生，对私有财产的尊重是意识形态领域的最大成就，是所有资本主义建筑的基石。让人惊奇的事实是，一般来说，私有财产的主人们根本不需要使用暴力来阻止这些人抢走东西。这些居民很需要这样东西，这样东西又在他眼皮底下出现，他们居然也不抢走。

　　在马达加斯加的历史上，也有千千万万居民被当作奴隶贩卖。150年前，这个岛上的主要资源就是给邻岛科摩罗群岛和留尼汪岛提供奴隶。很少有贸易能像贩奴贸易那么持久，所有的文明都曾经在某一时刻落到做这种生意的地步。这种商品是如此容易获得。维持这种商品的正当性需要较少的力气，却需要很多的意识形态灌输，让大家相信，一个人如果满足了一些条件，如战争失败，无力偿还债务，偷盗几个面包，是奴隶母亲生的，就可以属于另外一个人。现代性带来的最大的变化之一就是取消这一想法。现在，我们觉得这一贸易如此脱离常规，正如两个世纪前当时的人们觉得如此之正常一样。我们应该以此为鉴，引起我们系统性的质疑：究竟还有多少我们现在觉得有争议的机制，在将来就会变成可怕和难以容忍的？

　　或者甚至如特里·伊格尔顿所说："无论如何，如果我们不抵制一些不可避免的事情，我们永远无法知道他们有多不可避免。"

　　我们认为一个人因为满足一些条件就得属于另外一个人，这种逻辑是不成立的。但是如果有一个人因为满足一些条件，如未拥有足够的物资，就得为他人工作，让他人挣更多的钱，我们认为是合理的。谁知道在一两百年后，是不是有大部分人会对这种逻辑提出质疑，觉得与拥有奴隶一样恶心。

这也许不会发生，但是值得思考。有时候我觉得思考未来是一种不错的方式，一百年后什么事情将会被诅咒？去建议、讨论、辩论，难道不是一种团结朋友的可爱的方式吗？

这种方式有其优势，可以定下目标，如果一个人得出了结论，某一样东西是让人厌恶的，也许某天他会敢于思考如何改变它。这种方式的缺点是太刻板：认定某样东西会让人厌恶就意味着相信上亿人的思想会发生转变。

谈论中国在非洲的介入是轻松如意的，当然这种介入是存在的。这样可以将人们注意力放到中国人身上，将目光从西方人身上转移走，西方人还可以一如既往地放心做事。在中国大浪来袭之时作最后抵抗，认为西方文明受了威胁，论证西方人与基督徒在非洲开展丰厚的生意才是爱国主义。

无论如何都绕不开中国了。

最近几十年，没有任何一个国家像中国一样将饥饿人口成功减少了这么多数量。

如果本书不讲述中国，将是一种亏欠或不公，但是我不知道如何在那里开展工作。

五六年前，我为了联合国人口基金的一本杂志，在中国寻找农民工的故事。我遇上了冰。

我请冰坐下来喝杯啤酒。冰是典型的中国年轻人打扮，穿着假的阿玛尼，戴着沉沉的假金表，微笑也不怎么真实。

冰当时二十六岁，在天津一家练歌房工作，天津是一座距北京一百公里的拥有上千万人口的城市。"东方之珠"是一家好几层高的精力充沛的怪物，里面有几百间房间，客人们在房间里畅快地喝酒、唱歌、休闲。冰在这里工作了五年了，他十八岁从自己的省份来这里的一所学校学习管理，毕业后做了自己的生意，结果失败了，现在在这家歌厅做服务员，他很聪明，坚持不懈，被提升为大堂经理，管理好几个员工。冰每月挣五百美元，存下三分之二，他告诉我他存了十万块钱，大约一万三千美金，都投到了股票上，等着什么时候决定重新创业的时候使用。冰想成为他老板那样的人，白手起家成为富人和成功人士，拥有七家俱乐部。

"中国人常说三十而立，三十岁的时候你得被社会承认。我还有四年时间。我现在努力存钱，准备走自己的路。"

"你想做什么生意？"

"还不知道，但是我一直在天津调查市场，我觉得开一家奢侈品皮包商店是有盈利空间的。我想开一家这样的店，卖很多包。"

"真牌子还是仿制的啊？"

"可能是仿制的，这样我挣得钱更多。"

自从中国改革开放以来，两亿年轻人从农村来到了城市，寻找成功的机会，或者说，至少是养活自己。

"城市是一个有故事的地方，城市是未来，是有一切可能的地方。"

那天晚上他告诉我，他出生在河北阜平，他一岁的时候，父母决定离开家乡，去内蒙古扎兰屯市碰碰运气，他的父母很穷，认为在遥远的他乡可能会致富。在内蒙古，冰的父母先是牧羊，然后又养鸡。

冰是最后一代有兄弟姐妹的孩子，1980年出生，刚好在中国开始计划生育之前。冰有三个姐妹，一个姐姐比他大十五岁，在父母外出工作的时候，像妈妈那样照顾冰。

这家人的经济依赖于天气，如果天气不错，收成或动物都长得好，家人就吃得好，天气不行的话，就得挨饿了。冰还记得有一次，大概十年前的一天，他偷了同班同学的一块糖，他从来没钱买糖吃，被发现了之后，被同学们追着打。但是他在家里也有一些特权：

"他们什么都给我，我是家里唯一的男孩，还是老幺。"

中国传统家庭里，父母，姐妹可以饿着，但是小儿子不能饿。

"你的姐妹们不恨你么？"

"不恨，她们很传统，而且都很爱我。"

我没法想象几个女人因为意识形态的控制开心地或至少是顺从地帮助家里男孩的情形，这是我第一次遇到性别差异下的饥饿，书本上很少谈到这些。

中国成功地减少了饥饿人口的数量，但如果中国继续保持经济增速，2030年将会囤积世界谷类产量的70%和肉类产量的75%，目前中国已经进口世界四分之一的大豆，用作五亿头猪和五十亿只鸡的饲料，吃大豆的动物肉质可不赖。

中国是谷物、肉类、橡胶、钢铁、煤炭、铜矿、镍矿和许多矿物的世界第一消费大国，可仅石油一项，三亿五千万美国人比十四亿中国人消耗更多。

但是中国人对食品的需求非常大，中国得用世界百分之八的可耕地养活世界百分之二十的人口，这部分耕地面积还在不断缩小，因工业增长和土地大量开发，中国每年要损失一百万公顷的可耕地和无法计量的水资源。此时，中国每人仅拥有 0.15 公顷土地，在美国这一数字是 1.5 公顷。

中国人做出了规划，他们知道土地的匮乏，决定使用土地生产获利更大的产品，例如，西红柿。中国历史上从来没有种植过西红柿，2007 年却变成了世界第一大西红柿出口国和第二大生产国，每年产量达五百万吨。中国的西红柿在世界各地销售，但中国人不怎么吃西红柿，人均年消费量不足 1 公斤，而美国每人每年消费量为 25 公斤，他们将西红柿销售出去用来购买更多的粮食，因为粮食产量太低。1995年粮食生产占据了可耕地面积的四分之三，现在仅占三分之二，这一比例还在不断下降之中。

中国投资公司，是一家国有投资公司，是世界上最大的投资基金之一，拥有 3500 亿投资资金在全世界范围流动。这些钱中许多是美国的国债，没有任何人像中国的银行与集团企业那样持有那么多美国国债。中国变成了美国的债权人，债务还在不断增长，因为美国消费者还在不断购买中国的出口。

（西方一直叫嚣教育加市场加代议制民主是成功模式之一，中国的崛起是对历史只会不断的重复这一愚蠢论断的嘲笑。）

按照这种增长速度，中国人拥有的资金超出了未来很长一段时间内的所需。2001年，中国加入了世贸组织之后，宣布了一系列"走出去"的经济战略，基本上就是在海外投资，改善与原材料生产国之间的关系，以确保原材料的供应。

他们在非洲获得了土地，当然也是因为非洲的领导人愿意。"我们希望中国能领导世界，当这个转变来临之时，我们不想缺席，我们想紧跟在你们身后。你们去月球的时候，我们也不想落下，我们想和你们站在一起。"尼日利亚总统奥卢塞贡·奥巴桑乔曾如此说过。对许多非洲领导人来说，中国的投资是决定性的救助，促进了竞争，另外一些非洲国家则表示担忧，希望中国的投资与西方投资可以打个平手，非洲政府借此可减轻对西方国家、货币基金组织和世界银行依赖的程度，而中国从来没有成为殖民势力，而是主动团结与靠近前殖民地国家。

而且中国人提供的援助更加复杂，与西方自私自利的投资不同，西方投资集中在油田、林业、矿区，中国的援助用于修公路、铁路、港口，当然，同样也是给中国在当地购买原材料提供运输的便利，这些都给非洲国家留下了感情债和金融债务。

中国的援助方案中并没有强加政治、经济、道德的要求，援助资金并不要求接收国政府以民主或人权作为保障，也不强加特定的经济模式。中国人受够了强加条件，再也不想重复犯别人的错误。中国人没有任何的固定模式去他国推广和兜售。

中国在非洲的存在是大家讨论的热点，这是一个到处可见的大新闻，由中央政府计划的援助也更令人印象深刻。西方资本主义的援助数量众多，但都是零碎的，这里建一个组织，那里建几个，别的地方再建几个，而中国人的援助则是在协调下统一进行的。

中国现在是世界第二大经济体，很快就会成为第一大，其运作方式就是这样。中国在非洲的投资不断增长，但还没有到非洲外国投资总额的 10%。尽管如此，这个比例每年仍在增长之中。这个大国与非洲大陆间的商贸往来最近十年间翻了十倍，但仍然远落后于欧洲。目前，中国最关切的是石油，贸易中一半金额都是进口石油，另外四分之一是各类矿产品，农产品在进口非洲的产品中所占比例还不到 15%。

当然，中国在非洲也在不断占据更多的空间、土地、矿区、各类农产区。中国攫取原材料的能力还远远不及那些无耻之徒：那些从不缺席的国家。

2012 年 2 月，非政府组织"粮食"的报告，统计出了"另一个世界"用于生物燃料生产的总占地面积。非洲大约为 755 万公顷，其中中国公司占据了 22.1 万公顷。

其余大部分都在欧洲人手里。

其他一些国家的政府也参与其中。例如，日本和巴西是推动下一次大丑闻的主要势力，下一次大丑闻？是指抢占非洲土地。

ProSavana 项目是莫桑比克粮食生产项目，由巴西和日本投资开发位于莫桑比克北部的大约一亿公顷土地。该地区叫作纳卡拉走廊，跨越三个省份：楠普拉、尼亚萨和赞比西亚省。

据该项目设计，巴西公司将在这片土地上生产大豆、玉米、向日葵和其他谷物，大部分用于向日本出口。两者向莫桑比克政府以每年一公顷一美元的费用租用土地，公司将受到免税的待遇。大部分初始投资都从"纳卡拉基金"出，这个基金由日本和巴西的公共和私营资金出资。建设公路、铁路、港口的费用也将由日本公共资金出资，这些设施建设用于纳卡拉地区的产品出口。

当地的组织都表示反对，一些莫桑比克人却利用ProSavana项目，据说，一家由总统家人控股的国有企业将与一家葡萄牙的富人家族以及巴西最大的农业生产商之一共同成立合资公司，用于购买和开发土地。

关于当地四百万农民的信息却很难获得。

富裕国家使用"另一个世界"的土地来生产粮食、燃料或投机是一种我们忽视的现象，即使关注了这一现象，我们也觉得离自己很遥远。欧洲或美洲的任何一个有积蓄的人都可能参与了埃塞俄比亚或柬埔寨的土地攫取，因为保不齐他存钱的银行或退休基金是在这方面投资的，每年承诺的回报率为25%。

事实再一次证明，非洲土地的购买者，很多情况下都是美国和欧洲的退休基金。那些先生和女士们从来没有打碎过一个盘子，都是善心人，一辈子都辛勤工作，每个月存下了一些钱用于养老，那些人在电视上看到马达加斯加瘦弱憔悴的农民，他们因为被赶出了自己的土地而忍饥挨饿，一些白人把地买了下来，用于种植桐油树，他们会说，真可怜，太不公平了。那些人一定都是把选票投给了民主社会党、社会民主党、基督教民主党、工党、共和党、共产党，因为所有的事情都与政治相关，这就是这个体制的美妙之处，你并不需要做任何不好的事情，你却可以从别人的不幸中获益。

富裕国家的退休基金总额约为230亿美金。退休基金是世界上很大一笔资金来源，由政府、银行或金融机构管理。大部分资金来自日本、挪威、韩国、加利福尼亚州。根据非政府组织"粮食"的估计，退休基金在"另一个世界"的土地上的投资额已达200亿美金。基金的受益人是荷兰和瑞典的退休公务员、美国大学的退休的教职人员，丹麦的退役军人，一些人领头，许多人跟在后面。

很难清楚地知道他们是谁。

但是很容易知道，就是我们所有人。

8

左轮发出的金属噪声，乱堆在一起的木头发出的劈啪声，牛的喘息声，牛的放屁声，赶牛娃的叫喊声和口哨声，鞭子抽在牛背上的清脆响声，我还真不了解发出这些声音的世界。

在牛车上，赶车的孩子和他身材魁梧的朋友聊着天，一连好几个小时。塔塔，我的翻译给我解释着路边的农田，那片水稻田是谁的，照顾得如何，这些远处干瘦的瘤牛是谁的，为什么那片地烧焦了，为什么某人恰好在这里种植木薯。夜幕降临，现在的声音有点奇怪，人们开始兴奋了。塔塔低声向我解释，他们害怕了，他们在那问为什么同意带我来，他们害怕我把他们抓走，白人有时候来抓人，男人、女人或孩子，然后这些被抓走的人再也回不来了。

"为什么？"

"嗯，这里所有人都知道，白人有时候把人抓走之后，盗取身上的器官，然后就把这人祭祀了。去年，在尼亚塔那索亚的福尔斯托克，他们杀了一个人，也许杀了更多人，我们也不知道。这里新开垦一块土地都要宰一头牛祈祷这块土地的肥沃，两年前，这家公司一开始也这么做，但是土壤肥力不行，于是他们又杀了一头牛，期待情况有所好转，但是也没改善，于是他们决定用人祭祀，这样更有效果。"

"他们怎么做的呢？秘密进行？"

秘密进行，塔塔说，当然了。我问他怎么知道的，塔塔总是低声说话，但是这一次几乎是喃喃自语了："这里所有人都知道。所有人都谈论这个，都很害怕。"

这恐惧现在成了我的。我对他说："希望你们别把这个当真，然后对白人采取行动。"

"你别担心。"

塔塔继续给我解释："他们认为你有一种特殊的能力，不能对你怎么样。他们只是希望你别吃他们，希望你来这里的目的真如你所说。"

（几天之后，在巴黎，马密给我解释了第一批基督教传教士到达岛上之后，人们传言"白人要获取马达加斯加人的心"，基督徒的仁爱宣言也被当地巫师用来说服大家白人是来偷盗他们内脏的。自从那时起，白人是偷盗器官的强盗这种印象就挥之不去，直至今日，马达加斯加的母亲们还是用这个来吓唬不听话的孩子，说白人会来挖走你的肾或是其他内脏。我们有空还得谈谈文化差异或是谈谈被用作掠夺借口的误会。）

我真是害怕路漫漫，我只是希望他们对我超能力的幻想能一直持续到旅途结束，一种神话保护我不受另一种神话的侵害。

有时候我在质问自己，在离家这么远的地方瞎捣鼓什么，为了什么目的？最后我总是以了解不同风情可能带来的好处而自我安慰，了解了不同的东西就会避免落入一切天生就是"自然"的陷阱，因为习惯于生活在一个地方的人会认为身边发生的一切都是应该的。例如，他会认为汽车如果要压你了，你就得停下来，这个就是对的逻辑，但这个也不是"天然的"，而是几个世纪的尝试与错误形成的结果，我们习惯于将之称为文化。

把文化这种过渡性的东西想成是自然的，是最危险的陷阱，拒绝考虑其他的选项。于是，这些奇异的旅行和趣事成了一种讲述方式，印证了所有的事情都是会变的，因为所有的事情都在变化之中。

夜晚来临，光线暗淡得惹人哭。有些时刻是难以忘怀的。

声音越来越大，并且在向前行进，仿佛一种隐藏的地震，一种无法停止的无声的爆炸。塔塔看到我的表情，告诉我别担心。在夜晚的昏暗光线中，在土地的黑色之中跌落着一些火苗。

"如果不这么做，我们的食物不够吃。"

赶牛车的孩子告诉我们，他看着我仿佛这一切都是我的错。

"我们每年都要烧掉四万公顷土地。"

一位工程师在后来跟我解释，他个人认为实际数字会更大。

"必须得这么做，这是必要的，但是得知道如何做。当你烧掉一块坡地，下雨之后就会把一层肥沃的土地给冲走了，你就什么都种不了了。这样的地就不能耕种了，只能变成树林。"

孩子大声叫喊，更加快速地抽打着牛背，他说我们害怕天黑的时候还没到达，天黑了那些土匪就全出来了，那群人很危险。

"尤其是老外。"

他边说变笑，仿佛很享受这种嘲弄。

"没人去抓他们吗？"

"谁去抓他们？"

"我不知道，有没有警察啊。"

赶牛车的孩子笑了，他对同伴说了这句话，同伴也笑了。后来在塔那，有人告诉我，这个国家有许多小型的飞机跑道，许多装满货物的飞机起起落落，他掩着口鼻告诉我，他们运的是毒品。另外一个人告诉我，在马达加斯加根本没有政府在管，即使有政府在管事，他们也管不了某些事情。

他们告诉我，现在瘤牛数量已经比十年前少了许多。因为"野蛮出口量"大增，所谓野蛮出口，是指成千上万头瘤牛被偷走了，没有在国内市场进行交易，就直接海运出国了，那些本该控制这一贸易的官员也是同谋，他们中的许多人空手来到科摩罗群岛，没有一头牛，没有一块地，最后变成了向欧洲出口牛肉的大出口商。

政府缺位导致了社会越来越激烈的回应，例如，当地首领自己组织武装队来保护村民不受强盗的袭击，特别是防止偷瘤牛事件的发生。在某些地区，这些武装重建了一些安全秩序，受到人民的支持，人民也参与对盗贼的审判。一些盗贼被判死刑并且执行。那些地区人民的生活平静得多。

更多鞭打声、叫喊声、牛的呻吟声，现在已是晚上，赶牛娃说我们已经快到了："基本上吧，还差一点点。"

第二天，我们没能找到牛车，塔塔和我就只能走路回尼亚塔那索亚，沿着水稻田的小径走了三个小时，大汗淋漓。我在苹果手机上听着莫扎特的《土耳其进行曲》，有时候，苹果手机成了我的祖国，我不能逃过每天问自己这个愚蠢的问题，如果莫扎特出生在这些水稻田里，他会怎么样。也许他的孙子会记得他打鼓打得多棒，或许连打鼓不会。多少个莫扎特、多少个马拉多纳或巴斯德或司汤达迷失在了"另一个世界"里，在这片土地上患上失写症。

谁知道呢，说不定这种将短暂的东西永远留存下来的做法也是西方的灾祸之一呢。

路上有一些小蛇，塔塔说是无毒蛇，路边有一个小湖泊，一棵空树干做成的小船停在湖面上，上面有两个孩子，一个人坐着，手里拿着船桨，另外一个人站着，用一个短矛插鱼，用短矛在水里使劲用力插，时不时戳上来一条罗非鱼。塔塔告诉我，这片地区或是往南几公里的另外一个湖，可能会做成自然公园，有人在施压想把这做成自然公园。

"你没听说过绿地占领运动（green grab）吗？"

马达加斯加也是绿地占领运动的天堂。这又是一个新词，现在的新词都是美国人的发明。大型非政府组织和百万富翁，汤姆金斯、布兰森、盖蒂，在游说集团和金钱的刺激下，圈住一块很大面积的土地，用于保护天然动植物，防止村民对这些原始的动植物进行破坏。村民们坚持认为这些是能吃的，这样的圈地运动叫作"绿地占领"。这些绿色占地人将把"另一个世界"转变成公园，他们是心血来潮的生态分子，他们坐在钢筋混凝土那窗明几净的城市办公室里，以正义之名去谋划这事。

或者，他们甚至将在这些所谓的自然保护区，这种异域风情的环境中建造昂贵的酒店和小木屋，从其他如他们一样保守也一样有钱的先生女士身上挣到很多钱。

几天后我读到一篇报道，关于为获取象牙而非法猎杀大象的新闻，一位普林斯顿环境方面的教授戏剧性地自问："我们想要我们的子孙在一个没有大象的世界长大吗？"在这里，问题更加简短："我们想要我们的子孙长大吗？"

我很少对某些生态主义的奢侈特性看得这么清楚。

在尼亚塔那索亚，什么也没变，至少是看上去没变，同样一群人，同样的孩子们，同样的女人们在同样的广场上。

只有丽娜有点不同了，她脸上再没有涂抹东西，发红的眼睛，仿佛哭过一样。脸上没抹东西让她看起来更加年轻，更加无助，她坐在远处的一侧。我大声地问，也没有针对任何人，仿佛对着空气说话，他们害不害怕这家公司把他们的土地占了，没有人回答我。最后，丽娜走过来，说她不知道：

"我们不知道。我们怎么能知道呢。"

其他人紧张地笑了起来。

"我们不知道政府想拿他们怎么办，他们是政府介绍来了，他们可以无所顾忌。"

"但是你们有土地使用证啊。"

"对，有的，有一些人有。"

"如果有土地使用证，政府不能把地直接给这家公司啊。"

他们面面相觑，又笑了，阿尔贝特摘下帽子，说实际上他们并没有：

"我们知道土地是我们的，我们从祖辈开始就在这里生活，但是政府的土地使用证……"

"如果政府把地给了公司，你们能做什么呢？"

"嗯，政府告诉我们，公司不会一直在这，土地是租给他们的，不是卖给他们的。重要的是土地没卖掉。只要是租用的，那还是我们的财产。"

"但是租期是多长时间呢？"

"我们并不清楚。据说是 49 年。"

"租用 49 年与售卖掉了没什么分别。"

丽娜很紧张，阿尔贝特试图让自己保持耐心：

"不，不是一样的。售卖土地的话，土地就不是我们的了。租用不一样，只是暂时的。"

"暂时的，对，49年。49年后，我们都死了。"

"但是我们的儿子还在啊，我们的孙子还在。土地没成为他们的永久财产就行。"

"这是政府官员说的，但是我们现在就需要土地，我们要生活，要吃饭啊。"

"没关系的。我们会申请一些土地来种水稻，我们会像以前一样的。"

阿尔贝特对丽娜说，丽娜看着他，表情是无法置信：

"你们没发现，我们就快没有水了。我们到时就没法种水稻了。"

丽娜说完就沉默了。后来她给我解释，这家公司在高地种了油桐树，水稻没法在那里生长，萨卡拉瓦人以前使用那块地，现在公司也使用同样的水源来灌溉这块高地，与稻田争抢水源，他们需要的水很快就要枯竭了，她很着急地告诉所有人，却没人理她，她说大家都嘲笑她。

"我说那些人会占完所有的地，他们不相信，说不会占所有的土地的，就是租用一段时间，叫我别夸大事实。我说水也会不够的，他们说这里的水总是会有的，水就在那，又拿不走，他们就这么说。没办法让他们理解。他们好像都中了邪了。"

（他们多次谈及水，他们是为了水而来的，"我们保护我们的水资源"，是现代战争的呼喊。但是没人能将水留存在超大水箱或大桶里，因为那样成本很高，又重又不实用。当地人们把水浇到作物上，浇到那些需要水的产品上。这就需要人去抬水，拥有一块土地和所需的营养，树林烧荒用于种植是他们原始的生活方式。）

丽娜告诉我，她非常担忧，她失去了希望。

"什么样的希望？"

"希望他们理解我，希望他们意识到几年内这里的水就一滴都不剩了，我们到时就没有办法种水稻了，我们会没吃的，我们就得离开这里了。"

"你为什么这么想呢？"

"因为这是事实，我看到了事实，这又不难发现。我能看到发生的事情，而不像那些在放映室大惊小怪的人，他们就不能再多想一丁点儿。"

马鲁武艾的福尔斯托克占地三万公顷，这个开发面积还算小的，只是一个示范区。

几天之后，在塔那那利佛的市场上，一位女士告诉我，这是无法原谅的，他们做的事情是无法原谅的。

"这是我们祖先的土地。"

女士大概有六十岁了，脸上的皱纹很多，头发稀疏，在市场上的出口处售卖或是试图售卖几把梳子。

"您想想，我们的祖先如果看到我们将土地交给外国人，他们会怎么做呢？"

之后，这位女士告诉我，她和她的丈夫有三公顷土地，种植水稻，他们祖祖辈辈都是做这个的，祖先们也是这么做的。但是几年前，"我记不清了""大概十年吧"，政府的几位官员来了，告诉他们，这片土地并不属于他们，他们得离开这里。她的丈夫想为土地而战，但是生了病，去世了，她什么也做不了，只能离开，他们告诉她，现在那块地被外国人开发了。她来首都和女儿住在一起，但是每天都是入不敷出，每天以泪洗面，想念家乡，想念之前的生活，想念她的水稻田。

几百万人都经历了同样的事情，这样的运动还在继续。

在达卡、比哈尔、班提乌、何塞·雷恩·苏亚雷斯和这里，我讲述的都是显而易见的事情，到处可见、最为常见、最为明显。然后我就回到我生活的世界里，距离让我更加明白，住在舒适的地方很容易忘却所有这些苦难。

马密认为最近几年在马达加斯加有几百万公顷土地经历了买卖易手，但是数据很模糊，她确信许多交易并未记录在案，而且那么大面积的土地中，还有许多没开始开发和未完成交易的。

"越来越多的马达加斯加的农民赖以生存的土地停止了耕种，越来越多的土地流入外国公司的手中，越来越多的土地用于种植棕榈树和油桐树来榨取食用油和燃料，甚至用于种植只限于外国消费的食品，越来越多的土地就不再养活马达加斯加人，这个饥饿遍地的国家就会遭受更多的饥饿。"

马密说着，取下一副厚厚的眼镜，用手指揉了揉眼睛。占领非洲、亚洲、拉丁美洲，这"另一个世界"的土地，是对未来饥饿现象的一种精心设计，以及夸张和暴力性的塑造。

■ 部落的话 ■

我们到底怎么才能安心生活？

互相问、问问他、问问我自己……

好，我懂，但是你想让我做什么。你让我永远别再吃了？我只吃面包和水，或是只吃面包屑以示团结？这么做也一点用处都没有，老伙计，就是装装样子的。我觉得最后我们都得过自己的生活，要是我们能以某种方式帮他们，我们就必须帮他们，但是人总是得担忧那些真的能有机会解决的事情，你懂吗？要是不这样，最后你感到无能，觉得自己一文不值，这么做对其他人也没什么好处，这也是一种谦虚的表现，不，谦卑，现实，我会对你说，接受这样的现实，有些事再怎么努力也会发生。

以理念、原则、痛苦、道德之名，我们才应该关注。

但要是《圣经》就这么说呢，不是吗？《圣经》上写了，这个世界上总会有穷人。这让我难过，为什么否认呢，但是上帝想要这世界变成这样，肯定是有原因的，应该是出于某种原因。你觉得这事情没什么缘由就这么发生了？没线不缝针：他做的一切都是有目的的。有时候，他给你发送些证据，说服你得活着，你得克服一切证明你值得他的信任，他的恩典，因为我们何德何能能反对他的命令？这不容易，你别这么以为，因为我知道，要是他本想我们能理解这些证据，那么我们就……

饥饿是他人的问题。

我真的很想做点什么。我跟你发誓，曼尼，我看到他们，就让我震惊，当我想着那些穷人那么痛苦，不知道自己能不能吃上饭，我就无法相信，我们竟然什么都不做，不去解决这个事情。我曾看过一个很好的纪录片，没给你打麻药就这么给你展示现实，曼尼，我就直说了，那情况让人难过，我心情特别特别差，受到了触动，自那以后，我就一直记得他们，总是想起他们，我跟你说，我很想做点什么。让我心安的是我们很多人都在努力帮助他们。不仅是像我这样的人，还有比尔·盖茨、博诺[1]、教皇，那些有权势的人。你没看到教皇总是讲穷人，教会是来帮他们的吗？他们在那就让我心安，让我心情舒缓些。尽管这事儿有时候让我担忧，曼尼：我自问，我一个姑娘能干什么，要是那些人……

内疚来来往往，抵制这些内疚。

好了，兄弟，好了，但是你看到我如何生活了吧。不，真的，你看到了还是你想要我给你画个图？可没有人帮我啊。我的问题也相当多，没办法想着那些在非洲或加尔各答的穷人了，或那些地方连……

在痛苦和道德，理性和原则之间，摩擦、碰撞。

我同意，事情不能是这样的。对，当然了，跟所有人一样，大家都知道这么着不行。问题是他们，穷人们自己不知道。必须教会他们；他们可能缺少一些食物，但他们更缺的是教育，要教会他们投票选举出其他的政府、其他的政客来

1　博诺，本名保罗·大卫·休森，爱尔兰摇滚乐团 U2 的主唱兼旋律吉他手。

统治他们，因为他们总是选同样的酋长似的领袖，就没人能救他们了。那些首领是滥觞，贪腐的政客得不到上帝的原谅，我都不敢想他们会变成什么样，可怜人，要是我们不……

　　我没有做出评判，我是在说：我有什么资格来评判任何人？

　　但是，一点点的思考也会耗尽。最后，一个人是无法理解其他人想要的东西的。世界上总是有穷人和富人，永远都会有。事情是这样的，穷人之所以是穷人，是因为他们做得不够，他们有些事情没做；他们很粗野、很懒惰，是暴力的，明知道无法养活还生十几个孩子，他们很闲散，所有这些都是要想获得成功就不能具备的特点。然后他们还要我们去怜悯他们。不，你别理解错，我不是说要饿死他们。我说得是，也没必要装出惊讶的脸：哎呀，真奇怪，怎么这些人都挨饿啊。没必要装傻了：他们要是挨饿，是因为他们不喜欢劳作，他们不想努力，他们不喜欢劳动。我并不是说他们自生自灭吧，大家要是能帮还是尽量帮，当然了，也没必要虚伪，仿佛他们跟我们一样。最终老天总是要做点筛选的。不然，挤破头还有什么用。

　　让我们觉得正常吧，不要跳到我们面前……

　　有时候我能跟你保证，我很想拿上火箭筒，杀掉他们所有人。你懂吗，所有人，别剩下一个活的：我看到那些用他人汗水和痛苦去装满自己钱袋的人就生气，兄弟，这些人让百万人群挨饿，站在死人堆上面装作活着，我跟你发誓，我会杀死他们所有人，要是这么做能解决问题。这么做你能得到什么？真的，你能做什么？真的，你能做什么才能让这糟糕的体系改变？他们有全部的权力，所有的把柄，没有办法把他们从他们的地堡、银行和飞机上赶下来。

最容易的是，想着别想了，跳跃思维。

对，当然了，我意识到这问题很严重。但是也得说，我们在改善情况，世界上还有太多的人在挨饿，但你要是跟我们小时候比就会发现。有人抱怨某人挣了太多钱，某人拥有一所巨大的房子或游艇或随便什么。也许没必要露富，这点我同意，因为富人招人厌，挺傻的，但是不能忘记，这些人有这么多财富是因为他们创造了很多财富，财富来自发明创造、生意、工厂，他们做了些事情，创造了很大的财富，要是没有这些人，我亲爱的，这一切都会更差，有更多人挨饿，因为是他们……

取决于看法不同，我们知道。

喂，我们还是分开看下：要是我跟你说，快来，有人在烧你孩子的房子，你肯定会放下一切，放下任何东西，像个疯子一样跑出来，是不？当然会；那么，我说的是，别装傻，说什么一切对你的影响都一样大，哎，人性，哎，一个小孩子吃不饱饭，我就睡不着了，这些蠢话用来塑造一个混蛋，听着很好听。一个人心知肚明，有些事更重要，还有些事没那么重要，但问题是，那些事你都一样关心，就算小事也一样，那真是值得思考，能做点什么，尽管你知道你没能力改变，无论你做什么，事情依旧，但至少你尝试过，对自己满意了。

如此神秘莫测的沉默，沉默的话语和形式。

不，我不是说你们得关注那些人。有时候我想杀了那些人，我心想，那些人做了什么破事能活得这么好，我真的没法理解。当你看着一张照片，上面的孩子瘦骨嶙峋，有大大的眼睛和悲伤的笑脸，如何能做到那么冷漠，你不在乎？不，我还捐钱呢。我们公司有个制度，每个财政年末都会捐笔钱到基金会，我们已经合作了很长时间了，因为真的不能知晓这些事情的发生却什么都不做，不是吗？你要是走了运，身体不错，还有点钱，有个家庭。因此，必须要给予，我们所有人都要给予，每个人在自己的限度内，至少不……

忘记最常见的答案是遗忘，寻找遗忘的方式……

好了，瘦子，也没必要满是情感，得用点脑子。也就是说，我跟你讲：世界上有饥饿存在不是偶然的，这并不是因为上帝是坏的，不是因为气候变化，也不是因为黑人是白痴，或是出于其他什么瞎编的理由，而是因为有一群坏人拿走了一切，连续很多个世纪剥削他们，那你怎么办，要是不改变这种制度，你想怎么解决所有那些人的饥饿问题。你没能力，瘦子，你没能力。你在努力做的事情最终不过是让这个体系得以维持，你听懂了吗？你以为你在努力一次性结束这一切，但实际上……

一个如此受限的人生，很短暂，有时候很痛苦，如此挣扎。

问题是他们很想干净利索地地解决一切，他们觉得做这些就够了。够什么呢？一点也不够，而且他们习惯于你给他们东西，当然了，他们会要更多、更多、更多，最终什么都不够。要是再这样下去，他们会更加憎恶我们，我不是跟你说，他们是个很大的危险；穷人他们还构不成威胁，但这是现在的情况，要是……

我本以为饥饿是一件让人无法忍受的东西，我本以为。

我不知道，我跟你说，我不知道该想点什么。对，有些人来跟你说，世界满是各种吃不饱的人，给你看看统计数字和事实，直到他们对你说，这里我们自己的城市里也有，我不得不多次访问贫困的街区，那里的情形有点让人绝望，并不是因为满眼饥饿的人，而是看到他们饱腹虚胖的样子。这大概是一种宣传，谁知道他们想给我们贩卖这些东西有什么利益在后面；我并不是说别发生这种事儿，也许总要发生一点……

你什么都吃了，那么他们，因此他们，于是他们……

尽管你也得想想，他们没意识到。这跟你还是不一样的，你已经习惯了这样的生活方式，每天吃饭，换着花样吃，从不担心这些事情。对你来说，饥饿是很可怕的，但对他们来说，饥饿这种事是他们唯一知道的，他们没那么难过，你看到了吗？因为他们的生活……

明知道那一切的情况仍在发生？

我不知道，我不知道。我不想说我知道如何改变。我想说的是，我知道我忍不了这也很关键。这是第一个必要条件，但不是充分条件。

但我说"忍不了"，仿佛是忍受鞋子里的屎臭味，朋友的谎言，一颗智齿的疼痛：无法忍受就是需要某物不这样，做点什么让它不这样。

在痛苦和道德，理性和原则之间。

尾 声

1

与此同时，世界还是老样子，一如既往的残酷、粗俗、可怕。有时候我认为所有这些现象，不用其他形容词去形容，第一印象就是丑陋的。人们的粗鄙行为，不知羞耻地拥有和浪费其他人急需的东西，这让任何一种感官都产生厌恶。这并不是正义或道德的问题了，这是纯美学的问题。我说，世界能不能不再那么可恶。人性得为其所作所为感到不适，正如造物主看着人类的感受，如果人类向后看看自己的杰作，只会看到一堆破问题。我太了解了。

本书就是关于丑陋的，我感觉到了那种最极端的丑陋。这是一本关于恶心的书，我们须为自己的所作所为感到恶心，如果没感到恶心，我们该为没感到恶心而感到恶心。

沉默让这种恶心不断增长。

我们什么都不是，我们是那么渺小，我们在几十亿星系里面的银河系，在银河系里面的太阳系中的一个小石块上面，在一个短暂的人生中叹了口气。当我们知道这一事实，当我们不小心思考了下，也许最理智的回应是接受我们的命运，在小事情上集中精力：我们自己，我们的生活，我们选择和接受的事情范围那么有限。这是一种可能，甚至看起来很有逻辑。但是也许对这种渺小最好的回应是装傻并忽视这种渺小，在我们渺小的格局中尽量往大了想。

明知道这可能是徒劳无用的。

一般来说，没有比有用更无用的了。

这成了固定说法：几亿人的食物摄入量低于身体所需。

几年前，联合国秘书长潘基文，列出了一个后来被人不断复述却无人理睬的数字：每四秒钟之内就有一个人因营养不良和相关疾病去世。每分钟十七个人，每天两万五千个人，每年超过九百万个人。每年等于发生了近两次反犹大屠杀。

那么怎么办呢？关灯走人？沉浸在这种黑暗中，宣战？宣布那些过度进食的人是罪人？我们宣布自己为罪人？惩罚我们自己？听起来很有逻辑，然后呢？

当人们谈到饥饿的原因，政府、专家、微笑的政客、国际机构、资金雄厚的基金会习惯于重复五六个谎言：

发生自然灾害了，如洪水、风暴、虫灾，特别是干旱，"如果逐一检视饥饿的原因，干旱是食品短缺的最大的原因"，世界粮食计划署的一份手册上写道。

因农业过度开发、过度收割和施肥过多，环境遭到了破坏，还有森林砍伐、水土流失、土地盐碱化和沙漠化。

气候变化正在"加剧恶劣的自然条件"，在接下来几十年里还会继续恶化。

恶化的起因在人类自身的冲突，如战争、大移民潮等，这些冲突在最近20年间都加剧了，导致了严重的粮食危机，因为人们无法耕种和放牧，如一些军队摧毁作物、牧群和市场作为打败对方的武器。

农业基础设施根本不够用，缺少机器、种子、灌溉系统、仓库、道路等。许多政府宁愿关注城市，因为城市中有权力、金钱和选票。

穷国的政府是如此腐败，私吞了"第一世界"的好心人一次又一次掏出的援助资金的很大一部分。

（更大胆的人甚至会讲到金融投机导致粮食价格上涨，以及由此带来的贫困和骚乱。）

还有一种叫作"贫穷陷阱"的东西。世界粮食计划署的文字浅显地描述了这种现象："在发展中国家，农民没有能力购买种子进行耕种来养活家人，手工艺者无法购买所需的工具来劳作，还有一些人没有土地或水或教育来构建一个有保障的未来。被贫困打击的人没有足够的钱为家人和自己生产粮食。他们更加脆弱，不能生产足够的东西来购买粮食。总之一句话，穷人在挨饿，他的饥饿会将他困在贫穷之中。"

在这种故事中，在这种官方的故事中，只有饥饿是有原因的，贫穷只是一种个人的缺点。

同时，所有的机构、学者、政府都对此事很关注，并且就一事达成了共识：地球生产出的粮食足够养活所有的居民，甚至可以养活超出地球人口的另外四五十亿人。

这是文明的失败。

文明固执的、残酷的、厚颜无耻的失败。

他们是营养不良的、可丢弃的残渣。

我们说，资本主义的机器不知道拿这些几十亿人怎么办，他们太多余了。

正如世界银行所说，发展对他们的排斥并没有减少。在这种背景下，技术发展造成更多的人失业，将他们推到了发展道路的侧边。这并不能要求我们去惩罚这些技术，而是要质疑那些使用技术的方式。

用这些技术本可以做许多不同的事情，而目前机制的第一选择是挣越多的钱，最终将那些可丢弃的人的救济金上涨一些就算完事了。但是，我们完全可以按照不同的经济目的来运作，不为那些无节制的消费而生产，而是为所有人的必需而生产。发展不是问题，问题再一次回到由谁来控制发展。

这是政治问题。

现在的农业集中技术化导致全球贸易中充满了不需要的人。这些人不止无地的农民，如阿根廷、巴西、乌克兰被大型机器的集中使用而赶出去的农民，还有那些在科特迪瓦、印度或埃塞俄比亚因其农产品无法与其他地区产品竞争而陷入绝望的人们。

他们中的许多人种植水平落后，勉强度日，仅仅保持了公元元年左右的产量和效率。很难否认现在我们有更好的土地利用方式。1700 年至 1960 年间，世界人口和耕作面积翻了五倍。但是接下来的三十年，在"绿色革命"期间，世界人口增长了 80%，耕地面积只增长了 8%，大量的粮食增长都归因于同一片土地上的产量增长。

　　但是现在富裕国家的产量已经到了或正在接近他们的极限，于是得在边界之外寻找新的空间。问题是其他的空间已有人占据。住在那些空间的人是个麻烦，他们真多余，他们令人讨厌，应该消灭他们，才能更好地利用土地，为自己的利益服务。为了让世界能生产更多的粮食，尽管剩下的粮食也可以养活这些可丢弃的人，他们应该消失，他们在这种集约发展的框架内是没有自己的位置的。

　　同样的事情也发生在了工业中，除去仅有的一些工业还需要大量劳动力，大部分的工业需要的劳工数量在逐渐下降。于是那些从自己土地上被赶走的沮丧的农民来到了城市，与之前来的移民一起，在整个生产机器中找不到容身的位置。

　　在一个以生产链条中所处的位置和从事的工作来定义个人的社会中，无业是一种职能身份的立即丧失。也许他们还有身份，但定义为缺失，他们在社会中没有位置、没有功能、没有需求。一些讲究的国家把这些人叫作"几无人员"：无教育无工作。在"另一个世界"里，这些人没有称呼。

　　另外一个标准是，在"另一个世界"里，四分之一或更多的人口是可丢弃的。

　　他们不是无产阶级，无产阶级是机器运转必需的齿轮；他们是垃圾。

　　他们是人们不知道拿他们怎么办的垃圾。

　　或许人们知道该拿他们怎么办，但是不敢那么做。

　　机器的完美性在于对所有人都有用，不在无用的事情上浪费资源。在历史长河中完美的效果并不能总是达到，因此有一些纠正机制，有一些排气阀来维持这一平衡，如战争、瘟疫、干旱、饥荒，这些都是控制人口过剩的一些调节方法。虽然不是那么精确，不如"外科手术"一般精准，但确实起了效果，重组了社会，让人各有其所。现在这些措施效果不佳了。技术的进步，如医药、运输、通信的进步减弱了这些调节机制的效果。值得商榷的"世界公众意见"倾向于施压，以便在现有的秩序之下，减弱这种调节机制的效果。

可丢弃的人最终并没有被丢弃，他们被维持在困苦的边缘，同时还给他人带来恐惧，一点儿恐惧，他们可是好几百万人，如果他们一起行动，无论什么东西都会被推倒。他们会变成威胁吗？什么时候？如何？什么情况下会爆发？富人须遭受什么样的困难、要忍耐多久金融问题才能真正考虑到维持无用人口已经无以为继了？如今富国已经削减了许多援助和合作资金：这是回应的开始。如果继续下去，"人道主义公共意见"还能有什么分量？将可丢弃的人转变为威胁美好灵魂的恐怖分子会是多么复杂？

那么已经到了丢弃他们的时候了？

我得说，请蓄意地、系统性地丢弃他们，不要像现在这样，混乱无序地干。

饥饿的人群是市场的剩余，消除剩余是这种发展模式的逻辑带来的必然后果，如果我们不知道如何阻止的话，这种逻辑意味着这将是难以避免的。

这段时间马尔萨斯理论的复活是为这种最终的意外所做

的准备。通过那些心血来潮的生态分子，饥饿再次威胁到了大家，论据是极为庄严的：我们人口太多了，我们对待地球的方式太差了，我们将其耗尽了。有一家英国的组织叫"人口事项"（Population Matters），它甚至提供了这样的网站，感兴趣的人可以计算自己的碳足迹，按照相应金额捐款赔偿自己排放的碳，或捐款用于协助减少穷人孩子的数量。他们的解释是，生更少的小孩就带来更少的二氧化碳。

（但是没有人直接说，减少人口的最佳方案是确保出生婴儿的生命和舒适，那样就没有必要生那么多孩子来确保存活率。）

马尔萨斯的预言预见到了人口的下降，一些人态度鲜明，希望死掉足够多的人口，因为地球到 2050 年养活不了九十亿人。他们说的其实是那些现在想吃什么就吃什么的人，吃一半扔一半的人，这些人到时可能无法称心如意地吃饭了。问题并不是我们人太多了，而是有一些人过着奢侈的生活，仿佛地球上只有他们少数人存在。

蒲鲁东是乐观的："地球上只有一个人多余，那就是假正经的马尔萨斯。"现在多余的人是上十亿男男女女。

（或者不是这样，得有人计算下，如果我们消失了，地球的使用和营养方面会发生什么呢。如果消失的人口占总人口的比例为 10%，正好是那些集中了 80% 的世界财富的七亿人，那么其他人就能吃得很好。或者让著名的 1%，即集中了 40% 的财富的七千万人消失，这种办法也许更加经济实惠。这两种情况下，生存下来的人分配完所有财富之后还能有剩余，那时又会发生争夺剩余财富的斗争，重建一群特权人群，从中期来看，他们又会争夺足够多的财富，直至一部分人吃不饱肚子。看来让一部分人消失是没有用的。）

与此同时，这些可丢弃的人群的团结，部分归因于治理不善的弱势政府再不能代表全球化世界的真实权力，当西方大型公司强行推进华盛顿共识，就推翻了贫穷国家对最贫困人群的保护网络。

如今贸易已全球化，政府还没有，国际贸易越过了单个国家制定的规则，小政府根本没有办法去控制国际贸易。世界食品体系是这种新世界的反映和结果，企业是全球化的，在世界各地按其所好进行活动，而国家是在地的，受到了国界和无能的限制，民族主义者还维持和完善了这一现状。

但是，随着这些可丢弃人群的出现，这种所谓"民族国家"的概念就渐渐解体了，这种概念已经运转了好几个世纪，问题不少。全球化的资本主义还没有产生其政治形式，国家还在那，但是决定权已经减少了。尽管国家的存在还有其用途，例如让我们认为坏人永远是外国人，让本国富人的过错得以开脱。国家反过来还有一个补充功能，它使我们认为，加纳人民的饥饿是加纳政府的过错，当然这只是一种猜测。

饥饿是这种文明对可丢弃的人最极端的比喻。但是比喻有其自己的方式，形式可能会发生变化，而其内涵却始终未变。我想说，饥饿是可以消灭的，不需要消除贫困，剥削可继续保持，极端不公可依然存在，带着这些成千上万多余的人。

最穷的国家将消除饥饿，正如富裕国家的穷人已经不再挨饿，这种想法是罗斯托经济起飞理论应用的最后痕迹，这一理论在 20 世纪 60 年代造成了很大的混乱。尽管现在没有人会相信尼日尔的居民哪天会像瑞典人那样生活，许多思想无准备的人依然认为尼日尔人某天会吃饱肚子。

这并不可能发生。我们知道，世界已经生产出了够给所有人吃的粮食，但是因三分之一的人的消费习惯，其他人的粮食则是短缺的。所有的分析家都认为，由于现在粮食的价格持续上涨，原材料在全球经济中起了决定性的作用，大宗粮食是金融投机的盘中餐，粮食供给的地区差异就越来越大，那些持有粮食的国家以越来越高的价格出售粮食，能支付的人才能吃到，不能支付的人就吃不到。

所以上述果腹的情况不可能发生了。但是如果我们最终实了以前从来没有实现过的设想，我只是假设，假设我们实现了一个谁都不挨饿的世界，但是一部分人有财富，另外一部分人只拥有生存所需，我们会满意吗？

我们一定会有办法到达那一天的。我们假设，托宾税实施了。托宾税是一个旧日的发明，1971 年一位普林斯顿的经济学家詹姆斯·托宾提出了对外汇金融交易征收最小税额大约 0.1% 的税，目的是阻止导致货币价格畸形的金融投机行为。当时无人理睬他，20 世纪 90 年代末的时候，反全球化运动重拾其理念，再一次提出征收这种税来援助穷人。可怜的托宾先生，立刻站出来说，这事与他无关，他是一个严肃的经济学家，支持世界银行和货币基金组织。但是这种运动没有停歇，现在投机交易数量上涨，通过电脑进行的金融交易日益增长，托宾税将征收巨额的财富。

其他的可能也出现了。2013 年，世界上共计售出了 3.3 亿台个人电脑，2 亿台平板，9.8 亿台智能手机，共计 15.1 亿美金的电子设备，每台价格大约为 200 美金。如果没有解决生存所需，人们是不会去购买这些设备的，在销售每台电子设备的基础上征收统一税 5 美元，这样收集的资金大约为每年 7.6 亿美金，可以用于粮食援助。

2013 年共计消费了 8300 万辆新车，每辆车均价为 31,200 美金，如果每个购车者额外支付 1% 的税，将收集 260 亿美金。电脑和汽车的税加在一起，不会给消费者带来太大的损失，每年可以给联合国粮农组织募集 300 亿美金，还多出来好几十亿。

但是，这种提议只是个幻想，每当有人提议征收托宾税，或者相类似的消费税，如果征收有力，管理得当，就可以解决世界饥饿问题，但实际中这些征税建议都得不到实施，因为没有世界政治权力可以强制执行。即使有征税的能力，也得有将这笔资金用至解决饥饿的强制力。

另外，这种提议还是很小范围的解决办法，这并不是一种重新分配方式，纯粹只是强制慈善。

实现零饥饿，实现没有营养不良的世界，是文明的大跃进，这事从来没有发生过，但是要紧的是，如何实现，谁来实现，这意味着多大程度的平等。

没有人挨饿是一回事，让每个人拥有其应该拥有的东西是另外一回事，他们不能被施舍，他们因自己的权利而拥有这些东西。

饥饿的人不应该接受给他们的施舍物，一些人拥有太多东西却来施舍给他们，另一些人拥有太少，这样的安排真是不应该，真希望所有人都能有同样多的东西。听起来好像很迂腐，但这是唯一真正值得为之奋斗的目标了。

有人会说，这种理念太简单化了。

一些简单的、直接的、基础的话语随着柏林墙的倒塌而倒塌了。我们想一下"基础"这个词，本来应该是褒义，现在成了侮辱之词。同样的事情也发生在平等社会的理念上，人类最具野心的渴望成了一种迂腐的蠢话。

因此那么多的政客，那么多的提议，都与我们提出的"一个更好的世界""一个更好的社会"这样的愚蠢的方案融合到了一起，难道某个人，一个政客、知识分子、我的姨妈波罗塔，会在那宣称他们想要一个更差的世界么。方案、提议之类的东西就是现代的扭捏作态的最高形式之一，是一个不知道说什么却一直在说的综合体现。

现在，"抗击饥饿"一般是指提高慈善的有效性，或者，在好一些的情况下，是指如何帮助农民耕作那块地来维持基本生活。

以下是英国人弗雷德·皮尔斯在《土地攫取者》这本书中总结出来的："这并不是意识形态问题，我们只是看看什么可以奏效，什么东西能喂饱全世界，什么东西可以喂饱世界上的穷人。"

对我来说，这是个意识形态的问题，得知道如何行动才能让世界上没有穷人，我们想的是不能只是多给他们一些面包屑。这就是一种意识形态，毫无疑问。为了获得变革，需要人们拥有意愿和想法，这种想法就是意识形态。更何况，意识形态间还发生了那么多臭名昭著的战役呢。

在这个产量足够的世界上产生饥饿的唯一的原因是另外一种意识形态。这种意识形态不是单一的，但把有些事情看作是再自然不过的，例如我拥有的就是我的，你拥有的我们得再看下。

这种制度被许多人看作唯一的选择，对于步入中年的"60后"来说，真是非常奇怪。哪怕它确实是唯一的选择，我们也得思考下否定的方案，去尝试下。

问题是我们生活在一个没有未来的时间内。

（或者更糟：我们的未来将是个威胁。）

2

每当我读到一些生物学的文章，我都有信奉神秘主义的倾向，难道生物学上这么多的复杂性和完美性只造出那样不完整和平庸的生命？百万细胞产生无数反应互相协调才能张开嘴，这个精细的过程难道不应该对应美味佳肴吗？鼓膜接收到空气中的振动，传至中耳的骨头，然后到达耳蜗的神经末梢，变成电通过神经传达大脑，经过转译告知我们，听到的声音不一定都是音乐？神秘的自然机制的演变程度，难道不应该使我们相信会有相同程度的社会演变？或者，用一种不那么诗意的说法：我们这么复杂的机体去创造一个如此恶心的生活有意义么？除非我们是处在历史上的三叶虫时期。三叶虫肯定也认为自己很伟大，我们可能无法理解，它总是以非理性的方式对自己非常满意。

世界就好似一种不合时宜的言行，生活就是吃饭、睡觉、消费、为消耗时间而消耗时间。但是城市的任何一条街道与一座森林或一块田地的区别依旧是如此巨大，我不能相信我们所做的努力是一无是处的。我们发明了太多东西仿佛不能再渴望更多的东西了，例如渴望一种意义，渴望一种内在的美和某种程度的完美来论证我们的努力。

尽管我们有满意之理由：

对我们这些大致富裕国家的大致富裕的居民来说，生活从来没这么好过。黄金时代的旧时神话再玄乎，也不能推翻这样的事实，我们的生活与我们的曾孙一样好。

有一些准确的数字来说明，我们现在的平均寿命是比一个世纪前的人多出三十年，这是无法辩驳的明证。那么多致命的疾病现如今能奈我们何；那么多无法到达的地方，那么多我们未知的事物，现在都去了也看到了。现如今再不存在因物资匮乏而产生的饥饿，只有因贪婪而产生的饥饿。

对于我们这个物种来说，我们的总人口达到了七十亿，一般来说，这数字让人觉得恐怖，仿佛是所有危险的总和。

（但是批判这一现实的人总是过于乐观，他们认为如果地球上人口减少一些，他们定能成为留下来的人，而不是成为那些被消灭的人。可确信的是，如果人口减少，对于那些被消灭的人来说，他们更希望我们是被消灭的人。除非我们来争辩下，到底存在是不是比不存在更糟，这些问题总是很有意思。)

以物种角度来看，有更多人的寿命更长，无疑是一种进步的标志。以前人口更少并不是因为一种田园般的理念，例如不能对自然环境造成过重的负担，真实的原因是当人口数量上涨，他们就死于传染病、饥荒或因争夺资源而产生的战争。

现在这类事情不多了，这就是进步的明显标志。

但把这个说成进步还真是大胆。

这几乎是一种愚蠢。

听上去很奇怪，只要有人去翻翻历史，就会证实我们生活在人类历史上最自由、最和平的时代之一，哪怕不是最最好的时代。七十年间没有发生大型战争，没有大型集中营或大规模种族、政治灭绝。没有大量人口处于直接被奴役的状态。每个社会中法律对弱者，如黑人、女人、同性恋、失业人员、各类穷人、低种姓人的歧视程度已经降到历史最低。当然还有极端不公、剥削、贫困存在，这些数量与百年之前一样少。

(因上述原因，当然还有其他原因，我再次相信了进步，因此，我不是进步主义者。进步主义者认为，社会在很长一段时间内会保持大致相同，于是企图完善其细节。我不是进步主义者，因为我相信总体的进步，更长更好的生命，更多的平等，更少的权力，更少的蠢事，但是我不像进步主义者那样认为这些可以通过自然、柔和的演变进化实现，我认为，基于我对历史的洞见，这种普遍的进步是斗争、断裂、修复、更多的断裂带来的结果。）

于是，在稀薄的乐观之中，饥饿，成千上万人群的饥饿，说明了更好的进步不一定都是好事，这是需要关注的点，一个污点。

正如有人以简单粗暴的方式所说，世界确实进步了，但是还有好几亿人饿肚子，这可不好。

这种比喻的力量是针对局外人的。

（为了进行这种比较，同样有一种决定性的东西，我们究竟是跟以前比还是跟我们能达到的水平相比。）

我们从来没像今天这样生活得如意，我们甚至可以说，这种舒适的生活导致我们期盼更多，因为这是我们心想事成的一种证明。

但是事情并未如愿发生。对许多人来说，这些生活上的改善反倒是阻碍了他们寻求更多方面的改善，他们认为世界已经改善了许多，会一直保持这样。这是历史真正的终结，这是一种奇怪的扭曲，一种轰响的意识形态，认为历史是长期变化的过程这种解读对我们已经失效了，已没法证明事物总是在变化之中，我们相信之前所有的变化都是为了到达今日之状态。

今日之状态是：悲惨的、挨饿的、悲惨的、没有希望的、悲惨的、没有正义的、悲惨的。

在日程之中，写上那么多遍的"悲惨"，每次的意思都不相同。

　　悲惨。

　　那么美好但是，

　　悲惨。

　　我记得男人之间没有互相亲吻的时候，记得电视还是黑白的、只有四个频道的时候，我记得大麻还是让人害怕的新事物的时候，我记得电脑只出现在科幻电影之中的时候，我记得世界正在变得越来越好的时候，我记得贫民窟还住满工人的时候，我记得女人们还没习惯穿裤装的时候，我记得牛仔裤还是代表一种叫人无法忍受的反叛的时候，我记得没人知道大豆是什么的时候，我记得汽车方向盘上还有变速杆的时候，我记得苏联控制了半个世界还把狗送上太空的时候，我记得去机场送你的时候，我记得老人们还使用帽子的时候，我记得许多商品标签上写着"阿根廷制造"的时候。我记得教士们用拉丁文做弥撒的时候，我记得女人们还是处女的时候，我记得年轻男孩第一次找妓女的时候，我记得庇隆流亡至马德里的时候，格瓦拉还是游击队员，将在某处赢得一场革命的时候，我记得报纸和杂志还是用西班牙语写作的时候，我记得超过衬衫领口的长头发还会被学校勒令退学的时候，我记得我坐火车去门多萨、萨帕拉、胡胡伊省的时候，我记得同性恋还被叫作娘娘腔还得躲躲藏藏的时候，我记得足球队还不能做出任何改变的时候，我记得在街上见到马匹的概率高于电影上看到女人裸胸概率的时候，我记得紧身裤这个词还没发明的时候，还没有 CD、DVD、电子化这些词，没有血拼、寿司，没有便利店、盒装饮料、摇滚乐手这些词，没有手机、哈士奇的时候，老鼠居然没有姓米奇的的时候，我记得汉堡包还是个酷酷的外国新鲜玩意儿，甚至于酷这个词还不存在的时候，我记得过去还是一个灾难的时候。

说记得其实就是我老了，但同时我也想说世界不总是现在这个样子，也就是说事物，如主体、行为、社会都在历史中产生，是充满活力的，总是发生变化，没有任何事物是一成不变的。

看起来像个蠢话，但是这个不断变化的时期最强大的神话就是我们生活的秩序和根基再无变化的可能。这也不是什么新鲜事，历史上已发生了多次，许多的学说、宗教、政府体制都是建立在世界无变化的理念之上，并且试图证实这一点。

一种宗教，任何一种宗教，都是一种让人安宁的方式，让人相信如今的状态会是永恒，从今往后所有的事情都是设计好和控制住的，权力在一个上帝或几个神的手中，并且会永远都是他们的。如果一个忠实信徒认为普世权力发生改变，谁还能给他承诺永恒生活呢？那些有权之人，国王、皇帝，便从这种理念出发，我们的权力不能发生变化，因为建立在亘古不变的伟大权力之上的就是神权。

一种宗教需要一种不变的东西，因此，几个世纪前，当人们挖出考古遗迹、洞穴、尸骨，证明世界比《圣经》所述更加古老，并不是一直保持这个样子的时候，天主教会的反应是非常激烈的，根据研究，史前还有一些奇怪的动物，牛和跳蚤并不是上帝创造的而是物种演变来的，人类也是由猴子进化来的。没有比这些发现更加扰乱宗教秩序的了，事实也这么发生了。

我采访的几十人中居然没有无神论者，这是一种巧合吗？是不是所有人都相信某种宗教、某种神来给他过得卑贱的人生进行合理解释和合法化？

我们本以为我们都已从宗教里解放出来了呢。宗教的回归是这些年人类受到的最大的打击之一。如果在地球上没有什么幸福的未来，那么就请回天上去吧。我们回到古老的未来，即亘古不变。

（1936 年 7 月，一队带法西斯性质的将军们在"基督国王和 / 或死亡万岁"口号下起义，世界上许多地方的志愿者，主要来自西方国家，到达西班牙来与那些人作战。

唯一能和那种情况相对比的只有伊斯兰的圣战了，他们号召年轻人放下所有，自愿献身。与他们作战的是力量强大的军队。）

没有，几乎没有哪个遭受饥饿的人是无神论者。

如果有的话会怎么样呢？

我得说，这是一种奇怪的扭曲。

在某种程度上，现在总是令人失望的，因此，在历史长河中，我们总是能找到活在别处的办法，活在他人描述的过去的舒适中，或活在对美好未来的期待中。

几个世纪以来，一神论的传统提供了一种安慰人心的未来，即天国，无论其在各种宗教中以什么形式呈现，都是对现世的一种补偿。我们现代人能杀死上帝因为我们有了个替代品，即历史和科学给我们承诺的光辉未来。

现代理性有这种伟大承诺的功能，而且承诺的未来在现世即兑现，在社会力量和科技进步联合作用之下实现，技术进步再去推动社会力量，社会力量产生更多的技术进步。

现代性的未来有其政治形式，某个时期曾经是自由、平等、博爱，后来，当资产阶级革命完成了其使命之后，未来成了无阶级社会。在最近两个动乱的世纪里，变革的理念是核心：如果社会不运转了，其机制就该被替换。人们发明的替换机制，一般来说，也还是无法运转。在最近几十年里，社会主义这一选项在一些地区的落败让人们失望了，忘了还有其他的可能。现在，对西方大多数居民来说，对我们这些书的读者来说，未来是一种永久的现在，加上一些时兴的生态技术修饰，更加智能的电脑，一片更少受威胁的森林，一份好工作，一个家庭，每两三年一辆新车，每年两三次度假，活到一百岁而不是八十岁，有保障的平静的生活，这些都要归功于市场的力量。

事实上，没有任何东西可以真正被叫作未来。

没有任何东西可以作为我们不顾一切都要到达的终点。

没有任何东西指引我们向前走、设计路线、牵绊人生、论证死亡或其危险。

没有任何东西论证渺小个人之外的投资，未来成了个人的事情，未来或是一种威胁。

现有的神话是，我们的社会再也不会变成完全不同的样子了，因为没有其他的可能性了，市场资本主义和选举代议制政府是唯一可能的组织方式，这种模式会一直持续下去。

　　为了让人相信这个，首先要学会不从历史角度去思考，忘记现世也只是一个暂时。

　　"我们在历史中最无聊的时刻之一，没人知道该对未来期待什么，我们只有对它恐惧。气候变化的威胁就是时代精神之体现，人们还在不断完善其理论，"几近现代的一位作家如是写道，"因此，生态学的出现是现阶段的强烈标志，这符合逻辑，因为现阶段没有对未来的规划。我们生活在一个软塌塌的时期，面对最新尝试过的不同未来的设想带来的灾难，感到的只是惊吓，这不同的未来即马列主义革命，惊吓之后人们决定再也不去思考不同的未来了，只愿意想象我们的社会将维持大致不变，保佑我们世世代代不变，永永远远，阿门……现世总是不能令人满意的，我很想知道为什么有些现世会产生有希望的未来，而另一些现世，只能产生恐惧的未来。有人可能会想，世界的历史（而不是世界），可以用二分法进行阅读：要么热切期望未来的时代，要么恐惧未来的时代。"

　　上帝进行了报复，我们裸露在外，孤零零地面对现在，没有任何的藏身之处。

　　没有前景的未来，没有不同的未来，未来作为持续的现在或一种威胁，就是关键：一个没有未来的世界的升级版本。

　　低级版本的没有未来是匮乏，一般来说，"另一个世界"的居民根本不去思考未来，因为他们不具备任何的工具去做这个。

　　例如艾莎和她的两头牛。

极端贫困中的极端贫困是对未来预想的匮乏：

希望没有更多悲惨的掠夺了。

没有未来的现在是什么呢？没有未来的现在是由什么组成的？如何在一个没有未来的现在生活呢？现在，恐怖的事情一直发生，却没有坚信这些事本可不发生的信心去对抗？

艾莎想要两头牛，我提出可以送她所有想要的东西的时候，她却只要了两头牛。我知道我也没那个资格去送她所有的东西，只是举个例子，即使在这种情况下，她都没有要三头或四头牛。

我在贫穷地区与穷人度过了很长时间，每一次，很多次，最让我吃惊的，都是他们的毫无反应，好几百万的穷人，他们中的每一个人，默默承受不同类型的饥饿、伤害、欺骗、虐待，却并不做出如我们所期待的反应，或是尽其所能的反应。

这就是没有未来的世界起的作用，人们看不到前景了，就只看到两头牛。

我们习惯于把这叫作意识形态。意识形态是艾莎的两头牛：欲望的方式，欲望的界限。18 世纪末，现代性领域的大思想家康德在一篇小文中号召：*Sapere aude!*（敢于运用你的理性！）他说的是，敢于去知晓吧。知晓还不够，或者知晓已经成为阻碍本身：将现状理解为唯一事实，这种主观想法阻止了梦想或欲求。

Somniare aude.（敢于梦想）

Desiderare aude.（敢于欲求）

我本来以为一切都会很快改变的。更好的解释是，时间的形态就是不断的变化。我上气不接下气地赶上了一代人最后的几节车厢，我们这代人认为，在我们之后，再没有一成不变了。连方式都不重要了，无论以何种方式，新的社会、新的文化、新的机器、新的性别、新的语言、新的权力关系、完全崭新的政治，就在街角。每时每刻都发生着新事件。

我们所做的许多事情确实以灾难收尾，不止是武装斗争的失败，还包括为了获得不同体验而滥用毒品导致的毒品走私，心血来潮的生态分子的保守主义让我们回归自然，自由性交以艾滋病和孤独收尾，完美的社会结果成了这个样子。

但是，尽管如此，我还是坚持一种狂妄的理念，只要有足够的决心和意愿，世界可以被改变。

（无论如何，事情总是要发生变化的。）

在其余的日子里，我却看到了相反的景象，一个社会可以将自己认定为丝毫不变，永恒如初。现在人们已经没有决心和意愿了，也没有人坚信任何变革了。我们认为自己不行，这是一种强烈的文化滑坡。人类的种族已经衰落了许多，五十年前我们认为自己是能胜任一些壮举的，且不论是否有理，现在却没了这种心气，真是悲哀。

一些蠢话定义了太多东西，超出了我们习惯承受的范围，蠢话不多却十分有效地说服了我们，想改变世界的左翼已经是过时货了，老古董了。在这么一个由现代时髦理念控制的世界，现代性中最强烈的理念已经完全过时了。我们不仅面对一些强权和一些顽固思想，还得面对甚至是亲友们投射过来的宽容和悲伤的目光，他们也担心，这个傻瓜，总是思考着已经不再被人思考的东西，做着已经没人做的事情。

　　我还没学会，我很难接受目前完美的生活。我学会了在一个美好未来的想象中生活，现在是对美好未来的确信，受到未来的影响和撞击。生活在这样纯粹的持续的现在，让我觉得是一种骗局，我羡慕、轻视、嫉妒那些能做到的人。

　　因为，那些奋力斗争的人身上不仅有慷慨，也有自私的影子。有一个公开的秘密，即加入一项伟大的事业是对抗生活平庸的少数药方之一。

　　很有可能，每个人对伟大的态度，对待无法忍受的事务的态度，并不一致。但是至少，在这种情况下，个人终于不用重视这个问题了：我到底是谁？

　　我是谁，如果我是个人物，我会是谁？如千万人一样出生、学习、工作、娱乐、恋爱、生子、衰老、死亡的那个人？或者是那个为了世界之不同而尽了微薄之力的人？难道尝试变革之后带来的轻松，不会让活着和死去更变得加容易吗？

　　也许我不能等待太多了，我每天都躲避不了这个问题，未来什么时候才能回来？

　　再一次爱，再一次失败，这样更好。

　　有时候，我想要知道一个人如何知晓，一如十二岁时，第一次学会或理解一样东西，那种目眩的感觉，不知道以后还会知晓更多的其他事情，甚至会与此相冲突，根本没想过这种事情会在你身上一次次地发生，推翻你当时的认知。

　　大家公认青年是畅想乌托邦的时期，年长之后这种想法就渐渐淡去，而且认为这种思想的变化都是因为人们成长了、固定了、担负责任了。我觉得一个人开始倾向于失去希望，是他开始理解简短和有限。年轻人认为时间是没有尽头的，什么事情都不着急，而老人们认为二十年都如弹指一挥间，什么都没发生，或者是事情都是在重复。反对这种假设的人，就会进行不同的尝试。

变老（我该说变老吗？）就是明了有些事情是无法知晓的，我得说，变老就是忘记了某一天所有的东西都会来的希望。

我以前很想知道，我当然很想知道。现在我明白了，有可能无法知晓所有了，但这并不影响我专注于我的问题。很难对一些答案被想象为无法企及的事物进行提问，但无法提问却是悲哀的。

再一次去热爱，再一次去犯错。

我觉得我对现在生气了，饥饿是让我生气的这一切的缩影。

我觉得生气是一种个人与其时代唯一有意思的联系。

3

如果再没有饥饿了会怎样？如果再没有人挨饿了会如何？饥饿是一种夸张的修辞，饥饿一词，是最笨拙，最极端的说法，是一种对聋子的呐喊，是对无法被理解的人的一种比喻。

我们说过，这是一种选择，一种意识形态。如果艾莎每天都能有面糊球吃，甚至时不时能有奶喝，有肉吃，这就让我们满意了？

这就是吃得好了？

我们是饥饿之外的另外一些人。有可能，很有可能，本书任何一位读者都不是几百万吃不饱的人之一，同时，那吃不饱的几百万人却没人读这本书。

世界是按照不同的速度行进的，这是再明显不过了。世界一直是这样。在最近几十年里，经济和技术的加速发展也促进了目的和需求相异地增长。发达国家的社会，或是经济一般国家的富裕阶层，都解决了生存问题，现在着力深入解决民权问题，因此，这些社会左翼与右翼之间的区别，主要在于是否支持堕胎、同性恋婚姻、容忍、多样自由。

一些人在争取和自己爱的人结婚的同时，另外一些人想每天吃饱饭。这些如此不同的需求在何处交汇或相遇呢？在以前的一般变革理论下，大家认为变革之后，完全不同的社会是让众人各取所需的，现在已经没有这样的理论了。

我们是另外一些人，几十年内，宏大的目标对我们来说实在是太宏大了，于是我们接受细小的目标，过好日子、改善我们的社区、保护环境、尊重少数群体、参与高尚事业。一切那么美好、那么有效，我们觉得生活在一个美好的小时代。也许这让生活变得更加理性、更加现实，当然也让它变得更窄小。

直至2008年，世界改变了这一美好，经济危机、失业、保障的丧失、银行纾困、资本主义的野蛮出现了，发达国家大力维护自己，做出了令人毛骨悚然的举动：他们居然花费巨资拯救那些富人。

　　看到这些，我们想起一个词语可以形容这个时代：愤怒、愤怒者。

　　"愤怒的原因今日看来确实是不太明确，世界看来也太复杂了。谁在支配、谁在决定？……但是这个世界有一些难以忍受的东西。为了看清楚，你得努力去看，去寻找。我告诫年轻人，去寻找吧，总是会找到的。最坏的态度就是漠视、说自己什么也做不了，就把眼前的事情做好就不错了。这样就丢失了人类的精髓之一，愤怒的能力，及其后果，承担责任。"这是斯特法纳·黑塞尔的小册子《请愤怒吧》上的话语，黑塞尔以此发起了同名的运动。将其愤怒的理由定义为：富人与穷人的差距、对移民的歧视、环境的恶化。

　　我并不喜欢"愤怒"这个词，在某种程度上，我觉得这是一个高贵的受控制的感觉，是一个仍有其他出路的人发出的感受：啊，亲爱的，这个是非常让人愤怒的。在无任何期待之时只会出现绝望。我相信激怒一说。我总是认为如果事情可以平和地、毫无热情地、无愤怒地讨论，便是无关紧要的事情。那只是意味着你讨厌那些与你唱反调的人，尽管只是讨厌一小会儿。

　　问题是拿这怒气怎么办。他们会对你说，如果你没有选择了，那就避免愤怒。意识形态不是傻瓜，它推动我们去做事情，并提供给我们话语来论证我们的所作所为。愤怒是一种愚蠢，因为它并不能带来任何实质的改变，慢慢地，所有的事情都自动会好的，我们应该先思考我们能改变的事情。

　　如果不能思考，那就愤怒吧。愤怒者的运动是善意的政治参与的最时兴方式的精髓：防御行动。

我们因不平等之程度如此巨大而愤怒，因叙利亚或苏丹或墨西哥边境之杀戮而愤怒，因自然不堪重负而愤怒，因跨国公司控制世界财富而愤怒，因政府佯装不知其医疗或教育服务之职责而愤怒，因最发达的军队派出无人机而愤怒，因上亿男人、女人、孩子们遭受饥饿而愤怒。

我们行动起来，为了不受饥饿而保护我们，我们试图保护我们，对抗上述不公。但是我们除了反对便无计可施。

多久以来没有一个伟大的事业号召我们了？

多久以来没有一个有自己名号的运动了？我强调的是自己的名号，一个并不针对现状的运动，别再是反全球化或恐全球化的运动，别再是抵抗某个独裁者的运动，别再去反对这个，反对那个，别再为了他人所做而愤怒，别再否认、控告但依旧忍受。

我们要一个有名号的、有建设性的运动，有建议可提，并且大声提出来。

（我们正在讨论饥饿，我说的是正在。在饥饿问题上人们采取的主要是防御性态度，几亿人吃不饱饭这种事情怎么可能发生，这种事情太让人愤怒了，我们得让他们吃饱饭啊。他们得接受救援物资，得有一个犁或两头牛，不能过得那么遭罪。

如何才能将防御转为进攻呢？）

饥饿曾是历史上多次革命的起点，清楚明了地展示出现状不足，不能满足最低需求。而且将生活置于一种相对价值之中，我没有食物我就会死，那我们就战斗吧，那样还能有些希望。因此，饥饿会催生他人的恐惧，所以他们着急寄来一袋袋的粮食。

但是这并不意味着饥饿依旧能成为变革的起点。严肃变革——或叫作革命？——之必要元素，不仅是绝望，而是一种理念。

所有这些都是防御性的运动：一种果腹的行为。是这位国王让我们饿肚子的，我们受够了将我们陷入贫困的沙皇，我们再也不能忍受独裁者了。这些果腹的行为依旧存在。但是，最后，这些运动没有解决问题，没有提出建议：它们都只是防御。推翻一个政府，并不自动建立一个新政府。

区别在于一个计划。

设计政策是一回事，设计欲望是另一回事。但是如果政策并未设计成实现这些欲望的方式，政策就只是悲伤的和中庸的管理方式了。

我想说的是，我不相信饥饿可以在这种社会模式下被消除。想要消除饥饿就得改变这种模式。我们却不知道如何做。

特别是，我们不知道如何提议。一个半世纪之内，革命运动都有明确的目标。他们犯了错，我们犯了错，错在我们自以为什么都知道，错在我们对成功的确信。

因为试图发动革命，任何一场革命都是拿生命做赌博，三十年前我曾写过："没人会叫喊着一种可能的信念，而赌上生命的。为了忍受压力和威胁，人们都需要一个确定的未来，一个无法否认的事实。他们需要相信，他们想要的东西会得到外力的保障，如上帝的话语、历史不可避免的行进。"

于是，所有信仰的偏见中最糟糕的一种，就是将权力集中在少数几个教士的手中。坚定的信仰，绝对的事实都被用来构建食肉型权力的阴险的机器，如很多主义。那么，我现在得说，找到一种建议的方式，放弃纯粹的防御而去建议，回避确信，接受失败的可能性，有能力说这是我想要的，不是我信仰的，为此值得拼一把，也许最后不一定成功。

不需要信仰来组织计划。

我们不知道如何做。再清楚不过了，我们不知如何做。首先，所有的革命计划都带着怀疑的意味，这就是灾难性过程的根源。

平等的尝试最终导致了权力过于集中和滥用，这已有例子。那么怎么办呢？我们不再尝试了？我们忘了那个旧日的傻话，如果我们不平等，世界就一文不值了？我们已经适应了发达国家温和的不公正和发展中国家严重的不公正？我们对新的法国革命已经满意了，继续喊着安全、性和长寿？

我们处在一个毫无计划的时期，这一时期，先前的范式已经衰落了，新的范式还没有出现；目前这一阶段，比20世纪中期出生的人在一种范式的鼎盛光辉下能想象的时期更加频繁，更加持久。

现在是个困难的时期，孤立无援的时期。人们很容易毫不怀疑地获得信息，但是这也是一个精彩的时期，是一个纯粹寻找的时期。没有任何事情比寻找更加令人激动和更加让人痛苦的了。

　　而且没人知道如何树立新的范式。最新的例子是，一位留着胡子的先生关在最好的图书馆里，读书写字，独立思考，时不时从封闭空间出来走走，他拥有的是一个超凡的头脑。现在，我们在维基百科时代，模式就可能是另外一种样子了：合作、冲突、重建、千万人的寻找仍处在萌芽之中、犹豫之中，这些都正在发生。

　　（我们得思考这种旧的先锋机制，那种以为理解了另外一些人的需求，一种只建立了最残酷最专断权力的机制。

　　先锋的定义为一群人所作或所想是其他人没想到的，先锋人群认为这就给了他们权力了，我们认同他们是有害的，历史也是这么证明的。但是，没有他们，思想如何变革？如果整个文化机制即意识形态的设计是让所有人按照既定理念去思考，谁还会去思考没人思考过的问题？

　　不同的是这些少数人的厌恶、愤怒、不适应、不满意的结果。但是，如果我们接受了总是有一些人在进行不同的思考，如何才能避免让他们自认为知识会带来权利呢？如何才能建构一种非威权的先锋呢？如何建立一种可质疑的先锋？）

　　困难的不是获得某种不可能的目标，困难的是定义这个目标。法国的哲学家开始思考一种没有国王的政府这种无法想象的可能性，美国的一些商人和律师开始思考自我管理的可能性，英国的几位女士想象自己能如丈夫一般投票决定谁是统治者，印度的几个接受英式良好教育的年轻人开始思考不使用武器就可以胜过一个庞大的军队，如此这般波及开去。在每种情况下，不可能的事情都非常明显：没有国王，自我管理，成为公民，战斗而不杀戮。尽管这样，都是一个漫长的过程，经历了几十年时间、冲突、倒退、疑惑和更长的时间。

我支持这种无法想象的事情，因为它们已实现了那么多次。只须想想你想要什么样的无法想象的事情，尽力去赌一把。

一种新的范式也是无法想象的。这也是它的功用、吸引力和其困难之所在，也正是值得深思之处。

总之，我想要说的就是强制分配的方式，财富得平均分配，权力得平均分配，寻找与经济道德观相对应的政治体制，而不是去寻找适应政治道德观的经济体制，这么说貌似太过于简单化，我们也无从得知。

我们还不清楚谁会去思考这个问题，更加不清楚谁能做成这个事情。马克思主义定义了一个具有革命合法性的社会阶层，世界上团结起来的无产阶级被指定肩负带来决定性变革的责任。他们是被剥夺所有的人，他们一无所有，无惧损失，因此，任何的变革都是赢。

然而，做出这番想象的人可不是他们。也许这就是灾难的源头，也许不是。

我再一次重申，饥饿的人是那些一无所有的人中最为悲惨的代表，那些被剥夺了每日吃饱之可能的人，他们连无产阶级都算不上，他们是可丢弃的，多余的人。

好多年间我都听人这么说。我总是期待找到这个世界内在的、私密的学问，但是我错了，经历过一些事情不等于了解为什么，而仅仅是了解又怎样，如果能了解的话。当然，人们可以讲述饥饿是什么，却不知道为什么人们在挨饿。大部分人讲上帝、不公正、上帝、某种失误或运气、上帝。

尽管我这么说，我自己都觉得恶心，我在本书中讲述的大部分人都对书中的数据和机制感到非常吃惊。问题依旧明显和顽固：他们知道了又能有什么不同？他们知道了这些数据又能改变什么？

说出来很刺耳、很丑陋，看起来根本没有可以撼动这种导致人们挨饿的机制，饥民处在边缘，根本没有力量。

那么究竟谁去做？

那么究竟如何做？

总而言之，我们的"为他人思考"的传统，为他人担忧的效果，开始成为自己的忧虑，我个人对他们所说的与我相关的事情而忧虑，我为世界上那么多人的现状感到难过，心情难以平静，我与这个世界的联系让我觉得世界像一架可怕的机器，侮辱了组成这个世界的所有人，我们所有人。

"你知道了这些，怎么还能忍受？"

"好吧，我给你解释解释。"

面对这样丑陋的世界，唯一可能的美学就是反叛，以任何一种形式，以某一种形式。

我走遍了世界，每次都让我更加绝望，但是我越来越相信绝望或失望。

我相信将行动和行动的结果区分开来是好的。行动起来并不是因为可能带来的结果而是因为这种行动的需求，如果我不这么做就再也无法忍受了。

我相信，如果不从任何一种自私主义出发，没有任何事情是完全正确的。文化的伟大时刻产生在千万人以自私主义去决定该为他人做什么，这就是他们为自己做事的方式，他们的自私。

那么，思考一个不让我们羞愧、内疚、沮丧的世界，并开始想象如何寻找它。

简单一行字，但可能需要等上几年、几十年，可能会发生错误、灾难、未知。

简单一行字，是生命的历史。

和更多生命的历史。

历史的回归。

结 语

我于 2014 年秋天在巴塞罗那审完了书稿，在几个世纪内，饥饿都是这座城市景观的一部分，也是西方社会景观的一部分，巴黎、托斯卡纳、纽约的任何一位居民每天都会遇到遭受饥饿的同胞。几十年前，他们终于摆脱了这个噩梦，饥饿成了只有在电视上出现的事件了，成了他人的故事。

西班牙富裕起来了，自认为钱包鼓了，有了富国身份，便决定使用财富中的很小一部分来援助穷人。团结友爱的多少就是我们解决一些无关痛痒事务的意愿的大小。尽管人们通常说"不直接影响我们"，其实说的是，尽管没发生在我们身上，我们还是受到影响的，人们通常说的话都是饱含善意的，并带有一丝欺骗性。

国际援助的金额即一个国家在国际社会中的分量。21 世纪初，西班牙政府发现，自己在国际机构中的参与比例并不符合其作为世界第八或第九大经济体的分量，于是决定加大团结力度，西班牙国际合作实现了大跨步增长。

2008 年西班牙在发展援助上的花费约为 44 亿欧元，占国内生产总值的 0.43%，这已经创了历史记录了，尽管离发达国家承诺的 0.7% 还有一定差距，其他的发达国家也面临同样的问题。西班牙开始在国际舞台上占据一定的地位，我也从中受惠了，这本书的成书也多亏了西班牙国际合作署的资助，多亏了他们的慷慨大度。

但是自经济危机爆发以来，西班牙对外援助的金额不断下降，甚至降至 18.15 亿欧元，占国内生产总值的 0.17%。这些只是数字，反映到现实中，就是千千万万的人没能收到救命用的援助资金，以前能收到援助的人现在再也收不到了。但是我的伊比利亚半岛同胞认为这个是再符合逻辑不过了。对外援助的幻想在本土贫困增长的节奏下破灭了，国际合作无法抵制对国内严重的贫困问题的三条两分钟的报道。

国家的作用也正在于此。国家是一种最理想的发明，其功用之一就是作为分隔内疚的界限，让你感觉到国界线这边的先生比国界线那边的邻居更加亲近，尽管他们都距离你家三公里远。为世界上挨饿的人做点事情是理所应当的，但是现在这里的家庭过得也不好，也缺来越缺少物资。

经济危机把西班牙变成了两个话题的另外一个例子：理念之根深蒂固，事物之变化无常。换种说法，也就是民族主义的运转依旧顺畅，某些财富持续却如此短暂。

过了这么几年的换车如换首饰的拜金主义和对他人给予施舍的日子，贫困与饥饿再次成为许多西班牙人的谈资，一些人在垃圾堆里翻找的形象，本来离自己很遥远，现如今在家门口就会看见了。太多的西班牙人开始受苦了，有研究指出，许多孩子吃不饱饭，或者饮食结构不合理。西班牙人开始担心、羞愧，特别是开始拒绝倾听，饥饿增长了，但饥饿在媒体、话语空间、传播、"可听性"，即政治效应的增长却更多。

　　这是一种残酷的变化：六年前的傲气变成了今日的惊恐。当所有的事情看起来捆得很紧的时候，就松了开来：以前联结事物的东西并不存在。现在这里也有挨饿的人，如果这是一个童话，一个动物就会说，永远别相信这些事情只发生在别人身上，因为这不是童话，动物紧闭嘴唇，不说这句话。

　　他将会记得那个傻瓜，重复说着，"你永远别说这事儿永远不会发生"，您也是，先生，您也是，女士。

　　　　　　　　　　　　　于巴塞罗那，2014 年 11 月 7 日

致 谢

祖乐玛小姐说，这事儿是猴子干的，但是，我还是要做：

我特别想感谢我的好友卡洛斯·阿尔贝尔蒂，尽其所能帮我出这本书，哎，最后他终于做成了。愿你健康。

我还得感谢米盖尔·阿尔贝托，西班牙大使，也是诗人。

感谢我加泰罗尼亚语启蒙师，我最亲爱的乔迪·卡里昂，读了这本书、思考了、还提出了建议。

感谢露西亚·阿尔瓦雷斯，带我去了阿根廷的郊外。

感谢费尔南多·加尔西亚·卡雷罗，无国界医生（MSF）组织，带领我寻找顽强的故事。

感谢无国界医生组织的伙伴们，特别是西尔维娅·费尔南德斯，胡安·卡洛斯·托马斯和路易斯·朋特，他们认真地帮助了我。

感谢安娜·加布里埃拉·罗哈斯，她是一个在印度的勇敢的记者。

感谢梅赛德斯·卡萨诺瓦和玛利亚·琳克，他们协助我完成了本书的写作。

感谢劳拉·马雷尔和劳拉·拉斯基，他们敦促我开始写这本书。

感谢玛格丽塔·加尔西亚，在我气馁的时候鼓励了我。

感谢胡安·卡帕罗斯，我爱他。

延伸阅读

Patricia Aguirre, *Ricos flacos y gordos pobres. La alimentación en crisis* (Capital Intelectual, 2010).

Sharman Apt Russell, Hunger, *An Annatural History* (Basic Books, 2005).

Jon Bennet, Susan George, *La máquina del hambre* (El País-Aguilar, 1988).

Doan Bui, *Les Affameurs. Voyage au coeur de la planète faim* (Privé, 2009).

Lester Brown, *Full Planet, Empty Plates: The New Geopolitics of Food Scarcity* (W. W. Norton & Company, 2012).

Julian Cribb, *The Coming Famine. The global food crisis and what we can do to avoid it* (University of California Press, 2010).

Xavier Crombé, *A Not So Natural Disaster, Niger '05* (Hurst, 2009).

Mike Davis, *Planet of Slums* (Verso, 2006).

James Erlichman, *Addicted to Food. Understanding the obesity epidemic* (Guardian, 2013).

Marvin Harris, B*ueno para comer* (Alianza, 1992).

Martin Jacques, *When China Rules the World* (Penguin, 2012).

Frederick Kaufman, *Bet the Farm. How food stopped being food* (Riley, 2012).

Frédéric Lemaître, *Demain, la faim!* (Grasset, 2009).

Paul McMahon, *Feeding Frenzy. The new politics of food* (Profile, 2013).

Robert Paarlberg, *Food Politics. What everyone needs to know* (Oxford University Press, 2010).

Raj Patel, *Stuffed and Starved. The Hidden Battle for the World Food System* (2008, Melville House).

Fred Pearce, *The Land Grabbers: The New Fight over Who Owns the Earth* (Beacon Press, 2012).

Amartya Sen, *Poverty and Famines: An Essay on Entitlement and Deprivation.*

Hugues Stoeckel, *La faim du monde. L'humanité au bord de la famine globale* (Max Milo, 2013）.

Roger Thurow, *Enough. Why the World's Poorest Starve in an age of Plenty* (Public Affairs, 2009）.

Christian Troubé, *Les nouvelles famines. Des catastrophes pas si naturelles* (Autrement, 2007）.

Leonard Tushnet, *The Uses of adversity. Studies of starvation in the Warsaw Ghetto* (A. S. Barnes, 1966）.

Erwin Wagenhofer & Max Annas, *Le marché de la faim* (Actes Sud, 2007）.

Jean Ziegler, Destruction Massive, *Géopolitique de la faim* (Seuil, 2011）.

译后记

《饥饿》是我译的第一本书，也是我的好友、前同事夏婷婷老师译的第一本书，那是 2015 年 10 月的事了。转眼间，八年过去了，我们离开了曾经共同工作的城市，分别成了自己喜爱的巴尔加斯·略萨和罗伯特·阿尔特的译者，但《饥饿》毕竟是开启了我们翻译生涯的书，没想到多年之后还能迎来此书再版，并由"野望 BOOK"这个全新的出版品牌出版，我们自然是既感激，又兴奋，可同时又有些难过，因为多年之后，书中描写的饥饿问题依然没有得到根本性缓解，就更谈不上解决了，不过大概这也正是本书的价值所在。

2017 年，马丁·卡帕罗斯受邀参加上海书展活动，我全程陪同，那是我第一次近距离接触他。他给我的印象是：一个不羁又倔强的老头。他不愿意按照主办方的时间安排参加晚宴，在其他嘉宾吃晚饭时跑到上海街头溜达，又在晚宴即将结束时执意前去就餐。活动结束后，他不要任何人陪同，坚持孤身一人闲逛、观察。作为邀请方和陪同者，老马丁的行为自然让我们有些头大，不过事后想来，我觉得也许正是因为具有这种性格，他才能在艰苦的实地调研的基础上写出

《饥饿》，写出同样精彩、关注气候变化问题的《对抗变革》（*Contra el cambio*），写出从文化视角审视西班牙语美洲国家的《西拉美洲》（*Ñamérica*）。对了，《西拉美洲》正在翻译中，也将由"野望BOOK"出版。

还是让我们言归正传，来看看与马丁·卡帕罗斯和《饥饿》相关的信息。

马丁·卡帕罗斯1957年5月29日出生在阿根廷首都布宜诺斯艾利斯，父亲安东尼奥·卡帕罗斯是一名心理分析师、精神病学专家。1973年，马丁在《消息报》开始了他的记者生涯，却在几年后逃离了自己的祖国，来到了欧洲。他先是在巴黎生活，后来又移居到了马德里，在那里一直生活到了1983年，也是在马德里他写出了自己的第一本小说，同时还致力于翻译，并和西班牙《国家报》以及几家法国媒体有合作，继续着自己的记者生涯。后来，他回到了祖国阿根廷，在《阿根廷时代报》找到了工作。此后，他一直奔波于欧洲和美洲之间，有时是为了工作，有时则是为了生活。

在我看来，马丁·卡帕罗斯的生活经历中至少隐藏着三条使其写作《饥饿》一书成为可能的线索：第一，国际视野。马丁的生活轨迹让我想起了拉丁美洲"文学爆炸"的那一代作家，无论是加西亚·马尔克斯、巴尔加斯·略萨、胡里奥·科塔萨尔还是卡洛斯·富恩特斯，无一不具有类似的国际视野。他们不仅常年居住在海外，更以福楼拜、福克纳、海明威这样的非西语作家为标杆，向他们学习写作的技巧和态度。如果那一代作家还是固守在大地小说和土著小说的条条框框之中的话，他们的作品恐怕也不会获得像现在这样广泛的承认和肯定。我记得许多拉美作家常挂在嘴边的一句话就是："离开拉丁美洲，反而让我更好地理解了拉丁美洲。"要描写饥饿这样一种世界性问题，视野的国际化就不再是锦上添花的东西，而成了必不可少、无可替代的了。

第二，马丁·卡帕罗斯不是把自己锁在象牙塔里进行构思和创作的作家。他最主要的职业其实是一位记者，而当一名记者往往就意味着要身先士卒地出现在我们这个世界中最阴暗可怖的角落里，而饥饿无疑是这些阴暗可怖的角落中最阴暗可怖的主题之一。也因此我们可以看到，为了写作此书，他的足迹遍布亚非拉美，走访了数个各具特色的国家。也许有人会说，饥饿这种事情就算不做记者、未走过那么多地方的我也知道是什么。在译毕本书之前，我可能也是怀着类似想法的，我曾经认为饥饿就像是一个望远镜，我知道在离我遥远的地方发生着那种不幸的事情。但是《饥饿》这本书改变了我的想法，现在的我认为饥饿实际上是一个万花筒，里面的图形离你很近、五花八门，而一个人很难只是逛逛街、看看电视就了解到（并且真正理解）饥饿的一切形式。因此，马丁·卡帕罗斯的记者身份就同样变得不可或缺了。

第三点同等重要。我们需要思考（任何一个想写这样一本书的人都应当思考），创作一本以饥饿为主题的书将会遇到的最大困难是什么。我给出的答案可能会是语言，因为我们从来都不喜欢别人用生硬的语言对着我们说教，那么如果这本近千页厚的《饥饿》单纯只是数字的堆砌或是苦大仇深的控诉，它还能成为我们想要的那本书吗？所以马丁·卡帕罗斯的身份又成了写作本书的一大优势：他不仅是记者，还是翻译家，更是一位文学家。他运用了一种相当口语化的语言来处理饥饿这样一个严肃的话题，他的口气时而诙谐、时而冷峻、时而平淡、时而激昂，得益于此，我们在阅读的过程中的感受更像是在听一位老友讲述着异彩纷呈的故事，而不是在听一位古板的老师板起脸来背书。这实际上也是近年来流行的非虚构写作、新新闻主义写作的特点，把文学化的语言同客观真实的主题相结合，以增加文本的可读性。拉丁美洲非虚构写作有着悠久的传统，在这里先不展开叙述了。马丁·卡帕罗斯就用这样一种奇特的语言风格使饥饿这个话题如丝丝细雨般慢慢洒遍你身体的每一寸肌肤，有时你甚至会享受这种滋润的感觉，但当回过神来，则会狠狠地打几个寒战。

我记得类似的寒战在我刚开始翻译本书时就打了好几次。举个例子，全书开始时有位叫作艾莎的尼日尔姑娘，当作者问她"如果你有机会向一个全能的法师索要随便一个什么东西的话，你会要什么？"时，她的答案仅仅是"一头奶牛"，而在作者再次强调"随便什么东西"之后，她却战战兢兢地问道："那么，两头奶牛？"对于她而言，美好生活是以奶牛的数量来衡量的，而拥有奶牛，哪怕只有一头，也意味着饥饿的终结。

可是饥饿真的终结了吗？

翻译到这里时，我认为自己更加理解饥饿了：真正的饥饿不仅仅是肉体上的，同时也是精神上的。这是一个恶性循环：因为饥饿，人们的眼界受到了限制；又因为思想上的贫瘠，他们永远摆脱不了饥饿。然而仅仅如此吗？不饥饿的人就能更清楚地认识饥饿的本质吗？以"正确的方式"试图摆脱饥饿的人就一定能如愿以偿吗？这些仅仅是我在译完全书开始几页后生出的想法。

　　所以阅读这本书，就是一个产生问题、解决问题、再产生新问题的过程。你会慢慢发现自己对饥饿的认识和理解是多么有限。你认为饥饿的人都骨瘦如柴？作者会告诉你现在很多肥胖的人反而是遭受饥饿威胁最大的人，因为他们的钱只够去购买垃圾食品。你认为出现饥饿问题是因为粮食不足？作者会告诉你现实是我们生产的粮食理论上能毫不费力地养活一百二十亿人口。这样的例子还有很多。

　　我翻看过很多《饥饿》的书评，其中有一种观点令我印象深刻。它认为《饥饿》是一个失败品，因为它没有提出如何解决饥饿问题的具体办法。这种观点看上去很有道理，因为我们好像实在没有什么必要被人拉到又一个没有出口的迷宫中去。然而我想起了巴尔加斯·略萨和他青年时期的文学导师让-保罗·萨特"分道扬镳"的故事。因为萨特在看到一位骨瘦如柴的孩童的时候发出了感慨，他认为在这些快要饿死的人面前，文学毫无用处。一直以来被萨特的"文学能够改变世界"的思想所影响的巴尔加斯·略萨感到自己被背叛了，这次他不再追随萨特的想法了，因为他认为萨特对于文学过于苛求了。诚然，文学不能直接填饱一个人的肚子，但是却可能改变整个社会的思想意识，进而改变这个世界的不公。那么，我们又为何要苛求马丁·卡帕罗斯用《饥饿》来告诉我们接下来要怎么去做呢？在我看来，《饥饿》的任务就是提出问题，剖析问题，让我们知道我们对饥饿其实一无所知。谁该继续去思考饥饿问题的解决之道呢？应当是你我这些本书的读者。

还记得多年之前，在翻译《饥饿》的过程中，我每天晚上散步时都忍不住要把自己当天译过的内容讲给我的爱人听（有趣的是，她如今也同此书的两位译者一样，成了翻译工作者，甚至成了马丁·卡帕罗斯另一本书的译者），我对她讲述艾莎的两头奶牛、垃圾食品、特雷莎修女、乙醇燃料……我们讨论过商人们究竟是希望挨饿的人多点呢，还是更希望有钱买他们商品的人多点；也讨论过饥饿问题究竟是天灾还是人祸。我觉得这一切和饥饿相关的东西令我如鲠在喉，不吐不快。现在每次碰到和吃饭、挨饿相关的话题时，我也总是习惯说一句："想想《饥饿》里提到的那些人吧。"

我想，从我的例子来看，《饥饿》无疑是成功的。

2016 年 9 月，马丁·卡帕罗斯凭借《饥饿》拿下了卡巴列罗·伯纳德国际散文奖，我在刚刚得知这一消息时感到有些兴奋，因为这又是《饥饿》成功的一个佐证。但是我立刻又想起了马丁在书中的一句话："这本书是一个失败品。首先是因为所有的书实际上都是失败品，但更主要的原因是：既然这本书是要对饥饿这一人类最大的失败做出探究，那么所得出的结论也必然只能是失败。"是啊，评委们认为这本书的内容是有价值的，所以把奖项颁给了《饥饿》，但这不正说明了马丁·卡帕罗斯的所见所闻、所感所写是实实在在的事情吗？不正说明了您在阅读我的这些文字的几分钟内，地球上就确确实实有上百人死于饥饿吗？

然而，虽然无论这本书是否得奖、是否能引起反响，都无关人类文明在饥饿这一问题上到目前为止的失败表现。但至少有人能选择阅读这本书、了解这个话题，都说明我们是在进步的。正如《饥饿》所引贝克特的名言中所指出的："再试一次。再失败一次。失败得更好一点。"

共勉！

侯健
2023 年 6 月于西安

望 MOUNTAIN
登自己的山

主　　编｜谭宇墨凡
策划编辑｜谭宇墨凡

营销总监｜张　延
营销编辑｜狄洋意　闵　婕　许芸茹

版权联络｜rights@chihpub.com.cn
品牌合作｜zy@chihpub.com.cn

至元 CHIH YUAN CULTURE

出品方　至元文化（北京）
CHIH YUAN CULTURE

Room 216, 2nd Floor, Building 1, Yard 31,
Guangqu Road, Chaoyang, Beijing, China

Global Hung
is out, India
category at

The country ranks below Sri Lanka (64), Nepal
Afghanistan is the only South Asian country th

Jagriti Chandra
NEW DELHI

India ranks 107 out of 121 countries on the Global Hunger Index in which it fares worse than all countries in South Asia barring war-torn Afghanistan.

The Global Hunger Index (GHI) is a tool for comprehensively measuring and tracking hunger at global, regional, and national levels. GHI scores are based on the values of four component indicators, un

Food for thoug

India's score of 29.1 in the 2
the "serious" category in th
the 121 countries analysed

=< 9.9 low	10-19.9 moderate	20-3 serio

Rankings	Country
102	Rwanda
103	Nigeria
104	Ethiopia
105	Republic of Co